Das Recht auf Datenportabilität

Studien zum Europäischen
und Internationalen Wirtschaftsrecht
Studies in European and International Economic Law

Herausgegeben von/eds.
Tim Dornis, Stefan Huber, Nikolaus Marsch, Herbert Kronke, Peter Hay,
Meinhard Hilf, Wolfgang Oehler

24

PETER LANG

Alexander Daniel Fix

Das Recht auf Datenportabilität

Art. 20 DSGVO als Schnittstelle zwischen Wettbewerbsförderung und Datenschutz

PETER LANG

Bibliografische Information der Deutschen Nationalbibliothek
Die Deutsche Nationalbibliothek verzeichnet diese Publikation in der Deutschen Nationalbibliografie; detaillierte bibliografische Daten sind im Internet über http://dnb.d-nb.de abrufbar.

Zugl.: Saarbrücken, Universität des Saarlandes, Diss., 2021

ISSN 0941-3650
ISBN 978-3-631-87652-7 (Print)
E-ISBN 978-3-631-88578-9 (E-PDF)
E-ISBN 978-3-631-88579-6 (EPUB)
DOI 10.3726/b20070

PL Academic Research ist ein Imprint der Peter Lang GmbH.

Peter Lang – Berlin · Bern · Bruxelles · New York · Oxford · Warszawa · Wien

Diese Publikation wurde begutachtet.

www.peterlang.com

Vorwort

Teils als einer der fundamentalen Grundpfeiler eines offenen Internets gesehen, teils als Fremdkörper im Datenschutzrecht empfunden, werden die Datenportabilität und das entsprechende Recht in Art. 20 DSGVO in dieser Arbeit aus datenschutzrechtlicher und wettbewerbsrechtlicher Sicht untersucht. Zudem werden in einem interdisziplinären Ansatz die technischen Aspekte bei der Erreichung der Datenportabilität beleuchtet. Die Arbeit berücksichtigt dabei den Stand der Gesetzgebung und Literatur bis Februar 2021. Sie entstand während meiner Zeit als akademischer Mitarbeiter am Zentrum für angewandte Rechtswissenschaft des Karlsruher Instituts für Technologie und wurde von der Rechtswissenschaftlichen Fakultät der Universität des Saarlandes zur Dissertation angenommen.

Bei meinem Doktorvater Professor Dr. Nikolaus Marsch bedanke ich mich für die Betreuung der Arbeit. Herr Marsch stand jederzeit für Fragen zur Verfügung und hat mich während der gesamten Dauer der Dissertation durch wichtige Anregungen oder auch aktuelle Hinweise unterstützt, ließ mir dabei aber stets die Freiheit bei inhaltlichen Entscheidungen. Er vermittelte zudem den Kontakt zum Institut für Telematik am KIT unter Professor Dr. Sebastian Abeck, dessen damaliger Masterand Christof Urbaczek meine Fragen zu den technischen Aspekten dankenswerterweise stets geduldig zu beantworten vermochte. Professor Dr. Marsch, aber auch Professor Dr. Tim W. Dornis, Professor Dr. Stefan Huber, Professor Dr. Herbert Kronke, Professor Dr. Peter Hay, Professor Dr. Meinhard Hilf und Professor Dr. Wolfgang Oehler danke ich zudem für die Aufnahme in die Schriftenreihe „Studien zum Europäischen und Internationalen Wirtschaftsrecht“. Professor Dr. Georg Borges bin ich für die zügige Erstellung des Zweitgutachtens dankbar. Außerdem gilt Dr. Kurt Wallat und dem Team des Peter Lang Verlags mein Dank für die Betreuung der Drucklegung.

Mein Dank gilt zudem meinen Freunden und Kollegen am Institut, mit denen ich mich immer wieder wissenschaftlich hilfreich und freundschaftlich austauschen konnte. Für das aufmerksame Korrekturlesen des Manuskripts danke ich Dr. Daniel Burke, Daniel Fix, Maike Fix, Sebastian Fix, Markus Hoffmann, Maren Lehmann, Selina Krauß, Helen Krause, Marius Möhrle und Lucas Trutwin. Ebenso für das Korrekturlesen, aber auch und vor allem für die konstante Unterstützung in allen Phasen des Studiums, des Referendariats und der Erstellung dieser Arbeit danke ich meinen Eltern, die mich stets in sämtlichen meiner Vorhaben bestärkt haben. Ihnen ist diese Arbeit gewidmet.

Karlsruhe, im Mai 2022

Alexander Fix

Inhaltsverzeichnis

I. Einführung

Abstract: *Outlining the research approach and predecessors of the right to data portability in the GDPR, this chapter shines a light upon existing national, EU-, and international statutory rules, as well as the origins of the idea of data portability in the private sector. It concludes that the statutory rules existing before or outside the GDPR are often limited in their scope and/or applicability, and the private sector approaches often end at the doorstep of the respective company.*

Keywords: *Data Portability, Open Internet, Walled Gardens, GDPR*

Die Idee der Datenportabilität[1] stammt aus der Welt des *Silicon Valley* mit dem Gedanken eines alle Möglichkeiten bietenden Internets. Das Internet sollte nach dieser idealistischen Vorstellung für alle offen sein und das freie Verschieben von Daten sollte diese Offenheit mitermöglichen. Das Internet zeichnet sich danach durch stetige Weiterentwicklung aus und lebt von der gegenseitigen freien Verfügbarkeit aller Daten. Diese Daten sollten nicht nur innerhalb der paradiesischen aber abgeschlossenen „*Walled Gardens*"[2] der Datenökosysteme einzelner Diensteanbieter verwendet werden können, sondern auch außerhalb derselben. In der privatwirtschaftlichen Realität wurde die Datenportabilität jedoch ohne Regulierung nicht in einer Weise erreicht, die diesem Bild gerecht wird. Der

---

1 Der Begriff der „Datenportabilität" wird vielfach, wie auch hier, synonym mit dem in der deutschen Fassung der Verordnung gewählten Begriff der „Datenübertragbarkeit" verwendet. Für den Inhalt der Ausführungen ergibt sich daraus kein Unterschied, zu den Unschärfen des Begriffes vgl. *K. v. Lewinski*, in: Wolff/Brink (Hrsg.), BeckOK Datenschutzrecht, 34. Ed. 2020, Art. 20 DSGVO, Rn. 5, m.w.N. Der internationale Aspekt eines Großteils der sich heute stellenden datenschutzrechtlichen Fragen ist nicht hinwegzudenken, durch die Verwendung des Begriffs der „Datenportabilität" und einen Verzicht auf eine nationale Eigenkreation tritt dies besser hervor. Wegen der mit dem Begriff der „Datenportabilität" wortverwandten Übersetzungen in einer Großzahl anderer Amtssprachen wird das parallele Verständnis erleichtert, nicht zuletzt auch weil z.B. Unionsdokumente teils nur englisch („portability") oder französisch (portabilité) abgefasst sind.

2 *K. Allison*, Social networks may find it does not pay to be too possessive, Financial Times, 2008; *C. Saad*, Do not #DeleteFacebook because of Cambridge Analytica, 26.03.2018, dazu auch: II.3.c.aa.

in der Datenschutz-Grundverordnung (DSGVO)[3] mit deren Art. 20 erstmals unternommene Kodifizierungsversuch ist das Ergebnis eines sehr wechselhaften gesetzgeberischen Kurses. Dieser zeichnet sich durch lebhafte Diskussionen um die einzelnen Tatbestandsmerkmale, sowie deren schrittweises Ändern und Austauschen aus, das insgesamt zu einer durch viele unbestimmte Rechtsbegriffe geprägten Regelung geführt hat. Damit ist der Portabilitätsgedanke in der Realität einer politisch umsetzbaren staatlichen Regulierung angekommen und kompromissbedingt enger als die Datenportabilitätsidee seiner Vordenker. Dem Grunde nach ist aber bei allen sich der Datenportabilität verschreibenden Denkansätzen die Frage zentral, ob und wie man Daten von einem Verarbeitungspunkt zu einem anderen übertragen kann. So streitbar und plakativ Aussagen sind, die Daten als das Öl des 21. Jahrhunderts[4] bezeichnen, so unbestreitbar ist die stetige Zunahme der Datenverarbeitungen in allen gesellschaftlichen Bereichen in den letzten Jahrzehnten. Die Frage der Datenübertragung hat eine erhebliche gesellschaftliche Dimension, weil die Anzahl verarbeiteter Daten kontinuierlich steigt und immer mehr Lebensbereiche mit dem Internet verflochten werden. So nimmt neben der gesellschaftlichen auch die ökonomische Relevanz von Datenverarbeitungsvorgängen immer weiter zu.[5]

1. Forschungsgegenstand

a. Artikel 20 DSGVO

Die Normierung eines Rechts „auf Datenportabilität" findet wie erwähnt mit Art. 20 DSGVO Eingang in das europäische datenschutzrechtliche Regelungswerk. Zutreffender wäre die Bezeichnung als Recht „auf Portierung"[6] der Daten

---

3 Verordnung (EU) 2016/679 zum Schutz natürlicher Personen bei der Verarbeitung personenbezogener Daten, zum freien Datenverkehr und zur Aufhebung der Richtlinie 95/46/EG (Datenschutz-Grundverordnung), ABl. 2016/L 119/1 27.04.2016.

4 Vgl. zum Beispiel *C. Höinghaus*, Daten: Das Öl des 21. Jahrhunderts, mit einer Besprechung aus dem Jahr 2015 zu verschiedenen Aussagen zu diesem Thema.

5 Zur Änderung der Herausforderungen des Datenschutzrechts im Zusammenhang mit diesen Steigerungen: *A. Roßnagel*, Wie zukunftsfähig ist die Datenschutz-Grundverordnung?, DuD, 2016, S. 561, 562; *M. Wagner*, Datenökonomie und Selbstdatenschutz, 2020, S. 1 f.

6 Ähnlich etwa: *K. v. Lewinski*, in: Wolff/Brink (Hrsg.), BeckOK Datenschutzrecht, 34. Ed. 2020, Art. 20 DSGVO, Rn. 5; im weiteren wird allerdings die am Text der DSGVO orientierte Formulierung des Rechts auf Datenportabilität verwendet; ähnliche begrifflich eher als politisch einzuordnende Vorgehensweisen bei der Benennung

in Abgrenzung zum für eine erfolgreiche Portierung bezweckten Zustand der „Portabilität“, also der „Übertragbarkeit“ der in Frage stehenden Daten. Der Wortlaut von Art. 20 DSGVO lautet dabei wie folgt:

(1) Die betroffene Person hat das Recht, die sie betreffenden personenbezogenen Daten, die sie einem Verantwortlichen bereitgestellt hat, in einem strukturierten, gängigen und maschinenlesbaren Format zu erhalten, und sie hat das Recht, diese Daten einem anderen Verantwortlichen ohne Behinderung durch den Verantwortlichen, dem die personenbezogenen Daten bereitgestellt wurden, zu übermitteln, sofern
a) die Verarbeitung auf einer Einwilligung gemäß Artikel 6 Absatz 1 Buchstabe a oder Artikel 9 Absatz 2 Buchstabe a oder auf einem Vertrag gemäß Artikel 6 Absatz 1 Buchstabe b beruht und
b) die Verarbeitung mithilfe automatisierter Verfahren erfolgt.
(2) Bei der Ausübung ihres Rechts auf Datenübertragbarkeit gemäß Absatz 1 hat die betroffene Person das Recht, zu erwirken, dass die personenbezogenen Daten direkt von einem Verantwortlichen einem anderen Verantwortlichen übermittelt werden, soweit dies technisch machbar ist.
(3) [1]Die Ausübung des Rechts nach Absatz 1 des vorliegenden Artikels lässt Artikel 17 unberührt. [2]Dieses Recht gilt nicht für eine Verarbeitung, die für die Wahrnehmung einer Aufgabe erforderlich ist, die im öffentlichen Interesse liegt oder in Ausübung öffentlicher Gewalt erfolgt, die dem Verantwortlichen übertragen wurde.
(4) Das Recht gemäß Absatz 1 darf die Rechte und Freiheiten anderer Personen nicht beeinträchtigen.

In vielen Kommentierungen und Beiträgen zu Art. 20 DSGVO wurde das darin enthaltene Recht auf Datenportabilität als Fremdkörper[7] angesehen und als Novum bezeichnet[8]. Vor allem Letzteres mag hinsichtlich des Bestehens einer

---

von Betroffenenrechten zeigen sich etwa auch beim sog. „Recht auf Vergessenwerden“ in Art. 17 DSGVO.

7 *T. Körber*, „Ist Wissen Marktmacht?“ Überlegungen zum Verhältnis von Datenschutz, „Datenmacht“ und Kartellrecht – Teil 2, NZKart, 2016, S. 348, 350, der die wettbewerbliche Ambivalenz des Art. 20 DSGVO betont; *B. P. Paal/M. Hennemann*, Big Data im Recht, NJW, 2017, S. 1697, 1701, die auf die „auch […] wettbewerb(srecht) liche Stoßrichtung“ hinweisen; *M. Hennemann*, Datenportabilität, PinG, 2017, S. 5, der „zuvörderst wettbwerb(srecht)liche Ziele im Gewande des Datenschutzrechts“ verfolgt sieht.

8 *K. v. Lewinski*, in: Wolff/Brink (Hrsg.), BeckOK Datenschutzrecht, 34. Ed. 2020, Art. 20 DSGVO, Rn. 1; *H.-G. Kamann/M. Braun*, in: Ehmann/Selmayr (Hrsg.), DS-GVO, 2. Aufl. 2018, Art. 20 DSGVO, Rn. 2; *M. Rudolph*, in: Schwartmann u. a. (Hrsg.), DS-GVO/BDSG, 2018, Art. 20 DSGVO, Rn. 9; *K. Benedikt*, Datenportabilität – das neue Recht des Betroffenen, RDV, 2017, S. 189; *S. Brüggemann*, Das Recht auf Datenportabilität, K&R, 2018, S. 1; *B. Custers/H. Uršič*, Big data and data reuse: a taxonomy of data

ausdrücklichen Regelung zutreffen. Dennoch zeichneten sich bereits in den Jahren vor Wirkungserlangung der DSGVO die erwähnten Überlegungen zur Herstellung der Datenportabilität vor allem in der US-amerikanischen Privatwirtschaft[9] und im dortigen Kartellrecht ab.

Art. 20 DSGVO unterscheidet sich von den kartellrechtlichen Zugangsgewährungsmöglichkeiten vor allem dadurch, dass er nicht an das Überschreiten von Marktanteilsschwellen oder sonstige markteinflussbezogene Kriterien anknüpft.[10] Auf Datenportabilitätsgewährleistungen nach dem Kartellrecht (zum Beispiel dem GWB, Art. 101, 102 AEUV oder auch dem US-amerikanischen Kartellrecht)[11] und etwa die Frage, ob ein Anspruch auf Datenzugang nach der

---

reuse for balancing big data benefits and personal data protection, International Data Privacy Law, 2016, 4, 12; *S. Dehmel/N. Hullen*, Auf dem Weg zu einem zukunftsfähigen Datenschutz in Europa?, ZD, 2013, S. 147, 153; *E. Durmus*, Das Recht auf Datenübertragbarkeit, RDV, 2018, S. 80; *P. DeHert/V. Papakonstantinou/G. Malgieri/L. Beslay/I. Sanchez*, The right to data portability in the GDPR: Towards user-centric interoperability of digital services, Computer Law & Security Review, 2018, S. 193, 194: *„no field of law has experimented before with anything resembling to personal data portability"*; *T. Jülicher/C. Röttgen/M. v. Schönfeld*, Das Recht auf Datenübertragbarkeit, ZD, 2016, S. 358; *S. Elfering*, Unlocking the Right to Data Portability, 2019, S. 15: *„considered by many as a truly innovative and revolutionary piece of legislation"*.

9 Vgl. dazu I.1.c., sowie Fn. 193.

10 Vgl. dazu und zu den Auswirkungen dieses Umstands: II.3.c.

11 Weiterführend zur Herleitung von Datenportabilität nach europäischem Wettbewerbsrecht und *U.S. Antitrust Law*: *B. van der Auwermeulen*, How to attribute the right to data portability in Europe: A comparative analysis of legislations, CLSR, 2017, S. 57, S. 61 ff.; *A. Diker Vanberg/M. B. Ünver*, The right to data portability in the GDPR and EU competation law: odd couple or dynamic duo?, EJLT, 2017, Abschnitt 3.); *H. Schweitzer/M. Peitz*, Ein neuer europäischer Ordnungsrahmen für Datenmärkte?, NJW, 2018, S. 275, 279; zum Kartellrecht im Zusammenhang mit Datenschutz generell auch: *T. Körber*, „Ist Wissen Marktmacht?" Überlegungen zum Verhältnis von Datenschutz, „Datenmacht" und Kartellrecht – Teil 1, NZKart, 2016, S. 303; *T. Körber*, „Ist Wissen Marktmacht?" Überlegungen zum Verhältnis von Datenschutz, „Datenmacht" und Kartellrecht – Teil 2, NZKart, 2016, S. 348; *I. Graef*, EU Competition Law, Data Protection and Online Platforms: Data as an Essential Facility, 2016, S. 149 f.; *I. Graef/J. Verschakelen/P. Valcke*, Putting the Right to Data Portability into a Competition Law Perspective, Law: The Journal of the Higher School of Economics, Annual Review, 2013, S. 53, 58 ff.; *C. Grave/J. Nyberg*, Die Rolle von Big Data bei der Anwendung des Kartellrechts, WuW, 2017, S. 363.

Essential-Facilities-Doktrin bestehen kann[12], wird in dieser Arbeit nicht detailliert eingegangen.

b. Gesetzliche Portabilitätsregelungen

Sowohl in Deutschland und Europa, als auch im außereuropäischen Ausland bestanden und bestehen Vorschriften, die den Gedanken der Datenportabilität teilweise aufgreifen und umsetzen.

Geläufigster Vorläufer im deutschen Recht ist dabei die Rufnummernportierung nach § 46 Abs. 3 und Abs. 4 TKG[13]. Dieser und andere nationale und

---

12 Grundlegend zum Thema: *I. Graef*, EU Competition Law, Data Protection and Online Platforms: Data as an Essential Facility, 2016; problematisch ist insbesondere die Unerlässlichkeit („*essentiality*“) des Datenzugangs, dieser gegenüber kritisch: *T. Körber*, „Ist Wissen Marktmacht?“ Überlegungen zum Verhältnis von Datenschutz, „Datenmacht“ und Kartellrecht – Teil 1, NZKart, 2016, S. 303, 308 f., m.w.N., im Wesentlichen fehle es an einer Ausschließlichkeit der Ressource; *D. Geradin/M. Kuschewsky*, Competition Law and Personal Data: Preliminary Thoughts on a Complex Issue, SSRN Journal, 2013, S. 13 ff.; weiter auch: *A. Diker Vanberg/M. B. Ünver*, The right to data portability in the GDPR and EU competation law: odd couple or dynamic duo?, EJLT, 2017, Abschnitt 3.3., besonders 3.3.2., mit Beispielsfällen zum US-amerikanischen Recht, sowie Abschnitt 4; vgl. auch: BMWi, Ein neuer Wettbewerbsrahmen für die Digitalwirtschaft, 2019, S. 33, 55, zu den Unterschieden bei Daten im Vergleich zu klassischen Inputfaktoren auch S. 38.

13 Das Instrument der Rufnummernportierung wurde aufgrund der Universaldienste-RL (Richtlinie 2002/22/EG über den Universaldienst und Nutzerrechte bei elektronischen Kommunikationsnetzen und -diensten 07.03.2002) eingeführt. Es soll ausweislich ErwGr. 47 der RL dem „Funktionieren des Wettbewerbsmarktes“ dienen; dabei ist die Rufnummernportierung aber im Gegensatz zu Art. 20 DSGVO mit der Mitnahme von Festnetz- oder Mobiltelefonnummern auf Situationen ohne Möglichkeit des Multi-Homings beschränkt (vgl. zu diesem Begriff auch: II.2.b.ee., Fn. 148; zudem *S. Elfering*, Unlocking the Right to Data Portability, 2019, S. 18, 20) und bezieht sich nur auf eine einzige Art von Daten (die Telefonnummer), die zudem deutlich weniger Konfliktpotential mit Drittrechten beinhalten. Vgl. zur Rufnummernportierung auch: Wissenschaftlicher Arbeitskreis für Regulierungsfragen, Fragen der Regulierung von OTT-Kommunikationsdiensten, 2016, Papier vom 15. Juli 2016, S. 9, 25, unter dem Aspekt der Regulierung von OTT-I-Diensten und dem Erfordernis einer für diese geltenden Portierungsregelung; im Zusammenhang mit dem für die Telephonie benötigten physischen Netzanschluss vom „Infrastrukturcharakter der Netze“ sprechend: BMWi, Ein neuer Wettbewerbsrahmen für die Digitalwirtschaft, 2019, S. 26; dagegen die „hohe Marktdynamik“ und der Innovationsgeschwindigkeit der Digitalwirtschaft kontrastierend: BMWi, Ein neuer Wettbewerbsrahmen für die

europäische Vorläufer griffen allerdings stets entweder im Anwendungsbereich oder in der Art der Datenübertragung kürzer als Art. 20 DSGVO.[14] Die nationale

Digitalwirtschaft, 2019, S. 26; zu den Unterschieden der wirtschaftlichen Investitionen der Verantwortlichen bei der langfristigen Sammlung und Organisation von Daten zudem: *I. Graef*, Mandating portability and interoperability in online social networks, Telecommunications Policy, 2015, S. 502, 508; vgl. zum ausländischen Recht auch African Union, Convention on Cybersecurity and Personal Data Protection, https://au.int/sites/default/files/treaties/29560-treaty-0048_-_african_union_convention_on_cyber_security_and_personal_data_protection_e.pdf (letzter Abruf: 23.07.2020), wo in Art. 23 unter *Sustainability obligations* (des Verantwortlichen, vgl. *Section V.*) gefordert wird, dass verarbeitete persönliche Daten unabhängig von dem bei der Verarbeitung angewandten technischen Gerät genutzt werden können und dass dies unabhängig von etwaigem technologischem Wandel möglich sein muss; vgl. allerdings zur sehr lückenhaften Umsetzung (14 Unterschriften, acht Ratifizierungen): African Union, Status List zur Convention on Cybersecurity and Personal Data Protection, https://au.int/sites/default/files/treaties/29560-sl-AFRICAN%20UNION%20CONVENTION%20ON%20CYBER%20SECURITY%20AND%20PERSONAL%20DATA%20PROTECTION.pdf (letzter Abruf: 23.07.2020); sowie die nahzu identische Regelung des ECOWAS, Supplementary Act A/SA.1/01/10 on Personal Data Protection within ECOWAS, https://ccdcoe.org/sites/default/files/documents/ECOWAS-100216-PersonalDataProtection.pdf (letzter Abruf: 25.10.2018), dort Art. 45: „*1) The data controller shall take all the necessary measures to ensure that the personal data processed can be utilized, no matter the technical medium. 2) He shall particularly ensure that technological development does not constitute an obstacle to such utilization.*"; zu letzterem auch *U. J. Orji*, A Comparative Review of the ECOWAS Data Protection Act, CRi, 2016, S. 108, 116, der die Regelung als Interoperabilitätsgarantie versteht.

14 So etwa die Pflichten bei „Nutzerkonten" in § 13 Abs. 4 TMG-E (dazu auch *K. v. Lewinski*, in: Wolff/Brink (Hrsg.), BeckOK Datenschutzrecht, 34. Ed. 2020, Art. 20 DSGVO, Rn. 2); dieser versucht, die Gesamtheit der Daten bei einem bestimmten Dienst für dessen Verwender handhabbar zu machen, beschränkt sich jedoch im Wesentlichen auf eine vereinfachte Lösch- und Sperrbarkeit sowie Auskünfte. Vgl. zudem die spezifischen Regelungen zur (körperlichen) Herausgabepflicht hinsichtlich von (Hand-) Akten von Rechts- oder Patentanwälten sowie Steuerberatern, vgl. § 50 Abs. 2 S. 1, Abs. 4 BRAO sowie § 44 Abs. 2 S. 1, Abs. 4 PAO und § 66 Abs. 2, Abs. 4 StBerG (ebenso dazu: *K. v. Lewinski*, in: Wolff/Brink (Hrsg.), BeckOK Datenschutzrecht, 34. Ed. 2020, Art. 20 DSGVO, Rn. 2.1; *T. Günther*, in: Römermann (Hrsg.), BeckOK BRAO, 7. Ed. 2020, § 50 BRAO, Rn. 33); außerdem der Art. 3 Abs. 5 der Elektrizitätsbinnenmarkt-RL 2009/72/EG umsetzende § 20a EnWG zum Lieferantenwechsel im Energiesektor (dazu: *K. v. Lewinski*, in: Wolff/Brink (Hrsg.), BeckOK Datenschutzrecht, 34. Ed. 2020, Art. 20 DSGVO, Rn. 23a.3); weiter auch §§ 20 ff. ZKG, die die Verpflichtung der beteiligten Zahlungsdienstleister zur Kontenwechselhilfe betreffen (vgl. *S. Brüggemann*, in: Taeger (Hrsg.), Recht 4.0 – Innovationen aus den rechtswissenschaftlichen Laboren,

französische Regelung der Datenportabilität in *Art. L224-42 Code de la Consommation*[15] wiederum wurde im Entwurfsstadium als „überflüssig" bezeichnet[16] und ist inzwischen aufgehoben.[17] Hingegen besteht die nationale luxemburgische Regelung in *Art. 567 al. 2* des *Code de Commerce*[18] fort: Sie bezieht sich jedoch auf den Insolvenzfall, stellt ein Recht auf Herausgabe beim Insolvenzschuldner befindlicher Gegenstände sicher[19] und betrifft damit erneut einen Spezialfall der Datenübertragung. Seit Geltungserlangung der DSGVO im Mai 2018 sind weitere, beschränkte Regelungen zur Datenportabilität in Europa entstanden.[20] Vor

---

2017, Das Recht auf Datenportabilität, S. 1; vgl. dazu auch den damaligen Vorschlag der Europäische Kommission, Bank accounts: expert group recommends ways to improve customer mobility, 2007); zudem die §§ 10 Abs. 3, 52 Abs. 1, 61, 69 Abs. 1 Nr. 2 MsbG, die Art. 9 Abs. 2 lit. d der Energieeffizienz-RL (EU) 2012/27 umsetzen und die Auswirkungen eines (Strom-)Lieferantenwechsels auf den Messstellenbetreib behandeln; die Idee des sog. Datenbriefs (vgl. zu diesem im Zusammenhang mit Art. 20 DSGVO: *T. Jülicher/C. Röttgen/M. v. Schönfeld*, Das Recht auf Datenübertragbarkeit, ZD, 2016, S. 358, 362, verweisend auf Chaos Computer Club, Datenbrief, sowie *S. Simitis*, Chancen und Risiken der elektronischen Datenverarbeitung, NJW, 1971, S. 673) hingegen ist eher mit dem Auskunftsrecht (Art. 15 DSGVO) als dem Recht auf Datenportabilität zu vergleichen.

15 LOI N° 2016 1321 du 7 octobre 2016 – Art. 48 (V) pour une République numérique.

16 Wissenschaftlicher Arbeitskreis für Regulierungsfragen, Fragen der Regulierung von OTT-Kommunikationsdiensten, 2016, S. 10.

17 LOI n° 2018-493 du 20 juin 2018 relative à la protection des données personnelles (1), zu dieser Regelung auch: *P. DeHert/V. Papakonstantinou/G. Malgieri/L. Beslay/I. Sanchez*, The right to data portability in the GDPR: Towards user-centric interoperability of digital services, Computer Law & Security Review, 2018, S. 193, 194, Fn. 3.

18 Grand-Duché de Luxembourg, Code de Commerce, vom 09.07.2013.

19 Vgl. dazu: Conseil d'Etat Luxembourg, Avis 49.937, 12.03.2013, S. 2, gehören auch Daten zu den immateriellen beweglichen und nicht vertretbaren Gütern, die sich im Besitz des Insolvenzschuldners oder -verwalters befinden, auf die sich der Artikel bezieht – damit sind wohl auch nicht-personenbezogene Daten erfasst; zu dieser Regelung auch: *K. v. Lewinski*, in: Wolff/Brink (Hrsg.), BeckOK Datenschutzrecht, 34. Ed. 2020, Art. 20 DSGVO, Rn. 4.1.

20 Etwa die PSI-Richtlinie (Richtlinie (EU) 2019/1024 über offene Daten und die Weiterverwendung von Informationen des öffentlichen Sektors – PSI-Richtlinie 20.06.2019), nach der im Besitz öffentlicher Stellen oder Unternehmen befindliche Dokumente „open by design" und „open by default" sein sollen (vgl. ErwGr. 16 und Art. 5 Abs. 2 PSI-RL), um die Verwendung offener Daten zu fördern und Anreize für die Innovation bei Produkten und Dienstleistungen zu vermitteln (vgl. Art. 1 Abs. 1 PSI-RL) und die Daten öffentlicher Stellen europaweit zur Verfügung stellen zu können; dazu auch III.6.b.dd.

allem aber auch im außereuropäischen Ausland entstanden unmittelbar nach Geltungsbeginn der DSGVO einige vergleichbare Gesetzesvorhaben.
So enthält etwa *Cal. Civ. Code § 1798.100(d) – California Consumer Privacy Act 2018*[21], der sich auf Beziehungen zwischen Verbrauchern und Unternehmern beschränkt, eine Datenportabilitätsregelung.[22] Ein australisches Gesetzesvorhaben zu einer Datenportabilitätsregung[23] sah sogar die Festlegung verbindlicher Standards hinsichtlich des bei der Übertragung anzuwendenden Formats von einem dafür einzurichtenden *Data Standards Chair* vor[24]; es wurde aber mit der Auflösung des Parlaments im April 2019 hinfällig und seitdem nicht wieder aufgegriffen.[25] Ausdrücklich an Art. 20 DSGVO orientiert hat sich ein Gesetzesvorhaben aus Singapur[26]: Für die dort enthaltenen *Portability Provisions* sollten bereits im Gesetzgebungsverfahren Probleme aufgegriffen werden, die

---

21 California Consumer Privacy Act 2018, anzuwenden ab 01.01.2020; S. *Persson u. a.*, California passes major legislation, expanding consumer privacy rights and legal exposure for US and global companies, 2018; der Wortlaut stimmt an vielen Stellen mit der englischen Fassung des Art. 20 DSGVO überein, etnhält aber zum Beispiel keine Regelung zur Direktübertragung.

22 "*A business that receives a verifiable consumer request from a consumer to access personal information shall promptly take steps to disclose and deliver, free of charge to the consumer, the personal information required by this section* [vgl. § 1798.100(a), § 1798.110 und § 1798.115]. *The information may be delivered by mail or electronically, and if provided electronically, the information shall be in a portable and, to the extent technically feasible, in a readily useable format that allows the consumer to transmit this information to another entity without hindrance. A business may provide personal information to a consumer at any time, but shall not be required to provide personal information to a consumer more than twice in a 12-month period.*"

23 Parliament of Australia, Treasury Laws Amendment (Consumer Data Right) Bill 2019, 2019.

24 Parliament of Australia, Treasury Laws Amendment (Consumer Data Right) Bill 2019 – Explanatory Memorandum, 2019 S. 8, 47 ff., es sollte zunächst beschränkt sein auf „*the banking, energy and telecommunications sectors, and eventually across the economy*" anzuwenden sein, vgl. S. 5.

25 Zum Ablauf bei sog. *Lapsed Bills* in Australien: Parliament of Australia, Lapsed Bills, 2020.

26 Singapore Personal Data Protection Commission, Discussion Paper on Data Portability, 25.02.2019, (im Zuge der Änderung des *Personal Data Proteciton Act 2012*); zum Bezug zur DSGVO: Singapore Personal Data Protection Commission, Public Consultation on Review of the Personal Data Protection Act 2012 – Proposed Data Portability and Data Innovation Provisions, 22.05.2019, S. 6 f.

sich auch bei Art. 20 DSGVO stellen.[27] Auch dort sind bindende sektorspezifische Formatfestlegungen vorgesehen.[28] Derartige Möglichkeiten, das Format festzulegen, finden sich seit ihrer Streichung aus dem Recht auf Datenportabilität in Art. 18 DSGVO-E durch das Parlament in der europäischen Regelung nicht mehr.[29] Nicht zuletzt diese Streichung führt dazu, dass die Formatvorgaben in Art. 20 DSGVO teils als ungenügend oder jedenfalls problematisch angesehen werden.[30] Auch der Entwurf der indischen *Personal Data Protection Bill, 2019*[31] sieht in Sec. 19 neben einem ansonsten sehr ähnlichen Inhalt im Vergleich zu Art. 20 DSGVO einige Konkretisierungen an in der DSGVO-Regelung streitigen Punkten wie der Bereitstellung vor.[32] Eine bereits seit 2017

---

27 Vgl. etwa zum „Bereitstellen": Singapore Personal Data Protection Commission, Public Consultation on Review of the Personal Data Protection Act 2012 – Proposed Data Portability and Data Innovation Provisions, 22.05.2019, S. 9 f.; sowie die entsprechenden Ausführungen bei Artikel-29-Datenschutzgruppe, WP 242 rev.01, 13.12.2016/05.04.2017, S. 11 – dazu hier: III.3.e.; sowie zu Daten Dritter: S. 11 (Singapur) bzw. S. 12 ff. (Artikel-29-Datenschutzgruppe); unterschiedlich aber der Vorschlag einer Gebühr, S. 13, sowie der Ausschluss von Arbeitnehmerdaten, S. 7 (die bei Art. 20 DSGVO nicht per se ausgenommen sind, vgl. III.3.b.cc.).

28 "*Matters to be prescribed under the proposed sectoral codes of practice will include [...] Interoperability: minimum, open or common machine-readable formats and standards for transmission of data between organisations*"; Singapore Personal Data Protection Commission, Public Conusltation on Review of the Personal Data Protection Act 2012 – Proposed Data Portability and Data Innovation Provisions, 22.05.2019, S. 17.

29 Vgl. Europäisches Parlament, Standpunkt des Parlamentes, konsolidierter Text der Legislativen Entschließung vom 12.03.2014; vgl. auch die Synopse der Entwurfsfassungen im Anhang (VI.), sowie BayLDA, Trilog – Synopse der DS-GVO.

30 Vgl. zu den Formatvorgaben: III.3.f.

31 Zunächst als Ministry of Electronics and Information Technology (India), Draft Personal Data Protection Bill, 2018, dort Sec. 26, dann nach Vorbringen im Parlament: Ministry of Electronics and Information Technology (India), Personal Data Protecion Bill, 2019, dort Sec. 19; zum Stand des Gesetzgebungsverfahrens auch: *A. Vaishnav*, The Personal Data Protection Bill, 2019: All you need to know, 2019; sowie Ministry of Electronics and Information Technology (India), Data Protection Framework, 2019.

32 Daten sollen erfasst sein, wenn sie „*generated in the course of provision of services or use of goods by the data fiduciary*" sind; allerdings geht der Vorschlag weiter als Art. 20 DSGVO und schliesst jedes Datum ein, „*which forms part of any profile on the data principal, or which the data fiduciary has otherwise obtained*"; das Wort „*obtained*" kann dabei im Bezug auf die Aktivität, die an den Tag zu legen ist, sehr unterschiedlich übersetzt werden. Auch dort ist vorgesehen, dass Verhaltensregeln und Instrumente zur Durchsetzung festgelegt werden können: „*Standards and means by which a data principal may avail the right to data portability under section 26 of this Act*".

bestehende Regelung enthält Sec. 18 des philippinischen Datenschutzgesetzes[33], der trotz einiger Unterschiede im Detail aber erhebliche Übereinstimmungen mit Art. 20 DSGVO aufweist[34] und ebenfalls die Festlegung von Standards und Übertragungsabläufen ermöglicht. Das japanische Handelsministerium hat im Jahr 2017 begonnen, eine gesetzgeberische Tätigkeit hin zu einer Datenportabilitätsregelung zu eruieren[35], diese wurde jedoch trotz einer ausdrücklichen Abstimmung der Datenschutzverantwortlichen Japans und der EU nicht in die 2020 verabschiedete Änderung des dortigen Datenschutzgesetzes aufgenommen.[36] Die 2017 und 2018 vorgeschlagene Einführung eines Rechts auf Datenportabilität als Teil der Reform des neuseeländischen *Privacy Act 2013*[37] mit einer Ausgestaltung, die als Minimum diejenigen Rechte umfassen sollte, die mit Art. 18 DSGVO-E zum damaligen Zeitpunkt vergleichbar sind, wurde aber

33 Republic Act 10173 – Data Privacy Act of 2012; sowie zur Einfügung der *Implementing Rules and Regulations* per 06.09.2016: *A. Wall*, Summary: Philippines Data Privacy Act and implementing regulations, 2017.

34 Vgl. Die Gegenüberstellung des gesamten *Data Privacy Acts* mit den DSGVO-Regelungen bei: *A. Wall*, GDPR matchup: The Philippines' Data Privacy Act and its Implementing Rules and Regulations, 2017; etwa ist Voraussetzung, dass *„personal information is processed by electronic means and in a structured and commonly used format"*, was bei Art. 20 DSGVO grundsätzlich nicht der Fall ist; zudem wird die Bereitstellung oder das Betreffen des Anspruchsstellers nicht näher angesprochen; die Regelung trifft keine Aussagen zur Kollission mit anderen Rechten, sondern es sind nur in Sec. 19 bestimmte Verarbeitungssituationen ausgenommen.

35 Nikkei Asian Review, Japan eyes easy consumer access to personal data, 2017.

36 *A. Okada*, Japan: Impact of adopted APPI amendment bill, 2020; vgl. zur finalen Version und einer Gegenüberstellung der aktuellen mit der Vorgängerversion: Personal Information Protection Commission (Japan), Promulgation of the Amendment Act of the Act on the Protection of Personal Information, etc., 12.06.2020; zum Ablauf des Gesetzgebungsverfahrens und den Abstimmungen mit EU-Kommissarin *Jourová*: Personal Information Protection Commission (Japan), PPC – Topics, 2016.

37 New Zealand Privacy Commissioner, Report to the Minister of Justice under Section 26 of the Privacy Act, 2017; *K. Wilson/J. Trezise*, A Right to Data Portability: Privacy and Competition Law Concerns, 2017, S. 3 ff., es sollte *„at a minimum entitle the individual concerned to rights comparable to those contained in article 18 of the new General Data Protection Regulation"*; zum erneuten Vorschlag 2018: New Zealand Privacy Commissioner, Privacy Commissioner's Submission on the Privacy Bill to the Justice and Electoral Select Committee, 2018.

ebenfalls nicht in die *Privacy Bill 2018*[38] aufgenommen; damit bestehen in Neuseeland weiterhin nur Regeln zur Rufnummerportabilität.[39] Schließlich enthält auch das ab August 2020 geltende brasilianische *Lei Geral de Proteção de Dados* in Art. 18.V eine Regelung der Datenportabilität, die allerdings textlich außer mit der Beachtung „geschäftlicher und industrieller Geheimnisse" nicht über die Gewährung einer unspezifizierten „Übertragbarkeit" hinausgeht.[40]

c. Privatwirtschaftliche Portabilitätsansätze

Ansätze zur Herstellung der Datenportabilität fanden sich schon vor der DSGVO und vor entsprechenden Regelungen außerhalb Europas in privatwirtschaftlichen Programmen, vor allem aus dem bereits erwähnten *Silicon Valley*. Auch diese waren allerdings auf bestimmte Anwendungsszenarien, meist sog. Soziale Netzwerke, beschränkt.[41]

Bereits seit den frühen 2000er Jahren wurde von Projekten wie *OpenID*, *OAuth* oder *Portable Contacts* an Technologien zur Portierung von Daten gearbeitet,

---

38 New Zealand Legislation, Privacy Bill, 2018; vgl. auch die parlamentarische Zusammenfassung: New Zealand Parliamentary Service, Digest No. 2588 – Privacy Bill 2018 (34-2), 2019.

39 *L. Littlewood/S. Shaw/E. Vincent*, GDPR (EU) and Privacy Bill (NZ) – a momentous week for privacy law, 2018; dies kritisch sehend: *T. Sherman u. a.*, New Zealand: Playing a short game on the Privacy Bill, 2019, die die gewählte Lösung nur moderater Änderungen am *Privacy Act 2013* als kurzfristig einfacher, aber voraussichtlich langfristig erneute Reformen notwendig machend ansehen.

40 Art. 18.V LGPD: *„portabilidade dos dados a outro fornecedor de serviço ou produto, mediante requisição expressa, de acordo com a regulamentação da autoridade nacional, observados os segredos comercial e industrial"*, Subchefia para Assuntos Jurídicos, Lei Geral de Proteção de Dados Pessoais, 2018/2019; dazu auch: *T. Hoeren/S. Pinelli*, Das neue brasilianische Datenschutzrecht, ZD, 2020, S. 351.

41 Zur anfänglichen Fixierung der Datenportabilität auch im Gesetzgebungsverfahren auf dieses Anwendungsgebiet vgl. statt vieler und m.w.N.: *B. P. Paal,* in: Paal/Pauly (Hrsg.), Datenschutz-Grundverordnung, Bundesdatenschutzgesetz, 2. Aufl. 2018, Art. 20 DSGVO, Rn. 6; *A. Kratz*, Datenportabilität und „Walled Gardens", InTeR, 2019, S. 26, 27; zu den angenommenen Gefahren bei Übernahmen Sozialer Netzwerke und des für Nutzer unbefriedigenden Umstandes schwankender Attraktivität der Netzwerke und einem daraus folgenden Regulierungsbedürfnis für die Portabilität auch bereits 2008: *H. Speck*, Die Schwierigkeiten liegen beim Nutzer, 2008 mit Parallelen zu physischen Adressbüchern; sowie: *A. Dix,* in: Simitis u. a. (Hrsg.), Datenschutzrecht, 2019, Art. 20 DSGVO, Rn. 2, der die Beschwerden der Nutzer sozialer Netzwerke anspricht, die Probleme hatten, „ihre Daten" von diesen zurückzuerhalten.

oft jedoch mit Augenmerk eher auf einer sicheren Identifizierung im Netz.[42] Im Jahr 2007 wurde die „*Bill of Rights for Users of the Social Web*" veröffentlicht, in der zur Schaffung einer besseren Kontrolle für die Nutzer auch die Datenportabilität gefordert wurde.[43] Ebenfalls bereits 2007 schlossen sich in dem Projekt *DataPortability* bzw. der *DataPortability Workgroup*[44] verschiedene Akteure aus dem IT-Bereich mit dem Ziel zusammen, mittels zu entwickelnder Verfahrensstandards Benutzerdaten zwischen Onlinediensten verschieben zu können. Auch *MySpace Data Availability*, *Facebook Connect* und *Google Friend Connect* (2008) waren Projekte, die darauf ausgelegt waren, Benutzerdaten in verpartnerten Netzwerken einspeisen zu können.[45] Diese Projekte zielten aber hauptsächlich auf den Import von Kontaktlisten und „*basic profile information*" ab und sollten mit dem Ausgangsprofil verbunden bleiben. Diese frühen als „Portabilität" bezeichneten Ansätze waren in ihrem Anwendungsbereich sowohl sachlich als auch persönlich – im Wesentlichen auf ausgewählte Partnerunternehmen beschränkt.[46]

---

42 *C. Saad*, Do not #DeleteFacebook because of Cambridge Analytica, 26.03.2018; vgl. zudem die Homepages der jeweiligen Projekte: OpenID Foundation, Home, 2020; OAuth Community, Home, 2020; Portable Contacts, Home, 2020.

43 Vgl. *B. van der Auwermeulen*, How to attribute the right to data portability in Europe: A comparative analysis of legislations, CLSR, 2017, S. 57, 58 unter Hinweis auf den Text dieser *Bill of Rights*, (vgl. *J. Smarr u. a.*, A Bill of Rights for Users of the Social Web, 2007); die Forderung nach Datenportabilität deutlich herausstellend auch *S. O'Hear*, A Bill of Rights for Users of the Social Web, ZDNet , A Bill of Rights for Users of the Social Web.

44 *S. Weiss*, Privacy threat model for data portability in social network applications, International Journal of Information Management, 2009, S. 249, 251; mit Ausführungen zur weiteren Entwicklung: *V. Weber*, DataPortability.org Workgroup bekommt Zuwachs, heise online: DataPortability.org Workgroup bekommt Zuwachs; Bizannes, Why Every Site Should Have A Data Portability Policy, TechCrunch: *Why Every Site Should Have A Data Portability Policy*; Contributor, Facebook, Google and Plaxo Join the DataPortability Workgroup, TechCrunch , *Facebook, Google And Plaxo Join The DataPortability Workgroup*; es sollte ein offenes Referenzdesign entwickelt werden, das zukünftiger Software die Möglichkeit geben sollte, mit offenen Standards interoperabel zu sein und durch eine einheitliche Struktur den Import und den Export von Daten zu erleichtern.

45 Vgl. zu diesen Konzepten: *B. Greenwood*, MySpace, Facebook, Google Integrate Data Portability, Information Today, 2008, S. 27.

46 Mit teilweise sogar aktivem Verhindern der Weitergabe an Konkurrenzunternehmen, vgl. *I. Graef*, Mandating portability and interoperability in online social networks, Telecommunications Policy, 2015, S. 502, 506.

Weitere wesentliche gedankliche Vorarbeit zur Datenportabilität leisteten die Vertreter der Idee des *OpenWeb*. Früh sah etwa *Sir Tim Berners-Lee*, der als „Vater" des *World Wide Web* bekannt ist, die abstrakte Idee der Datenportabilität als sinnvoll an, um ein innovationsoffenes Internet zu sichern und ein Mittel für die Reaktion des Benutzers auf die aktuellen Marktgegebenheiten zu schaffen. Das Internet müsse davor geschützt werden, dass Informationen hinter Mauern versteckt und in „Silos" aufbewahrt würden und es so drohe, zu fragmentarischen Inseln zu zerbrechen.[47] Dieser Gedanke wurde in den Portabilitätsbestrebungen von zunächst *Google*-Mitbegründer *Sergey Brin* fortgeführt; nur durch die Offenheit hätten Dienste wie *Google* überhaupt entwickelt werden können, das proprietäre Design der Konkurrenten wiederum bedrohe diese Offenheit.[48] Später traten auch *Apple* und *Facebook* dem Portabilitätsprojekt von *Google* bei; dieses Projekt *Takeout* der *Data Liberation Front*, die 2017 in das *Data Transfer Project* aufging, bleibt auf die an den jeweiligen Projekten teilnehmenden Dienste beschränkt[49], stellt jedoch grundsätzlich eine privatwirtschaftliche

---

47 *L. Whitney*, Tim Berners-Lee: The Web is threatened, cnet, 23.11.2010; *T. Berners-Lee*, Long Live the Web: A Call for Continued Open Standards and Neutrality, Scientific American, 22.11.2010; *A. Kratz*, Datenportabilität und „Walled Gardens", InTeR, 2019, S. 26, 28; *D. Reisinger*, Google's Brin: "I have much admiration" for Apple, Facebook, cnet, 18.04.2012: Google's Brin: ‚I have much admiration' for Apple, Facebook"; *I. Katz*, Tim Berners-Lee: demand your data from Google and Facebook, The Guardian, 18.04.2012: Battle for the Internet – Tim Berners-Lee: demand your data from Google and Facebook.

48 Vgl. *D. Farber*, Google's Sergey Brin: Facebook and Apple a threat to Internet freedom, cnet, 15.04.2012: Google's Sergey Brin_ Facebook and Apple a threat to Internet freedom; *I. Katz*, Web freedom faces greatest threat ever, warns Google's Sergey Brin, The Guardian, 15.04.2012: Battle for the internet – Web freedom faces greatest threat ever, warns Google's Sergey Brin; *D. Reisinger*, Google's Brin: 'I have much admiration' for Apple, Facebook, cnet, 18.04.2012.

49 Google, Data Liberation Front, 2011 bzw. Google, Google Takeout, 2011 (Angebot des Exports von im Zusammenhang mit Google-Diensten gespeicherten Daten in verschiedenen auswählbaren Formaten), das später im Google u. a., Data Transfer Projekt, 2017 aufging und das eine Direktübertragung ähnlich Art. 20 Abs. 2 DSGVO beinhalten sollte (was letztlich auch durch die zu diesem Zeitpunkt bereits geltende DSGVO motiviert gewesen sein dürfte). Vgl. zudem: World Wide Web Consortium (W3C), OpenSocial Foundation Moves Standards Work to W3C Social Web Activity, 16.12.2014 (ein Projekt zur Verknüpfung sozialer Netzwerke durch Förderung von Interoperabilitätslösungen). Interessant aber kurzlebig in diesem Zusammenhang auch: *O. Mundy*, Give Me My Data 2009–2016, 2016 *O. Mundy*, Give Me My Data helps you reclaim and reuse your Facebook data, 2016, *R. Khare*, Facebook's

Portabilitätslösung dar, die der Intention nach beliebig erweiterbar ist.[50] Auf die Gedankengänge des *OpenWeb* wird bei der Untersuchung der Regelungszwecke des Art. 20 DSGVO (vgl. II.) vertieft eingegangen. Ein staatliches Portabilitätsprojekt stellte schließlich die *My Data Initiative* der Regierung *Obama* dar: Durch Schaffung sogenannter „*trust communities*" sollten verschiedene sektorspezifische Lösungen für die Datenübertragung entwickelt werden.[51]

Diese Ansätze zeigen zwar, dass der Portabilitätsgedanke in den USA weit gereift war.[52] Sie befürworteten aber entweder nur plakativ und ohne tiefgehende

---

Disconnect: Open Doors, Closed Exits, TechCrunch: „Give Me My Data", ein externer Dienst aus dem Jahr 2009, der das Visualisieren und Exportieren der bei Facebook gespeicherten Daten in „wiederbenutzbaren" Formaten wie XML, JSON und CSV (zu diesen IV.3.) erlauben sollte, aber 2016 nach Unterbindung des Datenzugriffs eingestellt werden musste und auf eine Anleitung zu einer aufwendigen selbstständigen Extraktion der Daten zurückgefahren wurde: Facebook Developers, Getting Started with the Graph API, 2013, dazu auch: Stiftung Datenschutz e.V., Praktische Umsetzung des Rechts auf Datenübertragbarkeit, 3. Aufl., 2018, S. 36. Daneben wurde das eigene Konkurrenzprodukt „*Download Your Information*" entwickelt, um Teile der Nutzerdaten bei *Facebook* im JSON- oder HTML-Format zum Export anzubieten, vgl. zu Aussehen und Eigenschaften: Facebook, Data Portability and Privacy, 2019, S. 5, das Tool selbst ist nur bei Anmeldung auf *Facebook* abrufbar.

50 Vgl. näher zu dieser Umsetzung: IV.4.d.

51 *K. Honey/P. Chrousos/T. Black*, My Data: Empowering All Americans with Personal Data Access, 15.03.2016; Beispiele sind der *Blue Button* im Gesundheitswesen (vgl. dazu die archivierte Webpräsenz des *Obama White House*, die sich im Internetauftritt des aktuellen Weißen Hauses nicht mehr findet: US Department of Veteran Affairs, Blue Button – Veterans Health Records, One Click Away, 2012; sowie der *Green Button* betreffend die Strom-, Gas- und Wasserversorgung (The Green Button Alliance, Green Button Data …secure, anonymous, digital…, http://www.greenbuttondata.org/ (letzter Abruf: 27.07.2020); außerdem der *My Student Data Download Button* im Zusammenhang mit Studienkrediten oder -stipendien (US Department of Education, MyStudentData Download, 2020); weiter bemühe sich die *DirectTrust.org, Inc.* als durch das *Office of the National Coordinator for Health Information and Technology* (*ONC*) gegründete *trust community* um die Zusammenarbeit zur technischen Standardisierung im Gesundheitsbereich und zur Ausarbeitung sicherer, interoperabler Wege des Informationsaustausches (*I. DirectTrust.org*, Comment to ONC on Draft 2017 Interoperability Standards Advisory, 2017; *I. DirectTrust.org*, What is DirectTrust?, 2012: „*ensuring interoperability and security via Direct for exchange of health information to more than half the professionals in the U.S. health care system*".)

52 Vgl. insgesamt zu den Ansätzen der Datenportabilität in den USA auch: *N. Horn*, Aus Sicht der Stiftung Datenschutz – wie die Regulierung im Datenrecht Schritt halten kann, PinG, 2017, S. 182 f.

Begründung und Ausgestaltung das Konzept der Datenportabilität oder waren wie die vor der DSGVO bestehenden gesetzlichen Regelungen im Gegensatz zu Art. 20 DSGVO in ihrer Anwendung auf wenige Dienste oder branchenspezifisch beschränkt.[53]

2. Forschungsziel und Gang der Untersuchung

Die Untersuchung verfolgt zwei zentrale Ziele. Zunächst wird Art. 20 DSGVO in das Datenschutzrecht eingeordnet (II.). Sodann wird eine an diesem Zweck orientierte Auslegung des Rechts auf Datenportabilität erarbeitet (III.) und um eine Analyse technischer Umsetzungsmöglichkeiten der mit der Datenportabilität einhergehenden informationstechnischen Vorgänge ergänzt (IV.).

Die Einordnung als Norm des Datenschutzrechts (II.) erscheint auf den allerersten Blick naheliegend, weil das Recht auf Datenportabilität in der DSGVO normiert ist, die den Anspruch erhebt, das Datenschutzrecht in der Europäischen Union umfassend zu regeln. Allerdings wird schon bei etwas näherer Betrachtung der Vorschrift deutlich, dass es sich trotz der Einordnung in Kap. III der DSGVO („Rechte der betroffenen Person") nicht um ein datenschutzrechtliches Betroffenenrecht im klassischen Sinne wie etwa das Auskunfts- oder Löschungsrecht handelt. Indem sie den Wechsel des Datenverarbeitungsverantwortlichen erleichtern will, weist die Norm eine starke wettbewerbsrechtliche Komponente auf. Dies führt an vielen Stellen zu Unstimmigkeiten, wenn der Versuch unternommen wird, die Datenportabilität in das traditionelle Muster des Rechts auf informationelle Selbstbestimmung zu zwängen. Untersucht wird dabei, inwieweit sich die Vorstellung vom Datenschutz als Kontroll- und Herrschaftsrecht vor einer gewandelten Kommunikationsgesellschaft als alleinige Auslegungs- und Rechtfertigungsprämissen aufrechterhalten lassen kann. Zudem wird die wettbewerbliche Wirkweise der gesetzlich ermöglichten Datenportabilität untersucht und herausgearbeitet, welche Wirkungen diese auf die Innovationsfreudigkeit, den Wettbewerb insgesamt und den Einzelnen als Rechtsausübenden hat.

Die so gefundenen Ergebnisse greifen die Auslegung der einzelnen Tatbestandsmerkmale (III.) auf. Dabei wird aber nicht nur ein Augenmerk auf die gemeinhin für problematisch gehaltenen Tatbestandsmerkmale wie das Bereitstellen und die Formatanforderungen gelegt. In bisherigen Beiträgen wurde oftmals im Wesentlichen deren Konkretisierungsbedürftigkeit betont, die sich

53 Zur wirtschaftlichen Erklärbarkeit dieses Umstands: II.3.c.aa.; vgl. zu weiteren privatwirtschaftlichen Umsetzungen auch IV.2.b.hh., 3. und 4.

allerdings wie bei den meisten unbestimmten Rechtsbegriffen im Wege der Auslegung sinnvoll auflösen lässt. Vielmehr wird auch tiefergehend untersucht, ob und wie für die praktische Wirksamkeit des Rechts auf Datenportabilität besonders durch den Vorbehalt der technischen Machbarkeit für die Direktübertragung und die Beachtung von Rechten und Freiheiten Anderer Schwierigkeiten entstehen. Dabei werden Verknüpfungen zwischen den einzelnen Tatbestandsmerkmalen hergestellt, die beleuchten, inwieweit sich durch die Erfüllung der Pflichten aus Art. 20 DSGVO möglicherweise über die bloße Portierbarkeit weiter hinausgehende Datenverarbeitungspflichten im Sinne einer Strukturierungs- oder Echtzeitübertragungspflicht ergeben können. Zudem wird das Gesamtbild in den Blick genommen, welches sich aus dem Zusammenspiel der einzelnen Tatbestandsmerkmale ergibt und abschließend die Tauglichkeit des Art. 20 DSGVO dahingehend bewertet, einen über schon bestehende Ansätze hinausgehenden Beitrag zur Umsetzung der Datenportabilität zu leisten.

Das Recht auf Datenportabilität bleibt wie die meisten Datenschutzregelung wirkungslos, wenn es nicht in der Praxis technisch umgesetzt werden kann (IV.). Die technische Umsetzung von Datenschutzregeln gestaltet sich schon bei bekannten datenschutzrechtlichen Pflichten innerhalb des Systems nur eines Verantwortlichen teils schwierig. Diese werden bei der Datenportabilität noch dadurch verschärft, dass die Übertragung zwischen den Systemen zweier verschiedener Verantwortlicher stattfinden soll – potentiell mit Übertragung zunächst nur an den Betroffenen selbst, der die Daten dann weiterübertragen kann. Die Umsetzung der Datenportabilität betrifft also neben der augenscheinlichen Frage nach dem Übertragungsformat noch ein ganzes Bündel weiterer technisch umzusetzender Maßnahmen wie Zusammenstellung und Export des Datensatzes. Es werden daher die informationstechnischen Umsetzungsmöglichkeiten und deren Einsatz im Rahmen der Datenportabilität erläutert. Sodann wird ein Überblick über schon bestehende oder in Entwicklung befindliche Portabilitätslösungen gegeben.

Dabei wird methodisch auf die klassische Rechtsdogmatik zurückgegriffen, die vor allem bei der Auslegung der rechtlichen Umsetzung des Art. 20 DSGVO an vielen Stellen um rechtsvergleichende Elemente ergänzt wird. Art. 20 DSGVO wird mithilfe von Gesetzesauslegung untersucht und dabei die einschlägige Literatur umfassend ausgewertet. Spezifisch zu Art. 20 DSGVO existiert bis Januar 2021 keine zu berücksichtigende Rechtsprechung, ansonsten wird auf Rechtsprechung vereinzelt im Zusammenhang mit den wettbewerbsrechtlichen Elementen zurückgekommen. Die technische Betrachtung folgt im Wesentlichen dem Ansatz, die relevanten Vorgänge und Möglichkeiten einer Leserschaft verständlich zu machen, die mit informationstechnischen Systemen weniger vertraut ist.

Dabei soll einerseits ein besseres Verständnis für die Wirkweise der notwendigen Vorgänge vermittelt werden. Andererseits werden die Probleme verdeutlicht, die sich im Zusammenhang mit Art. 20 DSGVO aus technischer Sicht vor allem auch aus der Systemverschiedenheit der an der Übertragung beteiligten Verantwortlichen ergeben können.

II. Regelungszweck des Art. 20 DSGVO

Abstract: *Even though the Right to Data Portability is located within the GDPR, placing it into data protection law in a traditional sense is met with doubt from several sources. This is due to the fact that by regulating the flow of data in a more and more data driven society, the Right to Data Portability combines elements of traditional data subjects' rights with a competition focused approach. It focusses on the prevention of Lock-In-Effects and fostering the free flow of data in order to facilitate a more easy access to and operating on data driven markets. Thereby the Right to Data Portability is an example for a more regulatory approach to data protection law, rather than a prohibitory one that solely focusses on the individuals' control over individual sets of data. This regulatory approach gains more and more momentum in order to keep pace with technological development. Rather than being a traditional data subjects' right, the Right to Data Portability tries to enable individuals to each exercise their right in order to achieve a combined potential large-scale market impact in the sense of a more open flow of data and hence innovation on data driven markets.*

Keywords: *Data Protection Law, Law and Economics, Antitrust Law, Competition Law, Data Privacy, GDPR*

1. Einleitung

Datenverarbeitungsprozesse haben wie erwähnt eine für die Teilhabe am täglichen Leben in allen Bereichen der Gesellschaft zunehmende Bedeutung. Deshalb stellt sich immer weiter auch die Frage, ob und inwiefern Regelungen, die als DSGVO-Regelungen auf den ersten Blick dem Datenschutzrecht zugeordnet sind und den Umgang und die Bewegung dieser (personenbezogenen) Daten betreffen, auch eine den Umgang mit den Daten in wettbewerblicher Sicht regulatorische Komponente haben. Als Folgefrage stellt sich, wie mit den dadurch entstehenden Problemen bezüglich des Verständnisses und der Anwendung auch der DSGVO-Normen umzugehen ist. Eindrücklich zeigt sich dies am Recht auf Datenportabilität nach Art. 20 DSGVO. Die teils nicht nur untereinander, sondern auch in sich selbst widersprüchlichen Einordnungsversuche zeigen die Schwierigkeit, diesen Artikel zu verorten und den Bedarf nach einer solchen Einordnung stets neu auf. Daher wird der Frage nachgegangen, ob und wie das Recht auf Datenportabilität, das man in der DSGVO kodifiziert auf den ersten Blick als klassisches datenschutzrechtliches Betroffenenrecht in der Tradition

von Auskunfts- und Löschungsrechten einordnen könnte, sich in die Gesamtkonzeption des europäischen Datenschutzes einfügt. Es wird geklärt, ob überhaupt datenschutzrechtliche Zwecke verfolgt werden, welche dies sind und wie sich dieser Umstand auf die weitere Auslegung der Norm[54] auswirkt.
Im Einzelnen wird dabei zuerst untersucht, ob das Recht auf Datenportabilität tatsächlich eine datenschutzrechtliche Zielsetzung verfolgt (2.) und dabei beleuchtet, inwieweit sich das Verständnis der Regelungsmaterie des Datenschutzrechts angesichts der Bedingungen in einer gewandelten Kommunikationsgesellschaft geändert hat. Sodann folgt die Untersuchung und Darstellung, inwieweit ein wettbewerbsrechtlicher Zweck verfolgt wird (3.), beziehungsweise wie sich dieser zum Datenschutzrecht verhält. Schließlich wird untersucht, wie das Recht auf Datenportabilität sich zu genuin verbraucherschützenden (4.) Zielsetzungen verhält. Weiter wird kurz auf die sich aus den verschiedengerichteten Zielsetzungen ergebenden Fragen hinsichtlich der gesetzgebungstechnischen Grundlage der DSGVO im AEUV eingegangen und im Abschluss die Bedeutung für die Auslegung von Art. 20 DSGVO dargelegt (5.).

2. Datenportabilität als Datenschutzregelung

Die besonders während der Anhörungen in Vorbereitung des europäischen Gesetzgebungsprozesses in den Jahren 2009 bis 2011 auftretenden kritischen Stimmen[55], ob ein Recht auf Datenportabilität überhaupt in einem

---

54 Sodann im folgenden Kapitel III.

55 Zur Konsultation vor Veröffentlichung des Datenschutz-Gesamtkonzepts (Europäische Kommission, Gesamtkonzept für den Datenschutz in der Europäischen Union, KOM, 2010, 609 (endgültig)) insgesamt: Europäische Kommission, Summary of Replies to the Public Consultation about the Future Legal Framework for the Protection of Personal Data, 2010. Dabei betonte zur ersten Konsultation zwar etwa *Microsoft* die Wichtigkeit des Unterbleibens von Beschränkungen der Möglichkeit der Verbraucher, die Kontrolle über die Daten auszuüben, der *UK General Medical Council* machte sich für die Interoperabilität von Patientendaten stark, der Datenschutzaktivist *Breyer* erhoffte eine Klarstellung zur Wettbewerbsrelevanz von Daten und das *Bureau Européen des Unions de Consommateurs* (*BEUC*) forderte ausdrücklich ein Recht auf Datenportabilität als spezifisches Recht des Digitalen Zeitalters (vgl. BEUC, Response, http://collections.internetmemory.org/haeu/20171122154227/http://ec.europa.eu/justice/news/consulting_public/0003/contributions/organisations/beuc_en.pdf (letzter Abruf: 29.10.2018), S. 2, 20). Im sodann veröffentlichten Gesamtkonzept wurde die Möglichkeit eines „Rechts des von der Verarbeitung Betroffenen […], in dem die Datenübertragbarkeit sichergestellt wird“ als zu prüfend aufgenommen (vgl. Europäische Kommission, Gesamtkonzept für den Datenschutz in der Europäischen Union, KOM, 2010, 609

datenschutzrechtlichen Regelwerk enthalten sein solle und wie es rechtsthematisch im Zusammenhang mit dem Wettbewerbsrecht[56] einzuordnen sei, bestehen auch nach Verabschiedung der DSGVO fort. Dabei handelt es sich um eine Problematik, deren Bestehen zentral damit steht und fällt, ob man den europäischen Datenschutz individuell-herrschaftsrechtlich oder auch regulatorisch als Teilhaberecht bezogen auf die Gestaltung privater Ordnungen und sozialer Institutionen begreift. Die Untersuchung wird zeigen, dass die Einordnung als wettbewerbsrechtliche Zwecke verfolgende Norm eine Einordnung als Datenschutznorm nicht nur nicht ausschließt. Das Zusammenfallen entspricht vielmehr gerade einem durch das europäische Datenschutzgrundrecht vermittelten Datenschutzverständnis, das auch regulatorische Elemente umfasst, ohne dass man sich der Vorstellung eines durch Art. 20 DSGVO vermittelten subjektiven

---

(endgültig), S. 8), dabei wurde fokussiert auf Soziale Netzwerke und Cloud-Lösungen und ein Vorbehalt des technisch Möglichen sowie eine Verhinderung der verantwortlichenseitigen Behinderung miteinbezogen. Besonders unter den Antworten zur zweiten Konsultation, nach Veröffentlichung des Gesamtkonzepts (Europäische Kommission, Consultation on the Commission's comprehensive approach to personal data protection in the European Union, 2010), fanden sich vermehrt kritische Reaktionen zum Thema Datenportabilität, die im Wesentlichen die Kosten und den technischen Aufwand kritisch sahen und teils Beschränkungen wie eine Angemessenheitsprüfung (*Microsoft*), eine Beschränkung auf Online-Nutzungen forderten (der *Europäische Datenschutzbeauftragte*) oder sie bereits von anderen Regelungen umfasst sahen (so vor allem Telekommunikationsunternehmen wie *Telefónica* oder *Orange*, was sich wohl auch angesichts der Regeln zur Rufnummerportierung nachvollziehen lässt) oder die schlicht jeweils die eigene Branche als von der Regelung auszunehmend ansahen. Zugleich fanden sich aber auch Stimmen, die ausdrücklich die datenschutzrechtliche Natur der Datenportabilität kritisch sahen (etwa das *European Policy Centre*), sowie weiter Bedenken wegen drohender Datenschutzverstöße in Drittländern bei der Erfüllung sowie vereinzelt wegen des als nicht klar angesehen Bereitstellungsmerkmals äußerten (*ISFE*); die vielfach kritisierte Festlegung von Standards durch die Kommission (z.B. *Bitkom*, *DIHK*) wurde in der DSGVO tatsächlich ausgelassen. Vgl. schließlich die Ausführungen zugunsten des Rechts auf Datenportabilität: Europäischer Datenschutzbeauftragter, Opinion of the European Data Protection Supervisor on the Communication from the Commission to the European Parliament, the Council, the Economic and Social Committee and the Committee of the Regions – „A comprehensive approach on data protection in the European Union", 2011.

56 Der Begriff des Wettbewerbsrecht umfasst das Lauterkeitsrecht, aber auch, vor allem im Zusammenhang mit der Datenportabilität, das Kartellrecht, vgl. *K.-H. Fezer*, in: Fezer u. a. (Hrsg.), Lauterkeitsrecht, 3. Aufl. 2016, Einleitung, Einleitung, Rn. 344 f. sowie die Klarstellungen unten an den jeweiligen Textstellen.

Herrschaftsrechts des Einzelnen über die Daten bedienen müsste. Es wird gezeigt, wie sich der Datenschutz zur Schaffung der Funktionsbedingungen des freiheitlich-demokratischen Gemeinwesens gerade auch regulatorischer Mechanismen bedienen muss, um auf Neuerungen technischer und gesellschaftlicher Art reagieren zu können und wie sich diese Entwicklung am Recht auf Datenportabilität verdeutlicht und es zugleich in seiner Sonderstellung in der DSGVO rechtfertigt.

a. Herleitung eines datenschutzrechtlichen Charakters nach individuell-herrschaftsrechtlichem Verständnis des Datenschutzes

Schon zu Beginn des Gesetzgebungsprozesses hat die Artikel-29-Datenschutzgruppe die Datenportabilität zu den „Datenschutzzielen" gezählt.[57] Nach weit verbreiteter Lesart deutet auch ErwGr. 68 zur DSGVO, der das Recht auf Datenportabilität als Mittel zur besseren Kontrolle der Betroffenen über die eigenen Daten bei automatisierter Verarbeitung vorsieht, eine vom europäischen Gesetzgeber ohne weiteres vorgenommene datenschutzrechtliche Einordnung an.[58] Diese datenschutzrechtliche Einordnung wird damit in vielen Fällen von einem herrschaftsrechtlichen Verständnis der grundrechtlichen Datenschutzgewährleistungen geleitet und damit in Verbindung gebracht, dass hinter dem Recht auf Datenportabilität die freie Kontrolle des Einzelnen über einen unterstellten Stamm an ihm eigenen Daten quasi als aus der informationellen Selbstbestimmung hergeleiteter Selbstzweck stünde.[59] Der folgende Abschnitt beleuchtet,

---

57 Artikel-29-Datenschutzgruppe, WP 196, 01.07.2012, S. 18, 20 und auch im weiteren Artikel-29-Datenschutzgruppe, WP 242 rev.01, 13.12.2016/05.04.2017, S. 4, Fn. 1 – zur Übernahme der Leitlinien der Artikel-29-Datenschutzgruppe durch den diese ablösenden Datenschutzausschuss: Europäischer Datenschutzausschuss, Endorsement 1/2018, 25.05.2018,

58 Vgl. zur angesichts des Entstehungsprozesses von Art. 8 GRCh überraschenden Verbreitung dieser Einordnung in der europäischen Diskussion: *N. Marsch*, Das europäische Datenschutzgrundrecht, 2018, S. 105 f., der auf die Verwerfung einer Formulierung des Art. 8 GRCh entsprechend des vom BVerfG gewählten Schutzbereichs des Rechts auf informationelle Selbstbestimmung hinweist.

59 Deutlich etwa bei *D. Schätzle*, Ein Recht auf die Fahrzeugdaten, PinG, 2016, S. 71, 75, der von einer tatsächlichen Verfügungsgewalt über die Daten spricht; vgl. zu dieser Ansicht vor allem auch die Nachweise in Fn. 72; zudem Artikel-29-Datenschutzgruppe, WP 242 rev.01, 13.12.2016/05.04.2017, S. 6, wo die Beseitigung von Lock-In Effekten (dazu sogleich unter II.3.) als wesentliche Stärkung der Selbstbestimmung dargestellt

wie nach diesem Denkmuster versucht wird, die Datenportabilität in das Datenschutzrecht einzuordnen und untersucht, wie unter Übertragung der deutschen Definition des Rechts auf informationelle Selbstbestimmung nach dem BVerfG[60] eine unmittelbare Drittwirkung der datenschutzrechtlichen Grundrechtsgewährleistungen konstruiert wird, die ein Datenkontrollrecht in Form der Datenportabilität erfordern würde.

aa. Denkgrundlagen des herrschaftsrechtlichen Datenschutzverständnisses

Das herrschaftsrechtliche Verständnis wurde traditionell von vielen Seiten dem im Volkszählungsurteil[61] anhand von Art. 2 Abs. 1 i.V.m. Art. 1 Abs. 1 GG aus dem Allgemeinen Persönlichkeitsrecht entwickelten Recht auf informationelle Selbstbestimmung nach deutschem Datenschutzrechtsverständnis zugrunde gelegt: Man hat dieses als Garantie der Entscheidungsfreiheit des Einzelnen[62] oder eine Verwendungsautonomie über Daten[63] als subjektives Recht begründend angesehen.[64] Auf das Datenschutzrecht und die ihm zugrundeliegenden (europäischen) Grundrechte wird dies teils übertragen[65] und diese nach dem gleichen Schema der Gewährung eines vorstaatlichen Freiheitsraums versucht zu konstruieren, wie es bei anderen Grundrechten der Fall ist. Bei dieser Vorgehensweise werden die grundrechtlichen Datenschutzgewährleistungen dahingehend verstanden, dass das Schutzgut der Entscheidungsfreiheit über Daten

---

wird; zudem *E. Skobel*, Alle Daten kommen mit, PinG, 2018, S. 160, 165 f.; ablehnend zu dieser Sichtweise *N. Marsch*, Kontrafakturen und Cover-Versionen aus Karlsruhe, ZEuS, 2020, S. 597, 612: mitgeprägt worden seien diese Ansicht auch durch die Entscheidung des EuGH, GRUR 2014, 895 – Google Spain, vgl. dort etwa Rdnr. 81.

60 Gleichwohl dieses sich inzwischen im Urteil „Recht auf Vergessen I" (vgl. Fn. 90) nunmehr ausdrücklich gegen das herrschaftsrechtliche Verständnis ausgesprochen hat, vgl. dazu II.2.b.bb.

61 BVerfGE 65, 1.

62 *U. Di Fabio,* in: Maunz/Dürig (Hrsg.), Grundgesetz, 2019, Art. 2, Rn. 175.

63 *L. Michael/M. Morlok*, Grundrechte, 5. Aufl., 2016, Rn. 426.

64 Vgl. dieses Verständnis ausführlich beleuchtend und m.w.N.: *N. Marsch*, Das europäische Datenschutzgrundrecht, 2018, S. 101.

65 Sehr anschaulich etwa bei *A. Roßnagel*, Kein „Verbotsprinzip" und kein „Verbot mit Erlaubnisvorbehalt" im Datenschutzrecht, NJW, 2019, S. 1, 2 f., der in diesem Zusammenhang das Verbotsprinzip als durch die Struktur des Grundrechts selbst zwingend vorgegeben und einer einfachgesetzlichen Beschränkung nicht zugänglich ansieht (vgl. S. 4).

durch den Schutzgehalt einer Befugnis zur Selbstbestimmung über Preisgabe und Verwendung persönlicher Daten geschützt werde.[66]

Dem europäischen Datenschutzrecht liegt das Recht auf Achtung des Privatlebens und auf Schutz personenbezogener Informationen gemäß Art. 7, Art. 8 Abs. 1 GRCh sowie Art. 16 Abs. 1 AEUV[67] zugrunde. Teilweise wird selbst auf europäischer Ebene der Begriff des „Rechts auf informationelle Selbstbestimmung" verwendet[68] und die Wertungen ähnlich dem gleichnamigen deutschen Grundrecht übertragen.[69] Dieser Übertragung folgend, sollen nach herrschaftsrechtlichem Verständnis der europäischen Grundrechtsgewährleistungen – vor allem auch durch den Teilaspekt des Rechts auf Achtung des Privatlebens gemäß Art. 7 GRCh vermittelt – diese Gewährleistungen als eine Facette ihres Schutzgehaltes den Zugang zu und die Kontrolle über personenbezogene Daten durch den Betroffenen sichern oder (wieder-)herstellen.[70]

---

66 Kritisch dazu: *N. Marsch*, Das europäische Datenschutzgrundrecht, 2018, S. 100 f., für das Datenschutzrecht bezogen auf die Herleitung aus dem europäischen Datenschutzrecht sei der Begriff der Schutzkonzeption vorzugswürdig; kritisch zudem: *M. Albers*, Informationelle Selbstbestimmung, 2005, S. 152 ff. *H.-H. Trute*, in: Roßnagel (Hrsg.), Handbuch Datenschutzrecht, 2003, Kap. 2.5 Verfassungsrechtliche Grundlagen, S. 156, Rn. 11.

67 Vgl. zum Verhältnis von Art. 7 und Art. 8 GRCh und zum größtenteils angenommenen lex specialis Verhältnis von Art. 8 zu Art. 7 GRCh: *N. Bernsdorff*, in: Meyer/Hölscheid (Hrsg.), Charta der Grundrechte der Europäischen Union, 5. Aufl. 2019, Art. 8 GRCh, Rn. 13; *H. Johlen*, in: Stern/Sachs (Hrsg.), Europäische Grundrechte-Charta, 2016, Art. 8 GRCh, Rn. 24; *R. Streinz*, EUV/AEUV, 3. Aufl. 2018, Art. 8 GRCh, Rn. 7.

68 In einer Vielzahl von Beiträgen zur Datenportabilität wird an dieser Stelle vom „Recht auf informationelle Selbstbestimmung" gesprochen, etwa *T. Jülicher/C. Röttgen/M. v. Schönfeld*, Das Recht auf Datenübertragbarkeit, ZD, 2016, S. 358, was allerdings – zumindest bei Verwendung ohne weitere Erklärung – die Gefahr birgt, zu sehr auf den nationalen (deutschen) Maßstab zurückzufallen und dort geltende Maßstäbe ohne weiteres zu übertragen, obwohl für Art. 20 DSGVO die Grundrechte auf europäischer Ebene entscheidend sind; vgl. zu den begrifflichen Problemen auch *N. Marsch*, Das europäische Datenschutzgrundrecht, 2018, S. 109.

69 *A. Roßnagel*, Kein „Verbotsprinzip" und kein „Verbot mit Erlaubnisvorbehalt" im Datenschutzrecht, NJW, 2019, S. 1, 2.

70 *N. Bernsdorff*, in: Meyer/Hölscheid (Hrsg.), Charta der Grundrechte der Europäischen Union, 5. Aufl. 2019, Art. 8 GRCh, Rn. 13; *K. Schürmann*, in: Eßer u. a. (Hrsg.), Auernhammer – DSGVO/BDSG, 6. Aufl. 2018, Art. 20 DSGVO, Rn. 6; *T. Jülicher/C. Röttgen/M. v. Schönfeld*, Das Recht auf Datenübertragbarkeit, ZD, 2016, S. 358, 361; *G. Zanfir*, The right to Data portability in the context of the EU data protection reform, IDPL,

bb. *Verortung des Rechts auf Datenportabilität im herrschaftsrechtlichen Verständnis*

Durch das Recht auf Datenportabilität wiederum solle es den Betroffenen ermöglicht werden, die Zuordnung der vom jeweiligen Betroffenen bereitgestellten Daten zu einem bestimmten Verarbeiter zu kontrollieren. Der Betroffene solle über das alleinige Verbleiben bei diesem, also über die Verwendung der Daten nach ihrer Preisgabe frei disponieren können.

Aus dieser herrschaftsrechtlichen Sichtweise, die aus der einfachgesetzlichen Umsetzung auf die Konzeption des Datenschutzrechts schließt[71], dient das Recht auf Datenportabilität der Umsetzung des unterstellten, notwendigen (subjektiven) Kontrollelements des Rechts auf Schutz personenbezogener Daten bzw. nach dieser Ansicht der „informationellen Selbstbestimmung" über das „Schutzgut", die selbstbestimmte Verwendung der Daten.[72] Dieses Ziel folgt

---

2012, S. 149, 155; *P. Gola/C. Klug/B. Körffer*, in: Gola/Schomerus (Hrsg.), Bundesdatenschutzgesetz, 12. Aufl. 2015, § 1 BDSG, Rn. 10.

71 Zum Schluss vom einfachgesetzlichen Befund auf den Inhalt des dahinterstehenden Grundrechts kritisch: *N. Marsch*, Das europäische Datenschutzgrundrecht, 2018, S. 105.

72 Vgl. in die Richtung einer derartigen selbstbestimmungsgeleiteten Kontrolle durch Art. 20 DSGVO: *H.-G. Kamann/M. Braun*, in: Ehmann/Selmayr (Hrsg.), DS-GVO, 2. Aufl. 2018, Art. 20 DSGVO, Rn. 4; *M. Rudolph*, in: Schwartmann u. a. (Hrsg.), DS-GVO/BDSG, 2018, Art. 20 DSGVO, Rn. 124, der die „bessere Kontrolle" als „wesentliche Stärkung" der datenschutzrechtlichen Position der Betroffenen ansieht und – wenn auch möglicherweise unbeabsichtigt – in Rn. 41 durch Sprechen von „eigenen personenbezogenen Daten" ein herrschaftsrechtliches Verständnis im Sinne einer eindeutigen Zuordnung zumindest anklingen lässt, eine eigentumsähnliche Rechtsposition aber in Rn. 25 als nicht gegeben ansieht; zudem *G. Zanfir*, The right to Data portability in the context of the EU data protection reform, IDPL, 2012, S. 149, 152; *E. Fialová*, Data Portability and Informational Self-Determination, Masaryk University Journal of Law and Technology, 2014, S. 45, 47; *S. Brüggemann*, Das Recht auf Datenportabilität, K&R, 2018, S. 1; *T. Jülicher/C. Röttgen/M. v. Schönfeld*, Das Recht auf Datenübertragbarkeit, ZD, 2016, S. 358, 361; *P. Krause*, Datenportabilität, PinG, 2018, S. 239, 240, der „nicht-datenschutzrelevante Zwecke […] maximal hilfsweise" heranziehen will; *O. Lynskey*, Deconstructing Data Protection, ICLQ, 2014, S. 569, 591; *D. Schätzle*, Ein Recht auf die Fahrzeugdaten, PinG, 2016, S. 71, 75, der durch die Datenportabilität die informationelle Selbstbestimmung „durch eine Datensouveränität im Sinne einer tatsächlichen Verfügungsgewalt über die Daten" verwirklichbar sieht; *E. Skobel*, Alle Daten kommen mit, PinG, 2018, S. 160, 165 f.; dagegen zum herrschaftsrechtlichen Verständnis insgesamt kritisch, diesen Schluss gerade bezogen auf das Recht auf Datenportabilität als besonders deutlich das (selbst abgelehnte) herrschaftsrechtliche

nach herrschaftsrechtlichem Denkmuster also schon aus der angenommenen Natur des Rechts auf informationelle Selbstbestimmung als Instrument zur Sicherstellung des ungehinderten Ausübens der „an"[73] personenbezogenen Daten bestehenden Rechtsposition, die das sekundärrechtliche Datenschutzrecht ausgestalte. Dabei wird aber oftmals der Kern des Problems – die Frage, ob das Datenschutzrecht auch gerade durch wettbewerbsrechtlich-regulatorische Regelungen in seiner besonderen Teilhabesicherungsfunktion gestärkt werden soll – dadurch ausgeblendet, dass aus dem gesetzestextlichen Befund des Art. 20 DSGVO auf eine herrschaftsrechtliche Natur geschlossen wird, die sich alleine aus der Kontrollsteigerung rechtfertigt, welche wiederum in Art. 20 DSGVO bestätigt gesehen wird.

cc. Datenportabilität als Erweiterung des Rechts auf informationelle Selbstbestimmung und Reaktion auf technologischen Wandel

Jenes gedankliche Vorgehen ist es, das in Teilen der bisherigen Literatur als Folge zu der Ansicht führt, dass mit der Einführung des Rechts auf Datenportabilität eine Erneuerung, Erweiterung oder Verfremdung des Verständnisses von Datenschutz und vom Recht auf informationelle Selbstbestimmung im speziellen eintritt.[74]

Verständnis hervortreten lassend ansehend *N. Marsch*, Das europäische Datenschutzgrundrecht, 2018, S. 104; eine Schaffung eines eigentumsähnlichen Dispositionsrechtes ebenfalls ablehnend *K. v. Lewinski*, in: Wolff/Brink (Hrsg.), BeckOK Datenschutzrecht, 34. Ed. 2020, Art. 20 DSGVO, Rn. 8; dagegen durch die Datenportabilität den *„first step to an idea of data subjects' default ownership of their personal data"* genommen sehend: *P. DeHert/V. Papakonstantinou/G. Malgieri/L. Beslay/I. Sanchez*, The right to data portability in the GDPR: Towards user-centric interoperability of digital services, Computer Law & Security Review, 2018, S. 193, 201, 203; die Opportunität der „Einführung weitergehender Immaterialgüterrechte an Daten", „um zusätzliche Anreize für Investitionen in die Datengewinnung zu schaffen und den Handel mit Daten zu erleichtern" in Frage stellend: BMWi, Ein neuer Wettbewerbsrahmen für die Digitalwirtschaft, 2019, S. 35, m.w.N. zu dieser Streitfrage.

73 Zur Problematik der Trennung zwischen Daten und Informationen und damit auch des Bestehens von Rechtspositionen an Daten vgl. sogleich unten Fn. 93.

74 Vgl. zu diesem Ergebnis *K. Schürmann*, in: Eßer u. a. (Hrsg.), Auernhammer – DSGVO/BDSG, 6. Aufl. 2018, Art. 20 DSGVO, Rn. 6 und Rn. 64, wo vom „grundrechtlichen Charakter […] des Rechts auf Datenübertragbarkeit" gesprochen wird; ebenso *W. Kamlah*, in: Plath (Hrsg.), DSGVO/BDSG, 3. Aufl. 2018, Art. 20 DSGVO, Rn. 1, der das Recht auf Datenportabilität als „ähnlich motiviert wie Art. 17 und den Datenschutz im Internet zugunsten der betroffenen Personen" erhöhend ansieht, jedoch im

Die datenschutzrechtlichen Grundrechtsgewährleistungen bieten mit dem Datenschutzrecht einem (wohl unbestrittener Weise) mit dem technologischen Wandel in ganz besonderem Maße verflochtenen Rechtsgebiet die verfassungsrechtliche Grundlage.[75] Diese würden vor allem nach herrschaftsrechtlichem Verständnis ohne die entsprechende Kontrolle über die geschützten Daten durch den Betroffenen eines gewichtigen Teilaspekts beraubt werden. Wenn man dem herrschaftsrechtlichen Verständnis folgt, muss daher auch die Sicherung dieser Kontrolle als ein Bestandteil dieses Rechts und damit der Regelungsmaterie des Datenschutzrechtes zugehörig angesehen werden. Das geschaffene Kontrollrecht sei als Erweiterung im Vergleich zu den Anfängen der Lehre zum Recht auf informationelle Selbstbestimmung mit dem Volkszählungsurteil[76] zu begreifen, die die subjektiven Rechte des Einzelnen an den Daten auf europäischer Ebene stärken solle. Die Erweiterung könne nach diesem Denkkonstrukt als Ausdruck des auf einen im Umgang mit Daten eingetretenen technologischen Wandel zu

---

Weiteren auch davon sprechend, dass die Datenportabilität nicht technisch unterlaufen werden dürfe, um Wettbewerb zu verhindern, vgl. Rn. 9; *S. Brüggemann*, Das Recht auf Datenportabilität, K&R, 2018, S. 1, der zwar den Grundgedanken dahinter als eher wettbewerbsrechtlich ansieht, aber auch ausführt, dass durch das Recht auf Datenportabilität eben eine Erweiterung der durch Art. 8 GRCh gewährten Rechte eintritt; *T. Jülicher/C. Röttgen/M. v. Schönfeld*, Das Recht auf Datenübertragbarkeit, ZD, 2016, S. 358, 361; ebenso den Umstand der Berührung von „Aspekten der informationellen Selbstbestimmung“ feststellend, im Ergebnis die Systemfremdheit der Datenportabilität befürwortend *M. Hennemann*, Datenportabilität, PinG, 2017, S. 5, 6; *E. Skobel*, Alle Daten kommen mit, PinG, 2018, S. 160, 162; die Einordnung offen lassend *P. Laue/J. Nink/S. Kremer*, Das neue Datenschutzrecht in der betrieblichen Praxis, 2016, § 4, Rn. 60, S. 154; ausdrücklich davon sprechend, dass das „Recht auf informationelle Selbstbestimmung […] im Sinne einer Dispositionsbefugnis erweitert“ wird, jedoch dann die datenschutzrechtliche Einordnung im Wesentlichen ablehnend: *S. Brüggemann*, in: Taeger (Hrsg.), Recht 4.0 – Innovationen aus den rechtswissenschaftlichen Laboren, 2017, Das Recht auf Datenportabilität, S. 1.

75 *N. Bernsdorff*, in: Meyer/Hölscheid (Hrsg.), Charta der Grundrechte der Europäischen Union, 5. Aufl. 2019, Art. 8 GRCh, Rn. 12; *R. Streinz*, EUV/AEUV, 3. Aufl. 2018, Art. 8 GRCh, Rn. 3, m.w.N.; vgl. zur Verdeutlichung dieses technologischen Wandels gerade mit Blick auf die DSGVO: *N. Bernsdorff*, in: Meyer/Hölscheid (Hrsg.), Charta der Grundrechte der Europäischen Union, 5. Aufl. 2019, Art. 8 GRCh, Rn. 23b.

76 Die Bewegung des europäischen Gesetzgebers für das gesamte Datenschutzrecht hin zu dieser vom BVerfG aufgestellten Definition gegeben sehend *F. Hermonies*, in: Jandt/Steidle (Hrsg.), Datenschutz im Internet, 2018, B.V. Rechte der Betroffenen, Kap. V, Rn. 37.

reagieren versuchenden und geänderten Verständnisses des innovativen Grundrechts selbst aufgefasst werden.

Wurde zunächst in Entscheidungen wie dem Volkszählungsurteil die Abwehr staatlicher Einschränkungen der Selbstbestimmung über den Betroffenen betreffende personenbezogene Daten als maßgeblich angesehen, so hat sich diese Komponente eines Abwehrrechts zwar aus der Diskussion keinesfalls zurückgezogen. Als mindestens genauso wichtig bezüglich des Umgangs mit personenbezogenen Daten wird aber – in (wohl einhellig erkannten) Zeiten der Verarbeitung nahezu unüberschaubar großer Mengen personenbezogener Daten vor allem auch durch private Verantwortliche – die Bewahrung der Kontrolle des Einzelnen über dort angelegte Datenbestände angesehen. Den Grundrechten wird daher im Datenschutzrecht oftmals, besonders auch von Vertretern herrschaftsrechtlicher Ansätze, eine unmittelbare Drittwirkung auch unter Privaten zuerkannt.[77] Richtig daran ist zumindest, dass gerade der Wandel des Bedeutungsgehalts eines der entscheidenden Elemente des Grundrechts ist, das auf die Herausforderungen der Entwicklungen in der Informationstechnologie reagieren können muss.[78]

Sieht man jene Kontrollbewahrung nach herrschaftsrechtlichem Verständnis als eines der wesentlichen Elemente des Rechts auf Schutz personenbezogener Daten an, stellt die entsprechende einfachgesetzliche Sicherstellung passender Kontrollrechte, wie sie Art. 20 DSGVO darstellt, die durch das Grundrecht gebotene Reaktion auf diese Entwicklung dar, indem die subjektiven Herrschaftsrechte des Einzelnen gestärkt werden. Denn obschon die Ausübung des Rechts auf Datenportabilität ausweislich Art. 20 Abs. 3 S. 1 DSGVO nicht automatisch oder zwingend zur Löschung der Daten beim ersten Verantwortlichen führt, erweitern sich die Handhabungsmöglichkeiten des Betroffenen. Die Schaffung von Datenbeständen zur eigenen Person bei privaten Verantwortlichen wird

77 So etwa bei *A. Roßnagel*, Kein „Verbotsprinzip" und kein „Verbot mit Erlaubnisvorbehalt" im Datenschutzrecht, NJW, 2019, S. 1, 3, der sein Verständnis der Grundrechtswirkung des Rechts auf informationelle Selbstbestimmung zwischen Privaten zwar als mittelbar ansieht, aber der staatlichen Bindung nahe oder gleich kommend (teils „staatsgleich") bezeichnet; vgl. kritisch zur unmittelbaren Drittwirkung der Datenschutzgrundrechte: *N. Marsch*, Das europäische Datenschutzgrundrecht, 2018, S. 105, sowie zu deren Herleitung auch S. 257 ff.

78 *R. Streinz*, EUV/AEUV, 3. Aufl. 2018, Art. 8 GRCh, Rn. 3; in diese Richtung und mit einer „fortlaufenden Auslegung" der betreffenden Grundrechte argumentierend auch *K. Schürmann*, in: Eßer u. a. (Hrsg.), Auernhammer – DSGVO/BDSG, 6. Aufl. 2018, Art. 20 DSGVO, Rn. 3.

insoweit kontrollierbar gemacht, als dass – selbst wenn eine davon unabhängige Löschung beim alten Verantwortlichen nach Art. 17 DSGVO ausscheiden sollte – über eine Erweiterung des Verantwortlichenkreises frei entschieden werden kann.

dd. Unmittelbare Grundrechtswirkung und Wandel der Datenverarbeitungsvorgänge

Nach diesem Verständnis wäre zutreffend, dass die Datenportabilität wegen der Kommerzialisierung der verarbeiteten Daten durch derartige nicht-öffentliche Stellen als Verantwortliche eine Konsequenz des Wandels der verantwortlichen Stellen darstellt. Sie wäre dabei Reaktion auf die bei der Schaffung der DSRL noch nicht eingetretene und wohl auch nicht sicher absehbare Modernisierung und Fortentwicklung der Datenverarbeitungsvorgänge, aufgrund derer die Kontrolle des Betroffenen zu stärken wäre.[79]

Die Datenportabilität kann aus dieser Herrschaftsrechtsperspektive neben den anderen Betroffenenrechten als eines der Gegenstücke zur Einwilligung (die nach herrschaftsrechtlichem Denkmuster zentral für die Selbstbestimmung ist) oder zum zur Verarbeitung erlaubenden Vertragsschluss gesehen werden (vgl. zu dieser Beschränkung Art. 20 Abs. 1 lit. a i.V.m. Art. 6 Abs. 1 lit. a oder lit. b, Art. 9 Abs. 2 lit. b DSGVO – Art. 20 DSGVO ist grundsätzlich nicht anwendbar, wenn die Verarbeitung etwa auf Grundlage von Art. 6 Abs. 1 lit. f DSGVO erfolgt[80]). Die Einwilligung oder der Vertragsschluss geben die Daten zur Verwendung an einen Verantwortlichen frei (wie es auch Art. 8 Abs. 2 S. 1 GRCh vorsieht), die Datenportabilität wiederum eröffnet die Möglichkeit, nach dieser Freigabe über

79 So *K. Schürmann*, in: Eßer u. a. (Hrsg.), Auernhammer – DSGVO/BDSG, 6. Aufl. 2018, Art. 20 DSGVO, Rn. 3; diese Entwicklung wurde auch genannt als einer der tragenden Gründe für die Neuordnung des Datenschutzrechts in der Union, dies bereits im Gesamtkonzept von 2010 (Europäische Kommission, Gesamtkonzept für den Datenschutz in der Europäischen Union, KOM, 2010, 609 (endgültig)) und auch den folgenden Unionsdokumenten auf dem Weg zur DSGVO, etwa dem ersten Vorschlag der Kommission (Europäische Kommission, Vorschlag für Verordnung des Europäischen Parlaments und des Rates zum Schutz natürlicher Personen bei der Verarbeitung personenbezogener Daten und zum freien Datenverkehr (Datenschutz-Grundverordnung), KOM, 2012, 11 (endgültig), dort vor allem die Begründungen zum Kontext des Vorschlags; vgl. zudem *T. Jülicher/C. Röttgen/M. v. Schönfeld*, Das Recht auf Datenübertragbarkeit, ZD, 2016, S. 358, 361.

80 Dazu III.3.b.

die erweiterte Zuordnung zu entscheiden.[81] Schon die Erweiterung um die Möglichkeiten einer Rechtfertigung durch die Erforderlichkeit für die Vertragserfüllung schwächt aber dieses Primat der Einwilligung. Jedenfalls wird durch das Recht auf Datenportabilität versucht, den erst in den letzten beiden Jahrzehnten durch die Verbreitung des Internets aufgekommenen Möglichkeiten der Datenpreisgabe ebenso weitgefächerte Möglichkeiten gegenüberzustellen, diese Preisgabe nachträglich zu kontrollieren. Nach der herrschaftsrechtlichen Sichtweise wird dies auf eine Weise gerechtfertigt, die eine unmittelbare Drittwirkung[82] der datenschutzrechtlichen Grundrechtsgewährleistungen auch gegenüber den Verantwortlichen bedeutet.

ee. Herrschaftsrechtlicher Vergleich zu Berichtigungs- und Löschungsrechten

Unterstellt man nach herrschaftsrechtlichem Verständnis eine pauschale subjektive Kontrollbefugnis des Einzelnen, spräche zudem ein auf die Definition durch das BVerfG bezogenes Wortlautargument für die herrschaftsrechtlich-datenschutzrechtliche Einordnung. Denn danach hängt das Datenschutzrechtsverständnis auch zentral mit der Übertragung der deutschen Auslegung des Rechts auf informationelle Selbstbestimmung zusammen, dass die Betroffenen Kenntnis darüber haben müssten, „wer was wann und bei welcher Gelegenheit über sie weiß“[83]. Ließe man den Aspekt der Kontrollbefugnis aus und knüpfte etwa alleine an diesen Teil der Definition an, wären auch Berichtigungs- und vor allem Löschungsansprüche – bei welchen die datenschutzrechtliche Natur nicht

---

81 Vgl. zu diesem Ansatz auch *T. Jülicher/C. Röttgen/M. v. Schönfeld*, Das Recht auf Datenübertragbarkeit, ZD, 2016, S. 358, 361, die zwar nur auf die Einwilligung abstellen, aber zum selben Ergebnis kommen; anders *W. Kamlah*, in: Plath (Hrsg.), DSGVO/BDSG, 3. Aufl. 2018, Art. 20 DSGVO, Rn. 4, der die Datenportabilität in Fällen der Verarbeitung auf Basis von Art. 6 Abs. 1 lit. b DSGVO in Fällen entgegenstehender billigenswerter Interessen des Verantwortlichen für problematisch hält; sehr kritisch zum Gedanken der autonomen Verwendungsfestlegung durch die Einwilligung, dazu auch noch unten: *D. Wielsch*, Medienregulierung durch Persönlichkeits- und Datenschutzrechte, JZ, 2020, S. 105, 110.

82 Vgl. zu dieser faktischen unmittelbaren Drittwirkung *A. Roßnagel*, Kein „Verbotsprinzip“ und kein „Verbot mit Erlaubnisvorbehalt“ im Datenschutzrecht, NJW, 2019, S. 1.

83 So die gängige Formulierung aus dem Volkszählungsurteil, BVerfGE 65, 1, 43.

angezweifelt wird – vor dem Wortlaut einer solchen Definition des Grundrechts nur sehr schwer rechtfertigbar.[84]

ff. Zwischenfazit

Die Herleitung eines Datenschutzcharakters ist nach streng herrschaftsrechtlicher Sichtweise zwar möglich. Dies würde aber zweierlei voraussetzen: Zum einen müsste das Datenschutzrecht im Sinne des traditionellen deutschen Rechts auf informationelle Selbstbestimmung verstanden werden. Man müsste von der Prämisse ausgehen, dass ein Mehr an Kontrolle um ihrer selbst willen automatisch ein Mehr an Datenschutz bedeute. Zum anderen müsste dieses Verständnis auf das Verhältnis zu privaten Datenverarbeitern direkt übertragen werden, also eine unmittelbare Drittwirkung der Grundrechte angenommen werden.

---

84 Auch diesen Rechten wohnt ein qualitatives Mehr gegenüber der bloßen Kenntnis von der Datenverarbeitung und deren Inhalt und Umständen inne, die durch das Recht auf Datenportabilität nicht in rechtsschöpferisch anderer Weise als durch Löschungs- und Berichtigungsrechte zu einer zum Wissen hinzutretenden Kontrolle ausgebaut wird; *K. Schürmann,* in: Eßer u. a. (Hrsg.), Auernhammer – DSGVO/BDSG, 6. Aufl. 2018, Art. 20 DSGVO, Rn. 4 sieht insoweit einen wohl zeitlich bezogenen Unterschied, weil die Datenverarbeitung beim Recht auf Datenportabilität im Unterschied zu den anderen Betroffenenrechten „gerade fortgesetzt" werde, was im Ergebnis vor allem etwa hinsichtlich des Auskunftsanspruchs nicht vollständig überzeugen kann; nach Einfügung des Auskunfts- und Berichtigungsrechts, nicht aber des Löschungsrechts, überzeugt vor allem der Schluss gegen einen datenschutzrechtlichen Charakter aus der fehlenden ausdrücklichen Nennung des Rechts auf Datenportabilität in Art. 8 Abs. 2 S. 2 GRCh nicht – so aber dennoch, wenig überzeugend in diesem Punkt: *I. Graef/ M. Husovec/N. Purtova*, Data Portability and Data Control, Tilburg Law School Legal Studies Research Paper Series, 2017, S. 1, 6, die sich zwar zur Frage der datenschutzrechtlichen Einordnung nicht endgültig festlegen (vgl. S. 6, 7, 27), aber die fehlende Nennung des Rechts auf Datenportabilität in Art. 8 GRCh neben einer teilweisen Rechteerweiterung im Vergleich zum Auskunftsrecht als einen Grund ansehen, warum bezweifelt werden dürfe, ob Art. 20 DSGVO einen Ausfluss des Datenschutzgrundrechts darstelle; warum die Bestimmung über Preisgabe und Verwendung persönlicher Daten, wie sie etwa der althergebrachten Definition des BVerfG zugrunde liegt, bis zum Löschungsanspruch als Mittel zur Beseitigung von Daten aus dem Verantwortungsbereich eines Verantwortlichen reichen soll, aber die weitere Ausdehnung hin zur Datenportabilität als Mittel zu nur anderer zukünftiger Verwendung von Daten nicht mehr erfasst sein soll, ist unter Zugrundlegung des herrschaftsrechtlichen Verständnisses nicht schlüssig begründbar.

b. Datenportabilität als Ausdruck eines erweiterten regulatorischen Datenschutzverständnisses, Ablehnung des individuell-herrschaftsrechtlichen Verständnisses

Das Recht auf Datenportabilität gewinnt seine Eigenschaft und Rechtfertigung als Teil des Datenschutzes aber entgegen der dargestellten individuell-herrschaftsrechtlichen Sichtweise nicht alleine durch das Mehr an Rechten, das es dem Betroffenen einräumt. Der Datenschutzcharakter liegt vielmehr in seiner Funktion als wettbewerbsregulatorisches Instrument zur Teilhabesicherung an privater, sozialer und öffentlicher Kommunikation. Das Datenschutzverständnis unterliegt einem fundamentalen Wandel zu einem auch regulatorischen Verständnis, das die europäischen Datenschutzgewährleistungen vom traditionellen deutschen Recht auf informationelle Selbstbestimmung unterscheidet.
Dieses regulatorische Verständnis wird im Folgenden erklärt und das Recht auf Datenportabilität als „Novum" unter den Betroffenenrechten in dieses eingeordnet. Dabei wird einerseits dargelegt, warum die herrschaftsrechtliche Sichtweise in ihrer bedingungslosen Anwendung auf alle Datenverarbeitungsvorgänge überholt ist und auch wettbewerbsrechtliche Instrumentarien Teil eines gewandelten Datenschutzverständnisses sind. Es wird herausgearbeitet, dass wettbewerbsregulatorische Ziele eine Datenschutzrechtszielsetzung nicht ausschließen, sondern das wettbewerbsregulierende Vorgehen sogar gerade erforderlich sein kann. Weiter wird untersucht, ob und inwieweit theoretische Sicherheitsrisiken die Datenschutznatur des Art. 20 DSGVO ausschließen können und eine Bewertung des Rechts auf Datenportabilität hinsichtlich seiner nutzerschützenden Natur vorgenommen, sowie aufgezeigt, wie das verbreitete herrschaftsrechtliche Verständnis zu den vielerorts bestehenden Schwierigkeiten bei der Verortung von Art. 20 DSGVO beiträgt.

aa. Die Datenportabilität als datenschutzrechtliches „Novum"

Alleine aus der Einführung des Rechts auf Datenportabilität als „Novum" im dem Sinne, dass es zuvor keine ausdrückliche gesetzliche Regelung der Datenportabilität gab[85], kann keine Überschreitung des flexiblen und mit den beschriebenen Entwicklungen verflochtenen Schutzbereichs des Datenschutzgrundrechts mit dessen an den Wandel angepasster Ausgestaltung[86] gefolgert werden. Insgesamt

85 Verschiedene Ansätze außerhalb der EU gingen bereits vor Verabschiedung der DSGVO in ähnliche Richtungen, vgl. dazu die Übersicht unter I.b.

86 Vgl. zum Einschätzungsspielraum bei der Auslegung der GRCh im Zusammenhang mit Schutzpflichten des Staates gegenüber Grundrechtseingriffen Dritter: *A. Weber,*

deutet zwar auf den ersten Blick viel darauf hin, dass der europäische Gesetzgeber vor diesem Hintergrund den Datenschutz in der gewählten sekundärrechtlichen Ausgestaltung einem herrschaftsrechtlichen Verständnis folgend versteht. So wird neben den Erwägungsgründen zur DSGVO und den begleitenden Dokumenten aus dem Gesetzgebungsprozess etwa auch durch Argumentationen in den Kategorien von „*Eigentümern' der [...] Daten*"[87] ein herrschaftsbezogenes Verständnis nahegelegt, das die Frage der Kontrolle über die Daten zentral erscheinen lässt.[88] Das Kontrollnarrativ wird, wie gezeigt, in der deutschen, aber auch der sonstigen europäischen Literatur vielfach aufgegriffen und dabei teils zur Begründung des datenschutzrechtlichen Charakters verwendet. Im Folgenden wird aber gezeigt, warum diese Auslegung der europäischen Gesetzgebung nicht zwingend ist und die Tatsache, dass es sich um ein gesetzestechnisches Novum handelt, den Charakter als Teil des Datenschutzes nicht ausschließt.

bb. Regulatorischer statt herrschaftsrechtlicher Datenschutz

Die sich am herrschaftsrechtlichen Kontrollnarrativ orientierende Herangehensweise, die die individuelle Herrschaft über die Daten nicht nur ins Zentrum rückt, sondern als allein bestimmendes Dogma zur Sicherstellung einer Entscheidungsfreiheit des Betroffenen als Ziel verwendet, ist mittlerweile höchst umstritten. Zuletzt intensiv diskutiert wird eben diese Frage, ob die dem Datenschutzrecht zugrundeliegenden Grundrechte und damit die Konzeption des Datenschutzes ein solches Kontrollelement beinhalten und dessen einfachgesetzliche

---

in: Stern/Sachs (Hrsg.), Europäische Grundrechte-Charta, 2016, Art. 7 GRCh, Rn. 5; dies, obschon auch einer herrschaftsrechtlichen Sicht folgend, bei der Bewertung der Einordnung ins Datenschutzrecht durch den europäischen Gesetzgeber betonend: *A. Kratz*, Datenportabilität und „Walled Gardens", InTeR, 2019, S. 26, 30.

87 Vgl. Europäische Kommission, Aufbau einer europäischen Datenwirtschaft, KOM, 2017(9) final, S. 11; oder auch *N. Kroes*, EU Data protection reform and Cloud Computing, 2012 die davon spricht, dass „*[the European Commission's] proposal starts from everybody owning their own personal data*".

88 Vgl. dazu sogleich unter bb.; das Verhalten der Kommission ähnlich deutend: *I. Graef/ M. Husovec/N. Purtova*, Data Portability and Data Control, Tilburg Law School Legal Studies Research Paper Series, 2017, S. 1, 5; sowie: *N. Marsch*, Das europäische Datenschutzgrundrecht, 2018, S. 107; vgl. auch in die Richtung eines zentralen Kontrollverständnisses: EU Network of Independent Experts on Fundamental Rights, Commentary of the Charter of Fundamental Rights of the European Union, Juni 2006, S. 95, Ziff. IV.

Umsetzung vorschreiben.[89] Dabei zeigt sich eine Tendenz zur Trennung der Konzeption des Datenschutzes von der herrschaftsrechtlichen Konstruktion und damit einer Ablehnung der Annahme eines subjektiv-herrschaftsrechtlichen Kontrollelements als alleinige oder auch bestimmende Grundlage des Datenschutzrechts. Das BVerfG wiederum hat in seiner Entscheidung „Recht auf Vergessen I" in Übereinstimmung mit dieser Tendenz festgestellt und sie darin bestätigt, dass das Recht auf informationelle Selbstbestimmung kein „allgemeines oder gar umfassendes Selbstbestimmungsrecht über die Nutzung der eigenen Daten" enthalte.[90] Auf das Verhältnis zwischen Privaten entfalte es zwar eine mittelbare Drittwirkung, unterscheide sich dabei aber deutlich von der abwehrrechtlichen Dimension des Grundrechts.[91] Insoweit hat sich die in der Literatur bereits verbreitete Tendenz zur Ablehnung des herrschaftrechtlichen Verständnisses in der deutschen Verfassungsrechtsprechung fortgesetzt.

i. Unterscheidung von Daten und Informationen

Für die Ablehnung eines rein individuell-herrschaftsrechtlichen Verständnis des Datenschutzes[92] spricht zunächst grundlegend der Unterschied zwischen Daten

---

89 Vgl. erneut und statt vieler *N. Marsch*, Das europäische Datenschutzgrundrecht, 2018, S. 101 ff., m.w.N.; auch *D. Wielsch*, Medienregulierung durch Persönlichkeits- und Datenschutzrechte, JZ, 2020, S. 105, 106, der die „Reduktion von personaler Autonomie auf eine Funktion von Herrschaftsrechten über Objekte insbesondere [...] in anderen Gebieten als dem Eigentumsrecht" für nicht angemessen hält; *G. Britz*, in: Hoffmann-Riem (Hrsg.), Offene Rechtswissenschaft, 2010, Informationelle Selbstbestimmung zwischen rechtswissenschaftlicher Grundsatzkritik und Beharren des Bundesverfassungsgerichts, S. 561, 566 ff.

90 BVerfG, Beschl. v. 06.11.2019 – 1 BvR 16/13, Rn. 85 ff.

91 *N. Marsch*, Kontrafakturen und Cover-Versionen aus Karlsruhe, ZEuS, 2020, S. 597, 613.

92 Dieses Verständnis ablehnend ein bedeutender Teil der Autoren: *M. Albers*, in: Ehlers u. a. (Hrsg.), Besonderes Verwaltungsrecht, 3. Aufl. 2013, § 62 Datenschutzrecht, S. 1148, Rn. 30; *M. Albers*, Informationelle Selbstbestimmung, 2005, S. 151 ff.; *G. Britz*, in: Hoffmann-Riem (Hrsg.), Offene Rechtswissenschaft, 2010, Informationelle Selbstbestimmung zwischen rechtswissenschaftlicher Grundsatzkritik und Beharren des Bundesverfassungsgerichts, S. 561, 566 ff., mit einer grundsätzlichen Kritik an einer „eigentumsanalogen Konzeption des Grundrechts"; *K.-H. Ladeur*, Datenschutzrecht – vom Abwehrrecht zur planerischen Optimierung von Wissensnetzwerken, DuD, 2000, S. 12 ff.; *N. Marsch*, Das europäische Datenschutzgrundrecht, 2018, S. 102; *H.-H. Trute*, in: Roßnagel (Hrsg.), Handbuch Datenschutzrecht, 2003, Kap. 2.5 Verfassungsrechtliche Grundlagen, S. 156, Kap. 2.5, Rn. 8 ff., 19.

und Informationen: Daten als bloße auf einem Datenträger verkörperte Zeichen werden erst durch Interpretation zu Informationen, weshalb erst die informationsbildende Verwendung der Daten Schutzbedürfnisse hervorrufe. Damit ist einerseits eine Herrschaft über Daten selbst nutzlos, andererseits ist eine Herrschaft über die Interpretation der Daten mangels Kontrollierbarkeit der individuellen Bedeutungskonstruktion unmöglich.[93] Zudem spricht die alleine aus der praktischen Unmöglichkeit eines absoluten Herrschaftsrechts jedes Einzelnen geborene Notwendigkeit einer staatlichen Einschränkung der informationellen Selbstbestimmung in Konfliktfällen gegen das Leitbild eines autonomen Selbstbestimmungsrechts, wie es der individuell-herrschaftsrechtliche Ansatz voraussetzt.[94] Auf europäischer Primärrechtsebene ist zudem durch die Existenz von Art. 16 Abs. 2 S. 1 AEUV ein rein herrschaftsrechtliches Verständnis – politische Äußerungen zur Frage des Dateneigentums außen vor gelassen, zu diesen später noch – eher nicht angelegt[95], weil dort der freie Datenverkehr ausdrücklich als Gegenstand der datenschutzrechtlichen Gesetzgebungskompetenz aufgeführt wird. Art. 16 Abs. 2 S. 1 AEUV muss also auch Regeln umfassen, die durch eine regulatorische Wirkweise eben diesen freien Datenverkehr zu ermöglichen bestimmt sind.[96]

ii. Datenschutz als Teilhabeschutz

Es wird angezweifelt, dass das Konzept des Rechts auf informationelle Selbstbestimmung allein beschränkt auf sein traditionelles Verständnis als individualistisches Kontroll- bzw. Herrschaftsrecht das gewandelte Gefährdungspotential moderner Datenverarbeitungen hinsichtlich der Persönlichkeitsrechte, aus denen

---

93 *M. Albers*, in: Haratsch (Hrsg.), Herausforderungen an das Recht der Informationsgesellschaft, 1996, Zur Neukonzeption des grundrechtlichen „Daten"schutzes, S. 113, 121 ff.; *G. Britz*, in: Hoffmann-Riem (Hrsg.), Offene Rechtswissenschaft, 2010, Informationelle Selbstbestimmung zwischen rechtswissenschaftlicher Grundsatzkritik und Beharren des Bundesverfassungsgerichts, S. 561, 567.

94 *B.-J. Koops*, The trouble with european data protection law, IDPL, 2014, S. 250, 253, der darauf hinweist, dass unter anderem die Einwilligung gegenüber öffentlichen Stellen noch weniger Ausdruck der Selbstbestimmung sein kann als gegenüber privaten Datenverarbeitern; zudem *M. Nettesheim*, in: Hatje/Müller-Graff (Hrsg.), Enzyklopädie Europarecht II, 2014, Privatleben und Privatsphäre, § 9, Rn. 62; *N. Marsch*, Das europäische Datenschutzgrundrecht, 2018, S. 106 f.

95 Vgl. *J.-P. Schneider*, Stand und Perspektiven des Europäischen Datenverkehrs- und Datenschutzrechts, Die Verwaltung, 2011, S. 499, 502.

96 Dazu auch: II.6.

es traditionell abgeleitet wurde, ausreichend erfassen kann.[97] Zwar muss man sich selbst nach herrschaftsrechtlicher Sichtweise jener Wandlung zur Rechtfertigung des Rechts auf Datenportabilität bedienen, um die Erweiterung der informationellen Selbstbestimmung zum Recht auf Datenportabilität konstruieren zu können. Der Gedanke des Datenschutzes ist jedoch vielmehr als Ausgestaltung einer informationellen Selbstbestimmung in dem Sinne zu verstehen, dass es sich um ein die personale und soziale Autonomie sicherstellendes Teilhaberecht an Kommunikationsprozessen in der Gesellschaft handelt.[98]

Der Datenschutz ist als (grund-)rechtlich anerkanntes Bedürfnis überhaupt erst durch technische Weiterentwicklungen in der Datenverarbeitung in der zweiten Hälfte des 20. Jahrhunderts auf den Plan getreten. Er stellt damit insgesamt eine Reaktion auf geänderte gesamtgesellschaftliche Kommunikationsumstände dar, nachdem sich die Kommunikation beschleunigt und technisch verkompliziert hat, zugleich aber immer mehr gesellschaftlich relevante Interaktionen unter Verarbeitung personenbezogener Daten stattfinden. Der Datenschutz hat daher seine Daseinsberechtigung nicht alleine in einer Selbstbestimmung über einen Stamm an vermeintlichen „eigenen" Daten als Selbstzweck.[99] Die Daseinsberechtigung liegt auch darin, die für einen gesellschaftlichen Diskurs notwendigen Grundlagen zu legen, beziehungsweise zu erhalten und vor der Gefährdung anderer Grundrechte zu schützen, die auf eine Weise ausgeübt werden, bei der Daten verarbeitet werden. Zu dieser Sicherung der Teilhabe am gesellschaftlichen Diskurs muss seine einfachrechtliche Umsetzung beitragen. Der Datenschutz dient auf nationaler Ebene, wie auch auf europäischer Ebene auch der Schaffung der Funktionsbedingungen des freiheitlichen-demokratischen Gemeinwesens.

---

97 *D. Wielsch*, Medienregulierung durch Persönlichkeits- und Datenschutzrechte, JZ, 2020, S. 105, 109 f.; in diese Richtung auch *T. Körber*, „Ist Wissen Marktmacht?" Überlegungen zum Verhältnis von Datenschutz, „Datenmacht" und Kartellrecht – Teil 2, NZKart, 2016, S. 348, 349.

98 So führt *S. Simitis*, Bundesdatenschutzgesetz, 8. Aufl. 2014, § 1 BDSG, Rn. 38, aus: „Weil es aber um die *Kommunikationsfähigkeit* geht, ist es zumindest missverständlich, die informationelle Selbstbestimmung in ein „subjektives öffentliches Recht auf Datenschutz" einerseits und ihre Bedeutung als Funktionsbedingung eines freiheitlich-demokratischen Gemeinwesens, also „Elemente einer objektiven Wertordnung" andererseits aufzuteilen."

99 Vgl. auch *N. Marsch*, Das europäische Datenschutzgrundrecht, 2018, S. 111, der darauf hinweist, dass dies aber nicht zugleich bedeuten muss, dass ein Schutz erst dann zu gewährleisten ist, wenn es im konkreten Fall schon zu einer Verletzung gekommen ist.

Er lässt sich nicht nur aus dem Recht auf informationelle Selbstbestimmung, sondern auch aus den Kommunikationsgrundrechten (wie etwa Art. 5 Abs. 1, Art. 8 Abs. 1, Art. 9 Abs. 1, Art. 10 Abs. 1 GG) herleiten, deren Wahrnehmung meist Datenverarbeitungen voraussetzt. Mit einer herrschaftsrechtlichen Komponente sind diese Kommunikationsgrundrechte nicht vereinbar.[100] Dass eine herrschaftsrechtliche Konzeption einer selbstbestimmten Kontrolle als Erklärungsversuch in Zusammenhang mit modernen Kommunikationsvorgängen an ihre Grenzen stößt, zeigen zum Beispiel auch die vielen zur Ausdifferenzierung notwendigen einschränkenden Tatbestandsmerkmale, bei Art. 20 DSGVO vor allem das „Bereitstellen" und die vorgezogene Beachtung von Drittinteressen durch das Betreffensmerkmal und später durch Art. 20 Abs. 4 DSGVO, sowie verwandte Beschränkungen etwa im Rahmen des Auskunftsrechts.

iii. Das Datenschutzgrundrecht als Recht auf adäquate gesetzgeberische Ausgestaltung

Die gegen ein herrschaftsrechtliches Verständnis sprechenden Verstrickungen des Datenschutzrechts gelten sogar noch stärker auf der europäischen Ebene vor dem grundrechtlichen Gerüst des europäischen Datenschutzgrundrechtes. Denn auf der europäischen Ebene wird die Datenverarbeitung und der Verkehr der Daten – vielmehr noch als im bisherigen nationalen Recht – auch als wirtschaftliche Aktivität aufgefasst. Der Datenschutz dient damit schon automatisch auch der Marktregulierung[101], indem er die Regeln für den Umgang mit Daten aufstellt, an die sich der Datenverkehr im und in den Binnenmarkt halten muss.

Dies führt dazu, dass das Dogma einer klassisch herrschaftsrechtlichen Konzeption ausgestaltet als grundsätzliches Verbot mit Erlaubnisvorbehalt hinter ein regulatorisches Verständnis des Datenschutzgrundrechts als „Recht auf

---

100 *D. Wielsch*, Medienregulierung durch Persönlichkeits- und Datenschutzrechte, JZ, 2020, S. 105, 110, in Fn. 61, m.w.N. zur verfassungsgerichtlichen Rechtsprechung.

101 *D. Wielsch*, Medienregulierung durch Persönlichkeits- und Datenschutzrechte, JZ, 2020, S. 105, 111 f.; zur DSGVO betonend, dass deren Anwendbarkeit nicht notwendig nur im Anwendungsbereich des Art. 8 Abs. 1 GRCh eröffnet sei: *J. H. Klement*, Öffentliches Interesse an Privatheit, JZ, 2017, S. 161, 167 f.; das Datenschutzrecht als zentral dem Machtungleichgewicht zwischen Verantwortlichen und Betroffenen entgegenwirkend ansehend auch: BKartA, 06.02.2019, B6-22/16 – Fallbericht: Facebook, S. 9, obschon dies wiederum mit dem „Schutz [des] Grundrechts auf informationelle Selbstbestimmung" und alleine mit einer daraus abgeleiteten selbstbestimmten Entscheidung des Einzelnen begründet wird.

adäquate gesetzgeberische Ausgestaltung" zurücktritt.[102] Der Fokus liegt auch beim Datenschutzgrundrecht damit weniger auf der Selbstbestimmung des einzelnen Grundrechtsträgers und dem Handeln Privater untereinander, sondern auf einem Behandeltwerden durch den Staat.[103] Die Konzeption des Datenschutzes ist aufgrund dieser Umstände von einer herrschaftsrechtlichen Konstruktion zu trennen.[104]

Sekundärrechtlicher Ausfluss dieses Datenschutzansatzes auf europäischer Ebene ist auch das Recht auf Datenportabilität nach Art. 20 DSGVO, das – wie noch im Einzelnen erläutert werden wird[105] – eine solche regulatorische (wettbewerbsrechtliche) Komponente beinhaltet, mit der der Staat die Grundlagen für die Teilhabesicherung im Zusammenhang mit datenverarbeitenden Kommunikationsformen zu schaffen versucht. Es stellt ein Beispiel für den Wandel eines sich auf Abwehrrechte stützenden herrschaftsrechtlichen hin zu einem sich auf Einflussnahmerechte erweiternden regulatorischen Verständnis des Datenschutzes dar.[106]

iv. Politische Einordnungsäußerungen

Zwar wird von Seiten des europäischen Gesetzgebers teils in öffentlichen Äußerungen, aber auch bei Formulierungen in der DSGVO ein Vokabular verwendet, das auf eine herrschaftsrechtliche Sicht hindeuten könnte. Hinsichtlich der Frage nach herrschaftsrechtlichen Elementen und einer „Herrschaft" über personenbezogene Daten ist aber die Auslegung dieses Verhaltens des europäischen Gesetzgebers alles andere als eindeutig oder weiterführend. Das zeigt sich vor allem an Aussagen wie derjenigen, dass jeder Eigentümer seiner personenbezogenen

---

102 *N. Marsch*, Das europäische Datenschutzgrundrecht, 2018, S. 129 ff.

103 *D. Grimm*, Der Datenschutz vor einer Neuorientierung, JZ, 2013, S. 585; *N. Marsch*, Das europäische Datenschutzgrundrecht, 2018, S. 100.

104 *G. Britz*, in: Hoffmann-Riem (Hrsg.), Offene Rechtswissenschaft, 2010, Informationelle Selbstbestimmung zwischen rechtswissenschaftlicher Grundsatzkritik und Beharren des Bundesverfassungsgerichts, S. 561, 582; *N. Marsch*, Das europäische Datenschutzgrundrecht, 2018, S. 103; *D. Wielsch*, Medienregulierung durch Persönlichkeits- und Datenschutzrechte, JZ, 2020, S. 105, 110.

105 Vgl. II.3.

106 Zur damit einhergehenden Änderung des Bezugs von einem Schutzgut auf eine zu schützende Handlung: *N. Marsch*, Das europäische Datenschutzgrundrecht, 2018, S. 256; zur Bedeutung der Partizipation in privaten Datenregimen auch: *D. Wielsch*, Medienregulierung durch Persönlichkeits- und Datenschutzrechte, JZ, 2020, S. 105, 114.

Daten sei[107], oder auch den Formulierungen in den ErwGr. 7 und 68 zur DSGVO, wonach die Bürger „ihre" personenbezogenen Daten kontrollieren können sollen. Diese Einordnungen bewegen sich im zur Herausarbeitung rechtlicher Postulate wenig verbindlichen Bereich zwischen öffentlichkeitswirksamen politischen Äußerungen und Beiträgen zu einer grundrechtstheoretischen Debatte.[108] Auch die bisherigen Ausführungen des EuGH und der Generalanwälte erlauben keinen eindeutigen Schluss auf die Annahme einer herrschaftsrechtlichen Konzeption.[109]

v. Datenportabilität als „atypisches Datenschutzrecht" und Fremdkörper

Die Probleme bei der Einordnung von Art. 20 DSGVO sind mit dem traditionellen deutschen Verständnis des Rechts auf informationelle Selbstbestimmung als Herrschaftsrecht nur schwer aufzulösen. Die problematische Übertragung von deren Wertungen auf die Festlegung der Reichweite des Datenschutzgrundrechts spiegeln sich auch in denjenigen Einordnungsversuchen wider, die eine kritische Note hinsichtlich dieser neuen Entwicklung im datenschutzrechtlichen Regelungskonstrukt behalten und die beim Versuch einer Greifbarmachung von Art. 20 DSGVO die Einordnung als „atypische Datenschutzvorschrift" wählen. Dieses „atypische Datenschutzrecht" stelle eine Erweiterung bzw. Modifikation des hergebrachten Auskunftsanspruchs dar, der letztlich durch die das „Wie" vorschreibenden Tatbestandsmerkmale des Art. 20 DSGVO (strukturiertes, gängiges, maschinenlesbares Format) modifiziert werde.[110] Eine solche „Atypie"

---

107 So die EU-Kommissarin *Kroes* zu den ihrer Ansicht nach den Kommissionsvorschlägen zur DSGVO zugrundeliegenden Ausgangsüberlegungen: „*Our proposal starts from everybody owning their own personal data*", *N. Kroes*, EU Data protection reform and Cloud Computing, 2012; vgl. auch *N. Purtova*, Default entitlements in personal data in the proposed Regulation: Informational self-determination off the table… and back on again?, CLSR, 2014, S. 6, 7, dort Fn. 5.

108 *N. Marsch*, Das europäische Datenschutzgrundrecht, 2018, S. 107; die umstrittene Einordnung des Rechts auf Datenportabilität ebenfalls als Ausdruck dieser „*larger discussion of the relationship between […] the GDPR, […] and Article 8*" erkennend *I. Graef/ M. Husovec/N. Purtova*, Data Portability and Data Control, Tilburg Law School Legal Studies Research Paper Series, 2017, S. 1, 6.

109 Vgl. zum Ganzen *N. Marsch*, Das europäische Datenschutzgrundrecht, 2018, S. 108 f., m.w.N.

110 So *K. v. Lewinski*, in: Wolff/Brink (Hrsg.), BeckOK Datenschutzrecht, 34. Ed. 2020, Art. 20 DSGVO, Rn. 7, 54, der allerdings in der Einleitung zur Kommentierung von Art. 20 DSGVO ebenfalls von einem „wettbewerbsrechtlichen Fremdkörper im Datenschutzrecht", in Rn. 68.1 von einer „wettbewerbsfördernden" Stoßrichtung und in

ergibt sich freilich nur bei Zugrundelegung eben des traditionellen Gedankens des deutschen Rechts auf informationelle Selbstbestimmung, nicht hingegen

---

Rn. 98 (zutreffend) davon, dass eine „einseitig datenschutzrechtliche Auslegung [...] den wettbewerblichen Ansatz ins Leere laufen" lasse, spricht, jedoch das Recht auf Datenübertragbarkeit aus datenschutzrechtlicher Sicht auch als einen modifizierten Auskunftsanspruch ansieht, vgl. Rn. 54; vgl. zudem auch: *K. Schürmann,* in: Eßer u. a. (Hrsg.), Auernhammer – DSGVO/BDSG, 6. Aufl. 2018, Art. 20 DSGVO, Rn. 49, 51; *W. Kamlah,* in: Plath (Hrsg.), DSGVO/BDSG, 3. Aufl. 2018, Art. 20 DSGVO, Rn. 2 – auf diesen verweisend, sich aber im Ergebnis nicht klar positionierend und immer wieder die Wettbewerbsförderung ansprechend *E. Durmus,* Das Recht auf Datenübertragbarkeit, RDV, 2018, S. 80 (Fn. 1), 81 f., 85; *M. Munz,* in: Taeger/Gabel (Hrsg.), DSGVO – BDSG, 3. Aufl. 2019, Art. 20 DSGVO, Rn. 34; in diese Richtung ebenfalls: *M. Rudolph,* in: Schwartmann u. a. (Hrsg.), DS-GVO/BDSG, 2018, Art. 20 DSGVO, Rn. 23, 20, der zwar die enge Verwandtschaft mit dem Auskunftsrecht betont, im weiteren aber dann ausführt, dass das Auskunftsrecht „etwas anderes" sei und man mit einer Deutung als Spezialfall dem Wesen der Rechte nicht gerecht würde; die Eigenschaft als den Auskunftsanspruch erweiternd ebenfalls feststellend *M. Hennemann,* Datenportabilität, PinG, 2017, S. 5, 6, 8, der jedoch (s.o.) zum anderen Ergebnis kommt, dass das Recht auf Datenportabilität im Datenschutzrecht „systemfremd" sei und eine „eher unspektakuläre Konkretisierung und – in Ansehung der Datensatzstrukturierung – Erweiterung des Auskunftsanspruchs" darstelle; anders und teils nicht eindeutig: *G. Sydow/M. Wilhelm,* in: Sydow (Hrsg.), Europäische Datenschutzgrundverordnung, 2. Aufl. 2018, Art. 20 DSGVO, Rn. 1, die betonen, dass im Gegensatz zur den Art. 20 DSGVO in die Nähe des Auskunftsrecht rückenden Artikel-29-Datenschutzgruppe, WP 242 rev.01, 13.12.2016/05.04.2017, S. 3, ein Unterschied darin liege, dass Art. 20 DSGVO zum Umgang mit den Daten befähigen solle, der Auskunftsanspruch jedoch nur der Transparenz und Rechtsdurchsetzung diene, jedoch in Rn. 23 f. zwar die wettbewerbsrechtlichen Züge hervorheben, gleichzeitig aber feststellen, dass der Umfang bei nicht-öffentlichen Stellen dem Auskunftsanspruch „gleicht"; ebenfalls die Ähnlichkeit mit dem Auskunftsanspruch, aber auch die angenommene unterschiedliche Zweckrichtung und die Unterschiede der erfassten Daten herausstellend: *T. Herbst,* in: Kühling/Buchner (Hrsg.), Datenschutz-Grundverordnung/BDSG, 3. Aufl. 2020, Art. 20, Rn. 1, 19; sowie *M. Munz,* in: Taeger/Gabel (Hrsg.), DSGVO – BDSG, 3. Aufl. 2019, Art. 20 DSGVO, Rn. 15; wie auch *W. Veil,* in: Gierschmann u. a. (Hrsg.), Kommentar Datenschutz-Grundverordnung, 2018, Art. 20 DSGVO, Rn. 23; und auch *J. Klink-Straub/T. Straub,* Vernetzte Fahrzeuge – portable Daten, ZD, 2018, S. 459, 460; *W. Li,* A Tale of Two Rights, IDPL, 2018, S. 309, 315, „*an extension to the RoA [Right of Access]*"; eine Verwandtschaft des Rechts auf Datenportabilität und des Auskunftsrechts und die Erweiterung des letzteren durch ersteres mehrfach betonend auch: *S. Elfering,* Unlocking the Right to Data Portability, 2019, S. 19, 61.

bei Zugrundelegung eines regulatorischen Verständnisses des europäischen Datenschutzgrundrechts.

Teils wird über das Feststellen einer Atypie hinaus das Recht auf Datenportabilität als vollkommen fremd zum Recht auf Schutz personenbezogener Daten bzw. informationelle Selbstbestimmung und kein Datenschutzrecht regelnd angesehen.[111] Diese Ansichten können vor allem auch insoweit nicht überzeugen, als dass sie teils nicht darüber hinausgehen, festzustellen, dass das Recht auf Datenportabilität „weiter" gehe als die bisher bestehenden Auskunfts- und Löschungsansprüche, um dann daraus den Schluss herzuleiten, dass eine datenschutzrechtliche Rechtfertigung wegen einer so auftretenden

111 So etwa in teils unterschiedlicher Deutlichkeit: trotz der Einordnung als „atypische Datenschutzvorschrift" als „wettbewerbsrechtlichen Fremdkörper" bezeichnend *K. v. Lewinski,* in: Wolff/Brink (Hrsg.), BeckOK Datenschutzrecht, 34. Ed. 2020, Art. 20 DSGVO, Einleitung zu Art. 20 DSGVO; *T. Herbst,* in: Kühling/Buchner (Hrsg.), Datenschutz-Grundverordnung/BDSG, 3. Aufl. 2020, Art. 20, Rn. 4; *G. Sydow/M. Wilhelm,* in: Sydow (Hrsg.), Europäische Datenschutzgrundverordnung, 2. Aufl. 2018, Art. 20 DSGVO, Rn. 1, 4, auch 16, 21, 25, die zwar im Ergebnis zutreffend darauf hinweisen, dass die Datenportabilität keinesfalls falsch in der DSGVO sei („mit seiner Nähe zum [...] Auskunftsanspruch [...] kein Fremdkörper in der Verordnung"), dieses Ergebnis aber nur aus einem Rückgriff auf neben dem Datenschutz herangezogene erweiterte Ziele der DSGVO erhalten und die Verfolgung datenschutzrechtlicher Ziele durch die Feststellung, dass Verbraucherschutzziele und ein wettbewerbsrechtliches Konzept verfolgt werde, außen vor lassen – dies in Rn. 1 unter Hinweis auf *B. P. Paal,* in: Paal/Pauly (Hrsg.), Datenschutz-Grundverordnung, Bundesdatenschutzgesetz, 2. Aufl. 2018, Art. 20 DSGVO, Rn. 5 f., der allerdings nicht derart formuliert, sondern nur „auch wettbewerb(srecht)liche Zwecke" verfolgt sieht; noch weiter gehend und die DSGVO als „nicht der richtige Regelungsort" für die Datenportabilität bezeichnend aber *W. Veil,* in: Gierschmann u. a. (Hrsg.), Kommentar Datenschutz-Grundverordnung, 2018, Art. 20 DSGVO, Rn. 3, 8, 135; *S. Brüggemann,* in: Taeger (Hrsg.), Recht 4.0 – Innovationen aus den rechtswissenschaftlichen Laboren, 2017, Das Recht auf Datenportabilität, S. 1, 6, 11; zudem *N. Härting,* Starke Behörden, schwaches Recht – der neue EU Datenschutzentwurf, BB, 2012, S. 459, 465; *A. Roßnagel/P. Richter/M. Nebel,* Besserer Internetdatenschutz für Europa, ZD, 2013, S. 103, 107; *S. Dehmel/N. Hullen,* Auf dem Weg zu einem zukunftsfähigen Datenschutz in Europa?, ZD, 2013, S. 147, 153; *M. Hennemann,* Datenportabilität, PinG, 2017, S. 5, 6, der jedoch gleich anschließend an diese Einordnung etwas widersprüchlich betont, dass es sich bei der durch die Datenportabilität geschaffenen „Möglichkeit eines Datentransfers" um eine „Erweiterung des Auskunftsanspruchs aus Art. 15 DSGVO" handle – dass der Auskunftsanspruch dem Datenschutzrecht zuzuordnen ist, ist aber unstrittig.

wettbewerbsrechtlichen Komponente fraglich sei.[112] Selbst bei Zugrundelegung eines nur herrschaftsrechtlichen Verständnisses der grundrechtlichen Datenschutzgewährleistungen kann eine Ablehnung des Datenschutzcharakters nicht ohne weitere Begründung überzeugen.[113] Geht man etwa vom oben beschriebenen Schutzbereich des Datenschutzgrundrechts nach herrschaftsrechtlichem Verständnis aus, das neben der Abwehr staatlicher Eingriffe zentral die Kontrolle über die den Betroffenen betreffenden personenbezogenen Daten gegenüber privaten Verantwortlichen umfasse, so bleibt keinesfalls offen[114], wie die Datenportabilität dem Datenschutz dient.[115]

vi. Marktregulierung als Datenschutz

Teils wird auf den Effekt zugunsten eines Verbraucherschutzes auf monopolistischen Märkten abgestellt und ausgeführt, dass die Regelung mit Mitteln der Marktregulierung zulasten einzelner Anbieter den Markt beeinflusse und die Privatsphäre und den Datenschutz nur als Vorwand verwende.[116] Dies deutet an, dass eine vor allem interessengelenkte gezielte Monopolbekämpfung zulasten schon feststehender Marktteilnehmer hinter Art. 20 DSGVO vermutet

---

112 *Dehmel* in: BITKOM, Stellungnahme zum Vorschlag der EU-Kommission für eine Datenschutz-Grundverordnung vom 25.01.2012, 18.05.2012, S. 23 – interessanterweise in einer späteren Stellungnahme explizit zum Recht auf Datenportabilität (BITKOM, Stellungnahme zum Recht auf Datenübertragbarkeit nach Art. 20 Datenschutz-Grundverordnung, 14.03.2017, S. 4) nur noch dahingehend argumentierend, dass wettbewerbsrechtliche/-politische Argumentationen nur nicht zur Auslegung von Art. 20 DSGVO herangezogen werden dürften; *T. Herbst,* in: Kühling/Buchner (Hrsg.), Datenschutz-Grundverordnung/BDSG, 3. Aufl. 2020, Art. 20, Rn. 4, der die Vorschriften „in erster Linie wettbewerbspolitische bzw. allgemein verbraucherschützende Ziele" verfolgend sieht und „wegen seines vorwiegend wettbewerbs- und verbraucherschutzrechtlichen Charakters […] am datenschutzrechtlichen Charakter des Art. 20" zweifelt; in diese Richtung auch *J. Klink-Straub/T. Straub,* Vernetzte Fahrzeuge – portable Daten, ZD, 2018, S. 459, mit Fn. 4.

113 Vgl. Fn. 84.

114 Von diesem Offenbleiben ausgehend *S. Dehmel/N. Hullen,* Auf dem Weg zu einem zukunftsfähigen Datenschutz in Europa?, ZD, 2013, S. 147, 153.

115 Der Einfluss der Betroffenen auf die von Art. 20 DSGVO erfassten Daten wird theoretisch erhöht und dem Betroffenen somit ein theoretisches Mehr an Kontrolle eingeräumt, das die herrschaftsrechtliche Sichtweise gerade fordert.

116 So *N. Härting,* Starke Behörden, schwaches Recht – der neue EU Datenschutzentwurf, BB, 2012, S. 459, 465, der einen Ausbau des Europäischen Datenschutzausschusses zu einer umfassenden europäischen Regulierungsstelle befürchtete.

wird. Dabei wird aber einerseits die Tragweite des wandlungsfähigen Rechts auf Schutz personenbezogener Daten bzw. des Datenschutzgrundrechts übersehen: Es geht bei einer Einordnung des Rechts auf Datenportabilität gerade um dessen Reichweite, sowie darum, ob und wie es auf geänderte Kommunikationsrahmenbedingungen reagiert. Andererseits wird der Umstand übersehen, dass die Verfolgung wettbewerbsregulatorischer Ziele eine Datenschutzrechtszielsetzung nicht ausschließt.[117]

So mag es zutreffen, dass durch die Datenportabilität ein Abwandern von einem Anbieter zu einem anderen erleichtert wird. Das ist zum Beispiel in Situationen der Fall, in denen der zweite Anbieter ein generell attraktiveres Angebot hat, auch zum Beispiel wenn er besseren Datenschutz betreibt.[118] Dieser Umstand, die Abwanderung zu Verantwortlichen mit besserem Datenschutz, ist durchaus datenschutzrechtlichen Zielen förderlich[119], selbst ohne die Annahme, dass die grundrechtlichen Datenschutzgewährleistungen auch regulatorisch auf die Teilhabevoraussetzungen an moderner Kommunikation einwirken. Diese theoretische[120] Stärkung von Anreizen aufgrund eines höheren Datenschutzniveaus ist also unabhängig von der Annahme oder Ablehnung eines herrschaftsrechtlichen oder eines regulatorischen Verständnisses datenschutzrechtlichen Zielen förderlich. Sie liefert aber keine Antwort auf die Frage, ob durch die Datenportabilität ein Mehr an Rechten des Betroffenen eintritt.

Die in diesem Zusammenhang als Beleg gegen eine datenschutzrechtliche Einordnung zitierte[121] Darstellung des Rechts auf Datenportabilität durch die Artikel-29-Datenschutzgruppe in ihren Leitlinien zum Recht auf Datenportabilität[122] als „wichtiges Werkzeug zur Unterstützung des freien Verkehrs personenbezogener Daten in der EU und zur Förderung des Wettbewerbs zwischen den Verantwortlichen“ stellt nur auf den ersten Blick eine Abkehr von der anfänglichen Einordnung als Datenschutzziel im Rahmen eines *Working Papers* zu *Cloud*

---

117 Zur Behandlung etwaiger Konflikte: vgl. II.3., dort v.a. b.

118 So *T. Herbst*, in: Kühling/Buchner (Hrsg.), Datenschutz-Grundverordnung/BDSG, 3. Aufl. 2020, Art. 20, Rn. 4.

119 So auch *A. Roßnagel/P. Richter/M. Nebel*, Besserer Internetdatenschutz für Europa, ZD, 2013, S. 103, 107, die diesen Umstand aber gerade als Argument gegen eine datenschutzrechtliche Einordnung ansehen, indem sie den Datenschutz als nur „indirekt“ gefördert darstellen.

120 Vgl. zum Problem des *privacy paradox* unten II.3.b.

121 So bei *T. Herbst*, in: Kühling/Buchner (Hrsg.), Datenschutz-Grundverordnung/BDSG, 3. Aufl. 2020, Art. 20, Rn. 4.

122 Artikel-29-Datenschutzgruppe, WP 242 rev.01, 13.12.2016/05.04.2017.

Computing[123] dar. Denn einerseits wird die Datenportabilität in Letzterem nur beiläufig und abstrakt unter der Überschrift „technische und organisatorische Maßnahmen des Datenschutzes und der Datensicherheit" erwähnt. Zum anderen wird in den Zitierungen der Leitlinien oft der wichtige Zusatz „auch" vor der oben genannten Passage ausgelassen. In Zusammenschau mit dem davorstehenden Absatz, der ausdrücklich die Datenportabilität dem Ziel zuordnet, „die betroffene Person mit einer entsprechenden Befugnis [die Daten im in Art. 20 DSGVO beschriebenen Format zu erhalten und zu übermitteln] auszustatten und ihr mehr Kontrolle über die sie betreffenden personenbezogenen Daten zu geben"[124], wird hier ebenso ein klassisches herrschaftsrechtliches Ziel des Rechts auf Schutz personenbezogener Daten und ein nach diesem Verständnis schlüssiges Datenschutzziel als Zwecksetzung dargestellt.[125] Derartige Einordnungsversuche sind symptomatisch für den Versuch, das sich erweiternde Datenschutzverständnis hin zu auch regulatorischen Elementen mit traditionellen herrschaftsrechtlichen Figuren zu erklären: neue einfachgesetzliche Erscheinungsformen wie Art. 20 DSGVO werden für einen Schluss auf den Umfang des der Regelung zugrundeliegend unterstellten Rechts auf informationelle Selbstbestimmung verwendet, obschon Art. 20 DSGVO vielmehr umgekehrt Ausfluss des sich aus der vom Datenschutzgrundrecht erfassten Teilhabesicherung an modernen Kommunikationsformen herleitenden Bedarfs nach einer Regulierung der diese Kommunikationen gewährleistenden Datenverarbeitungen ist.

vii. Zwischenfazit

Die Ablehnung des herrschaftsrechtlichen Verständnisses hat also nicht zur Folge, dass man Art. 20 DSGVO nicht als Datenschutznorm zu verstehen hat. Zwar ist Art. 20 DSGVO mit seiner noch inhaltlich auszuführenden wettbewerbsrechtlichen Komponente[126] kein mit dem traditionellen Verständnis des Rechts auf informationelle Selbstbestimmung ohne weiteres vereinbares Handlungsinstrument. Doch stellt dies keinen Grund für einen Ausschluss aus dem

---

123 Artikel-29-Datenschutzgruppe, WP 196, 01.07.2012.

124 Artikel-29-Datenschutzgruppe, WP 242 rev.01, 13.12.2016/05.04.2017, S. 3.

125 Hinsichtlich der Einordnung durch die Artikel-29-Datenschutzgruppe gilt im Übrigen das auch im Zusammenhang mit politischen Äußerungen im Gesetzgebungsverfahren und in den Erwägungen Gesagte, besonders bezogen auf Aussagen, die wie die zitierte Stelle in einem abstrakt die Zusammenfassung des gesamten *Working Papers* referierenden Absatz der Leitlinien getroffen werden.

126 Vgl. dazu II.3.

Kreis Vorschriften dar, die dem Datenschutz nach dem europäischen Datenschutzgrundrecht mit auch regulatorischem Charakter dienen. Die Einordnung als auch dem Datenschutz dienend ist zudem geboten, ohne dass man sich des Kunstgriffs einer mittelbar datenschützenden Komponente durch einen Wettbewerb um datenschutzfreundliche Technologien[127] bedienen müsste.

cc. Datenschutz und „Nutzerschutz"

Die Aussage, das Recht auf Datenportabilität enthalte kein Datenschutzrecht, sondern „ein Nutzerschutzrecht" ist wiederum in diesem Zusammenhang schon durch ihre Ungenauigkeit so nicht überzeugend.[128] Denn es bleibt unklar, ob mit „Nutzerschutz" Verbraucherschutz im engeren Sinne, also der explizite Schutz des Verbrauchers i.S.d. § 13 BGB oder entsprechender europäischer Verbraucherbegriffe gemeint ist – dann würde außer Acht gelassen, dass das Recht auf Datenportabilität nicht an eine Verbrauchereigenschaft anknüpft –, ob damit mittelbarer Verbraucherschutz, wie ihn etwa das UWG (vgl. § 1 S. 1 UWG) vermittelt, gemeint ist oder ob damit die Betroffenenrechte gemeint sind, die denjenigen schützen, der datenverarbeitende Dienstleistungen in Anspruch nimmt und diese „nutzt".

Das Datenschutzrecht schützt Daten nach dem Anknüpfungspunkt einer bestimmten oder bestimmbaren Beziehung zu Personen. Treffen die Elemente einer Verbrauchereigenschaft und einer Betroffeneneigenschaft im datenschutzrechtlichen Sinne zusammen, stehen dieser Person Betroffenenrechte zu, die dann eine theoretische Stärkung der Position dieser Nutzer, in vielen Fällen damit zugleich von Verbrauchern, bewirken.[129] Zwar werden datenschutzrechtliche Zielsetzungen oftmals mit auch im Verbraucherschutzrecht weit verbreiteten Rechtsinstrumenten wie Informationsrechten durchzusetzen versucht,

---

127 Vgl. dazu II.3.b.

128 So aber *A. Roßnagel/P. Richter/M. Nebel*, Besserer Internetdatenschutz für Europa, ZD, 2013, S. 103, 107, deren Verweis auf *G. Hornung/S. Städtler*, Europas Wolken, CR, 2012, S. 638, 641, beseitigt diese Unklarheit nicht, weil letztere in ihrem Aufsatz *Cloud Computing* behandeln, ohne eine vergleichbare Aussage zu treffen.

129 Vgl. dazu II.5.; die Stärkung der Verbraucherrechte ebenfalls feststellend *M. Rudolph*, in: Schwartmann u. a. (Hrsg.), DS-GVO/BDSG, 2018, Art. 20 DSGVO, Rn. 27; ebenso *K. Schürmann*, in: Eßer u. a. (Hrsg.), Auernhammer – DSGVO/BDSG, 6. Aufl. 2018, Art. 20 DSGVO, Rn. 6; in diese Richtung auch *S. Brüggemann*, in: Taeger (Hrsg.), Recht 4.0 – Innovationen aus den rechtswissenschaftlichen Laboren, 2017, Das Recht auf Datenportabilität, S. 1, 12.

sodass sich vielfache Überschneidungen ergeben können.[130] Dieser Umstand gibt aber keine Antwort auf die Frage, ob das in Frage stehende Betroffenenrecht auch tatsächlich durch das Datenschutzgrundrecht gerechtfertigt ist. Daher ist nicht derart zu unterscheiden zwischen dem Schutz der Daten als abstrakte Information oder gar als abstraktes Datum und dem Schutz der Personen, auf die sich die Daten beziehen, dass man Letzteres als vom Datenschutz abzugrenzenden „Nutzerschutz" bezeichnen sollte. Datenschutz bezeichnet vielmehr eine Zusammenschau dieser Aspekte, nach der Daten aufgrund des Personenbezugs und damit diese Personen – im Fall der Datenportabilität die Nutzer der entsprechenden Dienstleistungen – erfasst werden, wobei damit letztlich jedes Betroffenenrecht auch dem Nutzerschutz dienen soll.

dd. Datenschutz trotz Sicherheitsbedenken

In ähnlicher Weise fehl gehen auch Argumentationen, die den datenschutzrechtlichen Charakter des Rechts auf Datenportabilität mit dem Hinweis auf durch die Übertragung auftretende gesteigerte Sicherheitsrisiken absprechen wollen: Durch die nach der Übertragung stattfindende Speicherung an mehr Orten als zuvor und durch die zur Umsetzung der Portabilität notwendige Strukturierung[131] würden eigenständige Missbrauchsrisiken bezüglich der Datensicherheit erzeugt werden.[132]

---

130 Vgl. *K. v. Lewinski/C. Herrmann*, Vorrang des europäischen Datenschutzrechts gegenüber Verbraucherschutz- und AGB-Recht, PinG, 2017, S. 165, 168, auch anhand § 2 Abs. 2 UKlaG auf die schon rechtstechnische Problematik der Bestimmung dessen, was „Verbraucherschutzgesetz" sei eingehend, S. 168 und *K. v. Lewinski/C. Herrmann*, Vorrang des europäischen Datenschutzrechts gegenüber Verbraucherschutz- und AGB-Recht, PinG, 2017, S. 209, 210.

131 Vgl. auch Kap. IV.

132 Besonders in der Strukturierung Probleme sehend: *W. Veil*, in: Gierschmann u. a. (Hrsg.), Kommentar Datenschutz-Grundverordnung, 2018, Art. 20 DSGVO, Rndr. 9; in diese Richtung ebenfalls *M. Hennemann*, Datenportabilität, PinG, 2017, S. 5, 6; *P. Swire/Y. Lagos*, Why the Right to Data Portability Likely Reduces Consumer Welfare: Antitrust and Privacy Critique, Maryland Law Review, 2013, S. 335, 373 ff.; darauf hinweisen, dass „jeder Datentransfer […] ein Sicherheitsrisiko" darstelle: *P. Krause*, Datenportabilität, PinG, 2019, S. 13, 17; besonders auch mit Blick auf die in Art. 20 DSGVO angelegte Datenstrukturierung in bestimmte Formate: *F. Leucker*, Die zehn Märchen der Datenschutzreform, PinG, 2015, S. 195, 198; auf Sicherheitsbedenken aus der Perspektive einer durch Art. 20 DSGVO ermöglichten unbegrenzten Weitergabe von Daten ohne praktisch ausgeübte Kontrolle am Beispiel des Schicksals der Einwilligung als „Schlüssel zu nahezu unbegrenztem Zugang zu den Daten des

Dass durch die Speicherung von Daten an mehr als nur einem Ort auch ein Potential eines widerrechtlichen Zugriffs darauf an mehr als nur einem Ort bestehen kann, ist in der Theorie nicht abstreitbar. Dennoch liefert dieser Umstand keine abschließende Antwort auf die Frage, ob ein Betroffenenrecht einen datenschutzrechtlichen Zweck verfolgt.[133] Ein pauschales Primat der Datenminimierung über die Datensicherheit, die auch bei mehrfacher Speicherung eingehalten werden kann, ist nicht zwingend in der DSGVO angelegt.[134] Die Annahme eines solchen Primats stellt vielmehr einen Ausdruck des traditionellen Verständnisses des Datenschutzes als Abwehrrecht gegen staatliche Datenverarbeitung dar, dass jede quantitativ kleinere Datenverarbeitung immer noch besser sei, als eine sicherere, aber quantitativ größere. Derartige Sichtweisen sind angesichts des erweiterten Verständnisses des Datenschutzes auch als Reaktion auf gewandelte Kommunikationsprozesse und -machtverteilungen realitätsfern: Ein einzelner, nur auf einem Privatrechner ungesichert gespeicherter Datensatz kann deutlich einfacher angreifbar sein, als ein auf zehn auf der gesamten Welt verteilten Servern dezentral gespeicherter verschlüsselter Datensatz.[135]

Auf der anderen Seite ist die Vorstellung, einen besseren Datenschutz durch eine möglichst unstrukturierte Datensammlung zu erreichen, wenig nachhaltig und wird den Anforderungen der modernen Kommunikationsrealität, die

---

Betroffenen" hinweisend: *A. Kratz*, Datenportabilität und „Walled Gardens", InTeR, 2019, S. 26, 30, m.w.N.; zu einem „*privacy threat model*" für Soziale Netzwerke im Zusammenhang mit der Datenportabilität, allerdings nicht bezogen auf die DSGVO, sondern auf zu diesem Zeitpunkt bestehenden private Überlegungen (vgl. zu diesen Fn. 193) auch: *S. Weiss*, Privacy threat model for data portability in social network applications, International Journal of Information Management, 2009, S. 249.

133 Befürchtend, dass sich die „zu schützenden Datenmengen (und das damit für die betroffene Person verbundene Risiko) unter Umständen verdoppeln" könne: *M. Hennemann*, Datenportabilität, PinG, 2017, S. 5, 6.

134 Vgl., den Grundsatz der Datensparsamkeit gar als „möglicherweise anachronistisch" bezeichnend: *T. Körber*, „Ist Wissen Marktmacht?" Überlegungen zum Verhältnis von Datenschutz, „Datenmacht" und Kartellrecht – Teil 2, NZKart, 2016, S. 348, 349, hinsichtlich eines Gedankens von „je mehr Datenschutz, desto besser" sei die „dogmatische Einäugigkeit durch praktische Konkordanz" zu ersetzen und dem Grundsatz „Je mehr Konsumentensouveränität, desto besser" zu folgen.

135 Zum niedrigeren Sicherheitsniveau auf Privatrechnern auch *K. v. Lewinski*, in: Wolff/Brink (Hrsg.), BeckOK Datenschutzrecht, 34. Ed. 2020, Art. 20 DSGVO, Rn. 86; auf technische Risikominimierungsmöglichkeiten hinweisend: Artikel-29-Datenschutzgruppe, WP 242 rev.01, 13.12.2016/05.04.2017, S. 19; sowie *P. Krause*, Datenportabilität, PinG, 2019, S. 13, 14; vgl. zu den technischen Maßnahmen auch Kap. IV.

auch ohne die Datenportabilität in hohem Maß von strukturierten Datensätzen abhängt, nicht gerecht, nachdem etwa die Verarbeitung der meisten Daten ohne zugehörige Metadaten kaum technisch möglich ist.[136] Die Probleme des sicheren Umgangs mit in Zeiten gesteigerter datenverarbeitender Kommunikation immer höheren Datenmengen sind vielmehr über die parallel immer wichtiger werdenden Datensicherheitsvorschriften zu lösen.[137] Der Versuch, Sicherheit allein durch Minimierung von Datenmengen zu erzeugen, ist Ausdruck eines als Abwehrrecht gegenüber dem Staat gedachten Verständnisses des Datenschutzes, das ohne weiteres auf die Verarbeitung durch Private übertragen wird und vor dem Gedanken der Teilhabesicherung an der in privaten Kommunikationsstrukturen stattfindenden Kommunikation nicht sinnvoll ist. Dahingehende Argumentationen, dass wegen Sicherheitsbedenken Art. 20 DSGVO keinen datenschutzrechtlichen Charakter habe, lassen die sowohl auf nationaler Ebene mit dem Recht auf informationelle Selbstbestimmung als auch auf europäischer Ebene mit dem Datenschutzgrundrecht bestehende, wichtige Abwägung von Datensicherheit einerseits und Zugang bzw. nach herrschaftsrechtlichem Verständnis Selbstbestimmung, d.h. Kontrolle über die Daten andererseits außer Betracht. Gleichwohl zeigt sich an diesem Punkt erneut die Problematik, die sich ergibt, wenn man das Recht auf Datenportabilität in ein traditionell-herrschaftsrechtliches Verständnis des Rechts auf informationelle Selbstbestimmung zu zwängen versucht, denn die Rechtfertigung ist bei Zugrundelegen eines streng abwehrrechtlich gedachten Rechts auf informationelle Selbstbestimmung zwar wegen der Abwägung mit dem dann angenommenen Kontrollelement nicht unmöglich, aber jedenfalls schwerer zu begründen.

ee. *Pauschale Zwecküberwiegensbehauptungen*

Unzutreffend oder zumindest ungenau ist schließlich auch vielfach die plakative Feststellung, der Datenschutz werde nur als Begleiterscheinung verbessert, primär sei die Zielsetzung wettbewerbspolitisch.[138] Zwar ist auf der anderen

136 Zur Ablehnung von „*data proteciton by obscurity*" auch *K. v. Lewinski*, in: Wolff/Brink (Hrsg.), BeckOK Datenschutzrecht, 34. Ed. 2020, Art. 20 DSGVO, Rn. 68.1.

137 Vgl. zu den technischen Umsetzungen auch erneut Kap. IV.

138 So *M. Nebel/P. Richter*, Datenschutz bei Internetdiensten nach der DS-GVO, ZD, 2012, S. 407, 413; *D.-K. Kipker/F. Voskamp*, Datenschutz in sozialen Netzwerken nach der Datenschutzgrundverordnung, DuD, 2012, S. 737, 740; *T. Sperlich*, Das Recht auf Datenübertragbarkeit, DuD, 2017, S. 377; *P. Schantz*, Die Datenschutz-Grundverordnung – Beginn einer neuen Zeitrechnung im Datenschutzrecht, NJW, 2016, S. 1841, 1845, der etwas widersprüchlich zur eigenen Ansicht als Beleg derselben

Seite nicht überzeugender, dass die Artikel-29-Datenschutzgruppe einen datenschutzrechtlichen Charakter schon deshalb annehmen will, weil die Regelung des Art. 20 DSGVO „kein Instrument zur Regulierung des Wettbewerbs" sei.[139] Ebenso überzeugt es nicht, wenn man aus der Entscheidung zur gesetzestechnischen Einordnung in das System der Betroffenenrechte einen Schluss auf die datenschutzrechtliche Qualität von Art. 20 DSGVO ziehen will[140]; dies stellt letztlich erneut einen Schluss vom Ergebnis der Aufnahme in die DSGVO auf die Frage der Berechtigung dieser Aufnahme dar, die wiederum allerhöchstens als ein Indiz für einen datenschutzrechtlichen Zweck angesehen werden kann. Jedoch lässt die plakativ feststellende Argumentation der Verbesserung des Datenschutzes als Begleiterscheinung ohne weitere Begründung dieses nur begleitenden Charakters den technologischen Wandel und die damit einhergehenden neuen Herausforderungen[141], die das Datenschutzrecht erfassen muss und die der europäische Gesetzgeber der DSGVO zugrundgelegt hat, außer Betracht; sie geht von einer Auslegung des Datenschutzrechts und dessen Grenzen anhand der nach der DSRL tradierten Betroffenenrechte aus. Die eigentliche Frage nach der Berechtigung der Auslegung des Datenschutzgrundrechts als Herrschaftsrecht oder ob dieses auch regulatorische Elemente erfasst

---

die Monopolkommission, Sondergutachten 68 – Wettbewerbspolitik: Herausforderung digitale Märkte, 2015, Rn. 335, zitiert, die an der fraglichen Stelle die Datenportabilität im Abschnitt „Notwendige Stärkung des Datenschutzes" diskutiert, während zuvor die Frage behandelt wurde, ob es Änderungen im Wettbewerbsrecht bedürfe, vgl. Rn. 331 ff., was verneint wurde; ebenso *W. Veil*, in: Gierschmann u. a. (Hrsg.), Kommentar Datenschutz-Grundverordnung, 2018, Art. 20 DSGVO, Rn. 3, 8, der hier auf *T. Jülicher/C. Röttgen/M. v. Schönfeld*, Das Recht auf Datenübertragbarkeit, ZD, 2016, S. 358, 360, verweist, die jedoch an der betreffenden Stelle zwar wettbewerbliche Ursprünge der Datenportabilität behandeln, jedoch nur um im darauf unmittelbar folgenden Abschnitt die Datenportabilität als Evolution der informationellen Selbstbestimmung zu behandeln; *M. Munz*, in: Taeger/Gabel (Hrsg.), DSGVO – BDSG, 3. Aufl. 2019, Art. 20 DSGVO, Rn. 5.

139 Artikel-29-Datenschutzgruppe, WP 242 rev.01, 13.12.2016/05.04.2017, S. 4.

140 So aber *A. Kratz*, Datenportabilität und „Walled Gardens", InTeR, 2019, S. 26, 30.

141 Vgl. erneut bereits Europäische Kommission, Gesamtkonzept für den Datenschutz in der Europäischen Union, KOM, 2010, 609 (endgültig); sowie schließlich bereits zu Beginn des Gesetzgebungsverfahrens: Europäische Kommission, Vorschlag für Verordnung des Europäischen Parlaments und des Rates zum Schutz natürlicher Personen bei der Verarbeitung personenbezogener Daten und zum freien Datenverkehr (Datenschutz-Grundverordnung), KOM, 2012, 11 (endgültig), dort vor allem die Begründungen zum Kontext des Vorschlags.

und deshalb ein wettbewerbsrechtlicher Charakter mit angelegt ist, wird damit nicht beantwortet. Legt man den Kreis der bereits nach der DSRL bestehenden Betroffenenrechte als Definition dessen zugrunde, was dieses Grundrecht an Betroffenenrechten rechtfertigen könne, ist die Datenportabilität logischerweise nicht umfasst. Geht man aber von der Grundlage eines regulatorischen Datenschutzrechts aus, so kann wie gezeigt auch eine Normierung der Verwendungskontrolle durch ein Recht auf Datenportabilität enthalten sein, ohne dass Systemfremdheit hervorgerufen würde. Dass der datenschutzrechtliche Zweck pauschal hinter einen wettbewerbsrechtlichen – zu diesem sogleich – zurücktreten solle, erscheint angesichts dieses Schutzumfangs willkürlich.

Auch der Vergleich zu Regelungen aus der Telekommunikations- und Infrastrukturregulierung, wo etwa mit den Vorschriften zur Rufnummernportierung[142] die Marktöffnung im Vordergrund stehe[143], überzeugt insoweit nicht, als dass er eine datenschutzrechtliche Einordnung ausschließen oder unmöglich machen solle. Denn zwar wird zurecht festgestellt, dass die dortigen Portierungsregeln der Marktöffnung dienen[144], was auch das ausdrückliche Ziel der Regelung etwa in § 46 TKG ist, der Datenschutz jedoch nicht.[145] Bei diesem Vergleich wird jedoch außer Betracht gelassen, dass lediglich die inhaltliche Überschneidung der Mitnahme von ganz bestimmten Daten besteht, wenn § 46 TKG auf natürliche Personen als Anspruchssteller Anwendung finden soll (wegen Art. 4 Nr. 1 DSGVO kommt nur dann die Geltendmachung der Rechte aus Art. 20 DSGVO in Betracht[146]). Der Anwendungsbereich der Datenportabilität ist aber erheblich weiter[147] und in Art. 20 DSGVO wird gerade keine Rücksicht

142 Vgl. I.2.b.

143 *J. Kühling/M. Martini*, Die Datenschutz-Grundverordnung: Revolution oder Evolution im europäischen und deutschen Datenschutzrecht?, EuZW, 2016, S. 448, 450; *M. Hennemann*, Datenportabilität, PinG, 2017, S. 5, 6.

144 Vgl. zum Zweck der Rufnummerportierung *F. Ufer*, in: Gersdorf/Paal (Hrsg.), BeckOK Informations- und Medienrecht, 28. Ed. 2020, § 46 TKG, Rn. 2, sowie I.2.b.

145 Vgl. ErwGr. 47 zur Richtlinie 2002/22/EG – Universaldiensterichtlinie 07.03.2002; Begründung zum Regierungsentwurf, BT-Drucks. 17/5707, S. 69 f.

146 Vgl. zum Gedanke einer Gewährleistung von Datenportabilität in Einzelfällen auch zugunsten von Unternehmen über Art. 102 AEUV: *A. Diker Vanberg/M. B. Ünver*, The right to data portability in the GDPR and EU competation law: odd couple or dynamic duo?, EJLT, 2017, S. 16.

147 Vgl. zur Darstellung der Überschneidung des Anwendungsbereichs und einer dabei gebotenen Nebeneinander- oder lex specialis Anwendung des Art. 20 DSGVO *S. Brüggemann*, Das Recht auf Datenportabilität, K&R, 2018, S. 1, 2; vgl zur Rufnummernportierung auch I.1.b.

auf den Umstand der Möglichkeit eines Multi-Homings[148] der Daten genommen wird. Die praktisch fehlende Möglichkeit eines Multi-Homings stellt aber bei der Rufnummerportierung das charakteristische Grundmoment dar, das die Portierungsmöglichkeit erforderlich macht. Wegen des Unterschieds einer ausdrücklich gezielten Marktöffnung, die bei Art. 20 DSGVO in dieser Eindeutig- und Ausdrücklichkeit fehlt, sind den wettbewerbsrechtlichen Charakter begründende Vergleiche mit Regelungen aus dem TKG, aber auch genauso dem Banken-[149] und Elektrizitäts-/Gassektor[150] ebenfalls kein alleine überzeugenden Argumente für eine prädominant wettbewerbliche Prägung oder gegen eine datenschutzrechtliche Einordnung des Rechts auf Datenportabilität.[151]

c. Fazit zum datenschutzrechtlichen Charakter von Art. 20 DSGVO

Die Einordnung der Norm in einen datenschutzrechtlichen Kontext hängt wie gezeigt zwar in ihrer Bejahung nicht von der Frage ab, ob das Datenschutzgrundrecht als Herrschaftsrecht des Einzelnen über die ihn betreffenden personenbezogenen Daten verstanden wird oder als regulatorisches Instrument auch zur Teilhabesicherung bezogen auf die Kommunikation und die damit einhergehenden privaten Ordnungen und sozialen Institutionen. Nach beiden Ansichten ist eine Argumentation zugunsten eines datenschutzrechtlichen Charakters möglich, allerdings ist dieser datenschutzrechtliche Charakter nach beiden Verständnissen fundamental verschieden.

Bei Zugrundlegung der herrschaftsrechtlichen Sicht ergeben sich aber erhebliche Unstimmigkeiten bei der Verarbeitung des im nächsten Abschnitt erläuterten wettbewerblichen Elements der Datenportabilität. Diese Unstimmigkeiten und das wettbewerbliche Element unterstreichen den Charakter des Art. 20 DSGVO als Vorreiter des jetzt auch de lege lata in Erscheinung tretenden regulatorischen Verständnisses des Datenschutzes. Das Datenschutzrecht in seiner Funktion als Teilhabe-recht an modernen Kommunikationsformen will diese Teilhabe mit

148 Also die Möglichkeit, einen Service bei mehreren Anbietern gleichzeitig/parallel in Anspruch nehmen zu können.

149 §§ 20 f. ZKG – obschon bei diesen die fehlende Möglichkeit eines Multi-Homings grundsätzlich nicht als Gegenargument angeführt werden kann.

150 § 20 EnWG.

151 Vgl. zur vielmehr umgekehrt angenommenen Prädominanz der Zwecke auch *M. Rudolph,* in: Schwartmann u. a. (Hrsg.), DS-GVO/BDSG, 2018, Art. 20 DSGVO, Rn. 26.

dem Gedanken der Datenportabilität durch ein wettbewerbsförderndes Instrument sicherstellen.

Zwar kann die Frage, ob das Datenschutzrecht ein Herrschaftsrecht im Sinne eines subjektiven Rechts mit einer umfassenden Kontrolle durch den Einzelnen sein muss, im Rahmen dieser Arbeit nicht abschließend beantwortet werden.[152] Die in Deutschland inzwischen auch verfassungsgerichtlich bekräftigte[153] Tendenz zu einer Ablehnung des herrschaftsrechtlichen Verständnisses und die Tendenz zugunsten eines regulatorischen Verständnisses wird an der Untersuchung der Zwecke und der Wirkweise des Art. 20 DSGVO weiter veranschaulicht und darf bei der Einordnung nicht außer Acht gelassen werden. Das kontroverse Meinungsbild zur Einordnung des Art. 20 DSGVO benennt diesen Umstand größtenteils nicht. Die den datenschutzrechtlichen Charakter ablehnenden Beiträge setzen sich mit dieser Frage größtenteils nicht ausdrücklich auseinander. Dies verdeutlicht eines der Grundprobleme der datenschutzrechtlichen Grundrechtsdiskussion und der Diskussion, wie das Datenschutzgrundrecht über die bloße Feststellung, dass es innovationsoffen sein müsse, hinaus auf aktuelle Entwicklungen besonders in der Kommunikationsweise eines jeden Einzelnen reagieren kann.

Die herausgearbeitete Differenzierung zeigt zwei theoretische Möglichkeiten einer datenschutzrechtlichen Einordnung auf: eine Annahme der traditionell datenschutzrechtlichen Qualität nach herrschaftsrechtlichem Verständnis und eine vornehmlich (wettbewerbs-)regulatorischen Einordnung bei Ablehnung des herrschaftsrechtlichen Verständnisses – wobei letztere neben der mittelbaren Datenschutzförderung durch die Stärkung von Anreizen für datenschutzfreundliche Systeme steht. Diese Differenzierung kann dazu dienen, innerhalb der einzelnen Tatbestandsmerkmale jeweils Auslegungsmöglichkeiten[154] aufzuzeigen, die auch die erweiterte und den gesellschaftlichen und kommunikativen Entwicklungen angepasste regulatorische Sichtweise berücksichtigen.

---

152 Zu diesem Themenkomplex insgesamt erneut *N. Marsch*, Das europäische Datenschutzgrundrecht, 2018, dort vor allem auch S. 101 ff.

153 Vgl. dazu erneut: *N. Marsch*, Kontrafakturen und Cover-Versionen aus Karlsruhe, ZEuS, 2020, S. 597, 612 f., m.w.N.

154 Zur Notwendigkeit eines die Besonderheiten des Rechts auf Datenportabilität beachtenden Interpretationsansatzes auch *W. Li*, A Tale of Two Rights, IDPL, 2018, S. 309, 316, mit Verweis (dort Fn. 5) auf: *O. Lynskey*, Aligning Data Protection Rights with Competition Law Remedies?, European Law Review, 2017, S. 793, 796.

3. Wettbewerbsrechtliche Zielsetzung – Bekämpfung von Lock-In-Effekten

Geht man vom Bestehen einer datenschutzrechtlichen Zielsetzung und einer möglichen Einordnung in die Durchsetzung der datenschutzrechtlichen Grundrechtsgewährleistungen aus, schließt das jedoch auf der anderen Seite nicht aus, dass die Norm auch Wirkungen auf den Wettbewerb bzw. eine wettbewerbsrechtliche Wirkung haben kann.[155] Dies ist nach dem moderneren, auch regulatorischen Verständnis von Datenschutz sogar geradezu angelegt. Die Frage, wie sich das wettbewerbliche Element äußert, ist fundamental für das Verständnis der Wirkweise von Art. 20 DSGVO und wird in der weiteren Darstellung bei der Auslegung vieler Tatbestandsmerkmale eine Rolle spielen.

---

155 Ein Nebeneinander dieser Zwecke schon während des Gesetzgebungsprozesses annehmend: *H. Johlen*, in: Stern/Sachs (Hrsg.), Europäische Grundrechte-Charta, 2016, Art. 8 GRCh, Rn. 20; die Möglichkeit eines Nebeneinanders logischerweise der Annahme, dass „in Art. 20 nicht nur eine wettbewerbsrechtliche und verbraucherschützende Normierung" zu sehen sei, zugrunde legend *K. Schürmann*, in: Eßer u. a. (Hrsg.), Auernhammer – DSGVO/BDSG, 6. Aufl. 2018, Art. 20 DSGVO, Rn. 3, 42; zudem *C. Piltz*, in: Gola (Hrsg.), Datenschutz-Grundverordnung, 2. Aufl. 2018, Art. 20 DSGVO, Rn. 2 f., der zunächst das datenschutzrechtliche Ziel und sodann, ohne darin einen Konflikt oder ein Rangverhältnis zu sehen, die Stärkung des Wettbewerbs zwischen den Verantwortlichen benennt; außerdem *A. Dix*, in: Simitis u. a. (Hrsg.), Datenschutzrecht, 2019, Art. 20 DSGVO, Rn. 1, der die Norm als „Querverbindungen zwischen Datenschutz-, Verbraucherschutz- und Wettbewerbsrecht" herstellend ansieht; *P. DeHert/V. Papakonstantinou/G. Malgieri/L. Beslay/I. Sanchez*, The right to data portability in the GDPR: Towards user-centric interoperability of digital services, Computer Law & Security Review, 2018, S. 193, 194, 198; *W. Li*, A Tale of Two Rights, IDPL, 2018, S. 309, 371; *G. Zanfir*, The right to Data portability in the context of the EU data protection reform, IDPL, 2012, S. 149, 151 f.; *S. Elfering*, Unlocking the Right to Data Portability, 2019, S. 20; Datenschutzbeauftragte des Bundes und der Länder, Marktmacht und informationelle Selbstbestimmung, Hamburg, 08./09.10.2018; vgl. dazu auch: Monopolkommission, Hauptgutachten XX: Eine Wettbewerbsordnung für die Finanzmärkte, 09.07.2014, S. 72 f., wo gerade vom „modernisierten" Datenschutz gesprochen wird, dem eine Schlüsselrolle bei Problemen des Missbrauchs in Fällen weitreichenden Datenzugriffs zukomme; ein Nebeneinander ebenfalls annehmend: Facebook, Data Portability and Privacy, 2019, S. 3, 11, 18; auch Singapore Personal Data Protection Commission, Discussion Paper on Data Portability, 25.02.2019, S. 17, zum dortigen, teils an die DSGVO andockenden Vorschlag einer Regelung der Datenportabilität.

Bei der Erwähnung einer „wettbewerbsrechtlichen Zielsetzung“ ist zunächst klärend zu berücksichtigen, dass diese Aussage sich nicht auf die Frage bezieht, ob Datenschutzverstöße im Rahmen des Wettbewerbsrechts schon wegen ihrer Rechtswidrigkeit zugleich einen Wettbewerbsverstoß im lauterkeitsrechtlichen Sinne[156] darstellen[157]. Diese Frage wurde zunächst auf europäischer Ebene eher verneint[158], zuletzt zeigten sich aber bejahende Tendenzen[159], ähnlich wie auch auf nationaler deutscher Ebene[160]. Vielmehr geht es darum, dass Art. 20 DSGVO auch oder sogar vornehmlich ein Mittel sein soll, um wirtschaftliche Machtpositionen zu kontrollieren und einen offenen Wettbewerbsprozess zu gewährleisten, Innovationen zu ermöglichen und die Wahlfreiheit der Nachfrager auf dem Markt zu schützen.[161] Gleichsam ist ebenfalls nicht Gegenstand dieser Arbeit,

---

156 Vgl. zur Differenzierung zwischen Lauterkeitsrecht und Kartellrecht innerhalb des Wettbewerbsrechts im weiteren Sinne: *K.-H. Fezer*, in: Fezer u. a. (Hrsg.), Lauterkeitsrecht, 3. Aufl. 2016, Einleitung, Rn. 344.

157 Vgl. zur Übersicht zu dieser Frage: *H. A. Wolff*, UWG und DS-GVO: Zwei separate Kreise?, ZD, 2018, S. 248; sowie *R. Schaub*, Verletzung von Datenschutzregeln als unlauterer Wettbewerb?, WRP, 2019, S. 1391.

158 Vgl. etwa EuGH, EuZW 2006, S. 753, 757 – Asnef-Equifax, Ziff. 63; Europäische Kommission, 03.10.2014, COMP/M. 7217 – Facebook-WhatsApp, Ziff. 164; Rede der Wettbewerbskommissarin *M. Vestager*, Competition in a big data world, dort im Abschnitt *„Privacy“*.

159 Noch zur Rechtslage nach der DSRL: EuGH, MMR 2019, 579 – Fashion ID, die DSRL sei hinsichtlich der Rechtsdurchsetzung durch Verbraucherverbände nicht abschließend; vgl. zu einer Vorlage an den EuGH durch den BGH: GRUR 2020, 896 – App-Zentrum, zur Frage der Befugnis von Verbraucherverbänden zur Durchsetzung von Datenschutzverstößen.

160 Eher in die Richtung einer Relevanz von Datenschutzverstößen im Wettbewerbsrecht: Monopolkommission, Sondergutachten 68 – Wettbewerbspolitik: Herausforderung digitale Märkte, 2015, S. 171 ff.; BKartA, Big Data und Wettbewerb, Oktober 2017, S. 12 f.; die Durchsetzung von Datenschutz vermittelt über UWG-Normen wohl voraussetzend: BKartA, 06.02.2019, B6-22/16 – Fallbericht: Facebook, S. 10; *B. P. Paal/ M. Hennemann*, Big Data as an Asset, S. 37 f.; ausdrücklich einen abschließenden Charakter der DSGVO nimmt jedoch *A. Ohly*, UWG-Rechtsschutz bei Verstößen gegen die Datenschutz-Grundverordnung?, GRUR, 2019, S. 686, an und fordert „zusätzliche Unlauterkeitsmerkmale […], die in der DS-GVO nicht berücksichtigt“ seien; das OLG Stuttgart, Urt. v. 27.02.2020 – 2 U 257/19, hingegen hat zuletzt festgestellt, dass Art. 80 DSGVO keine abschließende Regelung über die Rechtsdurchsetzung von Verstößen gegen die DSGVO sei – diejenigen Regelungen der DSGVO, bei denen es sich um Marktverhaltensregelungen handle, könnten auch Verbraucherverbände durchsetzen.

161 Definition aus BMWi, Ein neuer Wettbewerbsrahmen für die Digitalwirtschaft, 2019, S. 28.

inwieweit das kartellrechtliche Missbrauchsverbot nach Art. 102 AEUV bzw. §§ 19, 20 GWB oder sonstige Kartellrechtsvorschriften für Fälle, in denen ihr Anwendungsbereich eröffnet ist, ein Recht auf Datenzugang entfalten.[162]
Dass durch das Recht auf Datenportabilität auch das reibungslose Funktionieren des (Binnen-)Marktes und des Internets mit seiner charakteristischen (gewollten) Offenheit und Interkonnektivität erleichtert werden soll, hat bereits das Europäische Parlament in seiner Entschließung zum Gesamtkonzept 2011, wie auch die Kommission während des Gesetzgebungsverfahrens mehrfach anklingen lassen[163] und ist im Ergebnis als Ziel nicht zu bestreiten. Die wettbewerbliche Zielsetzung bezieht sich dabei auf die Bekämpfung von Lock-In-Effekten. Dieser Begriff wird im folgenden Abschnitt zusammen mit dem der Netzwerkeffekte erklärt. Sodann wird dargelegt, wie die Datenportabilität der allgemeinen Wettbewerbsförderung dienen kann, indem besonders auch die Entstehung innovativer, ergänzender Dienste gefördert werden kann. Schließlich wird das Verhältnis zum Kartellrecht behandelt und der Grund für das Fehlen markteinflussabhängiger Tatbestandsvoraussetzungen oder Schwellenwerte im Rahmen des Rechts auf Datenportabilität geklärt. Es wird gezeigt, dass gerade ein fehlendes Erfordernis eines Lock-Ins oder eines Marktversagens eine Stärke einer allgemeinen Datenportabilitätsregelung für die allgemeine Wettbewerbsförderung darstellt.

---

162 Vgl. dazu weiterführend zum Beispiel auf nationaler deutscher Ebene: BMWi, Modernisierung der Missbrauchsaufsicht für marktmächtige Unternehmen, 2018, S. 158 ff.; auf europäischer Ebene: *Crémer, Jacques/Montjoye, Yves-Alexandre de/Schweitzer, Heike*, Competition Policy for the Digital Era, 2019, S. 98 ff.; sowie auch *H. Schweitzer*, Datenzugang in der Datenökonomie: Eckpfeiler einer neuen Informationsordnung, GRUR, 2019, S. 569; *S. Elfering*, Unlocking the Right to Data Portability, 2019, S. 55 f.

163 Entschließung des Europäischen Parlaments zum Gesamtkonzept für den Datenschutz in der europäischen Union, 2011/2025(INI), 06. Juli 2011, Ziff. 16; vgl. beispielhaft auf der Seite der Kommission zu wettbewerblichen Auswirkungen die Rede des damaligen Wettbewerbskommissars *Almunia* vom 26. November 2012, der das Prinzip der Datenportabilität als „*the heart of competition policy*" betreffend ansah und den Märkten ein Bedürfnis nach der Möglichkeit der Nutzer für einen Anbieterwechsel unter Mitnahme hochgeladener Daten attestierte, *J. Almunia*, Competition and Personal Data Protection, 2012; wie auch Europäische Kommission, Commission Staff Working Paper, Impact Assessment, SEC, 2012, 72 (final), S. 28.

a. Lock-In- und Netzwerkeffekte

Zentral für die wettbewerbsbezogene Komponente ist die Bekämpfung von Lock-In-Effekten.[164] Der Begriff der Lock-In-Effekte ist im Ursprung ein kartellrechtlicher: Gemeint ist damit eine Situation, in der für denjenigen, der etwa eine bestimmte Dienstleistung in Anspruch nimmt, bei einem Wechsel zu einem anderen Anbieter erheblicher Aufwand – nicht notwendig finanzieller, sondern auch administrativer oder sonstiger Art – entstünde (sog. *switching costs*), der diesen Wechsel unwirtschaftlich machen würde und daher prohibitiv wirkt.[165]

---

164 Vgl. etwa: *G. Hornung*, Eine Datenschutz-Grundverordnung für Europa?, ZD, 2012, S. 99, 103; *K. v. Lewinski*, in: Wolff/Brink (Hrsg.), BeckOK Datenschutzrecht, 34. Ed. 2020, Art. 20 DSGVO, Rn. 11; *T. Herbst*, in: Kühling/Buchner (Hrsg.), Datenschutz-Grundverordnung/BDSG, 3. Aufl. 2020, Art. 20, Rn. 2; *H.-G. Kamann/M. Braun*, in: Ehmann/Selmayr (Hrsg.), DS-GVO, 2. Aufl. 2018, Art. 20 DSGVO, Rn. 3; *K. Schürmann*, in: Eßer u. a. (Hrsg.), Auernhammer – DSGVO/BDSG, 6. Aufl. 2018, Art. 20 DSGVO, Rn. 7; *W. Veil*, in: Gierschmann u. a. (Hrsg.), Kommentar Datenschutz-Grundverordnung, 2018, Art. 20 DSGVO, Rn. 3; *G. Sydow/M. Wilhelm*, in: Sydow (Hrsg.), Europäische Datenschutzgrundverordnung, 2. Aufl. 2018, Art. 20 DSGVO, Rn. 1, die zwar den Begriff der „Lock-In-Effekte" nicht nennen, jedoch inhaltlich übereinstimmend ausführen; *A. Diker Vanberg/M. B. Ünver*, The right to data portability in the GDPR and EU competation law: odd couple or dynamic duo?, EJLT, 2017, 7; *I. Graef/J. Verschakelen/P. Valcke*, Putting the Right to Data Portability into a Competition Law Perspective, Law: The Journal of the Higher School of Economics, Annual Review, 2013, S. 53, Ziff. 3; *M. Hennemann*, Datenportabilität, PinG, 2017, S. 5, 6; *H. A. Wolff*, UWG und DS-GVO: Zwei separate Kreise?, ZD, 2018, S. 248, 250; *G. Zanfir*, The right to Data portability in the context of the EU data protection reform, IDPL, 2012, S. 149, 159; Artikel-29-Datenschutzgruppe, WP 242 rev.01, 13.12.2016/05.04.2017, S. 4, 6; auch *T. Berners-Lee*, Long Live the Web: A Call for Continued Open Standards and Neutrality, Scientific American, 22.11.2010; sowie dies andeutend mit dem genannten Ziel der Verhinderung der *„monopolisation of the Internet by large companies"*: *P. DeHert/V. Papakonstantinou/G. Malgieri/L. Beslay/I. Sanchez*, The right to data portability in the GDPR: Towards user-centric interoperability of digital services, Computer Law & Security Review, 2018, S. 193, 202.

165 BKartA, Leitfaden zur Marktbeherrschung in der Fusionskontrolle, 29.03.2012, Fn. 107; vgl. zudem: BKartA Beschl. v. 25.10.2006, B7-97/06 – *Coherent/Excel*, Rndr. 145; Europäische Kommission, Leitlinien zur Bewertung horizontaler Zusammenschlüsse gemäß der Ratsverordnung über die Kontrolle von Unternehmenszusammenschlüssen, ABl., 2004/C 31/03, Rn. 71; zudem aus der datenschutzrechtlichen Literatur: *I. Graef/M. Husovec/N. Purtova*, Data Portability and Data Control, Tilburg Law School Legal Studies Research Paper Series, 2017, S. 1, 21; *I. Graef*, EU Competition Law, Data Protection and Online Platforms: Data as an Essential Facility,

Der Effekt tritt dann auf, wenn die nach einem Wechsel anfallenden Setup-Kosten beim neuen Anbieter (Anmeldung, Personalisierung, Einstellen der eigenen Inhalte etc., generell das Erreichen einer dem vorherigen vergleichbaren Benutzungskomforts) höher sind als die Nutzungskosten beim alten Anbieter (unattraktives Angebot, auch aber nicht notwendig Aufwand finanzieller Art bei der Benutzung).[166]

aa. Konzentrationstendenzen und Netzwerkvorteile

Ein Lock-In-Effekt ist – unabhängig von der Größe des Anbieters – denkbar in Konstellationen, in denen technische Hürden einen Wechsel zu einem anderen Anbieter verhindern, wie etwa wenn eine Rufnummernportierung technisch nicht zugelassen würde[167]. Lock-In-Effekte greifen zudem häufig dann, wenn ein Anbieter auf dem Markt der größte oder einer der größten ist und durch die aufgrund der Größe entstehende Attraktivität ein Netzwerkeffekt[168] entsteht, der die Nutzer wegen des mit einem Wechsel drohenden Verlustes der Netzwerkvorteile von einem Wechsel abschreckt.[169] Wegen der so entstehenden externen Effekte[170] und auch nicht zuletzt wegen überlegen vorhandenen Informationen zu Nutzerpräferenzen[171] wiederum wird das Angebot und die Anziehungskraft

---

2016, S. 50 f.; *M. Hennemann*, Datenportabilität, PinG, 2017, S. 5, 6; unter Verweis auf die ISO-Definition der Datenportabilität ebenfalls auf den zu verhindernden Aufwand abstellend: Facebook, Data Portability and Privacy, 2019, S. 7; BMWi, Ein neuer Wettbewerbsrahmen für die Digitalwirtschaft, 2019, S. 38 f.; kritisch zum Abbau von *switching costs* zumindest bei Rückgriff auf die Übertragung nach Art. 20 Abs. 1 DSGVO: *S. Elfering*, Unlocking the Right to Data Portability, 2019, S. 23.

166 *G. Zauberman*, The Intertemporal Dynamics of Consumer Lock-In, J Consum Res, 2003, S. 405; *E. Skobel*, Alle Daten kommen mit, PinG, 2018, S. 160.

167 Zu den aber vor allem mangels Multi-Homing-Möglichkeit bei der Rufnummernportierung bestehenden Unterschieden vgl. erneut: II.2.b.ee. und I.1.b.

168 Zur Unterscheidung zwischen direkten und indirekten Netzwerkeffekten vgl. sogleich.

169 Vgl. *K. v. Lewinski*, in: Wolff/Brink (Hrsg.), BeckOK Datenschutzrecht, 34. Ed. 2020, Art. 20 DSGVO, Rn. 11; *B. P. Paal/M. Hennemann*, Big Data im Recht, NJW, 2017, S. 1697, 1699; sowie auch *C. Grave/J. Nyberg*, Die Rolle von Big Data bei der Anwendung des Kartellrechts, WuW, 2017, S. 363, 365, die im Zusammenhang mit kartellrechtlichen Instrumentarien auf die steigenden Wechselkosten bei fehlender Mitnahmemöglichkeit hinweisen und den Fall des Ausschlusses als potentiell ausbeuterische Nutzungsbestimmungen bezeichnen, auch S. 367.

170 Also die Auswirkungen wirtschaftlicher Aktivitäten auf Dritte, vgl. Economics Online, Positive Externalities, 2020; *E. Feess*, Externer Effekt – Definition, 2020.

171 BMWi, Ein neuer Wettbewerbsrahmen für die Digitalwirtschaft, 2019, S. 19.

und damit das Netzwerk dieser großen Anbieter immer weiter gestärkt und der Wechsel schwieriger.[172] Der Wettbewerb tendiert dadurch dazu, sich zu konzentrieren und Machtpositionen dazu, sich zu verfestigen.[173] Das kann dazu führen, dass Unternehmen einen durch wettbewerbliche Kräfte alleine nicht mehr hinreichend kontrollierbaren Verhaltensspielraum haben können.[174] Besonders durch frühzeitige Übernahme potentiell konkurrierender Dienste lassen sich Machtpositionen über Datenbestände ausdehnen und Innovationsbemühungen abschrecken.[175] Bei im Internet auftretenden Dienstleistungen, die einen Hauptanwendungsbereich der Datenportabilität nach Art. 20 DSGVO darstellen werden, treten diese Effekte etwa auf Online-Plattformen[176] nicht nur als direkte

---

172 Vgl. auch Singapore Personal Data Protection Commission, Discussion Paper on Data Portability, 25.02.2019, S. 13 f., 15, diesen Effekt als „self-reinforcing" bezeichnend; sowie am Beispiel der Suchmaschine im Zusammenhang mit deren Personalisierungsfunktion: *E. Skobel*, Alle Daten kommen mit, PinG, 2018, S. 160, 161, der zwar dem Grunde nach zuzustimmen ist, die aber das Beispiel Google auf der Grundlage des generellen Marktanteils in der EU, der „um die 90%" (wohl gestützt auf Europäische Kommission, MEMO/15/4781, 15.04.2015,) betrage, heranzieht, obschon der Anteil derjenigen, die Google personalisiert, das heißt dauerhaft eingeloggt und mit Tracken jeder Suchanfrage, zwar hoch, aber doch zumindest geringfügig niedriger sein dürfte; vgl. zur Problematik der Heranziehung von prozentualen Marktanteilen auf dem Datenmarkt auch BKartA, 06.02.2019, B6-22/16 – Fallbericht: Facebook, dort besonders S. 6 f., sowie zur Problematik der Marktzutrittsschranken für andere Unternehmer wegen überlegener Daten etwa im Zusammenhang mit individualisierter Werbung auch S. 8, 13; zudem auch, besonders mit Blick auf plattformbasierte Geschäftsmodelle: BMWi, Ein neuer Wettbewerbsrahmen für die Digitalwirtschaft, 2019, S. 13.

173 BMWi, Ein neuer Wettbewerbsrahmen für die Digitalwirtschaft, 2019, S. 15.

174 Vgl. die für den Fall von *Facebook* im Zusammenhang mit der Kartellrechtlichen Marktbeherrschung attestierend: BKartA, 06.02.2019, B6-22/16 – Fallbericht: Facebook, S. 6, einen solchen *Tipping Point* besonders bei beobachtetem Ausscheiden von Wettbewerber aus dem Markt (bei Sozialen Netzwerken etwa *Google+*) nahegelegt sehend auch S. 7 – in diesem Fall wird besonders die „Inkompatibilität" mit anderen Sozialen Netzwerken als Problem gesehen.

175 BMWi, Ein neuer Wettbewerbsrahmen für die Digitalwirtschaft, 2019, S. 65, v.a. im Hinblick auf Verbesserungsbedarf bei der kartellrechtlichen Fusionskontrolle.

176 Vgl. zum Begriff der „Plattform" ausführlich: BMWi, Ein neuer Wettbewerbsrahmen für die Digitalwirtschaft, 2019, S. 15 f., wo zwischen Aufmerksamkeitsplattformen (Werbeplattformen) und Vermittlungsplattformen (die entweder Transaktionen zum Gegenstand haben können oder nicht) unterschieden wird, auch insbesondere zu den vielfältigen Überschneidungen von in die unterschiedlichen Plattformkategorien fallenden Facetten bei Sozialen Netzwerken.

Netzwerkeffekte, sondern oftmals auch als indirekte Netzwerkeffekte auf zweiseitigen Märkten besonders stark auf. Von direkten Netzwerkeffekten spricht man dabei, wenn die höhere Benutzungszahl eines Angebots die Attraktivität eben dieses Angebots steigert.[177] Als indirekte Netzwerkeffekte bezeichnet man das Phänomen, dass die steigende Anzahl der Nutzer auf der einen Marktseite die Nutzung für die andere Seite attraktiver macht und etwa Netzwerkeffekte auf einen weiteren Markt übertragen werden können.[178]

bb. Gatekeeper und Bottleneck

Teils können die Lock-In- und Netzwerkeffekte auf einem Primärmarkt auch erst zur Schaffung eines separaten Sekundärmarkts führen, auf dem dominante Anbieter des Primärmarktes dann eine sog. *Gatekeeper*- oder *Bottleneck*-Funktion[179]

---

177 Anschaulich am Beispiel *Skype*: *J. Haucap/U. Heimeshoff*, Google, Facebook, Amazon, eBay: Is the Internet driving competition or market monopolization?, Int Econ Econ Policy, 2014, S. 49, 51; sowie BKartA, 06.02.2019, B6-22/16 – Fallbericht: Facebook, S. 4 f.; *T. Körber*, „Ist Wissen Marktmacht?" Überlegungen zum Verhältnis von Datenschutz, „Datenmacht" und Kartellrecht – Teil 1, NZKart, 2016, S. 303, 305.

178 Am Beispiel *Ebay*, wo sich die Attraktivität für Verkäufer in Abhängigkeit der Käuferanzahl ändert: *J. Haucap/U. Heimeshoff*, Google, Facebook, Amazon, eBay: Is the Internet driving competition or market monopolization?, Int Econ Econ Policy, 2014, S. 49, 51; vgl. zudem: BMWi, Ein neuer Wettbewerbsrahmen für die Digitalwirtschaft, 2019, S. 16, 19, 29, dort am Beispiel von werbefinanzierten Plattformen und von *Google*, das sich durch im Rahmen der Suchmaschine gesammelte Daten etwa auch im Markt für Navigationssysteme Vorteile verschaffen kann; zum Begriff der Netzwerkeffekte bzw. Externalitäten im Ganzen: Monopolkommission, Sondergutachten 68 – Wettbewerbspolitik: Herausforderung digitale Märkte, 2015, Ziff. 37 f.; ausführlich auch *J. Prüfer/C. Schottmüller*, Competing with Big Data, Tilburg Law School Legal Studies Research Paper Series, 2017, S. 1, dort mit wirtschaftswissenschaftlicher Analyse, Zusammenfassungen auf S. 2 f., sowie S. 31 f.

179 Vgl. dazu jeweils auch m.w.N.: George J. Stigler Center for the Study of the Economy and the State, Committee for the Study of Digital Platforms, Market Structure and Antitrust Subcommittee: Report, 01.07.2019, S. 84 f.; UK Digital Competition Expert Panel, Unlocking Digital Competition, 2019, S. 41, Ziff. 1.117; vgl. auch: BMWi, Modernisierung der Missbrauchsaufsicht für marktmächtige Unternehmen, 2018, S. 85, den Begriff der „Intermediationsmacht" verwendend und als Erweiterung für das GWB vorschlagend, zu Plattformen als „*Gatekeeper*" auch S. 8, 51; zudem Europäische Kommission, Vorschlag für eine Verordnung des Europäischen Parlaments und des Rates zur Förderung von Fairness und Transparenz für gewerbliche Nutzer von Online-Vermittlungsdiensten, KOM, 2018, 238 (endgültig), S. 1, in der Begründung

ausüben und sich so die beherrschende Stellung fortsetzen kann.[180] Die indirekten Netzwerkeffekte haben dabei wegen des Erstreckens auf mehrere Märkte oft besonders schwerwiegende Folgen, weil diesen nicht ohne Weiteres von neuen Marktteilnehmern auf einem der Märkte durch bloße innovative Geschäftsideen begegnet werden kann.[181] Diese Effekte sind im Zusammenhang mit datenverarbeitenden Diensten auch Folge der besonderen Eigenschaft von Daten, über herkömmliche Marktgrenzen hinweg einsetzbar und zugleich nicht-rivale Güter zu sein und damit marktübergreifende Bedeutung haben zu können. So kann etwa der Markt für die Benutzung einer Online-Plattform die Daten generieren, die dessen Anbieter verarbeitet und zugleich auf dem Markt für das Anbieten von Werbedienstleistungen weiterverwenden kann, sodass die Nutzer des zweiten Marktes indirekt von der höheren Nutzerzahl auf dem ersten Markt profitieren und umgekehrt.[182]

---

für den dortigen Verordnungsvorschlag (verabschiedet als VO (EU) 2019/1150 vom 20.06.2019).

180 BMWi, Ein neuer Wettbewerbsrahmen für die Digitalwirtschaft, 2019, S. 29, m.w.N., auf die besonderen Schwierigkeiten und einen Reformbedarf bei der Bestimmung der Machtpositionen dieser *Gatekeeper* hinweisend auch S. 52, m.w.N.

181 *J. Prüfer/C. Schottmüller*, Competing with Big Data, Tilburg Law School Legal Studies Research Paper Series, 2017, S. 1, 31, die dies etwa am Beispiel von den Tätigkeiten *Googles* auf scheinbar zunächst vollkommen separaten Märkten verdeutlicht sehen; in diese Richtung wohl auch, im Zusammenhang mit dem Markt für Fahrzeuge und Werkstätten: *J. Drexl*, Neue Regeln für die Europäische Datenwirtschaft?, NZKart, 2017, S. 415, 416; zudem auch BKartA, 06.02.2019, B6-22/16 – Fallbericht: Facebook, S. 6, wo im Zusammenhang selbst mit dem Versuch großer Unternehmen, neu in einen Markt einzusteigen, betont wird, dass bei Sozialen Netzwerken „allein das Erreichen einer ‚kritischen' Masse an Nutzern oder das technische, finanzielle und persönliche Know-How eines Dienstes nicht [ausreicht], um jederzeit in benachbarte Märkte einzudringen und dort denselben Erfolg zu haben. Die mit dem eigenen Dienst erzielte Reichweite kann aufgrund von starken direkten Netzwerkeffekten regelmäßig nicht in andere Dienste ‚mitgenommen' werden, wie das Beispiel Google+ gezeigt hat".

182 Ein klassisches Beispiel dürfte erneut das Zusammenspiel von Suchmaschinen und Verwendung der dort gewonnenen Daten auch auf anderen Märkten durch *Google* sein; vgl. auch: BKartA, Arbeitspapier: Marktmacht von Plattformen und Netzwerken, 06/2016, S. 9; sowie erneut *J. Haucap/U. Heimeshoff*, Google, Facebook, Amazon, eBay: Is the Internet driving competition or market monopolization?, Int Econ Econ Policy, 2014, S. 49, 51 f.; *E. Skobel*, Alle Daten kommen mit, PinG, 2018, S. 160, 161; BMWi, Ein neuer Wettbewerbsrahmen für die Digitalwirtschaft, 2019, S. 14; zum Konzept der „marktübergreifenden Marktmacht", das in § 19a GWB-RefE behandelt

cc. *Strukturelle Marktzutrittsschranken und Beharrungskräfte*

Lock-In- und im Speziellen auch Netzwerkeffekte können als strukturelle Marktzutrittsschranken[183] eingestuft werden, das heißt ihr Bestehen hemmt potentiellen Wettbewerb wegen der beschriebenen Beharrungskräfte auf der Marktgegenseite[184] (also bei den Nachfragern). Diese Beharrungskräfte resultieren aus dem Wechselaufwand oder der Markentreue bzw. Reputation eines Anbieters, entstehen aber auch weil nutzerdatenauswertungsbasierte Produktverbesserungen die Individualisierung nach und nach erhöhen und einen Wechsel unattraktiv machen können.[185] Das Marktverhalten auf Nachfragerseite entfernt sich damit weiter vom Idealzustand der Ressourcenallokation orientiert am besten Angebot und damit von der theoretischen Steuerung durch die Nachfrager, als es ohne diesen Aufwand der Fall wäre. Das Nachfragerverhalten kann so weniger disziplinierend auf den Wettbewerb einwirken.

Zwar können sich aus der Beharrung resultierende Verbundvorteile besonders bei datengetriebenen Produkten oder Dienstleistungen auf Angebotsseite auch positiv für das Angebot auswirken.[186] Doch wird der Abbau dieser Effekte generell als vorteilhaft angesehen, sowohl für den Eintritt neuer (innovativer) Akteure in einen Markt, die sich erst auf einen bestimmten Sektor spezialisieren müssen, was wiederum bei bereits vorhandener Belegung dieses Sektors durch dominierende Anbieter erschwert wird, als auch für die Stärkung des bereits bestehenden Wettbewerbs.[187] Netzwerkeffekte und Wechselkosten werden etwa für

---

werden soll: *R. Polley/R. Kaup*, Paradigmenwechsel in der deutschen Missbrauchsaufsicht – Der Referentenentwurf zur 10. GWB-Novelle, NZKart, 2020, S. 113, 115 f.

183 Teils auch „Markteintrittsbarrieren", vgl. etwa BMWi, Ein neuer Wettbewerbsrahmen für die Digitalwirtschaft, 2019, S. 14; besonders zu Marktzutrittsschranken durch indirekte Netzwerkeffekte auch BKartA, 06.02.2019, B6-22/16 – Fallbericht: Facebook, S. 7.

184 Also denjenigen Personen, die eine bestimmte Dienstleistung in Anspruch nehmen wollen.

185 BMWi, Ein neuer Wettbewerbsrahmen für die Digitalwirtschaft, 2019, S. 14, 18, wo von positiven Feedbackschleifen (*feedback loops*) und Lock-In-Effekten auf individueller Ebene gesprochen wird, S. 38.

186 Zu den Verbundsvorteilen auch: BMWi, Ein neuer Wettbewerbsrahmen für die Digitalwirtschaft, 2019, S. 18 f.

187 BKartA, Leitfaden zur Marktbeherrschung in der Fusionskontrolle, 29.03.2012, Rn. 67; *S. Thomas,* in: Immenga u. a. (Hrsg.), Wettbewerbsrecht, 5. Aufl. 2014, § 36 GWB, Rndr. 219; *B. P. Paal*, Internet-Suchmaschinen im Kartellrecht, GRUR-Int, 2015, S. 997, 1001; BMWi, Ein neuer Wettbewerbsrahmen für die Digitalwirtschaft, 2019, S. 19.

Big Data Anwendungen als ein inzwischen wichtigerer Faktor als traditionelle Marktanteilsmesszahlen (oft umsatzbezogene Kriterien wie etwa Kunden- oder Transaktionsanzahlen[188]) für das Vorliegen relevanter Marktzutrittsbarrieren angesehen.[189] Dieser Umstand hat auch in § 18 Abs. 3a Nr. 4 GWB mit dem Abstellen auf wettbewerbsrelevante Daten bei der Bestimmung der Marktbeherrschung Niederschlag gefunden. Bei Vorliegen marktmächtiger Positionen können Fälle des Missbrauchs von Lock-In- und Netzwerkeffekten mittels wettbewerbsrelevanter Daten in den Anwendungsbereich von Art. 102 lit. b AEUV fallen.[190]

Speziell bei Dienstleistungen, die (auch) die Verarbeitung personenbezogener Daten mit sich bringen, treffen diese Überlegungen eines Lock-Ins auf Situationen zu, in denen eine manuelle Übertragung der gespeicherten Daten durch die Betroffenen selbst – trotz der theoretischen Mehrfachnutzbarkeit und Eigenschaft von Daten als nicht-rivale Güter[191] – zu aufwendig ist, sich aufgrund unterschiedlicher Datenformate zu kompliziert oder aufgrund der Datenmenge als impraktikabel darstellt oder schlicht technisch vom Anbieter verhindert wird, weshalb dann der Anbieterwechsel in vielen Fällen schlussendlich unterbleibt.[192]

dd. Betroffene Konstellationen

Innerhalb aber auch außerhalb des europäischen Gesetzgebungsverfahrens wurde im Zusammenhang mit der Datenportabilität und den Problemen dabei meist an die Situation des Umzugs eines Nutzerprofils von einem Diensteanbieter im Internet zu einem anderen (soziale Netzwerke, E-Mail etc.) gedacht,

---

188 BKartA, 06.02.2019, B6-22/16 – Fallbericht: Facebook, S. 6 f.

189 Vgl. *C. Grave/J. Nyberg*, Die Rolle von Big Data bei der Anwendung des Kartellrechts, WuW, 2017, S. 363, 364: „Der Besitz von Big Data ist alleine kein Beweis für Marktbeherrschung, kann aber für bestimmte Leistungen eine Markteintrittsbarriere sein, da der Datenvorrat die Grundlage von starken (und letztlich unüberwindlichen) indirekten Netzwerkeffekten ist".

190 So auch *H. Schweitzer/M. Peitz*, Ein neuer europäischer Ordnungsrahmen für Datenmärkte?, NJW, 2018, S. 275, 279; vgl. zur Anwendung von Art. 102 AEUV im Zusammenhang mit der Datenportabilität auch *S. Elfering*, Unlocking the Right to Data Portability, 2019, S. 55 f.

191 *C. Grave/J. Nyberg*, Die Rolle von Big Data bei der Anwendung des Kartellrechts, WuW, 2017, S. 363, 365; BMWi, Ein neuer Wettbewerbsrahmen für die Digitalwirtschaft, 2019, S. 14, 84.

192 *H.-G. Kamann/M. Braun*, in: Ehmann/Selmayr (Hrsg.), DS-GVO, 2. Aufl. 2018, Art. 20 DSGVO, Rn. 3.

bei denen die Notwendigkeit einer manuellen Übertragung durch die Betroffenen verhindert werden sollte.[193] Die im Gesetzgebungsverfahren angedachten

---

193 Der Bezug auf Soziale Netzwerke im Gesetzgebungsverfahren zeigt sich zum Beispiel an Europäische Kommission, Gesamtkonzept für den Datenschutz in der Europäischen Union, KOM, 2010, 609 (endgültig), S. 2; Europäischer Datenschutzbeauftragter, Opinion of the European Data Protection Supervisor on the Communication from the Commission to the European Parliament, the Council, the Economic and Social Committee and the Committee of the Regions – „A comprehensive approach on data protection in the European Union", 2011; Europäische Kommission, Vorschlag für Verordnung des Europäischen Parlaments und des Rates zum Schutz natürlicher Personen bei der Verarbeitung personenbezogener Daten und zum freien Datenverkehr (Datenschutz-Grundverordnung), KOM, 2012, 11 (endgültig); Ausschuss für bürgerliche Freiheiten, Justiz und Inneres, Bericht über den Vorschlag für eine Verordnung des Europäischen Parlaments und des Rates zum Schutz natürlicher Personen bei der Verarbeitung personenbezogener Daten und zum freien Datenverkehr (allgemeine Datenschutzverordnung) – (COM(2012)0011 – C7-0025/2012 – 2012/0011(COD)), S. 603 ff.; Europäischer Rat, 8835/15 – Chapter III and horizontal issues, including Chapter II, Article 6, 2015, S. 45 – erst in der Allgemeinen Ausrichtung des Rates wurde der Bezug auf soziale Netzwerke endgültig gestrichen, obschon er auch dort teils befürwortet wurde; vgl. zudem erneut die Einreichungen während der Konsultationen, Fn. 55; auf die Sozialen Netzwerke bezogen sich auch viele vor dem Gesetzgebungsverfahren entwickelten privatwirtschaftlichen Ansätze, die sich allerdings nicht flächendeckend mit dem gewünschten Erfolg zugunsten der Datenportabilität durchsetzend konnten, so etwa: *O. Mundy*, Give Me My Data 2009–2016, 2016 (ein externer Dienst, der das Visualisieren und Exportieren der bei Facebook gespeicherten Daten erlauben sollte, aber 2016 nach Unterbindung des Datenzugriffs eingestellt werden musste und auf eine Anleitung zu einer aufwendigen selbstständigen Extraktion der Daten zurückgefahren wurde: Facebook Developers, Getting Started with the Graph API, 2013; auch: Stiftung Datenschutz e.V., Praktische Umsetzung des Rechts auf Datenübertragbarkeit, 3. Aufl., 2018, S. 36); weiter Google, Data Liberation Front, 2011 bzw. Google, Google Takeout, 2011 (Angebot des Exports von im Zusammenhang mit Google-Diensten gespeicherten Daten in verschiedenen auswählbaren Formaten), das später im Google u. a., Data Transfer Projekt, 2017 aufging und das eine Direktübertragung ähnlich Art. 20 Abs. 2 DSGVO beinhalten sollte (was letztlich auch durch die zu diesem Zeitpunkt bereits geltende DSGVO motiviert gewesen sein dürfte); sowie zudem das World Wide Web Consortium (W3C), OpenSocial Foundation Moves Standards Work to W3C Social Web Activity, 16.12.2014 (ein Projekt zur Verknüpfung sozialer Netzwerke durch Förderung von Interoperabilitätslösungen); vgl. zur Anwendung von Art. 20 DSGVO (damals Art. 18 DSGVO-E) auf Soziale Netzwerke insbesondere auch: *G. Hornung*, Eine Datenschutz-Grundverordnung für Europa?, ZD, 2012, S. 99, 103; ErwGr. 55 des Verordnungsentwurfs des Europäischen Parlaments, COM(2012) 11 (final).

Fälle waren zunächst oftmals diejenigen, in denen der Lock-In-Effekt aufgrund eines Netzwerkeffekts auftritt: Wenn etwa bei sozialen Netzwerken eine Vielzahl von „Freunden“ Netzwerk A nutzt, kann der Effekt verhindern, dass Netzwerk B gewählt wird, selbst wenn der Wechsel technisch ohne Weiteres möglich wäre.[194] Am Bestehen des Netzwerkeffekts ändert in derartigen Situationen auch das Recht auf Datenportabilität nicht unmittelbar etwas[195], sondern es kann nur die Möglichkeit eines Wechsels sicherstellen.[196]

Denkbar ist darüber hinaus aber auch bei datenverarbeitenden Diensten, dass Lock-In-Effekte auftreten, weil zum Beispiel ein neues, kleines Unternehmen sich mit seiner Technologie aus anderen Gründen am Markt nicht durchsetzen konnte oder ein Anbieter etwa nur ein unattraktives proprietäres Format benutzt[197], eine Übermittlung der diesem Unternehmen bereitgestellten Daten zu einem anderen Anbieter aber bisher technisch nicht möglich war.[198] Dasselbe gilt aber vor allem auch für den umgekehrten Fall, wenn ein kleines Unternehmen seine Technologie nur dann (oder zumindest deutlich leichter) weiterentwickeln kann, wenn es Zugriff auf Daten hat, die schon einem anderen Unternehmen bereitgestellt wurden[199]. In diesen Situationen, in denen der

194 Vgl. zum Fall Sozialer Netzwerke am Beispiel Facebook etwa: *B. Cyphers/D. O'Brien*, Facing Facebook: Data Portability and Interoperability Are Anti-Monopoly Medicine, 2018.

195 Auch *A. Dix*, in: Simitis u. a. (Hrsg.), Datenschutzrecht, 2019, Art. 20 DSGVO, Rn. 1, geht davon aus, dass Art. 20 in seiner jetzigen Form Lock-In-Effekte in sozialen Netzwerken nicht beseitigen können werde, weil „Freunde“ im bisherigen Netzwerk zurückgelassen werden müssten; in die Richtung ebenfalls: *G. Gebhart/B. Cyphers/K. Opsahl*, What We Mean When We Say “Data Portability“, 2018; zu „starken indirekten Netzwerkeffekten“ bei Sozialen Netzwerken auch: BKartA, 06.02.2019, B6-22/16 – Fallbericht: Facebook, S. 7; kurzfristig wegen dieser Netzwerk- und Skaleneffekte sogar eine Stärkung bisher starker Wettbewerber in Aussicht stellend: Datenethikkommission, Gutachten der Datenethikkommission, 23.10.2019, S. 136.

196 Vgl. zu den Problemen der sog. *Social Graph Portability* auch Facebook, Data Portability and Privacy, 2019, S. 14 ff., dort vor allem mit Blick auf das Betreffensmerkmal; vgl. zudem III.3.d.dd. und III.3.e.ff. zu Bewertungen und Rezensionen im Internet.

197 So auch *E. Skobel*, Alle Daten kommen mit, PinG, 2018, S. 160, 165, die aber im Ergebnis einen datenschutzrechtlichen Zweck herrschaftsrechtlicher Art für das Hauptziel hält.

198 Vgl. dazu am Beispiel der inzwischen insolventen Plattform SchuelerVZ: *H. Speck*, Die Schwierigkeiten liegen beim Nutzer, 2008.

199 Diese Situation ähnelt dann derjenigen, der sich die frühen Ansätze zur Datenportabilität gegenübersahen, die die Datenbestände sozialer Netzwerke nutzbar machen

Lock-In-Effekt letztlich nicht zwingend aufgrund von Netzwerkeffekten und der marktmächtigen Position eines Beteiligten eintritt, kann ein praktisch durchsetzbares Recht auf Datenportabilität durch die Eröffnung der Wechselmöglichkeit die Situation auch praktisch beeinflussen.

ee. Stärkung von Incumbents?

Die praktische Durchsetzbarkeit hängt allerdings auch von der Möglichkeit der Annahme der Daten beim Empfänger ab.[200] In der Praxis könnte die Gefahr bestehen, dass durch die zu dieser Annahmemöglichkeit erforderlichen technischen Mittel eher bei ohnehin schon bestehenden großen Unternehmen gegeben sind. Das wiederum könnte dazu führen, dass entweder der Wechsel innerhalb des bestehenden Marktes nur zu größeren Anbietern stattfindet, weil dort eine zentrale Verwaltung für die Verwender einfacher erscheint oder die technischen Hürden sich gar in einer (finanziell bedingten) Erschwerung des Marktzutritts für neue, kleinere Unternehmen auswirken. All dies könnte schließlich zu einer Stärkung sogenannter *Incumbents* führen.[201]

Welcher dieser Effekte überwiegt, kann allerdings im Rahmen dieser Abhandlung nicht vollumfänglich behandelt werden, nachdem darüber selbst aus wirtschaftswissenschaftlicher Sicht Uneinigkeit herrscht.[202] Die höchst kontroverse Diskussion dieser wirtschaftswissenschaftlichen Zusammenhänge setzt sich auf Märkten mit mehreren kleinen Anbietern, die untereinander unter hohem Wettbewerbsdruck stehen, fort. Dort treten Netzwerkeffekte aufgrund von Skalenvorteilen zwar eher weniger auf, gleichzeitig wird aber teils angenommen, dass

---

sollten, vgl. auch die Nachweise in Fn. 193; wobei die Größe des anderen Unternehmens hier keine zwingende Voraussetzung ist.

200 *C. Grave/J. Nyberg*, Die Rolle von Big Data bei der Anwendung des Kartellrechts, WuW, 2017, S. 363, 364.

201 Vgl. zu diesen Befürchtungen: *H. Schweitzer/M. Peitz*, Ein neuer europäischer Ordnungsrahmen für Datenmärkte?, NJW, 2018, S. 275, 280; sowie *T. Körber*, „Ist Wissen Marktmacht?" Überlegungen zum Verhältnis von Datenschutz, „Datenmacht" und Kartellrecht – Teil 2, NZKart, 2016, S. 348, 350; sowie auch *M. Munz*, in: Taeger/Gabel (Hrsg.), DSGVO – BDSG, 3. Aufl. 2019, Art. 20 DSGVO, Rn. 6; BMWi, Ein neuer Wettbewerbsrahmen für die Digitalwirtschaft, 2019, S. 41; *A. Diker Vanberg/M. B. Ünver*, The right to data portability in the GDPR and EU competation law: odd couple or dynamic duo?, EJLT, 2017, 4 f.

202 Weiterführend etwa: *P. Swire/Y. Lagos*, Why the Right to Data Portability Likely Reduces Consumer Welfare: Antitrust and Privacy Critique, Maryland Law Review, 2013, S. 335, 353 ff.

die Innovationsfreudigkeit auf solchen Märkten mit steigendem Wettbewerbsdruck abnehme.[203] Dies könnte durch die Datenportabilität wegen einer wettbewerbsfördernden Wirkung noch verstärkt werden. So wird teils das Verhältnis von Wettbewerbsdruck und Innovationsfreudigkeit als invertiert U-förmig beschrieben[204], das Auftreten dieses Effektes aber keinesfalls in allen Märkten gleich beobachtet[205]. In dieser Frage lässt sich nach jetzigem Stand keine für alle Märkte verallgemeinerungsfähige Aussage treffen. Damit lässt sich wegen der bei Art. 20 DSGVO nicht vorhandenen Bindung an einen speziellen Markt oder spezielle Markteigenschaften auch keine verallgemeinerungsfähige Aussage hinsichtlich effektiver Netzwerkeffektbekämpfung durch Art. 20 DSGVO treffen. Jedoch ist wie gezeigt werden wird durch die Datenportabilität eine allgemeine Wettbewerbsförderung mit der Folge einer Innovationssteigerung möglich für Märkte mit wenigen großen Anbietern oder gar nur einem großen Anbieter, die sich gegen den Wettbewerb abschirmen können und so auch mit weniger Innovation hohe Renditen erwirtschaften können[206] oder für hochkonzentrierte Märkte mit wenigen großen, dominierenden Anbietern und daneben einigen kleinen Anbietern.[207]

---

203 Vgl. zur sog. „Arrow-Schumpeter-Kontroverse“: BMWi, Ein neuer Wettbewerbsrahmen für die Digitalwirtschaft, 2019, S. 22 – laut *Arrow* (1962) brächten wettbewerbliche Märkte, laut *Schumpeter* (1942) monopolistische Märkte ideale Bedingungen für Innovation; weiterführend dazu: *C. Shapiro,* in: Lerner/Stern (Hrsg.), The rate and direction of inventive activity revisited, 2012, Competition and Innovation: Did Arrow Hit the Bull's Eye?, S. 361 ff.; vgl., eine wettbewerbliche Ambivalenz hinsichtlich der Datenportabilität annehmend auch: *T. Körber*, „Ist Wissen Marktmacht?“ Überlegungen zum Verhältnis von Datenschutz, „Datenmacht“ und Kartellrecht – Teil 2, NZKart, 2016, S. 348, 350.

204 *M. Polder/E. Veldhuizen*, Innovation and Competition in the Netherlands: Testing the Inverted-U for Industries and Firms, J Ind Compet Trade, 2012, S. 67.

205 So stellen *J. A. Correa*, Innovation and competition: An unstable relationship, J. Appl. Econ., 2012, S. 160, im Vergleich zu *Polder/Veldhuizen* Gegenteiliges fest.

206 Vgl. BMWi, Ein neuer Wettbewerbsrahmen für die Digitalwirtschaft, 2019, S. 22, für diese Unternehmen sei es teils wegen des *replacement effects* sogar nachteilig, Produkte anzubieten, die im Vergleich zu den eigenen Älteren Innovationen darstellen.

207 Vgl. auch *J. Prüfer/C. Schottmüller*, Competing with Big Data, Tilburg Law School Legal Studies Research Paper Series, 2017, S. 1, 3, die in ihrer Untersuchung feststellen, dass die Innovationsfreudigkeit großer Unternehmen durch das gezwungene Teilen von Informationen nicht abnehme.

b. Allgemeine Wettbewerbsförderung

Die Wirkung von Art. 20 DSGVO vollzieht sich zwar grundsätzlich im Einzelfall unabhängig von der Größe der Verantwortlichen oder deren Markteinfluss. Praktisch existieren aber Unterschiede in Abhängigkeit von dieser Größe und es gibt Märkte mit höherer und solche mit niedriger Wahrscheinlichkeit eines potentiellen wettbewerblichen Effekts oder einer Wettbewerbs-/Innovationsförderung durch die Einführung von Art. 20 DSGVO und die Gesamtheit seiner Geltendmachungen. Das Recht auf Datenportabilität kann allerdings nicht nur potentiell wettbewerbsrechtlich und im speziellen kartellrechtlich relevante Positionen beeinflussen, sondern hat auch die allgemeine Wettbewerbsförderung unabhängig von der Größe der Verantwortlichen zum Gegenstand, die im Folgenden erläutert wird.

Das Recht auf Datenportabilität bezweckt mit der Verhinderung von Lock-In-Effekten – zur Sicherstellung der Teilhabemöglichkeit am gesellschaftlichen Diskurs in modernen Kommunikationsformen – die Verbesserung des Wettbewerbs zwischen den entsprechenden Diensteanbietern. Wie dargestellt soll die Stellung dominierender Anbieter zumindest angreifbar[208] und ein Multi-Homing oder ein Anbieterwechsel möglich gemacht werden.[209] Im Falle nicht dominierender Anbieter, bei denen ein Netzwerkeffekt nicht greift, soll eine Orientierung des Bezugs an der Qualität der jeweiligen Leistung besser ermöglicht werden. Wirtschaftspolitisch kann man Art. 20 DSGVO insoweit zum Teil auch als eine Maßnahme zur Stärkung europäischer Unternehmen gegenüber den auf dem Markt

---

208 Vgl. die Entschließung des Europäischen Parlaments zum Gesamtkonzept für den Datenschutz in der Europäischen Union (2011/2025(INI)), S. 7/Ziff. 16; Europäischer Rat, Begründung des Rates: Standpunkt (EU) Nr. 6/2016 des Rates in erster Lesung im Hinblick auf den Erlass einer Verordnung des Europäischen Parlaments und des Rates zum Schutz natürlicher Personen bei der Verarbeitung personenbezogener Daten und zum freien Datenverkehr und zur Aufhebung der Richtlinie 95/46/EG (Datenschutz-Grundverordnung), ABl., 2016/C 159/83, 89; vgl. zudem: *K. v. Lewinski,* in: Wolff/Brink (Hrsg.), BeckOK Datenschutzrecht, 34. Ed. 2020, Art. 20 DSGVO, Rn. 12, die Wettbewerbsförderung auch als Ziel nennend, insgesamt aber hinsichtlich einer eindeutigen Einordnung widersprüchlich bleibend *S. Brüggemann,* in: Taeger (Hrsg.), Recht 4.0 – Innovationen aus den rechtswissenschaftlichen Laboren, 2017, Das Recht auf Datenportabilität, S. 1, 11 f.; zu dieser Zielrichtung zudem: *P. DeHert/ V. Papakonstantinou/G. Malgieri/L. Beslay/I. Sanchez,* The right to data portability in the GDPR: Towards user-centric interoperability of digital services, Computer Law & Security Review, 2018, S. 193, 202.

209 BMWi, Ein neuer Wettbewerbsrahmen für die Digitalwirtschaft, 2019, S. 54.

für datenverarbeitende Dienste dominanten US-amerikanischen Unternehmen aus dem *Silicon Valley* verstehen: Deren Datenpools können so auch für kleinere Unternehmen nutzbar werden, wodurch faktische Abhängigkeiten beim Datenzugang für europäische Unternehmen verringert werden könnten.[210] Diese Perspektive erklärt auch den während des Gesetzgebungsverfahrens starken Fokus auf Soziale Netzwerke[211] entsprechend des Gedankens des *Open Web*, die zur entsprechenden Zeit einen bedeutenden Anteil dieser Pools dargestellt haben.[212] Dieser wettbewerbsrechtliche Zweck wird – wie bereits aus der umgekehrten Perspektive erwähnt[213] – oftmals einem datenschutzrechtlichen Zweck unfundiert mit dem Ergebnis eines eindeutigen Überwiegens eines von beiden gegenübergestellt. Die Ansichten, die davon ausgehen, die Datenportabilität führe nur als Nebeneffekt zu einem datenschutzrechtlichen Ergebnis, können wie angedeutet zumindest nicht überzeugen. Gerade wenn man das rein herrschaftsrechtliche Verständnis des Datenschutzes ablehnt und auch regulatorische Elemente als umfasst ansieht, wird an dieser Stelle die Verzahnung wettbewerbsrechtlicher und traditionell datenschutzrechtlicher Zweckrichtungen im Datenschutz deutlich: dem Betroffenen wird ein Mittel zur Verwendungsbestimmung über die ihn betreffenden Daten gegeben, er erhält also eine gewisse Kontrolle über seine Daten. Andererseits wird so nicht alleine die Selbstbestimmung als Selbstzweck erreicht, sondern durch wettbewerbsfördernde Impulse[214] ein möglichst unkomplizierter Wechsel von einem Verantwortlichen zum anderen zu ermöglichen versucht. Einen zusätzlichen Teil dieser Impulse kann auch die Förderung eines „Wettbewerbs um datenschutzfreundliche Technologien" darstellen[215]. Die

---

210 *M. Strubel*, Anwendungsbereich des Rechts auf Datenübertragbarkeit, ZD, 2017, S. 355, 359.

211 Vgl. I.4.

212 Zu dieser Herleitung auch *A. Kratz*, Datenportabilität und „Walled Gardens", InTeR, 2019, S. 26, 28.

213 Vgl. II.2.b.ee.

214 So etwa: BMWi, Ein neuer Wettbewerbsrahmen für die Digitalwirtschaft, 2019, S. 38, die Verbraucherkontrollstärkung würde zu einem Anliegen des Wettbewerbsschutzes.

215 *J. P. Albrecht*, Das neue EU-Datenschutzrecht, CR, 2016, S. 88, 93 mit Verweis auf die Entschließung des Europäischen Parlaments, a.a.O; auch *B. P. Paal*, in: Paal/Pauly (Hrsg.), Datenschutz-Grundverordnung, Bundesdatenschutzgesetz, 2. Aufl. 2018, Art. 20 DSGVO, Rn. 5; *W. Li*, A Tale of Two Rights, IDPL, 2018, S. 309, 316 m.w.N.; *B. P. Paal/M. Hennemann*, Big Data im Recht, NJW, 2017, S. 1697, 1701; vgl. zudem auch *G. Gebhart/B. Cyphers/K. Opsahl*, What We Mean When We Say "Data Portability", 2018 die die Analyse der Daten zum Verständnis des eigenen Verhältnisses zum jeweiligen Dienst neben das Portieren zu einem anderen Anbieter stellen – derartige

für den Betroffenen vorteilhaftere Ausgestaltung der Arbeitsweise von verschiedenen Anbietern in Bezug zum Umgang mit personenbezogenen Daten kann durch die Datenportabilität das Datenschutzniveau zu einem Wettbewerbselement machen.[216] Damit werden traditionell datenschutzrechtliche Zwecke noch weiter mit einem wettbewerblichen Element verbunden.[217] Ob allerdings die theoretische Überlegung einer Entscheidung über Verbleib und Verarbeitung auf Augenhöhe in der Praxis auch greift, ist zumindest fraglich: Erscheinungen wie das *Privacy Paradox*[218] legen eine nicht tiefgreifend entscheidungsrelevante

---

Analysen der Betroffenen dürften auch beim Treffen einer Entscheidung im „Wettbewerb um datenschutzfreundliche Technologien" zumindest mit eine Rolle spielen; auch *E. Skobel*, Alle Daten kommen mit, PinG, 2018, S. 160, 162, die das Beispiel des Wechsels eines Sozialen Netzwerks bei Bekanntwerden von Meinungsmanipulationen zum Ausgangspunkt nimmt; vgl. auch im Zusammenhang mit der kartellrechtlichen Fusionskontrolle zur Auswirkung des Schutzniveaus beim Umgang mit Nutzerdaten: *C. Grave/J. Nyberg*, Die Rolle von Big Data bei der Anwendung des Kartellrechts, WuW, 2017, S. 363, 368, allerdings eher unter dem umgekehrten Gesichtspunkt einer durch die Beachtung eines höheren Standards eintretenden Schwächung der eigenen Wettbewerbsposition, m.w.N.

216 *B. P. Paal*, in: Paal/Pauly (Hrsg.), Datenschutz-Grundverordnung, Bundesdatenschutzgesetz, 2. Aufl. 2018, Art. 20 DSGVO, Rn. 4 f.; besonders bzgl. des letzten Punktes betreffend den Wettbewerb der Technologien auch *J. P. Albrecht*, Das neue EU-Datenschutzrecht, CR, 2016, S. 88, 93; auch BMWi, Ein neuer Wettbewerbsrahmen für die Digitalwirtschaft, 2019, S. 23, wo vor allem von „Informations- und Rationalitätsdefiziten" der Verbraucher im Zusammenhang mit Auswahlentscheidungen auf dem Markt gesprochen wird.

217 Dies zurecht als in der Konzeption des Datenschutzgrundrechts angelegt ansehend: *D. Wielsch*, Medienregulierung durch Persönlichkeits- und Datenschutzrechte, JZ, 2020, S. 105, 113, es ermächtige den Nutzer zur „Partizipation bei der Konfiguration der Kommunikationsregeln"; vgl. zudem: *W. Kamlah*, in: Plath (Hrsg.), DSGVO/BDSG, 3. Aufl. 2018, Art. 20 DSGVO, Rn. 2, der von der Schaffung von Wettbewerb durch einen ausdrücklich „datenschutzrechtlichen" Anspruch spricht.

218 Unter dem *Privacy Paradox* versteht man den Umstand, dass viele Betroffene trotz bestehender Bedenken bezüglich Privatsphäreverletzungen eine Handlungsalternative wählen, die im Widerspruch zu dem steht, was der Schutz der Privatsphäre eigentlich gebieten würde, vgl. zu diesem Problem die am Beispiel von *Crypto-Currencies* anschaulich durchgeführte Untersuchung von *S. Athey/C. Catalini/C. Tucker*, The Digital Privacy Paradox: Small Money, Small Costs, Small Talk, 2017; vgl. zudem auch in diesem Zusammenhang die Erscheinung des sog. *Notice Fatigue*, etwa bei Facebook, Data Portability and Privacy, 2019, Fn. 41 m.w.N.; auch *A. Jung*, Die Datenschutzformel – Vom Atmen und der Beatmung des Datenschutzes, MMR, 2018, S. 349.

Bedeutung des Datenschutzniveaus bei einem Großteil der Betroffenen nahe[219], was wiederum in einem fehlenden Durchschlag dieses Elements auf den Wettbewerb resultieren dürfte. Der weitaus größere wettbewerbliche Impuls wird weniger durch das Datenschutzniveau als durch Praktikabilitätserwägungen oder Verhaltensänderungen ausgemacht werden, die einen Wechsel notwendig erscheinen lassen, höchstens teilweise von Bedenken gegenüber der Datensicherheit. Diese Erwägungen sind es, die für die im nächsten Abschnitt erläuterte Wirkweise gerade ohne kartellrechtliche Schwellenwerte entscheidend sind und die innovationsfördernde Wirkung durch die einzelnen Rechtsausübungen hervorrufen können.

c. Kein „Überschießendes Wettbewerbsrecht"

Auf den ersten Blick problematisch erscheint die Verbindung und Erweiterung datenschutzrechtlicher Zwecke um solche des Wettbewerbsrechts zwar nicht in ihrem grundsätzlichen Bestehen, aber zumindest wegen der Tatsache, dass in Art. 20 DSGVO keine dem Kartellrecht vergleichbaren Schwellenwerte für ein Eingreifen des Rechts bezüglich eines Markteinflusses vorhanden sind, was teils mit dem Begriff des „überschießenden Wettbewerbsrechts"[220] zu klassifizieren versucht wird. Zudem ist keine Beschränkung der Übertragbarkeit auf gleichgeartete Dienste enthalten[221] und ein tatsächlich vorliegender Lock-In ist für die Anwendbarkeit nicht erforderlich[222]. Bei genauerer Betrachtung wird

---

219 *B. P. Paal*, in: Gersdorf/Paal (Hrsg.), BeckOK Informations- und Medienrecht, 28. Ed. 2020, Art. 102 AEUV, Rndr. 80b, der den momentanen Zustand für viele Geschäftsmodelle als „rationale Apathie" bezeichnet; der Begriff der „rationalen Apathie" geht zurück auf und wird ausführlich erklärt bei *K. v. Lewinski*, Zwischen rationaler Apathie und rationaler Hysterie, PinG, 2013, S. 12; mit Beispielen: *T. Körber*, „Ist Wissen Marktmacht?" Überlegungen zum Verhältnis von Datenschutz, „Datenmacht" und Kartellrecht – Teil 2, NZKart, 2016, S. 348, 349, sowie *T. Körber*, „Ist Wissen Marktmacht?" Überlegungen zum Verhältnis von Datenschutz, „Datenmacht" und Kartellrecht – Teil 1, NZKart, 2016, S. 303, 305; ebenso bei BMWi, Ein neuer Wettbewerbsrahmen für die Digitalwirtschaft, 2019, S. 43.

220 So etwa *M. Hennemann*, Datenportabilität, PinG, 2017, S. 5, 6; *K. v. Lewinski*, in: Wolff/Brink (Hrsg.), BeckOK Datenschutzrecht, 34. Ed. 2020, Art. 20 DSGVO, Rn. 14; diese Stellen aufgreifend *B. P. Paal*, in: Paal/Pauly (Hrsg.), Datenschutz-Grundverordnung, Bundesdatenschutzgesetz, 2. Aufl. 2018, Art. 20 DSGVO, Rn. 6.

221 Vgl. *S. Brüggemann*, Das Recht auf Datenportabilität, K&R, 2018, S. 1.

222 *H. Schweitzer/M. Peitz*, Ein neuer europäischer Ordnungsrahmen für Datenmärkte?, NJW, 2018, S. 275, 277.

im folgenden Abschnitt aber gezeigt, dass es gerade das Fehlen markteinflussbezogener Schwellenwerte ist, durch das mit der Förderung erweiternder oder ergänzender Dienste ein zentrales Element der regulierenden Wirkung zum Tragen kommt. Die Bezeichnung als „überschießendes Wettbewerbsrecht" verkürzt die Bedeutung dieser regulatorischen Wirkung auf ein ihrer theoretischen Tragweite nicht angemessenes Maß.

aa. Fehlende Schwellenwerte – Förderung erweiternder oder ergänzender Dienste nach dem Gedanken des Open Web

Man könnte schon aus dem Fehlen der für das Kartellrecht charakteristischen Schwellenwerte und Anwendungsvoraussetzungen schließen, dass die Datenportabilität eben gerade nicht ein Instrument sein soll, das nur der (Wieder-) Herstellung eines wegen des Bestehens und ggf. Missbrauchs von marktbeherrschenden Stellungen nicht (mehr) vollständig funktionsfähigen Marktes dienen soll. Dafür wäre eine Portabilität im Hinblick auf Verantwortliche, die nur sehr kleine Mengen personenbezogener Daten verarbeiten, nicht notwendig gewesen. Man könnte diese Irrelevanz kartellrechtlich üblicher Schwellenwerte als Hinweis darauf sehen, dass die herrschaftsrechtliche Kontrolle über die Daten im Vordergrund stünde und als sich regulatorisch-wettbewerblich auswirkender Nebeneffekt technisch abgeschlossene oder größenmäßig dominante Positionen datenverarbeitender Diensteanbieter herausgefordert werden können.

Andererseits dient die Norm gerade durch dieses Fehlen von Schwellenwerten einer allgemeinen Wettbewerbsförderung, was den Begriff des „Überschießens" nur dann gerechtfertigt erscheinen lässt, wenn man die Norm alleine aus der Perspektive einer Aufbrechung von größenmäßigen Monopolen auf einem bestimmten Markt bewertet. Die nach den frühen Ansätzen des Portabilitätsgedankens aus dem *Silicon Valley* um die *DataPortability Workgroup* und dem Bild des *Open Web* zugrundeliegenden Überlegungen, die auch das Europäische Parlament im Gesetzgebungsverfahren aufgegriffen hat[223], sprechen vielmehr sogar gegen eine Beschränkung allein auf marktmächtige Verantwortliche.

So äußerten sich ab dem Jahr 2010 Anhänger des *Open Web*, etwa *Sir Tim Berners-Lee*, der als Begründer des *World Wide Web* gilt, dahingehend besorgt, dass das Internet in seinen Grundprinzipien gefährdet sei: Informationen, die

223 Europäisches Parlament, Entschließung des Europäischen Parlaments vom 6. Juli 2011 zum Gesamtkonzept für den Datenschutz in der Europäischen Union (2011/2025(INI)), 2011, Ziff. 16 und Fn. 2.

von den Benutzern zur Verfügung gestellt worden seien, würden hinter Mauern versteckt und in „Silos“ aufbewahrt und das Internet drohe so, zu fragmentarischen Inseln zerbrochen zu werden. Dies sei damals besonders durch Seiten wie *Facebook* oder *LinkedIn* geschehen – eine Übertragung zu einer anderen Website sei nicht ohne weiteres möglich und der Nutzer werde so gezwungen, möglichst viel Zeit im vom Rest des Internets isolierten eigenen *Eco System* zu verbringen.[224] So werde verhindert, dass Daten zu einem anderen Dienst, wo sie von größerem Nutzen sein könnten, übertragen werden; eine Entscheidungsfreiheit bestünde nicht. Er zeigt die Problematik auf, die sich durch wachsende oder sinkende Popularität der jeweiligen Dienste ergeben kann; Nutzer sollten frei wählen können, wann sie ihre Daten von einer absteigenden Seite zu einer beliebteren übertragen wollen. Wenn ein Dienst unpopulär werde, müsse man die darin eingestellten Daten in einem Standardformat zurückerhalten können. Zudem stecke in einer durch die mehrfache Verwendung der zur Verfügung gestellten Daten erreichten Personalisierung alltäglicher Dienste ein enormes Potential, der Menschheit zu helfen.[225] Interessanterweise kommt auch hier ein Verständnis zum Ausdruck, das den Nutzen der Portabilität und das Speichern der Daten an verschiedenen Orten als die Risiken der fehlenden Datenminimierung überwiegend ansieht. Auch Google-Mitbegründer *Sergey Brin* drückte seine Ansicht aus, dass ein offenes Internet gut für jeden sei – nur so hätten Dienste wie *Google* überhaupt entwickelt werden können – und dass dies auch von der Mobilität von Benutzerdaten abhänge. Durch proprietäres Design würden Unternehmen wie *Facebook* und *Apple* mit ihrem enormen Marktanteil an diesen Grundfesten rütteln.[226] Nicht außen vor gelassen werden kann bei der Einordnung des Hintergrunds dieser Forderung, dass *Google* sowohl was Soziale

---

224 *L. Whitney*, Tim Berners-Lee: The Web is threatened, cnet, 23.11.2010; *T. Berners-Lee*, Long Live the Web: A Call for Continued Open Standards and Neutrality, Scientific American, 22.11.2010.

225 *D. Reisinger*, Google's Brin: "I have much admiration" for Apple, Facebook, cnet, 18.04.2012: Google's Brin: "I have much admiration" for Apple, Facebook"; *I. Katz*, Tim Berners-Lee: demand your data from Google and Facebook, The Guardian, 18.04.2012; auf diesen „ideologischen Ursprung“ der Datenportabilität hinweisend: *A. Kratz*, Datenportabilität und „Walled Gardens“, InTeR, 2019, S. 26, 28.

226 *I. Katz*, Web freedom faces greatest threat ever, warns Google's Sergey Brin, The Guardian, 15.04.2012; *D. Reisinger*, Google's Brin: 'I have much admiration' for Apple, Facebook, cnet, 18.04.2012; vgl. in Bezug auf die beherrschende Stellung auch die später ergangene Entscheidung im Zusammenhang mit WhatsApp des BKartA, 06.02.2019, B6-22/16 – Fallbericht: Facebook.

Netzwerke betrifft mit dem zu diesem Zeitpunkt den Markt mit weitem Vorsprung führenden *Facebook*-Dienst, als auch was *Smartphones* und *Tablet-PCs* angeht mit *Apple* in direkter Konkurrenz stand.[227] Von den Befürwortern dieses *Open Web/Internet* Gedankens wurde die Datenportabilität also dem Konzept nach als eine mögliche Lösung zur Erhaltung eines innovationsoffenen Internets und als Mittel für die Anpassung des Benutzers an und die einfache Reaktion auf die aktuellen Marktgegebenheiten angesehen.

Letztlich ist die Grenze der privatwirtschaftlichen Portabilitätsanstrengungen, die sich mit der Zeit einstellte[228], dadurch begründet zu sehen, dass die freiwillige Einführung von Portabilitätsinstrumenten darüber hinaus nicht von wirtschaftlichem Interesse war.[229] Das eigene wirtschaftliche Interesse ging nur soweit, wie der Datenzugriff durch die Zugriffsherstellung für andere Dienste das eigene Angebot in einer betriebswirtschaftlich absehbaren Weise stärkt[230], sei es durch direkten Zugriff auf die durch die anderen Dienste erhobenen Daten oder auch zum Beispiel durch Image- und Attraktivitätsgewinn. Es dürfte jedoch geendet haben, wenn durch die Datenportabilität die Abwanderung zu qualitativ hochwertiger(er) Konkurrenz ermöglicht würde oder die Daten von anders gelagerten Diensten in einer dem ursprünglichen Verantwortlichen nicht zugutekommenden Art verwendet würden.[231] Dass der Markt hingegen dieses als Missstand empfundene Stocken der Weiterentwicklung von selbst beheben würde, ist trotz der Innovationsgeschwindigkeit internetbasierter Technologien bisher nicht ersichtlich.[232]

---

227 Vgl. *D. Farber*, Google's Sergey Brin: Facebook and Apple a threat to Internet freedom, cnet, 15.04.2012.

228 Vgl. zu den privatwirtschaftlichen Portabilitätsprojekten auch I.1.c.

229 Ähnlich auch: Singapore Personal Data Protection Commission, Discussion Paper on Data Portability, 25.02.2019, S. 11.

230 Im Wesentlichen ähnlich zur Begründung der Grenze: *B. van der Auwermeulen*, How to attribute the right to data portability in Europe: A comparative analysis of legislations, CLSR, 2017, S. 57, 60; dem folgend: *A. Kratz*, Datenportabilität und „Walled Gardens", InTeR, 2019, S. 26, 29.

231 Vgl. zu dieser Schlussfolgerung auch *A. Kratz*, Datenportabilität und „Walled Gardens", InTeR, 2019, S. 26, 29; *B. van der Auwermeulen*, How to attribute the right to data portability in Europe: A comparative analysis of legislations, CLSR, 2017, S. 57, 59.

232 Vgl. generell zur fehlenden Selbstkontrolle des Marktes im Bereich von Online-Dienstleistungen feststellend, dass etwa „keinerlei Ablösungstendenzen oder relevante Marktanteilsverluste Facebooks erkennbar" seien, auch: BKartA, 06.02.2019, B6-22/16 – Fallbericht: Facebook, S. 8.

Mit den Bestrebungen, der fragmentarischen Aufteilung und einem Ende der Offenheit des Internets entgegenzuwirken und Daten nicht „hinter Mauern“ versteckt und in „Silos“, sog. „*walled gardens*“, aufzubewahren[233], beziehungsweise diese nur selektiv und im Rahmen eigener Zwecke zu teilen[234], wird dabei nicht nur die Förderung solcher Dienste bezweckt, die einen deckungsgleichen Zweck für den Betroffenen erfüllen und daher schon aus eigenem Antrieb unterstützt würden. Es wird gerade auch die Förderung der Entwicklung solcher Dienste bezweckt, die bestehende Dienste ergänzen oder erweitern[235], indem diese auf die Ressourcen eines bestehenden Datenpools zurückgreifen können.[236] Als beispielhaft für einen derartigen *Walled Garden* wurde dabei etwa auch das System

---

233 Erneut: *T. Berners-Lee*, Long Live the Web: A Call for Continued Open Standards and Neutrality, Scientific American, 22.11.2010: „*each site is a silo, walled off from others*“, „*The more this kind of architecture gains widepsread use, the more the Web becomes fragmented, and the less we enjoy a single, universal information space*“ sowie darauf Bezug nehmend: *L. Whitney*, Tim Berners-Lee: The Web is threatened, cnet, 23.11.2010; in diesem Zusammenhang ebenso zum Begriff der „*Walled Gardens*“ auch *C. Saad*, Do not #DeleteFacebook because of Cambridge Analytica, 26.03.2018, sowie darauf Bezug nehmend: *A. Kratz*, Datenportabilität und „Walled Gardens“, InTeR, 2019, S. 26, 28, 30; auch *P. DeHert/V. Papakonstantinou/G. Malgieri/L. Beslay/I. Sanchez*, The right to data portability in the GDPR: Towards user-centric interoperability of digital services, Computer Law & Security Review, 2018, S. 193, 203; in diese Richtung auch BMWi, Ein neuer Wettbewerbsrahmen für die Digitalwirtschaft, 2019, S. 18; sowie *D. Gelles*, Facebook accused of restricting its users, Financial Times, 11.07.2009, der *Marc Canter*, den Gründer von *Broadband Mechanics* (später *Macromedia*) bezogen auf Facebook mit dem Satz zitiert:„*They're doing everything they can to be open while remaining closed*“.

234 Vgl. mit Bezug auf diesen Umstand als Hindernis für einen Datenhandel, das hinsichtlich personenbezogener Daten durch die Datenportabilität behoben werden könne: *H. Schweitzer/M. Peitz*, Ein neuer europäischer Ordnungsrahmen für Datenmärkte?, NJW, 2018, S. 275, 276, 280.

235 Zur Unterscheidung in diesem Punkt nach deckungsgleichen („*substitute*“) und ergänzenden/erweiternden („*complementary*“) Diensten: *B. Engels*, Data portability among online platforms, Internet Policy Review, 2016, S. 1, 2; ebenso *A. Kratz*, Datenportabilität und „Walled Gardens“, InTeR, 2019, S. 26, 28 f.

236 Vgl. Singapore Personal Data Protection Commission, Discussion Paper on Data Portability, 25.02.2019, S. 11, bezeichnet als *recombinant innovation*; zusammenfassend aus der Perspektive eines Inhabers solcher Datenpools auch: Facebook, Data Portability and Privacy, 2019, S. 10; zudem BMWi, Ein neuer Wettbewerbsrahmen für die Digitalwirtschaft, 2019, S. 65, dies gleichwohl kritisch sehend, weil der Anreiz zu „radikaler“ Innovation so reduziert werde und sich stattdessen auf diese komplementären Angebote beschränkt werde.

iTunes gesehen.[237] Gerade in den Fällen ergänzender oder erweiternder Dienste ist es für einen funktionierenden Wettbewerb und einen innovativen Markt elementar, dass der Erwerb und die Übertragung für Daten auf einer der Erhebung nachgeordneten sekundären Ebene ermöglicht werden oder möglich bleiben.[238] Der Unterbindung des Wechsels zwischen deckungsgleichen Diensten durch einen marktmächtigen Verantwortlichen entgegenzuwirken liegt aber traditionellen kartellrechtlichen Instrumentarien im Gegensatz zur durch Art. 20 DSGVO mitverfolgten wettbewerbsfördernden Komponente zugrunde.[239] Die Wettbewerbsförderung durch Art. 20 DSGVO hingegen soll im Anbetracht der Entstehung des Datenportabilitätsgedanken vielmehr auch und gerade dann regulatorisch eingreifen, wenn keine marktbeherrschende Stellung eines Verantwortlichen besteht und die Daten nicht für einen deckungsgleichen Dienst verwendet werden sollen.[240]

Bei dieser Situation sprechen die unter a.) geschilderten Überlegungen zu einem Überwiegen der Vor- oder Nachteile eines regulierenden Eingriff hinsichtlich der Stärkung von *Incumbents*[241] nicht mehr gleichermaßen gegen das Konzept der Datenportabilität. Eine Stärkung der *Incumbents* ist mangels direkten Konkurrierens deckungsgleicher Angebote ist weniger wahrscheinlich, wenn ein direkter Wettbewerb zwischen den Unternehmen, zu denen die Daten portiert

---

237 Die *iTunes*-Webadressen begannen im Gegensatz zu offenen Websites nicht mit „http:", sondern mit „itunes:", was zum Beispiel schon verhinderte, dass auf Informationen innerhalb des Systems über Links zugegriffen werden kann; vgl. zu diesem Beispiel *T. Berners-Lee*, Long Live the Web: A Call for Continued Open Standards and Neutrality, Scientific American, 22.11.2010.

238 Vgl. *H. Schweitzer/M. Peitz*, Ein neuer europäischer Ordnungsrahmen für Datenmärkte?, NJW, 2018, S. 275, 277 f.; *T. Berners-Lee*, Long Live the Web: A Call for Continued Open Standards and Neutrality, Scientific American, 22.11.2010; BMWi, Ein neuer Wettbewerbsrahmen für die Digitalwirtschaft, 2019, S. 39.

239 Vgl. Europäische Kommission, Bekanntmachung der Kommission über die Definition des Relevanten Marktes im Sinne des Wettbewerbsrechts der Gemeinschaft, ABl., 97/C 372/5, Ziff. 7; BMWi, Ein neuer Wettbewerbsrahmen für die Digitalwirtschaft, 2019, S. 28.

240 So auch *P. DeHert/V. Papakonstantinou/G. Malgieri/L. Beslay/I. Sanchez*, The right to data portability in the GDPR: Towards user-centric interoperability of digital services, Computer Law & Security Review, 2018, S. 193, 203: "*it should empower consumers to take advantage of value-added services from third parties and lets them 'share the wealth' created by big data*"; *A. Kratz*, Datenportabilität und „Walled Gardens", InTeR, 2019, S. 26, 30.

241 Vgl. oben bei den Fn. 202 bis 207.

werden sollen und die erweiternde oder ergänzende Dienste anbieten (wollen) und denen, die eine bereits starke Stellung in ihrem jeweiligen Markt haben, gar nicht besteht. Besonders durch die Möglichkeit des Zugriffs auf einen wachsenden Datenpool eines anderen Unternehmens entstehen für ergänzende und erweiternde Dienste positive externe Effekte[242], ohne dass es dabei entscheidend darauf ankommt, ob schon vorhandene, auch große Marktteilnehmer durch bestehende Netzwerk- und Skalenvorteile durch Portierungstendenzen innerhalb eines einzelnen Marktes hin zu großen Unternehmen bevorteilt werden könnten.

bb. Zentrale Bedeutung der fehlenden Schwellenwerte für die Anwendung

Das Fehlen der Schwellenwerte folgt zudem dem Umstand, dass im Bereich der Digitalwirtschaft einerseits eine besondere Marktdynamik vorherrscht, was zu oftmals schnell wechselnden Marktverhältnissen führen kann. Gleichwohl kann aber unabhängig von der Größe des jeweiligen Marktanteils ein sehr hoher Innovationsdruck bestehen[243] und andererseits ist auch durch eben diese Dynamik die Bestimmung von Marktanteilen oder der Marktmacht eines Akteurs anhand traditioneller Schwellenregelungen schwierig.[244] Daher würde nicht nur die Anwendung üblicher kartellrechtlicher Maßstäbe zu Marktabgrenzung und Größenbestimmung, sondern auch schon das Angewiesensein auf die herkömmlichen Verfahren der Kartellaufsicht[245] zur Anwendung selbst angepasster

---

242 Also Vorteile für an der eigentlichen Entscheidung (im Fall der Datenportabilität des Verarbeitens der Daten durch den ersten Verantwortlichen) nicht beteiligte Dritte, vgl. *E. Feess*, Externer Effekt – Definition, 2020; sowie: Economics Online, Positive Externalities, 2020; vgl. auch: *B. Engels*, Data portability among online platforms, Internet Policy Review, 2016, S. 1, 8.

243 Vgl. *T. Körber*, Analoges Kartellrecht für Digitale Märkte?, WuW, 2015, S. 120, 128; ebenso: *B. P. Paal/M. Hennemann*, Big Data im Recht, NJW, 2017, S. 1697, 1699; vgl. in diesem Zusammenhang auch zur Marktmacht in der Digitalwirtschaft: BKartA, Arbeitspapier: Marktmacht von Plattformen und Netzwerken, 06/2016; sowie BMWi, Weißbuch Digitale Plattformen, 2015.

244 Vgl. dazu ausführlich: BMWi, Ein neuer Wettbewerbsrahmen für die Digitalwirtschaft, 2019, S. 28 ff., wo hinsichtlich der Marktmacht ein erheblicher Differenzierungsbedarf gesehen wird.

245 Zum hohen Zeit- und Ressourcenaufwand in diesem Zusammenhang ausführlich: BMWi, Ein neuer Wettbewerbsrahmen für die Digitalwirtschaft, 2019, S. 38, wo auch auf notwendige Überwachungsmechanismen durch die Kartellrechtsbehörden sowie Regime für Veränderungen zur Anpassung an geänderte Markt- und

Konzepte der Schwellenregelungen wegen der kurzen zeitlichen Veränderungsintervalle in der Digitalwirtschaft dazu führen, dass eine derartige Datenportabilitätsregelung praktisch ineffektiv und damit für eine Innovations- und Wettbewerbsförderung obsolet wäre.
Dieses Konzept einer dezentralen Erwirkung will die beabsichtigte Wettbewerbsförderung dadurch umsetzen, dass die gespeicherten Daten allgemein zu einer leichter verschiebbaren „Ressource" gemacht werden und so für die (Neu-)Entwicklung von datenverarbeitenden Diensten gesorgt wird.[246] Wegen der besonders im Fall marktmächtiger Verantwortlicher neben eventuellem technischen oder aufwandsbezogenem Lock-In oftmals greifenden Netzwerkeffekte, die einen Wechsel selbst bei Reduzierung anderer *switching costs* praktisch verhindern, könnte das Recht auf Datenportabilität gerade in diesen unter den kartellrechtlichen Schwellenwerten liegenden Fällen vielmals überhaupt einen praktischen Anwendungsbereich in der beschriebenen Wettbewerbsförderung haben. So kann die Datenportabilität diese Förderung des Wettbewerbs über die Begrenzung der Portabilität hinaus erreichen, die den wirtschaftlichen Interessen hinter der im Anwendungsbereich beschränken freiwilligen Ansätzen der 2000er und 2010er Jahre[247] zugrunde lag – und deren aus Sicht der Unternehmen eintretende Zufriedenstellung das Ende der Weiterentwicklung des

Wettbewerbsbedingungen eingegangen wird, vor allem in Fällen, in denen „der Datenzugang in einem bestimmten wettbewerblichen Umfeld zu einem systemischen Problem" wird, annehmend, dass „das Kartellrecht überfordert" werden könne und daher die Vermeidung dieser Fragen über die Einräumung der Kontrolle über die Daten an den Verbraucher lösen wollend, auch S. 73; zudem zu den Risiken und Kosten eines verspäteten Eingreifens: S. 50.

246 Vgl. auch *B. Engels*, Data portability among online platforms, Internet Policy Review, 2016, S. 1, 8, die Daten mit der Verwendung dieses Gedankens nahe in den Bereich einer Eigenschaft als *essential facility* bringt; ebenfalls von Ressourcen sprechend und den Gedanken der *essential facilites* ebenfalls aufgreifend und im Erfordernis des Vorliegens von solchen einen erheblichen Unterschied zur kartellrechtlichen Gewährung von Datenportabilität in Einzelfällen sehend *I. Graef/M. Husovec/N. Purtova*, Data Portability and Data Control, Tilburg Law School Legal Studies Research Paper Series, 2017, S. 1, 22 m.w.N.; vgl. zudem zum dadurch entstehenden Sekundärmarkt für Daten: *H. Schweitzer/M. Peitz*, Ein neuer europäischer Ordnungsrahmen für Datenmärkte?, NJW, 2018, S. 275, speziell zur Datenportabilität S. 277 f., 280; Daten nur sehr begrenzt als *essential facilites* ansehend: Singapore Personal Data Protection Commission, Discussion Paper on Data Portability, 25.02.2019, S. 16, daher auch alleine das Wettbewerbsrecht als zur Erreichung von Datenportabilität ungenügend ansehend.

247 Vgl. I.3.a–c.

privatwirtschaftlichen Portabilitätsgedankens bedeutete[248]. Durch das fehlende Erfordernis eines tatsächlich vorhandenen Lock-Ins wird diese Wirkung zudem bereits ins Vorfeld des Entstehens eines solchen verlagert. Einem Marktversagen wird also vorgebeugt und eine Möglichkeit eröffnet, auch den Schwierigkeiten der wettbewerbsrechtlichen Funktionswiederherstellung bei tatsächlichem Entstehen eines datenbezogenen Lock-Ins vorzubeugen.[249]

cc. *Zwischenfazit: Reaktion auf die Dynamik datengetriebener Märkte*

Das Fehlen der kartellrechtscharakteristischen Schwellenwerte oder eines Marktversagens mag damit zwar auf den ersten Blick angesichts des kartellrechtlichen Untertons der Verhinderung von Lock-In-Effekten bemerkenswert oder verwunderlich erscheinen. Es ist jedoch unumgänglich, um die Wirkung der Datenportabilität im Einklang mit den Bestrebungen bei der Entstehung des Portabilitätsgedankens zu ihrem gewollten Effekt zu verhelfen und damit dafür zu sorgen, dass eine auf die dynamische Entwicklung der Kommunikation und der damit einhergehenden Datenverarbeitung reagierende Teilhabesicherung am gesellschaftlichen Diskurs ermöglich wird.

d. Wettbewerbsrechtlicher Zweck als Erklärung für Art. 20 Abs. 3 S. 2 DSGVO

Dass ein Großteil der Datenverarbeitung durch öffentliche Stellen aufgrund von Art. 20 Abs. 3 S. 2 DSGVO[250] aus dem Anwendungsbereich des Art. 20 DSGVO ausgenommen ist, setzt daneben wie selbstverständlich die Annahme eines aufgrund erweiterten Datenschutzverständnisses auch wettbewerbsrechtlichen und -fördernden Zwecks voraus.

Die klassische Facette eines traditionellen Verständnisses des Rechts auf informationelle Selbstbestimmung als Abwehrrecht gegenüber dem Staat wird damit aus dem Anwendungsbereich von Art. 20 DSGVO fast gänzlich ausgeschlossen.

---

248 Vgl. auch *A. Kratz*, Datenportabilität und „Walled Gardens", InTeR, 2019, S. 26, 29.

249 *H. Schweitzer/M. Peitz*, Ein neuer europäischer Ordnungsrahmen für Datenmärkte?, NJW, 2018, S. 275, 277, 280; vgl. auch BMWi, Ein neuer Wettbewerbsrahmen für die Digitalwirtschaft, 2019, S. 73 ff., v.a. auch S. 78, betonend, dass die Offenhaltung der Märkte und nicht die Folgenbeseitigung im Vordergrund stehen solle, wozu unter anderem auch die Verpflichtung zur Herstellung technischer Interoperabilität dienen könne.

250 Vgl. zu dessen Auslegung: III.6.183b.

Diese Ausnahme soll laut ErwGr. 68 S. 5 zur DSGVO „naturgemäß" bei der Verarbeitung von Daten in Erfüllung öffentlicher Aufgaben gelten. Das lässt sich am besten dadurch erklären, dass bei der Formulierung davon ausgegangen wurde, dass bei der Erfüllung von Aufgaben im öffentlichen Interesse oder bei der Wahrnehmung übertragener hoheitlicher Gewalt kein anderer potentieller Anbieter eines datenverarbeitenden Dienstes bestehen könne, zu dem man die Daten übertragen könne, also in diesen Fällen der Bedarf nach einer Wettbewerbsförderung oder dessen Ermöglichung nicht besteht.[251] Zwar ließe sich die Regelung auch durch den Schutz unbeeinflusster staatlichen Hoheitsgewalt begründet dahingehend deuten, dass sensible Informationen nicht nach außen getragen werden können sollen, doch ließe sich dieses Ziel auch über Art. 20 Abs. 4 DSGVO oder dessen entsprechende Konkretisierung erreichen.

e. Dezentrale Rechtsdurchsetzung – Aufsichtsbehördenkonkurrenz?

Nicht geteilt wird die Besorgnis, dass die Überschneidung dieser wettbewerbsrechtlichen mit traditionell-datenschutzrechtlichen Stoßrichtungen auch zu (nachteiliger) Konkurrenz der jeweils zuständigen Aufsichtsbehörden für Datenschutzrechts- und Kartellrechtsfragen führen könnte.[252] Zum einen zeigt

---

251 Zu diesem Schluss kommend auch *G. Sydow/M. Wilhelm,* in: Sydow (Hrsg.), Europäische Datenschutzgrundverordnung, 2. Aufl. 2018, Art. 20 DSGVO, Rn. 16, die besonders an der Formulierung „naturgemäß" in den Erwägungsgründen die wettbewerbliche Komponente sich zeigen sehen, zudem dort auch zum Fall des Auftretens einer öffentlichen Stelle gegenüber dem Bürger als Dienstleister; angedeutet auch bei *P. DeHert/V. Papakonstantinou/G. Malgieri/L. Beslay/I. Sanchez,* The right to data portability in the GDPR: Towards user-centric interoperability of digital services, Computer Law & Security Review, 2018, S. 193, 198; denkbar wären ggf. Situationen, in denen der Betroffene umzieht, in denen aber die Behörden die Daten ohnehin meist selbst untereinander mitteilen und zudem der Betroffene keine der Situation, die Art. 20 DSGVO behandelt, vergleichbare theoretische Wahlmöglichkeit hat; zudem besteht im Bereich der Datenverarbeitung durch öffentliche Stellen bereits nach den die RL 2003/98/EG über die Weiterverwendung von Informationen des öffentlichen Sektors umsetzenden nationalen Rechtsakten die Möglichkeit, diese Daten elektronisch zur Verfügung gestellt zu bekommen, vgl. Art. 3, 5 der RL, obschon die Richtlinie weitere verfahrenstechnische Vorgaben zur Einforderung der Daten aufstellt – RL 2003/98/EG; zur Ausnahme nach Art. 20 Abs. 3 S. 2 DSGVO insgesamt auch III.6.b.

252 So etwa *K. v. Lewinski,* in: Wolff/Brink (Hrsg.), BeckOK Datenschutzrecht, 34. Ed. 2020, Art. 20 DSGVO, Rn. 14; neutraler: BMWi, Ein neuer Wettbewerbsrahmen für

sich im Kartellrecht immer mehr eine Mitberücksichtung datenschuztrechtlicher Wertungen, zum anderen ist die Art der Rechtsdurchsetzung beim Recht auf Datenportabilität grundverschieden zu Kartellaufsichtsverfahren.
Die Aufgaben der Datenschutzaufsichtsbehörden finden sich in Art. 57 DSGVO; die Aufgaben der Kartellbehörden werden in § 48 GWB (in Verbindung mit weiteren Spezialzuweisungen) angesprochen; letztere vollziehen außerdem gem. § 50 GWB europäisches Recht und wenden dabei die Art. 101, 102 AEUV an (vgl. auch Art. 35 Abs. 1 der KartellVO[253]). Diese gesetzlichen Aufgaben wiesen bisher keinen ausdrücklichen datenschutzrechtlichen Bezug und keine Überschneidungen auf.[254] Allerdings wurden durch die 9. GWB-Novelle, die der Umsetzung der RL 2014/1047/EU dient, mit den Anpassungen des Wettbewerbsrechts an die digitalen Märkte Erweiterungen vorgenommen: Die Missbrauchskontrolle nach § 18 Abs. 3a GWB berücksichtigt zur Bewertung der Marktbeherrschung nun auch Kriterien wie direkte und indirekte Netzwerkeffekte, die parallele Nutzung mehrerer Dienste und den Wechselaufwand für die Nutzer sowie die Größenvorteile eines Unternehmens im Zusammenhang mit Netzwerkeffekten, den Zugang des zu bewertenden Unternehmens zu wettbewerbsrelevanten Daten und den innovationsgetriebenen Wettbewerbsdruck. Gem. § 18 Abs. 2a GWB können auch unentgeltliche Leistungen zum Markt zählen.[255] Im Rahmen der Fusionskontrolle wurde zudem die Konstellation aufgenommen, dass ein großes Unternehmen eines mit wenig Umsatz kauft, um dem Umstand Rechnung tragen zu können, dass besonders bei innovativen Geschäftsmodellen Umsatz und wettbewerbliche Relevanz nicht notwendig

die Digitalwirtschaft, 2019, S. 26, wo eine „ebenfalls wettbewerbsordnende Wirkung“ der Durchsetzung des Datenschutzrechts angenommen wird, auch S. 82.

253 Verordnung (EG) Nr. 1/2003 zur Durchführung der in den Artikeln 81 und 82 des Vertrags niedergelegten Wettbewerbsregeln 16.12.2002.

254 Vgl. *A. Kieck*, Zum Verhältnis von Datenschutz- und Kartellaufsicht, PinG, 2017, S. 67 auch mit Bezug auf hier nicht relevantes Überschneidungspotential bei Festlegung von Standardvertragsklauseln und der Prüfung von Konditionskartellen; ebenso eine andere Frage betreffend etwa die Zusammenarbeit von Datenschutz- und Kartellbehörden gem. § 50c GWB, die letztlich eine verfahrenstechnische, keine inhaltliche ist (vgl. § 50c Abs. 1 S. 1 GWB „zur Erfüllung ihrer jeweiligen Aufgaben“).

255 Zur Anwendung dieser Regelungen auf den Fall der Übernahme von *WhatsApp* durch *Facebook*: BKartA, 06.02.2019, B6-22/16 – Fallbericht: Facebook, S. 9 f., wo insbesondere auch auf die Implikationen mehrseitiger Märkte im Zusammenhang mit dieser Regelung eingegangen wird.

einhergehen, vgl. dazu § 35 Abs. 1a GWB.[256] Diese Erweiterungen spielen besonders auch im Zusammenhang mit datenintensiven Diensten eine Rolle, sodass an dieser Stelle zumindest hinsichtlich der zu lösenden Problemgebiete in personeller Hinsicht Überschneidungen der potentiellen Anwendungsfälle mit dem Recht auf Datenportabilität entstehen können.

Ob es zu tatsächlichen Konkurrenzsituationen der Rechtsgebiete mit etwa widersprüchlichen Ergebnissen kommen wird, bleibt an dieser Stelle abzuwarten. Hinsichtlich der umgekehrten Situation einer kartellrechtlichen Überprüfung von Sachverhalten, die eine Verarbeitung personenbezogener Daten, also den Anwendungsbereich der DSGVO betreffen, hat das BKartA es im Verfahren zur Übernahme von *WhatsApp* durch *Facebook* sogar für angesichts des im Zusammenhang mit Datenverarbeitung „wettbewerblich hoch-relevanten unternehmerischen Verhaltens" für „unerlässlich" gehalten, dieses datenverarbeitende Verhalten kartellrechtlich überprüfen zu können. Die Datenschutzregelungen seien auch für die Bewertung der kartellrechtlichen Angemessenheit heranzuziehen, eine Verwehrung angesichts der Zuständigkeits- und Kohärenzregelungen der DSGVO sei ausdrücklich abzulehnen.[257] Diese Argumentation spricht aber zugleich auch für die umgekehrte Möglichkeit einer Beachtung zumindest datenverarbeitungsbezogener wettbewerblicher Regelungen durch Datenschutzbehörden. Jedenfalls ist angesichts der auch regulatorisch aufzufassenden Wirkweise des Datenschutzes angezeigt, dass die teilweise Zielüberschneidung der von der jeweiligen Behörde durchzusetzenden Instrumentarien keine anwendungs- oder durchsetzungshindernde Konkurrenz bezüglich Art. 20 DSGVO begründen sollte.

Überdies muss bezüglich der Frage der Durchsetzung des Wettbewerbsrechts und des Datenschutzrechts im Spezialfall der Datenportabilität beachtet werden, dass die Ausgestaltung der kartellrechtlichen Instrumente sich von der

---

256 Vgl. im Zusammenhang mit der Fusionskontrolle auch: BMWi, Ein neuer Wettbewerbsrahmen für die Digitalwirtschaft, 2019, S. 65 ff., vor allem auch zu den generell bestehenden Problemen der herkömmlichen Aufgreifschwellen im Zusammenhang mit der Digitalwirtschaft.

257 BKartA, 06.02.2019, B6-22/16 – Fallbericht: Facebook, S. 9 f., das insoweit unter anderem auch einen Erst-Recht-Schluss aus der Anwendung der DSGVO auch durch Zivilgerichte zieht – ein Schluss, der sich wohl auch auf die umgekehrte Situation, dass Datenschutzbehörden teils wettbewerbsrechtliche Vorschriften beachten, übertragen lässt; die kartellbehördliche Untersuchung datenschutzrechtlicher Missstände begrüßend auch: *T. Körber*, „Ist Wissen Marktmacht?" Überlegungen zum Verhältnis von Datenschutz, „Datenmacht" und Kartellrecht – Teil 2, NZKart, 2016, S. 348, 351.

der datenschutzrechtlichen Instrumente im Hinblick auf die Frage der Ausführungskompetenz in einem zentralen Punkt unterscheidet: Während das Kartellrecht grundsätzlich von Behördenseite durchzusetzen ist und auch das sonstige Wettbewerbsrecht daneben zum Beispiel stark auf die Einschaltung von Verbänden oder Mitbewerbern setzt[258], geht der angenommene wettbewerbliche Effekt des Rechts auf Datenportabilität primär von der Initiative einzelner Betroffener (die etwa aus wettbewerbsrechtlicher Perspektive am ehesten den Verbrauchern auf der Marktgegenseite entsprechen würden) direkt aus, ohne dass diese etwa in einem Mitbewerberverhältnis stehen müssen.[259] Sie alleine können entscheiden, ob sie die von ihnen bereitgestellten personenbezogenen Daten zu einem anderen Anbieter übertragen wollen oder nicht und sich dafür der Mittel des Art. 20 DSGVO bedienen. Den Betroffenen wird ein zusätzliches Mittel zur Kotrollausübung hinsichtlich bereitgestellter Daten an die Hand gegeben[260], dessen übergeordnetes Ziel die durch die mit einer Vielzahl von Rechtsausübungen bewirkte Wettbewerbsförderung und die so erwirkte Öffnung bisher für Mitbewerber unzugänglicher Datensammlungen ist. Zwar dürfte in Einzelfällen ein behördenseitiges Einschreiten über die Befugnis zur Bußgeldverhängung nach Art. 83 Abs. 5 lit. b DSGVO zu erwarten sein. Die Normalsituation ist aber die Ausübung des Rechts durch die Betroffenen. Das Recht auf Datenportabilität kann in Betrachtung seines wettbewerbsrechtlich-regulatorischen Elements damit im Vergleich zum einerseits scharfen Schwert der kartellrechtlichen Missbrauchs- und Fusionskontrolle, andererseits zur Begrenzung der kartellrechtlichen Kontrolle auf Fälle marktmächtiger Verantwortlicher zwecks Beseitigung des wettbewerbswidrigen Verhaltens eher als eine gesetzgeberische Möglichkeitseröffnung zugunsten der Marktgegenseite bzw. als Wettbewerbsförderungsrecht angesehen werden. Es wird eben nur die Möglichkeit eines auf den Einzelfall begrenzten Eingreifens der jeweiligen Betroffenen eröffnet[261] und erst durch eine Vielzahl untereinander unabhängiger Geltendmachungen

---

258 Vgl. etwa § 8 Abs. 3 UWG.

259 Den Fokus auf „*individuals*" auch betonend: *I. Graef/M. Husovec/N. Purtova*, Data Portability and Data Control, Tilburg Law School Legal Studies Research Paper Series, 2017, S. 1, 19.

260 Vgl. zur Wichtigkeit derartiger Kontrolle digitaler Medien und der Partizipation an der Regelbildung in privaten Datenregimen: *D. Wielsch*, Medienregulierung durch Persönlichkeits- und Datenschutzrechte, JZ, 2020, S. 105, 114.

261 Darauf im Zusammenhang mit einer deshalb nicht angenommenen Entwertung von Kundendatensätzen hinweisend: *K. v. Lewinski,* in: Wolff/Brink (Hrsg.), BeckOK Datenschutzrecht, 34. Ed. 2020, Art. 20 DSGVO, Rn. 13.

dieses Rechts als mikroökonomische Entscheidung soll ein der kartellrechtlichen Behördenkontrolle vergleichbarer makroökonomischer Effekt erzielt werden, einem individuellen Lock-In vorzubeugen bzw. einen bestehenden Lock-In aufzubrechen. Gleichwohl kann diese Möglichkeitseröffnung im Vergleich zum (kartell-)behördlichen Eingreifen in ihrer Anwendung aber mangels Schwellenwerten vielfach auch weiter gehen.
Zwar wird die Verantwortung für eine Wettbewerbskorrektur aus staatlicher Hand in die Hand der Betroffenen als Akteure auf dem Markt gelegt und der Staat begibt sich insoweit seiner direkten Kontrolle über die betroffenen Märkte. Dies ist aber vielmals unumgänglich angesichts der dynamischen Entwicklungen gerade in den hochtechnisierten Bereichen, in denen die Datenportabilität Anwendung finden wird.[262] Darüber hinaus führt die Anwendung von Art. 20 DSGVO nicht zwingend zu einem Konflikt des kartellrechtlichen Regelungswerks auf der einen Seite und des in der DSGVO geregelten Datenschutzes auf der anderen Seite.[263] Die Besonderheiten der Digitalwirtschaft wirken sich nicht nur im Bereich des Art. 20 DSGVO rechtsgebietsübergreifend und -überschneidend aus. Zusammen mit dem entwicklungsbedingt erweiterten Verständnis von Datenschutz legt dies eine Überprüfung nahe, hinsichtlich der hergebrachten Verwaltungs- und Aufsichtsstrukturen wie auch der Instrumentarien in den betroffenen Rechtsgebieten wie dem Kartellrecht, dem Datenschutzrecht, aber auch dem Haftungsrecht. Das kann dazu dienen, individuellem Modifikationsbedarf nachzukommen, aber auch auf eventuelles Synergiepotential reagieren zu können.[264]

---

262 So stellt auch die Datenethikkommission, Gutachten der Datenethikkommission, 23.10.2019, S. 153, fest, dass „die Missbrauchsaufsicht derzeit infolge der Unklarheit der Rechtslage, hoher Anforderungen sowie der Dauer und Kosten von Verfahren keine allgemeine Lösung etwaiger Probleme des Datenzugangs" sei.

263 Vgl. auch allgemein zur Diskussion eines Vorrangverhältnisses zwischen datenschutz- und verbraucherschutzrechtrechtlichen Aufsichtsbehörden: *K. v. Lewinski/ C. Herrmann*, Vorrang des europäischen Datenschutzrechts gegenüber Verbraucherschutz- und AGB-Recht, PinG, 2017, S. 209.

264 So auch BMWi, Ein neuer Wettbewerbsrahmen für die Digitalwirtschaft, 2019, S. 82 ff., vgl. auch dort den Vorschlag der Einrichtung eines „*Digital Markets Board*" sowie einer „*Digital Markets Transformation Agency*" mit speziellen Kompetenzen etwa auch im Bereich von Interoperabilitätsstandards, S. 83, wie auch das Hinweisen auf das wegen der verschiedenen Kompetenzen der zuständigen Behörden bestehende Nichtgenügen der bloßen der Schaffung neuer Instrumentarien, S. 84.

f. Binnenmarktpolitische Zielsetzung

Die wettbewerbsrechtliche Komponente der Datenportabilität bewirkt durch den Aspekt der allgemeinen Wettbewerbsförderung auch eine Binnenmarktförderung. Die allgemeine Wettbewerbsförderung und die Binnenmarktförderung gehen letztlich ineinander über und weisen eine weitgehende Schnittmenge auf. Die Förderung des Binnenmarkts bezieht sich dabei aber stärker auf den Teilaspekt des grenzüberschreitenden Wettbewerbs und den Abbau von dessen Beschränkungen. Dabei unterscheidet sich Art. 20 DSGVO in Art und Umfang seiner Wirkung von der PortabilitätsVO[265] und der Digitale-Inhalte-Richtlinie[266]; die Regelungswerke ergänzen sich vielmehr.

Insbesondere die Erleichterung eines reibungslos funktionierenden digitalen Binnenmarktes mit einem freien Datenfluss und Erhaltung bzw. Ermöglichung des Internets mit seiner charakteristischen Offenheit und Interkonnektivität führen zur Förderung einer europäischen Datenwirtschaft.[267] Dieser Zweck wird (zumindest als Reflex) unter Bezugnahme auf Ausführungen zu den wettbewerbsrechtlichen Aspekten kaum bestritten und stellt ebenfalls eine Facette des Datenschutzes in seiner Ausprägung als regulatorische Teilhabesicherung dar. Das betrifft auch die passive Dienstleistungsfreiheit, also die Freiheit, sich innerhalb des Binnenmarktes den Anbieter einer Dienstleistung frei aussuchen zu können, die letztlich wiederum der Ermöglichung der Dienstleistungsfreiheit

---

265 Verordnung (EU) 2017/1128 zur grenzüberschreitenden Portabilität von Online-Inhaltediensten im Binnenmarkt 14.06.2017.

266 Richtlinie (EU) 2019/770 – Richtlinie über bestimmte vertragsrechtliche Aspekte der Bereitstellung digitaler Inhalte 20.05.2019.

267 So schon zu Beginn des Gesetzgebungsprozesses die Entschließung des Europäischen Parlaments zum Gesamtkonzept für den Datenschutz in der europäischen Union, 2011/2025(INI), 06. Juli 2011, Ziff. 16 mit Fn. 10; und später die Artikel-29-Datenschutzgruppe, WP 242 rev.01, 13.12.2016/05.04.2017, S. 3; Europäische Kommission, Commission Staff Working Document on the free flow of data and emerging issues of the European data economy, KOM, 2017(9) (final), S. 11; *H.-G. Kamann/M. Braun,* in: Ehmann/Selmayr (Hrsg.), DS-GVO, 2. Aufl. 2018, Art. 20 DSGVO, Rn. 3; *W. Veil,* in: Gierschmann u. a. (Hrsg.), Kommentar Datenschutz-Grundverordnung, 2018, Art. 20 DSGVO, Rn. 4; *K. Schürmann,* in: Eßer u. a. (Hrsg.), Auernhammer – DSGVO/BDSG, 6. Aufl. 2018, Art. 20 DSGVO, Rn. 7.l.; vgl. auch: Artikel-29-Datenschutzgruppe, WP 242 rev.01, 13.12.2016/05.04.2017, S. 3, 5, mit Bezug auf: Europäische Kommission, Mitteilung an das Europäische Parlament, den Rat, den Europäischen Wirtschafts- und Sozialausschuss und den Ausschuss der Regionen: Strategie für einen digitalen Binnenmarkt für Europa, KOM, 2015(192) final.

selbst dient. Die Datenportabilität kann die Auswahl des Dienstleisters zumindest erleichtern, die sonst nach den Überlegungen zum Lock-In-Effekt erschwert wäre.[268] Durch die Förderung auch nicht gleichgerichteter oder zum Vorteil des ursprünglichen Verantwortlichen ergänzender Dienste kann wiederum auch der europäische Binnenmarkt als Wirtschaftsstandort insgesamt durch neu entstehende Akteure gestärkt werden.[269]

g. Abgrenzung zur PortabilitätsVO und zur Digitale-Inhalte-RL

Die binnenmarktpolitische Komponente des Rechts auf Datenportabilität unterscheidet sich aber dabei erheblich von der Stoßrichtung der ebenfalls die Portabilität im Binnenmarkt betreffenden PortabilitätsVO[270]. Diese soll Nutzern den Zugang zu ihren Daten bei einem heimischen Anbieter auch im EU-Ausland sicherstellen.[271] Sie ist somit schon von vornherein durch das fehlende Beteiligtsein eines Dritten, zu dem die Daten übertragen werden können sollen, von den von Art. 20 DSGVO erfassten Konstellationen verschieden. Die PortabilitätsVO betrifft eher die räumliche „Portabilität" von Daten als die personelle, die Art. 20 DSGVO behandelt.

Davon abzugrenzen ist wiederum die Zielsetzung der Digitale-Inhalte-RL[272], die sich auf den Fall der Vertragsbeendigung bezieht und in diesem

---

268 Vgl. *K. v. Lewinski,* in: Wolff/Brink (Hrsg.), BeckOK Datenschutzrecht, 34. Ed. 2020, Art. 20 DSGVO, Rn. 9.1; vgl. zudem oben II.3.

269 Vgl. auch zur allgemeinen Wettbewerbsförderung oben II.3.b. und c.

270 Verordnung (EU) 2017/1128 zur grenzüberschreitenden Portabilität von Online-Inhaltediensten im Binnenmarkt 14.06.2017; auch zum damaligen Vorschlag für die Verordnung (Europäische Kommission, Vorschlag für eine Verordnung des Europäischen Parlaments und des Rates zur Gewährleistung der grenzüberschreitenden Portabilität von Online-Inhaltediensten im Binnenmarkt, KOM, 2015(627) final): *K. v. Lewinski,* in: Wolff/Brink (Hrsg.), BeckOK Datenschutzrecht, 34. Ed. 2020, Art. 20 DSGVO, Rn. 10.

271 *T. Herbst,* in: Kühling/Buchner (Hrsg.), Datenschutz-Grundverordnung/BDSG, 3. Aufl. 2020, Art. 20, Rn. 5; vgl. zum Verordnungsvorschlag auch: *J. Druschel/M. Lehmann*, „Ein digitaler Binnenmarkt für digitale Güter", CR, 2016, S. 244; *K. Ehle/J. Werner*, Online-Inhalte auf Europareise, CR, 2016, S. 376.

272 Richtlinie (EU) 2019/770 – Richtlinie über bestimmte vertragsrechtliche Aspekte der Bereitstellung digitaler Inhalte 20.05.2019; vgl. zum damaligen Vorschlag für die Richtline (Europäische Kommission, Richtlinie des Europäischen Parlamentes und des Rats über bestimmte vertragsrechtliche Aspekte der Bereitstellung digitaler Inhalte, KOM, 2015(634) final), der jedoch in den für den Vergleich entscheidenden Punkten mit der endgültigen Fassung übereinstimmt, auch: *R. Janal*, Data Portability – A

Zusammenhang ein Recht für Verbraucher auf Wiedererlangung ihrer Daten in einem allgemein gebräuchlichen Datenformat vorsieht (vgl. Art. 16 Abs. 4 UAbs. 2).[273] Auch hier wird nicht die Übertragung zu einem Dritten bzw. anderen Anbieter thematisiert und insbesondere das Format („allgemein gebräuchlich und maschinenlesbar") anders als in Art. 20 DSGVO beschrieben.

4. Verbraucherschutz durch Datenportabilität

Das Recht auf Datenportabilität wird teils als ein Verbraucherschutzziel verfolgende Norm bezeichnet, dies oft in einem Atemzug mit der Verfolgung wettbewerbsrechtlicher Ziele.[274] Das wettbewerbsrechtliche Element dient – wie auch das Wettbewerbsrecht in seiner Ausprägung als Kartellrecht mit der Schaffung oder Erhaltung eines funktionierenden Marktes – dem Schutz des Bestands des

---

Tale of Two Concepts, JIPITEC, 2017, S. 59; im Vergleich zum Vorschlag hat sich an der vormals in Art. 13 Abs. 2 lit. c RL-E enthaltenen Regelung nur die das Recht auf unentgeltlichen Erhalt ohne Unannehmlichkeiten hin zum kostenfreien Erhalt ohne Behinderung geändert.

273 Vgl. zum damaligen Vorschlag der Kommission zu dieser Richtlinie auch *I. Graef/M. Husovec/N. Purtova*, Data Portability and Data Control, Tilburg Law School Legal Studies Research Paper Series, 2017, S. 1, 23.

274 *T. Herbst,* in: Kühling/Buchner (Hrsg.), Datenschutz-Grundverordnung/BDSG, 3. Aufl. 2020, Art. 20, Rn. 4; *G. Sydow/M. Wilhelm,* in: Sydow (Hrsg.), Europäische Datenschutzgrundverordnung, 2. Aufl. 2018, Art. 20 DSGVO, Rn. 1; *W. Veil,* in: Gierschmann u. a. (Hrsg.), Kommentar Datenschutz-Grundverordnung, 2018, Art. 20 DSGVO, Rn. 5; *S. Dehmel/N. Hullen*, Auf dem Weg zu einem zukunftsfähigen Datenschutz in Europa?, ZD, 2013, S. 147, 153; *N. Härting*, Starke Behörden, schwaches Recht – der neue EU Datenschutzentwurf, BB, 2012, S. 459, 465; *D.-K. Kipker/F. Voskamp*, Datenschutz in sozialen Netzwerken nach der Datenschutzgrundverordnung, DuD, 2012, S. 737, 740; *J. Kühling/M. Martini*, Die Datenschutz-Grundverordnung: Revolution oder Evolution im europäischen und deutschen Datenschutzrecht?, EuZW, 2016, S. 448, 450; mit dem oben erwähnten (vgl. II.3.b.) ungenauen Verweis auf „Nutzerschutzrechte" *A. Roßnagel/P. Richter/M. Nebel*, Besserer Internetdatenschutz für Europa, ZD, 2013, S. 103, 107; zur unklaren Grenze von Verbraucherschutz- und Datenschutzrecht auch *S. Elfering*, Unlocking the Right to Data Portability, 2019, S. 56; vorsichtiger formulierend und hinsichtlich der Nähe zum Verbraucher- und Wettbewerbsrecht zutreffend: *K. v. Lewinski,* in: Wolff/Brink (Hrsg.), BeckOK Datenschutzrecht, 34. Ed. 2020, Art. 20 DSGVO, Rn. 9; dagegen nur Verbraucherschutzziele nennend: *J. Armbrock,* in: Jandt/Steidle (Hrsg.), Datenschutz im Internet, 2018, B.VII. Sanktionen, Rn. 12.

freien Wettbewerbs und der Funktion als Wettbewerbsförderungsrecht; mittelbar werden damit auch Verbraucherinteressen geschützt.[275]

Zwar wird (ähnlich wie schon bei der Klassifizierung als „Nutzerschutzrecht“[276]) mit dem Recht auf Datenportabilität tatsächlich oftmals erreicht, dass ein Verbraucher – i.S.d. § 13 BGB bzw. europäischer Verbraucherbegriffe – unmittelbar ein Mehr an Rechten hat, wenn die Voraussetzungen des Art. 20 DSGVO erfüllt sind, dies ist aber unabhängig von der Eigenschaft als Verbraucher.[277] Denkbar sind auch Konstellationen, in denen eine in Unternehmereigenschaft auftretende natürliche Person als Nutzer einer datenverarbeitenden Dienstleistung das Recht nach Art. 20 DSGVO geltend macht. Das Verbraucher in ihrer Rolle speziell als Verbraucher schützende Element des Art. 20 DSGVO geht damit nicht über das Gewicht eines Mehrs an Rechten hinaus, das auch durch jedes andere Betroffenenrecht der DSGVO oder durch andere regulierungsrechtliche Instrumente vermittelt wird, wenn eine Verbraucher- mit der Betroffeneneigenschaft zusammenfällt und die Betroffenenrechte einschlägig sind.

5. Fazit zum Regelungszweck von Art. 20 DSGVO

Art. 20 DSGVO ist eine Datenschutzregelung, die der Wettbewerbsförderung dient. Dies stellt allerdings keinen Widerspruch dar; die Wandlung und Entwicklung der Kommunikationsformen zeigen vielmehr, dass die Übertragung der Konzeption der datenschutzrechtlichen Grundrechtsgewährleistungen alleine als Abwehrrechte gegenüber dem Staat überholt ist und das Datenschutzrecht sich zur Teilhabesicherung regulatorischer Regelungen bedienen muss.

Das Nebeneinander von potentiell datenschutzrechtlichen und wettbewerbsrechtlichen Zielsetzungen ist von den Kompetenznormen zum Erlass der DSGVO gedeckt, insbesondere von der in Art. 16 Abs. 2 AEUV enthaltenen speziellen Binnenmarktkompetenz.[278] Alleine aus der rechtstechnischen Einordnung des

---

275 Zu dieser Funktion des Kartellrechts *K.-H. Fezer*, in: Fezer u. a. (Hrsg.), Lauterkeitsrecht, 3. Aufl. 2016, Einleitung, Einleitung, Rn. 345.

276 Vgl. schon zum „Nutzerschutz“: II.2.b.cc.

277 Diesen Umstand durch den Einschub, dass es sich bei den Betroffenen „i.d.R.“ um Verbraucher handle, zutreffend beachtend *S. Brüggemann*, Das Recht auf Datenportabilität, K&R, 2018, S. 1.

278 Anders zwar *S. Dehmel/N. Hullen*, Auf dem Weg zu einem zukunftsfähigen Datenschutz in Europa?, ZD, 2013, S. 147, 153, die der Ansicht sind, dass ein „gesetzgeberisches Handeln i.R.d. DS-GVO […] nicht zu rechtfertigen“ sei. Allerdings enthält die DSGVO nach Art. 1 Abs. 1 DSGVO „Vorschriften zum Schutz natürlicher Personen bei der Verarbeitung personenbezogener Daten“ und auch solche „zum freien Verkehr

Rechts auf Datenportabilität in die DSGVO kann kein Schluss für oder gegen das Bestehen einer datenschutzrechtlichen Natur gezogen werden. Die Verortung von Art. 20 DSGVO im Regelungsgefüge des Datenschutzrechts hängt vielmehr zentral daran, wie man die Natur des Datenschutzrechts als solches auf europäischer Ebene bestimmt – nach traditionell herrschaftsrechtlichem

---

solcher Daten", was sich ebenso formuliert in Art. 16 Abs. 2 S. 1 AEUV findet. Nach Art. 1 Abs. 2 DSGVO sollen allgemein Grundrechte und Grundfreiheiten natürlicher Personen geschützt (nur „insbesondere" das Recht auf Schutz personenbezogener Daten), also rechtliche Fragen im Zusammenhang mit dem Austausch personenbezogener Daten generell behandelt werden (vgl. zur Entschärfung dieses Problems und Grundes für die Ansicht einiger, dass das Recht auf Datenportabilität ein „Fremdkörper" in der DSGVO sei, auch: *G. Sydow/M. Wilhelm,* in: Sydow (Hrsg.), Europäische Datenschutzgrundverordnung, 2. Aufl. 2018, Art. 20 DSGVO, Rn. 4; *P. Schantz,* in: Wolff/Brink (Hrsg.), BeckOK Datenschutzrecht, 34. Ed. 2020, Art. 1 DSGVO, Rn. 2). Aus der Erweiterung des datenschutzrechtlichen Regelungskreises um traditionell eher wettbewerbsrechtliche Ziele ergibt sich weder ein Widerspruch zum Regelungsziel der DSGVO, noch ein gesetzgebungskompetenztechnisches Problem vor der Rechtsetzungsermächtigung des Art. 16 Abs. 2 S. 1 AEUV (auf den nicht notwendig mit Art. 8 GRCh übereinstimmenden Anwendungsbereich der DSGVO hinweisend auch: *J. H. Klement,* Öffentliches Interesse an Privatheit, JZ, 2017, S. 161, 167 f.; zur Stützung der DSGVO auf Art. 16 AEUV im Zusammenhang mit dem regulatorischen Verständnis des Datenschutzes auch: *D. Wielsch,* Medienregulierung durch Persönlichkeits- und Datenschutzrechte, JZ, 2020, S. 105, 111). Zunächst wäre eine kompetenzmäßige Rechtfertigung von Art. 20 DSGVO auch über Art. 114 Abs. 1 AEUV denkbar (vgl. zur Möglichkeit einer Herleitung der Kompetenz über Art. 114 Abs. 1 AEUV: *T. Herbst,* in: Kühling/Buchner (Hrsg.), Datenschutz-Grundverordnung/BDSG, 3. Aufl. 2020, Art. 20, Rn. 4). Doch bietet schon Art. 16 Abs. 2 AEUV selbst eine Kompetenzgrundlage, die sowohl das traditionelle Datenschutzrecht, als auch mit UAbs. 1 Var. 3 eine spezielle Binnenmarktkompetenz für Datenverarbeitungen betreffende Wettbewerbsregelungen enthält (*N. Marsch,* Das europäische Datenschutzgrundrecht, 2018, S. 340 f.). Damit ist sie geradezu zugeschnitten auf den Erlass von Normen an der Schnittstelle dieser zwei Regelungsaspekte wie sie Art. 20 DSGVO darstellt. Sie verdrängt als *lex specialis* die allgemeine Kompetenz aus Art. 114 Abs. 1 AEUV (*T. Kingreen,* in: Calliess/Ruffert (Hrsg.), EUV/AEUV, 5. Aufl. 2016, Art. 16 AEUV, Rn. 7), sodass auch rein innerstaatliche Sachverhalte, wie sie in der DSGVO möglich sind, auf dieser Grundlage geregelt werden können. Besonders bei Datenverarbeitungsvorgängen wäre es wegen des nicht an geographische Grenzen gebundenen Datenverkehrs auch willkürlich, einen in jedem Fall grenzüberschreitenden Bezug zu fordern.

Verständnis oder als auch marktregulatorische Sicherstellung der Teilhabe an modernen Kommunikationsformen als Mittel des gesellschaftlichen Diskurses.

Angesichts dieses Wandels und der erheblichen Verlagerung der Kommunikation in private Strukturen ist die theoretische Sicherstellung der Datenportabilität ein notwendiger Schritt, um die Teilhabe an der Gestaltung dieser für die gesellschaftliche und demokratische Willensbildung inzwischen fundamentalen datenverarbeitenden Kommunikation abzusichern. Art. 20 DSGVO versucht dies auf europäischer Ebene erstmals durch eine gesetzliche Regelung festzuschreiben. Die sich im Zusammenhang mit der Kodifizierung der Datenportabilität in Art. 20 DSGVO in rechtlicher und technischer Sicht bei dessen Anwendung ergebenden Probleme und die Frage ob diese Kodifizierung dem erläuterten hohen Anspruch, den Art. 20 DSGVO an sich selbst stellt, gerecht werden können, werden im Weiteren aus dem in diesem Kapitel dargelegten Blickwinkel bewertet.

Die Verzahnung von Datenschutz und Wettbewerbsförderung nach einem regulatorischen Verständnis des Datenschutzrechts kann und muss bei dessen Auslegung beachtet werden.[279] Die Auslegung unter Berücksichtigung der wettbewerbsrechtlichen Zielsetzung darf zwar nicht dazu führen, dass die kartellrechtlich geltenden Schwellenwerte und Marktanteilsbestimmungsregelungen oder auch die Beschränkung auf den Vergleich der Marktsituation hinsichtlich vergleichbarer Dienste außerhalb des Anwendungsbereichs der DSGVO unterlaufen werden. So dürfen etwa nicht – unter Zuhilfenahme von Art. 20 DSGVO – Betreiber von datenverarbeitenden Diensten über die Sanktionsmechanismen der DSGVO Maßnahmen unterworfen werden, die kartellrechtlichen Maßnahmen gleichkommen und sonst nur nach Art. 102 AEUV mit den entsprechenden

279 Anders *S. Brüggemann*, in: Taeger (Hrsg.), Recht 4.0 – Innovationen aus den rechtswissenschaftlichen Laboren, 2017, Das Recht auf Datenportabilität, S. 1, der zwar einerseits von einer wettbewerbsrechtlichen Natur der Regelung ausgeht (S. 1), andererseits aber die „Stärkung des Wettbewerbs oder die Förderung der Entwicklung neuer Dienstleistungen" mangels Nennung in der Erwägungsgründen oder im Text von Art. 20 DSGVO selbst ablehnt (S. 5). Auf die Wichtigkeit der Beachtung des Wortlauts als Grenze angesichts der angenommenen „Systemfremdheit" des Art. 20 DSGVO hinweisend: *W. Veil*, in: Gierschmann u. a. (Hrsg.), Kommentar Datenschutz-Grundverordnung, 2018, Art. 20 DSGVO, Rn. 8; BITKOM, Stellungnahme zum Recht auf Datenübertragbarkeit nach Art. 20 Datenschutz-Grundverordnung, 14.03.2017, S. 4. Die Anwendungsbereichseröffnung bedarf keines Binnenmarktbezugs im Einzelfall (

zusätzlichen Erfordernissen (z.B. die marktbeherrschende Stellung)[280] zulässig wären. Doch ist diese Gefahr bereits aufgrund der tatbestandlichen Beschränkungen des Art. 20 DSGVO und der Geltendmachungsmöglichkeit (außer im Falle von Bußgeldern nur durch Einzelpersonen) gering.

280 Vgl. auch zu den in diesem Zusammenhang wegen eines fehlenden Zuschnitts der Normen gegen Wettbewerbsbeschränkungen auf Verpflichtungen zur Zugangsgewährung angenommenen Folgeproblemen: BMWi, Ein neuer Wettbewerbsrahmen für die Digitalwirtschaft, 2019, S. 37, wo auch festgestellt wird, dass das Wettbewerbsrecht bei der Anordnung von Datenzugang „stets an der Schwelle zur Regulierung" stehe.

III. Die rechtliche Umsetzung in Art. 20 DSGVO

Abstract: *Some of the prerequisites that Article 20 GDPR sets are indeterminate and need more interpretation in order to get the full picture as to which extent the Right to Data Portability in the GDPR is able to achieve the state of effective data portability in between data processing systems. The objectives found in the previous chapter do however provide guidance as to how this interpretation should be approached. It is concluded that the main obstacle to unfolding the full potential of the idea of Data Portability is the requirement for technical feasibility and the extensive implication of the rights and freedoms of third persons. Notwithstanding the legitimacy and necessity to ensure those, the fast direct transfer of data in between two data subjects initiated by the data subject will often be hampered by the indeterminate requirement for technical feasibility and the leaving out of sets of data that have a relation also to third persons.*

Keywords: *Interoperability, Technical Feasibility, Portable Format, Transfer of Data*

1. Einleitung

Die bereits im Gesetzgebungsprozess angeklungenen Fragestellungen hinsichtlich der Auslegung der einzelnen Tatbestandsmerkmale[281] bestehen in der

---

281 Als besonders problematisch galten damals bereits unmittelbar nach Vorstellung des Gesamtkonzeptes für den Datenschutz (Europäische Kommission, Gesamtkonzept für den Datenschutz in der Europäischen Union, KOM, 2010, 609 (endgültig)) die potentielle Festlegung von Formatstandards zur Übertragung sowie die Angemessenheit des für die Umsetzung eines solchen Rechts entstehenden Aufwands (vgl. die Einsprachen bei Europäische Kommission, Consultation on the Commission's comprehensive approach to personal data protection in the European Union, 2010). Vereinzelt wurde auch zu diesem Zeitpunkt bereits die Frage, wer die Daten generiert hatte (sprich letztlich die heutige „Bereitstellung") als klärungsbedürftig angesehen (vgl. die Einsprache der *Business Software Alliance (BSA)*). Das Erfordernis einer elektronischen Datenverarbeitung (so etwa noch Europäische Kommission, Vorschlag für Verordnung des Europäischen Parlaments und des Rates zum Schutz natürlicher Personen bei der Verarbeitung personenbezogener Daten und zum freien Datenverkehr (Datenschutz-Grundverordnung), KOM, 2012, 11 (endgültig), Art. 18 DSGVO-E) war noch im Beschluss des Parlaments enthalten (Europäisches Parlament, Standpunkt des Parlamentes, konsolidierter Text der Legislativen Entschließung vom 12.03.2014, wo

aktuellen Fassung des Art. 20 DSGVO fort. Besonderes Augenmerk bei der Beantwortung der Frage, wie diese Auslegung vorzunehmen ist, wird darauf gelegt, welche Daten als bereitgestellt anzusehen sind (3.e.) und inwieweit sowie gegenüber welchem Beteiligten Art. 20 DSGVO Verpflichtungen aufstellt (4.b.

---

die Datenportabilität mit nahezu gleichem Inhalt zusammen mit dem Auskunftsrecht durch Aufnahme in Art. 15 Abs. 2a DSGVO-E und Benennung als „Recht auf Herausgabe der Daten" geregelt werden sollte), es entfiel aber in der Ausrichtung des Rats schließlich (Europäischer Rat, 9565/15 – Vorbereitung einer allgemeinen Ausrichtung, 11.06.2015, Art. 18 DSGVO-E). Ebenso wurde die Klarstellung des Unberührtseins des Löschungsanspruch durch den Rat schließlich eingefügt (zuvor wurde durch die Verwendung von „entzogen" und „herausgegeben" nicht deutlich, dass der Portierung keine Löschung inhärent ist). Im Übrigen waren problematisch während des Gesetzgebungsverfahrens die Festlegung von Standards für die („interoperablen") Übertragungsformate (zu deren Entwicklung ebenfalls seit dem Parlamentsbeschluss nur noch in den ErwGr. aufgefordert wurde) und die Formulierung des zu verwendenden Formats. Dieses sollte zunächst „weiterverwendbar, strukturiert, gängig, elektronisch" (Kommission), dann „interoperabel, gängig, elektronisch" (Parlament) und schließlich „strukturiert, gängig, maschinenlesbar" (Rat und finale DSGVO) sein. Außerdem war das Bereitstellungsmerkmal Modifikationen unterworfen, als es zunächst als „Zurverfügungstellung" (Kommission und Parlament) und erst in der Ratsfassung als „bereitgestellt" bezeichnet wurde. Auch das Betreffensmerkmal und der Ausschluss im Falle der Beeinträchtigung anderer Rechte oder Freiheiten anderer Personen waren erstmals in der Ratsfassung enthalten (das insoweit in der deutschen Fassung enthaltene Redaktionsversehen beruhte auf den mit der Zusammenfügung in Art. 15 DSGVO-E und Wiedereinführung als Art. 18 DSGVO verbundenen Absatznummerierungsänderungen und dem Einfügen der Direktübertragung – dazu auch *W. Veil*, in: Gierschmann u. a. (Hrsg.), Kommentar Datenschutz-Grundverordnung, 2018, Art. 20 DSGVO, Rn. 138, sowie die Berichtigung der deutschen Fassung: Europäisches Parlament/Europäischer Rat, Berichtigung der Verordnung (EU) 2016/679 des Europäischen Parlaments und des Rates vom 27. April 2016 zum Schutz natürlicher Personen bei der Verarbeitung personenbezogener Daten, zum freien Datenverkehr und zur Aufhebung der Richtlinie 95/46/EG (Datenschutz-Grundverordnung), ABl., 2018/L 127, S. 2). Schließlich fand im Ergebnis der Trilog-Verhandlungen erstmals die Direktübertragung sowie deren Einschränkung der technischen Machbarkeit Eingang in den Entwurf. Vgl. insgesamt auch die Stellungnahmen der jeweiligen Datenschutzbeauftragten während des Gesetzgebungsverfahrens: Europäischer Datenschutzbeauftragter, Stellungnahme vom 07.03.2012 zum Datenschutzreformpaket, und Europäischer Datenschutzbeauftragter, Stellungnahme 03/2015 – Eine große Chance für Europa, wobei letzterer auch besonders die Wichtigkeit der Direktübertragung hervorhob. Vgl. zum Gesetzgebungsverfahren zur Übersicht die Synopse der Entwurfsfassungen im Anhang (VI.), sowie: BayLDA, Trilog – Synopse der DS-GVO.

und 5.a.). Im Fokus stehen zudem die Anforderungen der Formatvorgaben (3.f.) mit der zentralen Problematik, ob durch die Regelung Vorgaben zur Interoperabilität getroffen werden. An diesen Tatbestandsmerkmalen wird das regulatorische Verständnis des Datenschutzrechts durch den sekundärrechtlichen Art. 20 DSGVO teils besonders deutlich, weshalb die in Kapitel II. erarbeiteten Regelungszwecke bei der Auslegung eine zentrale Rolle spielen. Die Darstellung folgt dabei dem Aufbau der Norm, um eine schnelle Nachvollziehbarkeit auch bei isoliertem Betrachten einzelner Punkte zu ermöglichen.

2. Kurzübersicht über die einzelnen Tatbestandsmerkmale

Der Regelungsgehalt von Art. 20 DSGVO[282] betrifft zwei in personeller Hinsicht unterschiedliche Konstellationen. In Art. 20 Abs. 1 DSGVO wird die Beziehung zwischen der betroffenen Person und dem Verantwortlichen geregelt und jener das Recht gegeben, bereitgestellte personenbezogene Daten einerseits zu erhalten (Halbs. 1) und andererseits behinderungsfrei an einen anderen Verantwortlichen zu übermitteln (Halbs. 2). In Art. 20 Abs. 2 DSGVO wird das Recht zugesprochen, die Übermittlung direkt an einen anderen Verantwortlichen verlangen zu können.[283] Abs. 3 betrifft das Verhältnis zum Recht auf Löschung und eine Ausnahme vom Anwendungsbereich des Art. 20 DSGVO bei der Wahrnehmung von Aufgaben im öffentlichen Interesse oder in Ausübung öffentlicher Gewalt. Abs. 4 regelt das Verhältnis zu Rechten und Freiheiten anderer Personen.[284] Zutreffend wird angesichts dessen bei Art. 20 DSGVO von einem Bündel von Rechten, Pflichten und Ansprüchen gesprochen.[285] Diese Formulierung verdeutlicht am besten die gegenseitige Abhängigkeit und Ergänzung der einzelnen Aspekte des Art. 20 DSGVO.

Die folgende Darstellung teilt die behandelten Schwerpunkte entsprechend der Normstruktur auf das Erhalten der Daten (3.), die Weiterübermittlung (4.), die

282 Vgl. zum Text der Norm eingangs I.1.

283 *P. DeHert/V. Papakonstantinou/G. Malgieri/L. Beslay/I. Sanchez*, The right to data portability in the GDPR: Towards user-centric interoperability of digital services, Computer Law & Security Review, 2018, S. 193, 194, 197, sprechen insoweit von *„three different rights"*, was hinsichtlich des jeweiligen unmittelbaren tatsächlichen Ergebnisses zutrifft, die Voraussetzungen sind aber, wie sich zeigen wird, vielfach überlappend.

284 Vgl. auch den Wortlaut des Art. 20 DSGVO: I.1.a.

285 *K. v. Lewinski*, in: Wolff/Brink (Hrsg.), BeckOK Datenschutzrecht, 34. Ed. 2020, Art. 20 DSGVO, Rn. 5, 49.

direkte Übermittlung (5.), sowie das Verhältnis zum Löschungsanspruch (6.), dem öffentlichen Bereich (7.) und den Rechten und Freiheiten Dritter (8.) auf. Innerhalb dieser Darstellung werden schwerpunktmäßig die klärungsbedürftigen Punkte an tatbestandlich relevanter Stelle behandelt.

3. Erhalten von Daten, Art. 20 Abs. 1 Halbs. 1 DSGVO

Den zentralen Inhalt des Rechts auf Datenportabilität stellt Art. 20 Abs. 1 Halbs. 1 DSGVO mit der Kodifizierung des Rechts des Betroffenen auf Erhalt der bereitgestellten Daten dar. Dieses Recht wird von Abs. 1 Halbs. 2, wie auch von Abs. 2 letztlich nur mit weiteren Übertragungsmodalitäten ausdifferenziert. So liegt der wesentliche Inhalt des Abs. 1 Halbs. 2 nicht – wie der Wortlaut auf den ersten Blick vermuten lassen könnte – in einem gesonderten „Recht", sondern stellt eine Konkretisierung vor allem hinsichtlich der Gewährung einer Behinderungsfreiheit dar. Bei Abs. 2 handelt es sich hingegen um eine schnellere einfachere Umsetzung der Portierung unter Auslassung des Betroffenen im Dreipersonenverhältnis zwischen einem erstem Verantwortlichen, dem Betroffenem und einem zweiten Verantwortlichen.[286] Er ist insofern (rein auf die Personenkonstellation bezogen und ausdrücklich nicht dahingehend verstanden, dass bei Art. 20 DSGVO irgendein Eigentum übertragen würde) mit der sachenrechtlichen Figur eines Geheißerwerbs[287] unter Auslassung eines Zwischenhändlers vergleichbar.

Art. 20 Abs. 1 Halbs. 1 DSGVO enthält dabei die Grundvoraussetzungen, welche auch für die anderen Teilaspekte des Rechts in Abs. 1 Halbs. 2 und Abs. 2 gelten, die auf Abs. 1 Halbs. 1 verweisen. Die dort aufgestellten Voraussetzungen lassen sich aufteilen in solche betreffend den Portierungsgegenstand (bereitgestellte und den Betroffenen betreffende Daten), die Portierungsweise (Anforderungen an das Format der Daten) und die Verarbeitungsgrundlage (Einwilligung oder Vertrag und mithilfe automatisierter Verfahren).

---

286 Die Bezeichnung „erster" und „zweiter" Verantwortlicher wird hier und weiterhin der Klarheit wegen gewählt, weil die Bezeichnungen „ein Verantwortlicher" und „ein anderer Verantwortlicher", wie sie sich im Normtext finden, an mehreren Stellen zu Uneindeutigkeiten führen würden.

287 Vgl. zum Geheißerwerb: *S. Herrler,* in: Palandt (Hrsg.), Bürgerliches Gesetzbuch, 79. Aufl. 2020, § 929 BGB, § 929, Rn. 16, m.w.N.

a. Bezeichnungen als Herausgabe, Zurückholen oder modifizierter Auskunftsanspruch

Das Recht auf Erhalt der Daten wird dabei teils als Herausgabeanspruch[288] oder ein Zurückholen[289], teils als Sonderform des Auskunftsrechts oder modifiziertes Auskunftsrecht[290] bezeichnet.

Die Bezeichnung als Herausgabeanspruch ist für die Anwendung des Art. 20 DSGVO irreführend. Sie ist wie bereits ausgeführt einerseits Symptom des Versuchs, die Datenportabilität in ein traditionell herrschaftsrechtliches Recht auf informationelle Selbstbestimmung einzuordnen. Andererseits entsteht durch diese Bezeichnung das Bild, dass die erfassten Daten nach Ausübung des Rechts nicht mehr beim ersten Verantwortlichen vorhanden seien, sondern gleich einer Sache an den Betroffenen herausgegeben wurden. Das ist wie Art. 20 Abs. 3 S. 1 DSGVO klarstellt[291] nicht der Fall. Die Bezeichnung des „Zurückholens" mag zwar umgangssprachlich in vielen Fällen zutreffen und naheliegen angesichts des während des Gesetzgebungsprozesses und der Vorgeschichte außerhalb der EU anvisierten Ziels eines Umzugs aus einem *walled garden* oder von einem Sozialen Netzwerk zu einem anderen. Zwingend ist das jedoch nicht und das Fehlleitungspotential des Begriffes „Herausgabeanspruch" hinsichtlich des Verbleibs der Daten wohnt auch dem Begriff des „Zurückholens" inne. Dieser geht was das Hervorrufen einer eigentumsanalogen Position am jeweiligen Datum betrifft sogar noch über den Begriff der „Herausgabe" hinaus: Er suggeriert, dass die Daten immer schon vor Beginn einer Verarbeitungsbeziehung zwischen dem Verantwortlichen und dem Betroffenen bei Letzterem als (körperlicher)

---

288 So etwa *C. Piltz*, in: Gola (Hrsg.), Datenschutz-Grundverordnung, 2. Aufl. 2018, Art. 20 DSGVO, Rn. 9, „eine Art Herausgabeanspruch"; *C. Piltz*, Die Datenschutz-Grundverordnung, K&R, 2016, S. 629, 634; *J. Klink-Straub/T. Straub*, Vernetzte Fahrzeuge – portable Daten, ZD, 2018, S. 459, 462; *F. Deusch/T. Eggendorfer*, Durchsetzung und Vollstreckung der Datenübertragbarkeit, K&R, 2020, S. 105, 110; sogar ohne weitere Zusätze als „eigenständigen Auskunftsanspruch" bezeichnet bei *M. Munz*, in: Taeger/Gabel (Hrsg.), DSGVO – BDSG, 3. Aufl. 2019, Art. 20 DSGVO, Rn. 34, 1.

289 *T. Jülicher/C. Röttgen/M. v. Schönfeld*, Das Recht auf Datenübertragbarkeit, ZD, 2016, S. 358, 361.

290 *K. v. Lewinski*, in: Wolff/Brink (Hrsg.), BeckOK Datenschutzrecht, 34. Ed. 2020, Art. 20 DSGVO, Rn. 54, 49; das Recht nach Art. 20 Abs. 1 DSGVO als „eigenständigen Auskunftsanspruch" bezeichnend: *M. Munz*, in: Taeger/Gabel (Hrsg.), DSGVO – BDSG, 3. Aufl. 2019, Art. 20 DSGVO, Rn. 13, 34, mit der Hervorhebung der Unterschiede in Rn. 15.

291 Vgl. III.6.a.

Gegenstand vorhanden seien. Hinsichtlich des Verbleibs der Daten beim ersten Verantwortlichen und auch zugunsten der Herausstellung der besonderen Datenbezogenheit mit allen Besonderheiten des unphysischen[292] Datums trifft die Bezeichnung als modifizierter Auskunftsanspruch von den erwähnten Bezeichnungen zwar noch am ehesten zu. Auch durch diesen wird aber die grundsätzliche Verschiedenheit, was den wettbewerblichen Zweck der Regelung des Art. 20 DSGVO im Verhältnis zum Auskunftsrecht nach Art. 15 DSGVO angeht, unnötig verwässert.

b. Kein Erfordernis einer (noch) bestehenden und wirksamen Einwilligung oder eines entsprechenden Vertrags

Ein erster deutlicher tatbestandlicher Anknüfungspunkt für eine wettbewerbsrechtliche Wirkungsentfaltung des Art. 20 DSGVO ist sein Abstellen auf Datenverarbeitungsrechtfertigungen, die typischerweise im Zusammenhang mit Vertragsabschlüssen, also einer marktbezogenen Auswahlentscheidung, anzuwenden sind.

Bei den in Art. 20 Abs. 1 lit. a DSGVO aufgestellten Voraussetzungen besteht wenig für Art. 20 DSGVO spezifischer Klärungsbedarf dahingehend, was eine Einwilligung gem. Art. 6 Abs. 1 lit. a oder Art. 9 Abs. 2 lit. a DSGVO oder ein Vertrag gemäß Art. 6 Abs. 1 lit. b DSGVO grundsätzlich ist, wie auch dahingehend, dass die Tatbestandsmerkmale in Art. 20 Abs. 1 lit. a und lit. b DSGVO abschließend sind[293]. Letzterer Punkt kann aber bei der Frage relevant werden, ob sich der Passivlegitimation der Ansprüche aus Art. 20 DSGVO dadurch entzogen werden kann, dass eine Rechtfertigung der Datenverarbeitung nicht über Art. 6 Abs. 1 lit. a oder lit. b DSGVO, sondern über lit. f gesucht wird.[294] Eine Erweiterung der erfassten Fälle der Einwilligung über die ausdrücklich in

292 Bezogen auf die Information, nicht das Vorhandensein als physischer Speicherzustand zum Beispiel auf einer Festplatte.

293 Vgl. dies feststellend *M. Rudolph*, in: Schwartmann u. a. (Hrsg.), DS-GVO/BDSG, 2018, Art. 20 DSGVO, Rn. 63; *E. Durmus*, Das Recht auf Datenübertragbarkeit, RDV, 2018, S. 80; *B. P. Paal*, in: Paal/Pauly (Hrsg.), Datenschutz-Grundverordnung, Bundesdatenschutzgesetz, 2. Aufl. 2018, Art. 20 DSGVO, Rn. 18; zudem *T. Wybitul*, EU-Datenschutz-Grundverordnung im Unternehmen, 2016, Rn. 182; auch Artikel-29-Datenschutzgruppe, WP 242 rev.01, 13.12.2016/05.04.2017, S. 9 – siehe zur Übernahme von deren Leitlinien erneut: Europäischer Datenschutzausschuss, Endorsement 1/2018, 25.05.2018; *M. Westphal/M. Wichtermann*, Datenportierung nach Art. 20 DS-GVO, ZD, 2019, S. 191.

294 Vgl. dazu auch III.3.b.bb.v.

Art. 20 DSGVO genannten hinaus ist angesichts des insoweit in allen Sprachfassungen eindeutigen Wortlauts von Art. 20 DSGVO und ErwGr. 68 S. 3 und S. 4 nicht vorgesehen.[295] Selbiges gilt auch für eine Einschränkung der Anwendbarkeit etwa nur auf Dienste der Informationsgesellschaft im Sinne des Art. 4 Nr. 25 DSGVO, wie sie durch die auf Soziale Medien beschränkte Anwendung während des Gesetzgebungsverfahrens mehrfach angedacht wurde.[296]

Klarstellend ist zu erwähnen, dass die Einschränkung der lit. a und lit. b, die man zwar grammatikalisch als sich nur auf Art. 20 Abs. 1 DSGVO beziehend ansehen kann[297], auf alle durch Art. 20 DSGVO vermittelten Rechte und Pflichten im Zusammenhang mit der Datenportabilität anzuwenden ist.[298] Zudem findet sich in Art. 20 Abs. 3 S. 2 DSGVO eine Ausnahme für Aufgabenerfüllungen im öffentlichen Interesse. Öffentlich-rechtliche Verträge und Verarbeitungen aufgrund von Einwilligungen gegenüber Behörden sind aber grundsätzlich nicht ausgeschlossen[299] – entscheidend ist jeweils

---

295 AA *W. Veil*, in: Gierschmann u. a. (Hrsg.), Kommentar Datenschutz-Grundverordnung, 2018, Art. 20 DSGVO, Rn. 76, der feststellt, dass die DSGVO weitere Fälle kenne, in denen die Einwilligung die Datenverarbeitung rechtfertige und der weiter ausführt, dass „viel dafür [spreche], dass das Recht auf Datenübertragbarkeit entgegen dem eindeutigen Wortlaut […] auch in diesen Fällen zur Anwendung kommen [solle]". Weiter werden als Beispiele die Art. 6 Abs. 4, Art. 8 Abs. 1, Art. 18 Abs. 2, „Art. 20" Abs. 2 lit. c (gemeint ist Art. 22) und Art. 49 Abs. 1 lit. a DSGVO genannt – zumindest hinsichtlich Art. 8 Abs. 1 DSGVO ist aber ohnehin davon auszugehen, dass derartige Fälle als Fälle des Art. 6 Abs. 1 lit. a DSGVO unter Art. 20 Abs. 1 lit. a DSGVO fallen. Bei Art. 22 Abs. 2 lit. c und Art. 49 Abs. 1 lit. a DSGVO ist es jedenfalls nicht ausgeschlossen, dass die Verarbeitung, hinsichtlich derer eine spezifische Einwilligung zum Einsatz automatisierter Entscheidungsfindungsprozesse oder zur Drittstaatenübermittlung erteilt wurde, im Grundsatz auf Art. 6 Abs. 1 lit. a oder lit. b beruht.

296 Vgl. etwa *B. P. Paal*, in: Paal/Pauly (Hrsg.), Datenschutz-Grundverordnung, Bundesdatenschutzgesetz, 2. Aufl. 2018, Art. 20 DSGVO, Rn. 6, m.w.N.

297 *M. Hennemann*, Datenportabilität, PinG, 2017, S. 5, 7.

298 Das legen ErwGr. 68 S. 3 und S. 4, aber auch der Vergleich zu anderssprachigen Fassungen und der bloß ausdifferenzierende Charakter von Art. 20 Abs. 1 Hs. 2 und Abs. 2 DSGVO nahe; so im Ergebnis auch: unter Verweis auf die englische Sprachfassung *P. Laue/J. Nink/S. Kremer*, Das neue Datenschutzrecht in der betrieblichen Praxis, 2016, § 4 Rn. 62, Fn. 40; dem wohl folgend *M. Hennemann*, Datenportabilität, PinG, 2017, S. 5, 7; *C. Werkmeister/E. Brandt*, Datenschutzrechtliche Herausforderungen für Big Data, CR, 2016, S. 233, 237.

299 Vgl. *K. v. Lewinski*, in: Wolff/Brink (Hrsg.), BeckOK Datenschutzrecht, 34. Ed. 2020, Art. 20 DSGVO, Rn. 34; *C. Piltz*, Datenübertragbarkeit im

im Einzelfall der mit der jeweiligen Verarbeitung durch die Behörde verfolgte Zweck.[300]

aa. Vorvertragliche Maßnahmen

Für die Durchführung vorvertraglicher Maßnahmen erhobene Daten fallen nicht unter Art. 20 Abs. 1 S. 1 lit. a DSGVO. Auch darin zeigt sich die aufwandbezogen wettbewerbliche Richtung des Art. 20 DSGVO. Es geht letztlich darum, ob man als das entscheidende Verweiskriterium die in Art. 20 Abs. 1 S. 1 lit. a DSGVO erfolgende Erwähnung von Art. 6 Abs. 1 lit. b DSGVO ansieht oder ob man die ebenfalls dort erfolgende Erwähnung des Wortes „Vertrag" unter Auslassung einer ausdrücklichen Erwähnung von vorvertraglichen Maßnahmen, wie dies in Art. 6 Abs. 1 lit. b DSGVO erfolgt, für entscheidend hält.
Eine Antwort auf die Frage der Einbeziehung vorvertraglicher Maßnahmen[301] ist nicht alleine aus dem Wortlaut von Art. 20 DSGVO herleitbar.[302] Allerdings

---

Beschäftigungsverhältnis – Arbeitgeberwechsel: Und die Daten kommen mit?, RDV, 2018, S. 3, 6.

300 Vgl. dazu auch die Ausführungen zu Art. 20 Abs. 3 S. 1 DSGVO unter III.6.b.

301 Die Einbeziehung annehmend, allerdings ohne Begründung: *P. Laue/J. Nink/S. Kremer*, Das neue Datenschutzrecht in der betrieblichen Praxis, 2016, § 4, Rn. 62; die Einbeziehung ablehnend: *H.-G. Kamann/M. Braun*, in: Ehmann/Selmayr (Hrsg.), DS-GVO, 2. Aufl. 2018, Art. 20 DSGVO, Rn. 18; dem wohl folgend: *E. Durmus*, Das Recht auf Datenübertragbarkeit, RDV, 2018, S. 80, Fn. 2, dies zudem aus „unternehmerischer Sicht" für geboten haltend, weil die Einbeziehung „deutlichen größeren Aufwand und höhere Kosten verursache; die Frage offen lassend: *K. Schürmann*, in: Eßer u. a. (Hrsg.), Auernhammer – DSGVO/BDSG, 6. Aufl. 2018, Art. 20 DSGVO, Rn. 30; *G. Sydow/M. Wilhelm*, in: Sydow (Hrsg.), Europäische Datenschutzgrundverordnung, 2. Aufl. 2018, Art. 20 DSGVO, Rn. 13, die nur von einem Beruhen auf vertraglicher „Zustimmung" sprechen.

302 Gegen die Einbeziehung der Datenverarbeitung zur Durchführung vorvertraglicher Maßnahmen spricht auf den ersten Blick die Nichterwähnung dieser Maßnahmen in Art. 20 DSGVO. Betrachtet man den Wortlaut von Art. 20 Abs. 1 S. 1 lit. a DSGVO in Zusammenschau mit dem von Art. 6 Abs. 1 lit. b DSGVO im Detail, fällt aber auf, dass eine Einbeziehung vorvertraglicher Maßnahmen nicht zwingend unvereinbar mit der auf den ersten Blick eindeutigen Erwähnung nur der Verträge selbst ist: Während in Art. 6 Abs. 1 lit. b DSGVO davon die Rede ist, dass die Verarbeitung für „die Erfüllung eines Vertrags, dessen Vertragspartei die betroffene Person ist, oder zur Durchführung vorvertraglicher Maßnahmen […], die auf Anfrage der betroffenen Person erfolgen" erforderlich sein müsse, äußert sich Art. 20 Abs. 1 S. 1 lit. a DSGVO nur dahingehend, dass das Recht auf Datenportabilität besteht, wenn „die Verarbeitung auf […] einem Vertrag gemäß Art. 6 Abs. 1 lit. b beruht". Der Unterschied liegt vor allem in

lässt sich die Frage anhand der Erwägungsgründe, welche die Bedeutung des Wortes „beruhen“ näher beleuchten, auflösen: ErwGr. 68 S. 3 spricht ausdrücklich von der „Erfüllung eines Vertrags“, für die die Verarbeitung erforderlich sein muss.[303] Dort wird also nicht wie in Art. 20 DSGVO nur auf ein Beruhen abgestellt, sondern die Formulierung wie in Art. 6 Abs. 1 lit. b DSGVO gewählt; es wird davon gesprochen, dass die Verarbeitung „zur Erfüllung eines Vertrags erforderlich ist“. Dieser Befund ergibt sich auch aus dem Vergleich mit der englischen Fassung[304], in der in den Erwägungsgründen – wie in der deutschen Fassung in Art. 6 DSGVO und ErwGr. 68 S. 3 auf die Erfüllung abgestellt wird – auf „*performance of a contract*“ abgestellt wird. Auch das wettbewerbsrechtliche Element des Art. 20 DSGVO spricht nicht gegen den Ausschluss derjenigen Daten, die bei Durchführung vorvertraglicher Maßnahmen erforderlicherweise verarbeitet werden. Der aus wettbewerbsrechtlicher Hinsicht zu verhindernde Lock-In Effekt wird in den wenigsten Fällen schon durch die vorvertraglichen Maßnahmen eintreten: Zum einen wegen der lockereren rechtlichen Bindung, zum anderen aufgrund des bei datenverarbeitenden Diensten rein praktisch meist kurzen Zeitraums, in dem diese vorvertraglichen Maßnahmen durchgeführt werden. Im Einzelfall muss hier aber klar getrennt werden hinsichtlich verschiedener Verträge, die etwa beim Erwerb von Gegenständen, im Rahmen deren Nutzung die Datenverarbeitung dann stattfindet, anfallen: Der von Art. 20 DSGVO nicht erfasste Bereich der Durchführung vorvertraglicher Maßnahmen

---

der größeren Offenheit der Formulierung in Art. 20 DSGVO: Zum einen wird hier nicht auf die Handlungen („Erfüllung“ und „Durchführung“) Bezug genommen, die hinsichtlich der jeweiligen rechtlichen Konstruktion „Vertrag“ oder „vorvertragliche Maßnahme“ vorgenommen werden müssen, sondern lediglich durch das „Beruhen“ eine inhaltliche Beziehung zu einem Vertrag gefordert, die theoretisch auch durch vorvertragliche Maßnahmen erfüllt sein könnte. Die ausdrückliche Erwähnung unterschiedlicher vorzunehmender Handlungen in Art. 6 wiederum ist schon alleine aus logischen Gesichtspunkten angezeigt – vorvertragliche Maßnahmen werden in der Regel nicht „erfüllt“ wie eine klar definierte Vertragspflicht – und ergibt in der Zusammenschau die nur noch untergeordnete Bedeutung einerseits des Wortes „Vertrag“ in Art. 20, sowie andererseits die höhere Bedeutung des Verweises auf Art. 6 Abs. 1 lit. b DSGVO. Letztlich kann das Wort „beruht“ damit alleine aufgrund des textlichen Befundes in Art. 20 auch zugunsten der Einbeziehung vorvertraglicher Maßnahmen ausgelegt werden.

303 Zu diesem Ergebnis auch kommend: *H.-G. Kamann/M. Braun*, in: Ehmann/Selmayr (Hrsg.), DS-GVO, 2. Aufl. 2018, Art. 20 DSGVO, Rn. 18.

304 Vgl. zur Auslegung bei abweichenden Wortlautfassungen auch unter 3.e. zur Bereitstellung.

umfasst dabei nicht die möglicherweise durchaus langwierigen Verhandlungen zum Kauf des Gegenstands, sondern die Frage der Inanspruchnahme des Dienstes mit diesem Gegenstand.[305]

bb. Entfall oder Nichtbestehen der Verarbeitungsgrundlage

Das Bestehen der Verarbeitungsgrundlage hat auch Auswirkungen auf die Anwendbarkeit von Art. 20 DSGVO. Die Fragen ob eine Einwilligung oder ein Vertrag zum Zeitpunkt der Anspruchsstellung noch fortbestehen muss und weiter, ob Einwilligung oder Vertrag überhaupt jemals wirksam bestanden haben müssen, sind dabei vielschichtiger als ein pauschaler Ausschluss im Falle eines Fehlens der Grundlage. Unterschiedliche Wertungen in den unterschiedlichen Situationen ergeben sich aufgrund der ex-nunc Widerrufsmöglichkeit hinsichtlich der Einwilligung[306] einerseits und andererseits aufgrund der ex-tunc wirkenden Anfechtung von Verträgen, sowie auch aufgrund der vielen teils unbestimmten Rechtsbegriffe, deren Vorliegen für die Wirksamkeit von Verträgen generell oder der datenschutzrechtlichen Einwilligung erforderlich ist.[307]

i. Ex-Nunc Entfall

Haben die Wirksamkeitsvoraussetzungen bei der Bereitstellung der Daten vorgelegen, beseitigt ein späterer ex-nunc wirkender Entfall (zum Beispiel durch Widerruf der Einwilligung oder Vertragskündigung) das Bestehen des Portierungsanspruchs jedenfalls hinsichtlich der bis zum Zeitpunkt der Unwirksamkeit bereitgestellten Daten nicht. Dafür spricht auch der Wortlaut „beruht" (oder das entsprechende Wort der anderen Sprachfassungen) in Art. 20 Abs. 1 lit. a DSGVO.[308] Dies gilt, solange die Daten nicht gelöscht sind oder ein Fall des Art. 11 Abs. 2 DSGVO (mangelnde Identifizierbarkeit des Anspruchsstellers) vorliegt.[309]

---

305 Vgl. dazu etwa die vieldiskutierten Beispiele Smartwatches oder Connected Cars.

306 Vgl. Art. 7 Abs. 3 DSGVO.

307 Etwa die Freiwilligkeit in Art. 4 Nr. 11 und Art. 7 Abs. 4 DSGVO.

308 So *C. Piltz,* in: Gola (Hrsg.), Datenschutz-Grundverordnung, 2. Aufl. 2018, Art. 20 DSGVO, Rn. 18; *M. Rudolph,* in: Schwartmann u. a. (Hrsg.), DS-GVO/BDSG, 2018, Art. 20 DSGVO, Rn. 60, 62 – insoweit ist die Auslegung nicht umstritten.

309 *M. Rudolph,* in: Schwartmann u. a. (Hrsg.), DS-GVO/BDSG, 2018, Art. 20 DSGVO, Rn. 60, 62; so zu verstehen wohl auch *M. Westphal/M. Wichtermann*, Datenportierung nach Art. 20 DS-GVO, ZD, 2019, S. 191, 194; *K. v. Lewinski,* in: Wolff/Brink (Hrsg.), BeckOK Datenschutzrecht, 34. Ed. 2020, Art. 20 DSGVO, Rn. 63.

ii. Weiterverarbeitung nach Ex-Nunc Entfall

Auch wenn Daten nach einem ex-nunc Wegfall der Grundlage weiter verarbeitet werden, besteht parallel zum Fall der von Anfang an fehlenden Grundlage, also der rechtswidrigen Verarbeitung, ein Anspruch zum Schutz des Betroffenen. Die auszugleichenden Interessen unterscheiden sich nur wenig durch eine sogar geringere Schutzbedürftigkeit des Verantwortlichen. Denn der Verantwortliche wird hier in vielen Fällen – etwa durch Widerruf der Einwilligung – ausdrücklich darauf hingewiesen, dass die Grundlage für die Verarbeitung von diesem Zeitpunkt an fehlt, solange die Daten nicht etwa durch eine bewusste betroffenenseitige Weiternutzung eines Dienstes bereitgestellt werden und darin im Einzelfall eine konkludente Einwilligung in die Verarbeitung zu sehen ist. Diese Ausführungen gelten aber, wie auch an Art. 20 Abs. 3 S. 1 DSGVO deutlich wird, erneut nur, solange die Daten noch tatsächlich beim in Anspruch genommenen Verantwortlichen vorhanden sind.

iii. Ex-Tunc Entfall

Entfällt die Grundlage für die Verarbeitung mit ex-tunc Wirkung (etwa nach Anfechtung des zugrundliegenden Vertrags) oder war die vermeintliche Grundlage von Anfang an unwirksam (zum Beispiel weil die Bedingungen einer Einwilligung aus Art. 7 DSGVO nicht eingehalten wurden), wird teils vertreten, dass dies das Nichtbestehen der Rechte aus Art. 20 DSGVO zur Folge habe.[310] Dafür spricht zwar auf den ersten Blick der grundsätzliche Gedanke einer ex-tunc Wirkung, die Situation so zu behandeln, als habe der zur Verarbeitung berechtigende Umstand (der Vertrag oder die Einwilligung) nie bestanden. Der bedingungslose Wegfall des Rechts auf Datenportabilität überzeugt jedoch in seiner Pauschalität nicht.[311] Die Wettbewerbsförderung (wie auch nach herrschaftsrechtlicher Sicht die Kontrolle als Selbstzweck) würde bedeutend erschwert, wenn der Verantwortliche sich den aus Art. 20 DSGVO ergebenden Pflichten

---

310 So etwa *C. Piltz,* in: Gola (Hrsg.), Datenschutz-Grundverordnung, 2. Aufl. 2018, Art. 20 DSGVO, Rn. 18, der jedoch dafür keine Begründung liefert; ebenso: *S. Elfering*, Unlocking the Right to Data Portability, 2019, S. 24; *M. Munz,* in: Taeger/Gabel (Hrsg.), DSGVO – BDSG, 3. Aufl. 2019, Art. 20 DSGVO, Rn. 32; *R. Janal*, Data Portability – A Tale of Two Concepts, JIPITEC, 2017, S. 59, 62, Rz. 11.

311 Dahingehend auch: *M. Rudolph,* in: Schwartmann u. a. (Hrsg.), DS-GVO/BDSG, 2018, Art. 20 DSGVO, Rn. 63 ff.; die streng am Wortlaut orientierte Ablehnung der Einschlägigkeit von Art. 20 DSGVO ebenfalls kritisierend: *J. Drexl*, Data Access and Control in the Era of Connected Devices, 2018 S. 153.

dadurch entziehen könnte, dass er Daten – unabhängig vom Vertretenmüssen – unrechtmäßig, ohne Grundlage verarbeitet. Auch ein genauer Vergleich mit dem Gesamtbild der zivilrechtlichen Folgen des ex-tunc-Entfalls sprechen gegen den Entfall der Rechte aus Art. 20 DSGVO. So finden sich beispielsweise hinsichtlich der ex-tunc wirkenden Anfechtung von Verträgen umfassende und ausdifferenzierte Regelungen zur Wahrung der Interessen aller Beteiligten, sei es in § 122 BGB oder als weitere Folge die zivilrechtlichen Korrektive für das Fehlen eines Rechtsgrundes in den §§ 812 ff. BGB. Ein solcher Interessenausgleich als Gegenstück zum ex-tunc-Entfall fehlt für den Umgang mit im Rahmen dieser Verträge bereitgestellten personenbezogenen Daten bei Verwehrung der Datenportabilität einseitig zulasten des Betroffenen. Die schematische Übernahme der zivilrechtlichen Wertungen hinsichtlich der Verarbeitungsgrundlage entspricht nicht zwingend immer den datenschutzrechtlichen Wertungen. Das gilt erst recht, wenn nur ein Teil – die ex-tunc-Wirkung – übernommen würde, das zugehörige Korrektiv – die Schadensersatz- oder Kondiktionsansprüche – aber nicht. Zwar findet sich in der DSGVO mit Art. 82 DSGVO eine Schadensersatzregelung. Im Rahmen dieser könnte man die Ersatzfähigkeit der fehlenden Portierungsmöglichkeit aufgrund (nach Art. 82 Abs. 3 DSGVO vermuteten) Verschuldens andenken; das fehlende Recht auf Datenportabilität könnte ein Anspruch auf Ermöglichung der Portierung entsprechend des von ErwGr. 146 S. 3 vorgegebenen weiten und an den Zielen der DSGVO orientierten Schadensbegriffs[312] im Rahmen der Naturalrestitution als Schadensersatz ausgleichen. Jedoch kann dieser Anspruch die Betroffeneninteressen nicht in einem annähernd vergleichbaren Maß schützen. Denn mit diesem sind Unwägbarkeiten hinsichtlich des individuell zu bestimmenden Umfangs des Anspruchs verbunden, die angesichts der Schnelllebigkeit des Datenverkehrs im Wettbewerb ein erhebliches Hindernis und Unsicherheitsmoment darstellen würden. Auch die Regelungen der „Richtlinie über bestimmte vertragsrechtliche Aspekte der Bereitstellung digitaler Inhalte“[313] bieten insoweit keine dem Art. 20 DSGVO vergleichbare

---

312 ErwGr. 146 S. 3: „Der Begriff des Schadens sollte im Lichte der Rechtsprechung des Gerichtshofs weit auf eine Art und Weise ausgelegt werden, die den Zielen dieser Verordnung in vollem Umfang entspricht.“, vgl. dazu auch: *M. Bergt*, in: Kühling/Buchner (Hrsg.), Datenschutz-Grundverordnung/BDSG, 3. Aufl. 2020, Art. 82 DSGVO, Rn. 17 ff.; *F. Boehm*, in: Simitis u. a. (Hrsg.), Datenschutzrecht, 2019, Art. 82 DSGVO, Rn. 11 f.

313 Richtlinie (EU) 2019/770 – Richtlinie über bestimmte vertragsrechtliche Aspekte der Bereitstellung digitaler Inhalte 20.05.2019, vgl. auch II.3.g.; zudem erwähnt bei *S. Elfering*, Unlocking the Right to Data Portability, 2019, S. 31 f.

Abhilfe zur Auflösung des Interessenkonflikts. Die Richtlinie betrifft speziellere, weniger umfangreiche Datenübertragungen und die Regelungen zur Rückabwicklung sind eher auf Vertragsbeseitigungen ex-nunc ausgerichtet. Es werden vor allem Abhilfen bei nicht das Bestehen des Vertrags von Anfang an in Frage stellender Vertragswidrigkeit und Mängelrechte näher bestimmt.[314]

Auch im Falle des ex-tunc Wegfalls der Verarbeitungsgrundlage muss daher das Recht aus Art. 20 DSGVO bestehen.[315]

iv. Rechtsmissbräuchliches Verhalten

Nicht einheitlich beantwortet werden kann die Frage eines Wegfalls bei Rechtsmissbrauch durch den Betroffenen. Nach Art. 5 Abs. 1 lit. a DSGVO hat die Datenverarbeitung nach Treu und Glauben zu erfolgen, was in manchen Fällen einer gesamtbetrachtenden einzelfallbezogenen Wertung bedarf.[316] Die Erwägungen über einen Rechtsmissbrauch können etwa den Umstand betreffen, wer einen Vertrag aus welchem Grund angefochten hat oder wer letztlich für die Unwirksamkeit einer Einwilligung verantwortlich ist.

Hier ergeben sich im Einzelfall Unterschiede in Abhängigkeit davon, ob ein wettbewerbsrechtlich-datenschutzrechtliches oder ein

---

314 Das in deren Art. 16 Abs. 4 UAbs. 2 enthaltene Recht, die Daten bei Vertragsbeendigung „wiederzuerlangen", sieht nur ein „allgemein gebräuchliches Format" und damit ein Minus an die Weiterbenutzung betreffenden Regelungen im Vergleich zu Art. 20 DSGVO vor; weiter sind die Regeln in der Richtlinie nicht technologieneutral, was aber Art. 20 DSGVO in der endgültigen Fassung mit dem Ausbleiben einer Einschränkung auf Soziale Netzwerke oder auch digitale Inhalte (zumindest theoretisch) ist. Schließlich beziehen sich die Regeln der Richtlinie zwar auf die „Vertragsbeendigung", ohne diese eindeutig näher zu definieren; hinsichtlich des Fehlens einer wirksamen Einwilligung trifft der Richtlinienvorschlag aber keine Aussagen mit Bezug auf die Datenportabilität; vgl. dazu und auch insgesamt als Überblick zum Inhalt des damaligen Richtlinienvorschlags: *B. Gsell*, Der europäische Richtlinienvorschlag zu bestimmten vertragsrechtlichen Aspekten der Bereitstellung digitaler Inhalte, ZUM, 2018, S. 75, 77; *G. Spindler*, Verträge über digitale Inhalte – Haftung, Gewährleistung und Portabilität, MMR, 2016, S. 219, 221, der auf S. 222 aber auch darauf hinweist, dass in den von Art. 13 Abs. 2 lit. c des damaligen Entwurfs zur Richtlinie vorgegebenen Grenzen wegen des Wortlauts „[bereitgestellte] Inhalte und sonstige Daten" zumindest quantitativ mehr Daten erfasst sein könnten als vom damaligen Art. 18 DSGVO-E.

315 Zum selben Ergebnis kommt *M. Rudolph*, in: Schwartmann u. a. (Hrsg.), DS-GVO/BDSG, 2018, Art. 20 DSGVO, Rn. 64 f.

316 *K. v. Lewinski*, in: Wolff/Brink (Hrsg.), BeckOK Datenschutzrecht, 34. Ed. 2020, Art. 20 DSGVO, Rn. 36.

herrschaftsrechtlich-datenschutzrechtliches Verständnis vertreten wird. In letzterem Fall kann der Einwand einer zweckwidrigen Inanspruchnahme eigentlich zustehender Rechtspositionen in deutlich weniger Konstellationen überzeugen. Denn dem Datenschutz im Sinne eines Kontrollrechts als Selbstzweck liegt nicht in gleichem Maße die im Wettbewerbsrecht bedeutende Ausrichtung auf einen Interessenausgleich zwischen theoretisch gleichberechtigten Parteien (oder eben die Herstellung dieser Gleichberechtigung) auf dem Markt zugrunde[317]; vertragsrechtliche Verantwortungsverteilungen spielen nach herrschaftsrechtlichem Datenschutzverständnis eine zumindest geringere Rolle.
Mit von Bedeutung ist im Zusammenhang mit dem Rechtsmissbrauch zudem auch die Regelung des Art. 12 Abs. 5 DSGVO.[318]

v. Notwendige Korrektur anhand des Schutzzwecks

Ob das Recht auf Datenportabilität besteht, muss sich nach der hinsichtlich der Betroffenenrechte im Rahmen der datenschutzrechtlichen Informationspflichten nach Art. 13 Abs. 1 lit. c DSGVO angegebene Rechtsgrundlage entscheiden. Fehler bei diesen Angaben dürfen sich nicht zulasten des Betroffenen auswirken. Das führt weiter auch dazu, dass bei der Kombination zweier Rechtsgrundlagen entscheidend ist, ob die Verarbeitung aufgrund einer dieser Grundlagen den Anwendungsbereich des Art. 20 DSGVO eröffnet (zum Beispiel bei Verarbeitung aufgrund rechtlicher Verpflichtung nach Art. 6 Abs. 1 lit. c DSGVO und gleichzeitiger Einholung einer Einwilligung nach lit. a).
Ein mit den Vorgaben der leichten Ausübung der Betroffenenrechte gemäß Art. 12 Abs. 1 S. 1 DSGVO (Transparenzgebot) vereinbarer Schutz kann nur gewährt werden, wenn Betroffene sich hinsichtlich Art. 20 DSGVO[319] auf die Datenschutzerklärung verlassen können, welche die Verantwortlichen jeweils verfassen und wenn die Betroffenen diejenigen Betroffenenrechte genießen, die bei tatsächlichem Vorliegen der in der Datenschutzerklärung angegebenen

---

317 Gleichwohl dies nicht bedeutet, dass Verstöße gegen das Datenschutzrecht nicht lauterkeitsrechtliche Relevanz haben können, vgl. dazu Fn. sowie erneut: *H. A. Wolff*, UWG und DS-GVO: Zwei separate Kreise?, ZD, 2018, S. 248.

318 Auf diesen wird hier nicht im Detail eingegangen, vgl. aber zu den Besonderheiten der Häufigkeit der Antragsstellung bei Art. 20 DSGVO im Zusammenhang mit dem Gedanken der Echtzeitportierung: III.3.e.ee.iii.

319 Unter den anderen Betroffenenrechten der Art. 15 ff. DSGVO existiert keines, das vollständig ausgeschlossen wäre, wenn nicht eine bestimmte Verarbeitungsgrundlage vorläge, weshalb sich dieses Problem dort nicht mit der bei Art. 20 DSGVO vorhandenen Bedeutung stellt.

Verarbeitungsgrundlage bestünden. Gleichzeitig müssen sie aber bei falscher Erklärung diejenigen Betroffenenrechte genießen, die der tatsächlich umgesetzten Verarbeitungsgrundlage entsprechend bestehen. Wenn die Anforderungen an die Datenschutzerklärung aus Verantwortlichensicht auch bei (subsumtionsfehlerhafter) Falschangabe erfüllt sind, weil der Verantwortliche sonst ein erhebliches Subsumtionsrisiko trage[320], kann dies im Umkehrschluss nicht zum Ausschluss des Rechts aus Art. 20 DSGVO für den Betroffenen führen. Für dieses Ergebnis spricht auch der Rechtsgedanke der Art. 13 Abs. 3 bzw. Art. 14 Abs. 4 DSGVO, die bei Zweckänderungen eine entsprechende Informationszurverfügungstellung vorschreiben.

Trotz alledem bestehen erhebliche Unwägbarkeiten im Rahmen der praktischen Anwendung besonders von Art. 6 Abs. 1 lit. f DSGVO[321] als Verarbeitungsgrundlage im Rahmen eines Ausgleichs der betroffenen Interessen. Unter Beachtung der jeweiligen Verantwortungsbeiträge ist es daher sinnvoll, keinen durch den Wegfall der Verarbeitungsgrundlage nach den oben beschriebenen Fallgruppen begründeten Anspruch auf Datenportabilität anzunehmen, wenn die Stützung auf Art. 6 Abs. 1 lit. f DSGVO zwar (etwa gerichtlich) für fehlerhaft befunden wurde, die Auswahl von Art. 6 Abs. 1 lit. f DSGVO aber nicht mit dem Ziel erfolgte, Art. 6 Abs. 1 lit. b DSGVO als Verarbeitungsgrundlage zu umgehen und damit die Einschlägigkeit des Rechts auf Datenportabilität zu verhindern. Zwar wird in vielen dieser Fälle schon die Bereitstellung der Daten fraglich sein.[322] Allerdings wird bei tatsächlich auch bereitgestellten Daten das Ziel der Nennung von lit. f oft schwer zu beweisen sein und das wiederum dazu führen, dass bei einem wegen der Anwendung von Art. 6 Abs. 1 lit. f DSGVO fraglichen Anspruch aus Art. 20 DSGVO die Grundsätze der sekundären Darlegungslast[323] gelten. Hinsichtlich des Umstands einer gezielt nur die Verwendung

---

320 *F. Schmidt-Wudy*, in: Wolff/Brink (Hrsg.), BeckOK Datenschutzrecht, 34. Ed. 2020, Art. 13 DSGVO, Rn. 44, der auf die Kommentierung zu Art. 14 DSGVO, dort Rn. 46, m.w.N., verweist.

321 Zu den Problemen dieser Unwägbarkeiten auf einem „Datenmarkt" vgl. z.B.: *H. Schweitzer/M. Peitz*, Ein neuer europäischer Ordnungsrahmen für Datenmärkte?, NJW, 2018, S. 275, 277; speziell zu den Unwägbarkeiten im Zusammenhang mit der Festlegung auf eine Rechtsgrundlage in der Datenschutzerklärung erneut *F. Schmidt-Wudy*, in: Wolff/Brink (Hrsg.), BeckOK Datenschutzrecht, 34. Ed. 2020, Art. 14 DSGVO, Rn. 46.

322 Zum Bereitstellen: III.3.e.

323 Vgl. dazu: *D. v. Selle*, in: Vorwerk/Wolf (Hrsg.), BeckOK ZPO, 36. Ed. 2020, § 138 ZPO, § 138 ZPO, Rn. 19 f., m.w.N.

von lit. b verhindernden Anwendung von lit. f trägt damit nicht wie grundsätzlich der Anspruchssteller (der Betroffene), sondern der Anspruchsgegner (der Verarbeitungsverantwortliche) die Beweislast.

Dasselbe muss in Fällen gelten, in denen die Verarbeitung zwar auf Art. 6 Abs. 1 lit. f (oder lit. e) DSGVO zulässigerweise gestützt werden konnte, die Daten aber wegen eines Widerspruchs nach Art. 21 Abs. 1 DSGVO nicht mehr verarbeitet werden dürfen. Auch in diesen Fällen besteht das Recht auf Datenportabilität nach Art. 20 DSGVO nicht. Denn auch hier erfolgt die weitere Verarbeitung zwar unrechtmäßig, doch ist in diesem Fall eine Aufbürdung der Passivlegitimation bezüglich eines Anspruchs aus Art. 20 DSGVO für einen Verantwortlichen, der sich eigentlich zurecht des Art. 6 Abs. 1 lit. f DSGVO als Verarbeitungsgrundlage bedient hat, weder zum Schutz des Betroffenen, noch gar als Maßnahme mit Sanktionscharakter für den Verantwortlichen geboten. Dadurch würde der Betroffene nicht gestellt, wie wenn die Verarbeitungsgrundlage zuträfe, die angegeben oder angewendet wurde, sondern ihm würde ein nur durch den Widerspruch hervorgerufenes Mehr an Rechten im Vergleich zu einer rechtmäßigen Verarbeitung zugesprochen, das zur Beachtung der besonderen Situation im Sinne des Art. 21 DSGVO nicht erforderlich ist.

Zusammenfassend bedeutet also nicht jede fehlerhafte Belehrung über die Rechtsgrundlage pauschal eine Eröffnung des Anwendungsbereichs des Art. 20 DSGVO.

cc. Keine Unanwendbarkeit bei Beschäftigungsverhältnissen

Für die Anwendung von Art. 20 DSGVO auch in Beschäftigungsverhältnissen mit Arbeitnehmer als Betroffenem und Arbeitgeber als erstem Verantwortlichem, besteht keine Einschränkung auf europäischer Ebene oder nach nationalem deutschem Recht vermittelt durch Art. 23 DSGVO oder Art. 88 DSGVO – § 26 BDSG trifft keine Aussage zur Datenportabilität.[324] Das gilt zum Beispiel beim

---

324 *M. Rudolph*, in: Schwartmann u. a. (Hrsg.), DS-GVO/BDSG, 2018, Art. 20 DSGVO, Rn. 45; *K. Schürmann*, in: Eßer u. a. (Hrsg.), Auernhammer – DSGVO/BDSG, 6. Aufl. 2018, Art. 20 DSGVO, Rn. 14; *P. Laue/J. Nink/S. Kremer*, Das neue Datenschutzrecht in der betrieblichen Praxis, 2016, § 4, Rn. 62; *P. Gola*, Beschäftigtendatenschutz und EU-Datenschutz-Grundverordnung, EuZW, 2012, S. 332, 334, der den Umstand des Nichtausschließens im damaligen Entwurfsstadium noch für klärungsbedürftig hielt und befürchtete, dass im Rahmen von Bewerbungsverfahren eingegebene „Skill-Daten" mitgenommen werden könnten; *C. Piltz*, Datenübertragbarkeit im Beschäftigungsverhältnis – Arbeitgeberwechsel: Und die Daten kommen mit?, RDV, 2018, S. 3; *S. Elfering*, Unlocking the Right to Data Portability, 2019, S. 24; zudem mit

Wechsel zu einem anderen Arbeitgeber als potentiellem zweiten Verantwortlichen hinsichtlich der in einem Personaldatensystem gespeicherten und zu verarbeitenden Daten. Daher ist im Einzelfall entscheidend, ob die Voraussetzungen von Art. 20 Abs. 1 DSGVO erfüllt sind oder nicht.[325] Pauschale Aussagen wie generelle Ausschlüsse der Anwendbarkeit sind nicht überzeugend.[326]

So kann es zwar zutreffen, dass eine Einwilligung im Beschäftigungsverhältnis mangels Freiwilligkeit nicht wirksam ist, das zeitigt aber dann die oben beschriebenen Folgen einer ex-tunc unwirksamen Einwilligung und keinen generellen Ausschluss des Rechts wegen eines unausgewogenen Kräfteverhältnisses im Beschäftigungsverhältnis.[327] Da sich ein genereller oder pauschaler

---

Beschränkungen auf den Arbeitgeberwechsel: *T. Wybitul/N. Rauer*, EU-Datenschutz-Grundverordnung und Beschäftigtendatenschutz, ZD, 2012, S. 160, 162; *T. Wybitul/A. Fladung*, EU-Datenschutz-Grundverordnung – Überblick und arbeitsrechtliche Betrachtung des Entwurfs, BB, 2012, S. 509, 512; *K. v. Lewinski*, in: Wolff/Brink (Hrsg.), BeckOK Datenschutzrecht, 34. Ed. 2020, Art. 20 DSGVO, Rn. 26, sieht die Vorgenannten als aA, gesteht jedoch auch zu, dass bei Beruhen der Datenverarbeitung auf einer Einwilligung das Recht auf Datenportabilität bestehen kann und vertritt zutreffend und ausdrücklich, dass ein pauschaler Ausschluss unzulässig sei.

325 Vgl. zu den einzelnen Tatbestandsmerkmalen im Zusammenhang mit Arbeitsverträgen die speziellen Ausführungen bei *C. Piltz*, Datenübertragbarkeit im Beschäftigungsverhältnis – Arbeitgeberwechsel: Und die Daten kommen mit?, RDV, 2018, S. 3, denen sich hier – mit Ausnahme der Ausführungen zum Bereitstellen (dazu sogleich III.3.e) – angeschlossen wird; vgl weiterführend zum Auskunftsrecht im Arbeitsverhältnis: *T. Wybitul/C. Ganz*, Erstes Urteil zur Reichweite des Rechts auf Kopie, DSB, 2019, S. 113.

326 Vgl. aber etwa den Vorschlag zur Einführung des Rechts auf Datenportabilität in Singapur (vgl. auch I.1.b), der einen ausdrücklichen Ausschluss von Beschäftigtendaten enthält: Singapore Personal Data Protection Commission, Public Consultation on Review of the Personal Data Protection Act 2012 – Proposed Data Portability and Data Innovation Provisions, 22.05.2019, S. 7.

327 So aber angedeutet bei der Artikel-29-Datenschutzgruppe, WP 242 rev.01, 13.12.2016/05.04.2017, S. 10; dem folgend und die Anwendung auf Verarbeitungen auf Grundlage eines Vertrags beschränkend, sogar „unabhängig davon, ob man [annehme], dass wegen eines unausgewogenen Kräfteverhältnisses zwischen Arbeitgeber und Arbeitnehmer in diesem Zusammenhang keine freiwillige Einwilligung erfolgt" sei: *H.-G. Kamann/M. Braun*, in: Ehmann/Selmayr (Hrsg.), DS-GVO, 2. Aufl. 2018, Art. 20 DSGVO, Rn. 18; die Feststellung, dass Datenverarbeitungen aufgrund rechtlicher Verpflichtungen oder eines überwiegenden legitimen Interesses des Arbeitgebers grundsätzlich nicht in den Anwendungsbereich von Art. 20 DSGVO fallen, trifft zwar zu, ergibt sich aber auch aus einer Anwendung der Voraussetzungen des Art. 20 Abs. 1 lit. a DSGVO, sodass auch hier kein genereller Ausschluss aufgrund der inhaltlichen

Teilausschluss der Anwendbarkeit von Art. 20 DSGVO verbietet und die Datenverarbeitung sich auch im Beschäftigungskontext hinsichtlich der Rechtmäßigkeit nach Art. 6 Abs. 1 DSGVO und nicht alleine nach Art. 88 DSGVO, § 26 Abs. 1 BDSG als Verarbeitungsgrundlage bestimmt und somit eine Einwilligung oder eine Erforderlichkeit zur Durchführung des (Arbeits-)Vertrags möglich ist, muss letztlich jedes einzelne Tatbestandsmerkmal anhand des jeweiligen Beschäftigungsverhältnisses geprüft werden, wie dies auch bei allen anderen, nicht tatbestandlich ausgenommenen Verarbeitungen der Fall ist.[328] Denkbar ist ein Ausschluss daher beispielsweise bei der Durchführung von Datenverarbeitungen aufgrund einer Betriebsvereinbarung, die als rechtliche Verpflichtung des Arbeitgebers als Verantwortlichem im Sinne des Art. 6 Abs. 1 lit. c DSGVO anzusehen ist.[329]

dd. Bedeutung der Merkmale für die weitere Auslegung von Art. 20 DSGVO

Durch die vor der Annahme eines herrschaftsrechtlich-datenschutzrechtlichen Charakters als Kontrollrecht nahezu willkürlich erscheinenden Einschränkungen auf Fälle der lit. a und lit. b wird die eher wettbewerbsrechtliche Einordnung der bezweckten Wirkweise des Rechts auf Datenportabilität in seiner Ausgestaltung in Art. 20 DSGVO weiter bestätigt. Nur bei einem Bezug auf den Wettbewerb kann ein Anknüpfen an Vertrags- oder Einwilligungstatbestände überzeugen. Nur in diesen Fällen, in denen der Betroffene zunächst eine Handlung – Vertragsschluss oder Einwilligung – vornehmen muss, damit eine Datenverarbeitung auf diese Tatbestände gestützt rechtmäßig sein kann, besteht überhaupt die Möglichkeit oder Notwendigkeit einer Einflussnahme auf den Markt durch Anreize zur Portierung zu anderen Anbietern. Bei der Auslegung des Rechts auf Datenportabilität als selbstbezweckendes Kontrollrecht ist diese Einschränkung jedenfalls nicht ohne Weiteres vor dem Datenschutzgrundrecht geboten oder sinnvoll.

Qualität der Daten als solche aus einem Beschäftigungsverhältnis gerechtfertigt oder nötig wäre.

328 So auch *C. Piltz*, Datenübertragbarkeit im Beschäftigungsverhältnis – Arbeitgeberwechsel: Und die Daten kommen mit?, RDV, 2018, S. 3, 4 f.

329 *S. Schulz*, in: Gola (Hrsg.), Datenschutz-Grundverordnung, 2. Aufl. 2018, Art. 6 DSGVO, Rn. 43, 98; *S. Wurzberger*, Anforderungen an Betriebsvereinbarungen nach der DS-GVO, ZD, 2017, 258, 259.

c. Automatisierte Verfahren

Die Vorgabe aus Art. 20 Abs. 1 lit. b DSGVO, dass die Datenverarbeitung mithilfe automatisierter Verfahren erfolgen müsse, ist eine weitere Eingrenzung hinsichtlich der Herkunft der Daten. Damit sind weder teilweise automatisierte Verarbeitungen[330], noch nichtautomatisierte Verarbeitungen mit Speicherung in einem Dateisystem[331] erfasst. Art. 20 DSGVO ist durch diese zwingende[332] Einschränkung insoweit ebenfalls enger als Art. 2 Abs. 1 DSGVO oder auch andere Betroffenenrechte wie das Auskunftsrecht oder das Löschungsrecht. Es handelt sich dabei letztlich um das Überbleibsel der im Kommissionsentwurf und im Parlamentsvorschlag noch enthaltenen Beschränkung auf elektronische Datenverarbeitungen[333], die besonders nach Diskussionen auch im Rat über einen Bezug auf Soziale Netzwerke entfiel.[334] Das Merkmal zeigt erneut, dass die Ausrichtung des Rechts auf Datenportabilität auf den Gedanken der Offenheit des Internets gründet[335], die durch wettbewerbsregulatorisches Datenschutzrecht sichergestellt werden soll.

Der Begriff der Automatisierung ist gleichwohl wie in Art. 2 Abs. 1 DSGVO[336] oder entsprechend § 3 Abs. 2 S. 1 BDSG a.F.

330 Teilweise automatisierte Verarbeitungen als eher erfasst ansehend *S. Elfering*, Unlocking the Right to Data Portability, 2019, S. 25, die Situation aber als unklar bezeichnend.

331 Vgl. um Begriff des Dateisystems auch Art. 4 Nr. 6 DSGVO, wonach darunter „jede strukturierte Sammlung personenbezogener Daten, die nach bestimmten Kriterien zugänglich sind, unabhängig davon, ob diese Sammlung zentral, dezentral oder nach funktionalen oder geografischen Gesichtspunkten geordnet geführt wird" fällt.

332 *H.-G. Kamann/M. Braun*, in: Ehmann/Selmayr (Hrsg.), DS-GVO, 2. Aufl. 2018, Art. 20 DSGVO, Rn. 19.

333 Vgl. dazu Fn. 281.

334 Ein ausdrücklicher Bezug zu sozialen Netzwerken als Beispiel automatisierter Verarbeitungen und zur Möglichkeit, dort eingestellte Inhalte zu einem anderen Anbieter zu übertragen, war entgegen dem Kommissionsentwurf und dem Parlamentsvorschlag ebenfalls nicht mehr enthalten, obschon die Beschränkung auf soziale Medien während des Entscheidungsfindungsprozesses im Rat, wie auch eine gesamte Streichung des Art. 18 DSGVO-E, teils ausdrücklich befürwortet wurde; vgl. Europäischer Rat, 8835/15 – Chapter III and horizontal issues, including Chapter II, Article 6, 2015, S. 45.

335 Vgl. II.3.

336 Dies jeweils durch Verweise auf die Ausführungen zu Art. 2 DSGVO andeutend: *H.-G. Kamann/M. Braun*, in: Ehmann/Selmayr (Hrsg.), DS-GVO, 2. Aufl. 2018, Art. 20 DSGVO, Rn. 19; *K. v. Lewinski*, in: Wolff/Brink (Hrsg.), BeckOK Datenschutzrecht, 34. Ed. 2020, Art. 20 DSGVO, Rn. 29.

auszulegen[337], sodass es einer Verarbeitung unter Einsatz von Datenverarbeitungsanlagen[338] bedarf. Mit der Einschränkung auf automatisierte Verfahren wird zwar die grundsätzliche Technologieneutralität des Rechts auf Datenportabilität aus Art. 20 DSGVO nicht beseitigt, praktisch wird damit aber eine Ausrichtung auf computergestützte Verarbeitungsformen deutlich.[339] Bei diesen ist das Tatbestandsmerkmal der Automatisierung nahezu immer erfüllt, was vor allem auch bei Internetdiensteanbietern gilt.[340] Eine teleologische Reduktion des Anwendungsbereichs des Art. 20 DSGVO nur auf diese Internetdiensteanbieter überzeugt aber gerade wegen der Nichtaufnahme etwaiger Zusätze trotz der erwähnten Diskussion im Gesetzgebungsverfahren nicht.[341] Das

---

337 *E. Durmus*, Das Recht auf Datenübertragbarkeit, RDV, 2018, S. 80, 81, Fn. 3, Verweis auf *T. Jülicher/C. Röttgen/M. v. Schönfeld*, Das Recht auf Datenübertragbarkeit, ZD, 2016, S. 358, 359.

338 Vgl. hinsichtlich des Gleichlaufs der Auslegungen: ausdrücklich unter Verweis auf die Kommentierung zum BDSG a.F.: *J. Kühling/J. Raab,* in: Kühling/Buchner (Hrsg.), Datenschutz-Grundverordnung/BDSG, 3. Aufl. 2020, Art. 2 DSGVO, Rn. 15; zudem: *D. Ennöckl,* in: Sydow (Hrsg.), Europäische Datenschutzgrundverordnung, 2. Aufl. 2018, Art. 2 DSGVO, Rn. 6; *S. Ernst,* in: Paal/Pauly (Hrsg.), Datenschutz-Grundverordnung, Bundesdatenschutzgesetz, 2. Aufl. 2018, Art. 2 DSGVO, Rn. 5; *A. Roßnagel,* in: Simitis u. a. (Hrsg.), Datenschutzrecht, 2019, Art. 2 DSGVO, Rn. 14 fordert, dass die Verarbeitung „durch Informationstechnik unterstützt wird und nicht vollständig manuell erfolgt", was im Ergebnis dem Einsatz einer Datenverarbeitungsanlage entsprechen dürfte; das Gleiche gilt für die „rechnergestützten Verarbeitungen", die *T. Zerdick,* in: Ehmann/Selmayr (Hrsg.), DS-GVO, 2. Aufl. 2018, Art. 2 DSGVO, Rn. 3, fordert.

339 Exemplarisch davon ausgehend etwa: *C. Busch*, Fairness und Transparenz in der Plattformökonomie, IWRZ, 2018, S. 147, 152; oder auch *C. Freudenberg/C. Manz*, Rechtliche Auswirkungen der Europäischen Datenschutz-Grundverordnung (DS-GVO) auf den Non-Profit-Bereich und praktischer Handlungsbedarf für Non-Profit-Organisationen, npoR, 2018, S. 145, 150: „Betroffene [sollten] so die Möglichkeit erhalten, ihre Daten von einer IT-Umgebung in eine andere zu übertragen".

340 *T. Herbst,* in: Kühling/Buchner (Hrsg.), Datenschutz-Grundverordnung/BDSG, 3. Aufl. 2020, Art. 20, Rn. 13; *C. Piltz,* in: Gola (Hrsg.), Datenschutz-Grundverordnung, 2. Aufl. 2018, Art. 20 DSGVO, Rn. 20; *E. Durmus*, Das Recht auf Datenübertragbarkeit, RDV, 2018, S. 80, 81; *T. Jülicher/C. Röttgen/M. v. Schönfeld*, Das Recht auf Datenübertragbarkeit, ZD, 2016, S. 358, 359.

341 Anderer Ansicht mit gegenteiligem Schluss insoweit: *W. Veil,* in: Gierschmann u. a. (Hrsg.), Kommentar Datenschutz-Grundverordnung, 2018, Art. 20 DSGVO, Rn. 80 ff., der gerade aus der Diskussion dieser Frage im Gesetzgebungsverfahren schließt, dass die Norm „auch wenn der Wortlaut weiter" sei, einschränkend auszulegen sei.

Tatbestandsmerkmal schließt zuvorderst in Papierform verarbeitete Daten aus und soll so dem Verantwortlichen den unverhältnismäßigen Aufwand ersparen, Aufzeichnungen in maschinenlesbare[342] Daten umwandeln zu müssen.[343]

d. Betreffen – Zwischen bloßer Klarstellung und Einführung einer Strukturierungspflicht

Die zu portierenden Daten müssen gemäß Art. 20 Abs. 1 S. 1 DSGVO die betroffene Person betreffen. Zu trennen ist dieses Erfordernis vom Schutz der Rechte und Freiheiten Dritter gemäß Art. 20 Abs. 4 DSGVO, die nicht beeinträchtigt werden dürfen. Wie gezeigt werden wird, stellt das Betreffen dabei kein zusätzliches Tatbestandskriterium dar, das über den Personenbezug zum die Rechte aus Art. 20 DSGVO geltend machenden Betroffenen hinausgeht. Gleichwohl werden die Verantwortlichen zur zeitnahen Erfüllung von Portierungsanfragen durch die notwendige Feststellung des Betroffen mehr noch als bei anderen Betroffenenrechten faktisch zur Strukturierung ihrer Datensätze verpflichtet und müssen damit für die unter Art. 20 DSGVO fallenden Daten aus „identifizierbaren" Personen „identifizierte" Personen machen. Angesichts dieser notwendigen Schnelligkeit der Übertragung und der dafür erfolgenden Vorsortierung ist das Betreffensmerkmal erneut schwerer mit einem traditionell-herrschaftsrechtlichen Datenschutzverständnis vereinbar als andere Betroffenenrechte.

aa. Die Klarstellungsfunktion des Betreffens

Die teils getroffene Feststellung, dass ein Betreffen vorliege, wenn es sich um personenbezogene Daten handle, die Informationen mit „Bezug" zur das Recht geltend machenden natürlichen Person hätten[344], geht letztlich nicht über die den

---

342 Dazu III.3.f.bb.

343 *T. Herbst,* in: Kühling/Buchner (Hrsg.), Datenschutz-Grundverordnung/BDSG, 3. Aufl. 2020, Art. 20, Rn. 13; *W. Kamlah,* in: Plath (Hrsg.), DSGVO/BDSG, 3. Aufl. 2018, Art. 20 DSGVO, Rn. 12; *K. v. Lewinski,* in: Wolff/Brink (Hrsg.), BeckOK Datenschutzrecht, 34. Ed. 2020, Art. 20 DSGVO, Rn. 29; *C. Piltz,* in: Gola (Hrsg.), Datenschutz-Grundverordnung, 2. Aufl. 2018, Art. 20 DSGVO, Rn. 20; Artikel-29-Datenschutzgruppe, WP 242 rev.01, 13.12.2016/05.04.2017, S. 10.

344 So *C. Piltz,* in: Gola (Hrsg.), Datenschutz-Grundverordnung, 2. Aufl. 2018, Art. 20 DSGVO, Rn. 9; den Bezug auf natürliche Personen hervorhebend: *S. Brüggemann,* in: Taeger (Hrsg.), Recht 4.0 – Innovationen aus den rechtswissenschaftlichen Laboren, 2017, Das Recht auf Datenportabilität, S. 1, 2.

Betroffenenrechten generell inhärente Voraussetzung hinaus, dass Betroffenenrechte grundsätzlich nur hinsichtlich der Daten mit Personenbezug zum jeweiligen anspruchsstellenden Betroffenen ausgeübt werden können.[345] Andernfalls würden die Betroffenenrechte zu abstrakten Rechtsdurchsetzungsansprüchen zur Einhaltung datenschutzrechtlicher Vorschriften werden.

i. Abgrenzung von der Bereitstellung

Damit unterscheidet sich das Betreffen vom Bereitstellen: Das Betreffen knüpft an den Inhalt der Daten an und fordert einen Bezug zum Betroffenen und Anspruchssteller im Rahmen des Art. 20 DSGVO. Das Bereitstellen[346] hingegen ist grundsätzlich inhaltlich neutral und bezogen auf den Umgang und die Behandlung von Daten durch den Betroffenen in Richtung des ersten Verantwortlichen. Während die Frage der Herkunft der Daten wiederum beim Bereitstellen daher eine Rolle spielen kann[347], ist hinsichtlich des Betreffens zunächst nicht relevant, ob die Daten vom Betroffenen selbst stammen oder an anderer Stelle als beim Betroffenen erhoben wurden. Entsprechend dieser Abgrenzung genügt es aber für das Betreffen wiederum nicht, die Daten dem Verantwortlichen bereitzustellen, etwa sie in einem dem Betroffenen zuzuordnenden Online-Profil oder -Account zu speichern.[348]

---

345 Insoweit von einer Klarstellung durch das Merkmal des Betreffens sprechend und weiter ausführend, dass keine „Übertragung ‚zugunsten Dritter'" stattfinden könne: *H.-G. Kamann/M. Braun,* in: Ehmann/Selmayr (Hrsg.), DS-GVO, 2. Aufl. 2018, Art. 20 DSGVO, Rn. 14; vgl. auch schon ErwGr. 1 zur DSGVO.

346 Vgl. dazu III.3.e.

347 Vgl. auch *M. Hennemann*, Datenportabilität, PinG, 2017, S. 5, 6, der darauf hinweist, dass die Daten vom Betroffenen selbst stammen müssten.

348 *C. Piltz,* in: Gola (Hrsg.), Datenschutz-Grundverordnung, 2. Aufl. 2018, Art. 20 DSGVO, Rn. 9; *H.-G. Kamann/M. Braun,* in: Ehmann/Selmayr (Hrsg.), DS-GVO, 2. Aufl. 2018, Art. 20 DSGVO, Rn. 14; zurecht darauf hinweisend, dass aber für die Profildaten in Sozialen Netzwerken oder die Bestandsdaten i.S.v. § 14 TMG das Betreffen „regelmäßig" vorliegt: *T. Herbst,* in: Kühling/Buchner (Hrsg.), Datenschutz-Grundverordnung/BDSG, 3. Aufl. 2020, Art. 20, Rn. 9; getrennt werden muss hier aber zwischen der Information, dass das Datum vom Betroffenen bereitgestellt wurde, die ihn betreffen kann und dem bereitgestellten Inhalt selbst, der ihn nur durch das Bereitstellen nicht notwendigerweise auch betrifft.

ii. Verknüpfung zum Betroffenen

Zumindest griffiger als die Feststellung, dass für das Betreffen ein „Bezug“ vorliegen müsse, erscheint die Forderung, dass ein für ein Big-Data-System Verantwortlicher durch Datenverknüpfungen einen Bezug zum Betroffenen herstellen können müsse.[349] Denn damit wird an den angedachten Regelanwendungsfall der sozialen Netzwerke angeknüpft und ein zumindest abstrakt technischer Maßstab vorgegeben. Teils wird aber auch vertreten, dass das Recht auf Datenportabilität nicht bestünde, wenn in einem Big-Data-System vorhandene Daten mangels zusätzlicher Datenverknüpfung noch gar nicht personenbezogen seien.[350] An diesem Ansatz ist aber schon fraglich, ob tatsächlich nach dem weiten Verständnis des Personenbezugs[351] kein solcher bestehen soll, wenn er sogar durch den Verantwortlichen selbst theoretisch hergestellt werden kann. Nach herrschender Meinung kann der Personenbezug bei Zuhilfenahme von mit verhältnismäßigem Aufwand einsetzbarem externem Zusatzwissen schon bei Identifizierbarkeit mithilfe Dritter gegeben sein. Der Personenbezug wird daher erst Recht zu bejahen sein, wenn schon mit den internen Mitteln des Verantwortlichen der Personenbezug mit nicht unverhältnismäßigem Aufwand hergestellt werden kann. Im Rahmen der Behandlung der Datenportabilität verhält sich diese Arbeit allerdings ausdrücklich nicht abschließend zur Frage, ob im Rahmen von Big-Data-Systemen unstrukturiert erhobene Daten einen Personenbezug aufweisen oder nicht, dies muss im Einzelfall bestimmt werden. Doch selbst wenn man keinen bereits bestehenden Personenbezug annimmt, wenn also Daten im Rahmen von Big-Data-Systemen tatsächlich anonym verarbeitet würden, knüpft auch dieser Ansatz zur Bestimmung des Betreffens wie auch das Abstellen darauf, ob es sich um „Datensätze ohne Informationen über die betroffene Person“ handle[352], an nichts anderes als den Personenbezug an. Das Recht auf Datenportabilität verpflichtet grundsätzlich nicht dazu, einen Personenbezug gezielt nur zur Erfüllung der Voraussetzungen des Art. 20 DSGVO zu schaffen[353] und erschöpft sich in der Klarstellung der

---

349 So *A. Dix,* in: Simitis u. a. (Hrsg.), Datenschutzrecht, 2019, Art. 20 DSGVO, Rn. 6.

350 *C. Werkmeister/E. Brandt*, Datenschutzrechtliche Herausforderungen für Big Data, CR, 2016, S. 233, 237; dahingehend wohl auch zu verstehen: *H. Schweitzer/M. Peitz*, Ein neuer europäischer Ordnungsrahmen für Datenmärkte?, NJW, 2018, S. 275, 279.

351 Vgl. nur *P. Gola,* Datenschutz-Grundverordnung, 2. Aufl. 2018, Art. 2 DSGVO, Rn. 17 ff. m.w.N.

352 *T. Herbst,* in: Kühling/Buchner (Hrsg.), Datenschutz-Grundverordnung/BDSG, 3. Aufl. 2020, Art. 20, Rn. 9.

353 Vgl. aber zur oftmals auftretenden faktischen Strukturierungspflicht: III.3.d.cc.

Personenbezugsprüfung.[354]

iii. Unvereinbarkeit mit dem traditionellen Verständnis des Rechts auf informationelle Selbstbestimmung

Gleichzeitig kommt an dieser Stelle erneut zum Ausdruck, dass Art. 20 DSGVO sich nur sehr schwer in eine datenschutzrechtliche Zweckrichtung im Sinne des traditionellen Rechts auf informationelle Selbstbestimmung mit dem Dogma einer möglichst zu verhindernden Datenverarbeitung lenken lässt.

Denn angesichts des weiten Begriffs der personenbezogenen Daten, der in Art. 20 DSGVO keine Einschränkung erfährt, ist zumindest davon auszugehen, dass auch bisher unstrukturierte Daten bei Big-Data-Verantwortlichen größtenteils mit den dem Verantwortlichen zur Verfügung stehenden Mitteln einer bestimmten Person zuordenbar sind. Diese sind damit personenbezogen im Sinne des Art. 4 Nr. 1 DSGVO und damit wiederum von eventuellen Ansprüchen nach Art. 20 DSGVO umfasst. Zur Erfüllung dieser Ansprüche müssen sie also in inhaltliche Kategorien strukturiert[355] und einem bestimmten Betroffenen zugeordnet werden. Ansonsten kann die Frage des Betreffens eines bestimmen Betroffenen nicht entschieden werden. Zwar muss der Personenbezug gerade zum anspruchsstellenden Betroffenen grundsätzlich bei allen Betroffenenrechten geprüft werden, bevor die entsprechende erfüllende Handlung bezüglich irgendwelcher Daten (Auskunft, Löschung, etc.) vorgenommen wird. Doch nur die Datenportabilität, deren Anliegen die schnelle und gerade technisch nahtlose Datenübertragung ist, wie die Formatanforderungen zeigen[356], setzt eine schnelle Abrufbarkeit strukturierter Datensätze voraus, wenn die Zwecke einer Bekämpfung von Lock-In-Effekten und der Wettbewerbsförderung erreicht werden wollen.

---

354 Vgl. erneut *H.-G. Kamann/M. Braun,* in: Ehmann/Selmayr (Hrsg.), DS-GVO, 2. Aufl. 2018, Art. 20 DSGVO, Rn. 14; interessant in diesem Zusammenhang auch *S. Brüggemann,* in: Taeger (Hrsg.), Recht 4.0 – Innovationen aus den rechtswissenschaftlichen Laboren, 2017, Das Recht auf Datenportabilität, S. 1, 7, der im Zusammenhang mit der Frage nach dem Einbeziehen von Daten Dritter schon gar nicht mehr danach fragt, ob ein Betreffen neben dem Personenbezug vorliegt, indem er feststellt, dass Daten mit Drittbezug (dazu sogleich) erfasst seien, weil „das Verhältnis zum Dritten an sich auch eine Information über die betroffene Person" darstelle.

355 Gemeint ist hier nicht die Strukturiertheit des Übertragungsformats, die ohnehin eine separate Voraussetzung der Datenportabilität nach Art. 20 DSGVO ist, sondern eine Strukturierung der Daten selbst in bestimmte (inhaltliche) Kategorien.

356 Vgl. dazu III.3.f.

Dies wiederum stellt grundsätzlich einen Eingriff in das Datenschutzgrundrecht dar, weil dadurch die über den Betroffenen gespeicherten Daten einfacher nachvollziehbar weiterverarbeitet werden können.[357] Wegen der aus praktischen Gründen angezeigten Strukturierung[358] bei den meisten Fällen einer Datenverarbeitung bei Annahme des weiten Personenbezugsbegriffs[359] widerspricht die aktuelle Ausgestaltung der Datenportabilität in Art. 20 DSGVO dadurch letztlich einer traditionell datenschutzrechtlichen Einordnung. Selbst wenn man angesichts des Kontrollelements eine klassisch herrschaftsrechtliche Einordnung wie gezeigt bei abstrakter Betrachtung vornehmen könnte, sprechen die Anforderungen an die Datenminimierung (vgl. Art. 5 Abs. 1 lit. c DSGVO) gegen eine Vereinbarkeit. Das untermauert weiter die Annahme der vordergründig wettbewerbsrechtlichen Zielsetzung: Wettbewerbsrechtliche Ziele im Sinne einer leichteren Verschiebbarkeit von Daten und damit einer Erhöhung des wettbewerblichen Drucks mit potentiell verbundener Innovationsförderung werden durch diese Strukturierung gefördert.

Generell zeigt sich nicht nur bei der Datenportabilität, dass mit der Beschleunigung der Datenverarbeitung als gesellschaftliche Entwicklung das traditionelle Datenschutzverständnis zu paradoxen Ergebnissen führt: Dem Versuch einerseits, den Betroffenen durch sehr umfangreiche, aber nur noch durch strukturierte und nachvollziehbare Datensätze realistischerweise umzusetzende Betroffenenrechte beim Schutz seiner Datenschutzrechte zu unterstützen, steht andererseits das nicht minder umfangreiche Verständnis der von diesen Rechten umfassten personenbezogenen Daten gegenüber, dessen Weite wiederum ebenfalls dem Schutz des Betroffenen dienen soll. Wenn also zum Schutz immer weiterer Daten immer strengere, realistischerweise eine Strukturierung

---

357 Vgl. zu dieser Abwägung mit dem Prinzip der Datensparsamkeit bereits II.2.b.dd.

358 Von einem gewissen Strukturierungszwang ausgehend, aber diesen vor allem dazu notwendig sehend, um Daten, die nicht ausschließlich den Betroffenen betreffen (vgl. dazu III.3.d.dd), auszusortieren: *P. DeHert/V. Papakonstantinou/G. Malgieri/L. Beslay/I. Sanchez*, The right to data portability in the GDPR: Towards user-centric interoperability of digital services, Computer Law & Security Review, 2018, S. 193, 198; eher beiläufig darauf hinweisend, dass es nicht das Format, sondern eigentlich die Daten seien, die strukturiert werden müssten: *S. Elfering*, Unlocking the Right to Data Portability, 2019, S. 21.

359 Vgl. dazu: EuGH EuZW 2016, 609 – *Breyer*; zudem *C. Werkmeister/E. Brandt*, Datenschutzrechtliche Herausforderungen für Big Data, CR, 2016, S. 233, 234; *H. Schweitzer/M. Peitz*, Ein neuer europäischer Ordnungsrahmen für Datenmärkte?, NJW, 2018, S. 275, 278.

erfordernde Betroffenenrechte eingeräumt werden, so ergibt sich ein Bild widersprüchlich erscheinender Ansätze, solange man primär dem traditionellen Prinzip der möglichst weitreichenden Minimierung personenbezogener Datenverarbeitungsvorgänge folgt.

bb. Kein „stärkerer" Personenbezug erforderlich

Zwar wäre es möglich, dem Merkmal des Betreffens – von der praktisch aufgestellten Strukturierungspflicht abgesehenen – eine über den Personenbezug hinausgehende tatbestandliche Bedeutung zu verleihen, indem weitere inhaltliche Anforderungen vermittelt durch das Wort „betreffen" gestellt würden. Das könnte wiederum die faktischen Strukturierungspflichten in Quantität und Qualität eingrenzen. Allerdings ist dies wegen des wettbewerbsregulatorischen Zwecks des Art. 20 DSGVO nicht geboten.

Der Wortlaut in der deutschen Fassung ist offen, weil mit „betreffen" das korrespondierende Verb zu „betroffene Person" verwendet wird. Jedoch ist dies nicht in allen Sprachfassungen der DSGVO der Fall[360]; ein Gleichlauf ist damit nicht zwingend. Die Auslegung könnte man daher danach treffen, welches Verständnis vom Betreffen am ehesten den von Art. 20 DSGVO verfolgten Zwecken entspricht.[361] Man könnte das Betreffen so auslegen, dass es alle Daten ausschließen soll, die zwar Personenbezug beim ersten Verantwortlichen haben können, aber für die Nutzung des Angebots eines anderen Verantwortlichen nicht

---

360 Vgl. zu den unterschiedlichen Wortlauten beispielhaft etwa die englische Fassung von Art. 20 DSGVO: *„data subject"* und *„concerning"* bzw. *„relating"* in Art. 4 Nr. 1 oder auch die sprachfamilienbezogen der deutschen Fassung nähere schwedische/dänische Fassung: *„registrerad"/registrerede"* und *„rör"*(berühren)/ *„om sig self"* (über sich selbst), in denen jeweils nicht die gleichen Wörter für „betreffen" und „betroffene Person" verwendet werden; zur Bedeutung von Sprachfamilien bei der Auslegung: *F. Müller/R. Christensen*, Juristische Methodik – Band II: Europarecht, 3. Aufl., 2012, S. 257 Rn. 317.

361 Zur Auslegung nach dem Zweck der Regelung bei abweichendem Wortlaut der Sprachfassungen: *F. Müller/R. Christensen*, Juristische Methodik – Band II: Europarecht, 3. Aufl., 2012, Abschnitt 21, S. 27 ff., besonders etwa S. 51, Rn. 42, wo festgestellt wird, dass „eine Einzelsprache im Hinblick auf Art. 55 EUV nie Determinationsinstanz für die Fixierung der gesamten Bedeutung werden" könne, sondern nur als „Überprüfungsinstanz von großer Wichtigkeit" sei, auf Mehrheitsverhältnisse bei der Verwendung bestimmter Worte unter den Sprachfassungen kommt es dabei nicht an, vgl. S. 30, Rn. 14.

relevant sind, also letztlich einen engeren Personenbezugsbegriff erschaffen und einen „stärkeren“ Personenbezug fordern.

Das ist aber vor dem auch regulatorischen Datenschutzverständnis problematisch. Durch das Erfordernis der Bestimmung, welche Daten auch bei einem neuen Verantwortlichen relevant sind, ist keine abstrakte, nicht sektorbezogene Vorgabe möglich. Gerade der Gedanke der Offenheit und Innovationskraft würde durch die Beschränkung auf bei bestehenden Diensten relevante Daten erheblich beschränkt. Die Entwicklung ergänzender oder erweiternder Dienste, die womöglich andere Daten benötigen als der des ersten Verantwortlichen, würde damit weit weniger gefördert. Eine derartige Eingrenzung ist zudem problematisch, weil zwar theoretisch vor dem wettbewerbsrechtlichen Zweck eine erhöhte bzw. schnellere Verkehrsfähigkeit durch Reduktion nur auf relevante Daten erhalten und gerechtfertigt werden könnte. Eine solche Aussonderung würde allerdings für die Verantwortlichen einen erheblichen wirtschaftlichen Aufwand bedeuten.[362] Es müsste eine intensive, noch über die bloße Strukturierung zur Zuordnung zu einer bestimmten Person hinausgehende inhaltliche Auswertung[363] mit Bewertung der (inhaltlichen) Relevanz einzelner Daten stattfinden. All dies würde aus wettbewerblicher Sicht einen hohen wirtschaftlichen Aufwand bedeuten, der eine Übertragung hindern könnte. Parallel würde es auch aus abwehrrechtlicher Sicht bei Annahme einer herrschaftsrechtlich-datenschutzrechtlichen Zielsetzung für sich selbst einen schwereren Eingriff in angenommene persönlichkeitsrechtliche Elemente der datenschutzrechtlichen Grundrechtspositionen darstellen als die bloße Strukturierung nach dem

---

362 Vgl. zur schon rechtstheoretische schweren Abgrenzung hinsichtlich der Frage eines ausschließlichen oder eines Auch-Bezugs: *K. v. Lewinski,* in: Wolff/Brink (Hrsg.), BeckOK Datenschutzrecht, 34. Ed. 2020, Art. 20 DSGVO, Rn. 32, es sei „abwägungshaft [der] Schwerpunkt maßgeblich“; *D. Schätzle*, Ein Recht auf die Fahrzeugdaten, PinG, 2016, S. 71, 74; vgl. auch zu dieser Abgrenzung ausführlich zur alten Rechtslage: *U. Dammann,* in: Simitis (Hrsg.), Bundesdatenschutzgesetz, 8. Aufl. 2014, § 3 BDSG a.F., § 3 BDSG a.F., Rn. 41–56a; auf die Schwierigkeit der Abgrenzung ebenfalls hinweisend: *W. Li*, A Tale of Two Rights, IDPL, 2018, S. 309, 314.

363 Vgl. etwa den Hinweis auf „Ordnungs- und Ausleseprozesse“, die Big-Data-Verantwortliche schaffen müssten bei *C. Werkmeister/E. Brandt*, Datenschutzrechtliche Herausforderungen für Big Data, CR, 2016, S. 233, 237; oder auch *P. DeHert/V. Papakonstantinou/G. Malgieri/L. Beslay/I. Sanchez,* The right to data portability in the GDPR: Towards user-centric interoperability of digital services, Computer Law & Security Review, 2018, S. 193, 198, die die Verwendung von „*data trackers, personal data identifiers, etc.*“ durch Verantwortliche in Aussicht stellen.

Personenbezug.[364] Hinsichtlich des wettbewerbsrechtlichen Zwecks würde schon der faktische Zwang zur Strukturierung mangels quantitativer oder qualitativer Schwellen der erfassten Datenverarbeitungsvorgänge auch sämtliche Verantwortlichen faktisch zu dieser qualifizierten Strukturierung verpflichten und damit einen zusätzlichen Aufwand bedeuten. Die Forderung einer noch darüber hinausgehenden inhaltlichen Kategorisierung nach Datenrelevanz würde einen erheblich größeren Aufwand bedeuten. Dies wäre nur theoretisch, unter alleiniger Betrachtung des Ergebnisses eines verschlankten zu übertragenden Datenbestandes sinnvoll, nicht aber unter Einbeziehung auch des potentiell übertragungshemmenden Prozesses zur Zusammenstellung des zu übertragenden Datenbestandes. Nach beiden Sichtweisen wäre diese einschränkende Auslegung des Betreffens noch schwerer zu rechtfertigen als die Personenbezugsstrukturierung.

Vermittelt durch das Betreffensmerkmal sind daher nicht zusätzliche Prüfungen einer besonderen Diensterelevanz zu fordern, sondern es ist lediglich als Klarstellung zu verstehen, dass der Personenbezug der zu übertragenden Daten auch zum Anspruchssteller bestehen muss.

Dem widerspricht auch nicht die Tatsache, dass der Zusatz des Betreffens erst im Ratsentwurf eingefügt wurde[365]: Dies ist nicht als Anwendungsbereichseinschränkung durch einen schärferen Personenbezug zu verstehen. Die Einfügung geschah unter anderem aufgrund des Einwandes Deutschlands, dass in „*multi-data-subject* Situationen“ das Recht auf Datenportabilität sonst nicht angewandt werden könne[366]. Mit dem Ratsentwurf wurde neben dem Merkmal des Betreffens aber zugleich der Vorgänger des heutigen Art. 20 Abs. 4 DSGVO eingefügt[367], der auch die Rechte und Freiheiten anderer Personen als des antragsstellenden Betroffenen schützen soll[368]. Aufgrund dieses Kontexts ist das

---

364 Vgl. etwa die Ausführungen von *E. Durmus*, Das Recht auf Datenübertragbarkeit, RDV, 2018, S. 80, 84, der für den Fall Sozialer Netzwerke als Lösung zur Aussonderung von Daten mit Drittbezug etwa automatische Gesichtserkennung (wobei damit nicht das bloße Erkennen, ob überhaupt ein Gesicht auf einem Bild zu sehen ist, gemeint sein kann: Dann würden auch solche Aufnahmen ausgeschlossen, die nur den Betroffenen abbilden) oder Suchvorgänge „durch Algorithmen“ fordert.

365 Vgl. erneut Fn. 281; sowie Europäischer Rat, 9565/15 – Vorbereitung einer allgemeinen Ausrichtung, 11.06.2015, und die Synopse der Entwurfsfassungen im Anhang (VI.), sowie: BayLDA, Trilog – Synopse der DS-GVO.

366 Europäischer Rat, 15395/14, 2014, S. 108, Fn. 187; auch *W. Veil*, in: Gierschmann u. a. (Hrsg.), Kommentar Datenschutz-Grundverordnung, 2018, Art. 20 DSGVO, Rn. 88.

367 die Synopse im Anhang (VI.), sowie: BayLDA, Trilog – Synopse der DS-GVO.

368 Vgl. dazu III.6.c.bb.

Einfügen durch den Rat dahingehend zu verstehen, dass nicht mit dem Betreffen die wesentlichen Rechtsüberschneidungspotentiale in „*multi-data-subject* Situationen“ gelöst werden sollten, sondern dies anhand von Art. 20 Abs. 4 DSGVO (bzw. seinen Entsprechungen in den jeweiligen DSGVO-E) geschehen soll. Mit dem Betreffen sollten damals keine qualitativen Anforderungen im Sinne einer Verschärfung der Anforderungen an den Personenbezug aufgestellt werden, sondern lediglich an den Kreis der Personen, zu denen dieser Personenbezug bestehen muss.[369]

cc. Auswirkungen einer faktischen Strukturierungspflicht

Aufgrund der Ablehnung eines „stärkeren“ Personenbezugs besteht zur Umsetzung der Datenportabilität eine faktische Strukturierungspflicht, wenn eine Person mit verhältnismäßigem Aufwand identifiziert werden kann, also nach momentanem Verständnis ein Personenbezug vorliegt. Dies zeigt, dass aus der Identifizierbarkeit im Sinne des Art. 4 Nr. 1 DSGVO durch diese Anforderungen in vielen Fällen eine faktische Pflicht zur Herstellung des Zustands der Identifiziertheit eintritt.[370] Angesichts des vorherrschenden weiten Verständnisses des Personenbezugsbegriffs und der gleichzeitig fehlenden tragfähigen Begründbarkeit einer über das Betreffen vermittelten Einschränkung der Daten wäre eine gesetzgeberseitige Konkretisierung begrüßenswert. Diese könnte erkennen lassen, inwieweit man sich dieser Folgen bewusst war, dieses Ergebnis mit Art. 20 DSGVO erreichen wollte und inwieweit durch die Regelung eine Strukturierung vorgesehen war, die sich mittelbar aus der Norm ergibt, wenn die Portabilität effektiv erreicht werden soll.

Vor der wettbewerbsrechtlichen Zweckrichtung des Rechts auf Datenportabilität und der verfolgten Innovationsförderung auch hinsichtlich ergänzender oder erweiternder Dienste lässt sich feststellen, dass eine Strukturierung – erneut wegen des verbundenen geringeren Aufwandes im Gegensatz zur inhaltlichen Bewertung nach Relevanz – einer schnelleren Verschiebbarkeit von Daten zwischen einzelnen Wettbewerbern förderlich wäre.[371] Die Ausführungen im

---

369 Zur Bestimmung dieses Kreises sogleich II.3.d.dd.).

370 Vgl. in diesem Zusammenhang auch die Ausführungen zu den technischen Notwendigkeiten einer Datenkategorisierung unter IV.2.a.ee.

371 Vgl. auch, allerdings weiter auf die „*interconnection*“ zwischen verschiedenen digitalen Services bezogen: *P. DeHert/V. Papakonstantinou/G. Malgieri/L. Beslay/I. Sanchez*, The right to data portability in the GDPR: Towards user-centric interoperability of digital services, Computer Law & Security Review, 2018, S. 193, 202; zu den Vorteilen der Datenportabilität bei Big Data Diensten vgl. auch: Artikel-29-Datenschutzgruppe,

Gesetzgebungsprozess beschäftigen sich nicht ausdrücklich mit dieser faktischen Dimension des Betreffens. Doch muss davon ausgegangen werden, dass dem Gesetzgeber die Tragweite der fehlenden Einschränkung, etwa auf Daten mit einem spezifizierten Grad an Identifiziertheit, bewusst war und der damit verbundene Eingriff in das Datenschutzgrundrecht gewollt und vor dem Zweck der Wettbewerbsförderung als zur Innovationsförderung durch leichtere Datenverschiebbarkeit gerechtfertigt angesehen wurde. Für eine Nachschärfung des Anwendungsbereichs über ein modifiziertes Betreffensmerkmal oder ein zusätzliches Merkmal zur Eingrenzung und Verhinderung einer faktischen Strukturierungspflicht ließen sich allerdings nicht unerhebliche Argumente finden. Das gilt vor allem, weil die faktische Strukturierungspflicht eine starke Belastung bedeuten kann: Auf der einen Seite gilt das für kleine und mittlere Unternehmen wegen der wohl oftmals fehlenden (IT-)Ressourcen für derartig systematische Maßnahmen, auf der anderen Seite aber ebenso für große Unternehmen wegen der dort anfallenden Masse an erfassten Datenverarbeitungen.[372]

Gleichzeitig ist zu beachten, dass die Strukturierungspflicht einen beschränkten zusätzlichen Aufwand neben der Bestimmung des Bereitstellens[373] bedeutet. Einerseits gelten auch die übrigen Betroffenenrechte grundsätzlich nur bezüglich Daten, die einen Personenbezug gerade zum anspruchsstellenden Betroffenen aufweisen, gleichwohl dort aufgrund des geringeren Bezugs zu elektronischer und schneller Übertragung die Zwänge geringer sind. Andererseits wird es oftmals nur wenige Fälle von Daten geben, die vom Betroffenen bereitgestellt wurden, aber nicht zugleich zumindest auch einen Bezug zu ihm aufweisen: Meist dürften das nur Daten sein, die der Betroffene über eine andere Person bereitstellt. Selbst in diesem Fall wäre aber der Umstand, dass der Betroffene dieses Datum über eine andere Person bereitgestellt hat, nach

WP 203, 02.04.2013, S. 47, wo die Datenportabilität auf diesem Gebiet als potentiell für Transparenz und mehr Gleichgewicht zwischen den Betroffenen und den Verantwortlichen sorgend angesehen wird.

372 Vgl. auch die Ausführungen zu potentiellen Datenbankrechten an derartig strukturierten Sammlungen personenbezogener Daten, die sodann im Rahmen von Art. 20 Abs. 4 DSGVO eine Rolle spielen können: *S. Elfering*, Unlocking the Right to Data Portability, 2019, S. 33 ff., 44 f., sowie unten zum Behinderungsverbot: III.4.a.; zudem kritisch zum durch das Recht auf Datenportabilität entstehenden Aufwand für kleine und mittlere Unternehmen, allerdings nicht auf eine Strukturierung bezogen, sondern sehr allgemein: *M. Munz*, in: Taeger/Gabel (Hrsg.), DSGVO – BDSG, 3. Aufl. 2019, Art. 20 DSGVO, Rn. 6.

373 Zur Bereitstellung III.3.e.

dem sehr weiten Personenbezugsverständnis ein ihn betreffendes, personenbezogenes Datum. Dieser rein praktische Gedanke unterstreicht also erneut die Funktion des Betreffens als tatbestandlich bloße Klarstellung und zeigt auf, dass eine Strukturierung aktuell nur mittelbar im Zusammenspiel mit den anderen Voraussetzungen des Art. 20 DSGVO erwirkt wird.

dd. Kein Erfordernis des Personenbezugs ausschließlich zum Betroffenen

Teils wird vertreten, dass durch das inhaltlich auf die Daten bezogene Merkmal des Betreffens keine qualitativ strengeren Anforderungen an den Personenbezug, sondern personell beschränkende Anforderungen aufzustellen seien. Mittels des Betreffens seien nur diejenigen Daten erfasst, bei denen der Personenbezug ausschließlich zum Betroffenen/Anspruchssteller vorliege; Daten seien nicht erfasst, wenn ein Personenbezug auch zu Dritten vorliege.[374] Dies

374 Den Ausschluss von „Daten Dritter" sehen *T. Jülicher/C. Röttgen/M. v. Schönfeld*, Das Recht auf Datenübertragbarkeit, ZD, 2016, S. 358, 359 ohne weitere Begründung als „richtigerweise dem informationellen Selbstbestimmungsrecht Dritter Rechnung" tragend an. Sodann werden aber die Folgen dessen für in sozialen Netzwerken vorhandene Daten nur unter der Einschränkung „falls" (nur selbstreferenzielle Daten erfasst seien) als erhebliche Wirksamkeitsminderung bezeichnet. Dabei wird aber nicht nur nicht eindeutig klar, ob eine Wirksamkeitsminderung tatsächlich angenommen wird, sondern auch nicht, ob in den Ausführungen nur Bezug auf Daten, die ausschließlich Dritte betreffen (wofür die Wortwahl „Daten Dritter" spricht) oder solche die auch Dritte betreffen. Letzterem Verständnis von der zitierten Stelle folgt *B. P. Paal*, in: Paal/Pauly (Hrsg.), Datenschutz-Grundverordnung, Bundesdatenschutzgesetz, 2. Aufl. 2018, Art. 20 DSGVO, Rn. 17. Ebenfalls nicht eindeutig weist *W. Veil*, in: Gierschmann u. a. (Hrsg.), Kommentar Datenschutz-Grundverordnung, 2018, Art. 20 DSGVO, Rn. 88, auf die Behandlung der „*multi-data-subject*-Situationen" während der Ratsverhandlungen und die darauf erfolgende Einfügung von „die sie betreffenden" hin und deutet so eher eine Ablehnung des Einbeziehens von Daten mit Bezug auch zu Dritten an. In die Richtung eines Ausschlusses geht wohl auch *N. Härting*, Datenschutz-Grundverordnung, 2016, Rn. 732; zudem auch *P. DeHert/V. Papakonstantinou/G. Malgieri/L. Beslay/I. Sanchez*, The right to data portability in the GDPR: Towards user-centric interoperability of digital services, Computer Law & Security Review, 2018, S. 193, 196, 198, die ausdrücklich davon sprechen, Art. 20 DSGVO solle so ausgelegt werden, dass nur Daten erfasst sein sollten, die „*exclusively*" den Antragssteller betreffen. Dies solle die Verantwortlichen dazu ermutigen, die Daten separat zu sammeln und zu verarbeiten – gleichwohl wird von diesen ausdrücklich auf die weniger strenge Auslegung durch die Artikel-29-Datenschutzgruppe, WP 242 rev.01, 13.12.2016/05.04.2017, S. 11, hingewiesen, die nur auf die

würde den beschriebenen Umstand der faktischen Strukturierungspflicht zwar nicht in qualitativer, aber in personeller Hinsicht beschränken und im Ergebnis dem Betreffen eine eigenständige unmittelbare Bedeutung gegenüber dem generellen Vorliegen eines Personenbezugs der fraglichen Daten geben. Auch diese Einschränkung ist aber abzulehnen, was sich im Wesentlichen aus Art. 20 Abs. 4 DSGVO ergibt. Jedoch wird am folgend erläuterten Zusammenspiel des Betreffensmerkmals mit eben jenem Abs. 4 eine notwendige zweistufige Prüfung bei der inhaltlichen Bestimmung des zu übermittelnden Datensatzes deutlich.

i. Existenz des Art. 20 Abs. 4 DSGVO – Daten mit Auch-Bezug

Der Ausschluss von Daten mit Bezug auch zu anderen Personen als dem Betroffenen ist schon wegen der Existenz des gerade auch diese Situationen behandelnden Art. 20 Abs. 4 DSGVO abzulehnen[375]. Unter den Begriff des Betreffens

---

Beeinträchtigung der Rechte und Freiheiten Dritter abstellt. Wie auch hier vertreten sucht die Artikel-29-Dateschutzgruppe die Lösung eher über Abs. 4, jedenfalls werden nicht alle Daten mit Bezug auch zu Dritten per se ausgeschlossen. Zumindest kritisch gegenüber dem Einbezug von Daten mit Bezug zu Dritten bleibt Facebook, Data Portability and Privacy, 2019, S. 14 ff.

375 Zurecht und wohl hM: *A. Dix,* in: Simitis u. a. (Hrsg.), Datenschutzrecht, 2019, Art. 20 DSGVO, Rn. 6, der auch weitere Ausführungen zum Umgang der Daten durch den zweiten Verantwortlichen trifft, die aber wohl nicht wegen des Betreffens, sondern wegen Abs. 4 als geboten angesehen werden; *T. Herbst,* in: Kühling/Buchner (Hrsg.), Datenschutz-Grundverordnung/BDSG, 3. Aufl. 2020, Art. 20, Rn. 10; *H.-G. Kamann/ M. Braun,* in: Ehmann/Selmayr (Hrsg.), DS-GVO, 2. Aufl. 2018, Art. 20 DSGVO, Rn. 15; *K. v. Lewinski,* in: Wolff/Brink (Hrsg.), BeckOK Datenschutzrecht, 34. Ed. 2020, Art. 20 DSGVO, Rn. 32; *B. P. Paal,* in: Paal/Pauly (Hrsg.), Datenschutz-Grundverordnung, Bundesdatenschutzgesetz, 2. Aufl. 2018, Art. 20 DSGVO, Rn. 17; im Ergebnis auch zustimmend: *K. Schürmann,* in: Eßer u. a. (Hrsg.), Auernhammer – DSGVO/BDSG, 6. Aufl. 2018, Art. 20 DSGVO, Rn. 42; zudem: *P. Krause,* Datenportabilität, PinG, 2018, S. 239, 240; *E. Skobel,* Alle Daten kommen mit, PinG, 2018, S. 160, 163; *S. Brüggemann,* in: Taeger (Hrsg.), Recht 4.0 – Innovationen aus den rechtswissenschaftlichen Laboren, 2017, Das Recht auf Datenportabilität, S. 1, 7; Artikel-29-Datenschutzgruppe, WP 242 rev.01, 13.12.2016/05.04.2017, S. 11, die die Formulierung „nicht zu restriktiv auslegen" will, S. 10; dies mit dem Hinweis darauf, dass in Abs. 4 „die Krux" stecke, wohl auch annehmend: *F. Remmertz,* Aktuelle Entwicklungen im Social Media-Recht, MMR, 2018, S. 507; ebenfalls in diese Richtung argumentiert das inhaltlich an Art. 20 DSGVO angelehnte Gesetzesvorhaben Singapore Personal Data Protection Commission, Public Conusltation on Review of the Personal Data Protection Act 2012 – Proposed Data Portability and Data Innovation Provisions, 22.05.2019, S. 11.

fallen auch Daten, die nicht ausschließlich die betroffene Person, sondern neben dem Betroffenen auch Dritte betreffen.

Wird teils im Zusammenhang mit dem Merkmal des Betreffens von „eigenen personenbezogenen Daten“[376] oder von den „personenbezogenen Daten des Anspruchsstellers“[377] oder auch den „Daten Dritter“[378] gesprochen, ist diese Begriffswahl daher zumindest nicht eindeutig. Für die Einbeziehung von Daten, die auch Dritte „betreffen“ – also Daten, die auch zu Dritten einen Personenbezug aufweisen (oft als „Auch-Bezug“ bezeichnet) – spricht der ansonsten vielfach deutlich beschränkte Anwendungsbereich[379] von Art. 20 DSGVO. Nicht aus sich heraus endgültig überzeugend ist die Argumentation, derer nach in sozialen Netzwerken regelmäßigen mehrere Personen betroffen seien und somit Daten mit Bezug auch zu Dritten erfasst werden müssten[380]. Denn die Bezugnahme auf Soziale Netzwerke oder auch nur Internetdienstleistungen in

376 *M. Rudolph,* in: Schwartmann u. a. (Hrsg.), DS-GVO/BDSG, 2018, Art. 20 DSGVO, Rn. 41.

377 *K. v. Lewinski,* in: Wolff/Brink (Hrsg.), BeckOK Datenschutzrecht, 34. Ed. 2020, Art. 20 DSGVO, Rn. 32.

378 *K. Schürmann,* in: Eßer u. a. (Hrsg.), Auernhammer – DSGVO/BDSG, 6. Aufl. 2018, Art. 20 DSGVO, Rn. 41, in Rn. 40 auch von „ihren [der betroffenen Person] Daten“ sprechend.

379 Vgl. zu diesem Ergebnis eines Leerlaufs auch: *H.-G. Kamann/M. Braun,* in: Ehmann/Selmayr (Hrsg.), DS-GVO, 2. Aufl. 2018, Art. 20 DSGVO, Rn. 15; *K. Schürmann,* in: Eßer u. a. (Hrsg.), Auernhammer – DSGVO/BDSG, 6. Aufl. 2018, Art. 20 DSGVO, Rn. 42; *W. Li,* A Tale of Two Rights, IDPL, 2018, S. 309, 310, 312, 314, der mehrfach bei der Behandlung der Frage des Konflikts von Art. 17 mit Art. 20 DSGVO ein Auch-Betreffen (*„multiple-linking“*) voraussetzt; *D. Schätzle,* Ein Recht auf die Fahrzeugdaten, PinG, 2016, S. 71, 74; die Problematik der Frage besonders mit Bezug zu Sozialen Netzwerken debattierend: Facebook, Data Portability and Privacy, 2019, S. 11 ff.

380 So aber *K. Schürmann,* in: Eßer u. a. (Hrsg.), Auernhammer – DSGVO/BDSG, 6. Aufl. 2018, Art. 20 DSGVO, Rn. 42, die dabei allerdings in Fn. 57 auf Fundstellen verweist, die aus der Zeit des Kommissionsvorschlags stammen, der noch einen ausdrücklichen Bezug auf soziale Netzwerke enthielt, vgl. ErwGr. 55 DSGVO-E, der Verweis auf *J. Kühling/M. Martini,* Die Datenschutz-Grundverordnung: Revolution oder Evolution im europäischen und deutschen Datenschutzrecht?, EuZW, 2016, S. 448, 450 bezieht sich zwar auf eine Fundstelle nach der Streichung, dort findet sich die Erwähnung sozialer Medien aber nur als Beispiel dafür, warum das Recht auf Datenportabilität in der Praxis „noch eine Fülle spannender Fragen […] aufwerfen“ werde.

Art. 20 DSGVO wurde vom Rat gestrichen.[381] Ebenfalls nicht vollständig überzeugend ist das Argument, man verhindere durch den Einbezug von Daten mit Drittbezug erhöhte Prüfpflichten für den das Portierungsgesuch erfüllenden ersten Verantwortlichen[382], der so nicht darüber entscheiden müsse, ob Daten wegen des auch bestehenden Drittbezugs auszusondern seien.[383] Die sich für den jeweils Prüfpflichtigen ergebenden Aufgaben bei der Entscheidung, welche Daten erfasst sind und wie diese zu übertragen sind, dürften allerdings bei in der Folge notwendigen Entscheidungen nach Art. 20 Abs. 4 DSGVO nicht weniger, sondern eher mehr Aufwand bedeuten als die Entscheidung über das Vorliegen eines Drittbezugs. Denn bei Art. 20 Abs. 4 DSGVO müsste mit dem Erfordernis der Beeinträchtigung ein weiterer unbestimmter Rechtsbegriff geprüft werden.

Überzeugend und ausschlaggebend für die Einbeziehung von Daten mit Drittbezug ist vielmehr ein Umkehrschlusses aus Art. 20 Abs. 4 DSGVO. Dieser Absatz wäre sonst oftmals überflüssig[384], wenn Daten mit Drittbezug in jedem Fall schon durch das Betreffen ausgefiltert würden. Diese Konstruktion des Zusammenspiels von Abs. 4 mit den restlichen Absätzen zeigt, dass sich der Gesetzgeber im Fall von Daten mit Drittbezug für eine grundsätzliche Erlaubnis der Portierung unter dem Vorbehalt der Einschränkung bei Beeinträchtigungen anderer Personen entschieden hat – mag dies auch die erwähnte aufwändigere Prüfung von unbestimmten Rechtsbegriffen im Einzelfall[385] in der Praxis zur Folge haben. In diese Richtung muss auch ErwGr. 68 S. 8 verstanden werden, der Sätze personenbezogener Daten voraussetzt, die „mehr als eine Person [tangieren]" und für diesen Fall nicht die Datenportabilität ausschließt, sondern

---

381 Mit jener Streichung könnte auch gerade ein Absehen von den im Internet oder Sozialen Netzwerken herrschenden Besonderheiten bei der Normauslegung als angezeigt angesehen werden; vgl. aber erneut, zugunsten einer Einschränkung auf Internetdiensteanbieter: *W. Veil,* in: Gierschmann u. a. (Hrsg.), Kommentar Datenschutz-Grundverordnung, 2018, Art. 20 DSGVO, Rn. 80 ff.

382 Zur Frage, wen generell Prüfpflichten hinsichtlich der Einhaltung der Voraussetzungen und Einschränkungen des Art. 20 DSGVO treffen, vgl. III.4.b.bb.; sowie etwa *H.-G. Kamann/M. Braun,* in: Ehmann/Selmayr (Hrsg.), DS-GVO, 2. Aufl. 2018, Art. 20 DSGVO, Rn. 15, m.w.N.

383 So aber *K. Schürmann,* in: Eßer u. a. (Hrsg.), Auernhammer – DSGVO/BDSG, 6. Aufl. 2018, Art. 20 DSGVO, Rn. 42; *H.-G. Kamann/M. Braun,* in: Ehmann/Selmayr (Hrsg.), DS-GVO, 2. Aufl. 2018, Art. 20 DSGVO, Rn. 15.

384 Zur Frage inwieweit in Art. 20 Abs. 4 DSGVO Interessen der an der Portierung beteiligten Verantwortlichen zu berücksichtigen sind, vgl. III.6.c.bb.

385 Vgl. auch *S. Elfering,* Unlocking the Right to Data Portability, 2019, S. 26.

anordnet, dass „das Recht auf Empfang der Daten die Grundrechte und Grundfreiheiten anderer betroffener Personen nach dieser Verordnung unberührt lassen" solle, was sich in Art. 20 Abs. 4 DSGVO wiederfindet.

ii. Zweistufige Prüfung

Die Erfüllung der Anforderungen des Art. 20 DSGVO setzt daher eine zweistufige Prüfung voraus. Auf der ersten Stufe hat eine Prüfung des zumindest Auch-Bezugs zum Anspruchssteller sowie der anderen Tatbestandsmerkmale wie des Bereitstellens stattzufinden. Als zweiter Schritt wird als einschränkendes Korrektiv die Beeinträchtigung von Rechten anderer Personen herangezogen, etwa derer, hinsichtlich derer ein Auch-Bezug besteht.[386]

Nach diesem Funktionsgefüge des Art. 20 DSGVO besteht gar kein Bedürfnis nach dem Ausschluss von Daten mit Bezug auch zu Dritten. Jede Portierung, bei der Interessen von Dritten verletzt würden, zu denen neben dem Betroffenen der Personenbezug besteht, wird theoretisch von Art. 20 DSGVO selbst bei Beeinträchtigung dieser Drittinteressen über Abs. 4 verhindert. Zwar mag der Ausschluss bereits auf der Ebene des Betreffens logischerweise auch diese Fälle ausschließen und als simples Totalverbot sämtliche Übertragung von auch drittbezogenen Daten sicher verhindern; damit würden aber auch Sachverhalte ausgenommen, in denen die Dritten gegebenenfalls sogar ein Interesse an einer Übertragung hätten[387]. Dagegen ermöglicht die Lösung über Art. 20 Abs. 4 DSGVO eine deutlich flexiblere und auf den Einzelfall bezogene Lösung.

---

386 Diese Aufteilung zutreffend vornehmend: *H.-G. Kamann/M. Braun,* in: Ehmann/Selmayr (Hrsg.), DS-GVO, 2. Aufl. 2018, Art. 20 DSGVO, Rn. 16 f.; *M. Munz,* in: Taeger/Gabel (Hrsg.), DSGVO – BDSG, 3. Aufl. 2019, Art. 20 DSGVO, Rn. 23; zu den Einzelheiten dieser im Rahmen des Art. 20 Abs. 4 DSGVO vorzunehmenden Abwägung wie auch zur Frage, inwieweit durch den zweiten Verantwortlichen nur derselbe Zweck bei der Verarbeitung verfolgt werden darf, vgl. III.6.c.cc.

387 Vgl. etwa das kurz angedeutete Beispiel bei *S. Elfering*, Unlocking the Right to Data Portability, 2019, S. 26: bei E-Mail- oder Bankkonten ist das Interesse des Dritten am Host bzw. der Bank des Empfängers (also bezogen auf Art. 20 DSGVO des übertragenden Betroffenen) regelmäßig eher gering; dem kann zugestimmt werden, weil in den meisten Fällen weder eine Überweisung noch der Versand einer E-Mail von der Person des Hosts oder der Bank abhängig gemacht wird.

iii. Daten mit Auch-Bezug und Bekämpfung von Lock-In-Effekten

Der Ausschluss von Daten mit Bezug auch zu Dritten würde nicht nur einem gegebenenfalls schutzwürdigen Interesse der Dritten an einer Datenübertragung, sondern auch der wettbewerbsrechtlichen Zielsetzung widersprechen.

Zwar kann eine Ausrichtung auf Soziale Netzwerke oder Internetdienste wie ausgeführt wegen der Streichung eines solchen Bezugs nicht zur einschränkenden oder erweiternden Auslegung als direktes Argument herangezogen werden. Doch muss dieses Datenverarbeitungsfeld hinsichtlich der praktischen Wirksamkeit für die Zugänglichmachung der Datenpools von Big-Data-Diensten zugunsten einer Wettbewerbsförderung durch erweiternde und ergänzende Dienste beachtet werden. Es handelt sich dabei zwar nicht um eine tatbestandliche Beachtung, aber um eine indirekte durch die typischerweise von Lock-In-Effekten betroffenen Märkte. Gerade auf Märkten für Internetdienste können vielfach verflochtene Informationen für die Wettbewerbsfähigkeit der Marktteilnehmer relevant sein. Das Recht auf Datenportabilität könnte ohne Einbeziehung von Daten mit auch Drittbezug teils trotz bestehender Lock-In-Effekte nicht in einem Umfang bestehen und angewandt werden, dass der jeweilige Markt dadurch beeinflusst werden könnte.

ee. Zwischenfazit

So selbstverständlich der Personenbezug zum Betroffenen bei den Betroffenenrechten ist, so wichtig ist bei Art. 20 DSGVO die grundsätzliche tatbestandliche Einbeziehung von Daten mit Bezug auch zu anderen Personen. Eine Beeinträchtigung von deren Rechten und Freiheiten ist über Art. 20 Abs. 4 DSGVO zu lösen. Zur schnellen Bestimmung des Betreffens ist eine Strukturierung faktisch schwer umgänglich; diese notwendige Bezugsherstellung zum Betroffenen, um Datenschutzrechte erfüllen zu können, erscheint paradox. Über die Anwendung von Art. 20 DSGVO im Einzelfall hinaus verdeutlicht sie weiter eine Abkehr des Datenschutzes vom traditionellen Gedanken der Datenminimierung. Das Recht auf Datenportabilität nach Art. 20 DSGVO erfasst durch den notwendigen Personenbezug (wie die DSGVO generell, vgl. Art. 2 Abs. 1) nicht die Übertragung von anonymen Daten, also Daten ohne Personenbezug.[388] Hingegen können

388 Das ergibt sich nicht nur aus dem Wortlaut des Art. 20 DSGVO selbst, der auf personenbezogene Daten abstellt, sondern auch daraus, dass die DSGVO insgesamt auf diese Daten auch nach Art. 2 Abs. 1 DSGVO gar nicht anwendbar ist; vgl. auch *K. v. Lewinski,* in: Wolff/Brink (Hrsg.), BeckOK Datenschutzrecht, 34. Ed. 2020,

pseudonymisierte Daten, die Personenbezug haben können[389], mangels tatbestandlichen Ausschlusses in Art. 20 DSGVO[390] oder an anderer Stelle auch vom Recht auf Datenportabilität umfasst sein. Der Ausschluss anonymer Daten kann zum Beispiel im Zusammenhang mit sog. Künstlicher Intelligenz eine Rolle spielen. Für verarbeitete anonyme Daten bietet das Datenschutzrecht insgesamt und auch DSGVO sowie die sonstige europäische Sekundärrechtslandschaft bisher keine speziellen Regelungen, sodass sich Übertragungsansprüche bisher nur etwa aus dem Kartellrecht oder anderen Rechtsgebieten ergeben könnten.

e. Bereitstellung

Die Bereitstellung ist ein zentrales und gleichzeitig das neben den Formatanforderungen wohl umstrittenste Element des Art. 20 DSGVO. Dabei handelt es sich erneut um ein Merkmal, das sich mit traditionell herrschaftsrechtlich-datenschutzrechtlicher Sichtweise kaum greifbar machen lässt, sondern klar den wettbewerblichen Bezug des Art. 20 DSGVO zeigt. Die Bereitstellung nimmt unter den Tatbestandsvoraussetzungen des Rechts auf Datenportabilität eine bedeutende Stellung ein, weil in besonderer Weise Bezug auf den Gedanken der Mitnahme von personenbezogenen Daten von einem Anbieter zu einem anderen genommen wird. Zudem unterscheidet das Merkmal des Bereitstellens das Recht auf Datenportabilität von anderen Betroffenenrechten, da es einen Beitrag (das „Bereitstellen“) des Betroffenen erfordert, der dazu geführt hat, dass die Daten zur Verarbeitung beim ersten Verantwortlichen überhaupt vorhanden sind. Die Frage welcher Art dieses Beitrags hinsichtlich des im Einzelfall zu übertragenden Datums sein muss, um ihn als Bereitstellungshandlung qualifizieren zu können, ist Gegenstand dieses Abschnitts. Diese Handlung wird mit dem Begriffspaar der primären und sekundären Daten anhand technischer

---

Art. 20 DSGVO, Rn. 31; *S. Elfering*, Unlocking the Right to Data Portability, 2019, S. 26; Artikel-29-Datenschutzgruppe, WP 242 rev.01, 13.12.2016/05.04.2017, S. 10.

389 Vgl. nur *M. Klar/J. Kühling*, in: Kühling/Buchner (Hrsg.), Datenschutz-Grundverordnung/BDSG, 3. Aufl. 2020, Art. 4 DSGVO, Rn. 11 f.; auch speziell bezüglich Art. 20 DSGVO: *H. Krüger-Brand*, Recht auf Datenübertragbarkeit, DÄ, 2018, S. 330; *M. Munz*, in: Taeger/Gabel (Hrsg.), DSGVO – BDSG, 3. Aufl. 2019, Art. 20 DSGVO, Rn. 21, der insoweit auch Art. 11 Abs. 2 S. 2 DSGVO bemüht.

390 Dahingehende Forderungen nach einer Klarstellung hinsichtlich pseudonymisierter Daten wie die des Centre for Information and Policy Leadership, Comments by the Centre for Information Policy Leadership on the Article 29 Data Protection Working Party's "Guidelines on the right to data portability" (adopted 13 December 2016), S. 7, haben sich bisher nicht durchgesetzt.

Vorgänge eindeutig abgegrenzt, um die fehlende Stringenz des bisherigen Meinungsspektrums mit Bezeichnungen wie „aktiv“ oder „nicht aktiv“ zu vermeiden und orientiert sich dabei wesentlich an der wettbewerblichen Zwecksetzung der Wechselaufwandverhinderung.

aa. Ausgangspunkt und bestehende Ansichten

Besteht schon nicht vollständige Einigkeit, ob durch das Bereitstellungserfordernis solche Daten aus dem Anwendungsbereich ausgeklammert werden, die der Verantwortliche bei Dritten erlangt hat, die also nicht in den Anwendungsbereich des Art. 13 DSGVO fallen[391], so gehen die Ansichten dazu weit auseinander, welcher Natur das Verhalten sein muss, das als Bereitstellen zu verstehen sein soll.

So wird als eher weniger strenge Ansicht teils nur eine irgendwie geartete Initiative in Form wissentlichen Verhaltens gefordert, in deren Folge der Verantwortliche die Daten erhalten hat, ohne dass es dafür einer Aktivität der betroffenen Person bedürfe.[392] Auch wird die Ansicht vertreten, dass keine bewusste Offenlegung der Daten gefordert werden dürfe[393] oder dass eine aktive Bereitstellung nicht erforderlich sei[394]. Die Auslegung durch die Artikel-29-Datenschutzgruppe geht dahin, nur abgeleitete oder aus Rückschlüssen erzeugte Daten auszuschließen.[395] Strenger wird vertreten, dass eine aktive und wissentliche

---

391 Zur Frage, ob diese Ansicht zutreffend ist III.3.e.dd.

392 *K. Schürmann,* in: Eßer u. a. (Hrsg.), Auernhammer – DSGVO/BDSG, 6. Aufl. 2018, Art. 20 DSGVO, Rn. 25.

393 *A. Dix,* in: Simitis u. a. (Hrsg.), Datenschutzrecht, 2019, Art. 20 DSGVO, Rn. 8.

394 *T. Herbst,* in: Kühling/Buchner (Hrsg.), Datenschutz-Grundverordnung/BDSG, 3. Aufl. 2020, Art. 20, Rn. 11, der aber gleichwohl Daten, die bei vernetzten Fahrzeugen anfallen als nicht bereitgestellt, sondern durch „bloßes Erheben [...] durch den Betroffenen“ erlangt ansieht, jedoch bei Fitnesstrackern beobachtete Daten als bereitgestellt ansieht; eine „beabsichtigte Datenübermittlung“ ebenfalls nicht fordernd und in dieselbe Richtung: *T. Jülicher/C. Röttgen/M. v. Schönfeld,* Das Recht auf Datenübertragbarkeit, ZD, 2016, S. 358, 359, die Kenntnisnahmemöglichkeit des ersten Verantwortlichen genüge, wobei letztlich doch gefordert wird, dass der Betroffene eine Zugriffsmöglichkeit selbst einräumen müsse.

395 Artikel-29-Datenschutzgruppe, WP 242 rev.01, 13.12.2016/05.04.2017, S. 11 f., mit der Begründung, dass „wegen der politischen Ziele“ das Recht auf Datenportabilität dementsprechend weit auszulegen sei; in diese Richtung mit vielen Beispielen auch *K. v. Lewinski,* in: Wolff/Brink (Hrsg.), BeckOK Datenschutzrecht, 34. Ed. 2020, Art. 20 DSGVO, Rn. 37 ff.; zudem inhaltlich entsprechend der Auslegung der Artikel-29-Datenschutzgruppe: *B. P. Paal,* in: Paal/Pauly (Hrsg.), Datenschutz-Grundverordnung,

Handlung vorliegen müsse[396], dies wiederum teils dahingehend konkretisiert,

---

Bundesdatenschutzgesetz, 2. Aufl. 2018, Art. 20 DSGVO, Rn. 17; *G. Sydow/M. Wilhelm,* in: Sydow (Hrsg.), Europäische Datenschutzgrundverordnung, 2. Aufl. 2018, Art. 20 DSGVO, Rn. 14; wohl *S. Elfering*, Unlocking the Right to Data Portability, 2019, S. 28 f., die zudem auf die fehlende Unterscheidung zwischen bereitgestellten und beobachteten Daten beim Auskunftsanspruch hinweist – was allerdings wegen des erläuterten unterschiedlichen Zwecks nicht abschließend überzeugt; *A. Heinemann/T. Straub*, Datenschutz muss benutzbar sein, DuD, 2019, 7-12, 9; *E. Skobel*, Alle Daten kommen mit, PinG, 2018, S. 160, 162; wie die Artikel-29-Datenschutzgruppe zu verstehen wohl auch UK Digital Competition Expert Panel, Unlocking Digital Competition, 2019, S. 75; der Artikel-29-Datenschutzgruppe ebenfalls inhaltlich folgend, allerdings dabei trennend zwischen Daten, die *„provided"* sind und *„user activity data"*, bei der Artikel-29-Datenschutzgruppe als „abgeleitete Daten" bezeichnet: Singapore Personal Data Protection Commission, Public Conusltation on Review of the Personal Data Protection Act 2012 – Proposed Data Portability and Data Innovation Provisions, 22.05.2019, S. 9 f., 15.

396 *C. Piltz,* in: Gola (Hrsg.), Datenschutz-Grundverordnung, 2. Aufl. 2018, Art. 20 DSGVO, Rn. 15; *H.-G. Kamann/M. Braun,* in: Ehmann/Selmayr (Hrsg.), DS-GVO, 2. Aufl. 2018, Art. 20 DSGVO, Rn. 13; *W. Veil,* in: Gierschmann u. a. (Hrsg.), Kommentar Datenschutz-Grundverordnung, 2018, Art. 20 DSGVO, Rn. 98 ff., 105; *P. DeHert/V. Papakonstantinou/G. Malgieri/L. Beslay/I. Sanchez*, The right to data portability in the GDPR: Towards user-centric interoperability of digital services, Computer Law & Security Review, 2018, S. 193, 199; *P. Krause*, Datenportabilität, PinG, 2018, S. 239, 241 f., der auf der einen Seite eine aktive und wissentliche Zurverfügungstellung fordert, aber sodann eine Einschränkung danach vornimmt, ob die Daten zentraler Bestandteil der Leistungserbringung seien, was zwar z.B. bei Daten von Fitnesstrackern der Fall sei, nicht aber bei IP-Adressen, entscheidend sei eine Unterscheidung zwischen „Inhaltsdaten und Nutzungsdaten" (wobei „Nutzungsdaten" wohl streng nach der Definition in § 15 Abs. 1 TMG verwendet wird), später aber abstellend auf die Frage, ob die Daten sich auf den „Kern des angebotenen Service" beziehen; außerdem: *C. Piltz*, Datenübertragbarkeit im Beschäftigungsverhältnis – Arbeitgeberwechsel: Und die Daten kommen mit?, RDV, 2018, S. 3, 6; *C. Piltz*, Die Datenschutz-Grundverordnung, K&R, 2016, S. 629, 634; als eine aktive Handlung fordernd wohl auch zu verstehen: *F. Richter*, Aus der Sicht der Stiftung Datenschutz – Wie setzt man Art. 20 DSGVO am besten um?, PinG, 2017, S. 231, der davon spricht, dass „keine Nutzungsdaten […], sondern lediglich die für die Vertragserfüllung erforderlichen Daten oder Daten, die aufgrund einer informierten Einwilligung des Betroffenen verarbeitet werden" umfasst sein sollen, jedoch ohne dieses angenommene Ausschlussverhältnis näher zu begründen; nicht aktive Handlungen grds. ausschließend auch *M. Strubel*, Anwendungsbereich des Rechts auf Datenübertragbarkeit, ZD, 2017, S. 355, 357, 360, der eine servicespezifische Auslegung präferiert, vgl. dazu III.3.e.gg.; *M. Westphal/M. Wichtermann*, Datenportierung nach Art. 20 DS-GVO, ZD, 2019,

dass zumindest die Zugriffsmöglichkeit eingeräumt werden müsse.[397] Zudem wird im Lager strengerer Ansichten vertreten, dass die Daten dem Betroffenen, wenn sie nur beobachtete bzw. abgeleitete Daten seien, einen zusätzlichen Nutzen bringen müssten.[398] Schließlich am strengsten ist die Einschränkung, dass nur Daten erfasst seien, die etwa als „Stammdaten" zur Durchführung des Vertragsverhältnisses überlassen, nicht hingegen solche, die nur eingegeben oder hinterlassen worden seien[399].

Insgesamt ist die Diskussion in diesem Punkt bisher nicht nur von Uneinigkeit, sondern auch einer untereinander inkonsistenten Verwendung der

---

S. 191, 192, die den Vorteil darin sehen, dass der Betroffene so „die notwendigen Informationen vollständig und in einem Datenpaket" erhalte und „keine Daten sichten [müsse], die er ggf. gar nicht" benötige – ohne jedoch darauf einzugehen, warum die Anforderung eines nur beschränkten Datensatzes nicht auch bei weiter Auslegung des Bereitstellungsmerkmals möglich sein soll.

397 *P. Voigt/A. v. d. Bussche*, EU-Datenschutz-Grundverordnung (DSGVO), 2018, S. 227; diese Einräumung müsse „aktiv" geschehen nach *H.-G. Kamann/M. Braun*, in: Ehmann/Selmayr (Hrsg.), DS-GVO, 2. Aufl. 2018, Art. 20 DSGVO, Rn. 13; so ggf. zu verstehen aber ohne weitere Erklärung wegen der Unterscheidung der Beispiele von Fitnesstrackern und vernetzten Fahrzeugen widersprüchlich verstehbar: *T. Herbst*, in: Kühling/Buchner (Hrsg.), Datenschutz-Grundverordnung/BDSG, 3. Aufl. 2020, Art. 20, Rn. 11; so wohl zu verstehen und das Verständnis, dass alle Daten erfasst sein könnten, die auf Grundlage einer Einwilligung oder zur Durchführung eines Vertrags verarbeitet werden, als eine mögliche Meinung aufzeigend: *P. DeHert/V. Papakonstantinou/G. Malgieri/L. Beslay/I. Sanchez*, The right to data portability in the GDPR: Towards user-centric interoperability of digital services, Computer Law & Security Review, 2018, S. 193, 199.

398 Centre for Information and Policy Leadership, Comments by the Centre for Information Policy Leadership on the Article 29 Data Protection Working Party's "Guidelines on the right to data portability" (adopted 13 December 2016), S. 8: „*unless inextricably linked to the provided data and its provision presents added value to the data subject*"; mit der Frage, ob den wirklich alle Nutzungsdaten übertragen werden müssten, wohl auch in diese Richtung, dabei aber fragend: Facebook, Data Portability and Privacy, 2019, S. 11 – anzumerken ist hier, dass der Begriff „Nutzungsdaten" nicht gleichzustellen ist mit der Definition aus § 15 Abs. 1 TMG, schon weil es sich hier um eine Übersetzung aus dem Englischen handelt.

399 *W. Kamlah*, in: Plath (Hrsg.), DSGVO/BDSG, 3. Aufl. 2018, Art. 20 DSGVO, Rn. 6 f.; der in Rn. 6 (Fn. 26) in diesem Zusammenhang zitierte *K. v. Lewinski*, in: Wolff/Brink (Hrsg.), BeckOK Datenschutzrecht, 34. Ed. 2020, Art. 20 DSGVO, Rn. 41, stellt aber diese Stammdaten nur als unstreitigen kleinsten gemeinsamen Nenner dessen dar, was Bereitstellen umfasst, nicht als Grenze der umfassten Daten.

Begrifflichkeiten geprägt.[400] Teils wird von aktiven Beiträgen gesprochen, damit aber nur das Eintragen in Webformulare oder ähnliches gemeint[401], teils wird von aktiven Beiträgen gesprochen und darunter auch das Eröffnen einer Zugriffsmöglichkeit verstanden[402]. Entscheidend bei der Auswertung der einzelnen Meinungen ist daher weniger die Bezeichnung als aktiv oder nicht aktiv, als die Klarstellung, was im Einzelnen unter den Begrifflichkeiten verstanden wird.

Nach jeder vertretenen Ansicht im aufgezeigten Meinungsspektrum werden zurecht jedenfalls diejenigen Daten als bereitgestellt angesehen werden müssen, die der Betroffene in Formularen oder etwa bei der Anmeldung zu einem Dienst wie einem Sozialen Netzwerk eingegeben hat (sog. Stammdaten).[403] Jede

---

400 Vgl. etwa *S. Brüggemann,* in: Taeger (Hrsg.), Recht 4.0 – Innovationen aus den rechtswissenschaftlichen Laboren, 2017, Das Recht auf Datenportabilität, S. 1, 5 f., der auf der einen Seite eine Einschränkung auf wissentlich und willentlich durch aktives Tun überlassene Daten für zu eng und eine „indirekte Bereitstellung von Daten (observed data)" für ausreichend hält, andererseits aber in die Richtung von *W. Kamlah,* in: Plath (Hrsg.), DSGVO/BDSG, 3. Aufl. 2018, Art. 20 DSGVO, Rn. 6, eine Beschränkung auf für die vertragsgemäße Dienstnutzung erforderliche und dazu erhobene Daten für angezeigt hält. Die Problematik, wie Fälle einer nicht gleichartigen Weiternutzung übertragener Daten behandelt werden sollen, wird dabei außen vor gelassen. Gleichzeitig solle aber ein Übertragen „bewusst durch das Verhalten" genügen und es seien vor allem Daten auszuschließen, die vom Verantwortlichen „im eigenen Interesse erhoben und verarbeitet" würden. Zudem auch *M. Strubel,* Anwendungsbereich des Rechts auf Datenübertragbarkeit, ZD, 2017, S. 355, der zwar einen aktiven Beitrag fordert, aber später einen über das Maß der Artikel-29-Datenschutzgruppe hinausgehenden „unmittelbar aktiv und bewusst" erfolgenden Beitrag, dessen es bedürfe, beschreibt (S. 358). Vgl. zudem die teils verwendete Einordnung in Gruppen entsprechend OECD, Summary of the OECD Privacy Expert Roundtable, 21.03.2014, S. 5, wo eine Bezeichnung nach dem Ursprung der Daten eingeführt wird („*taxonomy based on origin*"), woran sich wiederum auch die Artikel-29-Datenschutzgruppe, WP 242 rev.01, 13.12.2016/05.04.2017, z.B. S. 11 f., vgl. auch vor allem die entsprechende Stelle der englischen Fassung (p. 9 ff.) orientiert.

401 Vgl. *T. Herbst,* in: Kühling/Buchner (Hrsg.), Datenschutz-Grundverordnung/BDSG, 3. Aufl. 2020, Art. 20, Rn. 11.

402 Vgl. *H.-G. Kamann/M. Braun,* in: Ehmann/Selmayr (Hrsg.), DS-GVO, 2. Aufl. 2018, Art. 20 DSGVO, Rn. 13.

403 So auch: *K. v. Lewinski,* in: Wolff/Brink (Hrsg.), BeckOK Datenschutzrecht, 34. Ed. 2020, Art. 20 DSGVO, Rn. 41, der wegen des Bezugs auf Soziale Netzwerke während des Gesetzgebungsverfahrens jedenfalls „die dort typischerweise vorhandenen Daten (Profil, Kontakte, geteilte Inhalte)" als bereitgestellt ansieht. Das ist im Ergebnis zutreffend, muss aber hinsichtlich der Herleitung im konkreten Fall wegen einerseits der Technikneutralität der DSGVO insgesamt, als auch andererseits des trotz

weitere Datengruppe, die über diese Stammdaten hinausgeht, erfährt eine kontroverse Behandlung. Im Folgenden wird zunächst aufgezeigt, auf welche Weise und mit welchen Argumentationslinien überhaupt eine Lösung gefunden werden kann und mit welchen teils angewandten nicht. Sodann wird die praktische Relevanz der sich daraus ergebenden Auslegung bewertet und aufgezeigt, wie sich an der Bereitstellung die besondere wettbewerbliche Prägung des Rechts auf Datenportabilität.

bb. Wortlautargumentationen – Art. 4 Nr. 2 DSGVO und die „allgemeine Sprachauffassung"

Die Bereitstellung findet sich in der deutschen Fassung der DSGVO auch als eine der Handlungsweisen der dortigen Verarbeitungsdefinition. Daraus kann aber kein zielführender Schluss dahingehend gezogen werden, dass die Bereitstellung in Art. 20 DSGVO gleichlaufend auszulegen sei.[404]

Diese Überlegung könnte, würde man ihr folgen, dafür herangezogen werden, eine weite Auslegung des Bereitstellungsbegriffs zu begründen: angesichts des sehr weiten Dreiklangs aus Übermittlung, Verbreitung oder anderen Formen der Bereitstellung als Unterformen der Offenlegung in Art. 4 Nr. 2 DSGVO könnte man dann einen sehr wenig ausgeprägten Verursachungsbeitrag des

---

entsprechender Anregungen nicht erfolgten Aufnehmens eines Bezugs zu sozialen Netzwerken in die Erwägungsgründe oder Art. 20 DSGVO zumindest mit Vorsicht genossen werden. Vgl. in diesem Zusammenhang erneut die Anfänge des Portabilitätsgedankens im sich auch anhand Sozialer Netzwerke bildenden *Open Web* Gedanken: II.3.c.aa.

404 So aber, ausdrücklich eine Auslegung wie Art. 4 Nr. 2 DSGVO befürwortend: *M. Strubel*, Anwendungsbereich des Rechts auf Datenübertragbarkeit, ZD, 2017, S. 355, 357, der zwar unter Hinweis auf die Rspr. des EuGH zur Wortlautauslegung am Sprachgebrauch zutreffend anmerkt, dass alle Sprachfassungen beachtet werden müssten, gleichwohl aber im Folgenden „zumindest [einen] Abgleich zwischen mehreren" vornehmen will (S. 358); zudem in die Richtung wohl auch: *S. Brüggemann*, in: Taeger (Hrsg.), Recht 4.0 – Innovationen aus den rechtswissenschaftlichen Laboren, 2017, Das Recht auf Datenportabilität, S. 1, 3; nicht ganz eindeutig auch *E. Durmus*, Das Recht auf Datenübertragbarkeit, RDV, 2018, S. 80, 81, der aber später salvatorisch eine „genaue Betrachtung" dessen, was z.B. bei von Nutzern durch ihr Nutzverhalten generierten Daten vom Bereitstellen erfasst ist, fordert; Art. 4 Nr. 2 DSGVO heranziehend auch *T. Jülicher/C. Röttgen/M. v. Schönfeld*, Das Recht auf Datenübertragbarkeit, ZD, 2016, S. 358, 359.

Betroffenen genügen lassen.[405] Die Ablehnung dieser Überlegung wird größtenteils und zurecht darauf gestützt, dass eine gleiche Auslegung des Begriffs einerseits sprachlich nicht zwingend ist. Hier wird sie daneben darauf gestützt, dass der Gleichlauf zwar nicht zwingend ausgeschlossen, aber keinesfalls vor dem Zweck der Norm geboten ist.

i. Unterschiedliche Formulierungen in den Sprachfassungen

Nicht zwingend ist die gleichlaufende Auslegung – wie auch schon beim Betreffen[406] oder der Frage des notwendigen Bestehens eines wirksamen Vertrags[407] – wegen der sich in anderen Sprachfassungen zeigenden unterschiedlichen verwendeten Begrifflichkeiten.[408] Während es zwar Fassungen gibt, die wie die deutsche in Art. 20 DSGVO und Art. 4 Nr. 2 DSGVO die gleiche Wortwahl treffen[409], existieren beispielsweise mit der

405 Vgl. dazu, dies aber zurecht ablehnend: *W. Veil,* in: Gierschmann u. a. (Hrsg.), Kommentar Datenschutz-Grundverordnung, 2018, Art. 20 DSGVO; vgl. zudem zur Weite des Bereitstellungsbegriffs in Art. 4 Nr. 2 DSGVO auch z.B.: *H. H. Schild,* in: Wolff/Brink (Hrsg.), BeckOK Datenschutzrecht, 34. Ed. 2020, Art. 4 DSGVO, Rn. 50, die entscheidende Aktivität könne auch von anderen Personen als dem Bereitstellenden ausgehen – eine aktive Handlung wird danach also nicht als geboten angesehen; ebenso zur weiten Auslegung in Art. 4 DSGVO: *W. Kamlah,* in: Plath (Hrsg.), DSGVO/BDSG, 3. Aufl. 2018, Art. 20 DSGVO, Rn. 6; die Auslegung wie in Art. 4 Nr. 2 DSGVO befürwortend *M. Strubel*, Anwendungsbereich des Rechts auf Datenübertragbarkeit, ZD, 2017, S. 355, 357, der aber als eine der Voraussetzungen dennoch eine aktive Handlung und eine Begrenzung des Anwendungsbereich im Vergleich zur Artikel-29-Datenschutzgruppe, WP 242 rev.01, 13.12.2016/05.04.2017, dort S. 11 f., vertritt, im Weiteren aber auch die Ansicht äußert, dass die Zugangsermöglichung hinsichtlich der Daten als aktive Handlung ausreiche.

406 Vgl. III.3.d.bb.

407 Vgl. III.3.b.

408 So auch: *W. Veil,* in: Gierschmann u. a. (Hrsg.), Kommentar Datenschutz-Grundverordnung, 2018, Art. 20 DSGVO, Rn. 100; *M. Munz,* in: Taeger/Gabel (Hrsg.), DSGVO – BDSG, 3. Aufl. 2019, Art. 20 DSGVO, Rn. 27; *J. Klink-Straub/T. Straub*, Vernetzte Fahrzeuge – portable Daten, ZD, 2018, S. 459, 461.

409 Schon die sprachlich der deutschen am nächsten liegenden Fassungen sind hier jedoch nicht einheitlich: die schwedische verwendet den gleichen Wortstamm („*tillhandahålande*“ (zur Verfügungsstellung) in Art. 4 Nr. 2, „*tillhandahållit*“ (zur Verfügung gestellt) in Art. 20), nicht aber die dänische („*overladelse*“ (Überlassung) in Art. 4 Nr. 2, „*givet*“ (gegeben) in Art. 20 DSGVO), wie auch die unterschiedliche Begrifflichkeiten verwendende niederländische Fassung („*ter beschikking stellen*“ (zur Verfügung stellen) in Art. 4 Nr. 2, „*verstrekt*“ (bereitgestellt) in Art. 20).

englischen[410] oder französischen[411] wiederum Fassungen, die unterschiedliche Wörter verwenden.[412] Die europaweit allgemeine Geltung beanspruchende und mangels Verweises auf mitgliedsstaatliches Recht in der gesamten Union einheitlich auszulegende[413] Verordnung muss an dieser Stelle nicht aus Wortlautgesichtspunkten in Art. 20 und Art. 4 Nr. 2 DSGVO gleich ausgelegt werden.

ii. Unterschiedliche Handlungsrichtungen

Zwar ist der Weg für eine gleichlaufende Auslegung mit der unterschiedlichen Formulierung nicht automatisch verschlossen, weil eine solche trotz der abweichenden Wortlaute dennoch angesichts der jeweils betroffenen Interessen und Zwecke geboten und gerechtfertigt sein könnte.[414] Eine derartige Rechtfertigung durch die beteiligten Interessen ist aber an dieser Stelle nicht anzunehmen.

Denn Art. 4 Nr. 2 DSGVO adressiert eine andere Personenkonstellation als Art. 20 DSGVO: bei der Definition der Verarbeitung in Art. 4 Nr. 2 DSGVO geht es um die Frage, wann eine Verarbeitung durch einen Verantwortlichen vorliegt. Dass etwa die passiv erfolgende Abrufmöglichkeitseröffnung durch den „bereitstellenden" Verantwortlichen zwar bei der Frage, ob ein Verantwortlicher Daten verarbeitet i.S.d. Art. 4 Nr. 2 DSGVO zu einer Bejahung führen kann, bedeutet aber noch nicht, dass derartige Handlungen ohne ein aktives Element des „Bereitstellenden" auch innerhalb von Art. 20 DSGVO ein Bereitstellen darstellen. Denn im Gegensatz zu Art. 4 Nr. 2 DSGVO betrifft das Bereitstellen in

---

410 In Art. 4 Nr. 2 DSGVO „*making available*", in Art. 20 DSGVO „*provided*".

411 In Art. 4 Nr. 2 DSGVO „*mise à disposition*", in Art. 20 DSGVO „*fournies*".

412 Zur Wahl derselben, vergleichenden Vorgehensweise durch den EuGH: *F. Müller/R. Christensen*, Juristische Methodik – Band II: Europarecht, 3. Aufl., 2012, S. 50, Rn. 42.

413 Vgl. zur autonomen und einheitlichen Auslegung von Unionsrecht etwa: EuGH, Handel mit gebrauchter Software – UsedSoft, m. Anm. Heydn, MMR, 2012, S. 586, 587, Ziff. 39, m.w.N. zur st.Rspr. des EuGH; zur dabei zwingenden Berücksichtigung sämtlicher Sprachfassungen: *F. Müller/R. Christensen*, Juristische Methodik – Band II: Europarecht, 3. Aufl., 2012, insgesamt Abschnitt 21 (S. 27 ff.), speziell S. 42, Rn. 30, sowie weiter zur Auflösung konfligierender Wortlaute: S. 37 Rn. 22, S. 42 Rn. 29, S. 49 f. Rn. 42 – der Wortlaut einer einzelnen Sprachfassung ist „nie Determinationsinstanz", aber „Überprüfungsinstanz"; mit weiteren Ausführungen und Nachweisen zur Gleichrangigkeit der einzelnen Fassungen auch *M. Strubel*, Anwendungsbereich des Rechts auf Datenübertragbarkeit, ZD, 2017, S. 355, 357 f.

414 *F. Müller/R. Christensen*, Juristische Methodik – Band II: Europarecht, 3. Aufl., 2012, S. 37, Rn. 22, sowie S. 42, Rn. 29.

Art. 20 DSGVO den Fall, dass der Betroffene gegenüber dem Verantwortlichen und nicht ein Verantwortlicher gegenüber einem Betroffenen eine hinsichtlich des Bereitstellungscharakters zu bewertende Verhaltensweise vornimmt.[415]

Kein eindeutiger Schluss kann auch aus weiteren Stellen in der DSGVO, an denen sich des Begriffs des Bereitstellens bedient wird, gezogen werden. Art. 12 Abs. 7 und Art. 13 Abs. 2 lit. e DSGVO erfassen wie auch Art. 4 Nr. 2 ein verantwortlichenseitiges Bereitstellen, Art. 57 Abs. 2 DSGVO eines durch Aufsichtsbehörden, Art. 70 Abs. 1 durch den Europäischen Datenschutzausschuss.[416] Art. 11 Abs. 2 S. 2 DSGVO bildet zwar eine Situation der betroffenenseitigen Bereitstellung ab, behandelt dabei aber wiederum eine Konstellation, in der ein Betroffener nicht vom Verantwortlichen identifiziert werden kann und ordnet den grundsätzlichen Ausschluss der Betroffenenrechte der Art. 15 bis 20 DSGVO als Folge an, solange nicht der Betroffene die entsprechenden zur Identifizierung erforderlichen Informationen bereitstellt. Zwar geht aus diesen Verwendungen des Begriffs Bereitstellen ein selbstständiges Tätigwerden mit der Übergabe der entsprechenden Daten hervor[417], jedoch sind auch hier die jeweiligen Situationen hinsichtlich der Handlungsrichtung nicht vergleichbar. Der Schluss aus dem Wortlaut von Art. 11 DSGVO, der zwar eine Betroffenenhandlung betrifft, ist wegen im Vergleich zu Art. 20 DSGVO teils abweichenden Sprachfassungen[418] erneut nicht

415 Vgl. auch: *W. Kamlah*, in: Plath (Hrsg.), DSGVO/BDSG, 3. Aufl. 2018, Art. 20 DSGVO, Rn. 6; *K. v. Lewinski*, in: Wolff/Brink (Hrsg.), BeckOK Datenschutzrecht, 34. Ed. 2020, Art. 20 DSGVO, Rn. 38; *M. Rudolph*, in: Schwartmann u. a. (Hrsg.), DS-GVO/BDSG, 2018, Art. 20 DSGVO,Rn. 43, der zudem zurecht darauf verweist, dass auch ErwGr. 68 hinsichtlich der Auslegung des Bereitstellungsbegriffs nicht mit Beispielen weiterhilft; zudem: *W. Veil*, in: Gierschmann u. a. (Hrsg.), Kommentar Datenschutz-Grundverordnung, 2018, Art. 20 DSGVO, Rn. 100.

416 So: *P. Gola*, Datenschutz-Grundverordnung, 2. Aufl. 2018, Art. 11 DSGVO, Rn. 12, der von einer Beibringung durch den Betroffenen spricht; *T. Weichert*, in: Kühling/Buchner (Hrsg.), Datenschutz-Grundverordnung/BDSG, 3. Aufl. 2020, Art. 11 DSGVO, Rn. 17, der von einem Vorlegen durch den Betroffenen spricht; *A. Klabunde*, in: Ehmann/Selmayr (Hrsg.), DS-GVO, 2. Aufl. 2018, Art. 11 DSGVO, Rn. 17, der von einer Übermittlung durch den Verantwortlichen spricht; vgl. zudem: *W. Veil*, in: Gierschmann u. a. (Hrsg.), Kommentar Datenschutz-Grundverordnung, 2018, Art. 20 DSGVO, Rn. 100.

417 So auch *W. Veil*, in: Gierschmann u. a. (Hrsg.), Kommentar Datenschutz-Grundverordnung, 2018, Art. 20 DSGVO, Rn. 100.

418 Vgl. nur exemplarisch die englische Fassung von Art. 70 Abs. 1 DSGVO, die jeweils von „*issue*“ und nicht „*provide*“ spricht.

zwingend.[419]

iii. Fehlen einer allgemeinen Sprachauffassung

Wegen der einerseits unter den verschiedenen Fassungen herrschenden Ungleichheiten der Begriffsverwendungen verbietet sich auch eine Herleitung über eine allgemeine Sprachauffassung, die sich nicht für alle Einzelstaaten einheitlich ermitteln lässt.[420] Ein spezifisch unionsrechtlicher Gebrauch des Wortes „Bereitstellen" oder seiner anderssprachlichen Pendants ist bisher nicht ersichtlich. Andererseits kann nicht ohne Weiteres auf die jeweils aktuelle Erklärung im Duden oder entsprechende gängige Nachschlagewerke in anderen Sprachen abgestellt werden, weil dieser Schluss – wie das deutsche Beispiel zeigt – wegen

---

419 Aufgrund der unterschiedlichen Sprachfassungen führt auch eine Wortlautparallele zu Art. 2 Nr. 10 des damaligen Vorschlags für die Digitale-Dienste-RL (so als Möglichkeit angedeutet bei *M. Strubel*, Anwendungsbereich des Rechts auf Datenübertragbarkeit, ZD, 2017, S. 355, 358, bezugnehmend auf: Europäisches Parlament/Europäischer Rat, Vorschlag für eine Richtlinie des Europäischen Parlaments und des Rates über bestimmte vertragsrechtliche Aspekte der Bereitstellung digitaler Inhalte, 09.12.2015) nicht weiter: Selbst wenn man die Streichung dieser Formulierung in der finalen Richtlinie (Richtlinie (EU) 2019/770 – Richtlinie über bestimmte vertragsrechtliche Aspekte der Bereitstellung digitaler Inhalte 20.05.2019) außen vor lässt und annimmt, dass aus der Richtlinienformulierung der Bereitstellungsdefinition („Verschaffung des Zugangs zu oder die Zurverfügungstellung von digitalen Inhalten") eher kein aktives Element folge, ist dies genauso wenig überzeugend wie die Parallele zu Art. 4 Nr. 2 DSGVO und demjenigen Bereitstellen, das als Verarbeitungsform gilt. Denn in der englischen Fassung des Richtlinienvorschlags wird nicht das Wort *„provide"* wie in Art. 20 DSGVO, sondern das Wort *„supply"* verwendet, in der französischen Fassung wird in beiden Fällen *„fournir"*/ *„fournies"* verwendet, in der spanischen unterscheiden sich die Wörter wieder (*„facilitado"* in Art. 20 DSGVO, *„suministro"* im Richtlinienvorschlag).

420 Auch: *M. Strubel*, Anwendungsbereich des Rechts auf Datenübertragbarkeit, ZD, 2017, S. 355, 357 f.; *W. Veil*, in: Gierschmann u. a. (Hrsg.), Kommentar Datenschutz-Grundverordnung, 2018, Art. 20 DSGVO, Rn. 99; die Auslegung aus semantischen Gründen (*„semantic reasons"*) an dieser Stelle aber zumindest als Möglichkeit aufzeigend: *P. DeHert/V. Papakonstantinou/G. Malgieri/L. Beslay/I. Sanchez*, The right to data portability in the GDPR: Towards user-centric interoperability of digital services, Computer Law & Security Review, 2018, S. 193, 199, die aus diesen semantischen Gründen den Schluss ziehen, Bereitstellen sei mehr als das bloße Akzeptieren, dass jemand die Daten erhält (*„different from 'accepting that someone takes my data'"*), gleichsam aber zugeben, dass angesichts moderner Datenauslesetechniken oftmals nur noch die Einwilligung selbst „aktiv" abgegeben werde.

der teils kaum über eine Synonymnennung hinausgehenden Ausführungen[421] keine trennscharfe Abgrenzung ermöglicht.

Die aufgezeigten Probleme einer grammatikalischen bzw. Wortlautauslegung für die Auslegung des Begriffs des Bereitstellens führen zum einen dazu, dass die Auslegung innerhalb der Grenzen des Wortlauts nach Sinn und Zweck erfolgen muss[422] und zum anderen dazu, dass wiederum die teils erfolgende Ablehnung von Argumentationen mit Sinn und Zweck wegen des vermeintlichen Wortlauts[423] des Art. 20 DSGVO keine starke Überzeugungskraft hat.

cc. Entstehungsgeschichte

Erneut wegen des Vergleichs mit anderen Sprachfassungen nicht aufschlussreich ist auch die Entstehungsgeschichte hinsichtlich der Verwendung des Wortes „Bereitstellen“: Zwar wurde in den deutschen Fassungen von der Kommission und vom Rat die Formulierung „zur Verfügung gestellt“ benutzt, erst der Rat hat diese durch „bereitgestellt“ ersetzt.[424] Beispielsweise in der englischen Sprachfassung ist aber in jedem Entwurfsstadium von „provided“ die Rede.[425] Durch das Ersetzen in der deutschen Sprachfassung wird daher kein einheitlicher Wechsel zu einer Bedeutung impliziert, die nach anderen Sprachfassungen nicht schon von Anfang an bezweckt war.

---

421 Vgl. etwa Duden, „bereitstellen“, wo davon gesprochen wird, dass man etwas „zur Benutzung an einen bestimmten Ort stellen, zur Verfügung stellen“ müsse. Unter den Synonymen werden aber wiederum Verben aufgezählt, die eher eine aktive Komponente andeuten (z.B. „vorsetzen“), aber auch solche, die eher weniger aktiv geprägt sind (z.B. „bieten“). Zu diesem und weiteren Problemen des „Griffs zum Wörterbuch“ auch ausführlich: *F. Müller/R. Christensen*, Juristische Methodik – Band II: Europarecht, 3. Aufl., 2012, S. 258 Rn. 319.

422 *F. Müller/R. Christensen*, Juristische Methodik – Band II: Europarecht, 3. Aufl., 2012, S. 50 f. Rn. 42.

423 Vgl. etwa ohne Weiteres den Wortlaut unter anderem heranziehend: *C. Piltz*, in: Gola (Hrsg.), Datenschutz-Grundverordnung, 2. Aufl. 2018, Art. 20 DSGVO, Rn. 15.

424 Vgl. I.4.c.dd.; zudem: *M. Munz*, in: Taeger/Gabel (Hrsg.), DSGVO – BDSG, 3. Aufl. 2019, Art. 20 DSGVO, Rn. 10 f.

425 So auch: *M. Strubel*, Anwendungsbereich des Rechts auf Datenübertragbarkeit, ZD, 2017, S. 355, 359.

dd. Verhältnis zum Anwendungsbereich des Art. 13 DSGVO, Auftragsverarbeitung – Bereitstellung „durch" den Betroffenen

Eine Eingrenzung der erfassten Daten wird aber wie erwähnt teilweise darüber angedacht, ob die Daten vom Betroffenen erhalten wurden oder der Verantwortliche sie bei Dritten erlangt hat, die Daten also nicht in den Anwendungsbereich des Art. 13 DSGVO fallen.[426]

i. (Technische) Relevanz der Einschaltung Dritter

In vielen gerade im schnelllebigen und Lock-In-betroffenen Onlinesektor praktisch relevanten Fällen könnte dann allerdings die Einschlägigkeit von Art. 20 DSGVO mit der Begründung abgelehnt werden, dass ein für den praktischen Anwender rein technischer Zwischenschritt erst für die letztendliche Bereitstellung zum Verantwortlichen gesorgt habe, der jedoch aus Sicht der DSGVO als Einbeziehung eines Dritten anzusehen wäre, es sich also um einen Fall des Art. 14 DSGVO handle, nicht einen des Art. 13 DSGVO. In diesem Zusammenhang

---

426 *W. Kamlah,* in: Plath (Hrsg.), DSGVO/BDSG, 3. Aufl. 2018, Art. 20 DSGVO, Rn. 6; *K. Schürmann,* in: Eßer u. a. (Hrsg.), Auernhammer – DSGVO/BDSG, 6. Aufl. 2018, Art. 20 DSGVO, Rn. 23; *M. Hennemann*, Datenportabilität, PinG, 2017, S. 5, 7; *D. Schätzle*, Ein Recht auf die Fahrzeugdaten, PinG, 2016, S. 71, 73; *S. Brüggemann,* in: Taeger (Hrsg.), Recht 4.0 – Innovationen aus den rechtswissenschaftlichen Laboren, 2017, Das Recht auf Datenportabilität, S. 1, 4; *N. Härting*, Datenschutz-Grundverordnung, 2016, Rn. 729; in diesem Zusammenhang im Ergebnis richtig, aber zu kurz greift die Kritik von *W. Veil,* in: Gierschmann u. a. (Hrsg.), Kommentar Datenschutz-Grundverordnung, 2018, Art. 20 DSGVO, Rn. 94, der darauf hinweist, dass der Anwendungsbereich des Art. 13 DSGVO auch eröffnet sein könne, wenn der Verantwortliche die fraglichen Daten auf einer eigenen Website des Betroffenen, wo dieser sie veröffentlicht hat, erhalten hat, es aber an einer Einwilligung oder einem Vertrages mit dem Verantwortlichen fehle, sodass kein Anspruch aus Art. 20 DSGVO bestünde. Die Eröffnung des Anwendungsbereichs des Art. 13 DSGVO ist in dieser Situation umstritten und zumindest vertretbar, jedoch ist seine Eröffnung laut den vorher genannten Gründen auch wohl als notwendige, nicht als hinreichende Bedingung für die Erfüllung des Bereitstellungsmerkmals zu verstehen, weshalb sich daraus an sich noch kein Widerspruch ergibt. Zur Frage, ob die Eröffnung des Anwendungsbereichs von Art. 13 DSGVO eine notwendige Voraussetzung ist, vgl. erneut III.3.e.dd. Zurecht darauf hinweisend, dass man auch die im Rahmen des Direktübertragungsanspruchs nach Art. 20 Abs. 2 DSGVO an einen zweiten Verantwortlichen übertragenen Daten als vom Betroffenen diesem zweiten Verantwortlichen bereitgestellt ansehen muss: *T. Herbst,* in: Kühling/Buchner (Hrsg.), Datenschutz-Grundverordnung/BDSG, 3. Aufl. 2020, Art. 20, Rn. 11.

ist wegen der (technisch-)praktischen Gegebenheiten in vom wettbewerblichen Zweck besonders angesprochenen Märkten weiter relevant, ob Daten auch dann umfasst sind, wenn sie zwar nicht direkt vom Betroffenen übermittelt worden sind, aber durch einen Dritten aufgrund einer durch den Betroffenen vorab für ebendiese Übermittlung erteilten Einwilligung oder aufgrund vertraglichen Regelung an den Verantwortlichen gelangt sind.[427]

ii. Datenerhebung bei Dritten

Jedoch ist sowohl nach Art. 13 Abs. 2 lit. b als auch nach Art. 14 Abs. 2 lit. c DSGVO auf das Recht auf Datenportabilität hinzuweisen, die Datenportabilität wird in beiden Artikeln erwähnt. Das legt die Annahme nahe (oder kann zumindest als Hinweis verstanden werden), dass nicht nur Daten, die beim Betroffenen selbst erhoben im Sinne des Art. 13 DSGVO wurden unter Art. 20 DSGVO fallen können, sondern auch solche, die bei einem Dritten erhoben wurden.[428]

Die Schutzwürdigkeit des Betroffenen unterscheidet sich nicht in Abhängigkeit davon, ob die Daten „auf eine solche Anweisung direkt oder auf dem Umweg über die betroffene Person weitergegeben“ werden, der Betroffene die Daten also selbst auf den Weg zum Verantwortlichen schickt oder dieses auf den Weg Bringen durch einen Dritten veranlasst.[429] Der Betroffene würde bei zu engem Verständnis, das nur Verarbeitungen in den Anwendungsbereich des Art. 13 DSGVO einbezieht, schlechter gestellt, obwohl es sich faktisch um die gleichen

---

427 Die Bereitstellung in diesem Fall bejahend: *T. Jülicher/C. Röttgen/M. v. Schönfeld*, Das Recht auf Datenübertragbarkeit, ZD, 2016, S. 358, 359; *A. Dix*, in: Simitis u. a. (Hrsg.), Datenschutzrecht, 2019, Art. 20 DSGVO, Rn. 8; wohl *K. v. Lewinski*, in: Wolff/Brink (Hrsg.), BeckOK Datenschutzrecht, 34. Ed. 2020, Art. 20 DSGVO, Rn. 38, anders jedoch in Rn. 27; *M. Rudolph*, in: Schwartmann u. a. (Hrsg.), DS-GVO/BDSG, 2018, Art. 20 DSGVO, Rn. 50 – wichtig ist an dieser Stelle die Abgrenzung zu Daten, die alleine auf Initiative eines Dritten bereitgestellt werden, so zum Beispiel Rezensionen im Internet, vgl. dazu: III.3.e.ff.vi.

428 Die Nennung des Rechts auf Datenübertragbarkeit in Art. 14 Abs. 2 lit. c DSGVO kann deshalb nicht alleinstehend als Argument den Ausschlag geben, weil etwa angesichts des unklaren Verhältnisses von Art. 21 Abs. 4 DSGVO und Art. 14 Abs. 2 lit. c DSGVO (vgl. dazu *L. Franck*, in: Gola (Hrsg.), Datenschutz-Grundverordnung, 2. Aufl. 2018, Art. 14 DSGVO, Rn. 12) deutlich wird, dass die Regelung des Art. 14 DSGVO nicht zwingend alle Feinheiten der Betroffenenrechte, auf die sie verweist, bei den Aufzählungen berücksichtigt.

429 *A. Dix*, in: Simitis u. a. (Hrsg.), Datenschutzrecht, 2019, Art. 20 DSGVO, Rn. 8.

Daten handle.[430] Es kann für Art. 20 DSGVO keinen Unterschied machen, ob ein Dritter als – auf die Daten bezogen – bloßer Mittelsmann zwischen den Betroffenen und den Verantwortlichen tritt: weder hinsichtlich der nach herrschaftsrechtlichem Verständnis zugrundeliegenden Selbstbestimmungsbefugnis, noch wegen der durch die Portierung erfolgenden Wettbewerbsförderung ergibt sich ein Unterschied, der einen Ausschluss des Rechts auf Datenportabilität rechtfertigen würde, wenn der Betroffene etwa eine ausdrückliche Einwilligung in die Übermittlung der Daten von einem Dritten zu dem Verantwortlichen abgegeben hat, der auf Erfüllung der Ansprüche aus Art. 20 DSGVO in Anspruch genommen wird.

Obschon Art. 13 DSGVO in diesem Fall nach umstrittener Ansicht als nicht eröffnet angesehen werden könnte, weil Art. 13 und Art. 14 DSGVO bei der Abgrenzung untereinander vor dem Zweck der Herstellung von Information und Transparenz für den Betroffenen gefährdungsorientiert stärker an die tatsächliche Übermittlungsvorgänge als an die auch über rechtliche Konstruktionen wie Aufträge und Stellvertretungsverhältnisse auslösbaren Veranlassungsbeiträge anknüpft[431], können daher die Rechte aus Art. 20 DSGVO bestehen.[432] Letztlich

---

430 *T. Jülicher/C. Röttgen/M. v. Schönfeld*, Das Recht auf Datenübertragbarkeit, ZD, 2016, S. 358, 359.

431 Dabei geht es um die Frage, ob bei der Abgrenzung von Art. 13 und Art. 14 DSGVO und der damit verbundenen Entscheidung über die Notwendigkeit von Informationen zur Transparenzerzielung schematisch nach dem tatsächlichen Kontakt entschieden oder eher auf ein auch durch Mittelspersonen vermittelbares „Bemerken" der Datenverarbeitung abgestellt wird. Ausdrücklich auf einen „persönlichen Kontakt" abstellend: *M. Bäcker*, in: Kühling/Buchner (Hrsg.), Datenschutz-Grundverordnung/BDSG, 3. Aufl. 2020, Art. 13 DSGVO, Rn. 13, 16; a.A., nach der Art. 13 DSGVO hier einschlägig wäre: *L. Franck*, in: Gola (Hrsg.), Datenschutz-Grundverordnung, 2. Aufl. 2018, Art. 13 DSGVO, Rn. 4, nach dem es einer Direkterhebung nicht entgegen stehe, „wenn die Daten auf Betreiben der betroffenen Person übermittelt werden"; nicht ganz eindeutig dazu, was die Erhebung beim Betroffenen umfasst: *F. Schmidt-Wudy*, in: Wolff/Brink (Hrsg.), BeckOK Datenschutzrecht, 34. Ed. 2020, Art. 13 DSGVO, Rn. 30 f., mit Verweis auf seine Kommentierung zu Art. 14 DSGVO, Rn. 31 f., wo auf eine „entweder körperlich oder mental" stattfindende Beteiligung des Betroffenen an der Erhebung abgestellt wird.

432 Letztlich geht es bei der Frage, ob das Bereitstellen nur in Fällen des Art. 13 DSGVO erfüllt sein könne, weniger um die Auslegung des Bereitstellens als solches, sondern zugleich um die Auslegung des Art. 13 DSGVO hinsichtlich der Frage, wann Daten „bei der betroffenen Person" erhoben wurden – dies ist zum Beispiel hinsichtlich öffentlich im Internet zugänglicher Daten zumindest umstritten (vgl. dazu ablehnend: *M. Bäcker*, in: Kühling/Buchner (Hrsg.), Datenschutz-Grundverordnung/BDSG,

ist also die Veranlassung durch den Betroffenen, nicht die technische Umsetzung der Bereitstellung entscheidend für die Bereitstellung *durch* den Betroffenen.

iii. Bereitstellen durch Auftragsverarbeiter

Parallel zur Frage der Erhebung beim Betroffenen steht die Problematik, ob auch Daten einzubeziehen sind, die von einem Auftragsverarbeiter (Art. 4 Nr. 8 DSGVO) verarbeitet werden. Die Einschaltung eines Auftragsverarbeiters verhindert dabei nicht das generelle Bestehen eines Anspruchs nach Art. 20 DSGVO im Grundsatz. Sie führt dazu, dass der Anspruch nicht gegen den Auftragsverarbeiter besteht, solange dieser nicht mit dem ersten Verantwortlichen als gemeinsamer Verantwortlicher anzusehen ist (vgl. Art. 26 DSGVO, insbesondere Abs. 3, der festlegt, dass die Betroffenenrechte bei und gegenüber jedem einzelnen der gemeinsamen Verantwortlichen geltend gemacht werden können[433]).[434] Die Rechte aus Art. 20 DSGVO können gegen den Verantwortlichen geltend gemacht werden. Denn zwar besteht der Anspruch auf Übermittlung des Datenauszugs nach Art. 20 Abs. 1 Halbs. 1 DSGVO grundsätzlich nicht mehr, wenn die Daten nicht mehr beim Verantwortlichen gespeichert vorhanden sind.[435] Würde aber das Einschalten eines Auftragsverarbeiters für den Ausschluss genügen, würde eine erheblichen Lücke im Anwendungs- und damit Schutzbereich des Art. 20 DSGVO entstehen. Denn auf der einen Seite wäre der Anspruch gegen den ersten Verantwortlichen mit der Begründung ausgeschlossen, dass die Daten an einen Auftragsverarbeiter zur Verarbeitung übertragen wurden und daher nicht mehr beim ersten Verantwortlichen vorhanden seien, obwohl sich die Daten angesichts der Weisungsgebundenheit des Auftragsverarbeiters

---

3. Aufl. 2020, Art. 13 DSGVO, Rn. 16; die Eröffnung für möglich haltend: *W. Veil*, in: Gierschmann u. a. (Hrsg.), Kommentar Datenschutz-Grundverordnung, 2018, Art. 20 DSGVO, Rn. 94).

433 Vgl. zur Abgrenzung – entscheidend ist die Bestimmung über Zweck und Mittel der Verarbeitung – zum Beispiel: *T. Petri*, in: Simitis u. a. (Hrsg.), Datenschutzrecht, 2019, Art. 26 DSGVO, vor allem die Rn. 12 ff.

434 Vgl. einen Ausschluss des Verweises auf den Auftragsverarbeiter im dortigen Gesetzesvorhaben ausdrücklich erwägend: Singapore Personal Data Protection Commission, Public Conusltation on Review of the Personal Data Protection Act 2012 – Proposed Data Portability and Data Innovation Provisions, 22.05.2019, S. 7.

435 Vgl. dazu die Ausführungen zu Art. 20 Abs. 3 S. 1 DSGVO und die dortigen Nachweise, zum Beispiel: *H.-G. Kamann/M. Braun*, in: Ehmann/Selmayr (Hrsg.), DS-GVO, 2. Aufl. 2018, Art. 20 DSGVO, Rn. 7; *K. v. Lewinski*, in: Wolff/Brink (Hrsg.), BeckOK Datenschutzrecht, 34. Ed. 2020, Art. 20 DSGVO, Rn. 52.

(Vgl. Art. 28 Abs. 3 S. 1, S. 2 lit. a, Art. 29 DSGVO[436]) nach wie vor im Herrschaftsbereich des ersten Verantwortlichen befinden. Auf der anderen Seite würde der Anspruch direkt gegen den Auftragsverarbeiter auch abgelehnt, weil diesem die Daten nicht bereitgestellt worden seien.[437] Dieses Problem stellt sich bei anderen, weniger wettbewerbsbezogenen Betroffenenrechten nicht, weil es bei diesen nicht wie bei Art. 20 DSGVO eine tatbestandliche Anspruchseinschränkung über das Bereitstellungsmerkmal gibt. Die Lösung stellt vielmehr die vertragliche Pflicht des ersten Verantwortlichen dar, den Schutz der Betroffenenrechte zu gewährleisten (Vgl. Art. 28 Abs. 1 a.E., Abs. 3 lit. e DSGVO).[438] Die Regelung kann im Falle der Einschaltung von Auftragsverarbeitern wegen der sonst entstehenden Schutzlücke, die angesichts arbeitsteiliger Verarbeitung besonders in der Onlinewirtschaft auch praktisch nicht unerheblich ist und des erheblichen Umgehungspotentials nur so verstanden werden, dass insoweit das fehlende Vorhandensein der Daten beim ersten Verantwortlichen nicht das

---

436 Besteht diese nicht, handelt es sich grundsätzlich um gemeinsame Verantwortliche, der Anspruch auf Portierung bestünde also gegenüber dem anderen Verarbeiter direkt, vgl. erneut Art. 26 Abs. 3 DSGVO.

437 *M. Rudolph,* in: Schwartmann u. a. (Hrsg.), DS-GVO/BDSG, 2018, Art. 20 DSGVO, Rn. 35; pauschal danach lösend, ob eine „direkte Vertragsbeziehung oä" bestünde: *K. v. Lewinski,* in: Wolff/Brink (Hrsg.), BeckOK Datenschutzrecht, 34. Ed. 2020, Art. 20 DSGVO, Rn. 27, zudem verweisend auf *K. Schürmann,* in: Eßer u. a. (Hrsg.), Auernhammer – DSGVO/BDSG, 6. Aufl. 2018, Art. 20 DSGVO, Rn. 11 (die jedoch dort grundsätzlich Geschäftsmodelle, die die Auswertung von Daten zum Gegenstand haben, als bedeutende Anwendungsfälle bezeichnet, ohne eine derart eindeutige Aussage zu treffen) sowie *K. v. Lewinski/D. Pohl,* Auskunfteien nach der europäischen Datenschutzreform, ZD, 2018, S. 17, 23 (die feststellen, dass der Anspruch nach Art. 20 DSGVO bei Stützung der Datenverarbeitung auf Art. 6 Abs. 1 lit. f DSGVO ausgeschlossen und ein Personenbezug bei Scorewerten fraglich sei); gleichwohl wird bei *K. v. Lewinski,* in: Wolff/Brink (Hrsg.), BeckOK Datenschutzrecht, 34. Ed. 2020, Art. 20 DSGVO, Rn. 38, die Anwendbarkeit bejaht, wenn der Betroffene eine „Einwilligung in die Verarbeitung seiner Daten, die bei einem Dritten liegen und die er deshalb nicht übertragend bereitgestellt" habe.

438 Darauf auch für die Datenportabilität verweisend: Artikel-29-Datenschutzgruppe, WP 242 rev.01, 13.12.2016/05.04.2017, S. 7; *M. Rudolph,* in: Schwartmann u. a. (Hrsg.), DS-GVO/BDSG, 2018, Art. 20 DSGVO, Rn. 35, der allerdings nicht ganz eindeutig davon spricht, dass vertraglich sichergestellt werden müsse, dass „letzterer [wohl der dort zuvor genannte Auftragsverarbeiter] das Recht auf Datenportabilität befolgen" könne – dabei handelt es sich wohl, angesichts des Zuschnitts des Art. 28 DSGVO auf eine Unterstützung des Verantwortlichen, um ein Versehen, sodass die Ansicht als im Ergebnis zutreffend anzusehen ist.

Bestehen eines Anspruchs aus Art. 20 DSGVO verhindert, sondern dieser trotzdem gegenüber dem ersten Verantwortlichen besteht.[439] Diesen treffen die aus Art. 20 DSGVO erwachsenden Pflichten, etwa was das Format der Daten oder deren Sortierung angesichts Art. 20 Abs. 4 DSGVO angeht.[440] Zwar birgt das Angewiesensein auf die vertragliche Verbindung des ersten Verantwortlichen zum Auftragsverarbeiter ein gewisses Risiko für den Betroffen, weil das Recht auf Datenportabilität damit vom Bestehen und der Durchsetzung der sich aus dem Vertrag ergebenden Pflichten abhängt. Die Auftragsverarbeitung muss dem Betroffenen aber nach Art. 13 Abs. 1 lit. e, lit. f, Abs. 3 DSGVO oder Art. 14 Abs. 1 lit. e, lit. f, Abs. 4 DSGVO mitgeteilt werden, sodass das Risiko (zumindest theoretisch) als mit der Einwilligung oder dem Vertragsschluss in Kauf genommen anzusehen ist.

ee. Notwendige Auslegung nach Sinn und Zweck – Erfordernis eines aktiven Beitrags

Da sich weder aus der Systematik der DSGVO, noch aus einer Auslegung des Wortlauts, noch aus verwandten, früher bestehenden Normen eine widerspruchsfrei vertretbare Auslegungslinie ergibt, muss die Auslegung des Merkmals der Bereitstellung wie erwähnt nach Sinn und Zweck erfolgen.[441] Der folgende Abschnitt zeigt, wie das handlungsbezogene Kriterium nach der wettbewerblichen Zweckrichtung anhand des Begriffspaars der primären und sekundären Daten auf eine klar abgrenzbare Weise angewandt werden kann.

i. Ersparung von Aufwand für den Betroffenen

Sinn und Zweck der Vorschrift ist die Wettbewerbsförderung durch Abbau von Lock-In-Effekten und die Ermöglichung eines leichten Wechsels zwischen gleichartigen aber auch ungleichartigen datenverarbeitenden Diensten. Dazu kommt die Komponente des mittelbaren Datenschutzes durch den mit der Vorschrift zu bewirkenden Wettbewerb um datenschutzfreundliche Technologien.[442]

---

439 Für Deutschland stellt zudem § 62 Abs. 1 S. 2 BDSG etwa für den Umsetzungsbereich der JI-RL (EU)2016/680 fest, dass die Betroffenenrechte beim Verantwortlichen geltend zu machen sind.

440 Vgl. zur Herausstellung des Charakters der Pflichten des Auftragsverarbeiters als „Unterstützungspflicht“: *W. Spoerr,* in: Wolff/Brink (Hrsg.), BeckOK Datenschutzrecht, 34. Ed. 2020, Art. 28 DSGVO, Rn. 74.

441 Vgl. zu diesem Vorgehen erneut: *F. Müller/R. Christensen*, Juristische Methodik – Band II: Europarecht, 3. Aufl., 2012, S. 51, Rn. 42.

442 Vgl. dazu II.

Durch das Bereitstellen kommt erneut der wettbewerbsrechtliche Charakter des Art. 20 DSGVO zum Ausdruck. Aus wettbewerbsrechtlicher Sicht ist das Bereitstellen – im Gegensatz zum klarstellenden Betreffensmerkmal – als Eingrenzung des zu übertragenden Datensatzes dahingehend zu verstehen, dass dem Betroffenen über die schlussendliche Übertragung hinausgehender Aufwand erspart werden soll. Auf der anderen Seite soll der Betroffene aber nicht besser gestellt werden, als es für die Erreichung dieses Zwecks notwendig ist. Er soll also nicht besser stehen, als wenn er von Anfang an die Daten bei einem anderen Dienst hätte verarbeiten lassen. Unter dem Aufwand, der dem Betroffenen erspart bleiben soll, muss grundsätzlich[443] alles verstanden werden, was den Anreiz zum Wechsel eines Dienstes für den Betroffenen im Rahmen der zu verhindernden Lock-In-Effekte derart minimiert, dass ein alleine an der Qualität des Dienstes orientierter Wechsel unterbleibt. Es handelt sich damit von der Zielrichtung gesehen um ein zentral auf die Entscheidungen am Markt bezogenes Tatbestandsmerkmal.

ii. Wahl eines handlungsbezogenen Kriteriums

Es ist dieser Aufwand einer erneuten Erarbeitung des Datensatzes, den der Betroffene im Rahmen des (ggf. auch sehr langfristigen) Verhältnisses zum ersten Verantwortlichen bei diesem unmittelbar und nicht durch Handlungen des Verantwortlichen vermittelt geschaffen hat, der zugunsten des einfachen Wechsels minimiert werden soll. Daher ist es sinnvoll, dass korrespondierend zu der Handlung, die erspart werden soll, ein handlungsbezogenes Einschränkungskriterium gewählt wurde. Durch die Wahl dieses handlungsbezogenen und auf den Einzelnen abstellenden Kriteriums, obwohl nach wettbewerbsrechtlicher Sichtweise mit der Regelung des Art. 20 DSGVO eine marktregulierende Wirkung erzielt werden soll, wird im Gegensatz zum unmittelbaren aufsichtsrechtlichen Eingriff erneut der Ansatz einer mittelbaren Regulierung deutlich, vermittelt durch Rechte des Einzelnen, die in ihrer Gesamtheit einen makroökonomischen Effekt erzielen können.

Dieses handlungsbezogene Kriterium betrachtend wird ein Zusammenhang mit den Voraussetzungen in Art. 20 Abs. 1 lit. a DSGVO hinsichtlich der Verarbeitung aufgrund der Erforderlichkeit zur Vertragserfüllung oder aufgrund

443 Innerhalb der Wortlautgrenzen, vgl. auch die Ausführungen zu Rezensionen und Bewertungen etwa bei Ebay unter III.3.e.ff., nicht erspart bleiben durch das Bereitstellungsmerkmal kann also der Nachteil hinsichtlich der Beziehungen zu Dritten.

einer Einwilligung deutlich.[444] Denn nur in diesen Fällen hat sich der Betroffene bewusst und freiwillig dafür entschieden[445], dass auch Daten über ihn verarbeitet werden, mit denen er den Verantwortlichen versorgt und damit den Aufwand getätigt, den er beim zweiten Verantwortlichen zur Verhinderung von Lock-In-Effekten nicht erneut aufbringen müssen soll. Das Bereitstellen muss daher wie die in Art. 20 Abs. 1 lit. a DSGVO genannten Legitimationsgründe eine Initiative und ein aktives Tätigwerden des Betroffenen – was das bedeutet sogleich – gegenüber dem Verantwortlichen beinhalten und dabei aber die wettbewerblichen Interessen des Verantwortlichen durch eine handlungsbezogen-typisierende Vorauswahl vor Art. 20 Abs. 4 DSGVO[446] berücksichtigen. Diese

---

444 So *M. Strubel*, Anwendungsbereich des Rechts auf Datenübertragbarkeit, ZD, 2017, S. 355, 358, der jedoch daraus den abzulehnenden Schluss einer servicespezifischen Auslegung zieht, vgl. dazu sogleich unter III.3.e.gg; eine Parallele zu Art. 20 Abs. 1 lit. a DSGVO ebenfalls ziehend: *W. Kamlah*, in: Plath (Hrsg.), DSGVO/BDSG, 3. Aufl. 2018, Art. 20 DSGVO, Rn. 7, der jedoch daraus den Schluss entnimmt, dass Eingaben oder das Hinterlassen in „Apps, Einstellungen an technischen Geräten oder Konto" nicht erfasst seien, da in „diesen Fällen […] die Nutzung von technischen Features im Vordergrund" stehe. Der Betroffene könne die Daten selbst wieder löschen und sei nicht schutzbedürftig. Das kann jedoch, weil Art. 20 DSGVO mit der Übertragungsmöglichkeit eine andere Stoßrichtung als die Löschung eröffnen soll, nicht überzeugen. In dieselbe Richtung wie *Kamlah* auch: *S. Gierschmann*, Was „bringt" deutschen Unternehmen die DS-GVO? Mehr Pflichten, aber die Rechtsunsicherheit bleibt, ZD, 2016, S. 51, 54, die aber auch auf die Unzumutbarkeit oder Unmöglichkeit der erneuten Dateneingabe abstellen will, in anderen Fällen aber einen Löschungsanspruch für möglicherweise ausreichend hält. Das Kriterium der Schutzbedürftigkeit ablehnend: *M. Rudolph*, in: Schwartmann u. a. (Hrsg.), DS-GVO/BDSG, 2018, Art. 20 DSGVO, Rn. 44, der dies jedoch mit dem „klaren Wortlaut von Art. 20" DSGVO begründet, was wegen der oben aufgezeigten Probleme bei der Wortlautauslegung (zumindest in dieser ohne Weiteres als Begründung für ausreichend angesehenen Deutlichkeit) nicht vollständig überzeugt.

445 Trotz der praktischen Probleme bei der Einwilligung oder auch der Bestimmung, was zur Vertragserfüllung erforderlich ist, die hier nicht weiter ausgeführt werden, gilt dies aber dennoch zumindest theoretisch.

446 Zur Frage, inwieweit die Interessen des (ersten) Verantwortlichen im Rahmen des Art. 20 DSGVO zu berücksichtigen sind, vgl. III.6.c.cc.; vgl. zudem zur Betonung der Wichtigkeit der Berücksichtigung wettbewerbsrechtlicher Interessen des Verantwortlichen, im Ergebnis aber zu eng: *W. Kamlah*, in: Plath (Hrsg.), DSGVO/BDSG, 3. Aufl. 2018, Art. 20 DSGVO, Rn. 6; die Berücksichtigung von Interessen des Verantwortlichen als mögliches Argument für eine enge Auslegung aufzeigend, aber ebenfalls auf den Ausgleich über Art. 20 Abs. 4 DSGVO verweisend: *P. DeHert/V. Papakonstantinou/G. Malgieri/L. Beslay/I. Sanchez*, The right to data portability in

Vorauswahl muss verhindern, dass sich der zweite Verantwortliche durch die über das bloße Sammeln der Daten hinausgehende Leistung des ersten einen ungerechtfertigten wirtschaftlichen Vorteil verschafft.[447]

Dieses auf ein Tätigwerden bezogene Element lässt Ansichten ausscheiden, die nicht einmal eine bewusste Handlung, die zur Offenlegung der Daten führt, fordern.[448] Durch diesen Ausschluss entsteht auch keine Regelungslücke: In den wenigen Fällen, in denen der Verantwortliche bei Datenerhebung über ihn ohne sein Bewusstsein keinen Löschungsanspruch nach Art. 17 DSGVO oder ein sonstiges anderes Betroffenenrecht neben Art. 20 DSGVO wegen einer unrechtmäßigen Verarbeitung hat, ist die Verarbeitung ohne seine Kenntnis durch höherrangige Interessen gerechtfertigt, etwa aufgrund der Ausschlussgründe in Art. 23 DSGVO.

Gleichzeitig kann die Wahl des Bereitstellungsmerkmals als handlungsbezogenes Zuordnungskriterium zum Betroffenen auch als Kompromisslösung verstanden werden. Damit lassen sich die rechtspolitisch schwierigen Fragen umgehen, die aus Formulierungen wie „seine Daten“ oder „die Daten des Betroffenen“ hinsichtlich des Gedankens des „Eigentums“ an Daten folgen würden.[449] Die Wahl gerade nicht dieser Formulierungen, sondern des hinsichtlich

---

the GDPR: Towards user-centric interoperability of digital services, Computer Law & Security Review, 2018, S. 193, 199.

447 Vgl. *S. Brüggemann*, in: Taeger (Hrsg.), Recht 4.0 – Innovationen aus den rechtswissenschaftlichen Laboren, 2017, Das Recht auf Datenportabilität, S. 1, 6, der an dieser Stelle zudem darauf hinweist, dass es sonst zu einer Verzerrung des Wettbewerbs komme, ohne, dass ein Mehrwert für den Betroffenen bestehen würde – dem kann angesichts der auch wettbewerbsfördernden Komponente, die nicht zwingend einen unmittelbaren Vorteil jedes einzelnen Betroffenen erfordert, nicht ohne Weiteres zugestimmt werden.

448 So wohl *A. Dix*, in: Simitis u. a. (Hrsg.), Datenschutzrecht, 2019, Art. 20 DSGVO, Rn. 8; ausdrücklich gegen das Aufnehmen von Daten, die ohne das Wissen der betroffenen Person erhoben wurden: *C. Piltz*, in: Gola (Hrsg.), Datenschutz-Grundverordnung, 2. Aufl. 2018, Art. 20 DSGVO, Rn. 15; *W. Veil*, in: Gierschmann u. a. (Hrsg.), Kommentar Datenschutz-Grundverordnung, 2018, Art. 20 DSGVO, Rn. 93.

449 Vgl. dazu zum Beispiel: *G. Malgieri*, Property and (Intellectual) Ownership of Consumers' Information: A New Taxonomy for Personal Data, PinG, 2016, S. 133; *P. DeHert/ V. Papakonstantinou/G. Malgieri/L. Beslay/I. Sanchez*, The right to data portability in the GDPR: Towards user-centric interoperability of digital services, Computer Law & Security Review, 2018, S. 193, 201, 203; *D. Schätzle*, Ein Recht auf die Fahrzeugdaten, PinG, 2016, S. 71; auch *J. Stender-Vorwachs/H. Steege*, Wem gehören unsere Daten?, NJOZ, 2018, S. 1361, 1363; Stiftung Datenschutz e.V., Praktische Umsetzung des Rechts auf Datenübertragbarkeit, 3. Aufl., 2018, Verweis auf S. 257, Fn. 67

der Herrschaftsverhältnisse eher neutralen Merkmals, kann weiter auch als Abkehr – oder zumindest nicht als Einführung durch Art. 20 DSGVO – von Konzepten eigentumsähnlicher Positionen an personenbezogenen Daten verstanden werden.[450] So spricht gegen ein Verständnis, das durch Art. 20 DSGVO einen vermögensrechtlichen Charakter vermittelt sieht, auch der Umstand, dass das Recht auf Datenübertragbarkeit nach ErwGr. 27 mit dem Tod des bereitstellenden Betroffenen endet, weil die DSGVO auf Daten Verstorbener keine Anwendung findet.[451]

Der Ansatz der durch ein handlungsbezogenes Tatbestandsmerkmal vermittelten Beschränkung könnte grundsätzlich auch aus herrschaftsrechtlich-datenschutzrechtlicher Sicht einem abstrakt verhältnismäßigen Ausgleich entsprechen. Unterstellt man eine herrschaftsrechtlich-datenschutzrechtliche Kontrollkomponente, lässt es sich als Ausgleich des Datenschutzgrundrechts mit dem konstruieren, was der Verantwortliche durch eigene Beiträge und Leistung aus diesen Daten abgeleitet, weiterverarbeitet oder zusammengeführt hat, was also als Betriebs- oder Geschäftsgeheimnisse grundrechtlichen Schutz genießen könnte[452] bzw. was bei fehlender Berücksichtigung zu negativen Auswirkungen

---

und 68; sehr kritisch: *J. Kühling/F. Sackmann*, Irrweg „Dateneigentum“, ZD, 2020, S. 24. Vgl. auch weitergehend: *H. Schweitzer/M. Peitz*, Ein neuer europäischer Ordnungsrahmen für Datenmärkte?, NJW, 2018, S. 275, 280, die die Einführung von eigentumsähnlichen Rechtspositionen an Daten und ein Recht auf Datenzugang bei nicht-personenbezogenen Daten für notwendig, jedoch bei personenbezogenen Daten das Recht auf Datenportabilität nach Klärung der genauen Ausgestaltung für ausreichend halten. Zugunsten von eigentumsbasierenden Modellen für personenbezogene Daten unter Beachtung des Schutzes der Privatsphäre argumentieren zudem *I. Rubinstein*, Big Data: The End of Privacy or a New Beginning?, IDPL, 2013, S. 74, sowie *P. M. Schwartz*, Property, Privacy, and Personal Data, Harv. L. Rev., 2003, S. 2056. Vgl. zudem auch Facebook, Data Portability and Privacy, 2019, S. 12, eine Abwägungslösung werde als einem Dateneigentumskonzept, auch mit Hinblick auf das Betreffensmerkmal, vorzuziehen („*likely preferable*“) angesehen.

450 Vgl. zur Ablehnung der eigentumsähnlichen Positionen auch den Umstand, dass das Recht auf Datenportabilität nach ErwGr. 27 zur DSGVO mit dem Tod enden soll, was für ein eigentumsähnliches Recht doch zumindest ungewöhnlich wäre (etwa *M. Rudolph*, in: Schwartmann u. a. (Hrsg.), DS-GVO/BDSG, 2018, Art. 20 DSGVO, Rn. 30).

451 Vgl. zu diesem Ende des Rechts aus Art. 20 DSGVO: *M. Rudolph*, in: Schwartmann u. a. (Hrsg.), DS-GVO/BDSG, 2018, Art. 20 DSGVO, Rn. 30.

452 So auch *M. Rudolph*, in: Schwartmann u. a. (Hrsg.), DS-GVO/BDSG, 2018, Art. 20 DSGVO, Rn. 52, der die Kontrollkomponente als zusätzliches Argument für seine relativ weite Auslegung heranzieht; in die Richtung ebenfalls *P. DeHert/*

auf Innovations- und Investitionsanreizen führen kann[453] – zur Problematik dieser notwendigen wettbewerblichen Argumentation auch bei datenschutzrechtlicher Herleitung sogleich v.).

iii. Echtzeitportierung

Durch diese abstrakte Abwägung der betroffenen Positionen im handlungsbezogenen Bereitstellungserfordernis lässt sich auch das Fehlen einer teils als wünschenswert angesehenen (dauerhaften) Portabilität in Echtzeit, also ab Anforderung der Portierung mit fortlaufender Übertragung bzw. Aktualisierung der Daten-sätze[454], verstehen.

Sähe man derartige Konstruktionen mit Echtzeitübertragung vor, könnte dies dazu führen, dass ganz gezielt Branchen entstehen, die sich überhaupt nicht mehr mit der Erhebung von Daten beschäftigen, sondern diese nur noch über eine entsprechende Regelung von Dritten abgreifen. Dadurch würden diejenigen Anbieter, die sich mit der Erhebung der Daten befassen, einen deutlich stärkeren Eingriff in ihre Investitionen und Innovationen erfahren, als dies bei der nur punktuellen Übertragung der Fall wäre.[455] Den Zweck des Art. 20 DSGVO der Sicherstellung einer Unverfälschtheit des Wettbewerbs[456] könnte man durch derartiges Vorgehen als in die andere Richtung verfälscht ansehen, wenn zwar Datenbestände zugänglich gemacht würden, dies aber dazu führt, dass einzelne

---

V. Papakonstantinou/G. Malgieri/L. Beslay/I. Sanchez, The right to data portability in the GDPR: Towards user-centric interoperability of digital services, Computer Law & Security Review, 2018, S. 193, 199, die im Betreffensmerkmal auch einen möglichen Schutzmechanismus zugunsten Geistigen Eigentums des Verantwortlichen sehen.

453 Vgl. auch, die Notwendigkeit einer Abwägung bei der Einräumung von Datenzugang betonend: BMWi, Ein neuer Wettbewerbsrahmen für die Digitalwirtschaft, 2019, S. 33, 37; *S. Elfering*, Unlocking the Right to Data Portability, 2019, S. 28 f.

454 Vgl. zu dieser Forderung: BMWi, Ein neuer Wettbewerbsrahmen für die Digitalwirtschaft, 2019, S. 41, 54, wo dies als für die Angebote konkurrierender ergänzender Dienste „von entscheidender Bedeutung“ angesehen wird, zurecht aber auch darauf hinweisend, dass in Einzelfällen sich ein Anspruch auf Echtzeitübertragung aus Art. 102 AEUV – im dort zitierten Fall (Europäische Kommission, Entscheidung vom 24.03.2004, Case AT.37792 – *Microsoft Arbeitsgruppenserver*) auf die *Essential Facility* Doktrin gestützt – ergeben könne.

455 Vgl. im Zusammenhang von dauerhaft erfolgenden Portabilitätsanfragen mit Datenbankrechten auch *S. Elfering*, Unlocking the Right to Data Portability, 2019, S. 50.

456 Vgl. dazu II.2, 3.

Marktteilnehmer letztlich nur am Daten-Output eines anderen (größeren) Marktteilnehmers hängen.

Unabhängig davon, ob man dieses Ergebnis einer Echtzeitübertragung mit Vorhaltung etwa einer dauerhaften Schnittstelle als zur Wettbewerbsförderung wünschenswert ansieht[457], ist es nicht von Art. 20 DSGVO in seiner momentanen, auch durch das Gesetzgebungsverfahren abgeschwächten Form vorgegeben. Eine Lösung des Bedürfnisses nach oft stattfindenden Datenübertragungen lässt sich zudem über eine entsprechende Auslegung der zeitlichen Komponente des Art. 12 Abs. 5 S. 2 DSGVO erreichen. Das Maß der „exzessiven" Antragsstellung ist für jedes Betroffenenrecht nach den jeweiligen Besonderheiten zu bestimmen[458]; dabei sind folglich auch die Bedürfnisse nach schnellen Datenübertragungen bei Art. 20 DSGVO vor dessen wettbewerbsbezogener Zweckrichtung zu berücksichtigen.

iv. Vorzugswürdigkeit gegenüber der Lösung über Art. 20 Abs. 4 DSGVO

Zwar wäre theoretisch das Erreichen eines ähnlichen Ergebnisses wie es das handlungsbezogene Bereitstellungsmerkmal vertypt erreicht auch über die Einschränkung des Art. 20 Abs. 4 DSGVO denkbar.[459] Die Verschiebung sämtlicher Probleme, die sich im Zusammenhang mit der Datenportabilität aufgrund der Kollision mit anderen Rechtspositionen ergeben war aber nicht im Interesse des Gesetzgebers, wie sich an den einzelnen Tatbestandsmerkmalen in Abs. 1 und Abs. 2 und deren Einfügung über den Lauf des Gesetzgebungsverfahrens zeigt. Sie würde zudem zu einer noch weiter erhöhten Rechtsunsicherheit führen. Das Bereitstellungsmerkmal ist vielmehr als vorgezogene verhältnismäßigkeitsbedingte Beschränkung des Rechts zu verstehen. Das Vorziehen einer abstrakten Verhältnismäßigkeitsprüfung stellt hier darauf ab, wo die Grenze zwischen dem Schutz des durch den Verantwortlichen Erarbeiteten und einem funktionierenden Markt liegt.

---

457 In diese Richtung *S. Elfering*, Unlocking the Right to Data Portability, 2019, S. 23; *J. Drexl*, Data Access and Control in the Era of Connected Devices, 2018 S. 110.

458 Statt vieler: *A. Dix*, in: Simitis u. a. (Hrsg.), Datenschutzrecht, 2019, Art. 12 DSGVO, Rn. 33.

459 Dahingehende Andeutungen auch bei *M. Strubel*, Anwendungsbereich des Rechts auf Datenübertragbarkeit, ZD, 2017, S. 355, 359.

v. *Bereitstellung als wettbewerbsrechtliches Charakteristikum*

Gleichwohl die Herleitung aus der unter ii.) dargestellten datenschutzrechtlichen Argumentation konstruierbar ist, wenn man eine herrschaftsrechtliche Komponente des Datenschutzgrundrechts annimmt, ist auch in der Wahl gerade des Bereitstellens als handlungsbezogenes Einschränkungskriterium ein Umstand zu sehen, der gegen eine datenschutzrechtliche Einordnung des Rechts auf Datenportabilität generell spricht.

Denn es kann selbst bei konstruierter datenschutzrechtlicher Herleitung nur unter zusätzlicher Einbeziehung wirtschaftlicher Überlegungen überzeugen, ein schematisch allein auf die Betroffenenhandlung bezogenes Tatbestandsmerkmal auszuwählen, das die Kontrolle des Betroffenen über die alleine durch den Verantwortlichen durchgeführte Datenverarbeitung als das datenschutzrechtlich zu kontrollierende, mittelbar grundrechtsgefährdende Abwehrobjekt einschränken soll. Die Auslegung folgt daher auch weiter der wettbewerbsrechtlichen Herangehensweise, die aber in keinerlei Widerspruch zum Teilaspekt des mittelbaren Datenschutzes durch den Wettbewerb um datenschutzfreundliche Technologien steht, der sich auch nach dem herrschaftsrechtlichen Verständnis ohne weiteres ins Datenschutzrecht einordnen lässt.

vi. *Die Art der Handlung als Bindeglied zwischen Betroffenem und Verantwortlichem*

Für die Anwendung von Art. 20 DSGVO bedeutet das, dass es für die Bejahung der Bereitstellung eines Vorgangs bedarf, mit dem eine Verbindung zwischen dieser bewussten und gewollten Handlung des Betroffenen und dem Existieren einer Information darüber beim Verantwortlichen hergestellt wird. Diese Zurechenbarkeit ist dann gegeben, wenn die durch voluntative und kognitive Elemente geprägte Verursachungshandlung für das Existieren des Datums beim ersten Verantwortlichen durch den Betroffenen gesetzt wurde.[460] Auf das

460 Teilweise in diese Richtung kann auch der Vorschlag einer vermittelnden, die Bereitstellung „erweiternde" Auslegung von *W. Veil,* in: Gierschmann u. a. (Hrsg.), Kommentar Datenschutz-Grundverordnung, 2018, Art. 20 DSGVO, Rn. 106, verstanden werden, der danach fragen will, ob der Zweck der Datenverarbeitung gerade – wie etwa bei Fitnesstrackern – „im Bereitstellen besteht" (gemeint ist mit Bereitstellen hier wohl das Nutzen des Dienstes, das die Erhebung der Daten zur Folge hat), dies sei aber etwa bei einer Suchmaschine nicht mehr gegeben; eine Aufteilung auf vom Verantwortlichen produzierte („*produced*") Daten und solche, die direkt vom Betroffenen erhalten worden sind („*obtained directly from the data subject*") als Ausgangspunkt für mögliche Ansätze vorschlagend, wobei ebenso zwischen „*received*" und „*observed*

tatsächliche Nachdenken über jede einzelne Datenübermittlung im Zeitpunkt dieser Übermittlung kommt es nicht an. Diese Verbindung muss bezogen auf das Ergebnis des Erhaltens eines Datums über den Betroffenen beim Verantwortlichen verstanden werden: die Bewertung als Bereitstellung ändert sich nicht dadurch, dass – wie zu Art. 13 DSGVO ausgeführt – vermittelnde Handlungen in die Kausalkette eintreten, die den Charakter des Datum nur hinsichtlich der unmittelbaren tatsächlichen bzw. technischen Herkunft und der Kommunikationsumstände ändern, nicht aber hinsichtlich der eigentlich enthaltenen Inhalte der Daten.

Die Daten müssen also durch eine dem Betroffenen zurechenbare Handlung, die dem Verantwortlichen das Material zur Verarbeitung primär zur Verfügung stellt, zum Verantwortlichen gelangt sein. Das gilt unabhängig davon, ob sie für den jeweiligen Dienst erforderlich sind oder nicht.[461] Ausgeschlossen von diesen Daten ist, was nur sekundäres Ergebnis der Datenverarbeitung durch eine weitere Verarbeitung der primären Daten durch den Verantwortlichen ist. Zentral ist nach der hier vertretenen Ansicht das Unterscheiden zwischen primären und sekundären Daten. Nur im Falle der primären Daten kann davon die Rede sein, dass sich der Betroffene einen Aufwand aus wettbewerblicher Sicht erspart, wenn er die Daten nicht erneut übermitteln muss.

ff. Primäre und Sekundäre Daten – Untergliederungen erfasster Daten und diskutierte Praxisfälle

Diese Trennung primärer, bereitgestellter und sekundärer, nicht bereitgestellter Daten führt zur Lösbarkeit der gängigsten potentiell vom Recht auf Datenübertragbarkeit erfassten Fälle. Sie zeigt aber seine Grenzen, besonders hinsichtlich der etwa durch Verbindung zu Dritten bestehenden Netzwerkeffekte[462] erneut

---

data“ unterschieden wird: *P. DeHert/V. Papakonstantinou/G. Malgieri/L. Beslay/I. Sanchez*, The right to data portability in the GDPR: Towards user-centric interoperability of digital services, Computer Law & Security Review, 2018, S. 193, 199 – später (S. 200) ähnlich dem hier vertretenen, aber weniger typisierend, sondern wertender darauf abstellend, ob die Daten auf einer intellektuellen Betätigung des Verantwortlichen („*intellectual activity oft he controller*“) beruhe, wobei ausdrücklich auch „*observed data*“ umfasst seien, solange diese ohne weiteren Aufwand (hier wieder ähnlich) des Verantwortlichen entstanden seien.

461 Zur Frage warum die dienst- oder auch sektorbezogene Erforderlichkeit nicht entscheidend sein kann sogleich unter III.3.e.gg.

462 Vgl. erneut: II.3.a.

auf. Im folgenden Abschnitt werden für einzelne Datenkategorien die Auswirkungen dieses Verständnisses beleuchtet und auf die jeweiligen Probleme eingegangen.

i. Stammdaten

Wie bereits erwähnt fallen unstreitig und auch nach dieser Auslegung die Daten in den Anwendungsbereich von Art. 20 DSGVO, die als Stammdaten zum Beispiel in eine Anmeldemaske oder auch ein Online-Formular eingetragen werden müssen.[463] Darunter sind Angaben zur Person des Betroffenen wie die Adresse, der eingegebene Name, etwaige Konto- oder Kreditkartendaten zur Abwicklung von Zahlungsvorgängen im Zusammenhang mit der jeweiligen Dienstleistung[464] oder sonstige der Dienstleistungsgewährung bzw. sonstige dem Vertragsschluss unmittelbar vorgeschaltet abgefragte Angaben zu verstehen.[465]

ii. Bestelldaten / Beobachtete Daten

Dasselbe gilt aber auch für Bestelldaten.[466] Als Bestelldaten werden hier diejenigen Daten verstanden, die dadurch anfallen, dass ein Betroffener etwa bei einem Online-(Versand-)Händler bestimmte Produkte wiederkehrend bestellt oder auch zum Beispiel bestimmte Musik gestreamt hat – der Begriff ist insoweit

463 Vgl. Fn. 403; auch *C. Piltz*, in: Gola (Hrsg.), Datenschutz-Grundverordnung, 2. Aufl. 2018, Art. 20 DSGVO, Rn. 16; *J. Klink-Straub/T. Straub*, Vernetzte Fahrzeuge – portable Daten, ZD, 2018, S. 459, 461; *P. Swire/Y. Lagos*, Why the Right to Data Portability Likely Reduces Consumer Welfare: Antitrust and Privacy Critique, Maryland Law Review, 2013, S. 335, 347.

464 Wobei selbstverständlich auch erst später mitgeteilte Zahlungsinformationen bei Diensten, deren Grundpaket kostenlos ist, die jedoch kostenpflichtige Erweiterungen beinhalten und erst für diese die Angabe erforderlich ist, z.B. sog. In-App-Käufe, umfasst sind.

465 So auch *M. Rudolph*, in: Schwartmann u. a. (Hrsg.), DS-GVO/BDSG, 2018, Art. 20 DSGVO, Rn. 46, der diese Daten als „von der betroffenen Person gemachte Angaben" zusammenfasst und im Folgenden, Rn. 47, zurecht darauf hinweist, dass die Art des Angabevorgangs wegen des technologieneutralen Charakters irrelevant ist – unter dieser Prämisse sind auch die vorliegend genannten Beispiele der Anmeldemaske oder Onlineformulare zu verstehen.

466 *M. Rudolph*, in: Schwartmann u. a. (Hrsg.), DS-GVO/BDSG, 2018, Art. 20 DSGVO, Rn. 49 f. mit einigen Praxisbeispielen; aA: *W. Kamlah*, in: Plath (Hrsg.), DSGVO/BDSG, 3. Aufl. 2018, Art. 20 DSGVO, Rn. 6; eine Abstellung auf den Einzelfall präferierend: *K. v. Lewinski*, in: Wolff/Brink (Hrsg.), BeckOK Datenschutzrecht, 34. Ed. 2020, Art. 20 DSGVO, Rn. 42.

übereinstimmend mit dem der „Nutzungsdaten“[467], der teils als Oberbegriff dieser Datengruppe, zu der die Bestelldaten gehören, angesehen werden kann. Teils bietet sich aber auch der Begriff der „beobachteten Daten“[468] an, was letztlich nur eine Änderung der Bezeichnungsperspektive vom Betroffenen zum Verantwortlichen bedeutet. Zwar beruhen die mithilfe individueller Algorithmen der serviceanbietenden Verantwortlichen auf diesen Wiedergabelisten oder dem Kaufmuster basierend ermittelten Analyseergebnisse und darauf aufbauende Vorschläge („das könnte Sie auch interessieren“) als sekundäre Verarbeitungsergebnisse nicht mehr unmittelbar auf einer aktiven Handlung des Betroffenen. Doch sind die Daten, die der Betroffene durch seine Historie als Grundlage dieser Berechnungen geliefert hat, als bereitgestellt anzusehen.

Diese können nach einer Übertragung zum zweiten Verantwortlichen entsprechend dessen Analyse ggf. mit eigenen Algorithmen ebenfalls zu einem sekundären Verarbeitungsergebnis weiterverarbeitet werden. Das erspart dem Betroffenen den Aufwand, erneut eine bestimmte Anzahl von Bestellungen tätigen zu müssen, bevor seinen Interessen entsprechende Kaufvorschläge oder aber – etwa bei Streaming-Diensten relevant – eine Playlist entsprechend der analysierten Vorlieben des Betroffenen angeboten werden können. Dieselbe Überlegung kann auch auf die in diesem Zusammenhang teils genannten Auskunfteien[469] übertragen werden. Auch hier muss nach dem Gedanken der Datenportabilität zwar dem Betroffenen erspart bleiben, erneut etwa ein zuverlässiges Zahlungsverhalten über längere Zeit an den Tag legen zu müssen, bis ein vorteilhafter Scorewert[470] von einem anderen Anbieter ausgegeben werden kann.

---

467 So verwendet zum Beispiel von *W. Veil*, in: Gierschmann u. a. (Hrsg.), Kommentar Datenschutz-Grundverordnung, 2018, Art. 20 DSGVO, Rn. 97, aber mit im Ergebnis anderer Auffassung; *M. Westphal/M. Wichtermann*, Datenportierung nach Art. 20 DS-GVO, ZD, 2019, S. 191; auch verwendet bei BMWi, Ein neuer Wettbewerbsrahmen für die Digitalwirtschaft, 2019, S. 54; gemeint ist damit im Zusammenhang mit Art. 20 DSGVO regelmäßig und auch hier nicht der Begriff der Nutzungsdaten nach § 15 Abs. 1 S. 1 TMG, der auf die Daten eines Nutzers beschränkt ist, die erhoben und verwendet werden, weil sie erforderlich sind, um die Inanspruchnahme von Telemedien zu ermöglichen und abzurechnen.

468 Zum Beispiel verwendet von der Artikel-29-Datenschutzgruppe, WP 242 rev.01, 13.12.2016/05.04.2017, S. 11; *C. Piltz*, in: Gola (Hrsg.), Datenschutz-Grundverordnung, 2. Aufl. 2018, Art. 20 DSGVO, Rn. 15.

469 Vgl. z.B. *W. Veil*, in: Gierschmann u. a. (Hrsg.), Kommentar Datenschutz-Grundverordnung, 2018, Art. 20 DSGVO, Rn. 93.

470 Im Ergebnis ähnlich zu Scorewerten, aber auch Trainingsplänen und Gesundheitsbewertungen: *M. Rudolph*, in: Schwartmann u. a. (Hrsg.), DS-GVO/BDSG, 2018,

Dafür ist aber ausreichend, dem neuen Anbieter die Nutzungsdaten, hier also das Zahlungsverhalten, zum Beispiel Betrag und Datum, übertragen zu können. Der Scorewert kann als sekundäres Datum auf Grundlage dieser Primärdaten nach dem Geschäftsmodell des neuen Anbieters ermittelt werden, ohne dass dem Betroffenen oder dem Verantwortlichen dadurch ein unverhältnismäßiger Mehraufwand entstünde.

Wichtig bleibt bei diesen Fällen die Grenzziehung zwischen den bereitgestellten Daten über das eigene Verhalten auf der primären Ebene und den nicht bereitgestellten Daten über die daraus vom Verantwortlichen sekundär ermittelten Vorlieben oder Verhaltensklassifizierungen.

iii. Technische Einstellungen

Nicht überzeugend sind Ansichten, die technische Einstellungen von Diensten per se aus dem Bereitstellen ausklammern wollen.[471] Dem liegt, die Ferne zur alltäglichen Praxis dahingestellt lassend, die unzutreffende und Art. 20 Abs. 3 S. 1 DSGVO übersehende Ansicht zu Grunde, dass nach Ausübung des Rechts auf Datenübertragbarkeit beim ersten Verantwortlichen die Daten nicht mehr weiter vorlägen. So wird teils damit argumentiert, dass der Betroffene die Daten bei technischen Einstellungen auch ohne weiteres selbst löschen könne.[472] Wird dagegen damit argumentiert, dass es dem Betroffenen nicht auf die technischen Features, sondern vordergründig auf „die [Nutzung] eines Dienstes" ankomme[473], wird damit letztlich auf den Inhalt abgestellt, was für den jeweiligen Dienst relevant sei und was nicht. Dass sich derartige sektor- oder servicespezifische Ansätze

---

Art. 20 DSGVO, Rn. 53; weitere Parallelen ziehend zu Arztdiagnosen oder auch Rechtsanalysen: *W. Veil*, in: Gierschmann u. a. (Hrsg.), Kommentar Datenschutz-Grundverordnung, 2018, Art. 20 DSGVO, Rn. 93, die sekundären Daten werden in diesen Fällen und auch bei Scorewerten als „produzierte" Daten bezeichnet; neben den Scorewerten auch auf Nutzerkategorisierungen allgemein Bezug nehmend: Artikel-29-Datenschutzgruppe, WP 242 rev.01, 13.12.2016/05.04.2017, S. 12 und mit weiteren Beispielen auf S. 12 in der dortigen Fn. 21.

471 *W. Kamlah*, in: Plath (Hrsg.), DSGVO/BDSG, 3. Aufl. 2018, Art. 20 DSGVO, Rn. 7; *K. v. Lewinski*, in: Wolff/Brink (Hrsg.), BeckOK Datenschutzrecht, 34. Ed. 2020, Art. 20 DSGVO, Rn. 46, der in diesem Zusammenhang auch Passwörter, Entgeltdaten und biometrische Daten ausschließt.

472 Bei *Lewinski* wird keine Begründung für Ansicht genannt, *Kamlah* argumentiert wie hier beschrieben.

473 *W. Kamlah*, in: Plath (Hrsg.), DSGVO/BDSG, 3. Aufl. 2018, Art. 20 DSGVO, Rn. 7.

hinsichtlich des handlungsbezogenen Bereitstellungsmerkmals nicht als Lösung anbieten, wird sogleich ausgeführt.[474]

Die erfassten Daten sind also praxisbezogen dahingehend eingrenzbar, dass auch beobachtete Daten oder Nutzungsdaten[475] unter den Anspruch fallen, wenn diese Daten durch die Aktivität des Betroffenen generiert wurden, solange der Betroffene Kenntnis von der Generierung hat, die Handlung, die zur Generierung geführt hat, gewollt war und das Erlangen der Daten beim Verantwortlichen bewusst und gewollt zugelassen wird.[476] Durch diese Trennung zwischen primären und sekundären Daten als entscheidende Abgrenzung wird auch deutlich, dass die Befürchtung unbegründet ist, dass es keine Abgrenzung zu Art. 15 DSGVO hinsichtlich der erfassten Daten mehr geben werde, wenn man auch beobachtete Daten als von Art. 20 DSGVO umfasst sieht.[477] Art. 15 DSGVO enthält im Gegensatz zu Art. 20 DSGVO keine vergleichbaren Kriterien an die Datenerlangung und umfasst auch Daten, die im Rahmen von Art. 20 DSGVO sekundäre Daten sind.

iv. Bewegungsdaten

Diese Überlegung hilft auch, für eine weitere Untergruppe der Nutzungsdaten eine Lösung zu finden: das vielzitierte Beispiel der aufgezeichneten Laufstrecke oder der aufgezeichneten Laufzeiten bei einem Fitnesstracker[478] oder anderen

---

474 Vgl. III.3.e.gg.

475 Nutzungsdaten ist im diesem Zusammenhang nicht mit § 15 Abs. 1 TMG gleichbedeutend zu verstehen, sondern orientiert sich an der im Zusammenhang mit der DSGVO vielfach verwendeten englischen Formulierung „[data about a person's] use of a service", vgl. etwa die englische Fassung der „*Guidelines on the right to data portability*" (Artikel-29-Datenschutzgruppe, WP 242 rev.01, 13.12.2016/05.04.2017,), S. 10 der englischen Fassung.

476 So (jedenfalls im Ergebnis zu den Nutzungsdaten jeweils) zutreffend auch: *A. Dix*, in: Simitis u. a. (Hrsg.), Datenschutzrecht, 2019, Art. 20 DSGVO, Rn. 8; *T. Herbst*, in: Kühling/Buchner (Hrsg.), Datenschutz-Grundverordnung/BDSG, 3. Aufl. 2020, Art. 20, Rn. 11; *H.-G. Kamann/M. Braun*, in: Ehmann/Selmayr (Hrsg.), DS-GVO, 2. Aufl. 2018, Art. 20 DSGVO, Rn. 13; *C. Piltz*, in: Gola (Hrsg.), Datenschutz-Grundverordnung, 2. Aufl. 2018, Art. 20 DSGVO, Rn. 16.

477 So etwa *C. Piltz*, in: Gola (Hrsg.), Datenschutz-Grundverordnung, 2. Aufl. 2018, Art. 20 DSGVO, Rn. 15; *C. Piltz*, Datenübertragbarkeit im Beschäftigungsverhältnis – Arbeitgeberwechsel: Und die Daten kommen mit?, RDV, 2018, S. 3, 6.

478 Vgl. dazu unter anderem: *K. v. Lewinski*, in: Wolff/Brink (Hrsg.), BeckOK Datenschutzrecht, 34. Ed. 2020, Art. 20 DSGVO, Rn. 45; *S. Brüggemann*, Das Recht auf Datenportabilität, K&R, 2018, S. 1, 2, der in diesem Zusammenhang von einer „indirekt aber bewusst" erfolgenden Bereitstellung spricht; zu weiteren Beispielen (z.B.

Sensordaten wie etwa auch bei Connected Cars[479] steht beispielhaft für die Daten, die anlässlich der Nutzung bestimmter Geräte und meist durch eine automatisierte Erfassung[480] als Bewegungsdaten zu einer bestimmten Nutzungshandlung entstehen.

Auch in diesen Fällen ist es eine dem Betroffenen zurechenbare Handlung[481], die den letzten Handlungsschritt zur Verarbeitung darstellt. Es ist erneut klar zu unterscheiden zwischen solchen Daten, die der Betroffene zur Erlangung der jeweiligen Dienstleistung[482] generiert und die in Folge dessen in den verarbeitungsbezogenen Herrschaftsbereich des ersten Verantwortlichen gelangen und solchen, die durch eine Verarbeitung der bewusst und willentlich durch den Betroffenen generierten Daten durch den Verantwortlichen als von den primären Daten abgeleitete sekundäre Daten entstehen. Noch einfacher gefasst geht es also darum, ob es für den letzten Verarbeitungsschritt zum Erhalten des fraglichen Datums noch eines über das Aufzeichnen hinausgehenden Beitrags des

---

Smart-Meter, Suchmaschinen) auch *W. Veil,* in: Gierschmann u. a. (Hrsg.), Kommentar Datenschutz-Grundverordnung, 2018, Art. 20 DSGVO, Rn. 95; *S. Brüggemann,* in: Taeger (Hrsg.), Recht 4.0 – Innovationen aus den rechtswissenschaftlichen Laboren, 2017, Das Recht auf Datenportabilität, S. 1, 6.

479 *A. Dix,* in: Simitis u. a. (Hrsg.), Datenschutzrecht, 2019, Art. 20 DSGVO, Rn. 8; vgl. zudem die umfassende Aufzählung von weiteren auf einem ähnlichen Prinzip der technischen Sensorik beruhenden Beispielen bei *M. Rudolph,* in: Schwartmann u. a. (Hrsg.), DS-GVO/BDSG, 2018, Art. 20 DSGVO, Rn. 51, m.w.N.; *J. Klink-Straub/ T. Straub*, Vernetzte Fahrzeuge – portable Daten, ZD, 2018, S. 459, 461.

480 Überzeugend auch dahingehend argumentierend, dass die automatisierte Erfassung schon deswegen gerade dem Wesen der Datenportabilität nach der DSGVO entspreche, weil sie in Art. 20 Abs. 1 S. 1 lit. b DSGVO vorausgesetzt werden und Daten, die wie oft bei einer automatisierten Verarbeitung in die hier beschrieben Gruppe der Nutzungsdaten fallen daher nicht per se aus dem Anwendungsbereich auszuklammern seien: *M. Rudolph,* in: Schwartmann u. a. (Hrsg.), DS-GVO/BDSG, 2018, Art. 20 DSGVO, Rn. 52.

481 Wegen der nahezu uferlosen Ausweitungsmöglichkeiten bei der Forderung nur eines kausalen Beitrags, kann dagegen die Ansicht, dass „irgendeine Initiative im Sinne eines wissentlichen Verhaltens […], in deren Folge der Verantwortliche die Daten erhalten hat" bei *K. Schürmann,* in: Eßer u. a. (Hrsg.), Auernhammer – DSGVO/ BDSG, 6. Aufl. 2018, Art. 20 DSGVO, Rn. 25, ohne weitere Konkretisierung nicht überzeugen.

482 Dienstleistung ist im Bereich der Fitnesstracker z.B. die Zusammenstellung der Laufstatistik, ggf. mit der Feststellung einer Entwicklung der individuellen Leistungen, oder die Antwort auf die Frage, ob das heutige Schrittziel erreicht wurde.

Betroffenen bedarf oder nicht – bedarf es eines solchen Beitrags, ist das Datum bereitgestellt worden.

Auch bei Fitnesstrackern oder Sensordaten von Fahrzeugen ist damit die Frage nach der Bereitstellung hinsichtlich der aufgezeichneten Wegstrecken, Geschwindigkeiten oder sonstigen durch das Verhalten des Benutzers entstehenden Informationen zu bejahen. Die hingegen aus diesen Informationen abgeleiteten Daten, wie ob der jeweilige Benutzer – an seinen Bewegungen und den Vorgaben des Diensteanbieters gemessen – ein „gesundes" Leben oder ein „sicheres" Fahrverhalten an den Tag legt, entstehen nur durch einen Beitrag des Verantwortlichen und sind daher als sekundäre Daten nicht bereitgestellt im Sinne des Art. 20 DSGVO. Nur durch dieses Verständnis, das bereits zurückgelegte Wegestrecken oder Verhaltensweisen in den Satz zu übertragender Daten einbezieht, kann das Bereitstellungsmerkmal zur Erreichung von Anreizen für die Portierung beitragen und entsprechende Hindernisse wettbewerbsfördernd abbauen.

v. Bewertungen, Rezensionen, Kommentare

Das Bereitstellen ist allerdings abzulehnen bezüglich Daten, die als Rezensionen oder Bewertungen von Dritten dem Verantwortlichen als Information über den Betroffenen mitgeteilt wurden.[483]

---

483 Die Einbeziehung von sog. „Reputationsdaten" ablehnend: *C. Busch*, Fairness und Transparenz in der Plattformökonomie, IWRZ, 2018, S. 147, 151, der zudem darauf hinweist, dass an dieser Stelle wegen des generellen Ausschlusses nicht natürlicher Personen aus dem Anwendungsbereich von Art. 20 DSGVO Handlungsbedarf bestünde; für einen Ausschluss im Ergebnis auch *K. v. Lewinski*, in: Wolff/Brink (Hrsg.), BeckOK Datenschutzrecht, 34. Ed. 2020, Art. 20 DSGVO, Rn. 12, 48, der dies damit begründet, dass es sich um „Drittdaten" handle, den Fall der Rezensionen damit solchen Daten gleichstellt, die aufgrund der ausdrücklichen Einwilligung des Betroffenen zum Beispiel im Auftrag desselben durch Dritte zum ersten Verantwortlichen gelangt sind – zur hier vertretenen davon abweichenden Ansicht vgl. III.3.e.dd.; kritisch wegen der damit verbundenen „erheblichen Einbußen" etwa für Verkäufer auf Bewertungsportalen: *G. Spindler*, Die neue EU-Datenschutz-Grundverordnung, Der Betrieb, 2016, S. 937, 945; zum Problem der damit zusammenhängenden *Social Graph Portability*, allerdings das Problem eher aus der Perspektive des Betreffensmerkmals diskutierend, auch: Facebook, Data Portability and Privacy, 2019, S. 14 ff.; sowie *S. Elfering*, Unlocking the Right to Data Portability, 2019, S. 26; *I. Graef*, EU Competition Law, Data Protection and Online Platforms: Data as an Essential Facility, 2016, S. 52 f.

Gegen den generellen Ausschluss von Rezensionen und Bewertungen aus dem Anwendungsbereich des Art. 20 DSGVO spräche erneut einerseits der Kontrollverlust aus herrschaftsrechtlich-datenschutzrechtlicher Sichtweise, andererseits und weiterführend aus wettbewerbsrechtlicher Sicht die Tatsache, dass durch die so fehlende Übertragbarkeit eines erarbeiteten „guten Rufs“ eine zumindest abschreckende Wirkung auftreten kann. Die Wechselanreize werden daher gedämpft und der wettbewerbsfördernde Effekt bei Diensten, die Rezensionen vorsehen, erheblich geschmälert, sodass ein Lock-In-Effekt aufrecht erhalten werden könnte.[484] So könnte zum Beispiel bei eBay oder anderen Verkaufsplattformen, bei denen Verkäufer im Verhältnis zum Betreiber Betroffene sind, eine Übertragung nur ohne die Rezensionen die Folge sein. Grundsätzlich wäre zwar eine Einbeziehung alleine vor dem Hintergrund, ob es sich bei der Einbeziehung um einen verhältnismäßigen Ausgleich zwischen der Leistung des Verantwortlichen und dem vom Betroffenen Erarbeiteten handelt, denkbar. Denn in den meisten Fällen dürfte es vom Verhalten des Betroffenen abhängen, ob dieser eine gute Rezension erhält. Zwar muss auch beachtet werden, dass der Verantwortliche in der Regel die Infrastruktur für die Rezensionen bereitstellt und der die Rezension abgebende die Entscheidung über eine Abgabe neben dem Betroffenenverhalten auch von der jeweiligen Plattform abhängig machen könnte, was wiederum gegen eine Einbeziehung in den Anwendungsbereich des Art. 20 DSGVO als vom Betroffenen bereitgestellt sprechen könnte. Ein eindeutiges Ergebnis lässt sich durch derart abstrakte Überlegungen aber nicht in auf alle denkbaren Fälle übertragbarer Weise finden.

Zielführender ist auch hier das schematische Vorgehen einer Unterteilung in primäre und sekundäre Daten. Das führt zu einem Vergleich dieser Datengruppe mit den bereits als Bestelldaten behandelten Scorewerten: Auch bei diesen ist es das Verhalten des Betroffenen, das von einem anderen (beim Scoring dem Verantwortlichen, bei Rezensionen einem Dritter) mit einer bestimmten wertenden Aussage verknüpft wird, ohne dass der Betroffene einen über sein Verhalten hinausgehenden unmittelbaren Einfluss darauf hat. Unterschiedlich ist nur, dass es bei Scorewerten meist der Verantwortliche ist, der diese Bewertung vornimmt, bei Rezensionen ein Dritter. Es handelt sich bei Rezensionen damit

---

484 Die Mitnahme daher ausdrücklich als zu prüfende Möglichkeit zur Reduzierung von Lock-In-Effekten vorschlagend: Monopolkommission, Hauptgutachten XXI: Wettbewerb 2016, 20.09.2016, Ziff. 1241; auch die Datenethikkommission, Gutachten der Datenethikkommission, 23.10.2019, S. 108, sieht ein Prüfungsbedürfnis für eine auf die Portabilität von Bewertungen hinarbeitende europäischen Regelung.

um sekundäre Daten, die zwar nicht vom Verantwortlichen, aber jedenfalls auch nicht als Primärdaten vom Betroffenen erarbeitet worden und somit nicht als bereitgestellt anzusehen sind. Zwar wäre nach teleologischer Auslegung eine Einbeziehung als bereitgestellt denkbar. Dabei müsste der die äußerste Grenze der Auslegung darstellende Wortlaut[485] aber so überdehnt werden, dass der Formulierung der Bereitstellung durch „sie", also die betroffene Person, die sich in jeder Sprachfassung findet, keinerlei Bedeutung mehr zukäme. Die Rezensionen werden zwar kausal durch das Verhalten des Betroffenen ausgelöst. Eine Zurechnung dieser, für den Betroffenen in der Initiierung nicht kontrollierbare Rezensionsabgabe als Bereitstellungshandlung des Betroffenen wäre aber höchst konstruiert und würde den Wortlaut überdehnen. Daher ist die Einbeziehung von Rezensionen und Bewertungen durch Dritte abzulehnen.

vi. Zwischenfazit

Vorteil der Aufteilung in primäre und sekundäre Daten anhand der beschriebenen Kriterien ist ihre universale Anwendbarkeit. Schlussendlich führt die hier vertretene Abgrenzung zwar in den meisten Fällen zum selben Ergebnis wie die Frage, ob es sich um nicht erfasste „abgeleitete" Daten[486] handelt oder nicht oder auch die Forderung, „veredelte" oder vom Verantwortlichen „produzierte" Daten nicht zu erfassen.[487] Auch dabei wird auf die weitere Verarbeitung der Primärdaten durch den Verantwortlichen abgestellt, deren Ergebnis aus dem Anwendungsbereich des Art. 20 DSGVO als sekundäre Daten ausgenommen wird. Die einfachen Abgrenzungskriterien ermöglichen aber eine eindeutigere Aussage als die Einteilung in verschiedene Untergruppen wie „beobachtete" oder

---

485 Vgl. etwa auch *F. Müller/R. Christensen*, Juristische Methodik – Band II: Europarecht, 3. Aufl., 2012, S. 38 Rn. 23, die feststellen, dass „der Wortlaut […] nach Ausschöpfung aller anderen Canones als Argumentationsziel auch wieder am Ende" stehe, sowie S. 49 ff. Rn. 42, die nationalsprachlichen Wortlaute müssten der „praktische Plausibilitätsraum einer Auslegung bleiben", die nationalsprachlichen Fassungen gelten als „Plausibilitätsskala".

486 In dem Sinne, wie die Artikel-29-Gruppe den Begriff verwendet; vgl. zu den unter Verwendung dieses Begriffs erfolgenden Ausführungen: *K. v. Lewinski,* in: Wolff/Brink (Hrsg.), BeckOK Datenschutzrecht, 34. Ed. 2020, Art. 20 DSGVO, Rn. 47; *C. Piltz,* in: Gola (Hrsg.), Datenschutz-Grundverordnung, 2. Aufl. 2018, Art. 20 DSGVO, Rn. 16; diese Bezug nehmend auf die Einführung dieses Begriffs durch die Artikel-29-Datenschutzgruppe, WP 242 rev.01, 13.12.2016/05.04.2017, S. 10.

487 *W. Veil,* in: Gierschmann u. a. (Hrsg.), Kommentar Datenschutz-Grundverordnung, 2018, Art. 20 DSGVO, Rn. 92.

„abgeleitete“ oder sonst teils inkonsistent beschriebene Daten. Zudem wird das Verhältnis zur wettbewerbsregulierenden Wirkweise des Art. 20 DSGVO durch den Bezug auf eine Aufwandskomponente und die Handlungen des Betroffenen klargestellt.

gg. Probleme und Ablehnung einer sektor- oder servicespezifischen Auslegung

Der Hintergrund der Wettbewerbsförderung kann auch die Überlegung nahelegen, das Bereitstellungsmerkmal über die Differenzierung zwischen primären und sekundären Daten hinaus noch weiter einzuschränken und nur diejenigen Daten als bereitgestellt und damit vom Übertragungsanspruch erfasst anzusehen, die für die Nutzung des jeweiligen Dienstes notwendig sind.[488] Man könnte annehmen, dass nur bei diesen auch ein Interesse des Betroffenen an der Übertragung bestehen würde.[489] Dieser Gedanke bringt zwar den Vorteil, dass wegen der Beschränkung nur auf die notwendigen Daten dem Prinzip der Datenminimierung (Art. 5 Abs. 1 lit. c DSGVO) eher Rechnung getragen werden könnte und dennoch der Wechsel des Anbieters eines Dienstes in einem den Wettbewerb fördernden Maß und mit entsprechender Leichtigkeit denkbar wäre.

Dabei wird aber der entscheidende Punkt außer Acht gelassen, dass Art. 20 DSGVO im Gegensatz zu vielen wettbewerbsrechtlichen Instrumentarien nicht auf gleichartige oder auch nur ähnliche Dienste bzw. Verarbeitungsverantwortliche beschränkt sein soll. Ein Anwendungsgebiet der Datenportabilität nach wettbewerbsrechtlicher Zweckausrichtung liegt gerade auch in der Wettbewerbsförderung zur Schaffung oder Erleichterung von ergänzenden oder erweiternden Diensten. Es können also nicht nur solche Dienste umfasst sein, die für den Betroffenen einen deckungsgleichen Zweck erfüllen.[490] Insbesondere kann es deshalb nicht überzeugen, darauf abzustellen, ob die zu übertragenden Daten zur Verarbeitung beim ersten Verantwortlichen erforderlich sind. Selbst

---

488 Die „service-spezifische“ Auslegung befürwortend: *M. Strubel*, Anwendungsbereich des Rechts auf Datenübertragbarkeit, ZD, 2017, S. 355, 360.

489 *S. Brüggemann*, in: Taeger (Hrsg.), Recht 4.0 – Innovationen aus den rechtswissenschaftlichen Laboren, 2017, Das Recht auf Datenportabilität, S. 1, 5, der auf die Erforderlichkeit für die Nutzung des (ersten) Dienstes abstellt; in diese Richtung auch *P. Krause*, Datenportabilität, PinG, 2018, S. 239, 242, der darauf abstellen will, ob die Daten den „Kern des angebotenen Service“ betreffen, weil „hinsichtlich dieser Daten […] der Betroffene regelmäßig die Kontrollmöglichkeit“ begehre.

490 Vgl. dazu (auch zu weiteren Nachweisen): II.3.c.

bei gleichartigen Diensten werden nicht zwingend dieselben Daten auch vom zweiten Anbieter benötigt oder müssen diese für die Durchführung von dessen Dienst überhaupt ausreichen.

Dasselbe gilt für die Überlegung, dass der Betroffene so besser entscheiden können solle, welche Daten zu einem ähnlichen Dienst ebenfalls bereitzustellen seien, wenn man annimmt, dass ein Zweck des Bereitstellungsmerkmals die Nachvollziehbarkeit sei, welche Daten wie verarbeitet würden.[491] Diese Überlegung verwischt nicht nur das Recht auf Datenportabilität mit bloßen Informationsüberlegungen, die einem Auskunftsanspruch ohne unmittelbarer Weiterverwendungsmöglichkeit zugrunde liegen. Sie steht auch vor dem praktischen Problem, dass angesichts der Anwendbarkeit des Art. 20 DSGVO gerade auch für die Portierung zwischen nicht deckungsgleichen, austauschbaren oder sonst ähnlichen Dienstleistungsanbietern abermals keineswegs sichergestellt ist, dass die Daten auf dieselbe Art und in derselben Zusammenstellung inhaltlich für einen neuen Dienst des zweiten Verantwortlichen benötigt oder verwendet werden können. Die nach dieser Ansicht angestrebte Nachvollziehbarkeit der Verarbeitungsweise beim zweiten Verantwortlichen wäre erst bei einer weiteren Portierung zu einem Dritten möglich – das Problem, ob die Verarbeitungsweise irgendeines Verantwortlichen möglicherweise über Art. 20 Abs. 4 DSGVO geschützt ist, vollkommen außenvorlassend.

In Art. 20 DSGVO wurde, wie die Streichung zuvor bestehender Beschränkungen auf soziale Netzwerke seit der Fassung des Rates[492] zeigt, bewusst auf eine sektorspezifische oder gleichartigkeitsbezogene Einschränkung verzichtet, was sich auch im Merkmal des Bereitstellens fortsetzt.[493] Daher überzeugt es, ein zumindest indirekt wirkendes Gleichartigkeitsmerkmal – denn die Übertragung wäre in vielen Fällen nur noch zwischen solchen gleichartigen Diensten möglich – über eine sektor- oder servicespezifische Auslegung des Bereitstellens einzuführen.[494]

491 So ein Vorschlag der Deutung seitens der Artikel-29-Datenschutzgruppe, WP 242 rev.01, 13.12.2016/05.04.2017, S. 11, Fn. 19.

492 Vgl. dazu: Fn. 193.

493 Anders aber *K. v. Lewinski,* in: Wolff/Brink (Hrsg.), BeckOK Datenschutzrecht, 34. Ed. 2020, Art. 20 DSGVO, Rn. 44, der insbesondere die bei sozialen Netzwerken „typischerweise vorhandenen Daten“ als von der Regelung umfasst sieht.

494 Zum selben Ergebnis kommend, jedoch lediglich durch die Annahme begründet, dass ein derartiges Kriterium „praktisch kaum umsetzbar“ sei, auch: *M. Westphal/ M. Wichtermann*, Datenportierung nach Art. 20 DS-GVO, ZD, 2019, S. 191, 192.

Die Beschränkung von Art. 20 DSGVO über das Bereitstellen auf sektor- oder servicespezifische Erforderlichkeiten als Eingrenzung ist nicht angezeigt.[495]

hh. Fazit – Änderungspotential hinsichtlich des Bereitstellungsmerkmals

Die Probleme bei der Bestimmung des Zugriffsbereichs des Bereitstellungskriteriums in der aktuellen Form des Art. 20 DSGVO verdeutlichen zweierlei.

Auf den ersten Blick ist die nicht eindeutige Auslegung des Begriffs „Bereitstellen" problematisch. Zwar kann einerseits eine eindeutige Auslegung nach Sinn und Zweck in den Grenzen des Wortlauts des Art. 20 DSGVO gefunden werden. Diese erfasst aber andererseits aufgrund der wegen der Handlungsbezogenheit zwingend schematischen Merkmalsnatur nicht alle teleologisch erwünschten Fälle[496], in denen ein zu verhindernder Lock-In-Effekt auftreten und die Innovation beziehungsweise den Wettbewerb verhindern kann. Das Bereitstellungsmerkmal stellt weiterhin ein problematisches Kriterium dar, weil es teilweise für eine Wechselentscheidung wirtschaftlich relevante Daten aus dem Anwendungsbereich ausschließt.

Dieses Problem ließe sich nach aktuellem Stand nur durch eine Umformulierung beheben, etwa indem ein Eingrenzungsmerkmal gewählt wird, das eher Bezug darauf nimmt, ob es bei Vorenthaltung des jeweiligen Datums bei einem Wechsel wahrscheinlich ist, dass der Wechsel deshalb unterbleibt. Zwar verfolgt

---

495 Sähe man das Recht auf Datenportabilität als rein datenschutzrechtliches Instrument an und würde einer herrschaftsrechtlichen Sichtweise folgen, ließe sich die Einschränkung auf gleichartige Dienste beim ersten und beim zweiten Verantwortlichen oder die Frage, ob die Daten für die Diensterbringung durch den ersten Verantwortlichen erforderlich gewesen sei, vor dem Kontrolldogma erst Recht nicht rechtfertigen: Wenn die Kontrolle über die personenbezogenen Daten, die den jeweiligen Betroffenen betreffen, die Maxime des Rechts auf Datenportabilität vor dem Datenschutzgrundrecht wäre, ergäbe sich keine Rechtfertigung, diese Kontrolle in Abhängigkeit von der Art des Dienstes, dem der Betroffene „seine" personenbezogenen Daten hingegeben hat, zu beschränken. Dies ließe sich auch nicht durch Überlegungen zum verhältnismäßigen Schutz des ersten Verantwortlichen rechtfertigen, weil dieser keinen auf Geschäftsgeheimnisse oder den Aufwand bezogenen Vorteil durch die Beschränkung hätte, wenn er alle für seinen eigenen Dienst erforderlichen Daten zur Übertragung dem Betroffenen nach Art. 20 DSGVO zur Verfügung stellen müsste.

496 Vgl. erneut die Bewertungen und Rezensionen, deren Einbeziehung nur unter völliger Überdehnung der Formulierung „die sie [die betroffene Person] bereitgestellt hat" denkbar wäre, III.3.e.ff.vi.

das Kriterium des Bereitstellens nach dem hier Vertretenen eine vergleichbare Zweckrichtung: Es versucht abstrakt, die Verhinderung zusätzlichen, den Wechsel verhindernden Aufwands der erneuten Erarbeitung des gleichen Datensatzes wie beim ersten Verantwortlichen bzw. die Netzwerkeffekte, die durch die Inanspruchnahme der Dienste des ersten Verantwortlichen auftreten können, vermittelt über seine handlungsbezogene Natur, auf mittelbare Weise zu erreichen. Dabei ermöglicht es aber grundsätzlich eine klarere, schematische Umgrenzung als ein allein auf den Aufwand abstellendes Kriterium. Auch würde ein direkt anreizbezogenes Kriterium für mehr Rechtsunsicherheit sorgen, weil es letztlich auf eine Einzelfallbestimmung ankäme. Eine solche Einzelfallbestimmung wird in vielen Bereichen des Datenschutzrechts, wie auch des Wettbewerbsrechts bei der Verwendung unbestimmter Rechtsbegriffe in Kauf genommen. Sie ermöglicht, im Rahmen der Rechtsprechung Fallgruppen zu bilden, wie dies etwa im Lauterkeits- oder Kartellrecht üblich ist. Die Argumentation mit eintretender geringerer Rechtssicherheit als Gegenargument gegen eine die Wechselanreize stärker und direkter beachtende Formulierung ist angesichts des wirtschaftsfördernden Potentials einer weniger schematischen und dafür zielorientierten tatbestandlichen Eingrenzung der erfassten Daten nicht zwingend abschließend überzeugend. Eine potentielle Änderung der Textfassung des Art. 20 DSGVO ist daher an dieser Stelle nicht von vornherein abzulehnen. Dies könnte etwa in die Richtung einer teils angedachten Schnittstellenpflicht gehen, die durch Art. 20 DSGVO in seiner aktuellen Form zwar nicht eingeführt wird, aber gedanklich mit dem Recht auf Datenportabilität zumindest verwandt ist.[497]

f. Das Datenformat

Die dritte zentrale Anforderung, die durch Art. 20 DSGVO aufgestellt wird und die versucht, die schnelle Datenübertragung im Interesse einer Wettbewerbsförderung zu ermöglichen, ist die Beschreibung des Datenformats. Dieses wird in Abs. 1 für den Erhalt der Daten durch den Betroffenen und in Abs. 2 auch für die Übertragung direkt zum zweiten Verantwortlichen wegen des entsprechenden Verweises in Abs. 2 vorgeschrieben. Die Beschreibung des Datenformats besteht

---

497 Vgl. dazu auch sogleich zum Datenformat III.3.f.ee; vgl. zudem etwa die Vorschläge aus der Politik zu einer Schnittstellenpflicht mit Zugang zu Sachdaten in unveränderter Form und personenbezogenen Daten in anonymisierter Form: SPD, Digitaler Fortschritt durch ein Daten-Für-Alle-Gesetz, 2019; wie auch näher aus juristischer Sicht: *H. Schweitzer*, Datenzugang in der Datenökonomie: Eckpfeiler einer neuen Informationsordnung, GRUR, 2019, S. 569.

aus einer faktischen Komponente, die mit der Gängigkeit auf die Gegebenheiten bei den Nachfragern der Datenportabilität und vor allem auch den Verantwortlichen abstellt; diese wird ergänzt um die zwei technischen Komponenten der Strukturiertheit und der Maschinenlesbarkeit.[498]

In ihrer Gesamtheit sollen die einzelnen Voraussetzungen dafür sorgen, dass der Betroffene die Daten ohne größeren Aufwand für Veränderungen an den Daten vom ersten Verantwortlichen erhalten und an den zweiten übertragen kann.[499] Dieser gedankliche Ansatz folgt auch der schon bei der Auslegung des Bereitstellens erkannten Prämisse: Einerseits steht die wettbewerbsrechtliche Zweckrichtung als Teil des gewandelten Datenschutzverständnisses bei Art. 20 DSGVO im Vordergrund. Andererseits erfordert diese Zweckrichtung, dass die Anreize zum Dienstewechsel zugunsten der Innovationsförderung gesteigert werden und dazu unter anderem der Wechselaufwand möglichst gering sein muss. Die jedoch auch bei den Vorgaben für das Übertragungsformat in den verschiedenen Sprachfassungen nur geringe Trennschärfe der einzelnen gewählten Formulierungen kann im Wesentlichen als Zugeständnis an die zumindest theoretisch auch für Art. 20 DSGVO geltende Technologieneutralität gesehen werden.[500]

Der folgende Abschnitt wird zeigen, dass mit den Formatvorgaben der Wechselaufwand dadurch verringert werden soll, dass die Interoperabilität der Systeme der beteiligten Verantwortlichen ermöglicht wird. Die vertretene Auslegung der einzelnen Formatvorgaben sorgt in ihrem Zusammenspiel für die Möglichkeit der Interoperabilität und beachtet aber auch, dass hingegen die Übernahme oder Beibehaltung kompatibler Systeme nicht verpflichtend ist. Bedeutsam ist daher auch die vorgenommene Eingrenzung, was Interoperabilität überhaupt technisch bedeutet.

---

498 *C. Piltz,* in: Gola (Hrsg.), Datenschutz-Grundverordnung, 2. Aufl. 2018, Art. 20 DSGVO, Rn. 21.

499 So auch *T. Herbst,* in: Kühling/Buchner (Hrsg.), Datenschutz-Grundverordnung/BDSG, 3. Aufl. 2020, Art. 20, Rn. 20.

500 Vgl. *H.-G. Kamann/M. Braun,* in: Ehmann/Selmayr (Hrsg.), DS-GVO, 2. Aufl. 2018, Art. 20 DSGVO, Rn. 22, der sogar noch weiter geht und die Voraussetzungen als „Mindestvoraussetzungen an die Mittel […], welche die Interoperabilität [des Formats] ermöglichen" solle – dazu sogleich unter III.3.f.dd. – Bezug nehmen auch auf die Artikel-29-Datenschutzgruppe, WP 242 rev.01, 13.12.2016/05.04.2017, S. 20; zudem: *C. Piltz,* in: Gola (Hrsg.), Datenschutz-Grundverordnung, 2. Aufl. 2018, Art. 20 DSGVO, Rn. 24; *K. Schürmann,* in: Eßer u. a. (Hrsg.), Auernhammer – DSGVO/BDSG, 6. Aufl. 2018, Art. 20 DSGVO, Rn. 34.

aa. Gängigkeit

Mit der Gängigkeit führt Art. 20 DSGVO ein Kriterium ein, das sich nur anhand der faktischen Gegebenheiten im jeweiligen Sektor bestimmen lässt.[501] Damit steht es im Gegensatz zu den Merkmalen des Betreffens und der Bereitstellung, die nicht sektorspezifisch auszulegen sind. Von vielen, dieses Kriterium nur beiläufig behandelnden Beiträgen wird es bisher in seiner Wirkung unterschätzt. Der Frage, ob auf die Gängigkeit beim ersten oder die beim zweiten Verantwortlichen abzustellen ist, kommt eine erhebliche Bedeutung hinsichtlich der wirksam durchsetzbaren Weiternutzung der Daten bei einem zweiten Verantwortlichen zu, was wiederum eine erhebliche Bedeutung für die Anwendung im Einzelfall und die innovationsfördernde Wirkung von Art. 20 DSGVO generell hat.

i. Sektorspezifische Auslegung nach vorherrschenden Praktiken

Würde man zunächst die Gängigkeit nicht nach Sektoren trennen, hätte das auf diejenigen Sektoren, für die nicht – bezogen auf alle Datenformate – eines der zahlenmäßig vielgenutzten Formate genutzt werden kann, die Folge, dass die Datenportabilität nicht erreichbar wäre. Das Merkmal der Gängigkeit muss vielmehr am Stand der Technik und den Praktiken in dem Sektor, in dem Art. 20 DSGVO im Einzelfall angewandt werden soll, das heißt, in dem sich der erste Verantwortliche betätigt, ausgelegt werden und danach, welche Formate von einem zahlenmäßig nicht unerheblichen Teil der Akteure im jeweiligen Sektor genutzt werden.[502]

---

501 So auch die Artikel-29-Datenschutzgruppe, WP 242 rev.01, 13.12.2016/05.04.2017, S. 20; dem ausdrücklich folgend: *K. Schürmann,* in: Eßer u. a. (Hrsg.), Auernhammer – DSGVO/BDSG, 6. Aufl. 2018, Art. 20 DSGVO, Rn. 38.

502 Richtigerweise die Abstellung auf den Stand der Technik und die Marktpraktiken vor allem hinsichtlich der Gängigkeit betonend: *H.-G. Kamann/M. Braun,* in: Ehmann/Selmayr (Hrsg.), DS-GVO, 2. Aufl. 2018, Art. 20 DSGVO, Rn. 23; *C. Piltz,* in: Gola (Hrsg.), Datenschutz-Grundverordnung, 2. Aufl. 2018, Art. 20 DSGVO, Rn. 23; *K. Schürmann,* in: Eßer u. a. (Hrsg.), Auernhammer – DSGVO/BDSG, 6. Aufl. 2018, Art. 20 DSGVO, Rn. 36, die allerdings die eher weite Formulierung eines Formats, das „nicht völlig unüblich, kompliziert oder anderweitig zu speziell sein" dürfe, wählt; *P. Laue/J. Nink/S. Kremer,* Das neue Datenschutzrecht in der betrieblichen Praxis, 2016, § 4, Rn. 66; *C. Piltz,* Die Datenschutz-Grundverordnung, K&R, 2016, S. 629, 634; *S. Elfering,* Unlocking the Right to Data Portability, 2019, S. 21; eher insgesamt hinsichtlich aller Merkmale des Datenformats auf den Stand der Technik abstellen wollend: *W. Kamlah,* in: Plath (Hrsg.), DSGVO/BDSG, 3. Aufl. 2018, Art. 20 DSGVO, Rn. 8; *S. Brüggemann,* in: Taeger (Hrsg.), Recht 4.0 – Innovationen aus

ii. Relative Nutzungshäufigkeit

Zumindest ungenau sind in diesem Zusammenhang Formulierungen, die andeuten, dass die Mehrheit der Marktteilnehmer ein bestimmtes Format verwenden müsse[503], soweit damit die absolute Mehrheit der Marktteilnehmer gemeint ist. Vielmehr können gegebenenfalls auch mehrere nur mit relativer Häufigkeit genutzte Formate in einem bestimmten Sektor jeweils für sich gängig sein.[504] Entscheidend ist entsprechend des wettbewerbsrechtlichen Zwecks[505] von Art. 20 DSGVO, dass die Formate so weit verbreitet sind, dass die Entscheidung des Verantwortlichen zur Wahl eines dieser Formate die Wechselanreize für den Betroffenen nach an der Benutzungshäufigkeit orientierter, über die Gängigkeit typisierend bestimmter Vorauswahl nicht schmälert.

Deshalb kann auch nicht alleine die marktbeherrschende Stellung eines Anbieters dessen Format zum alleine gängigen für einen Sektor machen[506], gleichwohl können die tatsächlichen Gegebenheiten auf dem jeweiligen Sektor durchaus dazu führen, dass dieses Format zu den gängigen gehört.[507] Diese

---

den rechtswissenschaftlichen Laboren, 2017, Das Recht auf Datenportabilität, S. 1; besonders auf die zahlenmäßige Verwendung abstellend und „einen beträchtlichen Teil der Marktteilnehmer" das Format verwendend fordernd: *E. Durmus*, Das Recht auf Datenübertragbarkeit, RDV, 2018, S. 80, 81 f.; sowie *E. Skobel*, Alle Daten kommen mit, PinG, 2018, S. 160, 165; den Stand der Technik als Maßstab ablehnend, weil damit nicht zwingend die weite Verbreitung einherginge: *P. Krause*, Datenportabilität, PinG, 2019, S. 13, 14 f., m.w.N., der eher auf die „allgemeinen anerkannten Regeln der Technik" (vgl. auch BGH NJW 1979, 359, 362 – Kalkar I) abstellen will.

503 *E. Durmus*, Das Recht auf Datenübertragbarkeit, RDV, 2018, S. 80, 82.

504 Vgl. auch *D. Schätzle*, Ein Recht auf die Fahrzeugdaten, PinG, 2016, S. 71, 74, der auf Problematiken bei Bestehen mehrerer gängiger Formate hinweist; zudem erneut *K. v. Lewinski*, in: Wolff/Brink (Hrsg.), BeckOK Datenschutzrecht, 34. Ed. 2020, Art. 20 DSGVO, Rn. 76.

505 Ebenfalls zugunsten einer Auslegung anhand des Zwecks der Regelung plädierend zum Beispiel: *T. Herbst*, in: Kühling/Buchner (Hrsg.), Datenschutz-Grundverordnung/BDSG, 3. Aufl. 2020, Art. 20, Rn. 20.

506 *K. v. Lewinski*, in: Wolff/Brink (Hrsg.), BeckOK Datenschutzrecht, 34. Ed. 2020, Art. 20 DSGVO, Rn. 76; *M. Rudolph*, in: Schwartmann u. a. (Hrsg.), DS-GVO/BDSG, 2018, Art. 20 DSGVO, Rn. 72; *E. Durmus*, Das Recht auf Datenübertragbarkeit, RDV, 2018, S. 80, 82.

507 Ähnlich auch *K. v. Lewinski*, in: Wolff/Brink (Hrsg.), BeckOK Datenschutzrecht, 34. Ed. 2020, Art. 20 DSGVO, Rn. 76, der davon spricht, dass eine Gängigkeit etwa dann in Frage kommt, wenn andere Diensteanbieter das Format des marktmächtigen „akzeptieren"; zudem auch ähnlich: *M. Rudolph*, in: Schwartmann u. a. (Hrsg.), DS-GVO/

Auslegung deckt sich auch mit den Forderungen eines „allgemein gebräuchlichen“ Formats, was teils aus einem Vergleich mit der englischen Fassung hergeleitet wird.[508] Dasselbe gilt für die Forderung eines Formats das „gebräuchlich, allgemein üblich, viel gekauft[509], weit verbreitet und handelsüblich ist“, was auch aus dem „allgemeinen Sprachgebrauch“ hergeleitet wird.[510] Gleichwohl lässt sich daraus keine zusätzliche Aussage zum Inhalt des Tatbestandsmerkmals herleiten, wie auch nicht aus der Forderung, dass es ein „bekanntes und oft genutztes Format“ sein müsse[511].

iii. Verhältnis zu Art. 15 Abs. 3 S. 3 DSGVO

Vereinzelt wird darauf hingewiesen, dass Formatvorgaben bei Art. 20 DSGVO ein Mehr im Vergleich zu denen bei Art. 15 Abs. 3 S. 3 DSGVO bedeuten würden, wo für den Fall der elektronischen Stellung eines Auskunftsanspruchs die Erteilung der Auskunft in einem „gängigen elektronischen Format“ vorgeschrieben wird.[512]

Zwar trifft dies zu, wenn man die Gesamtheit der Formatanforderungen in Art. 20 DSGVO[513] betrachtet. Das Merkmal der Gängigkeit selbst ist aber in beiden Fällen zunächst nicht zwingend unterschiedlich auszulegen[514], wenn

---

BDSG, 2018, Art. 20 DSGVO, Rn. 72, der aber betont, dass durch das Akzeptieren alleine nicht zwingend die Gängigkeit folgt.

508 *W. Veil,* in: Gierschmann u. a. (Hrsg.), Kommentar Datenschutz-Grundverordnung, 2018, Art. 20 DSGVO, Rn. 114.

509 Die Forderung eines „viel gekauften“ Formats ist problematisch, weil die Kostenpflichtigkeit von Formaten gegen das Behinderungsverbot aus Art. 20 Abs. 1 Hs. 2 DSGVO verstoßen kann, vgl. dazu: III.4.a.

510 *M. Rudolph,* in: Schwartmann u. a. (Hrsg.), DS-GVO/BDSG, 2018, Art. 20 DSGVO, Rn. 71.

511 *C. Piltz,* in: Gola (Hrsg.), Datenschutz-Grundverordnung, 2. Aufl. 2018, Art. 20 DSGVO, Rn. 23, wobei offen bleibt, welcher Grad der Bekanntheit und der Oftmaligkeit der Nutzung ausreichen soll.

512 So etwa *W. Kamlah,* in: Plath (Hrsg.), DSGVO/BDSG, 3. Aufl. 2018, Art. 20 DSGVO, Rn. 8; vgl. zu den Anforderungen an die „Kopie“ in Art. 15 Abs. 3 DSGVO auch: *N. Härting,* Was ist eigentlich eine „Kopie“, CR, 2019, S. 219.

513 Vgl. zu einem Begründungsansatz für die unterschiedlichen Anforderungen in Art. 15 Abs. 3 und Art. 20 DSGVO auch *K. v. Lewinski,* in: Wolff/Brink (Hrsg.), BeckOK Datenschutzrecht, 34. Ed. 2020, Art. 20 DSGVO, Rn. 114, der auf das Erfordernis, dass die Kopie „menschenlesbar“ bei Art. 15 Abs. 3, dagegen „maschinenlesbar“ bei Art. 20 DSGVO sein müsse.

514 Ausdrücklich von einem „ähnlichen Begriff in Art. 15 Abs. 3 DSGVO“ sprechend: *H.-G. Kamann/M. Braun,* in: Ehmann/Selmayr (Hrsg.), DS-GVO, 2. Aufl.

man davon ausgeht, dass Gängigkeit gegeben ist, wenn das Format derart weit verbreitet ist, dass der mit dem Format zu erreichende Zweck durch die Formatwahl nicht vereitelt werden kann.[515] Das bedeutet – erneut unter Betrachtung des jeweiligen Anwendungsbereiches der Vorschriften, also des „Marktes" des Formats – für den Auskunftsanspruch, dass das Format bei Art. 15 Abs. 3 S. 3 DSGVO die Informationskenntnisnahme ermöglichen muss.[516] Bei Art. 20 DSGVO bedeutet es hingegen, dass die behinderungsfreie Übertragung beziehungsweise Weiterverwendung des Datensatzes im Wettbewerb gewährleistet sein soll.

iv. Räumliche Bestimmung des relevanten Sektors

Relevanter ist die Eingrenzung der Bezugsgrößen, das heißt auf welchen „Markt" oder auf welchen „Sektor" sich die Gängigkeit beziehen muss. In räumlicher Hinsicht führt kein Weg daran vorbei, die Märkte oder Sektoren nicht an den nationalen Grenzen der Mitgliedsstaaten zu orientieren, sondern eine geographisch unabhängige Bewertung der Gängigkeit vorzunehmen.[517]

Diese nationalen Grenzen spielen in der DSGVO generell nur eine untergeordnete Rolle und haben auch rein praktisch für datenverarbeitende Dienste, auf die Art. 20 DSGVO potentiell Anwendung finden wird, sogar noch weniger Relevanz. Das zeigen auch ErwGr. 10 S. 1 und S. 2 zur DSGVO[518], die die

---

2018, Art. 20 DSGVO, Rn. 23; in diese Richtung auch: *T. Herbst,* in: Kühling/Buchner (Hrsg.), Datenschutz-Grundverordnung/BDSG, 3. Aufl. 2020, Art. 20, Rn. 19; *C. Piltz,* in: Gola (Hrsg.), Datenschutz-Grundverordnung, 2. Aufl. 2018, Art. 20 DSGVO, Rn. 23; dagegen von einem „entscheidenden" Unterscheid aufgrund der Formatvorgaben sprechend, ohne dies auf die über die Gängigkeit hinausgehenden Anforderungen von Art. 20 DSGVO im Vergleich zu Art. 15 Abs. 3 DSGVO einzuschränken und daher nicht gänzlich zu zustimmen: *D. Schätzle,* Ein Recht auf die Fahrzeugdaten, PinG, 2016, S. 71, 74.

515 In diese Richtung, wenn auch weniger deutlich: *M. Rudolph,* in: Schwartmann u. a. (Hrsg.), DS-GVO/BDSG, 2018, Art. 20 DSGVO, Rn. 70.

516 Vgl. auch: *K. v. Lewinski,* in: Wolff/Brink (Hrsg.), BeckOK Datenschutzrecht, 34. Ed. 2020, Art. 20 DSGVO, Rn. 114; *M. Munz,* in: Taeger/Gabel (Hrsg.), DSGVO – BDSG, 3. Aufl. 2019, Art. 20 DSGVO, Rn. 15; in diese Richtung auch *N. Härting,* Was ist eigentlich eine „Kopie", CR, 2019, S. 219, 220.

517 Vgl. so zu Recht: *W. Veil,* in: Gierschmann u. a. (Hrsg.), Kommentar Datenschutz-Grundverordnung, 2018, Art. 20 DSGVO, Rn. 116; *P. Krause,* Datenportabilität, PinG, 2019, S. 13, 15.

518 So auch *W. Veil,* in: Gierschmann u. a. (Hrsg.), Kommentar Datenschutz-Grundverordnung, 2018, Art. 20 DSGVO, Rn. 116.

Beseitigung von Hemmnissen für den Datenverkehr und die gleichmäßige und einheitliche Anwendung der DSGVO-Vorschriften als Ziel vorsehen. Theoretisch ist die Gängigkeit in räumlicher Hinsicht dabei zwar auf den Binnenmarkt beschränkt zu betrachten, in der Praxis werden aber viele Lösungen auf dem Binnenmarkt vor allem aufgrund ihrer internationalen Verbreitung, momentan zum Beispiel in den USA, relevant sein. Bei der Betrachtung der Märkte hat zudem auch die Verbreitung bestimmter Softwarelösungen und entsprechender Formate unter Verbrauchern zumindest mit eine Rolle zu spielen.[519] Zugleich ist aber im Interesse einer effektiven Durchführung des Rechts auf Datenportabilität nicht zu fordern, dass das jeweilige Format „in allen Mitgliedstaaten gleichermaßen gängig" ist.[520] Zwar wird rein tatsächlich ein Format in vielen Fällen in allen Mitgliedstaaten gleichermaßen gängig sein, weil viele Softwarelösungen bis auf die sprachliche Benutzeroberfläche nicht länderspezifisch sind. Erstreckt sich der Markt für einen bestimmten Dienst aber nicht auf alle Mitgliedstaaten, würde eine Auslegung, dass ein Format immer in allen Mitgliedsstaaten gängig sein müsse, Art. 20 DSGVO aushebeln, ohne dass dafür eine teleologische Rechtfertigung vorläge.

v. *Inhaltliche Bestimmung des relevanten Sektors*

Neben der räumlichen Komponente muss der jeweilige Markt zudem auf inhaltlich marktbezogene Weise eingegrenzt werden, was sich letztlich nur am Einzelfall danach bestimmen lässt, welche Gruppe von Verantwortlichen welches Format benutzt.[521]

Nicht deutlich genug wird dabei oftmals eine notwendige Trennung zwischen der Ebene etwa der Waren und Dienstleistungen, mit denen der Betroffene im Rahmen des Wettbewerbs am Ende in Kontakt kommt und der technischen Ebene, die diesen Wettbewerb erst ermöglichen soll. Es kann bei der Gängigkeit und der Abgrenzung des relevanten Marktes in inhaltlicher Sicht nicht nur darum gehen, ob die Verantwortlichen zum Beispiel die gleichen Waren oder Dienstleistungen anbieten, sondern vielmehr darum, ob sie auf ähnliche Weise

---

519 *K. v. Lewinski*, in: Wolff/Brink (Hrsg.), BeckOK Datenschutzrecht, 34. Ed. 2020, Art. 20 DSGVO, Rn. 76; *S. Brüggemann*, Das Recht auf Datenportabilität, K&R, 2018, S. 1, 3.

520 So aber *W. Veil*, in: Gierschmann u. a. (Hrsg.), Kommentar Datenschutz-Grundverordnung, 2018, Art. 20 DSGVO, Rn. 116.

521 So zurecht auch *W. Veil*, in: Gierschmann u. a. (Hrsg.), Kommentar Datenschutz-Grundverordnung, 2018, Art. 20 DSGVO, Rn. 117.

Daten verarbeiten.[522] Dies kann zwar oft zusammenfallen, denkbar sind aber auch Fälle in denen ein Anbieter zweier völlig unterschiedlicher Produkte, bei denen nach hergebrachten kartellrechtlichen Maßstäben keinerlei Substituierbarkeit bestünde, die Daten auf dieselbe Art und Weise verarbeitet. Die auf dem „Markt" der die Daten so verarbeitenden Verantwortlichen vorhandene Gängigkeit der Formate ist daher mitentscheidend.

An diesem Punkt geht das Merkmal der Gängigkeit, das zwar grundsätzlich faktischer, marktorientierter Natur ist, in ein teilweise technisches Merkmal über. Denn es stellt nicht wie üblich auf die Substituierbarkeit von Waren und Dienstleistungen oder eine Marktmacht hinsichtlich dieser Waren oder Dienstleistungen ab. Vielmehr entfaltet es seine wettbewerbsrechtliche Komponente mittelbar, indem es auch auf die vorgeschalteten Datenverarbeitungsprozesse abstellt, die im Rahmen der Nachfrage und des Angebots von Waren und Dienstleistungen in Anspruch genommen werden, um schlussendlich durch die leichtere Verschiebbarkeit von Daten wiederum den Wettbewerb zu fördern.

vi. Fehlende gängige Formate / Proprietäre Formate

Zurecht wird bezüglich der Gängigkeit auch darauf hingewiesen, dass es Märkte geben könne, auf denen noch kein gängiges Format existiere, weil die Dienste neuartig seien. Das Recht auf Datenportabilität könne in diesen Fällen, auch wegen der in ErwGr. 68 S. 7 ausgeschlossenen Verpflichtung, kompatible Datenverarbeitungssysteme zu übernehmen, leerlaufen.[523] Zudem ist es grundsätzlich zwar möglich, dass der Zustand des fehlenden gängigen Formats auf einem Markt durch ausschließliche Verwendung proprietärer Formate herbeigeführt wird[524] und so zugleich die gewünschte Innovationsförderung hinsichtlich

---

522 Angedeutet auch bei *W. Veil,* in: Gierschmann u. a. (Hrsg.), Kommentar Datenschutz-Grundverordnung, 2018, Art. 20 DSGVO, Rn. 117, der verschiedene inhaltliche Abgrenzungsmöglichkeiten aufzeigt.

523 Vgl. etwa: *K. v. Lewinski,* in: Wolff/Brink (Hrsg.), BeckOK Datenschutzrecht, 34. Ed. 2020, Art. 20 DSGVO, Rn. 78; *M. Rudolph,* in: Schwartmann u. a. (Hrsg.), DS-GVO/BDSG, 2018, Art. 20 DSGVO, Rn. 72; *W. Veil,* in: Gierschmann u. a. (Hrsg.), Kommentar Datenschutz-Grundverordnung, 2018, Art. 20 DSGVO, Rn. 116, der sogar davon ausgeht, dass „womöglich in Ermangelung allgemein gebräuchlicher Formate in nur wenigen Fällen Art. 20 überhaupt zur Anwendung kommen" könne.

524 Vgl. zu derartigen Befürchtungen erneut: *K. v. Lewinski,* in: Wolff/Brink (Hrsg.), BeckOK Datenschutzrecht, 34. Ed. 2020, Art. 20 DSGVO, Rn. 78; *W. Veil,* in: Gierschmann u. a. (Hrsg.), Kommentar Datenschutz-Grundverordnung, 2018, Art. 20 DSGVO, Rn. 118; *A. Bapat,* The New Right to Data Portability, Privacy & Data

neuer, eventuell noch unbedeutender Formatlösungen ausbleibt. Entsprechend verbreitete Formate können wiederum grundsätzlich, selbst wenn sie proprietär sind, das Merkmal der Gängigkeit erfüllen, da eine mit dem Wortlaut vereinbare, auf die Zugänglichkeit bezogener Komponente fehlt.[525]

Gleichwohl diesen Gedankengängen grundsätzlich zuzustimmen ist, ist es nicht unwahrscheinlich, dass dies eher ein theoretisches Szenario bleiben wird. Denn eine Vielzahl vorhandener Übertragungsformate baut auf bereits bestehende Architekturen auf.[526] Es ist nicht ersichtlich, warum sich daran für weitere Fortbildungen oder neue Dienste etwas ändern sollte, sodass der Zustand des fehlenden Übertragungsformats nur kurzfristig sein dürfte.[527]

vii. Gängigkeit als konkretisiertes Behinderungsverbot

Bei der Bestimmung der Gängigkeit kann sich nur nach den ersten Verantwortlichen gerichtet werden. Im Falle des Anspruchs auf Erhalt der Daten durch den

---

Protection, S. 3; diese Befürchtungen nicht teilend: *G. Sydow/M. Wilhelm,* in: Sydow (Hrsg.), Europäische Datenschutzgrundverordnung, 2. Aufl. 2018, Art. 20 DSGVO, Rn. 14.

525 Ebenfalls geht (trotz der Befürchtung, dass des Entstehens gängiger Formate verhindert werden könnte) *W. Veil,* in: Gierschmann u. a. (Hrsg.), Kommentar Datenschutz-Grundverordnung, 2018, Art. 20 DSGVO, Rn. 116, davon aus, dass proprietäre Formate grundsätzlich erfasst sind; wohl anders zu verstehen im Ergebnis: *K. v. Lewinski,* in: Wolff/Brink (Hrsg.), BeckOK Datenschutzrecht, 34. Ed. 2020, Art. 20 DSGVO, Rn. 77, der dies jedoch nicht weiter begründet, sondern betont, dass auch offene Formate „nicht per se gängig" seien, weil es dafür auch einer allgemeinen Verbreitung bedürfe; dem folgend: *M. Rudolph,* in: Schwartmann u. a. (Hrsg.), DS-GVO/BDSG, 2018, Art. 20 DSGVO, Rn.; die in diesem Zusammenhang zitierte Artikel-29-Datenschutzgruppe führt im Zusammenhang mit der Gängigkeit zu proprietären oder offenen Formaten nur aus, dass wenn es „für den gegebenen Kontext keine gängigen Formate" gebe, ein „gemeinhin" verwendetes offenes Format verwendet werden solle, vgl. Artikel-29-Datenschutzgruppe, WP 242 rev.01, 13.12.2016/05.04.2017, S. 21; siehe auch *K. v. Lewinski,* in: Wolff/Brink (Hrsg.), BeckOK Datenschutzrecht, 34. Ed. 2020, Art. 20 DSGVO, Rn. 72, der bei offenen Formaten die Strukturiertheit (dazu sogleich) in Frage stellt; zudem: *M. Munz,* in: Taeger/Gabel (Hrsg.), DSGVO – BDSG, 3. Aufl. 2019, Art. 20 DSGVO, Rn. 40.

526 Vgl. zur technischen Seite der Datenformate und der Erfordernisse nach offenen und freien Datenformaten insbesondere IV.2.c.cc.

527 Weniger optimistisch *K. v. Lewinski,* in: Wolff/Brink (Hrsg.), BeckOK Datenschutzrecht, 34. Ed. 2020, Art. 20 DSGVO, Rn. 78.1, der auf die lange Dauer bis zur Herauskristallisierung eines einheitlichen Formats für die elektronische Fahrzeugdiagnose verweist.

Betroffenen nach Art. 20 Abs. 1 Halbs. 1 DSGVO muss der zweite Verantwortliche noch gar nicht feststehen. Im Falle des Art. 20 Abs. 2 DSGVO – also bei der Direktübertragung ohne (zwingendes) vorheriges Erhalten des Datensatzes durch den Betroffenen – ist wiederum im Interesse der einheitlichen Auslegung ebenfalls der erste Verantwortliche entscheidend; das Verwenden beim bekannten zweiten Verantwortlichen nicht gängiger Formate kann aber im Einzelfall im Rahmen des Behinderungsverbots relevant werden.[528]

Nach diesen Feststellungen ist die Gängigkeit im Wesentlichen als ein konkretisiertes Behinderungsverbot bei der Übertragung anzusehen. Durch die zwingend auf einen bestimmten Sektor oder Kreis (erster) Verantwortlicher bezogene Auslegung ergeben sich aber Probleme, wenn ein Format zwar beim ersten Verantwortlichen, aber nicht beim zweiten gängig ist. Die Orientierung am zweiten Verantwortlichen könnte für den ersten einen nicht kalkulierbaren Aufwand bedeuten, da vor allem beim Anspruch auf Erhalt der Daten nicht voraussehbar ist, welcher zweite Verantwortliche die Daten potentiell erhalten soll. Theoretisch müssten alle in Frage kommenden Datenformate vorgehalten werden oder eines ausgewählt werden, das dem Betroffenen aber beim zweiten nicht zwingend weiterhelfen würde.

viii. Zwischenfazit

Am Merkmal der Gängigkeit zeigt sich, dass bei Erlass der Datenportabilitätsregelung in Art. 20 DSGVO von einer Substituierbarkeit oder Sektorgleichheit der Dienste des ersten und des zweiten Verantwortlichen ausgegangen wurde, obschon diese keinerlei Niederschlag in der Textfassung der DSGVO gefunden hat. Die Orientierung am zweiten Verantwortlichen wäre kaum wirtschaftlich vertretbar, die Orientierung am ersten Verantwortlichen wiederum hat nur dann eine sichere innovationsfördernde Wirkung, wenn gleichzeitig eine Sektorgleichheit vorliegt, also das Format, das der erste Verantwortliche für den Datensatz wählt auch beim zweiten überhaupt einsetzbar ist. Das Merkmal der Gängigkeit kann daher – in Abhängigkeit von der technischen Umwandelbarkeit der Datenformate untereinander – ein Hindernis bei der Übertragung zwischen nicht sektorgleichen Verantwortlichen darstellen. Das gilt besonders für

528 Vgl. dazu: III.4.a.cc.iii. – neben die Verwendung eines nicht gängigen Formats müssen aber weitere Umstände treten, weil sonst der erste Verantwortliche die Daten in jedem denkbaren, beim zweiten Verantwortlichen gängigen Format vorhalten oder zumindest in dieses umwandeln müsste.

erweiternde oder ergänzende Dienste, deren Förderung eigentlich vom Gedanken der Datenportabilität nach der *Open-Web*-Bewegung bezweckt war.

bb. Maschinenlesbarkeit – die Nachvollziehbarkeit für Maschinen

Das technische Merkmal der Maschinenlesbarkeit stellt ein formatbezogenes Gegenstück zum erhebungsbezogenen Kriterium des automatisierten Verfahrens dar. Dabei legt die Maschinenlesbarkeit alleine am Wortlaut gemessen angesichts der bestehenden technischen Auslesemöglichkeiten[529] kaum inhaltlich eingrenzende Anforderungen an das Datenformat an. Das gilt vor allem weil das Kriterium des automatisierten Verarbeitungsverfahrens schon einen großen Teil nicht maschinenlesbarer Daten ausschließen dürfte.

Selbst Daten, die ausgedruckt auf Papier festgehalten sind, sind dem Wortlaut nach nicht per se maschinenunlesbar.[530] Dass die Einbeziehung von Papierausdrucken, die etwa OCR-lesbar sind, abzulehnen ist[531], lässt sich am Wortlaut alleine nicht erkennen, ergibt sich allerdings aus dem Sinn und Zweck des Art. 20 DSGVO.

i. Definition nach RL 2013/37/EU

Zwar liefert ErwGr. 21 zur RL 2013/37/EU[532] über die Weiterverwendung von Informationen des öffentlichen Sektors eine Definition der Maschinenlesbarkeit[533], die (zumindest auf den ersten Blick) näher ausdifferenziert ist, als

---

529 Vgl. dazu auch: V.2.c.aa. und bb.

530 *T. Herbst,* in: Kühling/Buchner (Hrsg.), Datenschutz-Grundverordnung/BDSG, 3. Aufl. 2020, Art. 20, Rn. 20; *M. Hennemann*, Datenportabilität, PinG, 2017, S. 5, 7; wohl auch *E. Durmus*, Das Recht auf Datenübertragbarkeit, RDV, 2018, S. 80, 82; anders, die Maschinenlesbarkeit ablehnend und sogleich bejahend: *M. Rudolph,* in: Schwartmann u. a. (Hrsg.), DS-GVO/BDSG, 2018, Art. 20 DSGVO, Rn. 73.

531 Diese einbeziehend aber: *M. Rudolph,* in: Schwartmann u. a. (Hrsg.), DS-GVO/BDSG, 2018, Art. 20 DSGVO, Rn. 73, nach dem im Weiteren die OCR-Lesbarkeit „u.U. denkbar" sei.

532 Richtlinie 2013/37/EU zur Änderung der RL 2003/98/EG über die Weiterverwendung von Informationen des öffentlichen Sektors 26.06.2013; vgl. auch Art. 2 Nr. 6 nach Änderung durch die vorgenannte Richtlinie: Konsolidierter Text: RL 2003/98/EG über die Weiterverwendung von Informationen des öffentlichen Sektors 17.11.2003.

533 Danach ist Maschinenlesbarkeit von „Dokumenten" dann gegeben, „wenn [ein Dokument] in einem Dateiformat vorliegt, das so strukturiert ist, dass Softwareanwendungen die konkreten Daten einfach identifizieren, erkennen und extrahieren können. In Dateien verschlüsselte Daten, die in maschinenlesbarem Format strukturiert sind, sind maschinenlesbare Daten. Maschinenlesbare Formate können offen oder

der alleine aus dem Wortlaut des Art. 20 DSGVO zu Tage tretende Befund.[534] Allerdings grenzt auch diese Definition genau betrachtet die Maschinenlesbarkeit nicht insoweit ein, dass nicht auch Papierausdrucke mit OCR-Lesbarkeit genügen können, die wohl zudem auch „computergesteuert" verwendet werden können.[535] Auch das Hervorheben der Softwareerkennbarkeit[536] schließt letztlich derartige Ausdrucke nicht eindeutig aus. Gleichwohl wird ihre Verwendung aber in vielen Fällen die Umsetzung der Datenportabilität erheblich erschweren; die Übertragung größerer Datensätze wird damit faktisch nahezu ausgeschlossen, auch die Dauer einer Übertragung in Papierform wird die bezweckte Wettbewerbsförderung ausbremsen. Ein Schluss aus diesem offenen Wortlaut ist zudem nicht zwingend, da die Richtlinie zeitlich unterschiedlich einzuordnen ist und mit Daten im öffentlichen Sektor einen unterschiedlichen Anwendungsbereich hat.

ii. Teleologische Auslegung / Definition nach der PSI-RL 2019/1024/EU

Zur Ermöglichgung einer effektiv wettbewerbs- und innovationsfördernden leichten Verschiebbarkeit ist es geboten, die Maschinenlesbarkeit so zu verstehen, dass über die bloße automatisierte Auslesbar- und Softwareerkennbarkeit und die damit theoretische Möglichkeit einer maschinellen Extraktion hinaus das Format bzw. die Darreichungsform der Daten auch gerade dazu bestimmt und zum Zweck konzipiert sein muss, maschinell extrahiert zu werden.[537] Der

---

geschützt sein; sie können einem formellen Standard entsprechen oder nicht. Dokumente, die in einem Dateiformat verschlüsselt sind, das eine automatische Verarbeitung einschränkt, weil die Daten nicht oder nicht ohne Weiteres aus ihnen extrahiert werden können, sollten nicht als maschinenlesbar gelten. Die Mitgliedstaaten sollten die Anwendung offener, maschinenlesbarer Formate gegebenenfalls fördern."

534 Vgl. auch *T. Herbst,* in: Kühling/Buchner (Hrsg.), Datenschutz-Grundverordnung/BDSG, 3. Aufl. 2020, Art. 20, Rn. 20; Artikel-29-Datenschutzgruppe, WP 242 rev.01, 13.12.2016/05.04.2017, S. 20; *S. Elfering*, Unlocking the Right to Data Portability, 2019, S. 21; *P. DeHert/V. Papakonstantinou/G. Malgieri/L. Beslay/I. Sanchez,* The right to data portability in the GDPR: Towards user-centric interoperability of digital services, Computer Law & Security Review, 2018, S. 193, 197.

535 Zu dieser Forderung: *W. Veil,* in: Gierschmann u. a. (Hrsg.), Kommentar Datenschutz-Grundverordnung, 2018, Art. 20 DSGVO, Rn. 120.

536 So etwa *T. Herbst,* in: Kühling/Buchner (Hrsg.), Datenschutz-Grundverordnung/BDSG, 3. Aufl. 2020, Art. 20, Rn. 20.

537 So auch zutreffend: *K. v. Lewinski,* in: Wolff/Brink (Hrsg.), BeckOK Datenschutzrecht, 34. Ed. 2020, Art. 20 DSGVO, Rn. 75, der zudem eine Parallele zu § 2 Nr. 5 IWG zieht; ebenso *E. Durmus*, Das Recht auf Datenübertragbarkeit, RDV, 2018, S. 80, 82; *A. Gerl/*

textliche Befund des Art. 20 DSGVO oder der Erwägungsgründe steht dieser Auslegung nicht entgegen, hingegen wäre die Erreichung eines makroökonomischen Effekts der Datenportabilität bei Einschluss der Papierform nahezu ausgeschlossen. Diese Einschränkung würde elektronische Formate erfassen, jedoch Papierausdrucke grundsätzlich ausschließen. Sie wäre erneut einer Lösung über das unbestimmte Behinderungsverbot vorzuziehen, das grundsätzlich ebenfalls Anwendung finden kann, wenn bewusst Papierausdrucke verwendet werden, um so die Datenportabilität zu erschweren.

Ein ähnliches Ergebnis deutet – wenn auch aus denselben Gründen wie schon die RL 2013/37/EU nicht aus sich heraus verbindlich – auch Art. 2 Abs. 3 der neugefassten und ab 2021 geltenden PSI-Richtlinie (RL 2019/1024/EU[538]) an. Nach der dortigen Definition für ein „maschinenlesbares Format" ist maschinenlesbar „ein Dateiformat, das so strukturiert ist, dass Softwareanwendungen konkrete Daten, einschließlich einzelner Sachverhaltsdarstellungen und deren interner Struktur, leicht identifizieren, erkennen und extrahieren können". Auch hier wird über die bloße softwaregestützte Erkennbarkeit hinaus die leichte maschinelle Extrahierung besonders betont; die Möglichkeit auch OCR-lesbare Papierausdrucke darunter zu subsumieren ist angesichts des Zusatzes der leichten Identifizierbarkeit interner Strukturen eher fernliegend.

iii. *Einschränkung auf elektronische Formate*

Letztlich ist hinsichtlich des Merkmals der Maschinenlesbarkeit eine Einschränkung der in Frage kommenden Datenformate auf elektronische Formate, die eine softwaregestützte Auslesbarkeit sicherstellen, vor dem Sinn und Zweck des Art. 20 DSGVO vorzunehmen.[539]

Die insoweit von Art. 15 Abs. 3 S. 3 DSGVO abweichende Formulierung in Art. 20 DSGVO ist wegen des teilweisen Gleichlaufs, soweit ein elektronisches Format gefordert ist, unglücklich. Sie verbietet aber nicht, das Erfordernis des

---

D. Pohl, in: Praktische Umsetzung des Rechts auf Datenübertragbarkeit, 3. Aufl., The Right to data portability between legal possibilities and technical boundaries, S. 204–220, 204, 211.

538 Richtlinie (EU) 2019/1024 über offene Daten und die Weiterverwendung von Informationen des öffentlichen Sektors – PSI-Richtlinie 20.06.2019 – vgl. zu dieser auch im Zusammenhang mit der Frage des Ausschlusses der Datenportabilität bei Wahrnehmung öffentlicher Interessen: III.6.b.dd.

539 An dieser Stelle ist allerdings auf die Definition aus der PSI-Richtlinie nicht ganz eindeutig; vgl. zu dieser RL auch weiter: BMWi, Ein neuer Wettbewerbsrahmen für die Digitalwirtschaft, 2019, S. 45 ff.

elektronischen Formats als Bestandteil der Maschinenlesbarkeit anzusehen. Das Erfordernis eines elektronischen Formats in Art. 15 DSGVO ist zunächst vom Wortlaut hinsichtlich der Vorgaben für das Format enger bzw. stellt strengere Anforderungen. Der Wortlaut der Maschinenlesbarkeit betrachtet das Format von der Empfängerseite und bewertet darüber indirekt das Format, während der Wortlaut „elektronisch" sich direkt auf das Format bezieht und genaue Anforderungen an dessen Klassifizierung stellt. Bei inhaltlicher Betrachtung ist das Fordern eines elektronischen Formats aber mangels Erfordernisses der inhaltlichen Auslesbarkeit der Informationen weiter bzw. stellt schwächere Anforderungen.[540] Denn die Anforderung der Maschinenlesbarkeit enthält zwar nach dem oben ausgeführten einerseits das Erfordernis des elektronischen Formats, geht aber in Zusammenschau mit der ebenfalls erforderlichen softwaregestützten Auslesbarkeit darüber hinaus.

Bei Art. 15 Abs. 3 S. 3 DSGVO ergibt sich, im Gegensatz zu Art. 20 DSGVO, das Erfordernis eines elektronischen und zugleich softwaregestützten Formats mangels zugrundeliegenden Gedankens einer späteren Portierung nicht notwendig aus dem Sinn und Zweck[541] der Regelung: Es geht bei Art. 15 DSGVO nur um den Weg der Informationen zum Betroffenen, nicht um den eventuellen Weg vom Betroffenen zu einem zweiten Verantwortlichen. Die ausdrückliche Klarstellung in Art. 15 DSGVO ist vielmehr als eine Gesetzgeberentscheidung zur Ablauferleichterung zugunsten des Betroffenen zu verstehen – dieser könnte dieselben Informationen zweckwahrend auch in nicht elektronischer Weise erhalten – während sie sich bei Art. 20 DSGVO vor dem Hintergrund einer realistischen praktischen Umsetzung ergibt und daher Teil der Maschinenlesbarkeit als Oberbegriff ist.

---

540 Vgl. etwa *A. Dix*, in: Simitis u. a. (Hrsg.), Datenschutzrecht, 2019, Art. 15 DSGVO, Rn. 31, der die Maschinenlesbarkeit als strengere Anforderung als nur ein elektronisches Format ansieht; *D. Schätzle*, Ein Recht auf die Fahrzeugdaten, PinG, 2016, S. 71, 74, sieht hingegen wohl „elektronisch" und „maschinenlesbar" als inhaltsgleich an – was allerdings in vielen Fällen auch tatsächlich praktisch der Fall sein dürfte.

541 Sinn und Zweck des Auskunftsrechts ist es, den Betroffenen in Kenntnis von einer Datenverarbeitung zu setzen und diese auf die Rechtmäßigkeit hin prüfen zu können, vgl. etwa: *F. Schmidt-Wudy*, in: Wolff/Brink (Hrsg.), BeckOK Datenschutzrecht, 34. Ed. 2020, Art. 15 DSGVO, Rn. 2; *N. Härting*, Was ist eigentlich eine „Kopie", CR, 2019, S. 219, 220 f.; auch *K. v. Lewinski*, in: Wolff/Brink (Hrsg.), BeckOK Datenschutzrecht, 34. Ed. 2020, Art. 20 DSGVO, Rn. 114, der den Unterschied zwischen der im Rahmen von Art. 15 DSGVO relevanten Verständlichkeit und der bei Art. 20 DSGVO relevanten Verständlichkeit für Maschinen hervorhebt.

Das Ändern der Formulierung dieser Anforderung im Gesetzestext im Laufe des Gesetzgebungsverfahrens[542] muss als zum Erstreben maximaler Technologieoffenheit und gleichzeitig Sicherstellung der einfacheren inhaltlichen Weiterverwendung der Daten gewählt angesehen werden. Eine Anwendung von Art. 20 DSGVO im nicht elektronischen Kontext wurde während des Gesetzgebungsverfahrens nicht in Betracht gezogen. Das Wort „elektronisch" wurde im Ergebnis durch „maschinenlesbar" ersetzt und damit erweitert, als nach dem vorläufigen Streichen des Rechts auf Datenportabilität nach Art. 18 DSGVO-E im Parlamentsentwurf und dem Zusammenfügen mit dem Auskunftsrecht nach Art. 15 DSGVO-E[543] die Datenportabilität vom Rat erneut als eigenständig formulierter Art. 18 DSGVO-E eingefügt wurde.

iv. Zwischenfazit

Die Maschinenlesbarkeit stellt auf der einen Seite, wie schon die Gängigkeit, ein letztlich konkretisiertes Behinderungsverbot dar, weil ohne sie die Übertragung wesentlich erschwert würde. Die Ausgestaltung des Art. 20 DSGVO hat die Übertragbarkeitsermöglichung zum Ziel, weshalb von der Maschinenlesbarkeit die Voraussetzung eines elektronischen Formats umfasst wird, was insoweit den Kreis zur automatischen Erhebung nach Art. 20 Abs. 1 DSGVO schließt.

cc. Strukturiertheit – die Nachvollziehbarkeit für den Betroffenen

Die zweite technische Komponente der Anforderungen an das Datenformat stellt die Strukturiertheit dar. Im Unterscheid zur Maschinenlesbarkeit ist sie nicht auf den Auslesevorgang und dessen Erleichterung im technischen Sinn bezogen, sondern betrifft die inhaltliche Ordnung der Daten.[544] Die Daten müssen nach

---

542 Vgl. zur Gegenüberstellung der Entwurfsfassungen die Synopse der Entwurfsfassungen im Anhang (VI.), sowie: BayLDA, Trilog – Synopse der DS-GVO.

543 Vgl. Europäisches Parlament, Legislative Entschließung des Europäischen Parlaments vom 14. April 2016 zu dem Standpunkt des Rates in erster Lesung im Hinblick auf den Erlass der Verordnung des Europäischen Parlaments und des Rates zum Schutz natürlicher Personen bei der Verarbeitung personenbezogener Daten, zum freien Datenverkehr und zur Aufhebung der Richtlinie 95/46/EG (Datenschutz-Grundverordnung) (05419/1/2016 – C8-0140/2016 – 2012/0011(COD)) (Ordentliches Gesetzgebungsverfahren: zweite Lesung), 2016.

544 So richtigerweise: *W. Veil*, in: Gierschmann u. a. (Hrsg.), Kommentar Datenschutz-Grundverordnung, 2018, Art. 20 DSGVO, Rn. 111 ff., der betont, dass es dabei nicht um die Struktur des Formats, sondern der Daten selbst ginge; ebenso: *M. Munz*,

ihrer Datenart in nachvollziehbarer Weise angeordnet sein, der Datensatz muss eine nachvollziehbare Gesamtstruktur haben.[545] Diese Nachvollziehbarkeit muss sich, wie gezeigt werden wird, aus der Perspektive des Betroffenen ergeben.

i. Vergleich mit Art. 4 Nr. 6 DSGVO

Teilweise wird zur Auslegung des Begriffs der Strukturiertheit ein Schluss aus Art. 4 Nr. 6 DSGVO gezogen. Dort wird ein „Dateisystem" als „strukturierte Sammlung personenbezogener Daten, die nach bestimmten Kriterien zugänglich sind, unabhängig davon, ob diese Sammlung zentral, dezentral oder nach funktionalen oder geografischen Gesichtspunkten geordnet geführt wird" definiert.[546] Daraus wird der Schluss gezogen, dass die Daten nach bestimmten Kriterien geordnet sein müssten. Die Grenze zur Unstrukturiertheit sei nicht davon abhängig, ob die Struktur logisch und leicht verständlich sei, sondern davon, ob die „personenbezogenen Daten auch bei Nutzung bestimmter Kriterien nicht mehr gefunden werden" könnten.[547]

Bei derartiger Heranziehung des Art. 4 Nr. 6 DSGVO wird aber – ganz unabhängig davon, ob sich aus diesem ergibt, dass die Nachvollziehbarkeit nicht aus Sicht des Betroffenen bestehen muss – übersehen, dass der Begriff der Strukturiertheit zwar in Art. 4 Nr. 6 DSGVO wie in Art. 20 DSGVO verwendet wird, er jedoch auch dort nicht definiert wird. Er wird ebenfalls als Anforderung,

---

in: Taeger/Gabel (Hrsg.), DSGVO – BDSG, 3. Aufl. 2019, Art. 20 DSGVO, Rn. 37; *S. Elfering*, Unlocking the Right to Data Portability, 2019, S. 21.

545 *K. v. Lewinski,* in: Wolff/Brink (Hrsg.), BeckOK Datenschutzrecht, 34. Ed. 2020, Art. 20 DSGVO, Rn. 70; *C. Piltz,* in: Gola (Hrsg.), Datenschutz-Grundverordnung, 2. Aufl. 2018, Art. 20 DSGVO, Rn. 23; wobei dieser darauf hinweist, dass nicht zwingend eine leichte oder logische Verständlichkeit gegeben sein müsse, was so auch von *E. Durmus*, Das Recht auf Datenübertragbarkeit, RDV, 2018, S. 80, 81, wiedergegeben wird, der auf *H.-G. Kamann/M. Braun,* in: Ehmann/Selmayr (Hrsg.), DS-GVO, 2. Aufl. 2018, Art. 20 DSGVO, Rn. 23, verweist, welcher aber nur (zutreffend) darauf hinweist, dass Art. 20 DSGVO keine konkrete Struktur vorgebe; vgl. zudem: *M. Rudolph,* in: Schwartmann u. a. (Hrsg.), DS-GVO/BDSG, 2018, Art. 20 DSGVO, Rn. 68; *C. Piltz*, Die Datenschutz-Grundverordnung, K&R, 2016, S. 629, 634.

546 So etwa *M. Rudolph,* in: Schwartmann u. a. (Hrsg.), DS-GVO/BDSG, 2018, Art. 20 DSGVO, Rn. 68; *W. Veil,* in: Gierschmann u. a. (Hrsg.), Kommentar Datenschutz-Grundverordnung, 2018, Art. 20 DSGVO, Rn. 113, der diese Definition aber nicht zur Ziehung weiterer Schlüsse verwendet, sondern sie nur nennt.

547 *M. Rudolph,* in: Schwartmann u. a. (Hrsg.), DS-GVO/BDSG, 2018, Art. 20 DSGVO, Rn. 68, da dies etwa bei HTML oder TXT-Dateien nicht der Fall sei, lasse „sich in Frage stellen".

bei Art. 4 DSGVO an die Sammlung der Daten, verwendet. Die Anfügung der Zugänglichkeit (der strukturierten Sammlung) nach bestimmten aufgezählten Kriterien ist daher grammatikalisch nicht zwingend die Definition des Begriffs der Strukturiertheit.

ii. Teleologischer Vergleich mit dem Auskunftsrecht

Auch an dieser Stelle hilft aber der Blick auf den Sinn und Zweck der Norm weiter, vor allem erneut in Abgrenzung zum Auskunftsrecht. Art. 20 DSGVO soll den Betroffenen nicht bloß darüber in Kenntnis setzen, welche Daten verarbeitet werden[548], um ihn in die Lage zu versetzen, seine sonstigen Rechte auszuüben. Vielmehr soll das Verschieben oder Weiternutzen der bereitgestellten Daten erleichtert werden, um den Wettbewerb zu fördern. Dazu bedarf es zunächst keiner zwingenden inhaltlichen Kenntnisnahme vom Aufbau des Datensatzes. Deshalb wäre es denkbar, eine logische oder leichte Verständlichkeit für den Betroffenen durch Art. 20 DSGVO als Vorgabe abzulehnen, weil man das Fehlen der Erkennbarkeit als Ausdruck der eher technischen Notwendigkeit einer Struktur zur Weiterverwendung der Daten ansehen könnte, die unabhängig von der Nachvollziehbarkeit der Datenstruktur selbst durch den Betroffenen ist.

Allerdings greift dieser Ansatz aus zweierlei Gründen zu kurz. Zum einen soll das Recht auf Datenportabilität nicht nur das Übertragen zu deckungsgleichen Diensten ermöglichen, sondern auch zu solchen eines anderen Sektors. Ein solcher Dienst auf einem anderen Sektor wiederum benötigt nicht zwingend alle Daten, die ein Betroffener in dem Datensatz, den er vom ersten Verantwortlichen nach Art. 20 Abs. 1 Halbs. 1 DSGVO erhält, vorfindet. Erhält der Betroffene aber alle Daten in einer für eine natürliche Person nicht verständlichen Art und Weise, kann er die Daten, die übermittelt werden sollen nicht von denjenigen unterscheiden, die nicht übermittelt werden sollen. Zugleich kann dem Betroffenen nicht aufgebürdet sein, dem zweiten Verantwortlichen, der einen nicht deckungsgleichen Dienst betreibt, vorsorglich alle Daten, die der Betroffene erhalten hat, zu übermitteln, damit der zweite Verantwortliche sodann die für seinen Dienst relevanten Daten aussortiert.

---

548 Anders: *E. Durmus*, Das Recht auf Datenübertragbarkeit, RDV, 2018, S. 80, 81, nach dem es nahe liege, eine Auslegung zu wählen, die die Daten für den Betroffenen nachvollziehbar mache, was im Transparenzgebot begründet sei – dabei allerdings auf Art. 15 DSGVO, der vor allem im Zusammenspiel mit Art. 20 DSGVO jedenfalls auf den ersten Blick genau diese Funktion erfüllt, nicht eingehend.

iii. Kategoriebezogene Nachvollziehbarkeit für den Betroffenen

Die Strukturierung muss also zu einer Nachvollziehbarkeit des Inhalts des Datensatzes für den Betroffenen führen, damit dieser entscheiden kann, ob und wie er seine Daten weiterübermittelt.

Dieses Erfordernis darf auf der anderen Seite aber wiederum nicht dazu führen, dass der Datensatz so aufgeschlüsselt werden muss, dass der Betroffene beim erneuten Übermitteln an den zweiten Verantwortlichen einen Aufwand hätte, der (zumindest hinsichtlich der nicht unter die Kategorie der beobachteten oder Bestelldaten fallenden Daten) vergleichbar mit dem Neubereitstellen wäre. Es entspricht vielmehr dem Sinn und Zweck des Art. 20 DSGVO, unter der Strukturiertheit die Einteilung in abstrakte, aber für die praktische Weiterverwendung nützliche Kategorien wie die Art der Erhebung (etwa als sog. Stammdaten oder als beobachtete Daten[549]) oder die Zeit der Erhebung zu fassen. Aus diesem Grund kann das Erfordernis einer kategorienbezogenen inhaltlichen Nachvollziehbarkeit für den Betroffenen auch nicht deshalb abgelehnt werden, weil dieser einen Anspruch nach Art. 15 DSGVO stellen könnte: Dieser wäre zwar denkbar, würde aber nicht zu einem derart schnellen Weiterübermitteln verhelfen, wie es Art. 20 DSGVO beabsichtigt und einen zusätzlichen Vergleichsaufwand des nach Art. 15 DSGVO und des nach Art. 20 DSGVO erhaltenen Datensatzes bedeuten.

iv. Zwischenfazit

Ein Verständnis, das keine für den Betroffenen nachvollziehbare Kategorisierung befürwortet, würde letztlich hinsichtlich der Strukturiertheit nicht mehr fordern, als ohnehin schon durch die Maschinenlesbarkeit gefordert ist, nachdem diese nur gegeben ist, wenn die Daten auch elektronisch und softwaregestützt ausgewertet werden können. Dafür ist zwingend eine technische Kategorisierung erforderlich. Der darüberhinausgehende Bedeutungsgehalt liegt vielmehr in der Nachvollziehbarmachung für den Betroffenen.

dd. Interoperabilität – Gewünschtes Ergebnis der Formatanforderungen

Die zuvor beschriebenen Formatanforderungen aus dem Text des Art. 20 DSGVO münden in ihrem Ergebnis in ein Zusammenspiel, das einen Kompromiss

549 Vgl. III.3.e.ff.

darstellt zwischen der Forderung von Interoperabilität[550] (die sich ausdrücklich nur in Art. 20 der Entwurfsfassung des LIBE-Ausschusses[551] fand) und einer vollkommen ausgelassenen Formatvorgabe. Sie stellen die Interoperabilität jedoch nicht als direkte Verpflichtung auf, die Erwähnung der Interoperabilität in ErwGr. 68 S. 2 zur DSGVO ist nur als Aufforderung gestaltet. Der Begriff der Interoperabilität fällt wegen dieses auf den ersten Blick nicht eindeutigen Verhältnisses und trotz fehlender ausdrücklicher Normierung eines Interoperabilitätserfordernisses im eigentlichen Normtext des Art. 20 DSGVO in jedem Beitrag zur Datenportabilität. Die Interoperabilität ist dabei aber keine Formatvorgabe, vielmehr soll das Zusammenspiel der den Begriff der Interoperabilität vermeidenden Aufzählung „strukturiert, gängig, maschinenlesbar" als Ergebnis die Interoperabilität[552] von Systemen sicherstellen, die bei der Übertragung Formate verwenden, die diese drei Anforderungen erfüllen.

550 Vgl. zu den technischen Anforderungen im Zusammenhang mit der Interoperabilität: V.2.

551 Ausschuss für bürgerliche Freiheiten, Justiz und Inneres, Bericht über den Vorschlag für eine Verordnung des Europäischen Parlaments und des Rates zum Schutz natürlicher Personen bei der Verarbeitung personenbezogener Daten und zum freien Datenverkehr (allgemeine Datenschutzverordnung) – (COM(2012)0011 – C7-0025/2012 – 2012/0011(COD)).

552 So auch: *K. v. Lewinski,* in: Wolff/Brink (Hrsg.), BeckOK Datenschutzrecht, 34. Ed. 2020, Art. 20 DSGVO, Rn. 68, in Anlehnung an Artikel-29-Datenschutzgruppe, WP 242 rev.01, 13.12.2016/05.04.2017, S. 20; *K. Schürmann,* in: Eßer u. a. (Hrsg.), Auernhammer – DSGVO/BDSG, 6. Aufl. 2018, Art. 20 DSGVO, Rn. 35; *W. Veil,* in: Gierschmann u. a. (Hrsg.), Kommentar Datenschutz-Grundverordnung, 2018, Art. 20 DSGVO, Rn. 109; *M. Munz,* in: Taeger/Gabel (Hrsg.), DSGVO – BDSG, 3. Aufl. 2019, Art. 20 DSGVO, Rn. 34, Fn. 80; mit Einschränkungen auf Anbieter ähnlicher Dienste, bei diesen sei „Interoperabilität des Formats in erster Linie und in besonderem Maße" zu fordern; *E. Durmus*, Das Recht auf Datenübertragbarkeit, RDV, 2018, S. 80; *J. P. Albrecht/F. Jotzo*, Das neue Datenschutzrecht der EU, 2017, Teil 4, Rn. 20; so wohl zu verstehen auch *C. Aretz*, Meine Daten, meine Kontrolle, DuD, 2019, S. 13, 15, der von der Datenportabilität als „die Grundlage für Interoperabilität und Wiederverwendbarkeit der Daten" darstellend spricht; zudem: *F. Hermonies,* in: Jandt/Steidle (Hrsg.), Datenschutz im Internet, 2018, B.V. Rechte der Betroffenen, Rn. 44, der die Formulierung „interoperabel" in den Erwägungsgründen als die Forderung der Verwendung weit verbreiteter Formate zu benutzen unterstützend ansieht; *F. Moos/J. Schefzig/M. Arning*, Die Neue Datenschutz-Grundverordnung, 2018, S. 214, Rn. 289; *J. Schneider*, Datenschutz, 2. Aufl., 2019, S. 201; anders etwa: *I. Spiecker gen. Döhmann*, Digitale Mobilität: Plattform Governance, GRUR, 2019, S. 341, 348, die dabei auf *A. Dix,* in: Simitis u. a. (Hrsg.), Datenschutzrecht, 2019, Art. 20 DSGVO, Rn. 11,

i. Klärung des Bezugsobjekts der Interoperabilität

Wichtig ist schon hier die in ErwGr. 68 zur DSGVO nicht beachtete und in der juristischen Literatur kaum beachtete, aber fundamentale technische Tatsache, dass eigentlich nicht Formate „interoperabel" sind oder nicht, sondern Systeme in einem Interoperabilitätsverhältnis stehen können (vgl. dazu auch sogleich unten), wozu wiederum manche Formate beitragen können. Aufgrund des Verständnisses der Formatvorgabenaufzählung mit dem Ziel der Interoperabilität und der Tatsache, dass nicht „ein Format" „interoperabel" ist[553], erübrigt sich auch eine Diskussion, ob der als Aufforderung ausgestaltete ErwGr. 68 S. 2 zur DSGVO an dieser Stelle direkt eine Formatanforderung begründet, die im Rahmen des Art. 20 DSGVO verbindlich sein soll.

ii. Begriffsklärung Interoperabilität

Was unter Interoperabilität im Zusammenhang mit Art. 20 DSGVO zu verstehen ist, wird von den meisten Beiträgen ohne Begründung durch eine Definition aus anderen unionsrechtlichen Rechtsakten beantwortet. Dabei ist insgesamt die Suche von Definitionen anhand anderer unionsrechtlicher Rechtsakte einerseits wenig inhaltlich weiterführend[554] und andererseits oft willkürlich. Denn die den jeweils zitierten Regelungen zugrundeliegenden Situationen sind allesamt nicht mit denen des Art. 20 DSGVO vergleichbar.

verweist, der wiederum die sich im ErwGr. 68 S. 7 zur DSGVO findende Formulierung, dass keine kompatiblen Datenverarbeitungssysteme beizubehalten oder zu übernehmen seien, wiedergibt; nicht ganz eindeutig aber K.-U. Plath (Hrsg.), DSGVO/BDSG, 2018, Art. 20 DSGVO, Rn. 8, der auf den „Stand der Technik" hinsichtlich der Formatvorgaben generell abstellt; sowie *T. Sperlich*, Das Recht auf Datenübertragbarkeit, DuD, 2017, S. 377, der wohl „verkehrsfähige" Formate als durch die Vorgaben zu erzielen ansieht – was sich aber praktisch nur wenig von der Interoperabilität unterscheiden dürfte, soweit mit Verkehrsfähigkeit nicht eine Handelbarkeit im Sinne von Angebot und Nachfrage gemeint ist.

553 Zutreffend in diesem technischen Punkt als eine der wenigen juristischen Veröffentlichungen etwa bei *P. Krause*, Datenportabilität, PinG, 2019, S. 13, 15; sowie *S. Elfering*, Unlocking the Right to Data Portability, 2019, S. 22; vgl. zum Ziel der Interoperabilität als Grundsatz für die Datenübertragung auch für nichtpersonenbezogene Daten Art. 6 Abs. 1 der VO (EU) 2018/1807 („über einen Rahmen für den freien Verkehr nicht-personenbezogener Daten in der Europäischen Union").

554 In diese Richtung auch *T. Herbst*, in: Kühling/Buchner (Hrsg.), Datenschutz-Grundverordnung/BDSG, 3. Aufl. 2020, Art. 20, Rn. 20.

In diesem Zuge wird teils auf die Definition in Art. 2 lit. a des Beschlusses 922/2009/EG[555] verwiesen[556], wonach unter Interoperabilität „die Fähigkeit verschiedener und unterschiedlicher Organisationen zur Interaktion zum beiderseitigen Nutzen und im Interesse gemeinsamer Ziele [zu verstehen ist]; dies schließt den Austausch von Informationen und Wissen zwischen den beteiligten Organisationen durch von ihnen unterstützte Geschäftsprozesse mittels Datenaustausch zwischen ihren jeweiligen IKT-Systemen ein".[557] Diese Definition heranzuziehen ist aber nicht zwingend, weil der Beschluss 922/2009/EG keineswegs den Anspruch hat, die Interoperabilität für das gesamte Unionsrecht zu definieren – was sich letztlich schon an den anderen auf unionsrechtlicher Ebene vorhandenen Interoperabilitätsdefinitionen zeigt. Die in dem die Verwaltung betreffenden Beschluss adressierten Situationen und die von Art. 20 DSGVO adressierten, der gerade in vielen Fällen durch seinen Abs. 3 S. 2 die Verwaltung als Verantwortlichen aus dem Anwendungsbereich ausklammert, sind zudem verschieden. Bei Art. 20 DSGVO will der Gesetzgeber durch die Formatanforderungen auch Situationen erfassen, in denen der erste und der zweite Verantwortliche in einem Wettbewerbsverhältnis stehen, während im Rahmen des Beschlusses 922/2009/EG vor allem die Erleichterung von Verwaltungsverfahren, deren Beteiligte in der Regel nicht in einem vergleichbaren Konkurrenzverhältnis stehen können, bezweckt (vgl. auch Art. 1 Abs. 2 des Beschlusses 922/2009/EG sowie zum Beispiel ErwGr. 6 ff. zu diesem). Die Definition ist zudem inhaltlich wenig ergiebig, weil sie letztlich nur die Fähigkeit zur Interaktion hervorhebt – dass diese im Rahmen der Datenportabilität irgendwie möglich sein muss, liegt auf der Hand. Weiter spricht sie von beiderseitigem Nutzen und gemeinsamen Zielen, die aber

---

555 Europäisches Parlament/Europäischer Rat, Beschluss Nr. 922/2009/EG des Europäischen Parlaments und des Rates vom 16. September 2009 über Interoperabilitätslösungen für europäische öffentliche Verwaltungen (ISA), ABl., 2009/L 260/20, wo Interoperabilitätslösungen für die europäische öffentliche Verwaltung behandelt werden.

556 Artikel-29-Datenschutzgruppe, WP 242 rev.01, 13.12.2016/05.04.2017, S. 20; *A. Dix*, in: Simitis u. a. (Hrsg.), Datenschutzrecht, 2019, Art. 20 DSGVO, Rn. 11, Fn. 41; *W. Veil*, in: Gierschmann u. a. (Hrsg.), Kommentar Datenschutz-Grundverordnung, 2018, Art. 20 DSGVO, Rn. 109.

557 Vgl. auch die nahezu wortlautgleiche Definition in Europäische Kommission, Annex 2, KOM, 2017(134) final, Annex to the Communication from the Commission to the European Parliament, the Council, the European Economic and Social Committee and the Committee of the Regions, 23.03.2017, 1.1.1.

im Rahmen der Datenportabilität, erneut an eine Datenübertragung zwischen Konkurrenten gedacht, nicht gegeben sein müssen.

Eine weitere unionsrechtliche Definition[558] findet sich in ErwGr. 10 zur RL 2009/24/EG[559], wo die „Interoperabilität“ als funktionale Verbindung und Interaktion beschrieben wird. Dabei wird sich auf die Verbindung und die Interaktion von Software, Hardware und Benutzern von Computerprogrammen bezogen. Diese Definition, sofern man sie als eine solche auffassen kann (letztlich wird nur festgestellt, dass die derartige funktionale Verbindung und Interaktion „allgemein als ‚Interoperabilität‘ bekannt“ sei), ist zwar mit dem Rechtsschutz für Computerprogramme[560] schon eher auf eine wettbewerblich relevante, mit Art. 20 DSGVO in Zusammenhang bringbare Situation bezogen. Sie hilft aber im Rahmen des Art. 20 DSGVO deshalb nicht weiter, weil sie nicht die Kommunikation zwischen zwei getrennten funktionalen Einheiten im Sinne verschiedener Datenschutzrechtssubjekte betrifft.[561]

Nach Art. 3 Nr. 7 RL 2007/2/EG[562] ist die Interoperabilität bezogen auf Daten-sätze als „mögliche Kombination und im Falle von Diensten ihre mögliche Interaktion ohne wiederholtes manuelles Eingreifen und in der Weise, dass das Ergebnis kohärent ist und der Zusatznutzen der Datensätze und Datendienste erhöht wird“ definiert. Zwar bezieht sich diese Definition nur auf „Geodatensätze“, doch ist diese inhaltliche Beschränkung aus technischer Sicht nicht dahingehend relevant, als dass die Definition ohne die auf die Datensätze bezogene Beschränkung einen anderen Inhalt erhalten würde. Zurecht wird dieser Definition zugeschrieben, dass sie eine höchstmögliche Weiterverwendbarkeit zu Portierungszwecken fordere, ohne ausdrücklich eine vollständige Kompatibilität der Austauschformate mit jeglichem Dienst eines potentiellen zweiten

---

558 *K. v. Lewinski,* in: Wolff/Brink (Hrsg.), BeckOK Datenschutzrecht, 34. Ed. 2020, Art. 20 DSGVO, Rn. 69; *A. Gerl/D. Pohl,* in: Praktische Umsetzung des Rechts auf Datenübertragbarkeit, 3. Aufl., The Right to data portability between legal possibilities and technical boundaries, S. 204–220, 204, 211, die dies wiederum als einzige vorhandene Definition der Interoperabilität in einem Unionsrechtsakt ansehen.

559 Richtlinie 2009/24/EG über den Rechtsschutz von Computerprogrammen (kodifizierte Fassung) 23.04.2009.

560 Vgl. etwa ErwGr. 2 zur RL 2009/24/EG, wo der Schutz von Investitionen angesprochen wird.

561 Im Ergebnis wohl auch: *K. v. Lewinski,* in: Wolff/Brink (Hrsg.), BeckOK Datenschutzrecht, 34. Ed. 2020, Art. 20 DSGVO, Rn. 69.

562 Richtlinie 2007/2/EG zur Schaffung einer Geodateninfrastruktur in der Europäischen Gemeinschaft (INSPIRE) 14.03.2007.

Verantwortlichen zu fordern.[563] Allerdings bezieht auch diese Definition sich nicht auf einen mit dem angestrebten Zweck des Art. 20 DSGVO in wettbewerblicher Hinsicht vergleichbaren Sachverhalt, weil die RL 2007/2/EG erneut die Frage des Austausches von Datensätzen zwischen öffentlichen Einrichtungen betrifft.[564]

Zutreffender wird als Definition, eher aus technischer Sicht (und mindestens genauso berechtigt wie der Rückgriff auf wenig zusammenhängende unionsrechtliche Definitionen), auf die Norm ISO/IEC 2382:2015[565] zurückgegriffen.[566] Danach wird Interoperabilität als die Fähigkeit definiert, zwischen verschiedenen funktionalen Einheiten auf eine Art und Weise zu kommunizieren, Programme auszuführen oder Daten zu übertragen, die es genügen lässt, dass der Benutzer wenig oder kein Wissen über die jeweiligen Charakteristika der Einheiten hat.[567] Dies stimmt insoweit mit der Definition aus Art. 3 Nr. 7 RL 2007/2/EG überein, als dass zentraler Punkt auch die Perspektive des Benutzers ist – hier nicht ob er manuell eingreifen müsse, sondern ob er überhaupt das Wissen über den Aufbau (den das Eingreifen voraussetzt) haben muss. In dieselbe Richtung geht die ebenfalls aus technischer Richtung kommende, allerdings sehr vage Definition

563 *K. v. Lewinski,* in: Wolff/Brink (Hrsg.), BeckOK Datenschutzrecht, 34. Ed. 2020, Art. 20 DSGVO, Rn. 69.

564 Vgl. Art. 4 Abs. 1 lit. a der RL 2007/2/EG, der ausdrücklich nur solche Datensätze in den Anwendungsbereich einbezieht, die „sich auf einen Bereich, in dem ein Mitgliedstaat Hoheitsbefugnisse hat und/oder ausübt" beziehen.

565 International Organization for Standardization, ISO/IEC 2382:2015, 2015.

566 So ebenso die Artikel-29-Datenschutzgruppe, WP 242 rev.01, 13.12.2016/05.04.2017, S. 21, die das Verhältnis dieser Definitionen nicht weiter erläutert; ebenso *P. DeHert/ V. Papakonstantinou/G. Malgieri/L. Beslay/I. Sanchez,* The right to data portability in the GDPR: Towards user-centric interoperability of digital services, Computer Law & Security Review, 2018, S. 193, 197, Fn. 30, die daneben noch Europäische Kommission, Annex 2, KOM, 2017(134) final, Annex to the Communication from the Commission to the European Parliament, the Council, the European Economic and Social Committee and the Committee of the Regions, 23.03.2017, "1.2.2." (wohl 1.1.1.) zitieren.

567 „*the capability to communicate, execute programs, or transfer data among various functional units in a manner that requires the user to have a little or no knowledge of the unique characteristics of those units*"; ähnlich auch BMWi, Ein neuer Wettbewerbsrahmen für die Digitalwirtschaft, 2019, S. 39: „die Fähigkeit von verschiedenen informationstechnischen Systemen, miteinander möglichst nahtlos und ohne Verluste zusammenzuarbeiten" und weiter, dass dazu „syntaktische und semantische Standards [vorliegen müssten], die sicherstellen, dass Daten eines Systems von einem anderen System ohne Daten- oder Bedeutungsverlust weiterverarbeitet werden können".

des Fraunhofer Instituts (die gleichwohl im dortigen Essay zumindest noch technisch konkretisiert wird)[568], wonach Interoperabilität „die Fähigkeit von Systemen, Einheiten oder Organisationen Dienste zur Verfügung zu stellen und Dienste anderer Systeme, Einheiten oder Organisationen zu nutzen“ bezeichnet.

iii. Interoperabilität und Kompatibilität

Bei letzterer Definition wird der zentrale Punkt angesprochen, der zugleich von der Frage der Definition des Begriffs der Interoperabilität im Rahmen des Art. 20 DSGVO hin zur Frage, ob diese Interoperabilität durch Art. 20 DSGVO gefordert wird, führt. Es wird nicht davon gesprochen, dass die Kompatibilität zwingend erforderlich ist[569], sondern davon, dass zur Interoperabilität Daten zwischen zwei Punkten übertragen werden können, ohne dass ein Benutzer in der Lage sein muss, diese selbst an die Anforderungen des zweiten Verantwortlichen anzupassen. Es ist also nicht die vollständige Kompatibilität der beteiligten Systeme erforderlich, was auch schon angesichts ErwGr. 68 S. 7 zur DSGVO problematisch wäre. Ein Format kann vielmehr auch „interoperabel“ (das heißt den Zustand der Interoperabilität ermöglichend) sein, wenn es erst vom zweiten oder auch vom ersten Verantwortlichen umgewandelt werden muss, um weiterverwendet werden zu können. Man kann also unterscheiden zwischen der Kompatibilität im Sinne einer Gleichwertigkeit oder Austauschbarkeit und der Interoperabilität im Sinne der Fähigkeit zum Zusammenspiel verschiedener

---

568 Fraunhofer Institut Optronik, Systemtechnik und Bildauswertung (IOSB), visIT [Interoperabilität], 2013, S. 4.

569 So auch: Artikel-29-Datenschutzgruppe, WP 242 rev.01, 13.12.2016/05.04.2017, S. 21; *K. v. Lewinski,* in: Wolff/Brink (Hrsg.), BeckOK Datenschutzrecht, 34. Ed. 2020, Art. 20 DSGVO, Rn. 69; *P. DeHert/V. Papakonstantinou/G. Malgieri/L. Beslay/I. Sanchez,* The right to data portability in the GDPR: Towards user-centric interoperability of digital services, Computer Law & Security Review, 2018, S. 193, 197; Centre for Information and Policy Leadership, Comments by the Centre for Information Policy Leadership on the Article 29 Data Protection Working Party's "Guidelines on the right to data portability" (adopted 13 December 2016), S. 12; im Wesentlichen auch *T. Sperlich,* Das Recht auf Datenübertragbarkeit, DuD, 2017, S. 377, der mit der Verkehrsfähigkeit letztlich nichts anderes meinen dürfte; *A. Gerl/D. Pohl,* in: Praktische Umsetzung des Rechts auf Datenübertragbarkeit, 3. Aufl., The Right to data portability between legal possibilities and technical boundaries, S. 204–220, 204, 211, die allerdings davon ausgehen, dass auch Interoperabilität durch die Vorgaben des Art. 20 DSGVO nicht gefordert sei („*does [not] guarantee an outcome with regards to the interoperability of the systems*“).

Systeme. Gleichwohl werden diese Begriffe nicht immer voneinander getrennt, sodass der bezweckte Inhalt der jeweiligen Verwendung stets zur Überprüfung des Wortlauts heranzuziehen ist.

Entscheidend ist, ob bei Verwendung des Formats ein Datenaustausch auch mit Diensten, bei denen andere Formate verwendet werden, herbeigeführt werden kann.[570] Dieses Herbeiführen muss sich nach dem wettbewerbsrechtlichen Sinn und Zweck des Art. 20 DSGVO[571] erneut in einem aufwandbezogenen Rahmen halten, der im Interesse der Verhinderung oder Aufbrechung von Lock-In-Effekten die Attraktivität einer Übertragung nicht untergräbt und gleichzeitig den Verantwortlichen nicht in einer wirtschaftlich untragbaren Weise belastet.

Die Einschränkung, dass mit der Interoperabilität als Ergebnis des Zusammenspiels der Formatvorgaben des Art. 20 DSGVO keine Kompatibilität zwingend vorgegeben wird[572], steht auch im Einklang mit der Streichung der Formulierung der Weiterverwendbarkeit im Gesetzgebungsverfahren.[573] Diese fand sich seit der Allgemeinen Ausrichtung des Rates nicht mehr im DSGVO-E[574] und hätte eben genau diese nicht geforderte Kompatibilität andeuten können. Das Streichen der Weiterverwendbarkeit bzw. Nichteinführen eines Kompatibilitätserfordernisses trägt insoweit zumindest an dieser Stelle zur Innovationsförderung bei, weil dadurch nicht alle Verantwortlichen faktisch zur Verwendung

570 *M. Rudolph,* in: Schwartmann u. a. (Hrsg.), DS-GVO/BDSG, 2018, Art. 20 DSGVO, Rn. 75, der jedoch später die Interoperabilität als nicht von Art. 20 DSGVO gefordert ansieht; vgl. in diese Richtung auch: *P. Krause*, Datenportabilität, PinG, 2019, S. 13, 15.

571 Diesem Argumentationsstrang auch folgend: *T. Herbst,* in: Kühling/Buchner (Hrsg.), Datenschutz-Grundverordnung/BDSG, 3. Aufl. 2020, Art. 20, Rn. 20, der Interoperabilität allerdings in erster Linie bei ähnlichen Diensten für zu fordern hält; auf das Spannungsverhältnis zwischen der Weite des Bereitstellungsmerkmals und dem Schutz potentieller Geschäfts- und Betriebsgeheimnisse ebenfalls hinweisend: *K. v. Lewinski,* in: Wolff/Brink (Hrsg.), BeckOK Datenschutzrecht, 34. Ed. 2020, Art. 20 DSGVO, Rn. 100.

572 Auch *L. Scudiero*, Practitioner's Corner Bringing Your Data Everywhere: A Legal Reading Of The Right To Portability, European Data Protection Law Review, 2017, S. 119, 127.

573 Vgl. mit Ausführungen zur Streichung der Weiterverwendbarkeit auch: *P. DeHert/ V. Papakonstantinou/G. Malgieri/L. Beslay/I. Sanchez*, The right to data portability in the GDPR: Towards user-centric interoperability of digital services, Computer Law & Security Review, 2018, S. 193, 196.

574 Vgl. Europäischer Rat, 9565/15 – Vorbereitung einer allgemeinen Ausrichtung, 11.06.2015.

desselben Formats gezwungen werden.[575] Dass mit der Streichung der Weiterverwendbarkeit des Formats hingegen die Interoperabilität nicht mehr gefordert werde[576], ist nicht überzeugend, weil die Weiterverwendbarkeit des spezifischen Formats und die Interoperabilität unterschiedliche Eigenschaften sind. Die Interoperabilität setzt nicht notwendig die direkte Weiterverwendung[577], also die Kompatibilität mit der Lösung des zweiten Verantwortlichen genau hinsichtlich des gewählten[578] Formats voraus.

iv. Entwicklungsaufforderung in ErwGr. 68 S. 1 zur DSGVO

Die Ansicht, dass die Interoperabilität deshalb nicht von Art. 20 DSGVO erfordert werde, weil in ErwGr. 68 zur DSGVO nur dazu aufgefordert werde, interoperable Formate zu entwickeln[579], ist ebenso wenig überzeugend wie das Übernehmen eines Interoperabilitätserfordernisses aus ErwGr. 68 S. 1 zur DSGVO[580] ohne weitere Begründung. Das dortige ausdrückliche Ablehnen einer Pflicht zur Übernahme oder Beibehaltung kompatibler Systeme betrifft die Frage einer vorgeschriebenen Komptabilität, nicht die der Interoperabilität.

575 Von diesem Schluss wohl ausgehend, da er begrüßt werde: Centre for Information and Policy Leadership, Comments by the Centre for Information Policy Leadership on the Article 29 Data Protection Working Party's „Guidelines on the right to data portability" (adopted 13 December 2016), S. 12.

576 So *M. Hennemann*, Datenportabilität, PinG, 2017, S. 5, 6.

577 Nicht ganz eindeutig insoweit *A. Dix*, in: Simitis u. a. (Hrsg.), Datenschutzrecht, 2019, Art. 20 DSGVO, Rn. 11, der einerseits von problemsloser Weiterverarbeitung spricht, was mit der hier vertretenen Auslegung vereinbar wäre, andererseits aber auch eine „sofortige Weiterverarbeitung" fordert; die Kompatibilität wohl auch mit Interoperabilität gleichsetzend: B. P. Paal/D. A. Pauly (Hrsg.), Datenschutz-Grundverordnung, Bundesdatenschutzgesetz, 2018, Art. 20 DSGVO, Rn. 19 f.

578 Dies auch andeutend: *F. Moos/J. Schefzig/M. Arning*, Die Neue Datenschutz-Grundverordnung, 2018, S. 2014, Rn. 291.

579 So aber *M. Rudolph*, in: Schwartmann u. a. (Hrsg.), DS-GVO/BDSG, 2018, Art. 20 DSGVO, Rn. 77; wohl auch *M. Hennemann*, Datenportabilität, PinG, 2017, S. 5, 7, der wegen der Benutzung zwar gängiger, aber „nicht interoperabler Formate" weiterhin starke Lock-In-Effekte befürchte; zudem *I. Spiecker gen. Döhmann*, Digitale Mobilität: Plattform Governance, GRUR, 2019, S. 341, 348, die in der dortigen Fn. 58 die Annahme einer geforderten Interoperabilität als Verkennung des ErwGr. 68 ansieht.

580 Etwa *E. Durmus*, Das Recht auf Datenübertragbarkeit, RDV, 2018, S. 80, 82, der dies als Anforderung an das Format „gem." des Erwägungsgrundes ansieht – gleichwohl aber zutreffend feststellt, dass das Zusammenspiel der Voraussetzungen die Interoperabilität bezwecken solle.

Das fehlende Erwähnen des Wortes „Interoperabilität" im eigentlichen Normtext des Art. 20 DSGVO wiederum muss vielmehr als der Versuch verstanden werden, diese für eine funktionierende Übertragung gar nicht wegzudenkende Eigenschaft der betroffenen Systeme, vermittelt durch das Format, herzustellen. Denn einerseits erscheint der Begriff der Interoperabilität auf den ersten Blick weniger präzise, als eine Aufzählung von die Interoperabilität sicherstellender, scheinbar technischer Anforderungen. Auf der anderen Seite betrifft die Frage der Interoperabilität aus technischer Sicht wie erwähnt nicht eine Eigenschaft, die Formate haben sollen oder müssen; sie betrifft einen Zustand, der vermittelt durch die zu übertragenden Daten, zwischen den involvierten Systemen des ersten und des zweiten Verantwortlichen hergestellt werden soll. Die Aufzählung der Formatvorgaben will diesen Zustand eher durch eine greifbarere Verhaltensaufforderung hinsichtlich der Verwendung eines bestimmten Formats an den ersten Verantwortlichen in die Norm einfügen, als etwa abstrakt die Interoperabilität der Systeme automatisch datenverarbeitender Verantwortlicher zu fordern. Diese eher abstrakte Forderung bleibt im Fall der Datenportabilität nach der DSGVO den Erwägungsgründen vorbehalten, wo sie wegen deren fehlenden Anspruchscharakters auch möglich und sinnvoller ist. Gleichwohl wird auch hier die technisch problematische Forderung der Interoperabilität „des Formats" selbst gewählt – richtiger wäre die Klarstellung, dass es um Formate geht, die dazu beitragen, die Interoperabilität datenverarbeitender Systeme herzustellen, was mittels Art. 20 DSGVO und durch die Formatvorgaben versucht wird.

v. Verhältnis zum Behinderungsverbot (Art. 20 Abs. 1 a.E. DSGVO)

Erneut bietet sich schließlich auch im Zusammenhang mit der Interoperabilität der Systeme an, diese Frage nicht auf das Behinderungsverbot aus Art. 20 Abs. 1 a.E. DSGVO zu verlagern.[581] Dies gilt aus zwei Gründen: Zum einen tritt auch hier wie schon im Rahmen der Formatanforderungen oder auch beim Betreffen im Zusammenhang mit einer potentiellen Verlagerung der Diskussion des Auch-Bezugs zu Dritten auf Abs. 4[582] das Problem auf, dass dadurch die Lösung sehr unvorhersehbar und stark einzelfallabhängig wird. Das ist der wettbewerbsfördernden Funktion des Art. 20 DSGVO nicht förderlich. Zum anderen

581 So aber angedeutet bei Artikel-29-Datenschutzgruppe, WP 242 rev.01, 13.12.2016/05.04.2017, S. 18, gleichwohl dies wohl eher als zusätzlicher Punkt genannt wird; die mangelnde Interoperabilität nicht als Behinderung im Sinne des Abs. 4 ansehend: *M. Hennemann*, Datenportabilität, PinG, 2017, S. 5, 7.

582 Vgl. III.3.d.dd.

würde dadurch erneut verkannt, dass es bei der Interoperabilität nicht zwingend um eine Formatanforderung geht, die einer der an der Portierung beteiligten Verantwortlichen zu erfüllen hätte, sondern um einen Zustand, der zwischen den Systemen der beteiligten Verantwortlichen herrschen kann und der durch die Formatanforderungen sichergestellt werden soll. Werden diese nicht eingehalten, bedarf es wiederum keines Rückgriffs auf Abs. 4.

vi. Zwischenfazit

Art. 20 DSGVO schreibt kein „interoperables" Format vor, weil Formate nicht selbst interoperabel sein können, sondern ein Zustand der Interoperabilität zweier Systeme bestehen kann. Durch die Formatvorgaben will Art. 20 DSGVO diesen Zustand der Interoperabilität datenverarbeitender Systeme als Basis für die Innovationsförderung auf dem Gebiet der Informationstechnologie erreichen. Die Trias aus „gängig, maschinenlesbar und strukturiert" soll als spezifische Vorgaben angesichts des Zwecks des Art. 20 DSGVO den Zustand der Interoperabilität ermöglichen. Werden die Formatvorgaben nach dem hier Vertretenen umgesetzt, ist die Interoperabilität zweier Systeme erreichbar.

Dadurch, dass der Zustand der Interoperabilität aber nicht direkt, sondern vermittelt über die Formatvorgaben erreicht werden soll, ist er alleine nach dem Anspruchsgehalt des Art. 20 DSGVO nicht etwa dauerhaft herzustellen, indem personenbezogene Daten bereits davor mit Metadaten versehen werden müssten.[583] Er ist erst auf Verlangen herzustellen, sobald ein Anspruch auf Übertragung nach Art. 20 DSGVO hinsichtlich konkreter Daten gestellt wird.[584] Besonders bei Verantwortlichen, die eine Vielzahl von Portierungsanfragen zu bearbeiten haben und wie schon bei der Frage des Bereitstellens[585] oder hinsichtlich

---

583 Eine dahingehende ausdrückliche Pflicht ablehnend: *K. v. Lewinski,* in: Wolff/Brink (Hrsg.), BeckOK Datenschutzrecht, 34. Ed. 2020, Art. 20 DSGVO, Rn. 67, dabei auf die begriffliche Trennung zwischen „Format" und „Metadaten" in „§ 1 Abs. 2 IWG" (wohl § 3 Abs. 2 S. 1 IWG) verweisend.

584 *K. v. Lewinski,* in: Wolff/Brink (Hrsg.), BeckOK Datenschutzrecht, 34. Ed. 2020, Art. 20 DSGVO, Rn. 53, die Interoperabilität müsse „immer erst auf Verlangen und damit situativ hergestellt werden"; *M. Rudolph,* in: Schwartmann u. a. (Hrsg.), DS-GVO/ BDSG, 2018, Art. 20 DSGVO, Rn. 67, der zudem zutreffend darauf hinweist, dass vor der Übertragung vorbehaltlich Art. 5 Abs. 1 lit. d DSGVO keine Qualitätsprüfung der Daten erfolgen müsse, bezugnehmend auf Artikel-29-Datenschutzgruppe, WP 242 rev.01, 13.12.2016/05.04.2017, S. 7, wie auch *H.-G. Kamann/M. Braun,* in: Ehmann/ Selmayr (Hrsg.), DS-GVO, 2. Aufl. 2018, Art. 20 DSGVO, Rn. 25.

585 Vgl. zur Frage der Schnittstellenpflicht: III.3.e.hh.

der teils auftretenden faktischen Strukturierungspflicht beim Betreffen[586] wird auch hier faktisch nichts daran vorbeiführen, den Zustand der Interoperabilität zumindest vorzubereiten. Dies kann in der Praxis, wie es zum Beispiel das wohl diesen praktischen Erwägungen geschuldete Erwähnen von Metadaten in § 3 Abs. 2 S. 1 IWG zeigt[587], durch Versehung der Datensätze mit Metadaten geschehen[588] oder auch das Abspeichern in die Formatvorgaben erfüllenden Formaten, bereits vor etwaigen Anfragen.[589] Auch wird die Maschinenlesbarkeit nach dem hier vertretenen strengeren Verständnis einer Bestimmung maschinellen Extraktion in vielen Fällen das Anlegen zusätzlicher Metadaten erfordern. Das hängt aber letztlich vom verwendeten Format ab.[590] Diese Übertragungsvorbereitungen dienen wiederum auch dem eigentlich Zweck der Herstellung einer Interoperabilität der Systeme insgesamt.[591] Trotz allem wäre eine klarstellende Fassung des Art. 20 DSGVO an dieser Stelle sinnvoll gewesen, wie sie etwa später in ErwGr. 31 zur PSI-Richtlinie[592] gewählt wurde. Letzterer nimmt nicht nur auf

---

586 Vgl. III.3.d.bb. und cc.

587 Dies kann wegen der unterschiedlichen Regelungsmaterie aber nicht so verstanden werden, dass wegen des Fehlens einer Erwähnung in Art. 20 DSGVO Metadaten trotz des faktischen Bedürfnisses nicht mitübertragen werden dürften, vgl. eine Tendenz in die Richtung der nicht ohne weiteres gegebenen Zulässigkeit der Übertragung von Metadaten zeigend aber Artikel-29-Datenschutzgruppe, WP 242 rev.01, 13.12.2016/ 05.04.2017, S. 21; zu dieser Norm wohl auch: *K. v. Lewinski,* in: Wolff/Brink (Hrsg.), BeckOK Datenschutzrecht, 34. Ed. 2020, Art. 20 DSGVO, Rn. 67, der auf die dortige Trennung von Format und Metadaten verweist.

588 Vgl. dazu und zu den technischen Anforderungen der Interoperabilität insgesamt erneut: IV.2.

589 In die Richtung auch: Artikel-29-Datenschutzgruppe, WP 242 rev.01, 13.12.2016/ 05.04.2017, S. 21, die an dieser Stelle betont, dass „jede Verarbeitung zusätzlicher Metadaten, die einzig für den Fall erfolgt, dass diese erforderlich oder erwünscht sein könnten, um Portabilitätsanfragen nachzukommen [im Gegensatz zur Vorauswahl, welche Daten überhaupt portabel seien, was keinen neuen Verarbeitungszweck darstelle], keinen rechtmäßigen Grund für eine solche Verarbeitung“ darstelle und zudem Informationen vorschlägt darüber, wie sich bei verschiedenen zur Verfügung stehenden Übertragungsformaten eine Wahl auswirken könne.

590 Vgl. IV.3.

591 Vgl. auch *T. Herbst,* in: Kühling/Buchner (Hrsg.), Datenschutz-Grundverordnung/ BDSG, 3. Aufl. 2020, Art. 20, Fn. 44 in Rn. 21, der betont, dass es bei der Datenportabilität hinsichtlich der zu wählenden Formate vor allem auf eine Standardisierung ankomme.

592 Richtlinie (EU) 2019/1024 über offene Daten und die Weiterverwendung von Informationen des öffentlichen Sektors – PSI-Richtlinie 20.06.2019.

Metadaten Bezug genommen wird, sondern benennt auch Weiterverwendung und Interoperabilität als von Öffentlichen Stellen zu gewährleisten.

ee. *Fazit – Die Formatanforderungen als potentieller Wegbereiter einer Schnittstellenpflicht*

Aus Art. 20 DSGVO ergibt sich zwar keine Pflicht[593] zur Vorhaltung von allseits verwendbaren Schnittstellen in dem Sinne, dass Verantwortliche eine rechtliche Verpflichtung auferlegt bekommen, kompatible Systeme zu verwenden (vgl. auch erneut ErwGr. 68 S. 7 zur DSGVO) oder dauerhafte[594] Schnittstellen bereitzuhalten. Doch wird eine solche Pflicht durch die über die Formatvorgaben vermittelte Interoperabilitätsförderung in abgeschwächter Form in die Wege geleitet und ist (zumindest hinsichtlich des generellen Bestehens, nicht notwendig hinsichtlich der Dauerhaftigkeit dieser Schnittstelle) als sinnvoll vor dem Ziel der Wettbewerbsförderung anzusehen, weil dadurch Anreize aufgrund der einfacheren Verschiebbarkeit von Daten erhöht werden können.

Informationstechnische Schnittstellen erlangen zur schnellen Datenübertragung im Rahmen der Datenportabilität vor allem auch bei Art. 20 Abs. 2 DSGVO Bedeutung, bei dem die Übertragung vom ersten Verantwortlichen zum zweiten direkt erfolgen soll. Bei Abs. 1 ist theoretisch auch denkbar, dass der Betroffene die Daten zunächst ohne Weiterübertragung bei sich behält. Die Formatvoraussetzungen sind in beiden Fällen dieselben; um diese zu erfüllen ist das Bereithalten von Schnittstellen, wie noch gezeigt werden wird, technisch sinnvoll.[595] Trotz alledem ist Art. 20 DSGVO jedoch zunächst nur als Wegbereiter anzusehen, der die Interoperabilität datenverarbeitender Systeme fördern will, weil er durch das handlungsbezogen-typisierende Bereitstellungsmerkmal als vorweggenommene Verhältnismäßigkeitsprüfung eine nicht unerhebliche Einschränkung des erfassten Datenkreises vornimmt. Dadurch wird die Interoperabilität trotz ihrer grundsätzlichen Förderung durch die Formatvorgaben inhaltlich hinsichtlich bestimmter Daten nicht hergestellt. Das kann teils auch für Wechselentscheidungen hochrelevante Daten betreffen, wie am Beispiel der

593 Vgl. etwa: *A. Dix*, in: Simitis u. a. (Hrsg.), Datenschutzrecht, 2019, Art. 20 DSGVO, Rn. 14; *K. v. Lewinski*, in: Wolff/Brink (Hrsg.), BeckOK Datenschutzrecht, 34. Ed. 2020, Art. 20 DSGVO, Rn. 53.

594 Vgl. hierzu die Ausführungen oben: III.3.e.ee.iii.

595 Vgl. auch IV.2.b.dd.; Artikel-29-Datenschutzgruppe, WP 242 rev.01, 13.12.2016/ 05.04.2017, S. 5 f., 22.

Rezensionen klar wird.[596] Das Bereitstellungsmerkmal ist daher stärker als die getroffenen Formatvorgaben in Art. 20 DSGVO[597] ein Hindernis für die vollständige Interoperabilität der datenverarbeitenden Systeme.

g. Verantwortlicher

Der Anspruch aus Art. 20 Abs. 1 Halbs. 1 DSGVO richtet sich, auch wenn dies nicht ausdrücklich aus dem Normtext hervorgeht, logischerweise gegen denjenigen Verantwortlichen als Passivlegitimierten, dem die Daten bereitgestellt wurden. Die weiteren Verpflichtungen ergeben sich aus den Art. 12 ff. DSGVO und bei Personenmehrheit auf Verantwortlichenseite zudem aus den Art. 26 DSGVO.[598]

Mag die praktische Anwendung zwischen sektorverschiedenen Anbietern auf den ersten Blick abwegig erscheinen[599], ergibt sich auch über das Anspruchsmerkmal der Passivlegitimation keine Einschränkung des Anwendungsbereichs auf sektorgleiche Verantwortliche. Nicht passivlegitimiert sind hingegen in vielen Fällen Auftragsverarbeiter, wobei der Ausschluss für diese kein abstrakter, alleine aufgrund dieser Eigenschaft ist, sondern im Einzelfall über das Merkmal des Bereitstellens geschieht.[600] Aus diesem Grund – neben der Tatsache, dass es sich regelmäßig um sekundäre Daten handeln wird – werden auch

596 Vgl. III.3.e.ff.

597 So aber etwa: *M. Hennemann*, Datenportabilität, PinG, 2017, S. 5, 7, verweisend auf *P. Bräutigam/F. Schmidt-Wudy*, Das geplante Auskunfts- und Herausgaberecht des Betroffenen nach Art. 15 der EU-Datenschutzgrundverordnung, CR, 2015, S. 56, 59 f., die auf eine fehlende Möglichkeit der Einpflegung des zu übertragenden Datensatzes in das System des zweiten Verantwortlichen hinweisen – dieses Problem lässt sich aber durch die Einhaltung der Formatvorgaben nach der hier gefundenen Auslegung technisch beheben und wird wohl auch deshalb gesehen, weil „interoperabel" als zusätzliche, in Art. 20 DSGVO als fehlend bezeichnete, Formatanforderung angesehen wird.

598 Vgl. *M. Rudolph*, in: Schwartmann u. a. (Hrsg.), DS-GVO/BDSG, 2018, Art. 20 DSGVO, Rn. 34 f.; zu den Informationspflichten auch Artikel-29-Datenschutzgruppe, WP 242 rev.01, 13.12.2016/05.04.2017, S. 15; zu den Pflichten im Zusammenhang mit der Identifizierung des Betroffenen/Antragsstellers: *W. Veil*, in: Gierschmann u. a. (Hrsg.), Kommentar Datenschutz-Grundverordnung, 2018, Art. 20 DSGVO, Rn. 67 f.; sowie Artikel-29-Datenschutzgruppe, WP 242 rev.01, 13.12.2016/05.04.2017, S. 16.

599 *T. Jülicher/C. Röttgen/M. v. Schönfeld*, Das Recht auf Datenübertragbarkeit, ZD, 2016, S. 358, 360; *F. Hermonies*, in: Jandt/Steidle (Hrsg.), Datenschutz im Internet, 2018, B.V. Rechte der Betroffenen, Rn. 45.

600 Vgl. im Einzelnen: III.3.e.dd.iii.

Portierungsansprüche gegenüber Auskunfteien oder Analyseunternehmen nur selten bestehen.[601]

4. Übermittlung erhaltener Daten, Art. 20 Abs. 1 Halbs. 2 DSGVO, insbesondere „ohne Behinderung"

Obgleich Art. 20 Abs. 1 Halbs. 1 DSGVO mit den wesentlichen Voraussetzungen des Rechts auf Datenportabilität das Fundament der Regelung darstellt, so ist die Regelung nicht vollständig ohne die ebenfalls bestehende Möglichkeit, die erhaltenen Daten auch an einen zweiten Verantwortlichen zu übermitteln. Das Recht, die Daten zu übermitteln, stellt damit den zweiten Teil des Dreiecksgefüges[602] aus erstem Verantwortlichen, Betroffenem und zweitem Verantwortlichen dar und fungiert neben der Direktübertragung nach Art. 20 Abs. 2 DSGVO als eine der beiden Alternativen, mit denen der Betroffene die vom Recht auf Datenportabilität erfassten Daten an das Portierungsziel, den Dienst des zweiten Verantwortlichen, bringen kann.

Bedeutend ist dabei die Einordnung des Zusatzes, dass die Übermittlung ohne Behinderung durch den ersten Verantwortlichen erfolgen soll, was neben die allgemein für die Betroffenenrechte geltenden Grundsätze des Art. 12 DSGVO (besonders hinsichtlich der Entgeltlichkeit, Abs. 5, und der Fristen, vor allem Abs. 3) tritt. Dabei ist offen, inwieweit sich durch die Ausübung des Rechts bereits Pflichten für den zweiten Verantwortlichen ergeben. All dies ist erneut zentral für die Frage, ob durch Art. 20 DSGVO tatsächlich die gewünschte schnellere Übertragung zur Erreichung einer Wettbewerbsförderung gelingen kann.

a. Übermittlung ohne Behinderung

Erneut wird hinsichtlich des Zusatzes der Übermittlung ohne Behinderung eine Diskussion geführt, wie dieser rechtstechnisch einzuordnen ist: Teils wird er als negatorischer Anspruch (auf Unterlassung der Behinderung der

---

601 Denkbar etwa bei der Weitergabe der Dateien an eine Auskunftei aufgrund ausdrücklicher Einwilligung, vgl. zu derartigen Einwilligungssituationen auch III.3.e.dd.; vgl. im Ergebnis auch *K. v. Lewinski,* in: Wolff/Brink (Hrsg.), BeckOK Datenschutzrecht, 34. Ed. 2020, Art. 20 DSGVO, Rn. 27; *M. Rudolph,* in: Schwartmann u. a. (Hrsg.), DS-GVO/BDSG, 2018, Art. 20 DSGVO, Rn. 53.

602 Auch: *H.-G. Kamann/M. Braun,* in: Ehmann/Selmayr (Hrsg.), DS-GVO, 2. Aufl. 2018, Art. 20 DSGVO, Rn. 20.

Weiterübermittlung)[603] bzw. flankierendes Behinderungsverbot[604] bezeichnet, teils als Hilfsanspruch[605]. Unbenommen der Bezeichnung ist das Behinderungsverbot der wesentliche Gehalt des zweiten Halbsatzes. Im Folgenden wird gezeigt, dass es sich auch hier um eine tatbestandliche spezielle Angemessenheitsprüfung handelt, die die Grenze zieht zwischen Verhindern der Übertragung durch wettbewerblich angemessenes Verhalten und unzulässigem Behindern der Übertragung.

aa. Bedeutung des Behinderungsverbot

Das Recht auf Datenportabilität muss auch das Recht enthalten, mit diesen weiter zu verfahren und sie – vorbehaltlich der Annahme durch den anvisierten zweiten Verantwortlichen[606] – zu übermitteln, um eine Sinnhaftigkeit neben dem Auskunftsrecht zu haben.[607] Wegen des Verweises in Art. 20 Abs. 2 DSGVO auf den gesamten Abs. 1 kann das Behinderungsverbot Bedeutung auch für die Direktübertragung zum zweiten Verantwortlichen entfalten.[608] Dabei richtet sich das Verbot an den ersten Verantwortlichen[609], weil im Gesetzestext ausdrücklich

---

603 *H.-G. Kamann/M. Braun,* in: Ehmann/Selmayr (Hrsg.), DS-GVO, 2. Aufl. 2018, Art. 20 DSGVO, Rn. 26; *M. Munz,* in: Taeger/Gabel (Hrsg.), DSGVO – BDSG, 3. Aufl. 2019, Art. 20 DSGVO, Rn. 42; wohl auch *F. Deusch/T. Eggendorfer,* Durchsetzung und Vollstreckung der Datenübertragbarkeit, K&R, 2020, S. 105, 110.

604 *K. v. Lewinski,* in: Wolff/Brink (Hrsg.), BeckOK Datenschutzrecht, 34. Ed. 2020, Art. 20 DSGVO, Rn. 49.

605 *K. v. Lewinski,* in: Wolff/Brink (Hrsg.), BeckOK Datenschutzrecht, 34. Ed. 2020, Art. 20 DSGVO, Rn. 79; wohl auch *W. Kamlah,* in: Plath (Hrsg.), DSGVO/BDSG, 3. Aufl. 2018, Art. 20 DSGVO, Rn. 9.

606 Zur Frage der Annahmepflicht beim zweiten Verantwortlichen vgl. zu Abs. 1: III.4.b.aa. und zu Abs. 2: III.5.a.

607 So im Ergebnis auch: *W. Kamlah,* in: Plath (Hrsg.), DSGVO/BDSG, 3. Aufl. 2018, Art. 20 DSGVO, Rn. 9; *M. Rudolph,* in: Schwartmann u. a. (Hrsg.), DS-GVO/BDSG, 2018, Art. 20 DSGVO, Rn. 85.

608 So im Ergebnis auch *M. Rudolph,* in: Schwartmann u. a. (Hrsg.), DS-GVO/BDSG, 2018, Art. 20 DSGVO, Rn. 85.

609 Im Ergebnis ebenfalls: *H.-G. Kamann/M. Braun,* in: Ehmann/Selmayr (Hrsg.), DS-GVO, 2. Aufl. 2018, Art. 20 DSGVO, Rn. 26, der den ersten Verantwortlichen „in jedem Fall" verpflichtet sieht; *C. Piltz,* in: Gola (Hrsg.), Datenschutz-Grundverordnung, 2. Aufl. 2018, Art. 20 DSGVO, Rn. 13; *M. Rudolph,* in: Schwartmann u. a. (Hrsg.), DS-GVO/BDSG, 2018, Art. 20 DSGVO, Rn. 84; *K. Schürmann,* in: Eßer u. a. (Hrsg.), Auernhammer – DSGVO/BDSG, 6. Aufl. 2018, Art. 20 DSGVO, Rn. 33; wohl in diese Richtung zu verstehen: *K. v. Lewinski,* in: Wolff/Brink (Hrsg.), BeckOK Datenschutzrecht, 34. Ed. 2020, Art. 20 DSGVO, Rn. 80.2, der in Rn. 80.1 zusätzlich darauf hinweist, dass bei

von der „Behinderung durch den Verantwortlichen, dem die personenbezogenen Daten bereitgestellt wurden“ gesprochen wird. Zugleich ist es aber erneut dasjenige Merkmal, welches wegen seiner Unbestimmtheit hinsichtlich einer Auslegung am wenigsten klar umrissen ist. Dennoch lassen sich Fallgruppen von typischen Behinderungsweisen bilden, die im folgenden Abschnitt ebenfalls dargestellt werden.

bb. Keine Beschränkung auf bestimmte Arten von Übertragungsbehinderungen

Das Behinderungsverbot ist weit zu verstehen und nicht auf eine bestimmte Art von Übertragungsbehinderungen beschränkt.[610] Als nach Art. 20 Abs. 1 Halbs. 2 DSGVO verbotene Behinderungen in Betracht kommen zunächst

---

„Behinderungen“ durch den Betroffenen, etwa aufgrund in Deutschland oft noch fehlender Internetbandbreite, der Anspruch durch Übersendung eines physischen Datenträgers erfüllt werden solle, sich das Behinderungsverbot aus Art. 20 Abs. 1 Halbs. 2 DSGVO aber nicht an diesen richte; ebenfalls eine „Mitwirkungsobliegenheit“ des Betroffenen generell, wohl losgelöst vom Behinderungsverbot annehmend: *W. Veil*, in: Gierschmann u. a. (Hrsg.), Kommentar Datenschutz-Grundverordnung, 2018, Art. 20 DSGVO, Rn. 62 ff., diese soll sich dahingehend äußern, dass der Betroffene mitteilen müsse, wie und in welchem Umfang (wie etwa beim Auskunftsanspruch) er die Daten erhalten wolle oder auch hinsichtlich des Zwecks der Übertragung (jedenfalls letzteres ist vor dem Hintergrund des psychischen Drucks, die Übertragung zu unterlassen – dazu sogleich – fraglich); ebenso wie vorliegend vertreten: K.-U. Plath (Hrsg.), DSGVO/BDSG, 2018, Art. 20 DSGVO, Rn. 9.

610 So die überwiegende Meinung, etwa: *H.-G. Kamann/M. Braun*, in: Ehmann/Selmayr (Hrsg.), DS-GVO, 2. Aufl. 2018, Art. 20 DSGVO, Rn. 26; *B. P. Paal*, in: Paal/Pauly (Hrsg.), Datenschutz-Grundverordnung, Bundesdatenschutzgesetz, 2. Aufl. 2018, Art. 20 DSGVO, Rn. 21; *C. Piltz*, in: Gola (Hrsg.), Datenschutz-Grundverordnung, 2. Aufl. 2018, Art. 20 DSGVO, Rn. 12; *K. Schürmann*, in: Eßer u. a. (Hrsg.), Auernhammer – DSGVO/BDSG, 6. Aufl. 2018, Art. 20 DSGVO, Rn. 33; *S. Brüggemann*, in: Taeger (Hrsg.), Recht 4.0 – Innovationen aus den rechtswissenschaftlichen Laboren, 2017, Das Recht auf Datenportabilität, S. 1, 7; wohl *E. Durmus*, Das Recht auf Datenübertragbarkeit, RDV, 2018, S. 80, 81, der zunächst „in erster Linie auf technische Einschränkungen“ abstellen will, sodann aber in Fn. 9 auch rechtliche Behinderungen für denkbar hält; *T. Jülicher/C. Röttgen/M. v. Schönfeld*, Das Recht auf Datenübertragbarkeit, ZD, 2016, S. 358, 359; *P. Krause*, Datenportabilität, PinG, 2019, S. 13, 15; *C. Piltz*, Die Datenschutz-Grundverordnung, K&R, 2016, S. 629, 634; *E. Skobel*, Alle Daten kommen mit, PinG, 2018, S. 160, 163; Artikel-29-Datenschutzgruppe, WP 242 rev.01, 13.12.2016/05.04.2017, S. 18.

Einschränkungen faktischer Art, also etwa technischer[611] – wie etwa Kopierschutz, die Geltendmachung von Datenbankschutz[612] und DRM-Maßnahmen[613] – oder finanzieller[614] Art; zudem kommen auch Einschränkungen rechtlicher Art, zum Beispiel vertraglicher[615] oder formaler[616] Art in Betracht.

Dies begründet sich aus dem insoweit nicht weiter einschränkenden Wortlaut des Art. 20 DSGVO an dieser Stelle und dem Sinn und Zweck des Rechts auf Datenportabilität. Denn eine Einschränkung oder auch die Annahme eines primären Zuschneidens vor allem auf technische Gründe[617] würde gerade nicht

---

611 *M. Rudolph,* in: Schwartmann u. a. (Hrsg.), DS-GVO/BDSG, 2018, Art. 20 DSGVO, Rn. 86; *W. Veil,* in: Gierschmann u. a. (Hrsg.), Kommentar Datenschutz-Grundverordnung, 2018, Art. 20 DSGVO, Rn. 51; zentral auf technische Maßnahmen als potentielle Behinderungen abstellend: *M. Hennemann*, Datenportabilität, PinG, 2017, S. 5, 7; *D. Schätzle*, Ein Recht auf die Fahrzeugdaten, PinG, 2016, S. 71, 73.

612 Vgl. zu den in diesem Zusammenhang entstehenden Problemen: *S. Elfering*, Unlocking the Right to Data Portability, 2019, S. 49 ff.; es ist davon auszugehen, dass die Geltendmachung von Datenbankschutz jedenfalls dann eine Behinderung darstellt, wenn er zum Beispiel nur deshalb besteht, weil die Daten zur Erfüllung der Portierungsanfrage strukturiert werden müssen.

613 *K. v. Lewinski,* in: Wolff/Brink (Hrsg.), BeckOK Datenschutzrecht, 34. Ed. 2020, Art. 20 DSGVO, Rn. 80; *M. Rudolph,* in: Schwartmann u. a. (Hrsg.), DS-GVO/BDSG, 2018, Art. 20 DSGVO, Rn. 88; *S. Brüggemann,* in: Taeger (Hrsg.), Recht 4.0 – Innovationen aus den rechtswissenschaftlichen Laboren, 2017, Das Recht auf Datenportabilität, S. 1, 7.

614 *T. Herbst,* in: Kühling/Buchner (Hrsg.), Datenschutz-Grundverordnung/BDSG, 3. Aufl. 2020, Art. 20, Rn. 22; *M. Rudolph,* in: Schwartmann u. a. (Hrsg.), DS-GVO/BDSG, 2018, Art. 20 DSGVO, Rn. 86.

615 Vgl. etwa *W. Veil,* in: Gierschmann u. a. (Hrsg.), Kommentar Datenschutz-Grundverordnung, 2018, Art. 20 DSGVO, Rn. 52, der davon ausgeht, dass „jedenfalls Vereinbarungen über die Vertragslaufzeit hinaus" unzulässig seien, dies in Anlehnung an *D. Schätzle*, Ein Recht auf die Fahrzeugdaten, PinG, 2016, S. 71, 73; *S. Brüggemann,* in: Taeger (Hrsg.), Recht 4.0 – Innovationen aus den rechtswissenschaftlichen Laboren, 2017, Das Recht auf Datenportabilität, S. 1, 7; *P. Krause*, Datenportabilität, PinG, 2019, S. 13, 15 f., der feststellt, dass vertragliche Regelungen, die die Durchsetzung der Rechte des Art. 20 DSGVO während der Vertragslaufzeit verhindern sollen, dem Innovationsförderungszweck von Art. 20 DSGVO entgegenstünden.

616 *M. Rudolph,* in: Schwartmann u. a. (Hrsg.), DS-GVO/BDSG, 2018, Art. 20 DSGVO, Rn. 86.

617 Vgl. etwa *M. Hennemann*, Datenportabilität, PinG, 2017, S. 5, 7; zumindest technische Maßnahmen im Gegensatz zu vertraglichen ohne weiteres erfasst ansehend: *W. Veil,* in: Gierschmann u. a. (Hrsg.), Kommentar Datenschutz-Grundverordnung, 2018, Art. 20 DSGVO, Rn. 51 f.

die sonst bestehende Möglichkeit marktmächtiger, dominierender Verantwortlicher erfassen, schon alleine durch abschreckende Vertragsbedingungen die Portierung der Daten und damit in vielen Fällen die effektive Verhinderung oder das Aufbrechen des Lock-Ins zu unterbinden. Die abschreckende Wirkung von Vertragsbedingungen kann auch ohne, dass diese notwendigerweise zulässig oder wirksam sind, entfaltet werden, der Ausschluss von datenschutzrechtlichen Betroffenenrechten per Vertragsklausel ist in den meisten Fällen fraglich.[618] Vertragliche Regelungen vom Behinderungsverbot nicht erfasst zu sehen, welche die Ausübung der Rechte des Art. 20 DSGVO ausschließen, kann wenig überzeugen. Denn bestehende Netzwerk- beziehungsweise Lock-In-Effekte sorgen dafür, dass Betroffene in vielen Fällen eben gerade nicht das Angebot aussuchen könnten, welches die für sie vorteilhaftesten Vertragsbedingungen im Vergleich zu Konkurrenzangeboten aufweist und etwa keinen Ausschluss der Datenportabilität beinhaltet.

Dasselbe gilt auch für die Beschränkung der vom Behinderungsverbot erfassten vertraglichen Instrumente auf solche, die nur die Übertragung nach Abschluss des die Datenverarbeitung mit sich bringenden Vertrags verbieten.[619] Denn gerade auch die Möglichkeit des Multi-Homings wird als für den Wettbewerb förderlich angesehen, hängen doch besonders ergänzende und erweiternde Dienste oftmals von diesem Multi-Homing ab.[620] Dies würde allerdings in vielen Fällen verhinderbar, wenn man Vertragsklauseln zuließen, die die Portierungen etwa erst nach Beendigung eines Vertrags erlauben. Wären vertragliche Beschränkungen des Rechts auf Datenportabilität generell zulässig,

618 Vgl. zur Unzulässigkeit des Ausschlusses der Betroffenenrechte generell: *A. Dix*, in: Simitis u. a. (Hrsg.), Datenschutzrecht, 2019, Art. 12 DSGVO, Rn. 6; aA: *L. Franck*, in: Gola (Hrsg.), Datenschutz-Grundverordnung, 2. Aufl. 2018, Art. 12 DSGVO, Rn. 31, nach dem „vom Schutzumfang der DS-GVO nur abgewichen werden darf, sofern eine datenschutzrechtliche Einwilligung möglich" sei; *K. v. Lewinski*, in: Wolff/Brink (Hrsg.), BeckOK Datenschutzrecht, 34. Ed. 2020, Art. 20 DSGVO, Rn. 109; sowie (allerdings während des Gesetzgebungsverfahrens veröffentlicht und diesen Aspekt nur am Rande ansprechend): *A. Roßnagel*, Was bringt das neue europäische Datenschutzrecht für die Verbraucher? – Die Datenschutzgrundverordnung steht vor ihrer Verabschiedung, VuR, 2015, S. 361 zur Unwirksamkeit von das Recht auf Datenportabilität ausschließenden AGB.

619 Vgl. erneut: *D. Schätzle*, Ein Recht auf die Fahrzeugdaten, PinG, 2016, S. 71, 73, der dies als im Vergleich zu vertraglichen Regelungen unstreitigen Fall andeutet.

620 Vgl. dazu auch II.3.c.; das gilt selbst, wenn wie bei Art. 20 DSGVO kein Anspruch auf dauerhafte Echtzeitübertragung gewährt wird, vgl. hierzu: III.3.e.ee.ii.

fände man sich hingegen an derselben Stelle wieder, an der die privatwirtschaftlichen Bestrebungen zur Schaffung individueller Portabilitätslösungen und die ohne wettbewerbsrechtlichen Eingriff in Form von Art. 20 DSGVO bestehenden Anreize ihr Ende gefunden haben.[621]

cc. Fallgruppen

Das Bestehen einer Behinderung im Sinne des Art. 20 Abs. 1 DSGVO ist letztlich im Einzelfall zu bestimmen. Es muss entschieden werden, ob eine Handlungsweise des Verantwortlichen vorliegt, die vor dem Hintergrund der wettbewerbsfördernden Wirkung in relevanter Weise geeignet ist, den Betroffenen an der Übertragung zu hindern. Ein per se Ausschluss bestimmter Handlungsweisen ist gemessen an Sinn und Zweck der flexiblen Vorschrift wenig sinnvoll. Zugleich lassen sich aber auch hier bestimmte Fallgruppen bilden, innerhalb derer sich solche Übermittlungsbehinderungen regelmäßig abspielen können.

i. Administrativer und zeitlicher Aufwand

Behinderungen können einerseits durch zwar nicht technisch, aber administrativ bzw. zeitlich aufwendige Verfahren zur Authentifizierung auftreten.[622] Möglich ist insoweit eine Behinderung nicht nur durch zeitlich aufwendige Verfahren zur Authentifizierung, sondern auch durch ungerechtfertigt lange[623] Bearbeitungsdauern der Portierungsanfragen oder das bewusste Verzögern der Bearbeitung.[624] Gleichwohl dürften diese Fälle schon wegen der in Art. 12 Abs. 3

---

621 Vgl. dazu: I.3.

622 *P. Krause*, Datenportabilität, PinG, 2019, S. 13, 17; zu aufwendigen Identifikationsverfahren und als Reaktion auf die Richtlinien der Artikel-29-Datenschutzgruppe: *P.-O. Dehaye/A. Poikola*, Comments on Data Portability guidelines, 2017; generell davon, dass „das Abfragen des Datensatzes übermäßig verkompliziert wird“ sowie von nicht gerechtfertigten Akkreditierungsanforderungen sprechend: *H.-G. Kamann/M. Braun*, in: Ehmann/Selmayr (Hrsg.), DS-GVO, 2. Aufl. 2018, Art. 20 DSGVO, Rn. 26.

623 Eine Rechtfertigung für das volle Ausschöpfen der Bearbeitungsfrist des Art. 12 Abs. 3 DSGVO dürfte etwa bei Portierungsanfragen gegeben sein, die im Hinblick auf Art. 20 Abs. 4 DSGVO und die dabei vorzunehmende Prüfung durch die Portierung beeinträchtigter Interessen schwierig zu beantworten sind.

624 *P. Krause*, Datenportabilität, PinG, 2019, S. 13, 17; *H.-G. Kamann/M. Braun*, in: Ehmann/Selmayr (Hrsg.), DS-GVO, 2. Aufl. 2018, Art. 20 DSGVO, Rn. 26; *K. v. Lewinski*, in: Wolff/Brink (Hrsg.), BeckOK Datenschutzrecht, 34. Ed. 2020, Art. 20 DSGVO, Rn. 80.

S. 1 DSGVO mit § 121 Abs. 1 S. 1 BGB gleichlaufenden Auslegung des Begriffes „unverzüglich“, also ohne schuldhaftes Zögern[625], oftmals unzulässig sein.

ii. Psychischer Druck

Andererseits sind Behinderungen auch durch den Aufbau psychischen Drucks denkbar. Das kann der Fall sein durch die Betroffenen übermäßig verunsichernde Hinweise auf entweder unzutreffende oder übertrieben dargestellte Risiken einer Aufbewahrung der Daten an einem anderen Ort als beim ersten Verantwortlichen[626] oder aber durch ein Abfragen, warum die Daten portiert wurden, wenn nicht auch die Möglichkeit angeboten wird, keine Antwort zu geben.[627] Diese Fallgruppe zeigt allerdings erneut, dass die Bestimmung im Einzelfall erfolgen muss. Denn das durch eine Portierungsanfrage ausgelöste Bemühen des ersten Verantwortlichen, den Betroffenen, der seine Daten portieren will mit einem besseren Angebot zu überzeugen, was grundsätzlich dem Gedanken des am besten Angebot orientierten Wettbewerbs entspricht, kann wiederum wettbewerbsfördernd sein.

---

625 *S. Quaas*, in: Wolff/Brink (Hrsg.), BeckOK Datenschutzrecht, 34. Ed. 2020, Art. 2 DSGVO, Rn. 35.

626 In diese Richtung: *K. v. Lewinski*, in: Wolff/Brink (Hrsg.), BeckOK Datenschutzrecht, 34. Ed. 2020, Art. 20 DSGVO, Rn. 86.1, gleichwohl dieser die Annahme einer Behinderung in derartigen Fällen nur seitens „übelmeinenden Aufsichtsbehörden, Verbraucherschutzverbände oder Konkurrenten“ für wahrscheinlich hält; anders und Hinweise auf Risiken und Umfang der Datenübertragbarkeit im Rahmen einer als zu schaffend angenommenen Informationspflicht befürwortend: *A. Kratz*, Datenportabilität und „Walled Gardens“, InTeR, 2019, S. 26, 31; beide Ansätze sind aber der hier vertretenen Einzelfallbetrachtung wohl nicht verschlossen und können nicht als ausnahmslos angesehen werden.

627 Ein derartiges Abfragen befürwortend: *P. Krause*, Datenportabilität, PinG, 2019, S. 13, 16, der die Antragsstellung „mit einem Feedback-Bogen […] koppeln [will], um die Gründe für die Portabilitätsanfrage zu ermitteln“. Dies soll dem Ziel einer Verbesserung der „Usability des Dienstes“ dienen und die Möglichkeit geben, ein „drohendes Abwandern zu verhindern“, indem ein besseres Vertragsangebot zugesandt wird. Ein sicherlich sinnvoller Ansatz, eine Koppelung sollte jedenfalls nur mit der gleichwertigen und konsequenzenlosen Möglichkeit, die Teilnahme an der Befragung abzulehnen, bestehen. Vereinbar wäre dieser Ansatz wohl mit dem Standpunkt von *W. Veil*, in: Gierschmann u. a. (Hrsg.), Kommentar Datenschutz-Grundverordnung, 2018, Art. 20 DSGVO, Rn. 63, der sogar eine Mitwirkungsobliegenheit des Betroffenen dahingehend annimmt, den Zweck der Übertragung mitzuteilen.

iii. Benutzung spezifischer Formate

Keine Behinderung darstellen kann allerdings grundsätzlich die Bereitstellung in einem spezifischen Format, welches zwar den Voraussetzungen des Art. 20 Abs. 1 DSGVO genügt, aber das der schon anvisierte zweite Verantwortliche nicht ebenfalls benutzt.[628] Derartige Beschränkungen würden letztlich doch zu einer sektorspezifischen zwingenden Auslegung des Art. 20 DSGVO führen. Denn einerseits kann der Betroffene die Daten auch zusätzlich einem weiteren Verantwortlichen zur Verfügung stellen wollen, der bei der Anforderung des Datensatzes noch nicht bekannt war, andererseits kann potentiell auch der anvisierte die beim ersten Verantwortlichen in Frage kommenden Formate überhaupt nicht verwenden. In diesen Fällen kann, wenn die Formatvorgaben beachtet wurden, nicht über das Behinderungsverbot eine Pflicht begründet werden, bestimmte Formate zu verwenden. Denkbar sind allerdings Einzelfälle, in denen Verantwortliche gezielt zwar die Formatanforderungen erfüllende, aber für die Betroffenen ersichtlich schwer umgängliche Formate verwenden (zum Beispiel Bilder nicht etwa als relativ kleine JPEG-Datei, sondern als etwa um das Fünffache größere Raw-Datei).

Ebenso ist auch der Einsatz nicht offener bzw. nicht frei zugänglicher Formate grundsätzlich nicht durch das Behinderungsverbot ausgeschlossen. Dabei geht es um Formate, bei deren Verwendung der Inhalt einsehbar ist (offen) und die auch in der Entstehung der Datenstruktur des Inhalts nachvollziehbar und damit reproduzierbar (frei zugänglich) sind. Auch Formate, die diese Vorgaben nicht erfüllen und oft unter dem Begriff der „proprietären" Formate zusammengefasst werden, können eine behinderungsfreie Übertragung ermöglichen, wenn sie gängig sind.[629] Auch hier müssen letztlich zur bloßen Verwendung nicht offener, nicht einsehbarer Formate weitere Umstände treten, die im Einzelfall eine Behinderung begründen, etwa wenn genügend einfacher zugängliche Formate zur Verfügung stehen oder klar ist, dass der zweite Verantwortliche das Format nicht wird verwenden können bzw. wenn die Verwendung mit unverhältnismäßig hohen Lizenzgebühren einhergeht. Letzteres muss auch generell für anfallende Kosten gelten: Diese können nur beim Hinzutreten weiterer Umstände

---

628 So aber *T. Herbst,* in: Kühling/Buchner (Hrsg.), Datenschutz-Grundverordnung/ BDSG, 3. Aufl. 2020, Art. 20, Rn. 22; *H.-G. Kamann/M. Braun,* in: Ehmann/Selmayr (Hrsg.), DS-GVO, 2. Aufl. 2018, Art. 20 DSGVO, Rn. 26; wohl auch Artikel-29-Datenschutzgruppe, WP 242 rev.01, 13.12.2016/05.04.2017, S. 18.

629 Vgl. III.3.f.aa.vi., sowie die Nachweise in Fn. 525.

(zum Beispiel eine besondere Höhe oder eine fehlende Nachvollziehbarkeit, wofür sie anfallen) eine Behinderung darstellen.

Dies wiederum zeigt, dass eine formatbezogene Behinderung im technischen Sinne bei Einhaltung der Formatvorschriften des Art. 20 DSGVO in den meisten Fällen nicht der zentrale Anwendungsbereich des Behinderungsverbots ist. Zwar erfasst das Verbot auch technische Behinderungen, diese müssen sich aber grundsätzlich auf andere technische Fragen als das Übertragungsformat beziehen, wie etwa die Authentifizierung, Verschlüsselungen oder Erschwerungen (auch gezielte) bei der Übermittlung.[630]

Gleichwohl erscheint die Annahme, dass die Verwendung von nicht die Interoperabilität sicherstellenden Formaten eine Behinderung darstellen kann, als eine logische Konsequenz der hier nicht vertretenen Annahme, dass Art. 20 DSGVO mit seinen Formatvorgaben alleine noch nicht dafür sorgen würde, wenn man Art. 20 DSGVO in seiner vorliegenden Form doch noch zu einer die Aufbrechung von Lock-In-Effekten bewirkenden Auslegung verhelfen will. Die erhebliche Gefahr der Verhinderung dieser Zweckerreichung durch vertragliche oder andere faktische und technische Hindernisse schließt dies jedoch nicht aus, weshalb Ansichten, die nur auf technische Hindernisse abstellen, nicht überzeugen können.

dd. Fazit

Entscheidend ist, ob die Mittel, mit denen der Wechsel verhindert werden soll, in einem angemessenen Verhältnis zur Angebotsorientierung des Betroffenen stehen und eine solche noch zulassen, mithin ob lediglich eine wettbewerblich akzeptable Verhinderung des Portierens oder eine von Art. 20 DSGVO untersagte Behinderung[631] des Portierens im Sinne einer unangemessenen Erschwerung vorliegt.

---

630 In die Richtung wohl noch *H.-G. Kamann/M. Braun,* in: Ehmann/Selmayr (Hrsg.), DS-GVO, 2. Aufl. 2018, Art. 20 DSGVO, Rn. 26, die etwa „nicht gerechtfertigte sektorspezifische Normungs- oder Akkreditierungsanforderungen“ als Behinderungen ansehen.

631 Vgl. zu dieser treffenden sprachlichen Differenzierung: *T. Herbst,* in: Kühling/Buchner (Hrsg.), Datenschutz-Grundverordnung/BDSG, 3. Aufl. 2020, Art. 20, Rn. 22; hin zu einer solchen Einzelfalldifferenzierung mit einer Angemessenheitsprüfung auch zu verstehen: *M. Rudolph,* in: Schwartmann u. a. (Hrsg.), DS-GVO/BDSG, 2018, Art. 20 DSGVO, Rn. 87, der die Möglichkeit einer sachlichen Rechtfertigung annimmt, die zur Folge habe, dass „man nicht von einer Behinderung sprechen“ könne.

b. Pflichten der Beteiligten bei der Übermittlung nach Abs. 1

Im Unterschied zum Erhalt der Daten durch den Betroffenen nach Art. 20 Abs. 1 Halbs. 1 DSGVO könnte die anschließende Übermittlung nach Halbs. 2 wegen der Beteiligung auch eines Dritten, der zum zweiten Verantwortlichen wird, zu einer potentiellen Risikoerhöhung hinsichtlich eines Datenschutzrechtsverstoßes führen. Daher stellt sich die Frage, wer im Zusammenhang mit Übertragungen nach Art. 20 Abs. 1 Halbs. 2 DSGVO zu welchem Zeitpunkt für welche Datenschutzrechtsverstöße verantwortlich ist. Außerdem ist sehr fraglich, ob eine Annahmepflicht hinsichtlich des Datensatzes durch den zweiten Verantwortlichen besteht. Auch durch diese Pflichten zieht sich wie bei den vorgenannten Tatbestandsmerkmalen der Gedanke der wettbewerblichen Wirkweise des Art. 20 DSGVO, die auch davon abhängt, inwieweit mit der Rechtausübung Risiken zum Beispiel vertrags- und speziell haftungsrechtlicher Art verbunden sind.

aa. Keine Annahmepflicht

Der potentielle zweite Verantwortliche hat grundsätzlich keine Pflicht, die Daten, welche ihm übermittelt werden, anzunehmen.[632] Eine derartige Annahmepflicht

---

632 So auch: *T. Herbst,* in: Kühling/Buchner (Hrsg.), Datenschutz-Grundverordnung/BDSG, 3. Aufl. 2020, Art. 20, Rn. 22; *H.-G. Kamann/M. Braun,* in: Ehmann/Selmayr (Hrsg.), DS-GVO, 2. Aufl. 2018, Art. 20 DSGVO, Rn. 27; *W. Kamlah,* in: Plath (Hrsg.), DSGVO/BDSG, 3. Aufl. 2018, Art. 20 DSGVO, Rn. 9; *K. v. Lewinski,* in: Wolff/Brink (Hrsg.), BeckOK Datenschutzrecht, 34. Ed. 2020, Art. 20 DSGVO, Rn. 80.2; *W. Veil,* in: Gierschmann u. a. (Hrsg.), Kommentar Datenschutz-Grundverordnung, 2018, Art. 20 DSGVO, Rn. 10, 58, wonach der zweite Verantwortliche „sicherlich keine Mitwirkungspflicht“ habe, damit wird nicht nur eine Annahmepflicht abgelehnt, sondern schon die bloße Mitwirkung als Pflicht; *S. Brüggemann,* in: Taeger (Hrsg.), Recht 4.0 – Innovationen aus den rechtswissenschaftlichen Laboren, 2017, Das Recht auf Datenportabilität, S. 1, 11; *J. Klink-Straub/T. Straub*, Vernetzte Fahrzeuge – portable Daten, ZD, 2018, S. 459, 462; im Ergebnis auch: *P. Krause*, Datenportabilität, PinG, 2019, S. 13, 18, der dies aber damit begründet, dass sonst ein „Kooperationszwang“ entstünde, der „einen äußerst starken wettbewerbsrechtlichen Charakter, der über die informationelle Selbstbestimmung [hinausgehe] und den Rahmen des Datenschutzrechts“ sprenge, also wohl davon ausgeht, dass nach wettbewerblichen Ansatz eine Annahmepflicht denkbar wäre; ergebnisoffener und ein Klärung der Frage auch von Gesetzgeberseite aufwerfend: *T. Jülicher/C. Röttgen/M. v. Schönfeld*, Das Recht auf Datenübertragbarkeit, ZD, 2016, S. 358, 362, einer Pflicht zur Annahme aus wettbewerbsfördernder Motivation aber wohl nicht ablehnend gegenüberstehend; eine Pflicht zur Entgegennahme ebenfalls ablehnend: Artikel-29-Datenschutzgruppe, WP

liefe letzten Endes auf einen Kontrahierungszwang heraus, der sich weder durch den wettbewerblichen, noch bei Unterstellung eines herrschaftsrechtlich-datenschutzrechtlichen Zwecks rechtfertigen ließe.

Zwar ist es theoretisch bei entsprechender Rechtfertigung denkbar, einen Kontrahierungszwang als geboten anzunehmen, um dem Recht auf Datenportabilität zu besserer Wirksamkeit und schwierigerer Vereitelbarkeit zu verhelfen[633], wenn die mit der Datenportabilität verfolgten Interessen etwaige entgegenstehende Interessen überwiegen würden. Jenem Interesse an der Durchsetzbarkeit der Datenportabilität durch den Einzelnen stehen aber aus wettbewerblicher Sicht einerseits die sich auch in der Privatautonomie ausdrückende unternehmerische Freiheit (vgl. Art. 16 GRCh) der potentiellen zweiten Verantwortlichen als widerstreitendes Interesse entgegen.[634] Andererseits liefe es auch der innovationsfördernden Komponente von Art. 20 DSGVO zuwider, würden die an

---

242 rev.01, 13.12.2016/05.04.2017, S. 8; anders, zumindest die Annahmepflicht nicht ablehnend: *K. Schürmann,* in: Eßer u. a. (Hrsg.), Auernhammer – DSGVO/BDSG, 6. Aufl. 2018, Art. 20 DSGVO, Rn. 63, die insoweit die Bußgeldvorschrift des Art. 83 Abs. 5 DSGVO für zur Anwendung berufen hält, dabei sich zwar auf Abs. 2 bezieht, aber nicht ersichtlich inhaltlich zwischen Abs. 1 und Abs. 2 trennt, da das als Argument herangezogene angenommene Konterkarieren von Sinn und Zweck des Art. 20 DSGVO bei fehlender Annahmeverpflichtung – folgt man dieser Logik – unabhängig von der gewählten Ausführung der Portierung bestehen dürfte; hingegen die Anwendbarkeit von Art. 83 Abs. 5 DSGVO ausdrücklich ablehnend: *S. Brüggemann,* in: Taeger (Hrsg.), Recht 4.0 – Innovationen aus den rechtswissenschaftlichen Laboren, 2017, Das Recht auf Datenportabilität, S. 1, 11.

633 Vgl. diesen Denkansatz ebenfalls aufzeigend, ihn aber ablehnend, zum Beispiel: *H.-G. Kamann/M. Braun,* in: Ehmann/Selmayr (Hrsg.), DS-GVO, 2. Aufl. 2018, Art. 20 DSGVO, Rn. 27; allerdings diesem Denkansatz folgend und ausführend, dass „Sinn und Zweck des Rechts auf (automatische) Datenübertragbarkeit" bei der Verweigerung jedenfalls die Anwendung von Art. 83 Abs. 5 DSGVO gebieten würden: *K. Schürmann,* in: Eßer u. a. (Hrsg.), Auernhammer – DSGVO/BDSG, 6. Aufl. 2018, Art. 20 DSGVO, Rn. 63.

634 Von einer potentiellen „gesetzlich oktroyierten Kooperationspflicht" sprechend: *T. Jülicher/C. Röttgen/M. v. Schönfeld,* Das Recht auf Datenübertragbarkeit, ZD, 2016, S. 358, 362; *P. Krause,* Datenportabilität, PinG, 2019, S. 13, 18; *S. Brüggemann,* in: Taeger (Hrsg.), Recht 4.0 – Innovationen aus den rechtswissenschaftlichen Laboren, 2017, Das Recht auf Datenportabilität, S. 1, 11, der vor allem auch auf mit der Übertragung an den zweiten Verantwortlichen einhergehende vertragliche Pflichten hinweist; zudem: *T. Herbst,* in: Kühling/Buchner (Hrsg.), Datenschutz-Grundverordnung/BDSG, 3. Aufl. 2020, Art. 20, Rn. 22; *W. Veil,* in: Gierschmann u. a. (Hrsg.), Kommentar Datenschutz-Grundverordnung, 2018, Art. 20 DSGVO, Rn. 58.

den potentiellen Innovationsprozessen Beteiligten einem Kontrahierungszwang unterworfen. Dies könnte dazu führen, dass diese in ihre Dienste oder auf ihre Server Daten einstellen und die entsprechenden technischen Vorkehrungen dafür treffen müssten, die mit dem eigenen Geschäftszweck in keinerlei Zusammenhang stünden und keinen Nutzen brächten.

Allerdings dürfte diese Konstellation in der Praxis in den wenigsten Fällen relevant werden und sich der Streitfall einer Annahmepflicht kaum stellen. Betroffene werden sich mit ihren Daten eher an Verantwortliche wenden, von denen eine sinnvolle Verwendung derselben zu erwarten ist. Die potentiellen zweiten Verantwortlichen, auf die diese Überlegung zutrifft, dürften sogar eher interessiert daran sein, die Daten der Betroffenen in den eigenen Dienst zu übernehmen[635], wenn sich daraus ein wettbewerblicher Vorteil für sie ergäbe. Ein Lock-In-Effekt gerade aufgrund fehlender Annahmeverpflichtung wird sich nur dann einstellen können, wenn kein einziger potentieller zweiter Verantwortlicher vorliegt, der die Daten annehmen will[636].

Besonders der Aspekt der praktisch verstärkt vorkommenden Übertragung zu zweiten Verantwortlichen, die die Daten auch sinnvoll weiter einsetzen können, zeigt abermals, dass trotz fehlenden Zuschnitts des Art. 20 DSGVO oder entsprechender tatbestandlicher Beschränkung auf eine nur innerhalb eines bestimmten Sektors erfolgende Übertragung, diese in vielen Fällen doch die Regel sein wird. Das Ermöglichen der Schaffung von Synergien und Innovationen durch einfacheren Wettbewerb, wie es Art. 20 DSGVO erstrebt, rechtfertigt daher nicht, einen potentiellen zweiten Verantwortlichen über eine – zudem auch mit dem Wortlaut des Art. 20 Abs. 1 DSGVO nur schwer vereinbare – Annahmepflicht zur Kooperation mit einem anderen Verantwortlichen oder zur Herstellung der Importfähigkeit[637] des eigenen Systems zu zwingen.

635 Vgl. auch: *H.-G. Kamann/M. Braun,* in: Ehmann/Selmayr (Hrsg.), DS-GVO, 2. Aufl. 2018, Art. 20 DSGVO, Rn. 27; *P. Krause*, Datenportabilität, PinG, 2019, S. 13, 18; *S. Brüggemann,* in: Taeger (Hrsg.), Recht 4.0 – Innovationen aus den rechtswissenschaftlichen Laboren, 2017, Das Recht auf Datenportabilität, S. 1, 11.

636 Vgl. so auch: *S. Brüggemann,* in: Taeger (Hrsg.), Recht 4.0 – Innovationen aus den rechtswissenschaftlichen Laboren, 2017, Das Recht auf Datenportabilität, S. 1, 11; dies auch feststellend: *T. Jülicher/C. Röttgen/M. v. Schönfeld*, Das Recht auf Datenübertragbarkeit, ZD, 2016, S. 358, 362, dabei jedoch ein größeres Problem in der Annahmeverweigerung bei wenig eigenem Nutzen durch den zweiten Verantwortlichen sehend.

637 Im Gegensatz zur selbstverständlich bestehenden Verpflichtung als potentieller erster Verantwortlicher den Export nach Art. 20 DSGVO zu ermöglichen.

Von diesem Grundsatz sollen teils Ausnahmen zugelassen werden, wenn sich aus einer besonderen Situation ergebende sachliche Gründe für eine Annahmepflicht sprechen.[638] Dabei ist aber schon fraglich, welche spezifischen auf Art. 20 DSGVO beruhenden Gründe für einen solchen Ausschluss der Annahmeverweigerung sprechen sollen, die nicht durch eine der Voraussetzungen der Vorschrift (etwa die Formatvorgaben zur Ermöglichung der Interoperabilität und technischen Weiterverwendbarkeit) bereits erfasst werden. So können etwa vertragliche oder vertragsähnliche Pflichten, die Daten eines Betroffenen anzunehmen, selbstverständlich neben den sich aus der DSGVO ergebenden Pflichten stehen. Solche Pflichten sind etwa denkbar wegen des Abschlusses eines Vertrages über die Nutzung des Dienstes des zweiten Verantwortlichen durch den Betroffenen[639] oder einer sich aus dem vorherigen Verhalten der Beteiligten ergebenden Annahmepflicht nach dem Gedanken des *venire contra factum proprium*. Dabei muss ihre Verletzung aber nicht das Sanktionsregime der DSGVO[640], sondern die Sanktionen des die Pflicht begründenden Rechtsregimes nach sich ziehen. Annahmepflichten können auf vertraglicher Grundlage bestehen, ergeben sich aber nicht aus Art. 20 DSGVO[641] oder gar dem dortigen (an den ersten Verantwortlichen gerichteten) Behinderungsverbot.

---

638 So etwa: *C. Piltz,* in: Gola (Hrsg.), Datenschutz-Grundverordnung, 2. Aufl. 2018, Art. 20 DSGVO, Rn. 13, der Behinderungen „auf Grundlage triftiger faktischer oder rechtlicher Gründe“ zulassen will; dies auch andeutend: *A. Dix,* in: Simitis u. a. (Hrsg.), Datenschutzrecht, 2019, Art. 20 DSGVO, Rn. 15 (zwar auf Abs. 2 bezogen, aber wohl auch für Abs. 1 geltend zu verstehen, da bezüglich diesem keine weiterführenden Aussagen zum Erhalt getroffen werden).

639 Vgl. etwa *A. Dix,* in: Simitis u. a. (Hrsg.), Datenschutzrecht, 2019, Art. 20 DSGVO, Rn. 15, der bei Verträgen, die keine Regelung zur Datenübertragung enthalten, davon ausgeht, dass der zweite Verantwortliche „nicht die Übernahme von Daten ablehnen [könne], wenn sie in einem [Art. 20 DSGVO entsprechenden] Format übertragen“ würden.

640 Anders: *K. Schürmann,* in: Eßer u. a. (Hrsg.), Auernhammer – DSGVO/BDSG, 6. Aufl. 2018, Art. 20 DSGVO, Rn. 63; wie hier aber: *S. Brüggemann,* in: Taeger (Hrsg.), Recht 4.0 – Innovationen aus den rechtswissenschaftlichen Laboren, 2017, Das Recht auf Datenportabilität, S. 1.

641 *K. v. Lewinski,* in: Wolff/Brink (Hrsg.), BeckOK Datenschutzrecht, 34. Ed. 2020, Art. 20 DSGVO, Rn. 80.2, spricht insoweit davon, die Übertragung „nach Belieben behindern“ zu können, dies trifft bei Außerachtlassung von neben Art. 20 DSGVO stehender Pflichten zu.

bb. Keine Prüfpflichten des Betroffenen als „Verantwortlicher"

Für die Inanspruchnahme des Rechts ist ebenfalls relevant, wer im Zusammenhang mit der Portierung des Datensatzes unter Einschaltung des Betroffenen nach Art. 20 Abs. 1 DSGVO materielle Prüfpflichten hinsichtlich etwaiger Datenschutzrechtsverstöße bei der Übertragung hat. Im Zusammenhang mit Art. 20 DSGVO sind dies zum Beispiel Beeinträchtigungen der Rechte und Freiheiten anderer Personen.[642] Einige Stimmen befürworten insoweit, dass der Betroffene selbst Verantwortlicher einer Datenverarbeitung mit entsprechenden Verantwortlichenpflichten werde.[643]

Zwar ist jedenfalls der erste Verantwortliche mit Abschluss des Erhalts der Daten nach Art. 20 Abs. 1 Halbs. 1 DSGVO (vorbehaltlich neben den übertragenen bei ihm verbleibender Versionen der Daten) nicht mehr datenschutzrechtlicher Verantwortlicher.[644] Doch ist er selbstverständlich verantwortlich für die die Vorgaben der DSGVO einhaltende Übermittlung des Datensatzes nach Art. 20 Abs. 1 Halbs.1 DSGVO an den Betroffenen, sowie für die Sicherstellung einer sicheren Übermittlung an den Betroffenen (bzw. im Fall des Abs. 2 den zweiten Verantwortlichen, dazu sogleich unter III.5.).[645]

---

642 Dazu inhaltlich: III.6.c.

643 *K. Schürmann,* in: Eßer u. a. (Hrsg.), Auernhammer – DSGVO/BDSG, 6. Aufl. 2018, Art. 20 DSGVO, Rn. 31, die davon ausgeht, dass deshalb eine „Einwilligung der betroffenen Person gegenüber sich selbst" erfolge; *W. Veil,* in: Gierschmann u. a. (Hrsg.), Kommentar Datenschutz-Grundverordnung, 2018, Art. 20 DSGVO, Rn. 14, sowie Rn. 69, wo angenommen wird, dass der Betroffene – zumindest soweit Daten Dritter mitumfasst sind – Verantwortlicher werde, teilweise auch in der Annahne, dass eine gemeinsame Verantwortlichkeit des Betroffenen und des ersten bzw. zweiten Verantwortlichen bestünden (vgl. etwa Rn. 137).

644 Dies auch feststellend: *M. Rudolph,* in: Schwartmann u. a. (Hrsg.), DS-GVO/BDSG, 2018, Art. 20 DSGVO, Rn. 98; Artikel-29-Datenschutzgruppe, WP 242 rev.01, 13.12.2016/05.04.2017, S. 6; dies gilt vorbehaltlich anderweiteitiger (etwa vertraglicher) Konstruktionen sowohl für Handlungen des Betroffenen als auch für solche des zweiten Verantwortlichen; vgl. zudem: Facebook, Data Portability and Privacy, 2019, S. 17 f., wo zwischen *„open transfer"*, *„conditioned transfer"* und *„partnership transfer"* unterschieden wird; auch besondere Sorgfaltspflichten nach der Übertragung ablehnend: *P. Krause*, Datenportabilität, PinG, 2019, S. 13, 17 f., dies aus einem Vergleich mit für öffentliche Stellen geltenden Vorschriften des BDSG a.F. herleitend, allerdings Informationen und Hinweise für die Betroffenen, besonders bei der Übertragung nach Abs. 1, empfehlend.

645 Artikel-29-Datenschutzgruppe, WP 242 rev.01, 13.12.2016/05.04.2017, S. 23, mit Nennung beispielhafter Risikominderungsmaßnahmen; Centre for Information

Dass der erste Verantwortliche mit Abschluss der Übermittlung seine Stellung als Verantwortlicher hinsichtlich des konkret übermittelten – im Gegensatz zum auch nach Übermittlung grundsätzlich verbleibenden – Datensatzes verliert, führt nicht dazu, dass der Betroffene Verantwortlicher wird. Zwar ist es möglich, dass im Falle einer Übertragung der Daten an einen Betroffenen, der sodann nur noch private bzw. familiäre Handlungen vornimmt (vgl. den Ausschluss der Anwendbarkeit der DSGVO nach Art. 2 Abs. 2 lit. c DSGVO[646]) und einer aus irgendeinem Grund erfolgten Löschung der Daten beim ersten Verantwortlichen eine Situation entsteht, in der es bezüglich des Datensatzes keinen Verantwortlichen im Sinne der DSGVO gibt.[647] Doch ist diese Konstellation nichts anderes als die logische und vor dem Gesetzeszweck angebrachte Konsequenz der Anwendung der generellen DSGVO-Vorschriften. Die Sachlage unterscheidet sich nicht von der, die vor einer Bereitstellung an den ersten Verantwortlichen vorliegt. Denn dabei bestehen dieselben datenbezogenen Risiken, die eine Anwendung des Datenschutzrechtes mit den umfangreichen und teils scharfen Pflichtenkatalogen für Verantwortliche gebieten. Auch hier ist der Betroffene nicht Verantwortlicher im Sinne der DSGVO.[648] Die Gefährdung der Rechte Dritter wird zudem in Art. 20 DSGVO (im Unterschied zur Situation vor der Bereitstellung) über dessen Abs. 4 berücksichtigt (vgl. III.6.c.bb.i.).

Einzig der Umstand, dass die bereitgestellten Daten häufig vom Betroffenen bereits über einen längeren Zeitraum bereitgestellt worden sein dürften, sie hingegen nach Erfüllung des Anspruchs auf Erhalt der Daten durch den ersten

---

and Policy Leadership, Comments by the Centre for Information Policy Leadership on the Article 29 Data Protection Working Party's „Guidelines on the right to data portability" (adopted 13 December 2016), S. 14; Insgesamt zu den Pflichten des Exportierenden auch: *W. Veil,* in: Gierschmann u. a. (Hrsg.), Kommentar Datenschutz-Grundverordnung, 2018, Art. 20 DSGVO, Rn. 45 ff.; vgl. zur Frage der technischen Umsetzung und der notwendigen Maßnahmen für diese Sicherstellung auch IV.2.b.

646 Dazu auch *M. Munz,* in: Taeger/Gabel (Hrsg.), DSGVO – BDSG, 3. Aufl. 2019, Art. 20 DSGVO, Rn. 56.

647 Vgl. in diesem Zusammenhang *S. Brüggemann,* in: Taeger (Hrsg.), Recht 4.0 – Innovationen aus den rechtswissenschaftlichen Laboren, 2017, Das Recht auf Datenportabilität, S. 1, 9, der insoweit von einer „Zwickmühle" des ersten Verantwortlichen spricht, weil „nur noch der Verantwortliche" als derjenige verbleibe, der für Rechtsverstöße hafte.

648 Selbst bei Annahme einer datenschutzrechtlich relevanten Datenverarbeitung dürfte in vielen Fällen die Ausnahme vom sachlichen Anwendungsbereich der DSGVO nach deren Art. 2 Abs. 2 lit. c greifen.

Verantwortlichen als großer und gebündelter Datensatz beim Betroffenen vorgehalten werden, könnte einen Unterschied zur Situation vor Bereitstellung und nach Erhalt der Daten ausmachen. Allerdings steht diesem potentiell höheren Risiko der einfacheren Angreifbarkeit der Daten bei Lagerung auf einem Privatrechner[649] gegenüber, dass die mit der Schaffung von Art. 20 DSGVO bezweckte wettbewerbsfördernde Wirkung in vielen Fällen ausbliebe. Würden Betroffene mit der Folge umfangreicher Pflichten mit erheblicher abschreckender Wirkung[650] selbst zu Datenverarbeitungsverantwortlichen, wäre eine Senkung der technischen Wechselkosten abgeschwächt oder ausgeglichen. Das gilt nicht nur für „Wechselkosten" psychologischer Natur wegen der Drohkulisse der DSGVO-Sanktionen für Datenschutzverstöße, sondern auch für solche administrativer Art. Der Wechsel könnte sogar erschwert werden im Vergleich zur erneuten Bereitstellung beim zweiten Verantwortlichen.

Um insoweit die Stellung als Verantwortliche zu vermeiden, könnten Betroffene den Weg über Art. 20 Abs. 2 DSGVO wählen, die Daten folglich direkt vom ersten Verantwortlichen zum zweiten Verantwortlichen übertragen lassen. Dieser Weg steht allerdings unter dem Vorbehalt der technischen Machbarkeit.[651] Dementsprechend ist der Betroffene bei der Übermittlung an den

---

649 Vgl. zu Bedenken hinsichtlich des Sicherheitsniveaus auf Privatrechnern im Zusammenhang mit Art. 20 DSGVO auch: *K. v. Lewinski,* in: Wolff/Brink (Hrsg.), BeckOK Datenschutzrecht, 34. Ed. 2020, Art. 20 DSGVO, Rn. 86; *P. Krause*, Datenportabilität, PinG, 2019, S. 13, 17; generell zu Sicherheitsaspekten bei der Übertragung auch: Artikel-29-Datenschutzgruppe, WP 242 rev.01, 13.12.2016/05.04.2017, S. 19; sowie auch II.2.b.dd.

650 Vgl. nur das bei *W. Veil,* in: Gierschmann u. a. (Hrsg.), Kommentar Datenschutz-Grundverordnung, 2018, Art. 20 DSGVO, Rn. 14 aufgezeichnete Szenario aus gemeinsamen Beteiligungen von Betroffenem und erstem Verantwortlichem an Datenschutzverstößen etwa bei Übermittlung von Daten Dritter, sowie die Schilderungen zu einer gesamtschuldnerischen Haftung von Betroffenem und zweitem Verantwortlichen, wenn letzterer „seine Befugnisse" überschreite, nach Art. 82 Abs. 4 DSGVO (vgl. Rn. 137); oder auch erneut *K. Schürmann,* in: Eßer u. a. (Hrsg.), Auernhammer – DSGVO/BDSG, 6. Aufl. 2018, Art. 20 DSGVO, Rn. 31, die die Konstruktion einer „Einwilligung der betroffenen Person gegenüber sich selbst" animmt, weil für den Betroffenen als Verantwortlichen „Art. 20 Abs. 1 insoweit nicht mehr als Erlaubnistatbestand" diene; weiter diese *chilling effects* betonend auch: Facebook, Data Portability and Privacy, 2019, S. 18.

651 Zur Frage ob diese einen gleichwertigen Ersatz darstellt vgl. III.0.; zweifelhaft zum Mehrwert der Übertragung nach Abs. 1 im Hinblick auf den Abbau von *switching costs*: *S. Elfering*, Unlocking the Right to Data Portability, 2019, S. 23.

zweiten Verantwortlichen auch nicht verpflichtet, einen Zweck einer durch die Übermittlung stattfindenden Verarbeitung zu bestimmen (vgl. Art. 5 Abs. 1 lit. b DSGVO, der vornehmlich für Verantwortliche gilt[652])[653], zumal sich dieser regelmäßig aus dem der Übermittlung zugrundliegenden Vertrag ergeben dürfte. Auch zeigt der Vergleich mit dem Auskunftsrecht, das hinsichtlich der Frage, ob Daten beim Betroffenen lagern und eventuell einem höheren Risiko ausgesetzt sind, nicht unvergleichbar verschieden ist, dass der auskunftssuchende Betroffene dort nicht durch den Erhalt der Daten zum Verantwortlichen wird. Insgesamt gilt zudem zu beachten, dass die Betroffenen auch ohne Stellung als Verantwortliche im Sinne der DSGVO nach zivilrechtlichen Vorschriften haften können, wenn sie etwa Rechte Dritter verletzen.[654] Wie schon bei der Frage der Annahmepflicht vertragliche Verpflichtungen denkbar sind, können hinsichtlich der Beeinträchtigung der Rechte Dritter zum Beispiel Rechte zum Schutz betroffener Drittpositionen analog § 1004 BGB (oder entsprechender

---

652 Vgl. etwa: *P. Reimer,* in: Sydow (Hrsg.), Europäische Datenschutzgrundverordnung, 2. Aufl. 2018, Art. 5 DSGVO, Rn. 9; *A. Roßnagel,* in: Simitis u. a. (Hrsg.), Datenschutzrecht, 2019, Art. 5 DSGVO, Rn. 4.

653 So aber: *C. Piltz,* in: Gola (Hrsg.), Datenschutz-Grundverordnung, 2. Aufl. 2018, Art. 20 DSGVO, Rn. 11.

654 Nur in diese Richtung verstanden kann den entsprechenden Ausführungen, dass die Betroffenen „verantwortlich“ seien, gefolgt werden; vgl. etwa: *T. Herbst,* in: Kühling/Buchner (Hrsg.), Datenschutz-Grundverordnung/BDSG, 3. Aufl. 2020, Art. 20, Rn. 17; Artikel-29-Datenschutzgruppe, WP 242 rev.01, 13.12.2016/05.04.2017, S. 13, der davon spricht, dass der Betroffene verantwortlich sei, „sofern der Verantwortliche keine Entscheidung bezüglich der Verarbeitungsvorgänge“ treffe; im Anschluss daran auch *H.-G. Kamann/M. Braun,* in: Ehmann/Selmayr (Hrsg.), DS-GVO, 2. Aufl. 2018, Art. 20 DSGVO, Rn. 34; ebenso *P. Krause,* Datenportabilität, PinG, 2018, S. 239, 243; auf die Artikel-29-Datenschutzgruppe kritisch Bezug nehmend und eine Haftung der Betroffenen angesichts der sonst auftretenden *chilling effects* nur für *„truly unreasonable or reckless behavior“* vorschlagend: Facebook, Data Portability and Privacy, 2019, S. 18; oder die Ausführungen von *W. Veil,* in: Gierschmann u. a. (Hrsg.), Kommentar Datenschutz-Grundverordnung, 2018, Art. 20 DSGVO, Rn. 137, 14, zu einer gesamtschuldnerischen Haftung von Betroffenem und zweitem Verantwortlichen, dies in Rn. 135 damit begründend, dass sonst „der nicht einmal datenschutzrechtlich, sondern wettbewerbsrechtlich begründete Anspruch des Betroffenen […] generell über das Datenschutzrecht des Drittbetroffenen gestellt“ werde – was alleine aus sich heraus nicht als Argument überzeugt.

Vorschriften in anderen Ländern) bestehen[655], die insoweit die Schutzlücke fehlender datenschutzrechtlicher Instrumentarien schließen können.

Der zweite Verantwortliche erlangt seine Stellung als mit den entsprechenden Pflichten zwar grundsätzlich, sobald ihm die Daten übertragen wurden, haftet dabei und danach jedoch nicht für Verstöße durch den ersten Verantwortlichen. Er muss also nicht erneut überprüfen, ob eine Beeinträchtigung der Rechte und Freiheiten Dritter (Abs. 4) oder sonst ein Datenschutzrechtsverstoß durch den ersten Verantwortlichen vorliegt[656], solange ein solcher nicht offensichtlich ist. Dafür spricht vor allem hinsichtlich der sich direkt aus Art. 20 DSGVO ergebenden Anforderungen der eindeutige Wortlaut des Art. 20 Abs. 1 und Abs. 4 DSGVO, welche Pflichten gerade dem ersten Verantwortlichen auferlegen bzw. festlegen, dass bei deren Erfüllung die Rechte und Freiheiten anderer Personen nicht beeinträchtigt werden dürfen.

c. Fazit

Der grundsätzlich nur als logische Vervollständigung des Erhalts der Daten dienende zweite Halbsatz hat vor allem wegen des Behinderungsverbots Bedeutung. Letzteres fungiert als Ergänzung der Formatanforderungen, die letztlich spezifische technische Behinderungen auszuschließen versuchen. Insbesondere bei Fragen technischer Behinderungen ist daher jeweils entscheidend, ob die jeweilige Behinderung nicht schon durch die Formatvorgaben abschließend reguliert werden sollte. Im Übrigen hängt die Anwendung stark vom Einzelfäll ab, wofür die behandelten Fallgruppen eine Richtschnur liefern. Es handelt sich

655 Die Frage, ob § 1004 BGB analog auf Datenschutzverstöße anzuwenden ist, wird in dieser Arbeit nicht behandelt, vgl. etwa, eine pauschale Anwendung bei Datenschutzverstößen ablehnend: *N. Härting/L. Konrad*, Kein Unterlassungsanspruch: Warum § 1004 BGB auf Datenschutzverstöße nicht anwendbar ist, CROnline, 2019, allerdings auch darauf hinweisend, dass die Ansprüche analog § 1004 BGB, etwa wegen Verletzung des allgemeinen Persönlichkeitsrechts, parallel zu datenschutzrechtlichen Korrektiven einer Rechtsverletzung stehen können, wenn die dortigen Voraussetzungen erfüllt sind.

656 So in diesem Punkt zurecht: *W. Veil*, in: Gierschmann u. a. (Hrsg.), Kommentar Datenschutz-Grundverordnung, 2018, Art. 20 DSGVO, Rn. 60; *M. Rudolph*, in: Schwartmann u. a. (Hrsg.), DS-GVO/BDSG, 2018, Art. 20 DSGVO, Rn. 116 f.; *P. Krause*, Datenportabilität, PinG, 2019, S. 13, 18; generell (vor dem Hintergrund sonst angenommener Verstärkung von Marktzutrittsschranken) zu besonderer Vorsicht bei der Auferlegung von Prüfpflichten an Plattformen mahnend auch: BMWi, Ein neuer Wettbewerbsrahmen für die Digitalwirtschaft, 2019, S. 56 f.

nicht um ein Verbot jeglicher Verhinderung der Datenübertragung, sondern um vielmehr eine in der Praxis unvermeidbar einzelfallbezogene Überprüfung auf eine (wettbewerblich) unangemessene Art und Weise der Verhinderung, sodass diese zu eine Behinderung wird.

5. Direktübermittlung, Art. 20 Abs. 2 DSGVO

Im Gegensatz zur Übertragung unter Einschaltung des Betroffenen ist bei der Direktübermittlung nach Art. 20 Abs. 2 DSGVO keine eigene Übertragungshandlung des Betroffenen erforderlich. Es handelt sich bei Art. 20 DSGVO zwar um ein einheitliches Recht[657], die Übertragung wird aber unter dem Vorbehalt der technischen Machbarkeit im Vergleich zu Art. 20 Abs. 1 DSGVO erleichtert.[658] Der Betroffene kann „erwirken", dass die Daten direkt zum anvisierten zweiten Verantwortlichen übermittelt werden.[659] Auf diese Weise kann die schuldbefreiende Wirkung[660] hinsichtlich der sich dem Grunde nach aus Art. 20 Abs. 1 DSGVO ergebenden Pflichten nicht nur durch Übermittlung an den Betroffenen, sondern auch durch Übermittlung an einen Dritten eintreten. Für diese schuldbefreiende Wirkung verzichtet der Betroffene im Interesse einer schnelleren Übertragbarkeit auf den direkten Zugriff auf den Datensatz, den er bei einer Übertragung nach Abs. 1 gehabt hätte.[661] Das Recht auf Datenportabilität erfährt dadurch keine auf die zu übertragenden Daten selbst bezogene quantitative oder qualitative Erweiterung[662], sondern wird lediglich um eine zusätzliche Erfüllungsmodalität erweitert. Entscheidend für das Verständnis der Wirkweise ist zweierlei: Zum einen ist erneut zu beantworten, ob bei der

---

657 *H.-G. Kamann/M. Braun,* in: Ehmann/Selmayr (Hrsg.), DS-GVO, 2. Aufl. 2018, Art. 20 DSGVO, Rn. 28.

658 Vgl. *T. Herbst,* in: Kühling/Buchner (Hrsg.), Datenschutz-Grundverordnung/BDSG, 3. Aufl. 2020, Art. 20, Rn. 24; gleich: *M. Rudolph,* in: Schwartmann u. a. (Hrsg.), DS-GVO/BDSG, 2018, Art. 20 DSGVO, Rn. 89.

659 *K. v. Lewinski,* in: Wolff/Brink (Hrsg.), BeckOK Datenschutzrecht, 34. Ed. 2020, Art. 20 DSGVO, Rn. 55, bezeichnet dies als *„user mediated transmission"*, dies in Anlehnung an die nicht revidierte Fassung der Leitlinien der Artikel-29-Datenschutzgruppe: Artikel-29-Datenschutzgruppe, WP 242, 13.12.2016, dort S. 5.

660 *W. Kamlah,* in: Plath (Hrsg.), DSGVO/BDSG, 3. Aufl. 2018, Art. 20 DSGVO, Rn. 10; darauf auch bezugnehmend: *M. Hennemann*, Datenportabilität, PinG, 2017, S. 5, 7.

661 Zurecht dies nicht als Einschränkung ansehend: *T. Herbst,* in: Kühling/Buchner (Hrsg.), Datenschutz-Grundverordnung/BDSG, 3. Aufl. 2020, Art. 20, Rn. 23.

662 So auch: *M. Rudolph,* in: Schwartmann u. a. (Hrsg.), DS-GVO/BDSG, 2018, Art. 20 DSGVO, Rn. 90.

Direktübertragung im Interesse einer schnelleren Weiterverschiebbarkeit eine Annahmepflicht besteht, um den wettbewerblichen Effekt zu erreichen. Zum anderen ist eine potentielle Relativierung des Zugewinns der Direktübertragung durch die Einschränkung auf Fälle mit technischer Machbarkeit zu klären.

a. Keine Annahmepflicht

Erneut wird bei Abs. 2, allerdings mit anderer Argumentation und besonders in Abgrenzung zu Abs. 1, teils angenommen, dass im Rahmen dieser Ausübungsmodalität eine Pflicht des zweiten Verantwortlichen zur Datenannahme bestehe.[663]

Dafür spricht zwar auf den ersten Blick, dass in Abs. 1 mit der Gewährung des Rechts zur Übermittlung die Portierungshandlung behandelt wird, während in Abs. 2 mit dem Wortlaut „Erwirken" prima facie auch angenommen werden kann, dass auf das Übermittlungsergebnis Bezug genommen wird.[664] Zudem ist im Gegensatz zur Übertragung nach Abs. 1 der zweite Verantwortliche einerseits durch die zusätzliche Einschränkung der technischen Machbarkeit geschützt, andererseits ist er schon ausgewählt und bekannt: Das nach Abs. 2 modifizierte Recht auf Datenportabilität kann zwar selbstverständlich mehrfach hin zu verschiedenen zweiten Verantwortlichen ausgeübt werden, bei jeder

---

663 So *C. Piltz*, Die Datenschutz-Grundverordnung, K&R, 2016, S. 629, 634, ausdrücklich in Abgrenzung zu Abs. 1; dem durch Bezugnahme auf ein „Recht auf automatische Datenübertragbarkeit" wohl (aber dabei nicht eindeutig zwischen den Absätzen differenzierend) folgend: *K. Schürmann*, in: Eßer u. a. (Hrsg.), Auernhammer – DSGVO/BDSG, 6. Aufl. 2018, Art. 20 DSGVO, Rn. 63; wohl auch *M. Rudolph*, in: Schwartmann u. a. (Hrsg.), DS-GVO/BDSG, 2018, Art. 20 DSGVO, Rn. 95, das Recht auf Datenportabilität als sich gegen beide Verantwortliche richtend auch Rn. 32 f., dort jedoch auch davon sprechend, dass kein „genereller Anspruch auf Entgegennahme" bestehe und der Datensatz dem zweiten Verantwortlichen nicht „aufoktroyiert" werden solle (dabei verweisend auf E. Ehmann/M. Selmayr (Hrsg.), DS-GVO, 2018, Art. 20 DSGVO, Rn. 29, die eine Entgegennahmepflicht aber in Rn. 31 ablehnen); *F. Hermonies*, in: Jandt/Steidle (Hrsg.), Datenschutz im Internet, 2018, B.V. Rechte der Betroffenen, Rn. 47, der Betroffene könne das Recht „gegenüber beiden Verantwortlichen geltend machen"; im Zusammenhang mit Abs. 2 davon sprechend, dass zwar eine Verpflichtung des zweiten Verantwortlichen umstritten sei, aber „jedenfalls ein Titel gegen beide Verantwortliche zu erwirken und koordiniert umzusetzen" sei: *F. Deusch/T. Eggendorfer*, Durchsetzung und Vollstreckung der Datenübertragbarkeit, K&R, 2020, S. 105, 110.

664 In diese Richtung argumentierend: *C. Piltz*, in: Gola (Hrsg.), Datenschutz-Grundverordnung, 2. Aufl. 2018, Art. 20 DSGVO, Rn. 29.

einzelnen Ausübung muss aber zuvor bekannt sein, wer der zweite Verantwortliche sein soll.

Bei näherer Betrachtung ist Annahmepflicht des zweiten Verantwortlichen jedoch auch im Rahmen des Abs. 2 abzulehnen.[665] Schon das Wortlautargument mit der Wahl des Begriffs „erwirken" überzeugt nicht. Das Erwirken bezieht sich grammatikalisch auf „übermittelt werden", also erneut auf die Portierungshandlung und nicht zwingend auf das Ergebnis des Vorhandenseins der Daten beim Empfänger. Ein eindeutiger Schluss hin zu einer Annahmepflicht ergibt sich

665 So auch: *A. Dix,* in: Simitis u. a. (Hrsg.), Datenschutzrecht, 2019, Art. 20 DSGVO, Rn. 15; *T. Herbst,* in: Kühling/Buchner (Hrsg.), Datenschutz-Grundverordnung/BDSG, 3. Aufl. 2020, Art. 20, Rn. 23; *W. Kamlah,* in: Plath (Hrsg.), DSGVO/BDSG, 3. Aufl. 2018, Art. 20 DSGVO, Rn. 10; *H.-G. Kamann/M. Braun,* in: Ehmann/Selmayr (Hrsg.), DS-GVO, 2. Aufl. 2018, Art. 20 DSGVO, Rn. 31; *K. v. Lewinski,* in: Wolff/Brink (Hrsg.), BeckOK Datenschutzrecht, 34. Ed. 2020, Art. 20 DSGVO, Rn. 57; *M. Munz,* in: Taeger/Gabel (Hrsg.), DSGVO – BDSG, 3. Aufl. 2019, Art. 20 DSGVO, Rn. 44; *B. P. Paal,* in: Paal/Pauly (Hrsg.), Datenschutz-Grundverordnung, Bundesdatenschutzgesetz, 2. Aufl. 2018, Art. 20 DSGVO, Rn. 22; *F. Moos/J. Schefzig/M. Arning,* Die Neue Datenschutz-Grundverordnung, 2018, S. 215, Rn. 293; *M. Hennemann,* Datenportabilität, PinG, 2017, S. 5, 7; *S. Brüggemann,* Das Recht auf Datenportabilität, K&R, 2018, S. 1, 11; *A. Gerl/D. Pohl,* in: Praktische Umsetzung des Rechts auf Datenübertragbarkeit, 3. Aufl., The Right to data portability between legal possibilities and technical boundaries, S. 204–220, S. 206; Artikel-29-Datenschutzgruppe, WP 242 rev.01, 13.12.2016/05.04.2017, S. 7; Centre for Information and Policy Leadership, Comments by the Centre for Information Policy Leadership on the Article 29 Data Protection Working Party's „Guidelines on the right to data portability" (adopted 13 December 2016), S. 5. Vgl. zur abweichenden gegenteiligen Ansicht erneut: *C. Piltz,* Die Datenschutz-Grundverordnung, K&R, 2016, S. 629, 634; sowie *C. Piltz,* in: Gola (Hrsg.), Datenschutz-Grundverordnung, 2. Aufl. 2018, Art. 20 DSGVO, Rn. 29; *E. Durmus,* Das Recht auf Datenübertragbarkeit, RDV, 2018, S. 80, 82; nicht ganz eindeutig insoweit *M. Rudolph,* in: Schwartmann u. a. (Hrsg.), DS-GVO/BDSG, 2018, Art. 20 DSGVO, Rn. 95, der zwar annimmt, dass sich das Recht „auch gegen den anderen (zweiten) Verantwortlichen" richte, allerdings sodann Einschränkungen auf Fälle von gesetzlichen oder vertraglichen Verpflichtungen vornimmt. Das kann zwar losgelöst von Art. 20 DSGVO durchaus der Fall sein, für die Frage, ob Art. 20 DSGVO zur Annahme verpflichtet, hat dies aber keine direkte Relevanz. Zur Übernahmepflicht als Folge vertraglicher Bindungen auch: *A. Dix,* in: Simitis u. a. (Hrsg.), Datenschutzrecht, 2019, Art. 20 DSGVO, Rn. 15, der eine „grundsätzliche Kooperationspflicht" bei Verträgen annimmt, in denen keine ausdrücklichen Regelungen zur Datenübertragung enthalten sind, wenn dem zweiten Verantwortlichen Daten in einem gängigen, maschinenlesbaren Format übertragen werden, das Behinderungsverbot des Abs. 1 gelte aber nicht.

mithin nicht aus dem Wortlaut. Auch in Abs. 2 wird bei genauerer Betrachtung zwischen den Verantwortlichen differenziert.[666] Gegen eine endgültige Festlegung anhand des Wortlauts spricht erneut der Vergleich mit anderen Sprachfassungen: zum Beispiel in der Englischen wurde mit der Formulierung „*have* [...] *transmitted*" mit einem Hilfsverb ein deutlich weniger ergebnisorientierter Begriff als „erwirken" gewählt. Dagegen verwendet die französische Fassung mit „*droit d'obtenir que les données* [...] *soient transmises*" eine der deutschen vergleichbarere Formulierung. Nach der niederländischen[667] und der dänischen[668] Fassung hingegen besteht lediglich das Recht, die Daten direkt zu übertragen. Die schwedische[669] Fassung spricht sogar, ohne dass auf eine andere Handlung überhaupt abgestellt würde, von einem Recht auf Übertragung. Eine dem „Erwirken" vergleichbare Begrifflichkeit findet sich etwa in diesen Sprachfassungen mithin nicht.

Weiter ist neben der in ErwGr. 68 S. 7 zur DSGVO enthaltenen Zielvorgabe hinsichtlich des Nichtbestehens einer Pflicht zur Anwendung kompatibler Systeme[670] (bei Annahme einer absoluten Pflicht zur Annahme wäre diese Vorgabe nicht umsetzbar) zu beachten, dass bei Unterstellung einer Annahmepflicht des zweiten Verantwortlichen die gleichen Erwägungen bezüglich eines Kontrahierungszwangs greifen würden, wie auch bei Abs. 1.[671] Vor einem sowohl angesichts

---

666 So im Ergebnis zum Wortlaut auch: *T. Herbst,* in: Kühling/Buchner (Hrsg.), Datenschutz-Grundverordnung/BDSG, 3. Aufl. 2020, Art. 20, Rn. 23; anders: *P. Krause,* Datenportabilität, PinG, 2019, S. 13, 20, der allerdings insgesamt eine Annahmepflicht ebenfalls ablehnt, jedoch eine Mitwirkungspflicht des zweiten Verantwortlichen im Rahmen einer Anpassung seines Systems zur Aufnahme der Daten fordert – dabei wird aber verkannt, dass zwar die technische Machbarkeit nach den Umständen bei beiden Verantwortlichen zu bestimmen ist (dazu sogleich), dies jedoch nicht die Frage betrifft, wer aus Art. 20 Abs. 2 DSGVO eine Pflicht zur Entgegennahme oder zur Ermöglichung derselben hat oder nicht.

667 „*heeft* [...] *het recht dat de persoonsgegevens rechtstreeks von de ene* [...] *naar de andere worden doorgezonden*".

668 „*har* [...] *ret til at få transmitteret personoplysingerne direkte fra en* [...] *til en anden*".

669 „*ska* [...] *ha rätt till överföring av personuppgifterna direkt från en* [...] *till en annan*".

670 Vgl., die Argumentation der Ablehnung einer Annahmepflicht darauf stützend: *A. Gerl/D. Pohl,* in: Praktische Umsetzung des Rechts auf Datenübertragbarkeit, 3. Aufl., The Right to data portability between legal possibilities and technical boundaries, S. 204–220, S. 206, mit weitergehenden Ausführungen zur Frage der Sinnhaftigkeit einer Annahmeverpflichtung; mit ErwGr. 68 zur DSGVO argumentierend auch: *E. Durmus,* Das Recht auf Datenübertragbarkeit, RDV, 2018, S. 80, 82.

671 So im Ergebnis auch: *T. Herbst,* in: Kühling/Buchner (Hrsg.), Datenschutz-Grundverordnung/BDSG, 3. Aufl. 2020, Art. 20, Rn. 23; unter ausdrücklicher

der Privatautonomie bedenklichen und – mit Blick auf die theoretisch nicht vorgeschriebene Sektorgleichheit der Verantwortlichen potentiell sinnlosen – datenbezogenen Kontrahierungszwang schützt alleine das Einschränkungstatbestandsmerkmal der technischen Machbarkeit nicht.[672] Die Einschränkung über die technische Machbarkeit mag in manchen Fällen die Direktübertragung ausschließen. Dies als Ausgleich des aus einer Annahmepflicht folgenden Eingriffs in die Privatautonomie hin zu einem Kontrahierungszwang anzusehen, entbehrt eines sachlichen Grundes und kann mangels inhaltlichen Zusammenhangs nur zufälligerweise dazu führen, dass schwerwiegende Eingriffe in die Privatautonomie verhindert werden. Denn zwar wird das Merkmal der technischen Machbarkeit in vielen Fällen dazu führen, dass hauptsächlich Übertragungen innerhalb eines die gleichen Systeme benutzenden Sektors nicht ausgeschlossen sind. Doch besteht auch innerhalb eines Sektors kein triftiger Grund, die Privatautonomie pauschal durch einen datenbezogenen Kontrahierungszwang einzuschränken. Eine Annahmepflicht aus Art. 20 Abs. 2 DSGVO lediglich für den Fall einer bereits bestehenden zivilrechtlichen Pflicht zu konstruieren ließe sich letztlich am ehesten damit begründen, dass man gezielt die datenschutzrechtlichen Sanktionsmechanismen angewendet sehen will, was angesichts der zivilrechtlicher Schutzmechanismen jedoch nicht ohne weiteres notwendig ist.

Bei kleineren oder mittleren Unternehmen, für die die Einrichtung einer Aufnahmeinfrastruktur mehr Aufwand bedeuten könnte als die Annahme der Daten an Vorteilen brächte, greifen die pauschalen Überlegungen praktischer Natur nicht, nach denen ein Interesse an der Annahme bestünde und es daher gar keines Schutzes vor einem Kontrahierungszwanges bedürfe.[673] Auch wäre es bei einer unterschiedlichen Auslegung des Abs. 1 möglich, durch die bewusste Wahl der Direktübertragung nach Abs. 2 und die dabei, gemessen an der Frage der Privatautonomie, nur zufälligen Ausschlüsse über die technische Machbarkeit,

---

Bezugnahme auf die unternehmerische Freiheit nach Art. 16 GRCh: *W. Veil,* in: Gierschmann u. a. (Hrsg.), Kommentar Datenschutz-Grundverordnung, 2018, Art. 20 DSGVO, Rn. 58; *S. Brüggemann,* Das Recht auf Datenportabilität, K&R, 2018, S. 1.

672 So aber wohl zu verstehen: *K. Schürmann,* in: Eßer u. a. (Hrsg.), Auernhammer – DSGVO/BDSG, 6. Aufl. 2018, Art. 20 DSGVO, Rn. 64, die jedoch im weiteren Verlauf ihren Standpunkt insoweit entschärft, dass „eine irgendwie geartete Beziehung" zum zweiten Verantwortlichen bestehen müsse, nur dann bestehe eine Annahmepflicht – was mit dieser Beziehung im Einzelnen gemeint ist, bleibt unklar.

673 Vgl. auch *K. v. Lewinski,* in: Wolff/Brink (Hrsg.), BeckOK Datenschutzrecht, 34. Ed. 2020, Art. 20 DSGVO, Rn. 57, der darin eine „ökonomische Logik […], die vor allem gegen mittlere und vor allem große und dominante Anbieter gerichtet" sei, sieht.

die nach vorherrschender und auch hier vertretener Ansicht fehlende Pflicht zur Annahme im Rahmen des Abs. 1 zu umgehen. Vielmehr sprechen auch bei Abs. 2 (wie schon bei Abs. 1) die Erwägungen des fehlenden praktischen Bedürfnisses nach einer Annahmepflicht dagegen, eine solche durch Sinn und Zweck der Norm gerechtfertigt zu sehen.[674]

Die Frage, ob mit der Direktübertragung nach Art. 20 Abs. 2 DSGVO ein Recht des zweiten Verantwortlichen auf Fernzugang zu den Daten des übertragungswilligen Betroffenen besteht, also ob der erste Verantwortliche die Daten an einen potentiellen zweiten Verantwortlichen übermitteln muss, der die Geltendmachung der Rechte durch den Betroffenen hin zur Übertragung an ihn ausreichend belegt, ist letztlich eher technischer Natur. Ein derartiger Fernzugang wird hinsichtlich des Auskunftsrechts in ErwGr. 63 S. 4 zur DSGVO angesprochen, nicht jedoch hinsichtlich des Rechts auf Datenportabilität; er ist in der Praxis durchaus denkbar, jedoch nicht in Art. 20 DSGVO verpflichtend angelegt.[675]

Hinsichtlich der Prüfpflichten des zweiten Verantwortlichen kann wegen dieser in der Theorie gleichlaufenden Ablehnung der Annahmepflicht des zweiten Verantwortlichen auf die Ausführungen zu Abs. 1 verwiesen werden.[676]

b. Technische Machbarkeit

Bei der technischen Machbarkeit ist entscheidend, auf welchen Maßstab sich diese bezieht. Das betrifft einerseits die Frage, ob auf die objektive technische Machbarkeit oder die subjektive technische Machbarkeit (zu den Begriffen sogleich) abzustellen ist. Andererseits ist zu klären, mit welchem Inhalt der unbestimmte Rechtsbegriff[677] innerhalb der Vergleichsgruppe auf den jeweiligen Fall[678] anzuwenden ist. Sodann wird untersucht, ob diese Einschränkung

674 So auch *A. Gerl/D. Pohl,* in: Praktische Umsetzung des Rechts auf Datenübertragbarkeit, 3. Aufl., The Right to data portability between legal possibilities and technical boundaries, S. 204–220, S. 206 f., die stattdessen eine Pflicht der Verantwortlichen zur Veröffentlichung der akzeptierten Formate vorschlagen; sowie zum Punkt des fehlenden ökonomischen Bedürfnisses nach einer Annahmepflicht: *K. v. Lewinski,* in: Wolff/Brink (Hrsg.), BeckOK Datenschutzrecht, 34. Ed. 2020, Art. 20 DSGVO, Rn. 57.

675 Vgl. auch *K. v. Lewinski,* in: Wolff/Brink (Hrsg.), BeckOK Datenschutzrecht, 34. Ed. 2020, Art. 20 DSGVO, Rn. 55.1.

676 Vgl. III.4.b.bb.

677 Darauf auch gesondert hinweisend: *T. Herbst,* in: Kühling/Buchner (Hrsg.), Datenschutz-Grundverordnung/BDSG, 3. Aufl. 2020, Art. 20, Rn. 27.

678 Artikel-29-Datenschutzgruppe, WP 242 rev.01, 13.12.2016/05.04.2017, S. 18.

mit zu einer Entwertung des mit der Direktübertragung bezweckten schnellen Übertragens von Datensätzen beiträgt.

aa. Subjektiver Maßstab der technischen Machbarkeit

Eine ausschließlich objektive Bestimmung der technischen Machbarkeit ist abzulehnen, es ist ein subjektiver Maßstab anzulegen. Bei objektiver Betrachtung bestünde die technische Machbarkeit, wenn die Technik zur Übertragung der Daten bei irgendeinem Verantwortlichen irgendwo existiert. Bei subjektiver Bestimmung ist maßgebend, ob die Machbarkeit bei den an der Direktübertragung beteiligten Verantwortlichen gegeben ist.[679] Teils wird dabei eine objektive Bestimmung unter Einbeziehung subjektiver Machbarkeitsfaktoren vorgenommen[680], teils wird von einer objektiven Beurteilung gesprochen, die durch subjektive Faktoren korrigiert werde[681]. Schließlich wird teils von der durch den Maßstab des technisch gängigen begrenzten subjektiven Perspektive[682] gesprochen, sowie auch ein rein subjektiver Maßstab vertreten[683].

Richtig ist bei dieser unterschiedlichen Terminologie, dass ein alleiniges Abstellen auf den objektiven Maßstab das Tatbestandsmerkmal nahezu obsolet werden lassen dürfte. Denn für die meisten denkbaren Szenarien besteht irgendwo eine technische Lösung, sei sie auch mit völlig unverhältnismäßigem

679 *H.-G. Kamann/M. Braun,* in: Ehmann/Selmayr (Hrsg.), DS-GVO, 2. Aufl. 2018, Art. 20 DSGVO, Rn. 30; wohl auch *M. Munz,* in: Taeger/Gabel (Hrsg.), DSGVO – BDSG, 3. Aufl. 2019, Art. 20 DSGVO, Rn. 47; *M. Rudolph,* in: Schwartmann u. a. (Hrsg.), DS-GVO/BDSG, 2018, Art. 20 DSGVO, Rn. 93; *S. Elfering*, Unlocking the Right to Data Portability, 2019, S. 22; *P. Krause*, Datenportabilität, PinG, 2019, S. 13, 19; *E. Durmus*, Das Recht auf Datenübertragbarkeit, RDV, 2018, S. 80, 82; kritisch zum Abstellen auf subjektive Faktoren: *M. Hennemann*, Datenportabilität, PinG, 2017, S. 5, 7.

680 *H.-G. Kamann/M. Braun,* in: Ehmann/Selmayr (Hrsg.), DS-GVO, 2. Aufl. 2018, Art. 20 DSGVO, Rn. 30.

681 *P. Krause*, Datenportabilität, PinG, 2019, S. 13, 19; sowie die subjektiven Faktoren auf „die Größe und die (technische) Leistungsfähigkeit“ des Verantwortlichen eingrenzend: *K. v. Lewinski,* in: Wolff/Brink (Hrsg.), BeckOK Datenschutzrecht, 34. Ed. 2020, Art. 20 DSGVO, Rn. 89, bezugnehmend auf: *P. Laue/J. Nink/S. Kremer*, Das neue Datenschutzrecht in der betrieblichen Praxis, 2016, § 4, Rn. 65.

682 *M. Rudolph,* in: Schwartmann u. a. (Hrsg.), DS-GVO/BDSG, 2018, Art. 20 DSGVO, Rn. 93, dabei auch mit der in ErwGr. 68 ausgeschlossenen Pflicht zur Verwendung kompatibler Systeme argumentierend.

683 *S. Brüggemann,* in: Taeger (Hrsg.), Recht 4.0 – Innovationen aus den rechtswissenschaftlichen Laboren, 2017, Das Recht auf Datenportabilität, S. 1.

Aufwand bzw. Kosten verbunden.[684] Wie sich am Tatbestandsmerkmal des Betreffens in Art. 20 Abs. 1 DSGVO gezeigt hat, ist das Fehlen einer zusätzlichen Bedeutung eines Tatbestandsmerkmals zwar an sich denkbar. Die aus einer objektiven Auslegung folgenden Auswirkung, dass zwischen jedem Verantwortlichenpaar eine Direktübertragung durchsetzbar wäre, ist aber vor dem ökonomischen Hintergrund der Aufbrechung von Lock-In-Effekten auf der einen Seite, aber auch der Abwägung mit dem Ziel der Innovationsförderung auf der anderen Seite nicht zu rechtfertigen. Denn insbesondere kleinere und mittlere Verantwortliche[685] haben teils nicht die Mittel, sämtliche weltweit zur Verfügung stehende Technik einzusetzen.

Die Argumentation hin zu einer subjektiven Auslegung der technischen Machbarkeit ist hingegen nicht schon alleine durch ErwGr. 68 S. 7 zur DSGVO[686] begründbar. Denn die Kompatibilität der verwendeten Systeme, die in diesem Erwägungsgrund als nicht verpflichtend betont wird, ist nicht gleichzusetzen mit der technischen Machbarkeit einer Direktübertragung. Ebenso wenig entspricht die technische Machbarkeit pauschal der Interoperabilität.[687] Die dahingehende Argumentation, anderenfalls könne der Empfänger dazu gezwungen werden, technisch für ihn Unmögliches zu vollbringen[688], übersieht, dass Art. 20 DSGVO weder bei der Übertragung nach Abs. 1 noch bei der nach Abs. 2 eine Annahmepflicht vorschreibt.[689]

---

684 *M. Rudolph,* in: Schwartmann u. a. (Hrsg.), DS-GVO/BDSG, 2018, Art. 20 DSGVO, Rn. 93; vgl. in diese Richtung auch die Anmerkung bei *F. Hermonies,* in: Jandt/Steidle (Hrsg.), Datenschutz im Internet, 2018, B.V. Rechte der Betroffenen, Rn. 46, dass der Verantwortliche nicht „alle denkbaren oder auch veralteten Programme und Dateiformate vorrätig zu halten" habe.

685 In diese Richtung auch *S. Brüggemann,* in: Taeger (Hrsg.), Recht 4.0 – Innovationen aus den rechtswissenschaftlichen Laboren, 2017, Das Recht auf Datenportabilität, S. 1, 10.

686 So aber etwa: *E. Durmus,* Das Recht auf Datenübertragbarkeit, RDV, 2018, S. 80, 82; selbstverständlich ist ErwGr. 68 S. 7 zur DSGVO aber als unterstützendes Argument heranziehbar, vgl. etwa: *C. Piltz,* in: Gola (Hrsg.), Datenschutz-Grundverordnung, 2. Aufl. 2018, Art. 20 DSGVO, Rn. 27.

687 So aber etwa: *G. Sydow/M. Wilhelm,* in: Sydow (Hrsg.), Europäische Datenschutzgrundverordnung, 2. Aufl. 2018, Art. 20 DSGVO, Rn. 15, ohne weitere Begründung für die Gleichsetzung; *E. Skobel,* Alle Daten kommen mit, PinG, 2018, S. 160, 163, die den Anspruch schon als ausgeschlossen ansieht, wenn „der Empfänger kein kompatibles System bzw. eine interoperable Schnittstelle" vorsehe.

688 Vgl. erneut: *E. Skobel,* Alle Daten kommen mit, PinG, 2018, S. 160, 163.

689 Was wohl auch *E. Skobel,* Alle Daten kommen mit, PinG, 2018, S. 160, 163, so sieht.

bb. Technische Machbarkeit als Verhältnismäßigkeitsprüfung

Bei der Frage nach dem Inhalt der subjektiv zu bestimmenden technischen Machbarkeit zeigt sich schnell, dass der Begriff nichts anderes als eine auf die Frage der technischen Umsetzbarkeit bezogene Verhältnismäßigkeitsprüfung erfordert.[690]

i. Herleitung der Verhältnismäßigkeitsnatur der Technischen Machbarkeit

Das bedeutet, dass es an der technischen Machbarkeit nicht schon deshalb mangelt, weil keine kompatiblen Systeme[691] im Sinne der Verwendung der gleichen Technik oder derselben Formate vorliegen. Für eine Verhältnismäßigkeitsprüfung spricht nicht nur das schwache Wortlautargument, nachdem in vielen anderen Sprachfassungen noch weniger spezifischere Worte als „machbar", vornehmlich „möglich" oder Varianten hiervon verwendet werden.[692] Die

690 So auch: *K. v. Lewinski,* in: Wolff/Brink (Hrsg.), BeckOK Datenschutzrecht, 34. Ed. 2020, Art. 20 DSGVO, Rn. 90, der, auch bezogenen auf die wirtschaftliche Zumutbarkeit, eine „allgemeine Billigkeitsgrenze" sieht; *C. Piltz,* in: Gola (Hrsg.), Datenschutz-Grundverordnung, 2. Aufl. 2018, Art. 20 DSGVO, Rn. 27; *C. Piltz*, Die Datenschutz-Grundverordnung, K&R, 2016, S. 629, 634; *S. Brüggemann,* in: Taeger (Hrsg.), Recht 4.0 – Innovationen aus den rechtswissenschaftlichen Laboren, 2017, Das Recht auf Datenportabilität, S. 1, 10, die Grenze sei dann erreicht, „wenn ein Aufwand wirtschaftlich [nach den individuellen Möglichkeiten des Verantwortlichen] unverhältnismäßig" sei; *J. P. Albrecht*, Das neue EU-Datenschutzrecht, CR, 2016, S. 88, 93; *T. Herbst,* in: Kühling/Buchner (Hrsg.), Datenschutz-Grundverordnung/BDSG, 3. Aufl. 2020, Art. 20, Rn. 27, der zwar grundsätzlich auf die „schon vorhandenen technischen Möglichkeiten" beim Verantwortlichen abstellt, aber sodann das Verhältnis zur Pflicht des Verantwortlichen aus Art. 12 Abs. 2 S. 1 DSGVO zur Erleichterung der Rechtsausübung betont und eine Mitwirkung des Verantwortlichen bei der Anpassung zum Beispiel von Formaten „in verhältnismäßigem Umfang" verlangt, was mit dem Gedanken des Nichtbestehens von Übernahmeverpflichtungen nach ErwGr. 68 S. 7 zur DSGVO gegenübergestellt und abgewogen wird.

691 Vgl. dazu bereits oben zu den Formatvoraussetzungen: III.3.f.dd.

692 Vgl. etwa, um die Pole der verwendeten Wörter aufzuzeigen: Englisch *„feasible"*, Italienisch *„fattibile"*, Rumänisch *„fezabil"*, Kroatisch *„izvedivo"*, die dem Deutschen „machbar" nahe kommen; Französisch *„possible"*, Spanisch *„posible"*, Portugiesisch *„possível"*, Schwedisch *„möjligt"*, Dänisch *„muligt"*, Polnisch *„możliwy"* die letztlich nur „möglich" bedeuten; oder auch weiter abweichende Fassungen, wie Tschechisch *„proveditelný"*, was „durchführbar" bedeutet; es zeigt sich, dass hier weder germanische, romanische, noch slawische Sprachen einheitlich vorgehen.

Gemeinsamkeit liegt wegen der Unbestimmtheit alleine in der wertenden Ausfüllungsbedürftigkeit. Angesichts der fehlenden Anhaltspunkte bleibt letztlich die Auslegung nach Sinn und Zweck der Vorschrift innerhalb der Wortlautgrenze.[693] Aus dem Gesetzgebungsprozess, während dessen der Vorbehalt der technischen Machbarkeit erst mit dem Beschluss des EU-Parlaments Einzug in den Entwurfstext fand[694], wird deutlich, dass es sich dabei um eine Rücknahme des zunächst weiteren Anwendungsbereichs der Direktübertragung handelt, die im Wesentlichen den Belangen der Wirtschaft und den als Verantwortlichen tangierten Unternehmen geschuldet war. So war etwa im Vorschlag des Ausschusses für Industrie, Forschung und Energie der Vorbehalt der technischen Machbarkeit sogar für beide Formen der Portierung vorgesehen.[695]

Dem Ausgleich der Interessen der Verantwortlichen, nicht jegliche technische Lösung vorhalten zu müssen und der Betroffenen, die Daten möglichst einfach vom ersten zum zweiten Verantwortlichen verschieben können, mithin indirekt auch das Ziel der Wettbewerbsförderung, wird am ehesten eine Verhältnismäßigkeitsprüfung gerecht, die den Implementierungsaufwand einer funktionierenden Direktübertragung berücksichtigt. Die technische Machbarkeit ist daher gegeben, wenn es dem Verantwortlichen möglich ist, die Direktübertragung ohne unverhältnismäßigen Aufwand zu bewerkstelligen.

ii. Blickwinkel der Verhältnismäßigkeitsprüfung

Im Rahmen dieser Verhältnismäßigkeitsprüfung muss theoretisch der Aufwand bei beiden beteiligten Verantwortlichen berücksichtigt werden[696], weil sich ähnliche Probleme bei nicht vorliegender Technik auf beiden Seiten der Übertragung stellen können. Für die Frage datenschutzrechtlicher Pflichtenerfüllung relevant dürfte praktisch oft vor allem die technische Machbarkeit aufseiten des ersten Verantwortlichen sein, weil der zweite Verantwortliche wie gezeigt die Annahme der zu übermittelnden Datensätze aus Sicht der DSGVO bei unverhältnismäßigem Aufwand grundsätzlich ablehnen kann. Ein relevanter Fall, in

---

693 *F. Müller/R. Christensen*, Juristische Methodik – Band II: Europarecht, 3. Aufl., 2012, S. 50 f., Rn. 42.

694 Vgl. zur Gegenüberstellung der Entwurfsfassungen erneut die Synopse der Entwurfsfassungen im Anhang (VI.), sowie: BayLDA, Trilog – Synopse der DS-GVO.

695 Ausschuss für Industrie, Forschung und Energie, Stellungnahme für den LIBE-Ausschuss vom 26.02.2013.

696 Auch: *P. Krause*, Datenportabilität, PinG, 2019, S. 13, 19, der dies aus dem nicht differenzierenden Wortlaut herleitet.

dem der zweite Verantwortliche die Annahme in der Praxis oft nicht ablehnen wollen wird, ist derjenige, in dem er zivilrechtlich zur Annahme verpflichtet ist. In diesen Fällen entfaltet die technische Machbarkeit auch ihm gegenüber Schutzwirkung, weil der Betroffene dann auf die Übertragung nach Art. 20 Abs. 1 DSGVO verwiesen werden kann, sodass sich die hier vertretene Auslegung des Gesamtgefüges von direkter Übertragung nach Abs. 2 und indirekter Übertragung nach Abs. 1 als in sich ohne Schutzlücken abgeschlossen erweist.

Der im Rahmen dieser Verhältnismäßigkeitsprüfung zu berücksichtigende Aufwand erfasst auch solche wirtschaftlicher Natur[697], also in vielen Fällen den Kostenaufwand. Diesen unberücksichtigt zu lassen[698], widerspräche der

697 In diese Richtung auch: *P. Krause*, Datenportabilität, PinG, 2019, S. 13, 19 f.; *H.-G. Kamann/M. Braun*, in: Ehmann/Selmayr (Hrsg.), DS-GVO, 2. Aufl. 2018, Art. 20 DSGVO, Rn. 30; *S. Brüggemann*, in: Taeger (Hrsg.), Recht 4.0 – Innovationen aus den rechtswissenschaftlichen Laboren, 2017, Das Recht auf Datenportabilität, S. 1, 10; *P. Laue/J. Nink/S. Kremer*, Das neue Datenschutzrecht in der betrieblichen Praxis, 2016, § 4 Rn. 65; *K. Schürmann*, in: Eßer u. a. (Hrsg.), Auernhammer – DSGVO/BDSG, 6. Aufl. 2018, Art. 20 DSGVO, Rn. 48, die jedoch den „wirtschaftlichen Aspekten keine zu große Bedeutung innerhalb der Verhältnismäßigkeitsprüfung beigemessen“ sehen will, als Beispiel für subjektive Aspekte aber „Größe, wirtschaftliche Stärke, zeitlicher Aufwand“ nennt, die sich bei den meisten Verantwortlichen, also Unternehmen, zuvorderst in Kostenaufwand messen lassen dürften; *K. v. Lewinski*, in: Wolff/Brink (Hrsg.), BeckOK Datenschutzrecht, 34. Ed. 2020, Art. 20 DSGVO, Rn. 91, der losgelöst vom Wortlaut davon ausgeht, dass eine „allgemeine Billigkeitsgrenze anzunehmen“ sei, sowie direkt zur technischen Machbarkeit Rn. 89; *M. Rudolph*, in: Schwartmann u. a. (Hrsg.), DS-GVO/BDSG, 2018, Art. 20 DSGVO, Rn. 93, Fn. 136, der nicht ausdrücklich die Verhältnismäßigkeitsprüfung befürwortet, aber davon ausgeht, dass was „[technisch] gängig ist, regelmäßig auch wirtschaftlich vernünftig“ sei.

698 In Richtung einer Nichtberücksichtigung: *A. Dix*, in: Simitis u. a. (Hrsg.), Datenschutzrecht, 2019, Art. 20 DSGVO, Rn. 14, der annimmt, der Verantwortliche müsse, wen keine Schnittstelle existiere, „andere Möglichkeiten prüfen, um die Portabilität der Daten zu ermöglichen“, die technische Machbarkeit sei erst dann nicht mehr gegeben, „wenn alle diese Möglichkeiten ausgeschöpft“ seien – richtig ist zwar, dass es andere Möglichkeiten als „API“ (vgl. dazu auch hier V.) zur Übertragung denkbar sind, dass aber ohne Einschränkung alle Möglichkeiten ausgeschöpft sein müssten, ist kaum zu bewerkstelligen und führt letztlich zu einer (abzulehnenden) objektiven Betrachtung der technischen Machbarkeit; diesem folgend: *I. Spiecker gen. Döhmann*, Digitale Mobilität: Plattform Governance, GRUR, 2019, S. 341, 349; die Berücksichtigung wirtschaftlichen „Zumutbarkeit“ ebenfalls ablehnend: *C. Piltz*, in: Gola (Hrsg.), Datenschutz-Grundverordnung, 2. Aufl. 2018, Art. 20 DSGVO, Rn. 28, der dies aus der fehlenden Erwähnung wirtschaftlichen Aufwands im Normtext des Art. 20

wettbewerbsrechtlichen Natur des Art. 20 DSGVO und ließe sich nur unter alleiniger Zugrundelegung der herrschaftsrechtlichen Sichtweise auf das Recht auf Datenportabilität als Kontrollrecht[699] rechtfertigen. Zudem wird es sich bei den Verantwortlichen regelmäßig um Unternehmen handeln, sodass das Fehlen der zur Direktübertragung notwendigen Technologie letztlich meistens ein durch Aufwendung entsprechender (hoher) Kosten zumindest in der Theorie behebbares Problem darstellt.[700] Neben dem theoretisch denkbaren, jedoch praktisch – in Deutschland wohl momentan abgesehen vom Problem fehlender Bandbreiten zur Übertragung des Datensatzes – wohl eher seltenen Szenario[701], dass keinerlei technische Möglichkeit zur Durchführung einer direkten Übertragung aus den vorhandenen technischen Möglichkeiten nach dem Stand der Technik oder auch dem Stand von Wissenschaft und Technik[702] ersichtlich ist, darf der wirtschaftliche Aufwand, beziehungsweise der Kostenaufwand bei der Verhältnismäßigkeitsprüfung daher nicht nur nicht außenvorgelassen werden, er wird sogar den Hauptanwendungsfall darstellen.

Die Ansichten, die die Frage der subjektiven technischen Machbarkeitsfaktoren als Ergänzung der unstreitig erforderlichen objektiven Machbarkeit über eine Verhältnismäßigkeitsprüfung hinaus eingrenzen oder etwa wie oben dargelegt[703] danach differenzieren, was „technisch gängig" wäre, nehmen letzten Endes nichts anderes als eine Verhältnismäßigkeitsprüfung vor, bei der der

---

DSGVO herleiten will und insoweit auf das nicht öffentlich zugängliche „Ratsdokument 14481/15, v. 27.11.2015, S. 95" verweist.

699 Vgl. zur Ablehnung dessen: II.2., 3.

700 Vgl. dazu auch *I. Spiecker gen. Döhmann*, Digitale Mobilität: Plattform Governance, GRUR, 2019, S. 341, 349, die trotz abweichender Auffassung zutreffend ausführt, dass vermittelt über die „industrielle Machbarkeit", den „Stand der Technik" oder dem „Stand der Wissenschaft und Technik" eine „ökonomischen Komponente doch ein gewisses Gewicht" erhält.

701 Vgl. insoweit auch die Folgenabschätzung zum DSGVO-Vorschlag der Kommission: Europäische Kommission, Commission Staff Working Paper, Impact Assessment, SEC, 2012, 72 (final), Annex 5, S. 106; sowie *K. v. Lewinski*, in: Wolff/Brink (Hrsg.), BeckOK Datenschutzrecht, 34. Ed. 2020, Art. 20 DSGVO, Rn. 88, der bei „Übertragungen im Internet allgemein von einer technischen Machbarkeit" ausgeht.

702 Vgl. zur Problematik dieser Begriffe: *T. Herbst*, in: Kühling/Buchner (Hrsg.), Datenschutz-Grundverordnung/BDSG, 3. Aufl. 2020, Art. 20, Rn. 27, der sich selbst einer Festlegung enthält; auf den „Stand der Technik" etwa abstellend: *H.-G. Kamann/ M. Braun*, in: Ehmann/Selmayr (Hrsg.), DS-GVO, 2. Aufl. 2018, Art. 20 DSGVO, Rn. 30.

703 Vgl. oben die Fn. 680 ff.

objektive Maßstab auch anhand der wirtschaftlichen Zumutbarkeit im Einzelfall korrigiert wird.[704] Sie vertypen dabei Fälle, in denen auch ein wirtschaftlicher Aufwand zur Unzumutbarkeit führt, denn nichts anderes bedeutet letztlich das Abstellen etwa auf eine subjektive technische Gängigkeit.

cc. *Fazit – Bedeutung der technischen Machbarkeit als Hindernis für schnellen Datenaustausch*

Die Bestimmung der technischen Machbarkeit nach subjektiven Faktoren bedeutet eine Einschränkung des Rechts nach der von Abs. 2 gewährten Modalität. Dem Verantwortlichen bleibt bei fehlender technischer Machbarkeit nur die Möglichkeit einer indirekten Übermittlung nach Abs. 1, wenn die übrigen Tatbestandsvoraussetzungen, die für Abs. 1 und Abs. 2 wegen dessen Bezugnahme auf Abs. 1 gleichlaufend sind, erfüllt sind.[705]

Zwar ist der teils vertretenen Auffassung, dass deshalb die Anforderungen an die technische Machbarkeit, beziehungsweise an deren Ablehnung gering seien[706] nicht zuzustimmen. Denn das dem Betroffenen zustehende Recht, bezüglich dessen er grundsätzlich ein Wahlrecht hinsichtlich der Ausübungsmodalität nach Abs. 1 oder Abs. 2 hat, sagt nichts über die nach den Umständen bei der Person des Verantwortlichen zu bestimmende technischen Machbarkeit beziehungsweise Verhältnismäßigkeit aus. Eine solche Auslegung würde zudem letztlich die Schutzrichtung des Bestehens der Modalitäten des Art. 20 DSGVO als Erweiterung der Rechte des Betroffenen zur Wettbewerbsförderung konterkarieren, wenn sich der Verantwortliche ohne weiteres auf das Bestehen der einen Modalität berufen könnte, um die Passivlegitimation hinsichtlich des jeweils anderen zu verhindern.

---

704 Zum Beispiel *M. Rudolph,* in: Schwartmann u. a. (Hrsg.), DS-GVO/BDSG, 2018, Art. 20 DSGVO, Rn. 93; oder *K. v. Lewinski,* in: Wolff/Brink (Hrsg.), BeckOK Datenschutzrecht, 34. Ed. 2020, Art. 20 DSGVO, Rn. 88, mit der Annahme, dass man bei Vorhandensein gängiger Formate „allgemein von einer technischen Machbarkeit ausgehen" könne.

705 So auch: *K. v. Lewinski,* in: Wolff/Brink (Hrsg.), BeckOK Datenschutzrecht, 34. Ed. 2020, Art. 20 DSGVO, Rn. 90; *W. Kamlah,* in: Plath (Hrsg.), DSGVO/BDSG, 3. Aufl. 2018, Art. 20 DSGVO, Rn. 10, der Verantwortliche könne den Betroffenen im Zweifel auf Abs. 1 verweisen.

706 *K. v. Lewinski,* in: Wolff/Brink (Hrsg.), BeckOK Datenschutzrecht, 34. Ed. 2020, Art. 20 DSGVO, Rn. 90, dasselbe gilt für die Ansicht, dass die Anforderungen niedrig seien, weil der Verantwortliche kein Entgelt erhalte, vgl. Rn. 88, sowie *W. Kamlah,* in: Plath (Hrsg.), DSGVO/BDSG, 3. Aufl. 2018, Art. 20 DSGVO, Rn. 10.

Doch ist es trotzdem die technische Machbarkeit, die eine entscheidende Schwachstelle des Art. 20 DSGVO[707] auf dem Weg hin zu einer Interkonnektion und einem ständigen schnellen Datenaustausch darstellt und die in vielen Fällen eine automatisierte Datenübermittlung[708] verhindern wird. Denn durch die beachtliche Einschränkung der technischen Machbarkeit wird zwar nicht das Bekämpfen von Lock-In-Effekten in Einzelfällen behindert. Diese sind auch bei der administrativ für den Betroffenen aufwendigeren Prozedur mit Erhalten und eigenständiger Übermittlung nach Abs. 1 in für den Einzelnen ausreichender und im Vergleich zur ohne Art. 20 DSGVO gegebenen Situation einfacherer Weise aufbrechbar. Jedoch wird durch die technische Machbarkeit als Einschränkung in manchen Fällen verhindert werden, dass die Daten auch faktisch dauerhaft an einen zweiten Verantwortlichen übertragen werden können, der so eine Förderung seiner wettbewerblichen Position genießen und damit eine Steigerung des Innovationspotentials auf datengetriebenen Märkten insgesamt erreicht werden könnte.[709] Art. 20 DSGVO bietet mit der Direktübertragung die Grundlage für eine solche Interkonnektion und dadurch eine Innovationssteigerung. Was jedoch das Bereitstellungsmerkmal der Erreichung dieses Ziels dateninhaltlich als Einschränkung in den Weg stellt[710], stellt die technische Machbarkeit einer in der Praxis schnellen technischen Durchführung in den Weg.[711]

---

707 Vgl., wenn auch mit geringfügig anderer Argumentation, auf die Problematik, dass wegen der technischen Machbarkeit als Voraussetzung, die Datenübertragung nicht zwingend erfolgreich ablaufen muss: *M. Rudolph,* in: Schwartmann u. a. (Hrsg.), DS-GVO/BDSG, 2018, Art. 20 DSGVO, Rn. 96 – was jedoch grundsätzlich für jeden unerfüllten Tatbestand gilt.

708 Vgl., dies als Regelfall in der Praxis annehmend: *T. Herbst,* in: Kühling/Buchner (Hrsg.), Datenschutz-Grundverordnung/BDSG, 3. Aufl. 2020, Art. 20, Rn. 25; Art. 20 Abs. 2 DSGVO als einen Anreiz hin zu einer Automatisierung auffassend: *M. Munz,* in: Taeger/Gabel (Hrsg.), DSGVO – BDSG, 3. Aufl. 2019, Art. 20 DSGVO, Rn. 45.

709 Vgl. in diesem Zusammenhang erneut in die Richtung einer Befürwortung der Echtzeitportierung: *S. Elfering,* Unlocking the Right to Data Portability, 2019, S. 23; *J. Drexl,* Data Access and Control in the Era of Connected Devices, 2018, S. 110.

710 Vgl. dazu erneut III.3.e.iii.

711 Auf das Nichtbestehen eine Pflicht zur Interkonnektion oder allgemeinen Vernetzung ebenfalls kurz hinweisend: *K. v. Lewinski,* in: Wolff/Brink (Hrsg.), BeckOK Datenschutzrecht, 34. Ed. 2020, Art. 20 DSGVO, Rn. 58; in die entgegensetzte Richtung aber *K. Schürmann,* in: Eßer u. a. (Hrsg.), Auernhammer – DSGVO/BDSG, 6. Aufl. 2018, Art. 20 DSGVO, Rn. 46, aus Abs. 2 lasse sich ableiten, „dass Unternehmen jedenfalls die technischen Voraussetzungen für eine generelle Datenübertragbarkeit schaffen" müssten, „wenn auch nicht für eine automatische Datenübertragung".

Dadurch zeigt sich erneut, dass Art. 20 DSGVO als aktuelle Kodifizierung des Rechts auf Datenportabilität nicht als Instrument zur Schaffung dauerhafter Schnittstellen in bestimmten Industriezweigen angesehen werden kann, sei dies ungewollt oder gewollt als Ausgleich der wirtschaftlich betroffenen Interessen auf Verantwortlichenseite. Gerade bei den Tatbestandsmerkmalen, die die Verantwortlichen dazu zwingen könnten, Schnittstellen zur schnellen Übertragung herzustellen und zu unterhalten, setzt Art. 20 DSGVO letztlich auf die Selbstregulierungskraft des Marktes[712], der aber – wie die historische Entwicklung gezeigt hat[713] – bei der Herausbildung von privatwirtschaftlichen Portabilitätsansätzen Grenzen gesetzt sind. Art. 20 Abs. 2 DSGVO sorgt letztlich dafür, dass dem theoretisch für eine Aufbrechung von Datensilos effektiven Instrument der Direktübertragung die Schlagkraft in Weiterführung des Gedankens des ErwGr. 68 S. 7 zur DSGVO durch die Einführung eines unbestimmten und letztlich auf Marktgegebenheiten abstellenden Tatbestandsmerkmals genommen wird.

c. Art. 20 Abs. 2 DSGVO als „Erlaubnistatbestand"

Eines gesonderten Erlaubnistatbestandes etwa nach Art. 6 DSGVO bedarf es für die Ausübung der Rechte nach Art. 20 DSGVO insgesamt und auch bezüglich der Direktübertragung nach Art. 20 Abs. 2 DSGVO nicht. Die in Erfüllung von Art. 20 DSGVO erfolgende Datenübertragung ist kein zusätzlich erlaubnispflichtiger Umgang mit personenbezogenen Daten.[714]

---

712 So nimmt etwa *T. Herbst*, in: Kühling/Buchner (Hrsg.), Datenschutz-Grundverordnung/BDSG, 3. Aufl. 2020, Art. 20, Rn. 26, an, dass durch die Regelung des Art. 20 Abs. 2 DSGVO „ein gewisser wirtschaftlicher Druck auf die Diensteanbieter erzeugt [werde], zur Vermeidung des Aufwandes einer ‚manuellen' Datenübertragung automatisierte Verfahren einzurichten".

713 Vgl. die Nachweise in Fn. 193; anders in diesem Punkt, vgl. erneut: *T. Herbst*, in: Kühling/Buchner (Hrsg.), Datenschutz-Grundverordnung/BDSG, 3. Aufl. 2020, Art. 20, Rn. 26.

714 Dies aber teils andeutend: *C. Piltz*, in: Gola (Hrsg.), Datenschutz-Grundverordnung, 2. Aufl. 2018, Art. 20 DSGVO, Rn. 30 – einer Zuhilfenahme der Konstruktion einer Auftragsverarbeiterstellung des ersten Verantwortlichen für den Betroffenen bedarf es, entgegen den dortigen Ausführungen, jedoch auch bei der Annahme, dass es keiner Rechtfertigung über Art. 6 DSGVO bedürfe, nicht. Letztere Ansicht verweist auch auf *K. v. Lewinski*, in: Wolff/Brink (Hrsg.), BeckOK Datenschutzrecht, 34. Ed. 2020, Art. 20 DSGVO, Rn. 56, der die Frage im Ergebnis allerdings offen lässt, weil man „das Geltendmachen des Rechts auf Datenportabilität stets auch als Einwilligung iSd Art. 6 Abs. 1 lit. a auslegen oder sich auf die Erforderlichkeit, eine rechtliche Verpflichtung zu erfüllen (Art. 6 Abs. 1 lit. c DSGVO)" stützen könne. *M. Munz*, in: Taeger/Gabel

Es bedarf bei der Durchführung der Betroffenenrechte keiner gesonderten Prüfung des Vorliegens von Erlaubnistatbeständen, wenn Handlungen vorgenommen werden, die alleine der Erfüllung des aus den Betroffenenrechten folgenden Anspruchs des Betroffenen dienen.[715] Auch der Verweis auf den Wortlaut des in der Definition der Verarbeitung in Art. 4 Nr. 2 DSGVO ebenso wie in Art. 20 DSGVO verwendeten Begriffs „Übermitteln"[716] ist aus den mehrfach aufgezeigten Gründen in der DSGVO nicht nur wenig überzeugend; die damit begründete Ansicht, es bedürfe eines Erlaubnistatbestandes nach Art. 6 DSGVO, erschwert vielmehr die Ausübung der Betroffenenrechte durch eine rechtstheoretische Verkomplizierung erheblich. Das widerspräche einerseits dem Gedanken des Art. 12 DSGVO, die Ausübung des Betroffenenrechts möglichst einfach zu gestalten. Andererseits hätte es keinerlei praktische Auswirkungen, weil die Betroffenenrechte wegen ihres verpflichtenden Charakters eine Rechtspflicht im Sinne des Art. 6 Abs. 1 lit. c DSGVO darstellen, eine Einwilligung des Betroffenen durch die Geltendmachung des Rechts auf Datenportabilität angenommen werden könnte (vgl. Art. 6 Abs. 1 lit. a DSGVO) oder zumindest von einem überwiegenden Interesse des Betroffenen an der Verarbeitung in Form der Übermittlung ausgegangen werden müsste (vgl. Art. 6 Abs. 1 lit. f DSGVO).[717] Selbst wenn man davon ausgeht, dass für die Erfüllung der Betroffenenrechte ein datenschutzrechtlicher Erlaubnistatbestand von Nöten sei, spricht nichts dagegen, diesen in der jeweiligen das Betroffenenrecht normierenden Regel gesetzlich festgeschrieben zu sehen.

(Hrsg.), DSGVO – BDSG, 3. Aufl. 2019, Art. 20 DSGVO, Rn. 46, führt aus, dass jedenfalls eine Einwilligung, die Erfüllung einer rechtlichen Verpflichtung oder Art. 20 DSGVO selbst als Erlaubnistatbestand diese angenommene Verarbeitung rechtfertigen würden.

715 So auch *M. Rudolph,* in: Schwartmann u. a. (Hrsg.), DS-GVO/BDSG, 2018, Art. 20 DSGVO, Rn. 97, demzufolge „Art. 20 […] sowohl für den (ersten) Verantwortlichen als auch für den anderen (zweiten) Verantwortlichen eine Rechtsgrundlage für die Übermittlung und den Empfang" der Daten darstelle; dabei interessant auch Artikel-29-Datenschutzgruppe, WP 242 rev.01, 13.12.2016/05.04.2017, S. 7, die davon ausgeht, dass der zweite Verantwortliche sicherstellen müsse, dass die erhaltenen Daten relevant und nicht exzessiv seien, sodass man den Schluss ziehen könnte, dass ein Erlaubnistatbestand nur insoweit bestehen solle, wie dies nicht der Fall ist.

716 *C. Piltz,* in: Gola (Hrsg.), Datenschutz-Grundverordnung, 2. Aufl. 2018, Art. 20 DSGVO, Rn. 30.

717 Im Ergebnis wohl auch: *K. v. Lewinski,* in: Wolff/Brink (Hrsg.), BeckOK Datenschutzrecht, 34. Ed. 2020, Art. 20 DSGVO, Rn. 56.

Hinsichtlich allfällig von der Übertragung miterfasster Drittdaten erfordert das Gesamtkonstrukt des Art. 20 DSGVO zwar die Prüfung eines Rechtfertigungstatbestandes, etwa nach Art. 6 DSGVO.[718] Das betrifft aber nicht die Erfüllung des Rechts in seiner grundlegenden Ausgestaltung als Betroffenenrecht, sondern den Spezialfall eines Konflikts mit Drittrechten.[719] Die durch die Involvierung von Drittdaten hervorgerufenen Konflikte werden über Art. 20 Abs. 4 DSGVO beachtet, mitsamt einer möglichen Rechtfertigung des Eingriffs in die Rechte Dritter, sodass dieser Eingriff keine zu verhindernde Beeinträchtigung mehr darstellt.[720] Vielmehr spricht sogar die Existenz des Abs. 4 gerade dafür, dass Art. 20 DSGVO selbst als Rechtfertigung der Übertragung grundsätzlich genügt und es vorbehaltlich der Drittbeteiligung keiner gesonderten Rechtfertigung über Art. 6 DSGVO bedarf[721], sondern diese nur in den Sonderfällen der Drittbetroffenheit relevant wird, um die involvierten Interessen in einen gerechten Ausgleich zu bringen.[722]

Erst Recht bedarf es auch bezüglich der Vorbereitung der Anspruchserfüllung durchgeführter Formatierung oder Konvertierungen keiner gesonderten Rechtfertigung über Art. 20 DSGVO, sei es wegen der Einhaltung der Formatanforderungen, sei es wegen des Erreichens des technisch Machbaren. Nimmt man an, es bedürfte einer solchen, wäre sie über Art. 6 Abs. 1 lit. a, lit. c oder lit. f DSGVO gegeben.[723]

---

718 So auch *T. Herbst,* in: Kühling/Buchner (Hrsg.), Datenschutz-Grundverordnung/BDSG, 3. Aufl. 2020, Art. 20, Rn. 3, 18; *B. P. Paal,* in: Paal/Pauly (Hrsg.), Datenschutz-Grundverordnung, Bundesdatenschutzgesetz, 2. Aufl. 2018, Art. 20 DSGVO, Rn. 26; dazu zudem: III.6.c.cc.

719 Vgl. dazu erneut: III.6.c., mit ähnlich differenzierenden Verständnis auch *M. Rudolph,* in: Schwartmann u. a. (Hrsg.), DS-GVO/BDSG, 2018, Art. 20 DSGVO, Rn. 105.

720 Vgl. etwa: *T. Herbst,* in: Kühling/Buchner (Hrsg.), Datenschutz-Grundverordnung/BDSG, 3. Aufl. 2020, Art. 20, Rn. 18; *P. Schantz/H. A. Wolff,* Das neue Datenschutzrecht, 2017, Rn. 1240; Artikel-29-Datenschutzgruppe, WP 242 rev.01, 13.12.2016/05.04.2017, S. 13.

721 *M. Rudolph,* in: Schwartmann u. a. (Hrsg.), DS-GVO/BDSG, 2018, Art. 20 DSGVO, Rn. 105; wohl auch *K. v. Lewinski,* in: Wolff/Brink (Hrsg.), BeckOK Datenschutzrecht, 34. Ed. 2020, Art. 20 DSGVO, Rn. 83.

722 Vgl. dazu: III.6.c.

723 Im Ergebnis auch *K. v. Lewinski,* in: Wolff/Brink (Hrsg.), BeckOK Datenschutzrecht, 34. Ed. 2020, Art. 20 DSGVO, Rn. 82; *M. Rudolph,* in: Schwartmann u. a. (Hrsg.), DS-GVO/BDSG, 2018, Art. 20 DSGVO, Rn. 97; beide darauf abstellend, dass mit der Umformatierung kein neuer Verarbeitungszweck vorliege.

6. Ausnahmen und Klarstellungen: Die Absätze 3 und 4

Art. 20 Abs. 3 und Abs. 4 DSGVO nehmen mit Abs. 3 S. 1 eine Klarstellung der Unabhängigkeit von Löschungs- und Portabilitätsanspruch vor, die keine zusätzlichen Auswirkungen auf die Anwendung von Art. 20 DSGVO hat und normieren zudem mit Abs. 3 S. 2 und Abs. 4 Ausnahmen von der Anwendung des Art. 20 DSGVO. Dabei zeigt die Ausnahme für Datenverarbeitungen öffentlicher Stellen erneut die wettbewerbsorientierte Natur des Art. 20 DSGVO. Die durch Abs. 4 auferlegten Abwägungen sind dabei wettbewerblich hoch relevant: Sie stellen wie bereits die technische Machbarkeit ein erhebliches Hindernis für die im Interesse der Wettbewerbsförderung stehende schnelle Datenverschiebung dar.

a. Klarstellung der Unabhängigkeit des Löschungsanspruchs, Art. 20 Abs. 3 S. 1 DSGVO

Im Gegensatz zu den Ausnahmen vom Recht auf Datenportabilität nach Art. 20 Abs. 3 S. 2 und Abs. 4 DSGVO hat die Erwähnung des Verhältnisses aller sich aus Art. 20 DSGVO ergebenden Anspruchsmodalitäten zum Löschungsanspruch nach Art. 17 DSGVO in Art. 20 Abs. 3 S. 1 DSGVO[724] nur klarstellende Bedeutung. Das Recht auf Datenportabilität bezieht sich nur auf die noch beim ersten Verantwortlichen vorhandenen Daten, nicht auf alle überhaupt zu irgendeinem Zeitpunkt bereitgestellten Daten.[725]

Der wesentliche Gehalt liegt darin, die Losgelöstheit vom Löschungsanspruch erneut zu verdeutlichen, also dass es sich bei der Ausübung des Rechts nicht um einen „Umzug" oder „Auszug" mit den Daten (beim ersten Verantwortlichen) handelt.[726] Weiterhin macht ErwGr. 68 S. 9 zur DSGVO deutlich, dass die

---

724 Vgl. auch zum Verhältnis von Art. 17 und Art. 20 DSGVO im Ganzen: *W. Li*, A Tale of Two Rights, IDPL, 2018, S. 309 ff.

725 Erklären lässt sich das vor allem durch die Verwendung der Formulierung in den früheren Entwurfsfassungen, wonach die Daten dem ersten Verantwortlichen „entzogen" würden, vgl. dazu Fn. 281.

726 *A. Dix*, in: Simitis u. a. (Hrsg.), Datenschutzrecht, 2019, Art. 20 DSGVO, Rn. 12; *K. v. Lewinski*, in: Wolff/Brink (Hrsg.), BeckOK Datenschutzrecht, 34. Ed. 2020, Art. 20 DSGVO, Rn. 59, 115, der bei Ausübung des Rechts auf Datenportabilität zusammen mit dem Löschungsrecht von der Ermöglichung eines „*Exit Managements*" für den Benutzer spricht, mit Hinweis auf eine Erprobungsphase durch den Nutzer; *M. Rudolph*, in: Schwartmann u. a. (Hrsg.), DS-GVO/BDSG, 2018, Art. 20 DSGVO, Rn. 99; nicht eindeutig bezüglich des Ablehnens eines Umzugsgedankens *B. P. Paal*, in: Paal/Pauly (Hrsg.), Datenschutz-Grundverordnung, Bundesdatenschutzgesetz, 2. Aufl. 2018, Art. 20 DSGVO, Rn. 4, der in diesem Zusammenhang ohne Differenzierung

Ausübung des Rechts auf Datenportabilität nicht als konkludente Kündigung des der Datenverarbeitung beim ersten Verantwortlichen zugrundeliegenden Vertragsverhältnisses oder als Widerruf der diesem gegenüber abgegebenen Einwilligung aufgefasst werden kann, ohne dass im Einzelfall nicht dafürsprechende Umstände hinzutreten.[727] Denn ErwGr. 68 S. 9 zur DSGVO stellt klar, dass das Recht auf Datenportabilität nicht bedeutet, dass die Daten gelöscht werden sollen, wenn sie für die Erfüllung eines Vertrages noch notwendig sind. Wäre jede Rechteausübung nach Art. 20 DSGVO auch als Kündigung dieses Verhältnisses auszulegen, wäre diese Erwähnung überflüssig. Das gleiche gilt für die Annahme eines mit der Ausübung des Rechts auf Datenportabilität verbundenen Löschungsgesuchs; Art. 20 DSGVO ist im Gegensatz zur Rufnummernportierung offen für Multi-Homing.

Es kann keinen Unterschied machen, ob die Daten kurz vor einer automatischen Löschung stehen.[728] Entscheidend ist der zum Zeitpunkt der Portabilitätsanfrage vorhandene Datenbestand. Verantwortlichenseitige Löschungen mit dem Ziel, den Portabilitätsanspruch nicht erfüllen zu müssen und der Folge der Unmöglichkeit der Erfüllung, sind nach dem Sanktionsregime der DSGVO zu behandeln. Zudem bedeutet die Losgelöstheit des Löschungsanspruchs vom Recht auf Datenportabilität zwar auch, dass eine Löschung grundsätzlich nicht

zwischen Datenportabilität und Löschungsanspruch von einem „vollständigen Entzug der Daten vom Verantwortlichen" spricht, der nicht erforderlich sei, weil Dienste für eine Übergangszeit parallel genutzt würden.

727 *C. Piltz,* in: Gola (Hrsg.), Datenschutz-Grundverordnung, 2. Aufl. 2018, Art. 20 DSGVO, Rn. 33; das Nichtgleichsetzen mit einer Kündigung ebenfalls betonend: *S. Brüggemann,* in: Taeger (Hrsg.), Recht 4.0 – Innovationen aus den rechtswissenschaftlichen Laboren, 2017, Das Recht auf Datenportabilität, S. 1, 4; *M. Hennemann*, Datenportabilität, PinG, 2017, S. 5, 7; vgl. zu den Umständen des Einzelfalls besonders auch *G. Sydow/M. Wilhelm,* in: Sydow (Hrsg.), Europäische Datenschutzgrundverordnung, 2. Aufl. 2018, Art. 20 DSGVO, Rn. 21, der die ggf. noch notwendige Verwendung der Daten selbst bei Kündigung etwa für die Abwicklung des Vertrags bespricht; die Sinnhaftigkeit wegen weiterbestehender vertraglicher Pflichten auch betonend und zum Ganzen auch: *P. DeHert/V. Papakonstantinou/G. Malgieri/L. Beslay/I. Sanchez,* The right to data portability in the GDPR: Towards user-centric interoperability of digital services, Computer Law & Security Review, 2018, S. 193, 201 f.; auch *M. Rudolph,* in: Schwartmann u. a. (Hrsg.), DS-GVO/BDSG, 2018, Art. 20 DSGVO, Rn. 99, der hinsichtlich einer Löschungspflicht auf den „Maßstab der geltenden Vorschriften" verweist.

728 Dahingehende Überlegungen anstellend: Facebook, Data Portability and Privacy, 2019, S. 11.

deshalb abgelehnt werden kann, weil der Verantwortliche noch einen Anspruch nach Art. 20 DSGVO zu erfüllen habe und es besteht auch keine Pflicht zur Speicherung, um später eventuell auftretende Portierungsansprüchen zuvorzukommen.[729] Die Befürchtung, dass deshalb in Situationen mit mehreren Betroffenen das Recht auf Löschung das Recht auf Datenportabilität aushebeln könne, wenn Betroffene wegen der Geltendmachung von Löschungsansprüchen durch Dritte ihr Recht auf Datenportabilität nicht mehr durchsetzen können[730], ist allerdings in den meisten Fällen nicht zu teilen. Denn einerseits wird in einem ersten Schritt in den Fällen, in denen der Betroffene ein berechtigtes Interesse an der Verhinderung der Löschung der Daten nach einem entsprechenden Verlangen eines Dritten hat, ein Löschungsanspruch schon oftmals nicht gegeben sein. Dieser berücksichtigt etwa in Art. 17 Abs. 1 lit. a oder lit. d DSGVO indirekt auch derartige Interessen des portierenden (in dem Fall dritten) Betroffenen, wenn etwa dieser weiter ein berechtigtes Interesse an der Verarbeitung oder eine Einwilligung abgegeben hat. Andererseits dürften in einem zweiten Schritt für Fälle, in denen der Dritte einen Löschungsanspruch erfolgreich geltend machen kann, diese Daten ohnehin wegen Art. 20 Abs. 4 DSGVO von einer Übertragung ausgeschlossen sein; Art. 20 Abs. 4 DSGVO ist mangels vergleichbarer Klausel zur direkten Berücksichtigung von Drittinteressen in Art. 17 DSGVO geradezu prädestiniert für die Lösung derartiger Konflikte.[731] Die Frage nach einer Vorrangigkeit des Löschungsanspruchs vor dem Recht auf Datenportabilität stellt sich daher kaum.

---

729 Vgl. auch: Artikel-29-Datenschutzgruppe, WP 242 rev.01, 13.12.2016/05.04.2017, S. 7; dem folgend die Literatur: *H.-G. Kamann/M. Braun*, in: Ehmann/Selmayr (Hrsg.), DS-GVO, 2. Aufl. 2018, Art. 20 DSGVO, Rn. 7; *K. v. Lewinski*, in: Wolff/Brink (Hrsg.), BeckOK Datenschutzrecht, 34. Ed. 2020, Art. 20 DSGVO, Rn. 52; *M. Rudolph*, in: Schwartmann u. a. (Hrsg.), DS-GVO/BDSG, 2018, Art. 20 DSGVO, Rn. 99, 54; *W. Veil*, in: Gierschmann u. a. (Hrsg.), Kommentar Datenschutz-Grundverordnung, 2018, Art. 20 DSGVO, Rn. 26, 107; in die Richtung wohl auch *M. Westphal/M. Wichtermann*, Datenportierung nach Art. 20 DS-GVO, ZD, 2019, S. 191, 193 f.; vgl. zur sonst befürchteten notwendigen „Voratsdatenspeicherung": *M. Munz*, in: Taeger/Gabel (Hrsg.), DSGVO – BDSG, 3. Aufl. 2019, Art. 20 DSGVO, Rn. 49; sowie erneut *W. Veil*, in: Gierschmann u. a. (Hrsg.), Kommentar Datenschutz-Grundverordnung, 2018, Art. 20 DSGVO, Rn. 26.

730 Vgl. etwa: *W. Li*, A Tale of Two Rights, IDPL, 2018, S. 309 f., wo etwa von einem „*emerging battle*" gesprochen wird.

731 So zum Schluss wohl auch *W. Li*, A Tale of Two Rights, IDPL, 2018, S. 309, 317.

Im Übrigen wird zwar in Art. 20 Abs. 3 S. 1 DSGVO nur das Recht auf Löschung ausdrücklich normiert, die Losgelöstheit gilt aber auch für alle anderen Betroffenenrechte der DSGVO.[732] Aus der bloßen Klarstellung der Unabhängigkeit vom Löschungsanspruch kann kein Umkehrschluss zu einer Abhängigkeit anderer Betroffenenrechte gezogen werden. Die im Gegensatz zu den anderen Betroffenenrechten erfolgte klarstellende Regelung dürfte dem Umstand geschuldet sein, dass – was auch die nach wie vor teils verwendeten Formulierungen „Herausgabe" oder „Entzug" zeigen – im Rahmen der Portierung im Gegensatz zu anderen Betroffenenrechten automatisch der Gedanke an eine Entziehung beim ersten Verantwortlichen aufkommt. Gerade auch der Kommissionsentwurf verwendete die Formulierung eines Entzugs und der Parlamentsbeschluss die der Herausgabe.[733] Erst die allgemeine Ausrichtung des Rates enthielt die in Art. 20 DSGVO aktueller Fassung enthaltene Klarstellung. Die Platzierung dieser Klarstellung in Abs. 3 zusammen mit dem folgenden Ausschluss für öffentliche Aufgabenwahrnehmung erscheint allerdings insoweit zumindest eigenartig[734] im Vergleich zu einer Aufteilung, die die zwei Ausschlusstatbestände Abs. 3 S. 2 und Abs. 4 zusammengeführt hätte – auf die inhaltliche Einordnung als bloße Klarstellung hat dies aber keinen Einfluss.

b. Ausschluss für den öffentlichen Bereich, Art. 20 Abs. 3 S. 2 DSGVO

Obgleich eine nur beschränkte, aber doch im Vergleich zum restlichen davorstehenden Art. 20 DSGVO zumindest theoretisch zusätzliche Bedeutung kommt Art. 20 Abs. 3 S. 2 DSGVO zu. Dieser schließt Verarbeitungen aus, welche für die Wahrnehmung einer Aufgabe erforderlich sind, welche im öffentlichen Interesse liegen oder in Ausübung öffentlicher Gewalt erfolgen, die dem Verantwortlichen

---

732 So zurecht auch: *M. Rudolph*, in: Schwartmann u. a. (Hrsg.), DS-GVO/BDSG, 2018, Art. 20 DSGVO, Rn. 100; *G. Sydow/M. Wilhelm*, in: Sydow (Hrsg.), Europäische Datenschutzgrundverordnung, 2. Aufl. 2018, Art. 20 DSGVO, Rn. 20.

733 Vgl. auch: *T. Herbst*, in: Kühling/Buchner (Hrsg.), Datenschutz-Grundverordnung/BDSG, 3. Aufl. 2020, Art. 20; sowie den Vergleich der Fassungen im Gesetzgebungsverfahren die Synopse der Entwurfsfassungen im Anhang (VI.), sowie: BayLDA, Trilog – Synopse der DS-GVO, dort bei Art. 18 und Art. 15 DSGVO-E.

734 Ähnlich: *G. Sydow/M. Wilhelm*, in: Sydow (Hrsg.), Europäische Datenschutzgrundverordnung, 2. Aufl. 2018, Art. 20 DSGVO, Rn. 17; *W. Kamlah*, in: Plath (Hrsg.), DSGVO/BDSG, 3. Aufl. 2018, Art. 20 DSGVO, Rn. 14, der darauf hinweist, dass der Ausschluss für öffentliche Tätigkeiten trotz des Standorts, der „irritiert", für „das (gesamte) Recht aus Art. 20" DSGVO gelte.

übertragen wurde. Auch dieser Abs. 3 ist Ausdruck des Wandels des Datenschutzverständnisses von einem abwehrrechtlichen Herrschaftsrecht nach dem traditionellen deutschen Verständnis vom Recht auf Informationelle Selbstbestimmung hin zu einem regulatorischen Ansatz mit dem Datenschutzgrundrecht der GRCh, das auch auf die Regulierung von Kommunikation und Teilhabesicherung an dieser abzielt.[735]

aa. Umfang des Ausschlusses

Zusammen mit den Voraussetzungen des Art. 20 Abs. 1 lit. a und lit. b DSGVO (Verarbeitung aufgrund Vertragserforderlichkeit oder Einwilligung) verbleibt ein verschwindend geringer Anwendungsspielraum für die Datenportabilität im Zusammenhang mit behördlichen Tätigkeiten: Art. 20 DSGVO ist nur dann anwendbar, wenn Verarbeitungen einwilligungsbasiert oder aufgrund vertraglicher Vereinbarungen mit Behörden erfolgen[736], die wiederum nicht öffentlichen Interessen dienen.[737] Eine Anwendung auf öffentliche Stellen ist eher

735 Vgl. dazu II.2, sowie *D. Wielsch*, Medienregulierung durch Persönlichkeits- und Datenschutzrechte, JZ, 2020, S. 105, 113.

736 *A. Dix*, in: Simitis u. a. (Hrsg.), Datenschutzrecht, 2019, Art. 20 DSGVO, Rn. 17; den Ausschluss als sich schon alleine aus Abs. 1 ergebend ansehend: *S. Brüggemann*, in: Taeger (Hrsg.), Recht 4.0 – Innovationen aus den rechtswissenschaftlichen Laboren, 2017, Das Recht auf Datenportabilität, S. 1, 8; sowie wohl auch *M. Westphal/M. Wichtermann*, Datenportierung nach Art. 20 DS-GVO, ZD, 2019, S. 191; zurecht die grundsätzliche Anwendbarkeit auch auf öffentliche Stellen betonend: *K. v. Lewinski*, in: Wolff/Brink (Hrsg.), BeckOK Datenschutzrecht, 34. Ed. 2020, Art. 20 DSGVO, Rn. 20 f., 61; *M. Rudolph*, in: Schwartmann u. a. (Hrsg.), DS-GVO/BDSG, 2018, Art. 20 DSGVO, Rn. 31; *K. Schürmann*, in: Eßer u. a. (Hrsg.), Auernhammer – DSGVO/BDSG, 6. Aufl. 2018, Art. 20 DSGVO, Rn. 12; dagegen angesichts des Wortlauts „erforderlich" wohl vor allem auf die Erforderlichkeit zur Vertragserfüllung abstellend (nachdem die Erforderlichkeit kein ausdrückliches Erfordernis für die Zulässigkeit eine Verarbeitung aufgrund einer Einwilligung ist): *M. Rudolph*, in: Schwartmann u. a. (Hrsg.), DS-GVO/BDSG, 2018, Art. 20 DSGVO, Rn. 118.

737 Zwar besteht eine inhaltliche Übereinstimmung des Art. 20 Abs. 3 S. 2 DSGVO mit dem Anwendungsbereich von Art. 6 Abs. 1 lit. e DSGVO (vgl. auch *M. Rudolph*, in: Schwartmann u. a. (Hrsg.), DS-GVO/BDSG, 2018, Art. 20 DSGVO, Rn. 102), doch findet Art. 20 DSGVO wegen seines Abs. 1 lit. a und lit. b ohnehin nur dann Anwendung, wenn neben lit. e ein weiterer Zulässigkeitstatbestand erfüllt ist, der diesen Tatbestandsvoraussetzungen genügt – dasselbe gilt für Fälle der Verarbeitung aufgrund von Art. 6 Abs. 1 lit. c DSGVO.

theoretisch, als praktisch denkbar[738], ausgeschlossen sind jedenfalls klassische Staatsaufgaben.[739]

bb. Bedeutung des Ausschlusses als Ausfluss des regulatorischen Datenschutzverständnisses

Die Bedeutung des Ausschlusses liegt weniger in seiner praktischen Wirkung als in seiner Bedeutung für die rechtsgebietsbezogene Einordnung von Art. 20 DSGVO: Während es bei herrschaftsrechtlichem Verständnis des Datenschutzrechts und entsprechender datenschutzrechtlicher Auslegung des Rechts auf Datenportabilität hin zu einem Kontrollrecht des Betroffenen nur schwer begründbar[740] ist, warum dieses nicht gerade auch gegenüber dem Staat seine Funktion als Abwehrrecht gegen staatliche Grundrechtseingriffe nachkommen soll, zeigt diese Regelung eindrücklich, dass Art. 20 DSGVO eine für den Anwendungsbereich dominierende wettbewerbsrechtliche Komponente hat.[741] Die Einschränkung lässt sich durch den wettbewerblichen Zweck von Art. 20 DSGVO erklären: Für die Wahrnehmung öffentlicher Interessen gibt es grundsätzlich keine verschiedenen „Anbieter", die als Verantwortliche in

---

738 Vgl. auch *W. Veil,* in: Gierschmann u. a. (Hrsg.), Kommentar Datenschutz-Grundverordnung, 2018, Art. 20 DSGVO, Rn. 11, 37, einzig bei privatrechtlichem Handeln öffentlicher Stellen, das nicht in Wahrnehmung öffentlicher Interessen liege; *C. Piltz,* in: Gola (Hrsg.), Datenschutz-Grundverordnung, 2. Aufl. 2018, Art. 20 DSGVO, Rn. 4.

739 *T. Herbst,* in: Kühling/Buchner (Hrsg.), Datenschutz-Grundverordnung/BDSG, 3. Aufl. 2020, Art. 20, Rn. 14; vgl. auch *K. v. Lewinski,* in: Wolff/Brink (Hrsg.), BeckOK Datenschutzrecht, 34. Ed. 2020, Art. 20 DSGVO, Rn. 19, der zutreffend hinsichtlich der inhaltlichen Auslegung der Begriffe des öffentlichen Interesses und der öffentlichen Gewalt auf die Ausführungen zu Art. 6 DSGVO verweist, vgl. insoweit z.B.: *B. Buchner/ T. Petri,* in: Kühling/Buchner (Hrsg.), Datenschutz-Grundverordnung/BDSG, 3. Aufl. 2020, Art. 6 DSGVO, Rn. 114 ff.; vgl zudem *M. Rudolph,* in: Schwartmann u. a. (Hrsg.), DS-GVO/BDSG, 2018, Art. 20 DSGVO, Rn. 120, der zudem auf die fehlende Möglichkeit des Verhängens von Bußgeldern nach § 43 Abs. 3 BDSG gegenüber öffentlichen Stellen hinweist.

740 Denkbare Beeinträchtigung staatlicher Aufgaben durch Datenübertragungen ließen sich auch ohne Abs. 3 S. 2 ggf. über Abs. 4 lösen; vgl., abstrakt ebenfalls die Nähe zu Abs. 4 betonend: *G. Sydow/M. Wilhelm,* in: Sydow (Hrsg.), Europäische Datenschutzgrundverordnung, 2. Aufl. 2018, Art. 20 DSGVO, Rn. 17.

741 Ähnlich auch: *P. DeHert/V. Papakonstantinou/G. Malgieri/L. Beslay/I. Sanchez,* The right to data portability in the GDPR: Towards user-centric interoperability of digital services, Computer Law & Security Review, 2018, S. 193, 198.

Frage kommen. Somit stehen auch keine aufzubrechenden Lock-In-Effekte zu befürchten. Dieses Verständnis muss auch der Gesetzgeber zugrunde gelegt haben, wenn es in ErwGr. 68 S. 5 zur DSGVO heißt, das Recht auf Datenportabilität solle „naturgemäß“[742] nicht gegen in Wahrnehmung öffentlicher Interessen handelnder ausgeübt werden.[743]

cc. Ausschluss für Verarbeitungen aufgrund rechtlicher Verpflichtung

Art. 20 DSGVO enthält keinen Ausschluss für Verarbeitungen aufgrund rechtlicher Verpflichtungen (Art. 6 Abs. 1 lit. e DSGVO). Teils wird in diesem Zusammenhang auch wegen eines Widerspruchs zu ErwGr. 68 S. 6 zur DSGVO ein Redaktionsversehen angenommen.[744] Teils wird allein der Normtext, der keine Ausnahme enthält, für entscheidend gehalten.[745]

Dieser zweite Ansatz ist zu befürworten, nachdem dafür nicht nur die normhierarchische Einordnung der Erwägungsgründe spricht, sondern auch ein Umkehrschluss zum Wortlaut (auch unter Beachtung der anderen Sprachfassungen) von Art. 17 Abs. 3 lit. b DSGVO, der neben Verarbeitungen im öffentlichen Interesse ausdrücklich auch solche aufgrund rechtlicher Verpflichtung als Ausnahmen von Art. 17 Abs. 1 und Abs. 2 DSGVO nennt.[746] Fälle in denen die Verarbeitung aufgrund rechtlicher Verpflichtungen erfolgt, dürften

---

742 Vgl. dazu zudem: *G. Sydow/M. Wilhelm,* in: Sydow (Hrsg.), Europäische Datenschutzgrundverordnung, 2. Aufl. 2018, Art. 20 DSGVO, Rn. 16.

743 Vgl. auch oben: II.3.d.

744 So *T. Herbst,* in: Kühling/Buchner (Hrsg.), Datenschutz-Grundverordnung/BDSG, 3. Aufl. 2020, Art. 20, Rn. 15; dem folgend: *M. Munz,* in: Taeger/Gabel (Hrsg.), DSGVO – BDSG, 3. Aufl. 2019, Art. 20 DSGVO, Rn. 51; *H. Brockmeyer*, Treuhänder für Mobilitätsdaten – Zukunftsmodell für hoch- und vollautomatisierte Fahrzeuge?, ZD, 2018, S. 258, 262; zudem *K. v. Lewinski,* in: Wolff/Brink (Hrsg.), BeckOK Datenschutzrecht, 34. Ed. 2020, Art. 20 DSGVO, Rn. 22.

745 So R. Schwartmann u. a. (Hrsg.), DS-GVO/BDSG, 2018, Art. 20 DSGVO, Rn. 103; *B. P. Paal,* in: Paal/Pauly (Hrsg.), Datenschutz-Grundverordnung, Bundesdatenschutzgesetz, 2. Aufl. 2018, Art. 20 DSGVO, Rn. 24; wohl auch die Beiträge, die auf das Nichtenthaltensein in Art. 20 DSGVO hinweisen: *A. Dix,* in: Simitis u. a. (Hrsg.), Datenschutzrecht, 2019, Art. 20 DSGVO, Rn. 17; *M. Hennemann,* Datenportabilität, PinG, 2017, S. 5, 8.

746 So zutreffend auch: *B. P. Paal,* in: Paal/Pauly (Hrsg.), Datenschutz-Grundverordnung, Bundesdatenschutzgesetz, 2. Aufl. 2018, Art. 20 DSGVO, Rn. 24; *K. v. Lewinski,* in: Wolff/Brink (Hrsg.), BeckOK Datenschutzrecht, 34. Ed. 2020, Art. 20 DSGVO, Rn. 22, der das Ergebnis aber offenlässt und auf die geringe praktische Relevanz hinweist.

ohnehin durch die Voraussetzungen des Art. 20 Abs. 1 lit. a und lit. b DSGVO ausgeschlossen sein.

dd. PSI-Richtlinie

Im Zusammenhang mit dem Ausschluss der Übertragung der Daten im öffentlichen Bereich ist zudem die ab 2021 geltende PSI-Richtlinie (Richtlinie (EU) 2019/1024) zu beachten, die die Verwendung offener Daten fördern und Innovationsanreize schaffen will. Die PSI-RL bezieht sich dabei ausdrücklich auf Daten im Besitz öffentlicher Stellen oder (neu im Vergleich zur Vorgängerrichtlinie) öffentlicher Unternehmen.[747] Sie schreibt die Ermöglichung der Weiterverwendung der sehr weit erfassten Dokumente (vgl. Art. 3 Abs. 1 PSI-RL) vor und stellt in Art. 5 PSI-RL spezifischere Anforderungen an die zu verwendenden Formate. Dies gilt nach Art. 1 Abs. 4 PSI-RL unbeschadet der Rechte der DSGVO und steht damit neben Art. 20 DSGVO. Mit ihrer Umsetzung in nationales Recht könnte die Ausnahme des Art. 20 Abs. 3 S. 2 DSGVO in vielen Fällen obsolet werden, da die Übertragung aufgrund des umsetzenden Gesetzes verlangt werden könnte. Zudem sieht ErwGr. 19 zur PSI-RL auch eine mitgliedsstaatlich mögliche Anwendbarkeit auf private Unternehmen vor, besonders wenn sie Dienstleistungen von allgemeinem Interesse erbringen.

Vor allem weil die Umsetzungsgesetze für den Spezialfall der Daten bei öffentlichen Stellen feiner ausdifferenziert sein dürften, bleibt die Relevanz des Art. 20 Abs. 3 S. 2 DSGVO weiter bestehen. Gerade diese entstehende Verweisung auf die Spezialregelungen im umsetzenden Gesetz ist damit als eine wesentliche praktische Wirkung des Art. 20 Abs. 3 S. 2 DSGVO anzusehen. Gleichzeitig unterscheiden sich die Wirkungen der PSI-Richtlinie und von Art. 20 DSGVO nicht nur hinsichtlich der erfassten Verantwortlichen, sondern auch hinsichtlich der erfassten Daten und der vorgestellten Art des Erhaltens der Daten: Art. 20 DSGVO ist auf durch den Betroffenen bereitgestellte Daten beschränkt und zielt auf die Bereitstellung an diesen oder die Direktweitergabe an den zweiten

---

747 Europäisches Parlament/Europäischer Rat, Richtlinie (EU) 2019/1024 des Europäischen Parlaments und des Rates vom 20. Juni 2019 über offene Daten und die Weiterverwendung von Informationen des öffentlichen Sektors (Neufassung), ABl., 2019/L 172/56, vgl. dort Art. 1 der PSI-RL sowie u.a. ErwGr. 9 ff.; zudem: BMWi, Ein neuer Wettbewerbsrahmen für die Digitalwirtschaft, 2019, S. 45, sowie die Empfehlungen hin zu einer umfangreichen Zurverfügungstellung von Daten, die im Zuge von Tätigkeiten für die öffentliche Hand generiert wurden, zusammen mit einer Anwendung einheitlicher Maßstäbe zur Nutzung und Weitergabe and Dritte: S. 46 f.

Verantwortlichen. Die PSI-RL hingegen sieht eine grundsätzlich offene Zurverfügungstellung durch die Behörden an einen bisher unbestimmten Kreis von Personen, die nicht notwendig Betroffene sein müssen, vor.

c. Verhältnismäßigkeitsprüfung hinsichtlich Drittrechten, Art. 20 Abs. 4 DSGVO

Durch das in Art. 20 Abs. 4 DSGVO normierte Verbot der Beeinträchtigung der Rechte und Freiheiten anderer Personen wird die Ausübung aller Rechte aus Art. 20 DSGVO[748] einer erneuten Verhältnismäßigkeitsprüfung unterzogen.[749] Im folgenden Abschnitt wird einerseits der Umfang der zu beachtenden Interessen untersucht und andererseits das notwendige Maß der Beeinträchtigung beleuchtet. Es wird dargelegt, ob und wie der Ausschluss wiederum durch Teilübertragungen oder Rechtfertigungstatbestände verhindert werden kann. Dabei wird insbesondere das Zusammenspiel der Rechtfertigungstatbestände mit den unterschiedlichen Übertragungsmodalitäten untersucht, weil sich diese auf die Möglichkeit einer Rechtfertigung auswirken können.

Die Verhältnismäßigkeitsprüfung bezieht sich aber nicht wie in Art. 20 Abs. 2 DSGVO auf den Vorgang der Übertragung, sondern auf den Inhalt des Datensatzes. Ist die Rechteausübung nach Art. 20 DSGVO unverhältnismäßig, ist sie

---

748 Das in Art. 20 Abs. 4 DSGVO zunächst in der deutschen Fassung der DSGVO enthaltene Redaktionsversehen, dass dieser nur die Rechte nach Abs. 2 (also die Direktübertragung) erfasse, wurde behoben, indem die deutsche Fassung von Art. 20 DSGVO wenige Tage vor Geltungsbeginn der DSGVO berichtigt wurde, sodass Abs. 4 jetzt wie in den anderssprachigen Fassungen auf Abs. 1 verweist; vgl. Europäisches Parlament/Europäischer Rat, Berichtigung der Verordnung (EU) 2016/679 des Europäischen Parlaments und des Rates vom 27. April 2016 zum Schutz natürlicher Personen bei der Verarbeitung personenbezogener Daten, zum freien Datenverkehr und zur Aufhebung der Richtlinie 95/46/EG (Datenschutz-Grundverordnung), ABl., 2018/L 127, S. 2; vgl. zur Diskussion dieses zunächst bestehenden Problems etwa: *C. Piltz,* in: Gola (Hrsg.), Datenschutz-Grundverordnung, 2. Aufl. 2018, Art. 20 DSGVO, Rn. 35 ff.; *K. Schürmann,* in: Eßer u. a. (Hrsg.), Auernhammer – DSGVO/BDSG, 6. Aufl. 2018, Art. 20 DSGVO, Rn. 56 f.; *W. Veil,* in: Gierschmann u. a. (Hrsg.), Kommentar Datenschutz-Grundverordnung, 2018, Art. 20 DSGVO, Rn. 138.

749 Vgl. auch die treffliche Formulierung bei *P. DeHert/V. Papakonstantinou/G. Malgieri/L. Beslay/I. Sanchez,* The right to data portability in the GDPR: Towards user-centric interoperability of digital services, Computer Law & Security Review, 2018, S. 193, 198, die festhalten, dass Abs. 4 *„does not grant full prevalence of other rights on data portability, but only a ‚non-prevalence' rule between conflicting rights."*

nach Abs. 4 ausgeschlossen.[750] Abs. 4 ergänzt somit Abs. 3 S. 2 insoweit, als dass letzterer ein angenommenes pauschales Überwiegen der öffentlichen Interessen über das Interesse an einer Datenübertragung vertypt (sei es wegen des schwereren Gewichts öffentlicher Interessen oder des fehlenden Bedürfnisses nach einer Wechselerleichterung), Abs. 4 hingegen erfordert abstrakt eine ähnliche Abwägung, allerdings ergebnisoffener und bezüglich eines weiteren Kreises zu beachtender Interessen. Zu Prüfpflichten hinsichtlich der Einhaltung der aus Art. 20 Abs. 4 DSGVO erwachsenden Pflichten wird auf die Ausführungen zu Art. 20 Abs. 1 DSGVO verwiesen.[751] Der erste Verantwortliche hat als Adressat die Pflicht, die Voraussetzungen zu prüfen, auch was die Beeinträchtigung von Rechten anderer betrifft: Bei überlegener Kenntnis des Betroffenen kann eine Pflicht zur entsprechenden Unterrichtung und Hinwirkung auf einen beschränkten Datensatz bestehen.[752]

aa. Die umfassten „Rechte und Freiheiten“

Der Verweis auf den Kreis der zu beachtenden Interessen ist mit der Formulierung „Rechte und Freiheiten“ sehr weit gefasst und auch so zu verstehen. Eine sektor- oder rechtsgebietsgebundene Einschränkung lässt sich daraus nicht ableiten.

Dabei sind die Begriffe der „Rechte und Freiheiten“ nicht im (deutschen) verfassungsrechtlichen Sinn zu verstehen: Es sind keinesfalls nur Handlungen ausgeschlossen, die eine Grundrechtsverletzung begründen.[753] Das ergibt sich einerseits durch die weitere Formulierung in Art. 20 Abs. 4 DSGVO selbst im Vergleich zu ErwGr. 68 S. 8 zur DSGVO, der ausdrücklich auf die „Grundrechte und Grundfreiheiten anderer betroffenen Personen nach dieser Verordnung“ Bezug nimmt. Andererseits spricht die wettbewerbliche Zweckrichtung des Art. 20 DSGVO, trotz Beachtung wettbewerblicher Interessen schon bei den Tatbestandsmerkmalen, gegen eine solche Einschränkung.[754]

---

750 *K. v. Lewinski,* in: Wolff/Brink (Hrsg.), BeckOK Datenschutzrecht, 34. Ed. 2020, Art. 20 DSGVO, Rn. 96, spricht hinsichtlich der Rechte Dritter von einer „Übermittlungs-Sperrung“, die er Art. 18 DSGVO zuordnet.

751 Vgl. III.4.b.

752 *M. Rudolph,* in: Schwartmann u. a. (Hrsg.), DS-GVO/BDSG, 2018, Art. 20 DSGVO, Rn. 116 f.

753 Angedeutet auch bei *M. Rudolph,* in: Schwartmann u. a. (Hrsg.), DS-GVO/BDSG, 2018, Art. 20 DSGVO, Rn. 110.

754 Im Ergebnis auch: *K. v. Lewinski,* in: Wolff/Brink (Hrsg.), BeckOK Datenschutzrecht, 34. Ed. 2020, Art. 20 DSGVO, Rn. 98.

Erfasst ist vielmehr jedes rechtlich geschützte Individualinteresse, eine Einschränkung auf Rechte im Zusammenhang mit dem Datenschutz ist nicht geboten.[755] ErwGr. 4 S. 2 zur DSGVO legt, selbst wenn man Art. 20 DSGVO entgegen der hier vertretenen Ansicht[756] als Ausfluss eher des traditionell-herrschaftsrechtlichen Datenschutzrechtes statt des wettbewerbsrechtlich geprägt regulatorischen ansieht, eine Einbeziehung nicht nur datenschutzrechtlicher Interessen, sondern auch anderer Rechtspositionen in eine Verhältnismäßigkeitsprüfung nahe. Bei rein wettbewerbsrechtlicher Betrachtung ist die Ausweitung der zu beachtenden Positionen über das Datenschutzrecht hinaus ohnehin geboten. Auch ohne rechtsgebietsbezogene Einschränkungen des Abs. 4 liegt aber wiederum die Prognose praktisch nahe, dass die widerstreitenden Interessen meist entweder solche aus dem Datenschutzrecht[757] sein werden

755 So auch *K. v. Lewinski,* in: Wolff/Brink (Hrsg.), BeckOK Datenschutzrecht, 34. Ed. 2020, Art. 20 DSGVO, Rn. 93, der jedoch in Rn. 105 ff. Rechte des Geistigen Eigentums, weil diese oftmals nicht auf die personenbezogenen Daten anwendbar seien, als bloß theoretischen Anwendungsfall ansieht. *C. Piltz,* in: Gola (Hrsg.), Datenschutz-Grundverordnung, 2. Aufl. 2018, Art. 20 DSGVO, Rn. 39, betont gesondert, dass nicht nur Rechte natürlicher Personen, sondern auch „Rechte und Freiheiten von Verantwortlichen, wie etwa die unternehmerische Freiheit“ umfasst seien. Eines Rückgriffs auf den Schutz von Geschäftsgeheimnissen als „allgemeinen Grundsatz des Unionsrecht“ bedarf es allerdings wegen der offenen Formulierung von Abs. 4 und des Gebotenseins der Einbeziehung solcher Interessen in Abs. 4 nicht. Ebenso bedarf es keines Rückgriffs auf einen Vergleich mit dem verschiedene Interessen beispielhaft, nicht abschließend aufzählenden ErwGr. 63 (S. 5) zum Auskunftsrecht, der die Geschäftsgeheimnisse erwähnt, den *K. v. Lewinski,* in: Wolff/Brink (Hrsg.), BeckOK Datenschutzrecht, 34. Ed. 2020, Art. 20 DSGVO, Rn. 104 vornimmt. Vgl. auch: *M. Munz,* in: Taeger/Gabel (Hrsg.), DSGVO – BDSG, 3. Aufl. 2019, Art. 20 DSGVO, Rn. 55, dort Fn. 123, der zudem Art. 18 Abs. 2 lit. aa DSGVO-E aus dem Ratsentwurf heranzieht und ähnlich, auf Art. 17 DSGVO direkt rekurrierend *G. Sydow/M. Wilhelm,* in: Sydow (Hrsg.), Europäische Datenschutzgrundverordnung, 2. Aufl. 2018, Art. 20 DSGVO, Rn. 19. Sehr weit formuliert *M. Rudolph,* in: Schwartmann u. a. (Hrsg.), DS-GVO/BDSG, 2018, Art. 20 DSGVO, Rn. 111, der „jedes Recht oder jede Freiheit, die zugunsten einer Person erwächst“ als in Frage kommend ansieht. *H.-G. Kamann/ M. Braun,* in: Ehmann/Selmayr (Hrsg.), DS-GVO, 2. Aufl. 2018, Art. 20 DSGVO, Rn. 34, sieht „insbesondere auch die (Betroffenen-)Rechte aus der DS-GVO“ als erfasst an und nimmt dabei Bezug auf die Artikel-29-Datenschutzgruppe, WP 242 rev.01, 13.12.2016/05.04.2017, S. 13.

756 Vgl. II.

757 Insoweit auf Datenschutzrechte Dritter beschränkend: *P. Krause*, Datenportabilität, PinG, 2018, S. 239, 242.

oder es sich um Betriebs- und Geschäftsgeheimnisse[758] sowie Rechte des Geistigen Eigentums handeln wird, soweit diese jeweils noch nicht bei der vertypten Prüfung im Bereitstellungsmerkmal beachtet werden konnten.[759]

Denkbare IP-Rechte an den Datensätzen, die erst durch die Zusammenstellung zur Übertragungsvorbereitung entstehen, können nicht über Art. 20 Abs. 4 DSGVO die Übertragung verhindern, sei es weil man sie als tatbestandlich ausgeschlossen sieht[760] oder aber weil von einer Nutzungsrechteeinräumung zur Erfüllung der Pflichten nach Art. 20 DSGVO ausgegangen werden könnte. Dafür sprechen auch etwaige Regelungen zum Verhältnis zum Datenschutzrecht, wie zum Beispiel Art. 13 der Datenbankschutzrichtlinie[761], der die Rechtsvorschriften „in bezug auf die in eine Datenbank aufgenommenen Daten" als von der

---

758 Vgl. zur Definition den Rückgriff auf die Trade-Secret-RL (EU) 2016/943, Europäisches Parlament/Europäischer Rat, Richtlinie (EU) 2016/943 des Europäischen Parlamentes und des Rates vom 8. Juni 2016 über den Schutz vertraulichen Know-hows und vertraulicher Geschäftsinformationen (Geschäftsgeheimnisse) vor rechtswidrigem Erwerb sowie rechtswidriger Nutzung und Offenlegung, ABl., 2016/L 157/1, dort Art. 2 Nr. 1 lit. a–c: *K. v. Lewinski,* in: Wolff/Brink (Hrsg.), BeckOK Datenschutzrecht, 34. Ed. 2020, Art. 20 DSGVO, Rn. 99, der jedoch in Rn. 101 auf Diskrepanzen bei der Übertragung dieses Maßstabes hinweist; im Anschluss daran Bezug auf die Trade-Secret_RL nehmend auch *C. Piltz,* Datenübertragbarkeit im Beschäftigungsverhältnis – Arbeitgeberwechsel: Und die Daten kommen mit?, RDV, 2018, S. 3, 7.

759 So im Ergebnis auch: *T. Herbst,* in: Kühling/Buchner (Hrsg.), Datenschutz-Grundverordnung/BDSG, 3. Aufl. 2020, Art. 20, Rn. 18; *G. Sydow/M. Wilhelm,* in: Sydow (Hrsg.), Europäische Datenschutzgrundverordnung, 2. Aufl. 2018, Art. 20 DSGVO, Rn. 19; *K. Schürmann,* in: Eßer u. a. (Hrsg.), Auernhammer – DSGVO/BDSG, 6. Aufl. 2018, Art. 20 DSGVO, Rn. 59; Artikel-29-Datenschutzgruppe, WP 242 rev.01, 13.12.2016/05.04.2017, S. 14; *C. Piltz,* in: Gola (Hrsg.), Datenschutz-Grundverordnung, 2. Aufl. 2018, Art. 20 DSGVO, Rn. 39; *M. Rudolph,* in: Schwartmann u. a. (Hrsg.), DS-GVO/BDSG, 2018, Art. 20 DSGVO, Rn. 111, unter anderem das Urheberrecht an Software betonend; *W. Kamlah,* in: Plath (Hrsg.), DSGVO/BDSG, 3. Aufl. 2018, Art. 20 DSGVO, Rn. 15, der vor allem die Ausübung des eingerichteten und ausgeübten Gewerbebetriebs als vor unnötiger Belastung zu schützen ansieht; die Implikationen mit IP-Rechten („*silent conflict*"), vor allem Datenbankrechten hervorhebend: *S. Elfering,* Unlocking the Right to Data Portability, 2019, dort vor allem S. 33 ff.; anders: *P. Krause,* Datenportabilität, PinG, 2018, S. 239, 242, der zuvorderst Datenschutzrechte nach der GRCh als in Betracht kommend ansieht.

760 Dies vorschlagend: *S. Elfering,* Unlocking the Right to Data Portability, 2019, S. 65, 57.

761 Europäisches Parlament/Europäischer Rat, Richtlinie 96/9/EG des Europäischen Parlaments und des Rates vom 11. März 1996 über den rechtlichen Schutz von Datenbanken, ABl., 1996/L 77/20.

Richtlinie unberührt bestätigt, sowie der dazugehörige ErwGr. 48 derselben Richtlinie, der im Verhältnis zur damaligen Datenschutzrichtlinie festhält, dass „die Rechtsvorschriften zum Datenschutz" nicht berührt werden.[762]

An Art. 20 Abs. 4 DSGVO zeigt sich wegen dieses weiten Kreises umfasster Rechtspositionen, auch durch eine schrittweise Rücknahme der Spezifizierung der Rechtspositionen[763], die Verlagerung von im Gesetzgebungsverfahren nur beschränkt konsensfähigen (spezifischeren) Tatbestandspunkten hin zu einer allgemeinen Verhältnismäßigkeitsprüfung. Dies kann in der Praxis – noch mehr als das nach der hier vertretenen Ansicht vergleichsweise leicht anzuwendende Bereitstellungsmerkmal – für erhebliche Schwierigkeiten bei der einheitlichen und voraussehbaren, effektiven Anwendung von Art. 20 DSGVO führen.

bb. Die „anderen Personen"

Die für einer Beeinträchtigung in Frage kommenden „anderen Personen" sind jedenfalls diejenigen, die im Gegensatz zu erstem und zweitem Verantwortlichen sowie Betroffenem nicht aus der Anwendung von Art. 20 DSGVO unmittelbar berechtigt oder verpflichtet werden. Das können trotz des grundsätzlichen Bezugs des Datenschutzes auf natürlich Personen auch juristische Personen sein.[764] Im Folgenden wird untersucht, wer diese „anderen Personen" sein können, ob auch die Interessen des beteiligten Verantwortlichen erfasst werden.

---

762 Vgl. dazu auch *S. Elfering*, Unlocking the Right to Data Portability, 2019, S. 60.

763 Zunächst gab es in Art. 18 DSGVO-E keine derartige Einschränkung, auch nicht als die Datenportabilität im Parlamentsvorschlag mit dem Auskunftsrecht in Art. 15 DSGVO-E zusammengeführt wurde. Als die Einschränkung in der Ausrichtung des Rates erstmals enthalten war, beschränkte sie sich noch auf Geistiges Eigentum, dies wurde später, wie auch in der endgültigen Version, gestrichen; vgl. zur Gegenüberstellung die Synopse der Entwurfsfassungen im Anhang (VI.), sowie: BayLDA, Trilog – Synopse der DS-GVO,

764 Dafür spricht die wettbewerbsrechtliche Ausrichtung von Art. 20 DSGVO angesichts des unter anderem aus dieser abgeleiteten Ergebnis, dass nicht nur Datenschutzrechte oder verfassungsrechtliche Grundfreiheiten von Art. 20 Abs. 4 DSGVO erfasst sind. Dafür spricht grundsätzlich auch der Vergleich mit anderen Sprachfassungen, etwa der Englischen (die nur von *„others"* spricht); vgl. mit dieser Begründung *M. Rudolph*, in: Schwartmann u. a. (Hrsg.), DS-GVO/BDSG, 2018, Art. 20 DSGVO, Rn. 107; ohne weitere Begründung auch: *A. Dix*, in: Simitis u. a. (Hrsg.), Datenschutzrecht, 2019, Art. 20 DSGVO, Rn. 18; *S. Brüggemann*, in: Taeger (Hrsg.), Recht 4.0 – Innovationen aus den rechtswissenschaftlichen Laboren, 2017, Das Recht auf Datenportabilität, S. 1, 8; *S. Elfering*, Unlocking the Right to Data Portability, 2019, S. 29. Außerdem deutet eine Zusammenschau mit Art. 15 Abs. 4 DSGVO, der insoweit in der deutschen

i. Berücksichtigung von Drittinteressen

Teilweise steht zur Diskussion, ob Drittinteressen überhaupt zu berücksichtigen sind, was nach der Grundsatzentscheidung des BGH zum „digitalen Nachlass“[765] auf Zustimmung gestoßen ist.[766] Eine pauschale Übertragung dieses Ansatzes ist aber abzulehnen.

Zum digitalen Nachlass hat der BGH entschieden, dass die Rechte und Freiheiten Dritter, wie Kommunikationspartner des Erblassers auf sozialen Netzwerken, dem Eintritt des Erben in die Rechte und Pflichten aus einem Nutzungsvertrag mit einem solchen Sozialen Netzwerk nicht entgegenstehen, weil die Dritten damit rechnen müssten, dass die Daten an Dritte weiteregegeben würden. Gegen einen solchen Ausschluss der Drittinteressenbeachtung spricht bei Art. 20 DSGVO jedoch der Wortlaut der Norm, nicht nur in der deutschen Sprachfassung. In allen Sprachfassungen wird einheitlich jeweils unbestimmt der Begriff „anderer“ verwendet. Dies umfasst jedenfalls nicht nur schon durch die Beteiligung an der Übertragung mit dieser in Berührung kommende Personen. Denn im übrigen Art. 20 DSGVO wird für diese das Wort (anderer) „Verantwortlicher“, (*other*) „*controller*“ etc., verwendet. Zudem liegt der Entscheidung zum digitalen Nachlass eine mit der bei Art. 20 DSGVO nicht zu vergleichende Situation zugrunde: Zum einen geht es mit der Erbschaft um einen Fall der

Fassung den gleichen Wortlaut hat, bezüglich dessen jedoch in ErwGr. 63 S. 5 zur DSGVO ausdrücklich Geschäftsgeheimnisse erwähnt werden, die eine Einbeziehung auch juristischer Personen an mangels ersichtlichen Grundes, warum nur als Einzelpersonen agierende Marktteilnehmer mit ihren Geschäftsgeheimnissen geschützt sein sollen. Ähnlich auch: *M. Rudolph,* in: Schwartmann u. a. (Hrsg.), DS-GVO/BDSG, 2018, Art. 20 DSGVO, Rn. 108.

765 BGH, Urt. v. 12.07.2018 – III ZR 183/17 – juris.

766 So ergebnisoffen ausführend: *M. Munz,* in: Taeger/Gabel (Hrsg.), DSGVO – BDSG, 3. Aufl. 2019, Art. 20 DSGVO, Rn. 25, 31; dass die Ansicht vertreten werde, dass Drittinteressen nicht zu berücksichtigen seien, führt *M. Hennemann*, Datenportabilität, PinG, 2017, S. 5, 8, unter Bezugnahme auf *P. Schantz*, Die Datenschutz-Grundverordnung – Beginn einer neuen Zeitrechnung im Datenschutzrecht, NJW, 2016, S. 1841, 1845, unabhängig von der BGH-Entscheidung bereits vor dieser aus, ein pauschaler Ausschluss der Beachtung von Drittinteressen wird aber abgelehnt; vgl., Daten wie Chatverläufe über das Betreffen ausschließend: *T. Herbst,* in: Kühling/Buchner (Hrsg.), Datenschutz-Grundverordnung/BDSG, 3. Aufl. 2020, Art. 20, Rn. 11.

gesetzlichen Rechtsnachfolge[767] und nicht um eine durch den Betroffenen getroffene Entscheidung der Teilhabe am Markt wie bei Art. 20 DSGVO. Zum anderen tritt im Erbfall ein Dritter in die Rechtsposition des Erblassers/Nutzers des Accounts, übertragen auf Art. 20 DSGVO betrifft dies die Rechtsstellung des Betroffenen, der die Übertragung anfordert. Dagegen bleibt der Verantwortliche für alle Beteiligten, also Erbe und Erblasser/Betroffener/Nutzer, dieselbe Person. Bei Art. 20 DSGVO hingegen ändert sich die Person auf Seiten des Verantwortlichen, wobei sich der Kreis der Verantwortlichen möglicherweise sogar erweitert, anstatt nur zu wechseln.

ii. Restriktive Einbeziehung der Verantwortlichen

Weniger eindeutig zu beantworten ist allerdings die Frage, ob und in welchen Situationen die an der Übertragung beteiligten Verantwortlichen „andere Personen" sein können. Der Gedanke der wettbewerbsrechtlichen Ausgestaltung des Rechts auf Datenportabilität spricht grundsätzlich für eine solche Einbeziehung, allerdings muss diese Beachtung restriktiv erfolgen und eine Doppeltbetrachtung neben anderen Tatbestandsmerkmalen wie dem Bereitstellen verhindert werden.

Ein Wortlautschluss hilft an dieser Stelle nicht weiter. Der Wortlaut hinsichtlich des erfassten Personenkreises enthält zwar keine eindeutige Einschränkungen auf Betroffene im Sinne des Art. 4 Nr. 1 DSGVO.[768] Dies stellt aber alleine keine tragfähige Begründung dar, weil die Verwendung des Begriffs „anderer Personen" durchaus so ausgelegt werden kann, dass damit eben keine an der Übertragung beteiligten Personen, sondern solche, die im Verhältnis zur Übertragung Dritte sind, gemeint sind. Der Verantwortliche wird in der übrigen DSGVO, wohl auch wegen der Legaldefinition in Art. 4 Nr. 7 DSGVO, als Verantwortlicher bezeichnet.[769] Dass der Wortlaut hier nicht herangezogen werden

767 So zutreffend: *M. Munz*, in: Taeger/Gabel (Hrsg.), DSGVO – BDSG, 3. Aufl. 2019, Art. 20 DSGVO, Rn. 31, der in Rn. 25 zudem auf die für fraglich erachtete Vereinbarkeit der Entscheidung des BGH mit dem Europarecht verweist.

768 Darauf verweisend: *C. Piltz*, Datenübertragbarkeit im Beschäftigungsverhältnis – Arbeitgeberwechsel: Und die Daten kommen mit?, RDV, 2018, S. 3, 7; *C. Piltz*, in: Gola (Hrsg.), Datenschutz-Grundverordnung, 2. Aufl. 2018, Art. 20 DSGVO, Rn. 39; hingegen zurecht auf die Mehrdeutigkeit des Wortlauts bezüglich dieser Frage hinweisend: *K. v. Lewinski*, in: Wolff/Brink (Hrsg.), BeckOK Datenschutzrecht, 34. Ed. 2020, Art. 20 DSGVO, Rn. 102.

769 Aus denselben Gründen kann auch der Vergleich mit Art. 6 Abs. 1 lit. f DSGVO, wie ihn *E. Durmus*, Das Recht auf Datenübertragbarkeit, RDV, 2018, S. 80, 83

kann, zeigt weiter der erneute Vergleich mit anderen Sprachfassungen, zum Beispiel der englischen und der französischen Fassung[770]: Während in der englischen Fassung mit „*others*“ eine noch dem deutschen „andere Personen“ vergleichbare Formulierung gewählt wird, gleichwohl auch jene Formulierung schon weiter als die Deutsche ist, wurde in der französischen Fassung das Wort „*tiers*“ gewählt, das insoweit dem Wortlaut von Art. 4 Nr. 10 DSGVO entspricht, während in der englischen Fassung Art. 4 Nr. 10 DSGVO „*third parties*“ definiert, was also (wie die deutsche Fassung) nicht mit der in Art. 20 Abs. 4 DSGVO verwendeten Wortwahl übereinstimmt.

Allerdings sprechen die wettebewerbsrechtlichen Überlegungen für eine Einbeziehung von Verantwortlicheninteressen. Nur wenn auch die an der Übertragung beteiligten Verantwortlichen einbezogen werden, kann die für die Innovations- und allgemeine Wettbewerbsförderung notwendige Balance zwischen den Rechtspositionen der Beteiligten gefunden werden. Ansonsten werden auch die bei der Datenverarbeitung involvierten Rechte gefährdet, etwa des Geistigen Eigentums oder von Betriebs- und Geschäftsgeheimnissen.[771] Auch

---

vornimmt, nicht endgültig den Ausschlag zugunsten einer Einbeziehung auch des Verantwortlichen geben.

770 Ähnlich auch bei *M. Rudolph,* in: Schwartmann u. a. (Hrsg.), DS-GVO/BDSG, 2018, Art. 20 DSGVO, Rn. 107, Fn. 157.

771 *H.-G. Kamann/M. Braun,* in: Ehmann/Selmayr (Hrsg.), DS-GVO, 2. Aufl. 2018, Art. 20 DSGVO, Rn. 35, die besonders die Risiken für IP-Rechte und Geschäftsgeheimnisse hervorheben; die Einbeziehung der an der Übertragung Beteiligten durch die Erwähnung, dass der Verantwortliche sich selbstständig auf Abs. 4 berufen müsse, implizierend: *M. Munz,* in: Taeger/Gabel (Hrsg.), DSGVO – BDSG, 3. Aufl. 2019, Art. 20 DSGVO, Rn. 56; *W. Veil,* in: Gierschmann u. a. (Hrsg.), Kommentar Datenschutz-Grundverordnung, 2018, Art. 20 DSGVO, Rn. 125; *S. Brüggemann,* in: Taeger (Hrsg.), Recht 4.0 – Innovationen aus den rechtswissenschaftlichen Laboren, 2017, Das Recht auf Datenportabilität, S. 1, 8; *P. DeHert/V. Papakonstantinou/G. Malgieri/L. Beslay/I. Sanchez,* The right to data portability in the GDPR: Towards user-centric interoperability of digital services, Computer Law & Security Review, 2018, S. 193, 198 f.; *W. Kamlah,* in: Plath (Hrsg.), DSGVO/BDSG, 3. Aufl. 2018, Art. 20 DSGVO, Rn. 15; Artikel-29-Datenschutzgruppe, WP 242 rev.01, 13.12.2016/05.04.2017, S. 14, nach der allerdings die Portabilitätsanfrage nicht „wegen eines Verstoßes gegen ein anderes Vertragsrecht (wie eine ausstehende Schuld oder ein geschäftlicher Konflikt mit der betroffenen Person)“ zurückgewiesen werden dürfe; anders aber insgesamt: *S. Elfering,* Unlocking the Right to Data Portability, 2019, S. 29, die die Gefahr einer Aushöhlung des Rechts auf Datenportabilität sieht; *M. Rudolph,* in: Schwartmann u. a. (Hrsg.), DS-GVO/BDSG, 2018, Art. 20 DSGVO, Rn. 109, der Beeinträchtigungen als bereits durch das Bereitstellungsmerkmal verhindert sieht, dazu sogleich.

wenn unter Beachtung des wettbewerblichen Zwecks die Rechte der beteiligten Verantwortlichen grundsätzlich zu beachten sind, hat dies sehr restriktiv zu erfolgen. Denn einerseits beachtet bereits das Bereitstellungsmerkmal mit der Begrenzung auf die primären Daten[772] Erwägungen hinsichtlich der betroffenen Rechtspositionen der direkt an der Übertragung Beteiligten[773], indem nur dasjenige übertragen werden kann, welches nicht durch eine Weiterverarbeitungs- oder Ableitungsleistung des Verantwortlichen als sekundäre Daten entstanden ist. Bereits durch diese Einschränkung wird in den meisten Fällen verhindert werden, dass zum Beispiel Urheberrechte des Verantwortlichen verletzt werden. Nur in Ausnahmefällen, in denen die Beachtung der Rechtspositionen über das handlungsbezogene Bereitstellungsmerkmal nicht erfolgt, können die Rechtspositionen der beteiligten Verantwortlichen zu einer Verhinderung der Datenübertragung auf der Grundlage von Abs. 4 führen – ein Umstand für den in diesem Fall der Verantwortliche die Darlegungs- und Beweislast trägt.[774]

Ob sich derartige Fälle in der Praxis überhaupt stellen, bleibt abzuwarten und kann nur am jeweiligen Einzelfall entschieden werden. Denkbar wären Fälle der rechtsmissbräuchlichen Geltendmachung[775], die nicht von Art. 12 Abs. 5 S. 2 DSGVO erfasst werden können oder solche, in denen die Daten, deren Übertragung eine Drittrechtsbeeinträchtigung darstellen würden (zur Frage der Beeinträchtigung sogleich), nicht mit annähernd vertretbarem Aufwand getrennt werden könnten. Auch für die Erfüllung dieser Darlegungs- und Beweislast sind im Interesse einer effektiven Bekämpfung der Lock-In-Effekte und der Wettbewerbsförderung ohne die Notwendigkeit langwieriger Portierungsprozesse strenge Anforderungen zu stellen. Keinesfalls kann die Verweigerung unter

---

772 Vgl. oben III.3.e.ff.

773 Dies sogar alleine für ausreichend haltend: *M. Rudolph*, in: Schwartmann u. a. (Hrsg.), DS-GVO/BDSG, 2018, Art. 20 DSGVO, Rn. 109.

774 Dies andeutend auch *F. Deusch/T. Eggendorfer*, Durchsetzung und Vollstreckung der Datenübertragbarkeit, K&R, 2020, S. 105, 116, unter Verweis auf LAG Stuttgart, Urt. v. 20.12.2018, 17 Sa 11/18 – juris, Rn. 209, zu Art. 15 Abs. 4 DSGVO, dabei auch auf die üblichen Probleme beim Beweis entgegenstehender Geheimhaltungsinteressen verweisend, auf die hier aber nicht näher eingegangen wird.

775 Vgl. auch *H.-G. Kamann/M. Braun*, in: Ehmann/Selmayr (Hrsg.), DS-GVO, 2. Aufl. 2018, Art. 20 DSGVO, Rn. 37; vgl. generell zur missbräuchlichen Geltendmachung nach Art. 12 Abs. 5 DSGVO im Zusammenhang mit Art. 20 DSGVO: *K. v. Lewinski*, in: Wolff/Brink (Hrsg.), BeckOK Datenschutzrecht, 34. Ed. 2020, Art. 20 DSGVO, Rn. 110.

klauselartigem Verweis auf Art. 20 Abs. 4 DSGVO oder auf eine nicht weiter substantiierte Gefährdung des eigenen Geschäftsmodells[776] genügen.

cc. Das notwendige Maß der Beeinträchtigung

Neben der bereits behandelten Frage, ob die Beeinträchtigung qualitativ so ausgestaltet ist, dass sie wegen fehlender Beachtung über das Bereitstellungsmerkmal auch die Einbeziehung von Verantwortlicheninteressen gebietet, stellt sich vor allem das intensitätsbezogene Problem der Beeinträchtigungsschwelle, denn nicht jede Berührung der Interessen genügt für einen Ausschluss. Darüber hinaus wird aufgezeigt, welche Rolle Rechtfertigungstatbestände spielen können, wie sich diese Rolle je nach Übertragungsmodalität nach dem Gedanken der Zweckänderung (Art. 6 Abs. 4 DSGVO) ändert und wie der Gesamtausschluss durch Teilübertragungen verhindert werden kann.

i. Keine nur abstrakt drohenden Gefährdungen

Zur Frage der Intensität gibt Abs. 4 keine weitere Konkretisierung vor, anders als etwa Art. 14 Abs. 5 lit. b oder Art. 17 Abs. 3 lit. d DSGVO. Daraus könnte man zunächst den Schluss ziehen, dass es bei Art. 20 Abs. 4 DSGVO mangels derartiger Konkretisierung nur einer weniger als „ernsthaften" Beeinträchtigung bedürfe.[777] Das lässt allerdings außer Betracht, dass diese Formulierungen jeweils Teil eines Zweiklangs aus „unmöglich machend oder erheblich beeinträchtigend" sind. Aus dem Fehlen der „erheblichen" Beeinträchtigung kann nur geschlossen werden, dass kein der Unmöglichkeit einer Rechtausübung äquivalentes Beeinträchtigungsmaß erreicht werden muss, jedoch nicht, dass jede schon abstrakt drohende Gefährdung[778] geschützter Rechtspositionen ausreicht.

---

776 Vgl. auch: *H.-G. Kamann/M. Braun,* in: Ehmann/Selmayr (Hrsg.), DS-GVO, 2. Aufl. 2018, Art. 20 DSGVO, Rn. 35.

777 So *M. Rudolph,* in: Schwartmann u. a. (Hrsg.), DS-GVO/BDSG, 2018, Art. 20 DSGVO, Rn. 113, der aber zutreffend darauf hinweist, dass es sich um eine Verhältnismäßigkeitsprüfung mit umfassender Abwägung handeln müsse.

778 Abweichend *S. Brüggemann,* in: Taeger (Hrsg.), Recht 4.0 – Innovationen aus den rechtswissenschaftlichen Laboren, 2017, Das Recht auf Datenportabilität, S. 1, 9, der zur Verhinderung einer „Zwickmühle" des Verantwortlichen Abs. 4 sehr weit auslegen will und ausführt, dass „bereits im Verdachtsfall [ein] Anspruch auf Datenübertragung zu verneinen" sei und überdies für Internetdiensteanbieter die §§ 7 ff. TMG gelten würden.

Können zum Beispiel die Geschäfts- oder Betriebsgeheimnisse oder Geistigen Eigentumsrechte der beteiligten Verantwortlichen nicht über das Bereitstellungsmerkmal beachtet werden und hat der Verantwortliche entsprechend substantiiert vorgetragen, muss daneben die Beeinträchtigung ein Maß zu erreichen drohen, das über die bloße Möglichkeit hinaus derart konkret ist, dass es die Interessen des Betroffenen an der Übertragung und mittelbar die Interessen an einer schnellen Übertragung zur Wettbewerbsförderung überwiegt.[779] Auch hierfür trägt der Verantwortliche die Darlegungs- und Beweislast.

ii. Die Rolle der Erlaubnistatbestände und die Filterfunktion des Bereitstellens

Die eventuelle Beeinträchtigung von Datenschutzrechten, aber auch sonstigen Drittrechten, kann wegen Vorliegens anderweitiger Erlaubnistatbestände (vor allem Art. 6 Abs. 1 lit. f DSGVO) ausscheiden.[780] Es zeigt sich, dass in vielen Fällen schon das Bereitstellungsmerkmal verhindert, dass es überhaupt zu Beeinträchtigungen kommen kann.

Bezüglich der Drittrechte kann sich die Beeinträchtigung der Rechte und Freiheiten anderer auch bei Bestehen eines Erlaubnistatbestands aus weiteren separaten Gesichtspunkten ergeben: Dritte können zum Beispiel wenn Dritte wegen der Übertragung in der Ausübung ihrer anderen Betroffenenrechte behindert werden, weil etwa das Auskunftsrecht faktisch nicht mehr ausgeübt werden kann.[781] Doch kann das Problem in der speziellen Situation des Auskunftsrechts durch entsprechende Hinweise an die Dritten gelöst werden. Selbst bei Annahme eines Hindernisses wegen faktischer Vereitlung der Drittbetroffenenrechte, aber auch bei sonstigen potentiell beeinträchtigten Rechten ist allerdings der Schluss keineswegs zwingend, dass deshalb ein Recht auf Übertragbarkeit

---

779 Ähnlich hinsichtlich der Konkretheit auch *A. Dix,* in: Simitis u. a. (Hrsg.), Datenschutzrecht, 2019, Art. 20 DSGVO, Rn. 18; ebenso Artikel-29-Datenschutzgruppe, WP 242 rev.01, 13.12.2016/05.04.2017, S. 14 f., die betont, dass ein potentielles Geschäftsrisiko nicht genüge, weiter fordernd, dass die Daten „mit hoher Wahrscheinlichkeit" in beeinträchtigender Weise verarbeitet werden, S. 13, a.a.O.

780 So etwa: Artikel-29-Datenschutzgruppe, WP 242 rev.01, 13.12.2016/05.04.2017, S. 13; *H.-G. Kamann/M. Braun,* in: Ehmann/Selmayr (Hrsg.), DS-GVO, 2. Aufl. 2018, Art. 20 DSGVO, Rn. 34; *K. Schürmann,* in: Eßer u. a. (Hrsg.), Auernhammer – DSGVO/BDSG, 6. Aufl. 2018, Art. 20 DSGVO, Rn. 60.

781 *H.-G. Kamann/M. Braun,* in: Ehmann/Selmayr (Hrsg.), DS-GVO, 2. Aufl. 2018, Art. 20 DSGVO, Rn. 34.

nur hinsichtlich der Daten bestünde, das sich ausschließlich auf den Betroffenen selbst bezieht.[782]

Würde Art. 20 Abs. 4 DSGVO die Übertragung grundsätzlich ausschließen, bestünde aber einerseits die theoretische Möglichkeit einer anonymisierten Übertragung entsprechender Daten.[783] Andererseits beruht die im Zusammenhang mit Art. 20 Abs. 4 DSGVO vielfach angeführte Kritik, dass die Übertragung von Profilen sozialer Netzwerke oder sonstiger Profile mit Drittinteraktionen (etwa auf Verkaufsplattformen wie *Amazon*) nicht möglich sei, weil diese aufgrund entgegenstehender Rechte jener Dritten ausgeschlossen seien, zumindest insoweit auf einem Fehlschluss, als dass Abs. 4 dafür verantwortlich gemacht wird. Dies verkennt die Tatsache, dass Daten wie die Rezensionen Dritter bereits wegen des Bereitstellungsmerkmals ausgeschlossen sind[784], weil dieses wie gezeigt nur unter sehr weiter Überdehnung des Wortlauts so ausgelegt werden kann, dass eine Bereitstellung durch den Betroffenen auch eine Bereitstellung durch Dritte erfasst.[785] Folgt man diesem Ansatz, so ergibt sich durch die konsequente Anwendung des Bereitstellungsmerkmals, dass die vermeintlich große Anzahl der Daten, die nach Prüfung des Auch-Bezugs auf den Betroffenen und des Bereitstellens durch den Betroffenen noch mit Drittbezug übrig bleiben und nach Abs. 4 aussortiert werden müssten, deutlich kleiner ist als teils befürchtet. So sind etwa die Chatverläufe mit Dritten (zumindest was die insoweit von den Dritten geschriebenen Nachrichten angeht) oder die „Likes" von Dritten, ebenso wie sonstige bewertende Handlungen als Reaktion auf von den Betroffenen bereitgestellte Daten ohnehin nicht von Art. 20 DSGVO erfasst.

Erst hinsichtlich dieser verbleibenden Daten muss sodann geprüft werden, ob die Rechte von Dritten, zu denen auch ein Personenbezug besteht, wirklich „beeinträchtigt" im Sinne des Abs. 4 werden. Als Orientierungslinie für die Ausfüllung des konkretisierungsbedürftigen Rechtsbegriffs der „Beeinträchtigung" kann dabei dienen, ob anzunehmen ist, dass der Dritte auch mit einer nach der

---

782 Anders: *C. Piltz*, in: Gola (Hrsg.), Datenschutz-Grundverordnung, 2. Aufl. 2018, Art. 20 DSGVO, Rn. 40; *N. Härting*, Datenschutz-Grundverordnung, 2016, Rn. 732.

783 Vgl. *E. Skobel*, Alle Daten kommen mit, PinG, 2018, S. 160, 164, die aber zurecht auf die damit verbundenen praktischen Schwierigkeiten hinweist.

784 Vgl. III.3.e.ff.vi.

785 So etwa *B. P. Paal*, in: Paal/Pauly (Hrsg.), Datenschutz-Grundverordnung, Bundesdatenschutzgesetz, 2. Aufl. 2018, Art. 20 DSGVO, Rn. 27; *G. Spindler*, Die neue EU-Datenschutz-Grundverordnung, Der Betrieb, 2016, S. 937, 945.

Übertragung erfolgenden Verarbeitung einverstanden wäre[786] oder auch diese neue Datenverarbeitung nach einem sonstigen Erlaubnistatbestand, etwa nach den anderen Tatbeständen des Art. 6 Abs. 1 DSGVO, zulässig wäre.

Diese Frage kann nur mit einem Ansatz von Sicherheit beantwortet werden, wenn es sich entweder um Daten handelt, bei denen es den Dritten egal sein dürfte, wer der Verantwortliche ist oder um Übertragungen, bei denen der zweite Verantwortliche schon absehbar ist, mithin Übertragungen nach Art. 20 Abs. 2 DSGVO. Eine pauschale Annahme, dass den betroffenen Dritten beispielsweise egal wäre, bei welchem Sozialen Netzwerk ihre Bilder oder bei welchem E-Mail-Provider sich ihre Adressen abgespeichert befinden oder sie sogar ein nach Art. 6 Abs. 1 lit. f DSGVO überwiegendes Interesse hätten, auch über den neuen Account beim zweiten Verantwortlichen mit dem Betroffenen in Kontakt zu bleiben, ist zumindest fraglich.[787] Alleine die verbreitete faktische Akzeptanz im Alltag, dass diese Daten in der Praxis oftmals ohnehin ohne klaren Erlaubnistatbestand verarbeitet werden, kann nicht zu einer Ausklammerung der theoretisch bezüglich der Daten bestehenden Rechte in Art. 20 Abs. 4 DSGVO führen.

iii. Parallele zur Zweckänderung

Denkbar ist allerdings eine Beeinträchtigung der Rechte der betroffenen Dritten als dann nicht relevant anzusehen, wenn der zweite Verantwortliche die Daten zu vereinbaren Zwecken verwendet, solange für den Dritten erkennbar ist, bei wem seine Daten jetzt verarbeitet werden und der Dritte deshalb keinen gemessen an der Wettbewerbsförderung unangemessenen Nachteil hinsichtlich seiner

---

786 Vgl. insoweit auch den Ansatz der Artikel-29-Datenschutzgruppe, WP 242 rev.01, 13.12.2016/05.04.2017, S. 14, Einwilligungsmechanismen einzuführen; dabei würde es sich nicht um eine pauschale Einwilligung in alle denkbaren Übertragungen nach Art. 20 DSGOV schon bei Vertragsschluss handeln, wie sie *E. Skobel*, Alle Daten kommen mit, PinG, 2018, S. 160, 164, zurecht ablehnt.

787 In die Richtung: *K. Schürmann*, in: Eßer u. a. (Hrsg.), Auernhammer – DSGVO/BDSG, 6. Aufl. 2018, Art. 20 DSGVO, Rn. 61, auf die sehr strenge Ansicht der Ablehnung einer „Übertragung ‚zugunsten Dritter'" bei *H.-G. Kamann/M. Braun*, in: Ehmann/Selmayr (Hrsg.), DS-GVO, 2. Aufl. 2018, Art. 20 DSGVO, Rn. 14, verweisend; zudem wohl *S. Brüggemann*, in: Taeger (Hrsg.), Recht 4.0 – Innovationen aus den rechtswissenschaftlichen Laboren, 2017, Das Recht auf Datenportabilität, S. 1, 9, der davon ausgeht, dass die DSGVO keine Anwendung finde, weil die Adressbücher von den Betroffenen privat genutzt würden, was für die Bewertung der Tätigkeit des Verantwortlichen aber nicht überzeugt.

datenschutzrechtlichen Positionen erfährt.[788] Dies würde dem Gedanken des Art. 6 Abs. 4 DSGVO und des ErwGr. 50 zur DSGVO folgen, die eine gesonderte Grundlage (etwa aus Art. 6 Abs. 1 DSGVO) für mit dem ursprünglichen Verarbeitungszweck vereinbare Verarbeitungen grundsätzlich nicht für erforderlich ansehen.

In den Fällen zweckentsprechender Verarbeitung beim zweiten Verantwortlichen befinden sich das Interesse an der Wettbewerbs- und Innovationsförderung und das Interesse des (Dritt-)Betroffenen am Unterbleiben einer Beeinträchtigung in den eigenen Rechten und Freiheiten in einem ausgewogenen Verhältnis. Zwar ist richtig, dass der Drittbetroffene damit keine vollständige Kontrolle über die Person des Verarbeitenden hat[789] und sich die Situation wegen der verantwortlichenseitigen Personenverschiedenenheit von der des (hier allerdings gerade deshalb nur vom Rechtsgedanken her angewandten) Art. 6 Abs. 4 DSGVO unterscheidet. Doch wäre eine aus einem Fehlen dieser vollständigen Kontrolle gefolgerte Unmöglichkeit nur bei einer streng herrschaftsrechtlichen Datenschutzauslegung naheliegend.

Zwar würde der Umstand, dass der Betroffene die Daten auch ohne Art. 20 DSGVO bei einem neuen Verantwortlichen einstellen könnte, alleine nicht die Irrelevanz der Drittinteressen rechtfertigen können. Denn Art. 20 DSGVO

---

788 Mit ähnlichem Ergebnis *M. Rudolph,* in: Schwartmann u. a. (Hrsg.), DS-GVO/BDSG, 2018, Art. 20 DSGVO, Rn. 114, es spreche „einiges dafür, dass eine Behinderung von Rechten anderer zumindest im Hinblick auf die personenbezogenen Daten nicht zwingend" vorliege; *A. Dix,* in: Simitis u. a. (Hrsg.), Datenschutzrecht, 2019, Art. 20 DSGVO, Rn. 6, der ausdrücklich von der Beeinträchtigung durch „jede Verwendung für andere Zwecke" und der Wichtigkeit, dass der Drittbetroffene „nicht durch die Übertragung der Daten [in seinem Auskunfts- oder Löschungsrecht] beschränkt werden" dürfe; ähnlich auch: *K. v. Lewinski,* in: Wolff/Brink (Hrsg.), BeckOK Datenschutzrecht, 34. Ed. 2020, Art. 20 DSGVO, Rn. 97, der davon ausgeht, dass man in „der (Aufsichts-)Praxis […] regelmäßig dann keine Beeinträchtigung annehmen" werde; *M. Munz,* in: Taeger/Gabel (Hrsg.), DSGVO – BDSG, 3. Aufl. 2019, Art. 20 DSGVO, Rn. 54, der auf das Beispiel von Transaktionshistorien von Bankkonten bei der Artikel-29-Datenschutzgruppe, WP 242 rev.01, 13.12.2016/05.04.2017, gemeint dort wohl S. 13, verweist.

789 Daher anderer Ansicht: *E. Skobel,* Alle Daten kommen mit, PinG, 2018, S. 160, 164, die anmerkt, dass die Datenschutzstandards der Verantwortlichen nicht notwendig die exakt gleichen sein müssen, aber nicht hinterfragt, ob die fehlende Kontrolle des Betroffenen darüber durch andere Interessen gerechtfertigt ist, was sich auch darin begründet sieht, dass einer sehr stark herrschaftsrechtlichen Auslegung gefolgt wird, vgl. z.B. a.a.O., 165.

soll die Übertragung im Vergleich zur neuen händischen Eingabe gerade erleichtern. Doch ist auch dies ein Faktor, der den Eingriff in die Drittrechte im Vergleich zur ohne Art. 20 DSGVO bestehenden Situation als nicht „beeinträchtigend" erscheinen lässt. Die Datenschutzrechte des Betroffenen werden bei der Übertragung nicht auf eine Weise beeinträchtigt, die einen Übertragungsausschluss bei Ablehnung dieses herrschaftsrechtlichen Verständnisses vor der regulatorisch-datenschutzrechtlichen Zielsetzung einer Wettbewerbsförderung rechtfertigen würde, solange der Zweck der Verarbeitung vereinbar, der zweite Verantwortliche erkennbar und zudem die Daten auch tatsächlich vom übertragenden Betroffenen bereitgestellt wurden. Die Beachtung eines vereinbaren Zwecks wiederum dürfte auch die Verwendung der Drittdaten bei zweiten Verantwortlichen ausschließen, deren Dienstleistungsangebote einen zwar nicht in der technischen Funktionsweise, aber praktisch sehr unterschiedlichen Zweck erfüllen, wie es zum Beispiel bei einer Übertragung von Facebook zu LinkedIn der Fall wäre.[790]

iv. Zwischenfazit

Drittdaten können mithin ohne Entgegenstehen von Art. 20 Abs. 4 DSGVO übertragen werden, wenn entweder die Verarbeitungszwecke bei erstem und zweitem Verantwortlichen vereinbar sind oder ein gesonderter Erlaubnistatbestand für die Verarbeitung vorliegt; in beiden Fällen muss jedoch für den Dritten erkennbar sein[791], um wen es sich beim zweiten Verantwortlichen handelt.

dd. Fazit – Erhebliche Folgen für die Anwendung von Art. 20 DSGVO

Von den Ausnahmen des Art. 20 Abs. 3 und Abs. 4 DSGVO hat vor allem letzterer entscheidende Wirkungen für die Anwendung von Art. 20 DSGVO. Die dort vorgeschriebene Nichtbeeinträchtigung von Drittinteressen in der

---

790 Die Befürchtungen von *E. Skobel*, Alle Daten kommen mit, PinG, 2018, S. 160, 164, sind daher zwar im Ansatz zutreffend (es ist davon auszugehen, dass die Dritten nicht alle Daten von Facebook auch bei beruflichen Netzwerken sehen wollen); das führt jedoch nicht zum dort vertretenen Schluss. Auch für die Daten beim vernetzten Fahren gilt, dass ein derartiges Interesse etwa bezüglich der Daten anderer Verkehrsteilnehmer, wenn sie überhaupt als bereitgestellt anzusehen sind, nicht überwiegen wird, vgl. dazu, anders: *J. Klink-Straub/T. Straub*, Vernetzte Fahrzeuge – portable Daten, ZD, 2018, S. 459, 462.

791 Vgl. zu angenommenen Schwierigkeiten der Kontaktierung des Dritten: *P. Krause*, Datenportabilität, PinG, 2018, S. 239, 243.

beschriebenen Art und Weise führt dazu, dass die Übertragung von Daten mit Drittbezug praktisch dann regelmäßig an Abs. 4 scheitern dürfte, wenn eine Übertragung nach Art. 20 Abs. 1 DSGVO, also mit zunächst bloßem Erhalt der Daten beim Betroffenen stattfinden soll. Die Übertragung von Daten mit Drittbezug nach Abs. 1 ist nur dann nicht ausgeschlossen, wenn der Dritte ausdrücklich zustimmt oder es sich um Daten Dritter handelt, bezüglich derer der Dritte keinen Wert auf die Person des Verantwortlichen legt, was wiederum selten sicher festzustellen sein wird.

Denn in den Fällen des Art. 20 Abs. 1 DSGVO ist die Person des zweiten Verantwortlichen noch nicht klar. Eine Bestimmung des Vorliegens der Voraussetzungen der meisten Erlaubnistatbestände für die Verarbeitung durch den zweiten Verantwortlichen ist damit nur schwer möglich, sodass erhebliche Unwägbarkeiten hinsichtlich der Rechtspositionen des Dritten entstünden. Dabei könnte man zunächst davon ausgehen, dass dies nur die Übermittlung an den zweiten Verantwortlichen (Art. 20 Abs. 1 Hs. 2 DSGVO) erfasse, das bloße Erhalten der Daten durch den Betroffenen aber, folglich die Übermittlung der Daten durch den ersten Verantwortlichen zum Betroffenen (Art. 20 Abs. 1 Hs. 1 DSGVO), nicht geeignet wäre, die Rechte anderer Personen zu beeinträchtigen, weil die Daten über das Bereitstellungsmerkmal genügend eingegrenzt würden.[792] Dieser Gedanke greift allerdings insoweit zu kurz, als dass das Gefährdungspotential in der praktischen Anwendung auch schon bei bloßem Übermitteln an den Betroffenen besteht. Es ist nicht sicherzustellen, dass dieser die Daten nicht weiterübermittelt. Zudem werden die Daten nicht wie bei der Auskunft in einem zuvorderst die Kenntnisnahme ermöglichenden Format übermittelt, sondern in einem das gerade zur Weiterübermittlung befähigen soll. Eine entsprechende Prüfpflicht des zweiten Verantwortlichen kann nicht überzeugen[793], weil dieser keinen Bezug zur Datenerhebung hat und nicht ohne weiteres erkennen kann, ob die Erhebung und Verarbeitung der sich auch auf den Dritten beziehenden Daten zulässig war. Ebenso wenig kann eine konstruierte

---

792 So *T. Herbst,* in: Kühling/Buchner (Hrsg.), Datenschutz-Grundverordnung/BDSG, 3. Aufl. 2020, Art. 20, Rn. 17.

793 Dies gilt auch für die von *A. Dix,* in: Simitis u. a. (Hrsg.), Datenschutzrecht, 2019, Art. 20 DSGVO, Rn. 7, vertretene Ansicht, dass „Likes" oder von den Betroffenen hochgeladene Bilder Dritter zwar mitübertragen werden könnten, aber vom zweiten Verantwortlichen sichergestellt werden müsse, dass diese gesondert behandelt würden, indem sie stets „unter der Kontrolle [des Betroffenen] verbleiben".

Verantwortlichenstellung des Betroffenen überzeugen[794], um diesem datenschutzrechtliche Sanktionen bei einer Weiterübertragung in Aussicht stellen zu können.[795]

Dieses Ergebnis erscheint zunächst als Einschränkung der Wirksamkeit von Art. 20 DSGVO in seinem Zweck der Bekämpfung von Lock-In-Effekten und der Wettbewerbsförderung.[796] Mit Blick darauf, dass die Daten nur dann nicht übertragen werden können, wenn der Weg über den Betroffenen nach Abs. 1 gewählt wird, nicht aber bei Wahl der Direktübertragung nach Abs. 2, so hat diese Einschränkung mittelbar eine Förderung der Wahl des schnelleren Übertragungswegs in den vielen, Daten mit Auch-Bezug zu Dritten enthaltenden Fällen zur Folge. Das kann als Anreiz für Unternehmen wirken, entsprechende Lösungen auch technisch umzusetzen. Zudem wird die bezüglich der Datensicherheit anfälligere Variante der Übertragung erst zum Betroffenen und von diesem zum zweiten Verantwortlichen weniger attraktiv, was aus datensicherheitsbezogener Sicht begrüßenswert ist.

Bei all den dadurch entstehenden Vorteilen darf jedoch nicht die für die Variante der Direktübertragung geltende Problematik der einschränkenden technischen Machbarkeit übersehen werden. Denn in Kombination mit dem hier zur Beeinträchtigung der Drittrechte gefunden Ergebnis, dass in der Regel nur die Direktübertragung mit den Rechten Dritter in einer Abs. 4 entsprechenden Weise vereinbar durchführbar ist, führt das dazu, dass der Weg der Direktübertragung gewählt werden muss, der sich an den Marktgegebenheiten bezüglich der technischen Machbarkeit orientiert.[797] Dies stellt – wie dargelegt – ein erhebliches Problem für eine die Innovation wirksam fördernde Anwendung des Art. 20 DSGVO durch die Interkonnektion von Systemen und einen dynamischen Datenaustausch dar.

Schließlich muss unabhängig von diesen Widrigkeiten jedoch beachtet werden, dass selbst wenn der Weg über die zunächst in vielen Fällen schwierig

794 Dazu speziell im Zusammenhang zu Abs. 4, dies wohl ablehnend: *K. v. Lewinski,* in: Wolff/Brink (Hrsg.), BeckOK Datenschutzrecht, 34. Ed. 2020, Art. 20 DSGVO, Rn. 95.

795 Vgl. dazu bereits III.4.b.bb.

796 Dies befürchtend *E. Skobel*, Alle Daten kommen mit, PinG, 2018, S. 160, 164; wohl auch *H.-G. Kamann/M. Braun,* in: Ehmann/Selmayr (Hrsg.), DS-GVO, 2. Aufl. 2018, Art. 20 DSGVO, Rn. 34, die darauf hinweisen, dass etwa die übertragenen Daten aus einem Webmail-Dienst dann nur vom antragsstellenden Betroffenen selbst, privat oder familiär, benutzt werden dürften.

797 Vgl. zu den Problemen bei diesem Tatbestandsmerkmal: III.5.b.

durchführbare Direktübertragung nicht gewählt wird oder im Falle von beeinträchtigten, zu beachtenden Interessen der beteiligten Verantwortlichen, die entgegenstehenden Rechte Dritter aber nicht zu einem Gesamtausschluss des Portierungsanspruchs führen. Vielmehr schließt die Konzeption von Art. 20 DSGVO und dessen Abs. 4 nicht aus, dass nur Teile der vom Betroffenen bereitgestellten Daten übertragen werden.[798] Der Datenverarbeitungsvorgang der Trennung der Daten ist jedenfalls über Art. 6 Abs. 1 lit. f DSGVO rechtfertigbar als im Interesse der jeweiligen Person, deren Daten zur Beeinträchtigungsverhinderung nicht übertragen werden sollen. Dennoch wird das in vielen Fällen zu einem erheblichen Attraktivitätsverlust für die Ausübung der Rechte aus Art. 20 DSGVO führen: Besonders hinsichtlich Datensätzen, die bereits vor Inkrafttreten oder Anwendbarkeit von Art. 20 DSGVO aggregiert wurden, wird das mangels entsprechend sinnvoller Vorsortierung[799] nur mit verhältnismäßig hohem Aufwand umzusetzen sein.[800]

d. Weitere Einschränkungen und Ausnahmen, Öffnungsklauseln

Weitere Ausschlüsse oder Beschränkungen der Rechte aus Art. 20 DSGVO bestehen neben den allgemeinen Regeln wie etwa Art. 12 Abs. 5 DSGVO[801]

---

798 *K. v. Lewinski,* in: Wolff/Brink (Hrsg.), BeckOK Datenschutzrecht, 34. Ed. 2020, Art. 20 DSGVO, Rn. 94.1; *A. Dix,* in: Simitis u. a. (Hrsg.), Datenschutzrecht, 2019, Art. 20 DSGVO, Rn. 18; zum Spezialfall von Geschäftsgeheimnissen: Artikel-29-Datenschutzgruppe, WP 242 rev.01, 13.12.2016/05.04.2017, S. 14 f.; *K. Schürmann,* in: Eßer u. a. (Hrsg.), Auernhammer – DSGVO/BDSG, 6. Aufl. 2018, Art. 20 DSGVO, Rn. 58, gleichwohl der dort befürchtete Nachteil des Fehlens von Kundenrezensionen etc., wie beim Bereitstellungsbegriff gezeigt, zumindest nicht wegen Art. 20 Abs. 4 DSGVO eintreten wird; *M. Hennemann,* Datenportabilität, PinG, 2017, S. 5, 8.

799 Die zwar nicht verpflichtend, aber sinnvoll ist, vgl. auch V.2.a., sowie *K. v. Lewinski,* in: Wolff/Brink (Hrsg.), BeckOK Datenschutzrecht, 34. Ed. 2020, Art. 20 DSGVO, Rn. 94.1.

800 Dies ebenfalls feststellend: *A. Dix,* in: Simitis u. a. (Hrsg.), Datenschutzrecht, 2019, Art. 20 DSGVO, Rn. 7; *M. Rudolph,* in: Schwartmann u. a. (Hrsg.), DS-GVO/BDSG, 2018, Art. 20 DSGVO, Rn. 114; dies anhand einiger Beispiele ausführend: *W. Veil,* in: Gierschmann u. a. (Hrsg.), Kommentar Datenschutz-Grundverordnung, 2018, Art. 20 DSGVO, Rn. 130; *P. Krause*, Datenportabilität, PinG, 2018, S. 239, 242; *E. Skobel,* Alle Daten kommen mit, PinG, 2018, S. 160, 164; sowie auch Facebook, Data Portability and Privacy, 2019, S. 8, 11 f.

801 *K. Schürmann,* in: Eßer u. a. (Hrsg.), Auernhammer – DSGVO/BDSG, 6. Aufl. 2018, Art. 20 DSGVO, Rn. 16; vgl. im Zusammenhang mit den Hinweispflichten auch den Vorschlag der Artikel-29-Datenschutzgruppe, WP 242 rev.01, 13.12.2016/05.04.2017,

grundsätzlich nicht. Art. 23 DSGVO[802] ermöglicht Beschränkungen der Betroffenenrechte durch Unionsrecht oder nationale Gesetze, die Art. 85 Abs. 2, 89 Abs. 3 DSGVO geben den nationalen Gesetzgebern Ausgestaltungsmöglichkeiten für journalistische, wissenschaftliche, literarische oder im öffentlichen Interesse liegende Archivzwecke. In Deutschland konkretisiert § 28 Abs. 4 BDSG insoweit Art. 89 Abs. 3 DSGVO hinsichtlich der Archivzwecke; mit § 63 Abs. 1 S. 3 DWG („Deutsche-Welle-Gesetz") wird das Recht auf Datenportabilität mangels dortiger Nennung für bestimmte journalistische Zwecke ausgeschlossen; schließlich ist in § 9c Abs. 1 S. 8 und § 57 Abs. 1 S. 8 RStV hinsichtlich Rundfunkanstalten und Telemedien mit journalistisch-redaktionell gestalteten Angeboten das Recht auf Datenportabilität ebenfalls nicht im Kreis der den Betroffenen zustehenden Rechte aufgeführt.[803] Abweichungen im Bereich der Forschung sind in Art. 89 Abs. 2 DSGVO für die Datenportabiliät nicht vorgesehen.[804] Weitere Einschränkungen werden über Art. 9 Abs. 4 DSGVO für die Verarbeitung genetischer, biometrischer oder Gesundheitsdaten[805] sowie über

S. 15, bei der Schließung von Nutzerkonten auf die Rechte nach Art. 20 DSGVO hinzuweisen.

802 Zu Recht sieht *A. Dix,* in: Simitis u. a. (Hrsg.), Datenschutzrecht, 2019, Art. 20 DSGVO, Rn. 19 für eine Beschränkung nach Art. 23 Abs. 1 lit. i DSGVO neben Art. 20 Abs. 4 DSGVO keinen Raum mehr.

803 Zu diesem „Medienprivileg", auch im Zusammenhang zu § 41 Abs. 1 BDSG a.F.: *T. Herbst,* in: Kühling/Buchner (Hrsg.), Datenschutz-Grundverordnung/BDSG, 3. Aufl. 2020, Art. 20, m.w.N.; eine Ausfüllung durch den Gesetzgeber hatte schon davor *W. Veil,* in: Gierschmann u. a. (Hrsg.), Kommentar Datenschutz-Grundverordnung, 2018, Art. 20 DSGVO, Rn. 13, 17 f., für geboten gehalten und in Rn. 15 weitere Einschränkungen vorgeschlagen für den Fall, dass es zu einer "weitgehenden Kommerzialisierung personenbezogener Daten" komme, etwa wenn „Unternehmen dem Betroffenen für die Übertragung [...] Geld anbieten, um ihn als Kunden zu gewinnen". In diesem Zusammenhang seien „sittenwidrige Praktiken vorstellbar, gegen die der Staat im öffentlichen Interesse und im Interesse des Betroffenen vorgehen können" müsse. Die Sinnhaftigkeit einer Ausnahme zumindest im Hinblick auf Art. 89 Abs. 3 DSGVO in Frage stellt *A. Dix,* in: Simitis u. a. (Hrsg.), Datenschutzrecht, 2019, Art. 20 DSGVO, Rn. 19.

804 *G. Chassang/T. Southerington/O. Tzortzatou/M. Boeckhout/S. Slokenberga,* Data Portability in Health Research and Biobanking, European Data Protection Law Review, 2018, S. 296, 300 f.

805 *T. Herbst,* in: Kühling/Buchner (Hrsg.), Datenschutz-Grundverordnung/BDSG, 3. Aufl. 2020, Art. 20, Rn. 39.

Art. 6 Abs. 2 und Abs. 3, Art. 88 DSGVO[806] für möglich gehalten. Angesichts der im Zusammenhang vor allem mit Art. 20 Abs. 4, aber auch der Bereitstellung aufgezeigten Schwierigkeiten im Einzelfall, wäre eine Konkretisierung über ausdrückliche, zur Wahrung der Technikneutralität nicht abschließende Regelbeispiele[807] der effektiven Umsetzung von Art. 20 DSGVO zuträglich.

7. Fazit zur rechtlichen Umsetzung

Die rechtliche Umsetzung der Datenportabilität in Art. 20 DSGVO weist einige Schwächen auf, die eine Erreichung des Ziels der effektiven Bekämpfung von Lock-In- und Netzwerkeffekten im Allgemeinen in der Praxis erschweren. Diese treten weniger in der teils angenommenen und vielfach als größte Schwäche dargestellten Unklarheit des Bereitstellungsbegriffs oder der Formatvorgaben hervor. Der Bereitstellungsbegriff ist mit dem Begriffspaar der primären und sekundären Daten mit Aufteilung nach einer Unmittelbarkeit des Datenursprungs beim Verantwortlichen klarer umgrenzbar. Die Formatvorgaben hingegen sollen nach den hier getroffenen Erkenntnissen die Interoperabilität der Systeme der an der Übertragung beteiligten Verantwortlichen durch die Trias der Gängigkeit, Maschinenlesbarkeit und Strukturiertheit erreichen, schreiben aber keine Kompatibilität vor.

Vielmehr kommen die Schwächen des Art. 20 DSGVO wegen des Vorbehalts der technischen Machbarkeit im Zusammenspiel mit dem Ausschluss bei Beeinträchtigung von Drittinteressen nach Abs. 4 zu Tage. Bezogen auf die Gesamtheit der am jeweiligen Markt Teilnehmenden wird die Schaffung dauerhafter Schnittstellen und einer gesteigerten gegenseitigen Interkonnektion bei der Direktübertragung nach Art. 20 Abs. 2 DSGVO jedenfalls nicht verpflichtend eingeführt und wegen der Einschränkung der jedenfalls nicht rein objektiv zu bestimmenden technischen Machbarkeit in vielen Fällen ausgeschlossen sein. Bezogen auf den einzelnen Marktteilnehmer verbleibt zwar die nicht unter dem

---

806 *W. Veil*, in: Gierschmann u. a. (Hrsg.), Kommentar Datenschutz-Grundverordnung, 2018, Art. 20 DSGVO, Rn. 142 – was zwar hinsichtlich Art. 88 DSGVO für den Beschäftigtendatenschutz denkbar wäre, aber angesichts der Anforderungen des Art. 20 Abs. 1 lit. a DSGVO nach einer Verarbeitung aufgrund Art. 6 Abs. 1 lit. a oder lit. b DSGVO (bzw. den Entsprechungen in Art. 9 DSGVO) nur schwer überzeugt, soweit auf Art. 6 Abs. 2 und Abs. 3 DSGVO Bezug genommen wird, weil diese eine Verarbeitung nach Art. 6 Abs. 1 lit. c oder lit. e DSGVO voraussetzen.

807 Auch *W. Veil*, in: Gierschmann u. a. (Hrsg.), Kommentar Datenschutz-Grundverordnung, 2018, Art. 20 DSGVO, Rn. 139.

Vorbehalt der technischen Machbarkeit stehende Übertragung nach Art. 20 Abs. 1 DSGVO. Bei dieser ergeben sich aber über Art. 20 Abs. 4 DSGVO wegen der fehlenden Erkennbarkeit des neuen Verantwortlichen noch erheblichere Probleme bei der Übertragung von Daten mit Bezug auch zu Dritten.

All dies ist letztlich auf die schrittweise Rücknahme der konkreten Tatbestandsanforderungen während des Gesetzgebungsverfahrens zurückzuführen, die teils durch Bestrebungen zur Technikneutralität verständlich, teils aber auch auf abstrakte Befürchtungen einer zu starken Regulierung zurückzuführen sind.[808] Diese Ausgestaltung in Art. 20 DSGVO lässt die gewünschte Interkonnektion in vielen Fällen auch weiter von den bisher in den 2010er Jahren gestockten privatwirtschaftlichen Ansätzen abhängen. Eine gesteigerte Aufbrechung von Lock-In-Effekten, eine Wettbewerbsförderung durch die Zugänglichmachung von Datenpools für erweiternde Dienste in größerem Stil und der Wettbewerb um datenschutzfreundliche Technologien werden durch die aktuelle Regelung nur theoretisch weitergebracht.

808 Am eindrücklichsten zeigen sich beide Aspekte am Zurückfahren der Rechte der Kommission zur Formatfestlegung, vgl. zum direkten Vergleich erneut die Synopse der Entwurfsfassungen im Anhang (VI.), sowie: BayLDA, Trilog – Synopse der DS-GVO, dort Art. 18 DSGVO-E (bzw. für die Fassung des Parlaments Art. 15 DSGVO-E).

IV. Technische Umsetzung der Datenportabilität

Abstract: *The Right to Data Portability is to a very large extent depending on how the right from the GDPR is brought to life from a technical perspective. Understanding the basic principles of the technical side is hence pivotal for a practically realistic and useful legal interpretation or even application of Article 20 GDPR. This chapter illustrates the basic preconditions for data portability and to which extent they may be realistically applicable. This is followed by examining different industry standards and projects, transfer methods, and data exchange formats, in order to conclude that data portability is not technically impossible, yet still largely depending on the private sector's willingness to engage in the data exchange.*

Keywords: *Data Format, Data Transfer, Data Exchange Format, Interoperability, Web Interface, SFTP, Syntax, Semantics*

1. Einleitung

Die dem Ziel einer flexiblen Reaktion der DSGVO auf technische Innovationen verschriebene Technikneutralität des Art. 20 DSGVO hat wie unter III.3.f. ausgeführt auch zur Folge, dass die Anforderungen an die technische Umsetzung der Datenportabilität im Normtext nicht konkretisiert werden. Die Vorgaben zum Datenformat etwa beschränken sich auf die unbestimmten Rechtsbegriffe der Strukturiertheit, Gängigkeit und der Maschinenlesbarkeit und die Aufforderung in Erwägungsgrund 68, interoperable Formate zu entwickeln; die Direktübermittlung steht unter dem weiteren Vorbehalt der technischen Machbarkeit. Die anzuwendende Technik wird dadurch zwar in ihren Grundsätzen und den zu erfüllenden Funktionen beschrieben, nicht aber auf ein bestimmtes Verfahren oder Format festgelegt, womit diese Funktionen erreicht werden sollen. Nachdem in Kapitel III die durch den Sinn und Zweck der Wettbewerbs- und Innovationsförderung gebotene Auslegung der Begriffe dargelegt wurde, erfolgt zur Ergänzung im folgenden Kapitel IV eine Darstellung der praktischen technischen Umsetzung der Datenportabilität, der technischen Anforderungen daran und eine Betrachtung und Bewertung verfügbarer technischer Lösungen.

2. Anforderungen für eine technische Umsetzung

Zur besseren Übersicht wird zwischen dem Auslese- oder Exportvorgang (a.) und dem Übertragungsvorgang (b.) selbst sowie schließlich der Frage der Anforderungen an das Format (c.) während der Übertragung und zum Import selbst differenziert. Weiterer Differenzierungsbedarf ergibt sich aus dem Verwendungszusammenhang der Daten, da etwa in unterschiedlichen Geschäftsfeldern oder Prozessen anfallende Daten aus praktischer Sicht einer jeweils eigenen technischen Lösung bedürfen können.

a. Auslesevorgang und Exportvorbereitung

Der Auslesevorgang als erster Schritt sollte zum einen dazu dienen, die bei einem Verantwortlichen vorhandenen Daten danach zu kategorisieren, ob sie überhaupt Gegenstand des Rechts auf Datenportabilität sein können.[809] Auf technischem Wege ist eine idealerweise in großem Umfang bzw. auf große Datenmengen anwendbare Lösung für die Beantwortung der Rechtsfragen nötig, die sich in den jeweiligen Einzelfällen bei der Anwendbarkeit von Art. 20 DSGVO ergeben; das sind insbesondere die Anforderungen an die Verarbeitung aus Art. 20 Abs. 1 lit. a und lit. b DSGVO sowie die Bereitstellung.

aa. Automatisierte Verfahren, Einwilligung und Vertragserforderlichkeit

Entscheidend und zum Beispiel bei Internetdiensten ohne ernstzunehmende technische Schwierigkeiten zu ermitteln sind somit zunächst die wenig auf den eigentlichen Informationsgehalt der Daten bezogenen Fragen, ob die Verarbeitung mithilfe automatisierter Verfahren, vgl. Art. 20 Abs. 1 lit. b DSGVO, und weiter, ob sie auf die in Art. 20 Abs. 1 lit. a DSGVO beschriebene Weise erfolgte, also aufgrund einer Einwilligung oder eines Vertragsverhältnisses. Die Identifikation der danach relevanten Daten lässt sich aufgrund des Auslesens vorhandener Metadaten[810] oder des Anlegens neuer bei zukünftiger Verarbeitung

---

809 So auch empfohlen von der Artikel-29-Datenschutzgruppe, WP 242 rev.01, 13.12.2016/05.04.2017, S. 19, 21; zudem *M. Rudolph,* in: Schwartmann u. a. (Hrsg.), DS-GVO/BDSG, 2018, Art. 20 DSGVO, Rndr. 129, 134; auch *C. Werkmeister/E. Brandt,* Datenschutzrechtliche Herausforderungen für Big Data, CR, 2016, S. 233, 237.

810 Metadaten beschreiben andere Datensätze näher und ermöglichen beispielsweise deren Ermittlung, die Aufnahme in Verzeichnisse und deren Nutzung, vgl. z.B. Art. 3 Nr. 6 RL 2007/2/EG, auch *K. v. Lewinski,* in: Wolff/Brink (Hrsg.), BeckOK Datenschutzrecht, 34. Ed. 2020, Art. 20 DSGVO, Rn. 67.

erreichen. Bei der Festlegung dieser Metadaten sollte sich an Standards orientiert werden, die auch branchen- und disziplinübergreifend bereits existieren.[811] Obschon sich eine Verpflichtung zum Anlegen von die Daten näher beschreibenden Metadaten aus Art. 20 DSGVO nicht direkt ergibt, ist eine praktische Umsetzung und zur Anspruchserfüllung notwendige Kategorisierung ohne derartige Daten kaum umsetzbar.[812]

bb. Bereitstellung

Von diesen Daten sind wiederum Unterkategorien danach zu bilden, ob die Daten vom Betroffenen bereitgestellt worden sind oder nicht. Im Zusammenhang mit der Eigenschaft als primäre (erfasste) oder sekundäre (nicht erfasste) Daten[813] ergeben sich bei diesem Schritt der Kategorisierung praktische Unterschiede zwischen den verschiedenen Arten von Verarbeitungsprozessen.

So erscheint die Trennung im Rahmen Sozialer Netzwerke hinsichtlich der Stammdaten, deren Eingabe in der Regel händisch erfolgen dürfte, noch technisch einfach vorzunehmen, etwa ebenfalls durch Anlage eines entsprechenden Metadatums[814] gleich bei der Verarbeitung. Hingegen lassen sich bei *Smart Devices*, vernetztem Fahren oder auch aus dem Benutzungsverhalten gewonnene Daten ohne gezieltes Eingeben dieser Daten keine schon auf den ersten Blick nach der äußeren Art der Datenerhebung greifbaren Abgrenzungsparameter aufstellen. Bei diesen Formen der Verarbeitung kommt es weiter auf die Unterscheidung an zwischen primären Daten, also solchen, die ohne vermittelnde Handlung des Verantwortlichen direkt vom Betroffenen stammen und vom Verantwortlichen erstellten, sekundären, etwa Analysedaten. Durch diese Unterscheidung bei den Verarbeitungsprozessen ergeben sich sektor- und branchenspezifische

---

811 Etwa der Standard ISO/IEC 11179 zur semantischen Vereinheitlichung verwendeter Metadaten mit seinen sieben Teilen ISO/IEC 11179-1 bis -7, vgl. etwa Part 1: International Organization for Standardization, ISO/IEC 11179-1:2015, 2015; vgl. auch, veraltet aber zur Übersicht geeignet: OECD, Glossary of Statistical Terms – ISO / IEC 11179, 2005.

812 *K. v. Lewinski,* in: Wolff/Brink (Hrsg.), BeckOK Datenschutzrecht, 34. Ed. 2020, Art. 20 DSGVO, Rn. 53, 67; *A. Dix,* in: Simitis u. a. (Hrsg.), Datenschutzrecht, 2019, Art. 20 DSGVO, Rn. 5, 11; eine Pflicht sogar bezüglich „Altdaten" andeutend dagegen *F. Moos/J. Schefzig/M. Arning*, Die Neue Datenschutz-Grundverordnung, 2018, Kap. 6, Rn. 310.

813 Vgl. erneut zur Bereitstellung und der Aufteilung auf primäre und sekundäre Daten: III.3.e.ee. und ff.

814 Etwa als Attribut im Rahmen des XML-Formats, vgl. dazu IV.3.a.

Anforderungen, die eine Standardisierung der Verfahren und eine endgültige Aussage zu der beim Auslesevorgang zu verwendenden Technik ausschließen. Gleichwohl theoretisch eine Einzelfallprüfung möglich ist, wäre dies sehr aufwändig und zeitintensiv. Daher erscheint auch hier das Anreichern mit Metadaten dazu, ob Daten nach einer vereinheitlichten Handhabungsroutine unter den Bereitstellungsbegriff fallen oder nicht[815], schon von Anfang an sinnvoll.

cc. Verhältnismäßigkeitsprüfung nach Art. 20 Abs. 4 DSGVO und Betreffen

Dasselbe Problem einer Kategorisierung ergibt sich aufgrund der Anforderungen des Art. 20 Abs. 4 DSGVO[816] und in abgeschwächter Form auch bei der Bestimmung, ob die Daten den Betroffenen „betreffen"[817].
Denn auch hinsichtlich Art. 20 Abs. 4 DSGVO wäre zwar eine Einzelfallprüfung theoretisch möglich. Bei vielen Verarbeitungsformen, die erfasst werden sollen, wäre sie wegen der anfallenden Datenmengen und der damit potentiell anfallenden Portierungsanfragen[818] zu aufwändig und zeitintensiv. Um dies zu verhindern, ist auch hier sinnvoll, bereits bei Verarbeitung der Daten oder – etwa in Sozialen Netzwerken – bei nachträglichem Herstellen des Drittbezugs (etwa durch *Likes* oder Verlinkungen Dritter) mittels entsprechender Algorithmen

---

815 Diese Frage ist letzten Endes, trotz der verbundenen Unklarheiten, wie bei jeder Handlungsentscheidung vom jeweils Handelnden zu bewerten. Differenziert werden kann z.B. danach, ob neben der bloßen Aufnahme des Datums vor der Aufnahme ein Algorithmus zur Anwendung kommt oder sonst eine Zusammenführung mit anderen Daten erfolgt.

816 Vgl. auch *M. Rudolph,* in: Schwartmann u. a. (Hrsg.), DS-GVO/BDSG, 2018, Art. 20 DSGVO, Rndr. 134; *M. Munz,* in: Taeger/Gabel (Hrsg.), DSGVO – BDSG, 3. Aufl. 2019, Art. 20 DSGVO, Rn. 31; vgl. zudem: *P. Krause*, Datenportabilität, PinG, 2019, S. 13, 14, der das Einrichten eines sog. *Single Point of Truth* („SPOT") empfiehlt, also ein Datenmanagement, das sicherstellt, dass jedem Beteiligten beim jeweiligen Verantwortlichen die gleichen (vollständigen) Informationen zur Verfügung stehen, vgl. ITWissen.info, SSOT (single source of truth), 2017.

817 *F. Deusch/T. Eggendorfer*, Durchsetzung und Vollstreckung der Datenübertragbarkeit, K&R, 2020, S. 105, 107 sehen hier keine Mittel, dass dies technisch „verlässlich möglich" sei, die Separierung sei „herausfordernd bzw. problematisch"; vgl. aber zudem die hier vertretene weite Auslegung des Betreffens: III.3.d., die eine Separierung erleichtern könnte.

818 Zu deren Häufigkeit eher skeptisch: *T. Herbst,* in: Kühling/Buchner (Hrsg.), Datenschutz-Grundverordnung/BDSG, 3. Aufl. 2020, Art. 20, Rn. 21.

automatisch ein Metadatum anzulegen, das bei Anfragen nach einer Direktübermittlung das jeweilige Datum mit Drittbezug kennzeichnet.[819] Wegen der sich besonders hinsichtlich der Beeinträchtigung von Drittrechten ergebenden Unterscheidungen bei der Übermittlung nach Abs. 1 und der Direktübertragung nach Abs. 2[820] können nur zwei in diesem Punkt verschiedene Handhabungsroutinen – eine für die Übermittlung an den Betroffenen und eine für die Direktübermittlung an einen neuen Verantwortlichen – der Konzeption von Art. 20 DSGVO gerecht werden.

dd. Lokalisierung der Daten

Die danach kategorisierten Daten müssen dann technisch lokalisiert werden, um möglichst einfach bei Anfragen die Daten nach den jeweiligen Kategorien übertragen zu können. Das heißt, es muss die anhand der inhaltlichen und aus dem Verarbeitungszusammenhang gewonnene Kategorie des jeweiligen Datums mit den jeweiligen Speicherorten zusammengeführt werden.

Dafür eignet sich ein Verzeichnis in Form eines *Repository*.[821] Bei dem so entstehenden (Metadaten-)*Repository* handelt es sich letztlich um eine von der jeweiligen Anwendung hinsichtlich Aufbau und Strukturierung bestimmte Datenbanktabelle. Diese hilft der die oben genannten Schritte ausführenden Software, die relevanten Daten für eine Übertragung aufzufinden und nur auf diese zuzugreifen sowie bei Verarbeitung neuer Daten diese mit den jeweiligen Metadaten gleich in die zutreffenden Kategorien einzuordnen. Durch eine von der eigentlichen Anwendung, durch die die Daten verarbeitet werden, unabhängige Verwaltung können auch Änderungen in der Anwendung ohne neuen Verwaltungsaufwand umgesetzt werden.

Zwar wird von juristischer Seite darauf hingewiesen, dass aus der Natur des Rechts auf Datenportabilität als individueller Anspruch folge, dass die Interoperabilität immer erst auf Verlangen und damit situativ hergestellt werden müsse.

---

819 Vgl. *K. v. Lewinski*, in: Wolff/Brink (Hrsg.), BeckOK Datenschutzrecht, 34. Ed. 2020, Art. 20 DSGVO, Rn. 94.1; *T. Jülicher/C. Röttgen/M. v. Schönfeld*, Das Recht auf Datenübertragbarkeit, ZD, 2016, S. 358, 362; *S. Brüggemann*, in: Taeger (Hrsg.), Recht 4.0 – Innovationen aus den rechtswissenschaftlichen Laboren, 2017, Das Recht auf Datenportabilität, S. 1, 10.

820 Vgl. III.6.c.dd.

821 *G. Hempel/K. Schmid*, in: Praktische Umsetzung des Rechts auf Datenübertragbarkeit, 3. Aufl., Technisches Gutachten – Social CRM Research Center e.V. Leipzig, S. 236–245, Anhang, S. 236 f.

Die Daten müssten nicht schon im Hinblick auf eine künftige Datenübertragung – etwa mithilfe von *Repositories* – aufbereitet und mit Metadaten versehen oder dauerhafte Schnittstellen bereitgehalten werden.[822] Am praktischen Zwang dieses Schrittes der Aufbereitung für eine effektive Umsetzung einer mehr als nur auf Einzelfälle beschränkten Datenübertragung ändert sich dadurch aber nichts.[823] Insbesondere kann so erreicht werden, dass Betroffene, die nur einen Teil der von Art. 20 DSGVO erfassten Daten übertragen bekommen möchten, diesen für die Betroffenen relevanten Teil bereits vor der Übertragung eingrenzen können.[824]

ee. Fazit

Aus technischer Sicht zentral für eine realistische Umsetzung der Datenportabilität ist die Kategorisierung der Daten, die potentiell von Art. 20 DSGVO umfasst sind.[825] Auch wenn dies von Art. 20 DSGVO nicht vorgeschrieben wird, führt in der Praxis für die Verpflichteten kein Weg daran vorbei, wenn die Daten nicht erst auf eine Anfrage hin analysiert und geordnet werden sollen. Letzteres wäre den Zwecken des Art. 20 DSGVO nicht dienlich und wäre bei großumfänglichen Datenverarbeitungen oft mit einem noch größeren Aufwand verbunden als die eingangs vorgenommene Kategorisierung. Gleichwohl wäre eine ausdrückliche Aufnahme einer solchen Verpflichtung schon bei der Erhebung in Frage kommender Daten zumindest solange aufwandbezogen bedenklich, wie

---

822 *K. v. Lewinski,* in: Wolff/Brink (Hrsg.), BeckOK Datenschutzrecht, 34. Ed. 2020, Art. 20 DSGVO, Rn. 53; Artikel-29-Datenschutzgruppe, WP 242 rev.01, 13.12.2016/05.04.2017, S. 21, letztere fordert teils gesonderte Rechtfertigungsgründe für die zur Erfüllung des Betroffenenrechts erforderlichen Schritte wie die Metadatenverarbeitung. Selbst wenn man dies für richtig hält, wird man diese Verarbeitung wohl über Art. 6 Abs. 1 lit. f DSGVO rechtfertigen können, weil die Verarbeitung in das Recht auf informationelle Selbstbestimmung der Betroffenen nur geringfügig schwerer als die Verarbeitung der eigentlichen Daten, die die Metadaten beschreiben, eingreift, der Nutzen hingegen für den Betroffenen bei der Ausübung seiner Betroffenenrechte technisch enorm ist.

823 Auch die Artikel-29-Datenschutzgruppe, WP 242 rev.01, 13.12.2016/05.04.2017, S. 21, weist darauf hin, dass die Verantwortlichen dazu bewegt werden sollten, vorab zu ermitteln, welche Daten portabel seien.

824 Was zumindest als erstrebenswert anzusehen ist, so auch Artikel-29-Datenschutzgruppe, WP 242 rev.01, 13.12.2016/05.04.2017, S. 14, 19.

825 Vgl. auch bereits zum Betreffensmerkmal und einer daraus denkbaren Strukturierungspflicht: III.3.d.cc.

dies auch von kleineren Unternehmen ohne eigene entsprechende Infrastrukturen und mit Datenverarbeitung in geringerem Umfang gefordert wird. Ob sich diese Kategorisierung alleine schon wegen ihrer technischen Notwendigkeit in der Praxis durchsetzt und sich eine entsprechende Anpassung der Vorschriften ohnehin erübrigt, bleibt abzuwarten.

b. Übermittlungsvorgang und Import

Wurden die Daten nach diesen Schritten ausgelesen und für den Export entsprechend der jeweiligen Übertragungsanfrage vorbereitet, stellt sich weiter die Frage, auf welche Art und Weise die Daten entweder zum Antragssteller oder zum neuen Verantwortlichen zu übermitteln sind. Zwar wird teils als von nachgeordneter Bedeutung angesehen, welche Techniken die Diensteanbieter zum Export und zur Übermittlung der Daten verwenden, weil die Wahl der Technik letztlich von der eingesetzten Ablagetechnik und den zur Verfügung stehenden Ressourcen abhinge.[826] Diese Abhängigkeit ist zwar gegeben, ein Großteil der Verarbeitungskonstellationen lässt sich aber mit einem überschaubaren Kreis an Lösungen in einer Art. 20 DSGVO genügenden Weise umsetzen. Einige den Anforderungen dieser Norm gerecht werdenden Techniken werden im Folgenden erläutert.

So werden etwa dazu „z.B. sichere E-Mail, SFTP-Server, sichere Web-Schnittstelle[n] oder Web-Portal[e]" vorgeschlagen. Betroffenen Personen solle „der Rückgriff auf einen persönlichen Datenspeicher, ein persönliches Informationsmanagementsystem oder andere vertrauenswürdige Dritte ermöglicht werden".[827] Schließlich werden auch E-Mail, Datenträger, Übertragen und Bereitstellung auf einem Server „(z.B. FTP)" und der „Aufruf eines Web-Service des zukünftigen Dienstanbieters (verbundene Systeme)" als denkbare Lösungen vorgeschlagen.[828] Mit Bezug zum nicht klar abgegrenzten „Export" werden „individuell programmierte Export-Importroutinen, ETL[829]-Tools,

826 *G. Hempel/K. Schmid*, in: Praktische Umsetzung des Rechts auf Datenübertragbarkeit, 3. Aufl., Technisches Gutachten – Social CRM Research Center e.V. Leipzig, S. 236–245, Anhang, S. 238.

827 Artikel-29-Datenschutzgruppe, WP 242 rev.01, 13.12.2016/05.04.2017, S. 19.

828 *G. Hempel/K. Schmid*, in: Praktische Umsetzung des Rechts auf Datenübertragbarkeit, 3. Aufl., Technisches Gutachten – Social CRM Research Center e.V. Leipzig, S. 236–245, Anhang, S.238 f., wobei eine klare Trennung zwischen Export und Übermittlung nicht stattfindet, sondern zwischen „Liefern" und „Bereitstellen" differenziert wird.

829 *„Extract, Transform, Load"*.

SQL-Abfragen [und] generische Standardexportroutinen der jeweiligen Anwendungssoftware“ genannt.

Im Anschluss an die Erklärung der Techniken werden deren (datenportabilitätsbezogene) Vor- und Nachteile beleuchtet. Nicht weiter eingegangen wird dabei auf die technischen Möglichkeiten zur Verschlüsselung[830], soweit diese sich nicht als spezifischer Vorteil gerade der jeweiligen Übertragungsmöglichkeit darstellen.[831]

aa. E-Mail

Die auf den ersten Blick einfachste Übertragungsmöglichkeit stellt die E-Mail dar[832], die an sich keine technischen Neuerungen mit sich bringen dürfte, die sich spezifisch auf die Datenportabilität beziehen. Probleme stellen sich bei der Übertragung per E-Mail hauptsächlich aber bei der Größe der zu übertragenden Dateien.[833] Wegen dieser praktischen Beschränkung wird die E-Mail als Übertragung oftmals nur bei sehr kleinen Datenmengen in Frage kommen. Dies gilt zumindest solange dabei auf herkömmliche private E-Mailadressen zurückgegriffen werden muss, die providerseitig oft sowohl bezüglich des Sende- als auch des Empfangsvorgangs hinsichtlich der Datenmengen, trotz technischer Möglichkeit auch des Übertragens größerer Mengen, begrenzt sind. Wird die Verwendung einer „Sicheren E-Mail“ gefordert[834], kann dies zum Beispiel durch eine *End-to-End*-Verschlüsselung geschehen[835], die vor einer einfachen Mitlesbarkeit durch Dritte schützt. Ergänzend denkbar zur Erreichung „sicherer

830 In diesem Zusammenhang vgl. auch: Facebook, Data Portability and Privacy, 2019, S. 13 ff.

831 Zur Verschlüsselung besonders vor dem Hintergrund des Grundsatzes der Integrität und Vertraulichkeit nach Art. 5 Abs. 1 lit. f DSGVO und Erwägungsgrund 39 S. 12 vgl. etwa: *C.-M. Leeb/J. Liebhaber*, Grundlagen des Datenschutzrechts, JuS, 2018, S. 534, 538; *J. P. Albrecht/F. Jotzo*, Das neue Datenschutzrecht der EU, 2017, Teil 5, Rn. 8 f. allgemein zum Thema: *V. Hammer/M. Knopp*, Datenschutzinstrumente Anonymisierung, Pseudonyme und Verschlüsselung, DuD, 2015, S. 503.

832 Zum Beispiel vorgeschlagen von *F. Moos/J. Schefzig/M. Arning*, Die Neue Datenschutz-Grundverordnung, 2018, Kap. 6, Rn. 292.

833 Die Problematik der Größe der Dateien ebenfalls ansprechend: Artikel-29-Datenschutzgruppe, WP 242 rev.01, 13.12.2016/05.04.2017, S. 17; *P. Krause*, Datenportabilität, PinG, 2019, S. 13, 14.

834 Artikel-29-Datenschutzgruppe, WP 242 rev.01, 13.12.2016/05.04.2017, S. 19.

835 Artikel-29-Datenschutzgruppe, WP 242 rev.01, 13.12.2016/05.04.2017, S. 23.

E-Mails“ ist auf der Stufe der Authentifizierung die Implementierung von Log-In-[836] und Double-Opt-In-Verfahren[837].

bb. Datenträger

Die Übertragung durch den Einsatz eines physischen Datenträgers stellt technisch zwar grundsätzlich ebenfalls kein Problem dar, ist aber für den Einsatz in Verarbeitungsfeldern mit potentiell massenhaften Anfragen wegen des hohen Aufwandes (Abspeicherung auf dem Datenträger, Notwendigkeit der körperlichen Versendung oder Abholung durch den Betroffenen, Materialkosten) praktisch nur bei Verarbeitungsverantwortlichen mit kleinen Mengen von verarbeiteten Daten und wenigen Betroffenen als Lösung sinnvoll. Vorteilhaft ist dabei auch die grundsätzlich geringere Anfälligkeit für ein aufgrund unautorisierter Zugriffe erfolgendes und daher ungewolltes Mitlesen der Daten, das durch den Einsatz etwa von passwortgeschützten Dateien und/oder passwortgeschütztem Trägermedium mit getrenntem Versand des Passworts noch weiter erschwert werden kann.

cc. SFTP-Server

Bei dem Konzept des „SFTP-Servers“[838] handelt es sich um eine Beschreibung einer Verzeichnisstruktur mit Fernzugriff. Sie beschreibt eine die Verschlüsselung ermöglichende Technik zur Dateiübertragung über IP-Netzwerke, die als Subsystem für das *Secure Shell* (SSH) Netzwerkprotokoll entworfen wurde.[839] *SSH* ist eine Methode, also ein sogenanntes „Protokoll“, das den Zugriff auf einen entfernten Rechner ermöglicht.[840]

---

836 Also ein Anmelden bei einem System mittels Benutzername und Passwort, sog. Einloggen.

837 Double-Opt-In-Verfahren sind solche, bei denen etwa auf eine Anfrage hin eine E-Mail an den Anfragenden gesendet wird, die er erneut in einem zweiten Schritt bestätigen muss, wie es vielfach zum Beispiel bei Newsletter-Abonnements angewendet wird.

838 *„Secure File Transfer Protocol“*.

839 Vgl. auch die sehr praxisorientierte, übersichtliche Darstellung bei: Domain Factory, SSH, 2020.

840 *M. Rouse*, Secure Shell (SSH), 2014; Checkdomain, SSH – Ausführliche Erklärung, 2020; zudem grundlegend: *D. J. Barrett/R. Silverman/P. Klicman*, SSH: Secure Shell, 2002.

Der Server identifiziert sich mit einem digitalen (etwa *RSA*-, *DSA*- oder *ECDSA*-)Zertifikat[841] und der *Client* kann sich per *Public-Key*-Authentifizierung oder Kennwort authentisieren. An diese Authentifizierung schließt sich sodann die Erzeugung eines geheimen Schlüssels für die Sitzungsdauer an, mit dem die zu übertragenden Dateien verschlüsselt werden. Die sichere Identifizierung und Authentisierung des Betroffenen wurde auch von der Art-29-Datenschutzgruppe als zwingende Voraussetzung für die technische Umsetzung der Übertragung gefordert, wobei diese sich hauptsächlich auf die Frage der Überprüfung der Urheberschaft einer Übertragungsanfrage beschränkte – was etwa durch eine Kombination aus Nutzername und Passwort als Zugriffsschranke erfüllt werden könne – und an dieser Stelle keine genaueren Vorgaben zur schlussendlichen Übertragung selbst aufstellte.[842] *SFTP* kann auf diese *SSH*-Methode bei der Herstellung der Verbindung aufbauen – wobei auch andere Kommunikationskanäle als *SSH* genutzt werden können.[843] Bei der Anwendung von *SFTP* geht es daher im Wesentlichen um die an die Zugangsöffnung anschließende Weise der Übertragung von Dateien, die von einem *Client* zum Server, von einem Server zu einem *Client* oder von einem Server zu einem anderen Server ermöglicht wird.

Im Vergleich zum *FTP*[844] ist einerseits die gesamte Verschlüsselung der Kommunikation – keine Kennwörter oder Dateien werden im Klartext übertragen[845] – und andererseits die Notwendigkeit der Freischaltung nur eines Ports in der Firewall[846] für den Einsatz zur sicheren Übertragung der nach Art. 20 DSGVO zu übertragenden Daten vorteilhaft. Ein weiterer Vorteil ist zudem die einfache Zugänglichkeit über weitverbreitete *Clients*[847], die in der Regel ohne tiefergehende Erfahrung über eine normale Endverbraucher-Programminstallation

---

841 Also einem elektronischen Echtheitsnachweis hinsichtlich der Identität einer Person, eines Rechners oder einer Organisation, vgl. etwa: *A. Czernik*, Wie funktioniert ein digitales Zertifikat?, 2016.

842 Artikel-29-Datenschutzgruppe, WP 242 rev.01, 13.12.2016/05.04.2017, S. 16, 19; ebenso *F. Moos/J. Schefzig/M. Arning*, Die Neue Datenschutz-Grundverordnung, 2018, Kap. 6, Rn. 304.

843 IT-Times, SFTP: Sichere Verbindung zwischen Client und Server – Was hinter dem Netzwerkprotokoll Secure File Transfer steckt,

844 *„File Transfer Protocol"*.

845 Wise-FTP, Erläuterung des FTP- und SFTP-Protokolls, 2020.

846 Bei *FTP* werde für jede Verbindung ein neuer Port ausgehandelt, vgl. EDI-Wissen, SFTP/SCP, 2013.

847 IT-Times, SFTP: Sichere Verbindung zwischen Client und Server – Was hinter dem Netzwerkprotokoll Secure File Transfer steckt, (Seite 2).

hinausgehend, genutzt werden können, was für die potentielle Verwendung im Rahmen der Datenportabilität günstig ist.

dd. Web-Schnittstelle

Weiter stellt eine „Web-Schnittstelle" eine mögliche Lösung zur Übermittlung dar.[848] Eine Webschnittstelle oder ein *Webinterface* ist eine Schnittstelle zu einem System, die über das *Hypertext Transfer Protocol* (*HTTP*) angesprochen werden kann[849], ermöglicht also letztlich den Zugriff auf eine Anwendung über einen *Webbrowser*. Eine Web-Schnittstelle ist damit also eine etwa über eine URL erreichbare Zugriffsstelle für eine „hinter" der Schnittstelle liegende Ressource, wobei die Wahl dieser Ressource dem Verwender sehr flexibel offensteht.

Ein System kann so anderen Systemen oder einem Benutzer Funktionen oder – im Zusammenhang mit der Datenportabilität vor allem relevant – Daten zur Verfügung stellen. Unterscheiden kann man vereinfacht nach dem jeweiligen Empfänger zwischen dem für menschliche Benutzer zugeschnittenen *Graphical User Interface*[850] und für die Kommunikation von Maschine zu Maschine zugeschnittenen *Webservices*, die ihre Dienste über *Application Programming Interfaces* (*API*) zur Verfügung stellen.[851] Vorteil dieser Art der Datenübertragung ist vor allem der Datentransport über *HTTP*, der nicht von der Programmiersprache abhängig ist und dass ein abstrahierter und strukturierter Zugriff auf die hinter der Schnittstelle stehende Softwarelogik (*Backend*) ermöglicht wird. Der abstrahierte und strukturierte Zugriff wiederum wird durch die Verwendung von Protokollen wie SOAP, XML-RPC und REST (der Reihenfolge nach von

---

848 Ebenso auch *A. Dix*, in: Simitis u. a. (Hrsg.), Datenschutzrecht, 2019, Art. 20 DSGVO, Rn. 14.

849 *HTTP* stellt damit einen eigenen Kommunikationsstandard dar, *FTP* beispielsweise ist ein weiterer, eigener solcher Kommunikationsstandard.

850 *G. Rauch/S. Augsten*, Was ist eine „GUI"?, 2017.

851 *S. Luber/F. Karlstetter*, Was ist ein Webservice?, 2019; *M. Rouse*, Programmierschnittstelle (Application Programming Interface, API), 2020; vgl. auch die Definition bei Artikel-29-Datenschutzgruppe, WP 242 rev.01, 13.12.2016/05.04.2017, S. 17: „eine Schnittstelle einer Anwendung oder eines Webdienstes, die von einem Verantwortlichen zur Verfügung gestellt wird, damit andere Systeme oder Anwendungen an sein System angebunden werden können"; vgl. zur möglichen sicheren Autorisierung bei API: OAuth Community, Home, 2020; zu *APIs* auch ErwGr. 31 zur Richtlinie 2002/21/EG über einen gemeinsamen Rechtsrahmen für elektronische Kommunikationsnetze und -dienste (Rahmenrichtlinie) 07.03.2002.

komplex und strikt bis einfach und gestaltungsoffen) standardisiert, während für das Dateiformat zum Beispiel XML oder JSON[852] zum Einsatz kommen.[853]

Vorteil der Verwendung der genannten Protokolle und einer Webschnittstelle ist im Vergleich zu *(S)FTP*-Servern, dass bei letzteren zwar direkt auf einen räumlich entfernten Server zugegriffen werden kann, jedoch nur auf eine dort zu einem früheren Zeitpunkt abgelegte Datei zugegriffen, während bei den Webschnittstellen der beschriebenen Art nach Aufrufen und Authentifizieren eine momentaktuelle Version der Datei mit den dort vorhandenen Daten generiert und abgerufen wird.[854] Der Datenbestand kann so je nach Umsetzung deutlich dynamischer (und mit weniger notwendigen Schritten) bereitgestellt werden. Das kann sich vor allem bei Übertragung von Datensätzen, die sich wegen der kontinuierlichen Nutzung etwa des betreffenden Dienstes (zum Beispiel *Connected Cars* oder Fitness-Tracker) stets ändern oder erweitern, als sinnvoll erweisen.[855]

ee. Web-Portal

Schließlich werden „Web-Portale" als Möglichkeit zur Bereitstellung genannt, von denen sich die Betroffenen dann selbst die gewünschten Daten herunterladen können.[856] Unter einem Portal versteht man allgemein eine Anwendung,

---

852 Vgl. zu diesen Formaten auch unten IV.3.a und b.

853 Gruenderszene.de, Web-APIs – Ein nicht-technischer Erklärungsversuch, 2009.

854 Auf die Vorteilhaftigkeit des Downloads „als Deltafunktion" hinweisend und derartige Verfahren, wie sie auch der Verwendung von Web-Schnittstellen zugrunde liegen, besonders als Lösung für die Übertragung großer und/oder komplexer Sammlungen personenbezogener Daten vorschlagend: Artikel-29-Datenschutzgruppe, WP 242 rev.01, 13.12.2016/05.04.2017, S. 22; vgl. auch, sogar eine Echtzeitübertragung in manchen Fällen für erforderlich haltend: BMWi, Ein neuer Wettbewerbsrahmen für die Digitalwirtschaft, 2019, S. 38, zurecht aber betonend, dass Art. 20 DSGVO darauf in seiner gegenwärtigen Form nicht abziele.

855 Vgl. erneut zur Frage einer Echtzeitportierung: III.3.e.iii.

856 Diese Möglichkeit als vielfach zweckmäßig ansehend *H.-G. Kamann/M. Braun*, in: Ehmann/Selmayr (Hrsg.), DS-GVO, 2. Aufl. 2018, Art. 20 DSGVO, Rn. 21; *K. Schürmann*, in: Eßer u. a. (Hrsg.), Auernhammer – DSGVO/BDSG, 6. Aufl. 2018, Art. 20 DSGVO, Rn. 32 fordert „mindestens" eine Downloadmöglichkeit; *C. Piltz*, in: Gola (Hrsg.), Datenschutz-Grundverordnung, 2. Aufl. 2018, Art. 20 DSGVO, Rn. 9, lässt das Zugangerhalten auf einem Server des Verantwortlichen nicht ausreichen; ebenfalls einen Download „auf einer Unterseite des Anbieters" befürwortend: *E. Durmus*, Das Recht auf Datenübertragbarkeit, RDV, 2018, S. 80, 84.

die basierend auf Webtechnologien einen zentralen Zugriff auf personalisierte Inhalte sowie bedarfsgerecht auf Prozesse bereitstellt.[857] Dabei findet nicht etwa wie bei den *FTP*- und *SFTP*-Techniken ein direkter Zugriff auf einen Server statt, sondern der jeweilige Nutzer des Portals muss die zu übertragenden Daten selbst auf den eigenen Datenspeicher übertragen, vergleichbar einem klassischen Download einer Datei.

ff. ETL-Tools

Die Abkürzung *ETL* steht für *Extract, Transform, Load* und bezieht sich letztlich auf Verfahren, die die Gesamtheit der in IV.2.a. und IV.2.b. genannten Schritte beinhalten. Der Prozess beschreibt die Extraktion relevanter Daten, die anschließende Transformation in die gewünschten Formate und Schemata des Ziels und schließlich das Laden in das Ziel, auch hier unter Verwendung eines *Repository* für jeden Schritt.[858]

Einsatzgebiet sind bisher oft *Data-Warehouses* und sonstige Verarbeitungen großer Datenmengen im Big-Data-Umfeld, die eine regelmäßige Synchronisation und Versorgung mit aktuellen Daten benötigen.[859] Dort findet daher der Extraktionsvorgang häufig synchron zu Änderungen in der Quelle[860] statt. Möglich ist aber auch eine asynchrone Extraktion, die dann anfragegesteuert erfolgen kann, was für die zwar potentiell vielfach erbetene, aber in ihrem Vorkommen doch nicht zeitlich regelmäßige Datenportabilität sinnvoll wäre. Daran schließt sich die Transformation in die Zielstruktur an. Dabei ist zwischen syntaktischer und semantischer Transformation zu unterscheiden. Erstere meint die formale Umgestaltung der Daten[861], letztere die Umgestaltung nach inhaltlichen Aspekten[862] und auch die Anreicherung um

---

857 *Kirchhof, Anja/Gurzki, Thorsten/Hinderer, Henning/Vlachakis, Joannis*, Whitepaper: „Was ist ein Portal“, Juni 2004, S. 5.

858 Als besonderen Anwendungsfall sogar die „Migration von Daten zwischen verschiedenen Anwendungen“ nennend: *S. Luber/N. Litzel*, Was ist ETL (Extract, Transform, Load)?, 2018; auf dieses Vorgehen auch hinweisend: *G. Hempel/K. Schmid*, in: Praktische Umsetzung des Rechts auf Datenübertragbarkeit, 3. Aufl., Technisches Gutachten – Social CRM Research Center e.V. Leipzig, S. 236–245.

859 *J. Lucas*, ETL-Prozess: Datenfluss von der Quelle zum Lager, 2018.

860 Übertragen auf die Datenportabilität wäre die Quelle der beim Verantwortlichen vorhandene Datensatz.

861 Z.B. Umgestaltung einer Uhrzeit von *12-hour-clock* zu *24-hour-clock* oder weltweit differierenden Datumsformaten.

862 Maßeinheiten, Anpassung von Codierungen und Schlüsseln.

Zusatzinformationen.[863] Das Laden wiederum erfordert in manchen Fällen eine weitere Transformation vom Schema des Arbeitsbereiches des Transformierungsschrittes, sowie eine automatische Sicherung der im Ziel bereits vorhandenen Daten (wobei auch dies im Fall der Datenportabilität oft mangels eines schon zuvor erhaltenen Datenauszugs meist nicht relevant sein wird).

ETL-Prozesse werden bereits als Programme führender Hersteller für den *Data-Warehouse*-Bereich standardisiert angeboten[864] und bieten sich daher besonders für Verantwortliche mit einer großen Menge unter Art. 20 DSGVO fallender Daten an.

gg. SQL-Abfragen

SQL steht für *Structure Query Language* und bezeichnet damit eine Datenbankansprache[865], die der Definition von Datenstrukturen in relationalen[866] Datenbanken und dem Einfügen, Verändern, Löschen und Abfragen von darauf basierenden Datenbeständen dient.[867]

Auch bei dieser als Mittel zum Datenexport genannten[868] Technik handelt es sich lediglich um einen Teil des eigentlichen Exportvorgangs: sie beschreibt die Kommunikation zwischen dem anfragenden Betroffenen und dem Verantwortlichen, der dann seine idealerweise wie in IV.2.a. strukturierte Datenbank einer solchen Datenbankansprache ausgesetzt sieht. Dem daran anschließenden eigentlichen Übermittlungsvorgang dient diese Technik nicht.

Vorteile sind aber – auf eben diese Ansprache bezogen – eine einfache Syntax und eine an die englische Umgangssprache angelehnte Semantik.[869] Es findet

---

863 Computerwoche Tec Workshop, BI-Datenmanagement (Teil 1): Datenaufbereitung durch den ETL-Prozess, 2020.

864 *S. Luber/N. Litzel*, Was ist ETL (Extract, Transform, Load)?, 2018; vgl. auch die Aufzählung bei https://de.wikipedia.org/wiki/ETL-Prozess (24.07.2020).

865 Eine Sprache, mit der ein Benutzer oder ein Programm mit einer Datenbank oder dem Datenbankmanagementsystem kommunizieren kann, auch „Abfragesprache" bezeichnet.

866 Eine mathematische Beschreibung einer Tabelle.

867 *S. Luber/S. Augsten*, Was ist SQL?, 2017; vgl. auch: *F. Deusch/T. Eggendorfer*, Durchsetzung und Vollstreckung der Datenübertragbarkeit, K&R, 2020, S. 105, 107.

868 *Hempel/Schmid*, Expertise Datenportabilität, Technisches Gutachten des Social CRM Research Center e.V., Leipzig, 04. Oktober 2017, Anhang zur Studie der Stiftung Datenschutz (s.o.), S. 238.

869 *M. Rouse*, Structured Query Language (SQL), 2014; vgl. zu den Begriffen „Syntax" und „Semantik" auch unten IV.2.c.bb.

eine Standardisierung durch ISO und IEC statt[870] und Anwendungen werden durch den Einsatz von *SQL* (zumindest was die meisten gängigen Systeme betrifft) unabhängig vom eingesetzten Datenbankmanagementsystem.

Trotz der weitverbreiteten Unterstützung von *SQL* hängt die Anwendung aber theoretisch vom verwendeten Datenbankmanagementsystem ab: das angesprochene Datenbanksystem muss *SQL* verstehen, um eine Antwort generieren zu können. Die gängigen Systeme unterstützen zwar *SQL*, denkbar sind aber auch Systeme, die *SQL* nicht unterstützen – ein Umstieg von einem Dienst zu einem anderen kann aber zumindest in vielen Fällen erleichtert werden.[871] Allerdings würde die Verwendung von *SQL* einen direkten Zugriff des die Portierung Nachfragenden auf das Datenbanksystem der Verantwortlichen erfordern, was in der Praxis wegen damit einhergehender Sicherheitsbedenken unrealistisch sein dürfte. Der Vorteil von *SQL* liegt eher in der internen Verwendung, durch die etwa ermöglicht wird, dass die nach außen auftretenden Systeme unabhängig von den dahinterstehenden Datenbanksystemen werden, diese also etwa ausgetauscht werden können. Der Einsatz von *SQL* ist damit für die Umsetzung der Portierung zwischen zwei Verantwortlichen oder zwischen erstem Verantwortlichen und Betroffenem unwahrscheinlich.

hh. Persönliche Informationsmanagementsysteme (PIMS)

Zur Umsetzung der Übermittlung und des Imports der Daten könnten zudem sog. PIMS eingesetzt werden. Bei diesen soll den Betroffenen „der Rückgriff auf einen persönlichen Datenspeicher, ein persönliches Informationsmanagementsystem oder andere vertrauenswürdige Dritte ermöglicht werden“, um personenbezogene Daten „vorhalten und speichern und gegebenenfalls Verantwortlichen die Erlaubnis erteilen [zu] können, auf die personenbezogenen Daten zuzugreifen und sie zu verarbeiten“.[872] Während der Verweis auf persönliche Datenspeicher und vertrauenswürdige Dritte unspezifisch ist und deshalb keinen Erkenntnisgewinn über den Vorschlag der Bevorratung etwa auf einem

---

870 International Organization for Standardization, ISO/IEC 9075-1:2016, 2016 vgl. auch dessen momentan erarbeitet werdender Ablösestandard: International Organization for Standardization, ISO/IEC AWI 9075-1, Under development.

871 Kritisch insoweit auch *F. Deusch/T. Eggendorfer*, Durchsetzung und Vollstreckung der Datenübertragbarkeit, K&R, 2020, S. 105, 107.

872 Artikel-29-Datenschutzgruppe, WP 242 rev.01, 13.12.2016/05.04.2017, S. 16, 19; dies ebenfalls als Mittel zur besseren Umsetzung der Datenportabilität erwähnend: Datenethikkommission, Gutachten der Datenethikkommission, 23.10.2019, S. 135.

separaten Datenträger oder *Cloud Computing* hinaus liefert, ist das Konzept des Persönlichen Informationsmanagementsystems zurecht als ein im Zusammenhang mit der Datenportabilität anzudenkendes Konstrukt angesehen worden[873] und stellt ein spezifischeres Vorgehen dar.

Gemeint ist mit dem Persönlichen Informationsmanagementsystem (PIMS)[874] eine Technik, die es ermöglichen soll, in einem vorher bestimmten Ausmaß für eine Vielzahl von Fällen festzulegen, wie und für welche Zwecke die eigenen personenbezogenen Daten verwendet werden dürfen, deren Verwendung mitzuverfolgen und gegebenenfalls eine Einwilligung zurücknehmen zu können, sodass Diensteanbieter nach diesen festgelegten Präferenzen automatisch auf die Daten zugreifen können. Über PIMS soll zudem die Identifizierung und die Autorisierung bei Vorgängen, die eine Datenübertragung erfordern, ermöglicht werden.[875] Dem liegt der Gedanke zugrunde, dass der Betroffene die ihn betreffenden personenbezogenen Daten selbst kontrollieren soll und die Kontrolle von Online-Diensteanbietern zu den Betroffenen verlagert wird.[876] Das kann letztlich auch dem mit der Datenportabilität verfolgten Ziel einer Wettbewerbsförderung vermittelt über einzelne Betroffenenhandlungen gerecht werden.

Während weniger relevant für die Frage der technischen Umsetzung der Datenportabilität die weiter verfolgten Interessen einer Nachvollziehung von Analysemerkmalen sind, ist aber zu beachten, dass schon rein logisch für die Anwendung auf eine Vielzahl von Diensteanbietern eine Interoperabilität der im

---

873 Europäischer Datenschutzbeauftragter, Stellungnahme 09/2016 vom 20.10.2016 zu Systemen für das Personal Information Management (PIM), 2016, S. 6, Rn. 3, S. 12, Rn. 33; aus dem US-amerikanischen Raum die Portabilität von Daten mithilfe von PIMS versprechend: Oixnet / Respect Network Corp., Respect Trust Framework, 2017; vgl. in diesem Zusammenhang ebenfalls die Forderung der „Schaffung neuer ‚Datenintermedäre'", BMWi, Ein neuer Wettbewerbsrahmen für die Digitalwirtschaft, 2019, S. 24.

874 Letztlich das gleiche Konzept bezeichnend: *Personal Data Stores* (PDS) und *Vendor Relationship Management* (VRM); Nicht zu verwechseln sind PIMS mit weithin gebräuchlicher Software zum Management von Terminen, Kontakten und Aufgaben/Notizen, die unter dem Begriff *Personal Information Manager* bekannt sind (vgl. zu letzteren: *S. Stieglitz*, Personal Information Manager, 2020).

875 Vgl. Europäischer Datenschutzbeauftragter, Stellungnahme 09/2016 vom 20.10.2016 zu Systemen für das Personal Information Management (PIM), 2016, S. 9, Rn. 15; die Datenportierung durch PIMS als erleichtert ansehend auch: *H. Schweitzer/M. Peitz*, Ein neuer europäischer Ordnungsrahmen für Datenmärkte?, NJW, 2018, S. 275, 278.

876 Europäischer Datenschutzbeauftragter, Stellungnahme 09/2016 vom 20.10.2016 zu Systemen für das Personal Information Management (PIM), 2016, S. 7, Rn. 5.

PIMS abgelegten Präferenzen vorauszusetzen ist. Andererseits stellte der Europäische Datenschutzbeauftragte nach 2016 relativierend fest, dass maschinenlesbare Formen der Äußerung von Datenschutzpräferenzen noch nicht auf dem Markt seien und weiterer Investitionen bedürften.[877]

Einen speziell auf die Datenportabilität bezogenen Ansatz zur Umsetzung eines PIMS stellt aber zum Beispiel die Arbeit des französischen Unternehmens *ONECUB* dar, das seit 2011 an einer Umsetzung der Datenportabilität mit dem Ziel, dem „Einzelnen die Kontrolle über [seine] Daten zurückzugeben", arbeite und ein PIMS anbiete, mit dem die Datenportabilität in den mit *ONECUB* kooperierenden Unternehmen umsetzbar sei.[878] Zudem passte beispielsweise das US-amerikanische Unternehmen *ForgeRock* seine Identitätsmanagementplattform nach den DSGVO-Vorgaben an und bietet jetzt sog. *Profile and Privacy Management Dashboards* an. Mit diesen können die eigenen Datenschutzeinstellungen und Zugangskontrollen von den Benutzern selbst verwaltet werden, womit letztlich die Idee eines PIMS umgesetzt wird.[879]

Einen weiteren Ansatz stellt das Projekt „*Solid*"[880] von *Tim Berners-Lee* am

877 Europäischer Datenschutzbeauftragter, Stellungnahme 09/2016 vom 20.10.2016 zu Systemen für das Personal Information Management (PIM), 2016, S. 11, Rn. 27, S. 17, Rn. 61; während auf S. 12, Rn. 33, aber auf das XDI Protokoll als mögliche Lösung hingewiesen wird, vgl. dazu unten IV.3.a. zum XML-Format, auf dem XDI basiert; auch: *H. Schweitzer/M. Peitz*, Ein neuer europäischer Ordnungsrahmen für Datenmärkte?, NJW, 2018, S. 275, 278.

878 Onecub, in: Praktische Umsetzung des Rechts auf Datenübertragbarkeit, 3. Aufl., The PIMS Approach, S. 154–168, Anhang, S. 154, 158, 164 ff.; Onecub, Prenez le pouvoir sur vos données, 2020; dabei wolle man sich auch der *Blockchain* bedienen (vgl. zu dieser auch IV.2.b.ii.); das Projekt ist seit 2012 Teil der französischen *MesInfos* Gemeinschaft, die sich unter dem Dach der *Fondation Internet Nouvelle Génération* (FING) seit 2012 der Selbstbestimmung über Daten verschrieben hat: MesInfos, Website, 2020; MesInfos, Use cases of Self Data, 2020; das Projekt hat sich mit verschiedenen Onlinedienstleistern zusammengeschlossen: *C. Moal*, RGPD: Onecub s'occupe de vos données de consommation, Alliancy, Le Mag Numérique Et Business; Onecub, Onecub et MyTroc transforment vos achats e-commerce en trocs en 2 clics, 12.10.2017; vgl. in diesem Zusammenhang auch das Projekt „*Rainbow Button*" zur Umsetzung von Art. 20 DSGVO: MesInfos, »RAINBOW BUTTON« project, 05/2017, mit detaillierten Ausführungen der technischen Schritte.

879 ForgeRock, Profile and Privacy Management Dashboard – Homepage, 2020; ForgeRock, Profile and Privacy Management Dashboard – Product Brief, 2018.

880 Akronym für *Social Linked Data*.

MIT[881] mit seiner dem *Open Source* Gedanken folgenden Technologie dar.[882] Dieses zielt auf eine Technik zur Dezentralisierung von Nutzerdaten ab, sodass die Nutzer frei entscheiden können, wo die Daten lokalisiert sind und wer Zugang zu ihnen erhält. Auch dabei sollen die Daten der Nutzer separat in einem oder mehreren sogenannten *Pods*[883] gespeichert werden und anfordernden Diensteanbietern nach den vom Nutzer ausgewählten Einstellungen und Kriterien zugänglich gemacht werden können. Mithilfe dieser Kriterien sollen die Nutzer die „rechtmäßige Besitzerschaft"[884] und Kontrolle über die Daten (wieder-) erhalten und Innovation gefördert werden, etwa von früher verwendeten Apps generierte Daten sollen dazu auch von anderen Apps nutzbar sein. Das Projekt umfasst einen Katalog an technischen Standards, Datenformaten und -vokabularen (die weitgehend auf W3C-Standards zurückgreifen), die mit Sozialen Netzwerken vergleichbare Funktionen erfüllen sollen, darüber hinaus Spezifikationsdaten[885] für die Benutzer von *Solid*, die Server zur Implementierung der Anwendung, verschiedene *Social Apps* sowie eine Support-Community.[886] Das Projekt wird seit 2018 von *Berners-Lee* durch das Start-Up *Inrupt, Inc.*[887] weiterentwickelt, dessen Ziel die Schaffung eines entsprechenden unternehmerischen Umfelds ist, das den Erfolg von *Solid* befeuern solle.

Auch das Projekt *Sandbox* arbeitet mit dem Ziel der Erreichung sogenannter Datenmobilität an der Lösung von Datenübertragungsmöglichkeiten mittels PIMS.[888] Weil die Datenportabilität nach der DSGVO nur auf einzelne

---

881 *T. Berners-Lee*, Solid, 2016; github (Hrsg.), Solid – Re-decentralizing the web (project directory), https://github.com/solid/solid (letzter Abruf: 24.07.2020); *D. Weinberger*, How the father of the World Wide Web plans to reclaim it from Facebook and Google, 10.08.2016.

882 So auch: *K. v. Lewinski,* in: Wolff/Brink (Hrsg.), BeckOK Datenschutzrecht, 34. Ed. 2020, Art. 20 DSGVO, Rn. 4.3.

883 *Personal Online Data Stores.*

884 *T. Berners-Lee*, Solid, 2016: *„rightful ownership"*.

885 github (Hrsg.), Solid Specification, https://github.com/solid/solid-spec (letzter Abruf: 24.07.2020).

886 github (Hrsg.), Solid – Re-decentralizing the web (project directory), https://github.com/solid/solid (letzter Abruf: 24.07.2020).

887 Inrupt, Inc., Homepage, https://inrupt.com/ (letzter Abruf: 17.09.2019).

888 UK Digital Competition Expert Panel, Data Mobility Infrastructure Sandbox, 06/2019, S. 10 ff.

Veranlassung erfolge, sei die Datenmobilität der eigentlich gewollte Zustand, bei dem Daten effizient und den meisten Nutzen generierend flössen.[889]

Trotz all dieser für die Datenportabilität relevanten Punkte und bei aller in PIMS auch für die effektive Durchsetzung der Datenportabilität gegenüber großen Online-Diensteanbietern gesteckten Hoffnung[890] stellen die PIMS jedoch eigentlich nur die, wenn auch sehr hilfreiche, Verknüpfung der oben beschriebenen Schritte – Kategorisierung, Übertragung, Authentifizierung etc. – mit anderen datenschutzrechtlich relevanten Vorgängen dar. Das Konzept und die Anwendung der PIMS ist das Ergebnis der Suche nach einer Technik, die die Datenportabilität ermöglicht, nicht aber diese zugrundeliegende Technik selbst.

ii. Blockchain

Das Konzept der *Blockchain* hingegen könnte nicht nur als zentrales Hilfsmittel für eine revisionssichere Ablage von Daten[891] bei der Kategorisierung und Exportvorbereitung eine Rolle spielen, sondern vielmehr noch das Bedürfnis nach einer Datenportabilität im herkömmlichen Sinne einer Übertragung von einem Verantwortlichen zu einem anderen generell in Frage stellen. Das *Blockchain* Konzept ist sehr komplex und wird für Portabilitätslösungen momentan als zu ressourcenintensiv und aufwendig angesehen.[892] Teils wird von einer generellen Unvereinbarkeit der *Blockchain* mit der Verarbeitung personenbezogener Daten ausgegangen, weil ein Löschungsanspruch nicht gewährt werden könne[893]; auf diese datenschutzrechtlichen Bedenken wird hier aber nicht im Detail eingegangen.

---

889 UK Digital Competition Expert Panel, Data Mobility Infrastructure Sandbox, 06/2019, S. 6: "*Personal Data Mobility goes beyond Personal Data Portability. Under GDPR people can port personal data from one provider to another, but currently this process tends to be manual and ad hoc. With Personal Data Mobility, personal data flows safely and efficiently to where it can create maximum value. These flows are controlled by the individual ensuring that personal, social and economic benefits are distributed fairly*".

890 Zu diesen Hoffnungen im Überblick auch: *C. Aretz*, Meine Daten, meine Kontrolle, DuD, 2019, S. 13, der jedoch auf S. 15 feststellt, dass auch in diesem Punkt die Umsetzung von der Akzeptanz von Nutzern und Unternehmen abhänge.

891 *F. Deusch/T. Eggendorfer*, Durchsetzung und Vollstreckung der Datenübertragbarkeit, K&R, 2020, S. 105, 106.

892 *G. Hempel/K. Schmid*, in: Praktische Umsetzung des Rechts auf Datenübertragbarkeit, 3. Aufl., Technisches Gutachten – Social CRM Research Center e.V. Leipzig, S. 236–245, 242.

893 *C. Aretz*, Meine Daten, meine Kontrolle, DuD, 2019, S. 13, 15.

Im Wesentlichen geht es bei der *Blockchain* um ein dezentrales Protokoll für Transaktionen (Informationsaustauschvorgänge) direkt zwischen Teilnehmern, das Veränderungen transparent erfasst.[894] Der Datenportabilität liegt trotz ihrer fortschrittlichen Idee nach wie vor der datenverarbeitungsbezogen traditionelle Gedanke zugrunde, dass Daten an einem Ort verarbeitet werden, der außerhalb des Einflussbereichs der jeweiligen betroffenen Person bei einem bestimmten Verantwortlichen liegt, also dass bei jedem Datenaustausch an irgendeiner Stelle ein Intermediär auftritt. Die *Blockchain* hingegen geht vom Gedanken einer Dezentralisierung aus, der sich nicht nur auf das „dezentrale" Speichern von Daten in potentiell auf der ganzen Welt verteilten Servern beschränkt. Vielmehr ist sie insoweit dezentral, als dass die Betroffenen mit ihrer Transaktionskette eine losgelöste Datenpersönlichkeit entwickeln können, auf die entsprechend berechtigte Verantwortliche zugreifen könnten. Insoweit bestehen gewisse Berührungspunkte mit den PIMS, doch geht das *Blockchain* Konzept weiter, indem bereits jeder an der *Blockchain* teilnehmende Verantwortliche auf die in der *Blockchain* enthaltenen Informationen zugreifen kann, weil jeder Beteiligte nach dem Prinzip des *Distributed Ledger* stets eine eigene, aktuelle Kopie der Daten speichert. Diese kann wiederum nach Bedarf dergestalt unleserlich gemacht werden, dass nur diejenigen, denen die Verschlüsselung offenbart wird, darauf zugreifen können.[895] Die Betroffenen könnten damit entscheiden, welchen Verantwortlichen sie welche Daten entschlüsseln lassen wollen, ohne dass es Datenportabilität erfordernder Übertragungen bedürfte.

Dieses Konzept stellt zwar einen vielversprechenden Ansatz zur Aufbrechung von (Intermediärs-)Monopolen dar. Es ist allerdings mit den aktuellen Datenschutzrechtsmechanismen schwer greifbar und wird potentiell erst nach weiterer Entwicklung einem breiteren Anwenderkreis zugänglich werden und so ein für die wettbewerblichen Zwecke des Art. 20 DSGVO relevantes Gewicht entfalten. Die Umsetzung des Art. 20 DSGVO wird daher zunächst vergleichsweise traditionellen Datenübertragungstechniken vorbehalten bleiben.

c. Vorgaben für das Datenformat

Von zentraler Bedeutung für die traditionelle Übertragung nach Art. 20 DSGVO ist die Frage, mit welchen Datenformaten die Datenportabilität effektiv

---

894 *M. Klotz*, Gar kein Mysterium: Blockchain verständlich erklärt, 2016.

895 Zur Funktionsweise: Cryptolist, Was ist eine Blockchain?, mit Anwendungsbeispielen und einer Übersicht über die Prozesse.

umgesetzt werden kann und welche Anforderungen daher an ein in Frage kommendes Format zu stellen sind.

aa. Ausgangspunkt und technische Ziele

Unabhängig davon, ob man Interoperabilität als durch Art. 20 DSGVO vorgeschrieben sieht[896], ist eine Datenportierung in mehr als nur vereinzeltem Umfang nur schnell und effektiv möglich, wenn die verwendeten Formate dazu beitragen, Interoperabilität zwischen dem übertragenden und dem empfangenden System zu gewährleisten.[897] Die dargelegte, zweckorientierte Auslegung der Merkmale (strukturiert, gängig, maschinenlesbar) schließt zum Beispiel für die schnelle Umsetzung wenig hilfreiche pdf-Dateien ohnehin aus.[898] Von technischer Seite kommt vor allem die praktische Frage hinzu, mit welchen Formaten die genannte schnelle und effektive Durchführung von Portierungen ermöglicht werden kann.

Dabei ist die Möglichkeit einer branchenübergreifenden Weitergabe von Daten ohne erhebliche Datenverluste zu beachten, zudem sollte die Verwendung des jeweiligen Formats einen geringen Implementierungsaufwand bedeuten und schließlich sollte das Format eine Verschlüsselung nach dem Stand der Technik ermöglichen sowie revisionssicher sein. Hinsichtlich der Möglichkeit, Daten branchenübergreifend[899] zu übertragen, wird jedoch – praktisch wohl

896 Vgl. dazu III.3.f.

897 So auch zutreffend: *J. Drepper/I. Schlünder/K. Buckow,* in: Praktische Umsetzung des Rechts auf Datenübertragbarkeit, 3. Aufl., Praktische Umsetzbarkeit der Datenportabilität im Bereich der medizinischen Forschung, S. 178–196, 185, die die Zweckmäßigkeit für ausschlaggebend für ein praktisch anwendbares Format halten.

898 Anders wohl *M. Hennemann*, Datenportabilität, PinG, 2017, S. 5, 7; sowie jedenfalls zur Maschinenlesbarkeit: *P. Laue/J. Nink/S. Kremer*, Das neue Datenschutzrecht in der betrieblichen Praxis, 2016, § 4, Rn. 66; BMWi, Ein neuer Wettbewerbsrahmen für die Digitalwirtschaft, 2019, S. 40; eher ablehnend auch: *T. Herbst,* in: Kühling/Buchner (Hrsg.), Datenschutz-Grundverordnung/BDSG, 3. Aufl. 2020, Art. 20, Rn. 20, sieht die Strukturiertheit als nicht gegeben an; ebenso die Strukturiertheit ablehnend: Artikel-29-Datenschutzgruppe, WP 242 rev.01, 13.12.2016/05.04.2017, S. 21; *W. Veil,* in: Gierschmann u. a. (Hrsg.), Kommentar Datenschutz-Grundverordnung, 2018, Art. 20 DSGVO, Rn. 119, der pdf und auch doc zwar für gängig, aber mit kaum einem Mehrwert für die Übertragbarkeit ansieht; vgl. zu pdf-Dokumenten auch IV.3.d.

899 Während eine sektorübergreifende Übertragbarkeit innerhalb einer Branche etwa von *J. Drepper/I. Schlünder/K. Buckow,* in: Praktische Umsetzung des Rechts auf Datenübertragbarkeit, 3. Aufl., Praktische Umsetzbarkeit der Datenportabilität im Bereich der medizinischen Forschung, S. 178–196, 185, gefordert wird.

zutreffend – teils die Einschränkung aufgezeigt, dass dies nach den genannten Prämissen zwar theoretisch denkbar und vom Recht auf Datenportabilität nach Art. 20 DSGVO umfasst wäre, jedoch wenig zweckmäßig sei. Denn die Datenstrukturen müssten sich zwingend an den jeweiligen Geschäftsprozessen oder -zwecken orientieren.[900] Diese praktische Einschränkung sollte bei der technischen Umsetzung aber ohne weiteres bei der Kategorisierung der Daten, die der Übertragung vorwegzugehen hat[901], Eingang finden können und stellt somit weniger eine Frage des zu verwendenden Übertragungsformats dar. Weitere praktische Einschränkungen und Ausschlüsse der Verwendbarkeit werden hinsichtlich solcher Formate gesehen, die „kostspielige Lizenzbeschränkungen“ mit sich bringen[902], wobei auch das letztlich keine Frage der Technik beim zu verwendenden Format ist, sondern bei der unzulässigen Behinderung durch den Verantwortlichen relevant werden kann.[903]

Öffentliche Dienstleistungen sind zwar aus dem Anwendungsbereich des Art. 20 DSGVO wegen Art. 20 Abs. 3 S. 2 DSGVO in vielen Fällen ausgenommen[904], die im Rahmen des Europäischen Interoperabilitätsrahmens unter anderem zu entwickelnden Empfehlungen und Standards für die Interoperabilität von Organisationen ermöglichen aber hinsichtlich eines eventuellen Formats dennoch eine faktische Orientierung.[905] Dahingehende Ergebnisse, die hinsichtlich des Datenformates in Art. 20 DSGVO verwertet werden können, bleiben bisher noch abzuwarten.

---

900 *G. Hempel/K. Schmid*, in: Praktische Umsetzung des Rechts auf Datenübertragbarkeit, 3. Aufl., Technisches Gutachten – Social CRM Research Center e.V. Leipzig, S. 236–245, 237, die beispielhaft die Datenübertragung von einem Energieversorger an einen Social Media Dienst nennen; zudem bei Artikel-29-Datenschutzgruppe, WP 242 rev.01, 13.12.2016/05.04.2017, S. 20.

901 Vgl. dazu IV.2.a.

902 Artikel-29-Datenschutzgruppe, WP 242 rev.01, 13.12.2016/05.04.2017, S. 20.

903 Vgl. dazu III.4.a.cc.iii.

904 Vgl. dazu III.6.b.aa.

905 Vgl. Europäische Kommission, Annex 2, KOM, 2017(134) final, Annex to the Communication from the Commission to the European Parliament, the Council, the European Economic and Social Committee and the Committee of the Regions, 23.03.2017, Annex 2 zum European Interoperability Framework – Implementation Strategy.

bb. Begrifflichkeiten bei der technischen Formatbeschreibung

Allgemein beschreiben Datenformate die Art und Weise, wie Informationen auf einem eindimensionalen binären Speicher abgebildet werden.[906] Nur durch die Kenntnis der Struktur dieses Formats können die abgelegten Informationen interpretiert werden. Dabei existieren standardisierte Formate, die von multilateralen Gremien festgelegt[907] (in der Regel sog. „offene" oder „freie Formate") und solche die durch (Software-)Hersteller oder ähnliche Einzelakteure entwickelt werden, die oft über Rechte an Geistigem Eigentum von diesen Akteuren kontrolliert werden („proprietäre Formate") und bei denen oftmals die Art der Codierung und Anordnung von Informationen („Spezifikation") nicht veröffentlicht sind.

Durch ein Datenformat werden Syntax und Semantik der Daten in einer Datei festgelegt. Unter der Syntax versteht man ein Regelsystem zur Kombination elementarer Zeichen zu zusammengesetzten Zeichen in natürlichen oder künstlichen Zeichensystemen.[908] Übertragen auf ein Datenformat geht es also um die Frage, wie Informationen angeordnet werden. Demgegenüber versteht man unter Semantik die Bedeutung der Informationen. Syntaktische Informationen geben Aufschluss darüber, wie die Daten strukturiert und aufgebaut sind, die eigentlichen Inhalte werden auf der semantischen Ebene festgelegt.[909] Die Information über die syntaktischen Zusammenhänge können wiederum mithilfe von Metadaten erfolgen, also mittels Daten, die strukturiert Informationen über andere Ressourcen bzw. bei der Datenportabilität andere Daten enthalten[910]. Abhängig von der Einsehbarkeit und Differenziertheit dieser Parameter erhalten Datenformate ein jeweils mehr oder weniger nachvollziehbares Muster. Unter der ebenfalls von Art. 20 DSGVO vorgeschriebenen Maschinenlesbarkeit ist im

---

906 ITWissen.info, Dateiformat, 2014; der Begriff des „Datenformats" wird hier bewusst synonym mit dem des „Dateiformats" verwendet, weil die Bezeichnung als Datenformat eher dem Text von Art. 20 DSGVO entspricht.

907 Zum Beispiel das vom *World Wide Web Consortium* (*W3C*) entwickelten PNG- (Bildformat) und XML-(Beschreibungssprache) Format.

908 Zum Beispiel der Name einer Datei, die Zugriffsrechte oder das Änderungsdatum, vgl. https://de.wikipedia.org/wiki/Syntax, 24.07.2020; auch *G. Hempel/K. Schmid*, in: Praktische Umsetzung des Rechts auf Datenübertragbarkeit, 3. Aufl., Technisches Gutachten – Social CRM Research Center e.V. Leipzig, S. 236–245, 238.

909 Vgl. *G. Hempel/K. Schmid*, in: Praktische Umsetzung des Rechts auf Datenübertragbarkeit, 3. Aufl., Technisches Gutachten – Social CRM Research Center e.V. Leipzig, S. 236–245, 238.

910 *S. Rühle*, Kleines Handbuch Metadaten, 2012, S. 2.

technischen Sinne die softwaregestützte Lesbarkeit der so strukturierten Daten zu verstehen[911], so wie besonders im Zusammenhang mit Art. 20 DSGVO wegen des wettbewerbsrechtlichen Zwecks der Norm auch, dass die Formate gerade dazu bestimmt sind, maschinell extrahiert zu werden.[912] Die Verwendung von Markup-Sprachen, die auf einer Metaebene klarmachen, um welche Art von Information es sich jeweils handelt, ermöglicht es dabei, die Datei so aufzubauen, dass eine Maschine den Inhalt verarbeiten kann.

cc. Abstraktion

Allgemein wird ein hohes Abstraktionsniveau gegenüber internen oder proprietären Formaten gefordert. Nur bei Beachtung dieser Vorgabe ist eine einfache Wiederverwendbarkeit der Daten gegeben[913] – gemeint ist damit hauptsächlich die Bedeutung der Transparenz und Nachvollziehbarkeit des jeweiligen Datums.

Das bedeutet zunächst, dass proprietäre Formate, wenn sie nicht über eine weite Verbreitung und leichte Zugänglichkeit verfügen, nicht geeignet sind, die Voraussetzungen einer praktisch effektiven Umsetzung von Art. 20 DSGVO zu erfüllen. Es muss sich um „offene“ bzw. „freie“ Formate handeln. Um diese Anforderungen zu erfüllen, müssen die in einem bestimmten Format gespeicherten Informationen einsehbar sein und die Dateistruktur nachvollziehbar wiedergegeben werden. Weiter müssen die „freien“ Formate nicht zwingend kostenlos verfügbar[914], aber zumindest (ggf. kostenpflichtig) für jeden potentiellen Anwender nach gleichen Grundsätzen zugänglich sein – so zum Beispiel die ISO-Formate. So fordern auch die Leitlinien der Art-29-Datenschutzgruppe die Verwendung offener Formate[915] und auch beispielsweise *Google* sieht die Offenheit neben der Ermöglichung der Interoperabilität als Voraussetzung bei der Datenübertragung zwischen verschiedenen Dienstleistungsanbietern[916]. Vorteil

911 Auch z.B.: *K. v. Lewinski,* in: Wolff/Brink (Hrsg.), BeckOK Datenschutzrecht, 34. Ed. 2020, Art. 20 DSGVO, Rn. 74; Stiftung Datenschutz e.V., Praktische Umsetzung des Rechts auf Datenübertragbarkeit, 3. Aufl., 2018, S. 50; auch Berlin Open Data, Schritt für Schritt – Formatauswahl, 2015.

912 Vgl. zum Begriff der Maschinenlesbarkeit: III.3.f.bb.

913 Vgl. auch Artikel-29-Datenschutzgruppe, WP 242 rev.01, 13.12.2016/05.04.2017, S. 21.

914 Diese Frage ist vielmehr auf der Stufe des Behinderungsverbots nach Art. 20 DSGVO relevant; vgl. in diesem Zusammenhang bei ungerechtfertigten Kosten: III.4.a.cc.iii.

915 Artikel-29-Datenschutzgruppe, WP 242 rev.01, 13.12.2016/05.04.2017, S. 21.

916 Google, in: Praktische Umsetzung des Rechts auf Datenübertragbarkeit, 3. Aufl., Submission from Google to Stiftung Datenschutz re: Data Portability, S. 146–152, 146.

dieser offenen Formate ist schlicht die gegebene Einlesbarkeit und Nachvollziehbarkeit des Aufbaus und des Entstehens der Formatstruktur, die bei proprietären, teils als reine Betriebsinterna verwendeten Formaten nicht gegeben wäre.

Wichtig ist bei der Abstraktion der Inhalte vom bisherigen Verwendungskontext für die Datenportabilität, dass die Granularität, vor allem der Metadaten, möglichst hoch ist[917], also eine geringe Verdichtung der Daten und eine möglichst detaillierte Separierung einzelner Informationen vorliegt.

dd. Interoperabilitätsebenen

Damit ein Datenformat die Interoperabilität zweier Systeme ermöglicht, müssen die Metadaten, die die Struktur der enthaltenen Informationen beschreiben, von allen beteiligten Verantwortlichen verstanden und genutzt werden können. Dabei spielen drei Ebenen der Interoperabilität eine Rolle: strukturelle, syntaktische und semantische Interoperabilität.

Strukturelle Interoperabilität liegt vor, wenn den verschiedenen Datenformaten ein gemeinsames Datenmodell zugrunde liegt. Syntaktische Interoperabilität liegt vor, wenn die Daten in einer gemeinsamen Syntax vorliegen. Semantische Interoperabilität liegt schließlich vor, wenn die Daten dieselben Datenterme bzw. die Nutzung eines gemeinsamen Datenstandards aufweisen, also wenn ein gemeinsames Verständnis der Dateninhalte vorliegt.[918] Das Problem liegt auch hier darin, dass in verschiedenen Anwendungsfeldern nicht ohne weiteres jeder Verantwortliche denselben Metadatenstandard, dasselbe Metadatenmodell und dieselbe Syntax verwendet. Eine gute Dokumentation der verwendeten Modelle und Metadatenelemente sowie ein *Mapping* zwischen den Modellen und den Elementen der unterschiedlichen Anwendungen ist daher zwingende Voraussetzung für die Schaffung und interoperable Anwendung eines die Interoperabilität gewährleistenden Formats.[919] Der Begriff des *Mappings* bezeichnet dabei die Abbildung der Struktur der Datenelemente (etwa die verschiedenen *Tags* bei

---

917 Die „bestmögliche Granularitätsstufe" ebenfalls fordernd: Artikel-29-Datenschutzgruppe, WP 242 rev.01, 13.12.2016/05.04.2017, S. 21.

918 *S. Rühle*, Kleines Handbuch Metadaten, 2012, S. 5; *J. Drepper/I. Schlünder/K. Buckow*, in: Praktische Umsetzung des Rechts auf Datenübertragbarkeit, 3. Aufl., Praktische Umsetzbarkeit der Datenportabilität im Bereich der medizinischen Forschung, S. 178–196, 185; *P. DeHert/V. Papakonstantinou/G. Malgieri/L. Beslay/I. Sanchez*, The right to data portability in the GDPR: Towards user-centric interoperability of digital services, Computer Law & Security Review, 2018, S. 193, 197, Fn. 28.

919 *S. Rühle*, Kleines Handbuch Metadaten, 2012, S. 4 f.

Verwendung des XML-Formats) zwischen unterschiedlichen Datenmodellen bzw. Adressräumen.[920]

3. Beispiele für verwendbare Dateiformate und verwendete Austauschtechniken

Besonders XML, JSON und CSV, aber vor allem von Vertretern einer sehr weiten Auslegung auch Dateiformate wie PDF oder einfach Textdateien werden im Zusammenhang mit Art. 20 DSGVO als potentielle Austauschformate aufgeführt. In diesem Abschnitt werden diese jedenfalls gängigen Formate erklärt und hinsichtlich ihrer tatsächlichen Tauglichkeit für eine Datenübertragung eingeordnet.

a. Extensible Markup Language (XML)

Bei der vielfach genannten[921] *Extensible Markup Language* (XML) handelt es sich um eine vom Denkprinzip einfache, sehr flexible und vielschichtig anwendbare Auszeichnungssprache, die eine immer wichtigere Rolle beim Austausch von Daten vor allem auch im Web spielt.[922] Mit ihr können hierarchisch strukturierte Daten im Format einer sowohl von Menschen – zum Beispiel durch Darstellung mithilfe von Webbrowsern oder auch *Microsoft Excel* – als auch von Maschinen lesbaren Textdatei dargestellt werden. Als Meta-Dateiformat definiert XML auch die Struktur einer Datei, welche wiederum aus der Datei selbst ablesbar ist.[923]

XML-Dokumente bestehen oft aus Textzeichen in der UTF-8-Kodierung (das muss aber nicht der Fall sein, Aufschluss über die verwendete Kodierung geben

---

920 ITWissen.info, Mapping / Abbildung, 2017; zum Begriff des Adressraums, vgl. ITWissen.info, Adressraum, 2017.

921 *H.-G. Kamann/M. Braun,* in: Ehmann/Selmayr (Hrsg.), DS-GVO, 2. Aufl. 2018, Art. 20 DSGVO, Rn. 23; *K. v. Lewinski,* in: Wolff/Brink (Hrsg.), BeckOK Datenschutzrecht, 34. Ed. 2020, Art. 20 DSGVO, Rn. 77.1; *M. Rudolph,* in: Schwartmann u. a. (Hrsg.), DS-GVO/BDSG, 2018, Art. 20 DSGVO, Rn. 69; *F. Moos/J. Schefzig/ M. Arning,* Die Neue Datenschutz-Grundverordnung, 2018, Kap. 6, Rn. 290; Artikel-29-Datenschutzgruppe, WP 242 rev.01, 13.12.2016/05.04.2017, S. 21; *G. Hempel/ K. Schmid,* in: Praktische Umsetzung des Rechts auf Datenübertragbarkeit, 3. Aufl., Technisches Gutachten – Social CRM Research Center e.V. Leipzig, S. 236–245, 237, 241; *F. Deusch/T. Eggendorfer*, Durchsetzung und Vollstreckung der Datenübertragbarkeit, K&R, 2020, S. 105, 108.

922 W3C – World Wide Web Consortium, Extensible Markup Language XML, 2016.

923 Connexions u. a., XML Basics, 2000.

im Einzelfall die Metadaten) und sind in einer sogenannten Baumstruktur aufgebaut. Dabei muss mindestens ein „Element“ als Ausgangspunkt vorliegen, das durch einen Start-Tag beginnt und mit einem Endtag endet (<tagname> […] </tagname>). Unterhalb dieser Ebene können weitere Tags verschachtelt werden, wobei auf jeden öffnenden Tag der zu umschließende Bereich folgt, auf den ein schließender Tag folgt. In diesem zu umschließenden Bereich kann dann die inhaltliche Aussage zu dem Thema dieses Tags stehen. Die einzelnen Tags können wiederum um Parameter angereichert werden, die aus einem Namen und einem Wert bestehen.[924]

```
<customers>
  <customer>
        <name>M_ller</name>
        <vorname>Max</vorname>
        <addresses>
          <address type="home">
              <street>Musterstraße 15 a</street>
              <town>Musterstadt</town>
              <postcode>12345</postcode>
              <state />
              <country />
          </address>
        </addresses>
        <phones>
        <phone type="mobile">
        <countrycode>+49</country>
        <number>151 12345678</number>
     </phone>
  </customer>
</customers>
```

Anwendungsbeispiel aus einer Adressdatenbank.[925]

Durch Verschachtelungen werden den aufgeführten Personen mehrere Attribute zugeordnet, zusätzlich wird zu den Telefonnummern in einem Parameter gespeichert, ob es sich um eine Mobil- oder eine private Nummer handelt.

Die Tags wiederum sind nicht vordefiniert, sie können abhängig von der gewünschten Anwendung definiert werden oder aus einem bekannten Standard übernommen werden. Solche Standards stellen zum Beispiel die bibliographischen bzw. archivarischen Standards *DCMI Metadata Terms*[926],

924 Vgl. *N. Henry-Moßmann*, XML – was ist das? Einfach erklärt, 2018.

925 Ähnlich bei *F. Deusch/T. Eggendorfer*, Durchsetzung und Vollstreckung der Datenübertragbarkeit, K&R, 2020, S. 105, 107; *N. Henry-Moßmann*, XML – was ist das? Einfach erklärt, 2018.

926 Dublin Core Metadata Initiative, DCMI Metadata Terms, 2012.

MODS[927], *EAD*[928], *LIDO*[929] oder *ODM*[930] aus dem klinischen Bereich dar. Die Verwendung dieser Standards lässt sich wiederum in einer XML *Document Type Definition* (*DTD*) oder einem XML-Schema abbilden, die die verwendeten Metadatenelemente und die geltenden Einschränkungen in maschinenlesbarer Form beschreiben. Dadurch wird eine weitreichende automatische Validierung der XML-Datensätze ermöglicht.[931] Wegen dieser Eigenschaft, eigentlich eine im Einzelfall – zum Beispiel nach den erwähnten Standards – zu bestimmende Sprache in eine einheitliche Form zu gießen, stellt XML eine sogenannte Metasprache dar.

Die erwähnten Tags können frei definiert werden, lediglich das formale Aussehen der Tags ist nach dem oben genannten festgelegt. Vorteile von XML sind somit vor allem die Flexibilität und die angesprochene (zumindest theoretische) Einfachheit sowie die weite Verbreitung und die daraus resultierende allgemeine Bedeutung. Die Daten können in auf den jeweiligen Anwendungsfall zugeschnittenen Granularitätsstufen dargestellt werden und die Darstellung ist in ihrem Umfang nicht begrenzt. Diese Flexibilität ist auch deshalb vorteilhaft, weil dadurch unter Beibehaltung des XML-Formats schnell und nachvollziehbar auf geänderte Gesetzesanforderungen oder -auslegungen reagiert werden kann.[932] Zwar muss dabei beachtet werden, dass bei einer Änderung der *DTD* vorangegangene Dokumente invalide werden können, allerdings lässt sich bei XML in der Datei selbst erkenntlich machen, welche Version der *DTD* zugrundegelegt wurde (im Gegensatz etwa zu CSV[933]). Einen weiteren Flexibilitätsvorteil stellt die Transformierbarkeit von XML-Dateien mittels XSLT (*Extensible Stylesheet Language*) dar, durch die ermöglicht wird, XML-Dateien in andere Dateiformate

927 Library of Congress, Metadata Object Description Schema, 2020.

928 Library of Congress, Encoded Archival Description, 2020.

929 ICOM International Committee for Communication, LIDO, 2010.

930 CDISC – Clinical Data Interchange Standards Consortium, Operational Data Model (ODM)-XML, 2010, 2013.

931 Vgl. *S. Rühle*, Kleines Handbuch Metadaten, 2012, S. 7.

932 Vgl. *G. Hempel/K. Schmid,* in: Praktische Umsetzung des Rechts auf Datenübertragbarkeit, 3. Aufl., Technisches Gutachten – Social CRM Research Center e.V. Leipzig, S. 236–245, 241; die Flexibilität und relative Einfachheit betonend auch *S. Rühle*, Kleines Handbuch Metadaten, 2012, S. 7; beachtet werden muss dabei aber, dass bei einer Änderung der *DTD* vorangegangene Dokumente invalide werden können.

933 Dazu IV.3.c.

(zum Beispiel PDF), aber auch in andere XML-Dateien (also etwa solche, die anderen Standards folgen) umzuwandeln.[934]

Damit erfüllen XML-Formate zum einen die Anforderungen eines „offenen" Formats. Zum anderen sind über die erwähnte Möglichkeit der Schaffung der Standards und der Erklärung dieser Standards mit dem zugehörigen Schema auch für die Datenportabilität praxistaugliche effektiv anwendbare Lösungen möglich, die einerseits die ausdrücklichen gesetzlichen Anforderungen der Gängigkeit, Strukturiertheit und Maschinenlesbarkeit und andererseits auch das Erfordernis der Ermöglichung von Interoperabilität erfüllen.

b. JavaScript Object Notation (JSON)

Ein weiteres im Zusammenhang mit möglichen Formaten zur Umsetzung der Datenportabilität genanntes[935] Format ist die *JavaScript Object Notation*[936] (JSON). Dabei handelt es sich um ein Datenformat, mit dem Daten strukturiert übertragen und gespeichert werden können und in dessen Struktur die Daten hierarchisch und grundsätzlich beliebig verschachtelt werden können. Eine Abstimmung der Granularität einer JSON-Datei auf den gewünschten Einsatzfall ist möglich.

JSON-Dokumente bestehen in der Regel ebenfalls aus Textzeichen in der UTF-8 Kodierung. Dabei werden „Objekte" durch eine Liste („*Array*") von weiteren Objekten bestimmt. Die weitere Verschachtelung innerhalb der jeweiligen Objekte ist grundsätzlich beliebig weit fortführbar. Objekte beginnen mit {und enden mit }, Listen beginnen mit [und enden mit]. Innerhalb der Objekte finden

934 Vergleiche zur Familie der XSL-Sprachen W3C – World Wide Web Consortium, The Extensible Stylesheet Language Family (XSL), 2017; auch: *F. Deusch/T. Eggendorfer*, Durchsetzung und Vollstreckung der Datenübertragbarkeit, K&R, 2020, S. 105, 107, die jedoch auf den damit entstehenden Zeitaufwand hinweisen.

935 *G. Hempel/K. Schmid*, in: Praktische Umsetzung des Rechts auf Datenübertragbarkeit, 3. Aufl., Technisches Gutachten – Social CRM Research Center e.V. Leipzig, S. 236–245, 242; Artikel-29-Datenschutzgruppe, WP 242 rev.01, 13.12.2016/05.04.2017, S. 21; verwendet im Rahmen des *Download Your Information* Services von Facebook, vgl. Facebook, Data Portability and Privacy, 2019, S. 6: *F. Deusch/T. Eggendorfer*, Durchsetzung und Vollstreckung der Datenübertragbarkeit, K&R, 2020, S. 105, 108, die jedoch näher nur auf XML, CSV und SQL eingehen, dort S. 106 f.; *K. v. Lewinski*, in: Wolff/Brink (Hrsg.), BeckOK Datenschutzrecht, 34. Ed. 2020, Art. 20 DSGVO, Rn. 73.1, verweist auf die Nutzung von JSON durch *Facebook*, vgl. zu dieser Verwendung durch *Facebook* auch I.1. c., besonders Fn. 49.

936 json.org, Einführung in JSON, 2020.

sich Namen/Wert-Paare, wobei der Name Auskunft über den zu erwartenden Inhalt gibt und der Wert den Inhalt angibt. Die Werte können zum Beispiel Zeichenketten, Zahlen oder Boolesche Werte (*true*, *false*) und *null* sein.

```
{
        “firstName”: “Max”,
        “lastName”: “Mustermann”,
        “isAlive”: true,
        “age”: 28
        “address”: {
                “streetAddress”: “Musterstrasse 123”
                “city”: “Musterstadt”,
                “postalCode”: “12345”
        },
        “phoneNumbers”: [
                {
                        “type”: “office”,
                        “number”: “01234-56789”
                },
                {
                        “type”: “mobile”
                        “number”: “0123-4567890”
                }
        ]
        “children”: [],
        “spouse”: null
}
```

Anwendungsbeispiel aus einer Adressdatenbank.

Objekt ist die Eintragung von „Max Mustermann“ in der Datenbank, dieses Objekt ist unterteilt in die Objekte Adresse, Telefonnummer, Kinder und Gatte/Gattin, wobei das Objekt Telefonnummer wiederum einer Liste verschiedener Arten abgespeicherter Telefonnummern enthält.

Diese Art der Darstellung mit der dargestellten minimalistischen Syntax ist – unter anderem wegen des wegfallenden Endtags – oft schon auf den ersten Blick einfacher von Menschen zu lesen und nachzuvollziehen, als die Darstellung mit Tags im Rahmen von XML-Formaten. Das gilt zumindest wenn eine Strukturvorgabe vorhanden ist, denn es muss eine entsprechende Vorgabe definiert sein, damit beide beteiligten Seiten die Daten lesen und bearbeiten können. Zudem verfügt JSON über eine bessere Eignung für AJAX-Anwendungen[937] und

937 „*Asynchronous JavaScript and XML*“: gemeint ist die Ermöglichung des asynchronen Ladens eines Webinhalts, also eine Website zum Beispiel durch Nutzereingaben verändern zu können, ohne sie insgesamt neu laden zu müssen; vgl. auch die Erklärung anhand der Überprüfung des Vergebenseins eines Benutzernamens schon

unterstützt eine Vielzahl von Programmiersprachen (da es von der verwendeten Programmiersprache unabhängig ist[938]).[939] Ein weiterer Vorteil und ein Grund der häufigen Verwendung ist die Reduzierung des *Overheads*[940] und damit schlussendlich der zu übertragenden Datenmenge und der Verarbeitungszeit bei den Transfers auf ein geringeres Maß im Vergleich etwa zu XML.[941]

Im Gegensatz zu XML ist JSON selbst ein Datenaustauschformat. JSON ist eine Syntaxkonvention und enthält im Gegensatz zur Auszeichnungssprache XML keine semantischen Informationen. Daten im JSON-Format sind nicht mit Metadaten versehen, was das Abstimmen mit vorgefertigten Strukturen, die einem anderen syntaktischen Aufbau als die vorhandene JSON-Datei folgt, erschwert. Die Anreicherung mit zusätzlichen Informationen im Rahmen der notwendigen Kategorisierung der Daten im Vorfeld einer Portierung wird damit erschwert und ist von Empfängern, die einen anderen Aufbau verwenden, nicht zwingend weiterverwendbar.

Einfacher ist aber bei Verwendung des JSON-Formats das sogenannte *Parsing*, also die Zerlegung und Umwandlung in ein für die Weiterverarbeitung geeigneteres Format.[942] Dieser Effekt kann jedoch im Einzelfall durch Ersetzen des Endtags bei XML durch „/>“ minimiert werden. Dabei werden die Inhalte in die Attribute übernommen und erfordern damit keinen Endtag, wodurch sich die Datenmenge reduziert, obschon der Validierungsoverhead unverändert bleibt. Ein Nachteil von JSON bzw. ein Vorteil von XML ist die weitere Verbreitung von XML, besonders in Anwendungsgebieten, in denen komplizierte Auszeichnungen notwendig sind. JSON wird als weniger geeignet bei der Darstellung und Übermittlung medialer Daten oder komplexer Dokumente angesehen.[943]

---

während der Eingabe beim Anlegen eines Benutzerkontos: *S. Augsten/C. Kraus*, Was ist Ajax?, 2018.

938 Die Unabhängigkeit von der verwendeten Programmiersprache gilt allerdings auch für XML.

939 w3schools.com, JSON vs XML, 2020; *G. Hempel/K. Schmid*, in: Praktische Umsetzung des Rechts auf Datenübertragbarkeit, 3. Aufl., Technisches Gutachten – Social CRM Research Center e.V. Leipzig, S. 236–245, S. 242.

940 Daten, die (oft aus technischen Gründen) als Zusatzinformationen zu den Nutzdaten bei Übermittlung und Speicherung anfallen, ITWissen.info, Overhead, 2013.

941 Vgl. json.org, JSON: The Fat-Free Alternative to XML, 2020.

942 Vgl. w3schools.com, JSON vs XML, 2020.

943 *G. Hempel/K. Schmid*, in: Praktische Umsetzung des Rechts auf Datenübertragbarkeit, 3. Aufl., Technisches Gutachten – Social CRM Research Center e.V. Leipzig, S. 236–245, S. 242; https://de.wikipedia.org/wiki/JavaScript_Object_Notation#Unterschied_zu_XML 15.07.2020; https://en.wikipedia.org/wiki/JSON#cite_note-40 15.07.2020.

Zusammenfassend erfüllt auch das JSON-Format die herausgearbeiteten Anforderungen an die Offenheit des Formats. Es ist zudem strukturiert, gängig und maschinenlesbar und ermöglicht bei Hinzuziehung entsprechender Metadaten die Interoperabilität.

c. Comma Separated Values (CSV)

Vielfach wird bei der Frage nach denkbaren verfügbaren Formaten zur Ermöglichung der Datenportabilität neben XML und/oder JSON die von der rechtswissenschaftlichen Literatur angeführte Liste in Frage kommender Formate durch das CSV-Format ergänzt.[944] Bei diesem *Comma-Separated Values* Format handelt es sich um ein Dateiformat, bei dem als Textdatei aufgebaute Datensätze gespeichert oder ausgetauscht werden können.[945]

Die Informationen werden im Wesentlichen in Listen oder Tabellen aufgeführt, wobei keine zu verwendende Zeichenkodierung hinsichtlich dieser Listen- oder Tabelleneinteilung festgelegt ist. Ein Zeichen fungiert jeweils zur Trennung einzelner Datensätze, eines zur Trennung bestimmter Datenfelder in einem Datensatz.

```
Stunde, Montag, Dienstag, Mittwoch, Donnerstag, Freitag, Samstag
1, Deutsch, Englisch, Kunst, Mathematik, Mathematik, Frei
2, Englisch, Sport, Geschichte, Deutsch, Deutsch, Frei
3, Sport, Religion, Französisch, Mathematik, Deutsch, Frei
```

repräsentiert folgende Tabelle:

944 So z.B. bei *H.-G. Kamann/M. Braun,* in: Ehmann/Selmayr (Hrsg.), DS-GVO, 2. Aufl. 2018, Art. 20 DSGVO, Rn. 23; *K. v. Lewinski,* in: Wolff/Brink (Hrsg.), BeckOK Datenschutzrecht, 34. Ed. 2020, Art. 20 DSGVO, Rn. 77.1; *M. Rudolph,* in: Schwartmann u. a. (Hrsg.), DS-GVO/BDSG, 2018, Art. 20 DSGVO, Rndr. 69; *L. Franck*, Das System der Betroffenenrechte nach der Datenschutz-Grundverordnung (DS-GVO), RDV, 2016, S. 111, 117, in Fn. 51; *G. Hempel/K. Schmid,* in: Praktische Umsetzung des Rechts auf Datenübertragbarkeit, 3. Aufl., Technisches Gutachten – Social CRM Research Center e.V. Leipzig, S. 236–245, 237; Artikel-29-Datenschutzgruppe, WP 242 rev.01, 13.12.2016/05.04.2017, S. 21; sich im Wesentlichen an letztere anschließend: *F. Deusch/T. Eggendorfer*, Durchsetzung und Vollstreckung der Datenübertragbarkeit, K&R, 2020, S. 105, 108.

945 Eine allgemeine Beschreibung des nicht normierten Formats findet sich im *RFC 4180* beim *IEFT* (*Internet Engineering Task Force*): *Y. Shafranovich*/ietf.org, Common Format and MIME Type for Comma-Separated Values (CSV) Files, 2005.

tunde	Montag	Dienstag	Mittwoch	Donnerstag	Freitag	Samstag
	Deutsch	Englisch	Kunst	Mathematik	Mathematik	Frei
	Englisch	Sport	Geschichte	Deutsch	Deutsch	Frei
	Sport	Religion	Französisch	Mathematik	Deutsch	Frei

Anwendungsbeispiel aus einem Stundenplan.[946]

Dabei ist der erste Teil der Quelltext der CSV-Datei, der als Trennzeichen ein Komma verwendet und die Datensätze mittels Zeilenumbruch trennt. Die erste Zeile gibt in diesem einfachen Beispiel Auskunft über die in den folgenden Zeilen in den jeweiligen Spalten enthaltenen Informationen.

Die Dateien können mit allen gewöhnlichen Texteditoren bearbeitet werden, weshalb die Dateien sehr einfach nachzuvollziehen sind. Für das Format besteht kein allgemein gültiger Standard, die Formatierung oder Reihenfolge der Felder ist nicht vorbestimmt.[947] Schon Datumsangaben sind wegen der unterschiedlichen Datumsformate (zum Beispiel die Monats- und Tagreihenfolge), national unterschiedliche übliche Trennzeichen („." in Deutschland, „/" in Frankreich), Angaben mit oder ohne führende Null daher oft nicht nachvollziehbar. Auch im Zusammenhang mit der Verwendung von Satzzeichen muss individuell durch entsprechende Markierungen festgelegt werden, ob es sich um Satzzeichen oder Trennzeichen zwischen den Datensätzen handelt. Das führt wiederum dazu, dass die Daten – wie auch schon in vielen Fällen bei XML oder JSON – nur bei Kenntnis und Verwendung der gleichen bzw. Anpassung an die gleiche Struktur wie die gelieferte Datei von einem Empfänger verwertet werden kann.[948] Einen Vermerk des verwendeten Zeichensatzes enthält eine CSV-Datei im Gegensatz

946 Vgl. auch *F. Deusch/T. Eggendorfer*, Durchsetzung und Vollstreckung der Datenübertragbarkeit, K&R, 2020, S. 105, 106, mit einem weiteren Beispiel zur Darstellung von Adressen.

947 *J. Gunreben*, Was ist CSV? Einfach erklärt, 2015; auch *F. Deusch/T. Eggendorfer*, Durchsetzung und Vollstreckung der Datenübertragbarkeit, K&R, 2020, S. 105, 106.

948 Vgl. etwa auch in der Darstellung oben: dass die erste Zeile angibt, was in den Spalten steht, wird bei diesem einfachen Beispiel noch ohne weiteres aus dem Zusammenhang erkennbar. Bei komplexeren Datensätzen und maschineller Bearbeitung ist das jedoch nicht zwingend gewährleistet.

zu solchen in einem XML-Format nicht, semantische Informationen werden nicht automatisch mitgeliefert.[949]

Die Datei als solche vermittelt also kein weiterführendes Verständnis über ihren Inhalt. Die Notwendigkeit zu wissen, was in welchem Feld beschrieben wird, hat wiederum zur Folge, dass vor der Übertragung abgeklärt werden muss, an welcher formellen Aufteilung der Informationen sich die jeweils zu übertragende Datei orientiert. XML-Formate dagegen kommen nicht ohne die Definition der Objekte bzw. Tags aus. Daher können komplexere Datenstrukturen mit diesen Formaten leichter in wiederverwendbarer Form beschrieben werden, als das bei CSV der Fall ist[950], gleichwohl auch bezüglich JSON erneut darauf hinzuweisen ist, dass die übergebenen Informationen oftmals mittels mitübertragener Strukturinformationen nachvollziehbar gemacht werden müssen. CSV wird zwar bei einfachen Lösungen für einen möglichen Weg zur Ermöglichung der Interoperabilität angesehen. Dabei wird aber wiederum darauf hingewiesen, dass eine die Interpretation der Daten unterstützende Dokumentation[951] wohl unerlässlich, gleichzeitig aber sehr aufwendig sei und die Interoperabilität so wohl (praktisch) in vielen Fälle nicht umsetzbar sei.[952]

Auch CSV erfüllt zwar grundsätzlich die Voraussetzung des Art. 20 DSGVO und die Herstellung von Interoperabilität ist zwar möglich, jedoch praktisch nicht in vielen Fällen mit vertretbarem Aufwand umsetzbar.

---

949 Vgl. etwa: RYTEWiki, CSV (Dateiformat), 2020; *Y. Shafranovich*/ietf.org, Common Format and MIME Type for Comma-Separated Values (CSV) Files, 2005, S. 1.

950 Vgl. auch: *J. Gunreben*, Was ist CSV? Einfach erklärt, 2015; *G. Hempel/K. Schmid*, in: Praktische Umsetzung des Rechts auf Datenübertragbarkeit, 3. Aufl., Technisches Gutachten – Social CRM Research Center e.V. Leipzig, S. 236–245, 243; *F. Deusch/T. Eggendorfer*, Durchsetzung und Vollstreckung der Datenübertragbarkeit, K&R, 2020, S. 105, 106.

951 Auch bei CSV ist es daher üblich, eine Zeile mit Spaltenbezeichnern mitzuübergeben; vgl. zu den Schwierigkeiten bei der Datenübergabe auch: *F. Deusch/T. Eggendorfer*, Durchsetzung und Vollstreckung der Datenübertragbarkeit, K&R, 2020, S. 105, 106.

952 *J. Drepper/I. Schlünder/K. Buckow*, in: Praktische Umsetzung des Rechts auf Datenübertragbarkeit, 3. Aufl., Praktische Umsetzbarkeit der Datenportabilität im Bereich der medizinischen Forschung, S. 178–196, 193.

d. Portable Document File (PDF)

Kritisch wird dagegen die Verwendung von PDF-Formaten[953] gesehen, die zwar teils als maschinenlesbar eingestuft werden[954] und die auch aufgrund der weiten Verbreitung gängig und aufgrund der Standardisierung des Formats[955] strukturiert[956] seien. Alleine der Umstand, dass eine Datei im PDF-Format vorliegt, ermöglicht aber jedenfalls keine abschließende Aussage über die Erfüllung der Anforderungen des Art. 20 DSGVO.

Denn kann auf der einen Seite eine PDF-Datei den Scan einer händischen Kritzelei willkürlicher Formen auf einem Blatt Papier enthalten, so können auf der anderen Seite auch für die Portabilität geeignete Datensätze etwa in der durch XML oder JSON vorgeschriebenen Weise als PDF-Datei abgespeichert werden. Das zeigt, dass das PDF-Format ohne weitere Spezifikation kein eigenständiges Übertragungsformat darstellen kann.[957] Vielmehr stellen unter anderem XML, JSON und auch CSV mögliche Vorgehensweisen dar, wie Informationen strukturiert werden, die dann wiederum unter anderem auch in einer PDF-Datei angezeigt und gespeichert werden können. In vielen Fällen ist jedoch bei der Verwendung des PDF-Formats der mit ihrer Weiterverwendbarkeit verbundene Aufwand wegen der fehlenden Datenstruktur als so erheblich anzusehen, dass die Effektivität der Datenportabilität dadurch fraglich erscheint.[958]

---

953 Das pdf-Format als ausreichend ansehend: *A. Bartsch/I. Rieke*, Das neue Datenschutzrecht mit Auswirkungen auch auf Energieversorger, EnZW, 2017, S. 435, 440; *H. Krasemann,* in: Jandt/Steidle (Hrsg.), Datenschutz im Internet, 2018, B.III.3. Office-Tools im Internet, Rn. 93; *F. Hermonies,* in: Jandt/Steidle (Hrsg.), Datenschutz im Internet, 2018, B.V. Rechte der Betroffenen, Rn. 44.

954 *M. Hennemann*, Datenportabilität, PinG, 2017, S. 5, 7; *P. Laue/J. Nink/S. Kremer*, Das neue Datenschutzrecht in der betrieblichen Praxis, 2016, § 4, Rn. 66; *H. Krasemann,* in: Jandt/Steidle (Hrsg.), Datenschutz im Internet, 2018, B.III.3. Office-Tools im Internet, Rn. 93.

955 International Organization for Standardization, PDF format becomes ISO standard, 2008, wo auch auf die Eigenschaft als unzweifelhaft eines der gängigsten Formate für elektronische Dokumente hingewiesen wird („*undeniably one of the most commonly used formats for electronic documents*").

956 Anders: *T. Herbst,* in: Kühling/Buchner (Hrsg.), Datenschutz-Grundverordnung/BDSG, 3. Aufl. 2020, Art. 20, Rn. 20.

957 Vgl. zur Verdeutlichung dessen, dass das PDF-Format letztlich nur eine elektronische Form eines Papierausdrucks darstellt auch *K. v. Lewinski,* in: Wolff/Brink (Hrsg.), BeckOK Datenschutzrecht, 34. Ed. 2020, Art. 20 DSGVO, Rn. 75.1.

958 Vgl. zu dieser Schlussfolgerung auch: *G. Hempel/K. Schmid,* in: Praktische Umsetzung des Rechts auf Datenübertragbarkeit, 3. Aufl., Technisches Gutachten – Social CRM

Das PDF-Format ist damit besonders vor dem Hintergrund effektiver Interoperabilität als nicht per se für die Umsetzung der Datenportabilität geeignet anzusehen.

e. Weitere Formate – TXT, XLS(X), HTML

In der juristischen Literatur werden zudem als weitere mögliche Formate, mit denen die Datenportabilität umgesetzt werden könne, das TXT, das RTF-Format und *Excel*-Formate[959] sowie auch der Einsatz von HTML, ODF/*OpenDocument* oder „Ordnerstrukturen"[960] genannt.

Die Verwendung von TXT an sich sagt aber wie auch schon die Verwendung des PDF-Formats nichts über die Erfüllung der Anforderungen an die Datenportabilität aus.[961] Denn bei TXT-Dateien handelt es sich zunächst um die Grundform einer Textdatei, also einen unformatierten Text, an den abgesehen von der Verwendung von Textzeichen als Formatvorgabe keine Anforderungen gestellt sind. Zwar lassen sich etwa die oben genannten Dateiformate wie XML, JSON und CSV auch im TXT-Format darstellen. Ein eigenes Übertragungsformat ist TXT jedoch wie PDF nicht; XML und andere der genannten können wie im PDF-Format auch im TXT-Format angezeigt werden.

Weitere Dateiformate, die in Form einer TXT-Datei – und auch im PDF-Format – angezeigt und gespeichert werden können, sind auch Daten im

---

Research Center e.V. Leipzig, S. 236–245, 243; Artikel-29-Datenschutzgruppe, WP 242 rev.01, 13.12.2016/05.04.2017, S. 21; deutlicher noch bei *A. Dix,* in: Simitis u. a. (Hrsg.), Datenschutzrecht, 2019, Art. 20 DSGVO, Rn. 11, der das pdf-Format für „keine zulässige Übertragungsform hält".

959 *C. Piltz,* in: Gola (Hrsg.), Datenschutz-Grundverordnung, 2. Aufl. 2018, Art. 20 DSGVO, Rn. 21; *A. Bartsch/I. Rieke,* Das neue Datenschutzrecht mit Auswirkungen auch auf Energieversorger, EnZW, 2017, S. 435, 440; offen und das Ergebnis vom Einzelfall abhängig machend hinsichtlich TXT: *K. v. Lewinski,* in: Wolff/Brink (Hrsg.), BeckOK Datenschutzrecht, 34. Ed. 2020, Art. 20 DSGVO, Rn. 73.3; *E. Durmus,* Das Recht auf Datenübertragbarkeit, RDV, 2018, S. 80, 82 (Fn. 16).

960 Diese als Möglichkeiten neben CSV und XML ansehend: *H.-G. Kamann/M. Braun,* in: Ehmann/Selmayr (Hrsg.), DS-GVO, 2. Aufl. 2018, Art. 20 DSGVO, Rn. 23; offen und das Ergebnis vom Einzelfall abhängig machend hinsichtlich HTML, demgegenüber die Voraussetzung als erfüllt ansehend hinsichtlich „Ordnerstrukturen": *K. v. Lewinski,* in: Wolff/Brink (Hrsg.), BeckOK Datenschutzrecht, 34. Ed. 2020, Art. 20 DSGVO, Rn. 73.2 f.

961 In diese Richtung auch *M. Rudolph,* in: Schwartmann u. a. (Hrsg.), DS-GVO/BDSG, 2018, Art. 20 DSGVO, Rn. 69.

RTF-Format, in HTML angeordnete Daten, wie auch die genannten *OpenDocument* Textverarbeitungsdateien. Letztere – auch als *OASIS Open Document Format for Office Applications* (ODF)[962] bezeichnet – ist wiederum eine XML-basierte Auszeichnungssprache, deren Elemente an den Standard HTML angelehnt sind.[963]

Das RTF-Format (*Rich Text Format*) dient zum Austausch von Dateien zwischen den Textverarbeitungsprogrammen verschiedener Betriebssysteme und kann dabei auch formatierte Texte in einer Datenbank darstellen.

Hinsichtlich der *Excel*-Dateien ist zunächst zu unterscheiden: Das früher gebräuchliche xls-Format, das nicht vollständig öffentlich zugänglich ist und das daher als proprietär angesehen werden kann[964], kann aus diesem Grund schon wegen der fehlenden Offenheit im Hinblick auf das Behinderungsverbot problematisch sein. Das aktuelle xlsx-Format hingegen, das seit 2007 von Microsoft Excel verwendet wird, ist nicht proprietär, weshalb es grundsätzlich in Frage kommt.[965] Diese neueren Excel-Formate wiederum basieren ebenfalls auf XML, bzw. auf dem auf XML basierenden OpenXML und können daher im Ergebnis unter diesem Punkt behandelt werden. Eine Datenübertragung, die den Anforderungen des Art. 20 DSGVO entspricht, ist mit ihnen grundsätzlich denkbar, jedoch wohl nur dann praktisch sinnvoll, wenn es um den speziellen Anwendungsbereich von Microsoft Excel, die Tabellenkalkulation und die Darstellung von Daten in Tabellenform, geht.

Ebenso wie viele der erwähnten gibt auch HTML (*Hypertext Markup Language*), eine textbasierte Auszeichnungssprache zur Strukturierung digitaler Dokumente, keine bestimmte Struktur vor.[966] Auch mit HTML treten daher

---

962 Als internationale Norm ISO/IEC 26300 veröffentlicht: International Organization for Standardization, ISO/IEC 26300-1:2015, 2015.

963 OASIS, OASIS Open Document Format for Office Applications (OpenDocument) TC, 2017; auf OASIS wird etwa in Art. 6 der VO (EG) Nr. 715/2007 hinsichtlich des Zugangs zu Reparatur- und Wartungsdaten bezüglich Kraftfahrzeugen als ausdrückliche Formatvorgabe zurückgegriffen und ausgehend von diesem eine Weiterentwicklung angestrebt, vgl. ErwGr. 8 zur VO; auch: *J. Klink-Straub/T. Straub*, Vernetzte Fahrzeuge – portable Daten, ZD, 2018, S. 459, 463.

964 *M. Lingner*, Was ist eine XLS-Datei?, 2018.

965 *M. Lingner*, Was ist eine XLSX-Datei?, 2018; das Excel-Format zum Austausch befürwortend: *S. Brüggemann*, in: Taeger (Hrsg.), Recht 4.0 – Innovationen aus den rechtswissenschaftlichen Laboren, 2017, Das Recht auf Datenportabilität, S. 1, 8.

966 *K. v. Lewinski*, in: Wolff/Brink (Hrsg.), BeckOK Datenschutzrecht, 34. Ed. 2020, Art. 20 DSGVO, Rn. 73.3; *M. Rudolph*, in: Schwartmann u. a. (Hrsg.), DS-GVO/BDSG, 2018, Art. 20 DSGVO, Rn. 69; *S. Göndör*, in: Praktische Umsetzung des Rechts

die Probleme einer nur schwierigen Übernahme der Daten bei einem neuen Verantwortlichen auf.

4. Vorhandene Industriestandards und Anwendungsbeispiele

Neben diesen abstrakt für die Datenportabilität geeigneten Formaten haben sich in manchen Branchen bereits Lösungen für die Übertragung von Daten zwischen verschiedenen Verarbeitungsverantwortlichen herausgebildet. Einige Beispiele werden wegen ihres teilweisen Potentials einer Weiterentwicklung für andere Anwendungsgebiete hier ebenfalls beleuchtet. Damit zeigt sich einerseits die Weiterentwicklung der oben abstrakt beschriebenen Formate in der Praxis, andererseits wird aber auch erneut die starke Sektororientierung bestehender Lösungen deutlich.

a. EDIfact

Bei EDIfact (*Electronic Data Interchange for administration, commerce and transport*) handelt es sich um einen internationalen branchenübergreifenden Standard für den Datenaustausch im Geschäftsverkehr, der für verschiedene Branchen – mit auf die dortigen Bedürfnisse abgestimmten Teilfunktionen – anwendbar ist.

Entwickelt vom UN/CEFACT[967] und kostenlos zugänglich haben sich sogenannte *Subsets* für eine Vielzahl unterschiedlicher Branchen aus Industrie, Dienstleistung und Handel herausgebildet.[968] EDIfact gibt dabei ein standardisiertes Datenformat vor; die in diesem Format gespeicherten Daten können über ein frei wählbares elektronisches Medium ausgetauscht werden. Der Aufbau der Nachrichten und die Nachrichtentypen werden in der Regel halbjährlich mit gegebenenfalls vorgenommenen Änderungen ausgegeben.[969]

---

auf Datenübertragbarkeit, 3. Aufl., The Importance of Data Portability and Interoperability in the Social Web, S. 198–202, 200.

967 „*Centre pour la facilitation des procédures et des pratiques dans l'administration, le commerce et les transports*" der Wirtschaftskommission für Europa der Vereinten Nationen, UN/CEFACT, United Nations Centre for Trade Facilitation and Electronic Business, 2020; UN/CEFACT, Introducing UN/EDIFACT, 2020.

968 Vgl. die Aufzählung bei EDI-Wissen, UN / EDIfact, 2013; vgl. speziell zum sich Subset EANCOM in der Konsumgüterindustrie auch *P. Liegl*, Überblick über dsa EDIFACT EANCOM-Format, 2014.

969 UN/CEFACT, Standards Output – 2011-Present, 2020.

Die Nachrichten im EDIfact-Format werden von einem festgelegten Kürzel, das den Nachrichtentyp definiert, angeführt. Darauf folgen durch Trennungszeichen aufgeteilte Elemente, die den Inhalt der Daten wiedergeben (z.B.: DT M+11:200606200730:203‘ – wobei dieses Beispiel ein Datum beschreibt, „11“ steht für „Versendezeitpunkt“, „200606200730“ steht für Datum und Uhrzeit, also die eigentliche Information, „203“ beschreibt das Datumsformat, hier JJJJMMDDhhmm[970]). Das verwendete Anwendungsprogramm oder ein eigens eingesetzter Konverter muss die EDIfact-Nachricht dementsprechend erzeugen bzw. umwandeln.

Dieses Format hat sich in den betreffenden Branchen als die Mehrheit aller Geschäftsvorgänge erfassend herausgebildet. So verfügen zum Beispiel Standardsysteme wie das ERP von SAP[971] über EDIfact-Schnittstellen.[972] Notwendig für die Anwendung sind aber genaue Fachkenntnisse über die jeweiligen EDIfact-Schnittstellen, alleine die Abstraktheit des Formats erschwert die Lesbarkeit trotz der Möglichkeit einer Anzeige in Textform für Benutzer ohne Fachkenntnisse.[973] Zudem ist das Format abhängig von der Verwendung der vorgegebenen Nachrichtentypen, was es für eine allgemeine Verwendung im Rahmen der Datenportabilität in vielen Fällen der Verarbeitung personenbezogener Daten, die gegebenenfalls andere Nachrichteninhalte betreffen würden, schwerfällig und von der Aufnahme dieser Nachrichtentypen in die Vorgaben von CEFACT abhängig machen würde.

Zusammenfassend kann EDIfact also auf seinem Anwendungsgebiet als eine Lösung zur Übertragung von Daten verwendet werden, ist jedoch nicht uneingeschränkt und breitengeeignet.

---

970 Beispiel aus https://de.wikipedia.org/wiki/EDIFACT 15.07.2020.

971 *Enterprise Resource Planning*, das Hauptprodukt des Unternehmens, vgl. dazu: SAP, ERP Software im Unternehmen integrieren und Prozesse automatisieren, 2020.

972 *G. Hempel/K. Schmid*, in: Praktische Umsetzung des Rechts auf Datenübertragbarkeit, 3. Aufl., Technisches Gutachten – Social CRM Research Center e.V. Leipzig, S. 236–245, S. 241.

973 Vgl. *K. Gutmann*, in: Praktische Umsetzung des Rechts auf Datenübertragbarkeit, 3. Aufl., Beispiele aus der Energiewirtschaft, S. 170–177, S. 174, 176, der EDIfact als „nicht ‚Bürger-kompatibel‘“ und nicht „endkundenpraktikabel“ ansieht und XML-Datenformate für eher geeignet hält.

b. DATANORM

Ein weiteres Beispiel für einen Industriestandard auf dem Gebiet portabler Formate ist DATANORM.[974] Bei DATANORM handelt es sich um ein Standardverfahren für den Artikel- und Stammdatenaustausch zwischen Herstellern, Fachhändlern und dem Handwerk in der Baubranche (vor allem dem Baunebengewerbe), das in einem Produktdatenformat mündet.

Das Format entstand im Wesentlichen aus einer Kooperation verschiedener Verbände, Hersteller und Händler. Die nach diesem Datenformat strukturierten Daten werden sodann in einer einfachen Textdatei (TXT) abgelegt und können von den jeweiligen Verwendern importiert werden. Ein Austauschmedium ist nicht vorbestimmt. Bei der Erzeugung der Datei im DATANORM-Format kommt – wie bei EDIfact – ein spezieller Konverter zum Einsatz, der im Fall von DATANORM aber nicht kostenlos ist.[975] Schon deshalb erscheint die Verwendung dieses Format vor dem Hintergrund des Bedürfnisses nach einem „offenen" Format und einer behinderungsfreien Übertragbarkeit fraglich.

Zwar wird DATANORM als hoch generisch, flexibel und weit verbreitet angesehen.[976] Es ist jedoch – wie auch schon bei EDIfact – vor allem die Spezialisierung der Anwendbarkeit in der Baubranche, die eine breite Verwendung bei der Datenportabilität nach Art. 20 DSGVO schwierig macht.

c. Beispiele aus dem medizinischen Bereich

Ein weiteres Beispiel einer syntaktischen Standardisierung, in der auch semantische Inhalte transportiert werden, sind die von HL7 (*Health Level 7*[977])

---

974 Vgl. *G. Hempel/K. Schmid,* in: Praktische Umsetzung des Rechts auf Datenübertragbarkeit, 3. Aufl., Technisches Gutachten – Social CRM Research Center e.V. Leipzig, S. 236–245, S. 241.

975 datacross media, DATANORM – Das Standardverfahren für den Artikelaustausch in der Baubranche, zu diesem Zeitpunkt zum Preis von EUR 49,50 erhältlich.

976 *G. Hempel/K. Schmid,* in: Praktische Umsetzung des Rechts auf Datenübertragbarkeit, 3. Aufl., Technisches Gutachten – Social CRM Research Center e.V. Leipzig, S. 236–245, 241.

977 Bezugnehmend auf die sogenannten „Schicht 7" des ISO/OSI-Referenzmodells für Kommunikation, also auf die *Application Layer*, vgl. zum OSI-Modell: International Telecommunications Union, ITU-T Recommendations – ITU-T X.200 (07/1994), 1994.

entwickelten Standards zum Datenaustausch im Gesundheitswesen[978], zum Beispiel bei Krankenhaus- und Praxisverwaltungssystemen oder Informationsmanagement- und Leistungsabrechnungssystemen.[979] Diese stellen eine praktische Anwendung des XML-Formats dar.
Auch dabei handelt es sich letztlich um Nachrichtenformate, in denen Informationen nach einem bestimmten Schema aufbereitet sind und weitergegeben werden können. Die Standards von HL7 werden kostenfrei lizensiert,[980] sie kommen daher zunächst als „offene“ Formate in Betracht.
Der weitverbreitete Standard HL7 Version 2.x[981] ist zwar einfach und baut ebenfalls auf einfachen Textdateien auf. Allerdings kann auch dieses Verfahren zum Erstellen der Nachrichten im Wesentlichen mit dem bei DATANORM oder EDIfact verwendeten verglichen werden: Durch ein bestimmtes *Event* wird der Versand einer Nachricht ausgelöst, die schon dadurch einen entsprechenden Code und Aufbau erhält. Die Nachricht setzt sich sodann aus verschiedenen Segmenten zusammen, die Auskunft über die verwendete HL7-Version, Informationen zum Patienten, sowie über den jeweiligen Vorfall geben. Auch dieses Vorgehen beschränkt sich dabei aber auf die Mitteilung einzelfallbezogener Nachrichten auf einem sehr spezialisierten Gebiet und kann nach aktuellem Stand nicht ohne Weiteres bei der Übermittlung einer Gesamtheit von Daten innerhalb eines bestimmten Zeitraums bei einem bestimmten Verantwortlichen, wie es die Datenportabilität erfordert, angewandt werden.[982]
Eher geeignet erscheint dagegen der HL7 Standard *Clinical Document Architecture*, der strukturelle und semantische Eigenschaften „klinischer Dokumente“ zwecks deren Austausch zwischen Gesundheitsdienstleistern und Patienten festlegt.[983] Als Vorteil dieses Standards kann man das Basieren auf XML mit der

---

978 Zur Datenportabilität im medizinischen Bereich auch: *G. Chassang/T. Southerington/O. Tzortzatou/M. Boeckhout/S. Slokenberga*, Data Portability in Health Research and Biobanking, European Data Protection Law Review, 2018, S. 296.

979 HL7 International, Introduction to HL7 Standards, 2020; *H. Krüger-Brand*, Recht auf Datenübertragbarkeit, DÄ, 2018, S. 330, 331; auch *C. Haas*, in: Rienhoff/Semler (Hrsg.), Terminologien und Ordnungssysteme in der Medizin, 2015, Herausforderungen an Interoperabilität im Arzneimittelbereich, S. 135, 136.

980 HL7 International, HL7's Standards Licensed At No Cost, 2012, 2013.

981 HL7 International, HL7 Version 2 Product Suite, 2020.

982 Vgl. auch: *J. Drepper/I. Schlünder/K. Buckow*, in: Praktische Umsetzung des Rechts auf Datenübertragbarkeit, 3. Aufl., Praktische Umsetzbarkeit der Datenportabilität im Bereich der medizinischen Forschung, S. 178–196, 187.

983 HL7 International, CDA® Release 2, 2005.

Möglichkeit der Auswahl unterschiedlicher Granularitätslevel sowie die zusätzliche Möglichkeit der näheren Bestimmung der Präsentation der enthaltenen Informationen über *Stylesheets* ansehen.[984] Im Wesentlichen gilt zu diesem Standard aber das zu XML bereits allgemein Gesagte: Die Ausprägung von XML im CDA-Standard in seiner aktuellen Form ist auf die Bedürfnisse der Zielgruppe in der Medizin zugeschnitten. Eine die Datenportabilität ermöglichende Entwicklungsoffenheit ist wegen der Verwendung von XML als Grundlage aber gegeben.

Im medizinischen Bereich existieren weitere Standardisierungsansätze zur interoperablen Übertragung von Daten. So ist ein technisch auf XML basierender Standard das *Operational Data Model* (ODM) des *Clinical Data Interchange Standards Consortium*[985], das den Austausch und die Speicherung von Daten und Metadaten aus Studien der klinischen Forschung auf standardisierte Weise erlaubt.[986] Standardisierungen auf semantischer Ebene wurden zudem durch die „Medizininformatik-Initiative“ des Bundesministeriums für Bildung und Forschung[987] vorangetrieben, die einen „Kerndatensatz“ erarbeitet hat. Auf einem Basismodul beruhend kann dieser um weitere Module erweitert werden[988] und beinhaltet die Nutzung bestimmter Klassifikationen und Terminologien bzw. internationaler Standards, um bei diesen „Kerndaten“ eine syntaktische und auch semantische Interoperabilität zu erreichen.[989] Beispiel für einen solchen

---

984 Vgl. *J. Drepper/I. Schlünder/K. Buckow*, in: Praktische Umsetzung des Rechts auf Datenübertragbarkeit, 3. Aufl., Praktische Umsetzbarkeit der Datenportabilität im Bereich der medizinischen Forschung, S. 178–196, 187.

985 CDISC – Clinical Data Interchange Standards Consortium, Operational Data Model (ODM)-XML, 2010, 2013.

986 Vgl. auch das Projekt *Medical Data Models* der WWU-Münster, das auf ODM aufbaut, Medical Data Models, MDM-Portal, 2020; sowie *J. Drepper/I. Schlünder/K. Buckow*, in: Praktische Umsetzung des Rechts auf Datenübertragbarkeit, 3. Aufl., Praktische Umsetzbarkeit der Datenportabilität im Bereich der medizinischen Forschung, S. 178–196, 188; zudem mit Nennung einiger weiterer Ansätze aus dem Gebiet der Arzneimittelinformationen: *C. Haas*, in: Rienhoff/Semler (Hrsg.), Terminologien und Ordnungssysteme in der Medizin, 2015, Herausforderungen an Interoperabilität im Arzneimittelbereich, S. 135 ff., 145, dort auch mit Verweis auf RxNorm: US National Library of Medicines, RxNorm, 2020.

987 Medizininformatik-Initiative, Startseite, 2020.

988 Übersicht zu den Modulen im Rahmen dieses Kerndatensatzmodells: Medizininformatik-Initiative, MI-I-Kerndatensatz, 2017.

989 Medizininformatik-Initiative, Arbeitsgruppe Interoperabilität, 2019; vgl. zu den einzelnen Festlegungen zu Standards zur Codierung medizinischer Sachverhalte

aufgenommenen Standard ist *Digital Imaging and Communications in Medicine* (DICOM). Dabei handelt es sich um ein auf der Zusammenfassung von Bildserien aus JPEG- oder TIFF-Dateien basierendes Datenformat, durch das die Daten bildgebender radiologischer Verfahren (Röntgenbilder, MRT-Scans etc.) zusammen mit den zugehörigen Metadaten (Patientenname, Datum, Gerätetyp etc.) für die Empfänger mithilfe eines frei zugänglichen DICOM-*Viewers* lesbar werden.[990]

Besonders der letztgenannte Ansatz kann ein Anhaltspunkt dafür sein, wie die Übertragung bereitgestellter Daten zum Beispiel aus dem von der Kommission anfangs angedachten Anwendungsgebiet des Art. 20 DSGVO, den sozialen Netzwerken mit vielfältigen Bild- und Videouploads, technisch umgesetzt werden kann.

d. Google Data Liberation Front

Das Unternehmen Google hat im Rahmen der seit 2007 bestehenden *Google Data Liberation Front* – einer Abteilung von Google, die sich mit dem Import von Daten zu und dem Export von Google beschäftigt[991] – verschiedene Anwendungen zur Extraktion von Daten entwickelt, die gerade im Anwendungsfall der Sozialen Netzwerke eine Rolle spielen könnten. Dabei handelt es sich aber nicht um ein einzelnes Format oder einen einzelnen Technikstandard, sondern ein Bündel verschiedener Vorgehensweisen, die hier kurz beleuchtet werden.

aa. Takeout

Im Jahr 2011 hat Google den Online-Dienst *Takeout* vorgestellt. Dieser ermöglicht es Google-Nutzern, die von ihnen auf Google-Diensten abgespeicherten oder erzeugten Daten in verschiedenen Standardformaten herunterzuladen.[992]

Dabei werden abhängig von den Google-Produkten, deren Daten von einem Exportwunsch betroffen sind, verschiedene Formate wie XML, JSON und CSV

---

auch: *J. Drepper/I. Schlünder/K. Buckow*, in: Praktische Umsetzung des Rechts auf Datenübertragbarkeit, 3. Aufl., Praktische Umsetzbarkeit der Datenportabilität im Bereich der medizinischen Forschung, S. 178–196, 188 f.

990 International Organization for Standardization, ISO 12052:2017, 2017; DICOM – Digital Imaging and Communication in Medicine, Home, 2020; vgl. auch *H. Krüger-Brand*, Recht auf Datenübertragbarkeit, DÄ, 2018, S. 330, 331.

991 Google, Data Liberation Front, 2011.

992 Google, Google Takeout, 2011 (der Zugriff auf die Seite erfordert die Anmeldung über einen Google-Account).

angeboten[993], allerdings die in den Online-Diensten gewählte Dokumentordnerstrukturen nicht übernommen.[994] Die Daten können auch aus mehreren Produkten gleichzeitig exportiert werden.[995] Dieses Projekt stellte bereits vor Geltungserlangung von Art. 20 DSGVO eine erste Anwendung dar, die den Anforderungen des Art. 20 DSGVO in Teilen genügen kann, insbesondere hinsichtlich der Eigenschaft der verwendeten Formate. Ein Angebot für eine direkte Übertragung zu einem anderen Datenverarbeitungsverantwortlichen, wie es auch Art. 20 Abs. 2 DSGVO vorsieht, wird für „die nahe Zukunft" erwartet.[996]

Kritisch wurde bei diesem Ansatz hauptsächlich gesehen, dass der Umfang der zu exportierenden Daten alleine von Google bestimmt war. So konnten etwa zunächst keine Daten betreffend die vielgenutzten Produkte *Google Search* oder *Google Wallet* exportiert werden.[997] Die Option, auch diese Daten zu exportieren, wurde jedoch zwischenzeitlich hinzugefügt.

bb. Open Social

Bereits ab Ende 2007 wurde unter dem Namen *Open Social* eine Sammlung von Programmierschnittstellen entwickelt, mittels derer speziell auf soziale Netzwerke zugeschnittenen Funktionen von unterschiedlichen Anbietern verknüpft werden können. Das Projekt wird seit 2015 vom *World Wide Web Consortium* (*W3C*) weiterentwickelt.[998] Es bezieht sich aber nicht auf die Übertragung von

993 Vgl. IV.3.

994 *C. Null*, "Liberating" Your Data from Google, and What That Really Means, PC World, 2012, "Liberating" Your Data from Google, and What That Really Means: "*The formatting of this material can be inconsistent*".

995 Vgl. Google, in: Praktische Umsetzung des Rechts auf Datenübertragbarkeit, 3. Aufl., Submission from Google to Stiftung Datenschutz re: Data Portability, S. 146–152, 31. August 2017, Anhang zur Studie der Stiftung Datenschutz, S. 146, 149; *B. Fitzpatrick*, The Data Liberation Front Delivers Google Takeout, 2011.

996 Google, in: Praktische Umsetzung des Rechts auf Datenübertragbarkeit, 3. Aufl., Submission from Google to Stiftung Datenschutz re: Data Portability, S. 146–152, 149.

997 *C. Null*, "Liberating" Your Data from Google, and What That Really Means, PC World, 2012, "Liberating" Your Data from Google, and What That Really Means.

998 World Wide Web Consortium (W3C), OpenSocial Foundation Moves Standards Work to W3C Social Web Activity, 16.12.2014; vgl. auch zur weiteren Erklärung der Funktionsweise: Gesellschaft für Informatik, Open Social, 26.06.2009; zu Fragen der Datensicherheit im Zusammenhang mit *Open Social* vgl. auch: *S. Weiss*, Privacy threat model for data portability in social network applications, International Journal of Information Management, 2009, S. 249, 251.

Daten, die der Nutzer eines sozialen Netzwerks bei diesem mit dem Zweck eingestellt hat, dass diese auf dessen Initiative hin zu einem anderen Verantwortlichen übertragen werden. Vielmehr soll durch eine nicht-proprietäre Struktur ermöglicht werden, dass die Entwickler von Anwendungen von Drittanbietern auf die bei Nutzung sozialer Netzwerke anfallenden Daten zugreifen können, um so interoperable Anwendungen betreiben zu können. Besonders die Verwendung von XML-Formaten und der Einsatz von Metadaten fördert dabei grundsätzlich die effektive Umsetzung der Datenportabilität.

cc. Download Your Data – Data Transfer Project

Die Verwirklichung der Portabilität auch zwischen verschiedenen Verantwortlichen wurde im Juli 2018 durch eine auf das *Takeout* Projekt[999] aufbauende Initiative und die zwischenzeitliche Umbenennung von *Takeout* in *Download Your Data* konkreter: Es wurde ein mit *Microsoft*, *Twitter* und *Facebook* durchgeführtes Kooperationsprojekt, das „*Data Transfer Project*“, angekündigt.[1000] Diesem hat sich im Juli 2019 auch *Apple* angeschlossen, um die Portabilität von Daten in der *iCloud* zu ermöglichen.[1001]

In dieser auf dem *Open Source* Gedanken basierenden Initiative sollten entscheidende technische Fortentwicklungen dahingehend realisiert werden, dass Daten von internen proprietären APIs[1002] einzelner Dienste in ein standardisiertes Format übertragen werden können, das von allen diese Standardformate unterstützenden Anbietern genutzt werden könne. Im Juli 2018 seien bereits für sieben Anbieter Adapter zur Umwandlung von deren internen Formaten auf ein gemeinsames Format auf fünf verschiedenen Feldern der Datenverarbeitung

---

999 Vgl. IV.4.d.aa.

1000 Google u. a., Data Transfer Projekt, 2017; *B. Willard/G. Fair*, Introducing Data Transfer Project: an open source platform promoting universal data portability, 20.07.2018; *U. Bantle/S. Grüner*, Web-Unternehmen starten OSS-Projekt zum Nutzerdatentransfer, 24.07.2018; vgl. auch: *E. Tannam*, Tech titans join forces for the Data Transfer Project – so how will it work?, 20.07.2018; zudem Facebook, Data Portability and Privacy, 2019, S. 6; *K. v. Lewinski*, in: Wolff/Brink (Hrsg.), BeckOK Datenschutzrecht, 34. Ed. 2020, Art. 20 DSGVO, Rn. 78.1.

1001 *R. Brandom*, Apple joins Google, Facebook, and Twitter in data-sharing project, The Verge, 2019; die sog. *iCloud* ist der Online-Datenspeicherdienst des Unternehens *Apple*.

1002 Vgl. dazu IV.2.b.dd.

(„*types of consumer data*") entwickelt worden.[1003] Bei der Umsetzung sollen existierende Standards wie *OAuth*[1004] oder die *REST*-Architektur[1005] zum Einsatz kommen; das Format der einzelnen Dateien soll abhängig vom Inhalt gewählt und mit einen sinnvollen Import ermöglichenden Metadaten versehen werden.[1006] Die verwendeten Standards sollen stetig fortentwickelt werden, das Grundmodell soll aber zentral aus Adaptern zur Authentisierung und Adaptern zur Datenübertragung bestehen. Letztere sollen, zwischen den beiden Verantwortlichen stehend, die Daten in die Datenmodelle des *Data Transfer Projects* umwandeln und sodann die Daten dem Datenmodell des Empfängers anpassen. Die einzelnen Datenmodelle sollen dabei nach Industriesektoren gebündelt werden.[1007]

Zentral ist dabei auch der Ansatz einer *Service-to-Service*-Portabilität, also einer Übertragung unter Wegfall eines Downloads beim alten Verantwortlichen und anschließenden Uploads beim neuen Verantwortlichen durch den jeweiligen Betroffenen zugunsten einer Direktübertragungsmöglichkeit zwischen den zwei Verantwortlichen.[1008] Dies entspricht letztlich der Umsetzung von Art. 20 Abs. 2 DSGVO zumindest hinsichtlich der an dem Projekt teilnehmenden[1009] Unternehmen. Mit dem *Data Transfer Project* wird nach eigenen Angaben das Ziel verfolgt[1010], die Datenportabilität einfach für den Benutzer zu machen und Datensicherheit und Privatheit zu gewährleisten – diesbezüglich angenommene Risiken sind ein vielfach vorgebrachter Kritikpunkt am Konzept der Datenportabilität.[1011] Unter dem Schlagwort

---

1003 *B. Willard/G. Fair*, Introducing Data Transfer Project: an open source platform promoting universal data portability, 20.07.2018.

1004 OAuth Community, Home, 2020.

1005 Vgl. IV.2.b.dd.; *D. Srocke/F. Karlstetter*, Was ist eine REST-API?, 2017; es handelt sich um einen Architekturstil für APIs, der die Maschine-zu-Maschine-Kommunikation standardisiert.

1006 So sollen etwa für Bilder einfache JPG-Dateien mit erklärenden Metadaten verwendet werden, *B. Willard u. a.*, Data Transfer Project: From Theory to Practice, 07/2018, S. 9.

1007 *B. Willard u. a.*, Data Transfer Project: From Theory to Practice, 07/2018, S. 11, 9.

1008 *B. Willard u. a.*, Data Transfer Project: From Theory to Practice, 07/2018, Google White Paper, Juli 2018, S. 6; vgl. zu Möglichkeiten der technischen Umsetzung dieses Vorgehens auch IV.2.b.cc. und dd.

1009 Wegen dieser Einschränkung kritisch: *G. Gebhart/B. Cyphers/K. Opsahl*, What We Mean When We Say "Data Portability", 2018.

1010 *B. Willard u. a.*, Data Transfer Project: From Theory to Practice, 07/2018, S. 5.

1011 Vgl. etwa II.2.b.dd.

„Gegenseitigkeit“[1012] solle durch Transparenz erreicht werden, dass die Benutzer ihre Daten nicht zu unsicheren Verarbeitern übertragen. Außerdem solle der „*focus on a user's data*“ liegen, womit – wie auch mit „*respect everyone*“ – insbesondere die Beschränkung der Portabilität nur ohne Eingriff in Rechte Dritter sowie der Ausschluss nicht benutzergenerierter Daten gemeint sein dürfte. Dieser Ansatz findet sich etwa auch in Art. 20 Abs. 4 DSGVO wieder.

Generell ist der Ansatz in seiner seit Juli 2018 weiterentwickelten Form zwar auf den ersten Blick von der DSGVO vollkommen unabhängig, dürfte aber – nicht zuletzt wegen dieser inhaltlichen Überschreitungen – zumindest auch durch die Notwendigkeit von deren Umsetzung zusätzlich motiviert sein.[1013] Allerdings stellt er im Gegensatz zu den vorgenannten Industriestandards und sektorspezifischen Formatlösungen ein gemessen am Vorhaben flexibleres und schon weiter den Anforderungen des Art. 20 DSGVO gerecht werdendes Lösungskonzept dar. Auch dieses wird nach dem Vorhaben beurteilt letztlich auf die unter IV.2. und 3. erläuterten Methoden und Formate aufbauen und stellt damit vor allem aufgrund der Projektweite einen die Datenportabilität fördernden Ansatz dar: Es plant nicht nur, Formate oder ein bestimmtes Verfahren zur Verfügung zu stellen, sondern strebt die Kombination dieser Gesichtspunkte an.

Zumindest seitens der Ideengeber wird davon ausgegangen, dass durch das Modell des *Data Transfer Project* die einzelnen Datenverarbeiter ermutigt werden, schon aus Kostengründen auf das Verwenden eigener, proprietärer Modelle zu verzichten.[1014] Ob dies tatsächlich der Fall ist, wird allerdings im Einzelfall davon abhängen, ob sich die Verantwortlichen einen höheren Nutzen aus der Geheimhaltung oder aus der Teilnahme an dem Projekt versprechen. Letzteres hängt entscheidend von den im Rahmen der Lock-In- und Netzwerkeffekte getroffenen Erwägungen zu Skalenvorteilen[1015] ab. Eine in der Praxis nach außen bedeutende Fortentwicklung des Projekts fand seit dem Beitritt von *Apple* allerdings nicht mehr statt.[1016]

1012 „*reciprocity*“.

1013 Ebenfalls zu dieser Schlussfolgerung kommend *U. Bantle/S. Grüner*, Web-Unternehmen starten OSS-Projekt zum Nutzerdatentransfer, 24.07.2018; *A. Kratz*, Datenportabilität und „Walled Gardens“, InTeR, 2019, S. 26, 29.

1014 *B. Willard/G. Fair*, Introducing Data Transfer Project: an open source platform promoting universal data portability, 20.07.2018, S. 9.

1015 Vgl. II.3.a.

1016 Google u. a., Data Transfer Project – Current State, Project Updates, Stand Juli 2020.

5. Fazit zur technischen Umsetzung

Die technische Umsetzung der Datenportabilität nach Art. 20 DSGVO ist mit den vorhandenen Techniken theoretisch möglich. Eine Kategorisierung verarbeiteter Daten anhand der Voraussetzungen des Art. 20 DSGVO ist als erster Schritt notwendig, um die Pflichten des Art. 20 DSGVO zu erfüllen, selbst wenn man diese Kategorisierung nicht als direkt von Art. 20 DSGVO vorgeschrieben ansieht.

Bei der Übertragung selbst sind Web-Schnittstellen oder (S)FTP-Server am geeignetsten. XML und JSON sind am geeignetsten, um die Datenportabilität in der Praxis effektiv und auch zum praktischen Nutzen der Beteiligten zu erreichen. Sie erfüllen am besten die Anforderungen der Gängigkeit, Strukturiertheit und Maschinenlesbarkeit aufgrund ihrer vorgegebenen (bzw. bei JSON relativ einfach vermittelbaren) Struktur und sind zudem offen zugänglich. Sie können die – zumindest textlich von Art. 20 DSGVO nicht vorausgesetzte, aber für die praktisch sinnvolle Umsetzung nahezu unumgängliche – Herstellung der Interoperabilität der diese Formate in den Datensätzen verwendenden Systeme ermöglichen. XML-Formate können außerdem gut an das jeweilige Einsatzgebiet angepasst werden; JSON stellt ein datenmengenbezogen schlankeres Format dar. Bei den untersuchten Formaten ist aber die Mitübertragung erklärender Metadaten meist unerlässlich, damit diese nachvollzogen und die Daten weitergenutzt werden können.

Die Vielfalt der schon vor Wirkungserlangung bestehenden Industriestandards, bezieht sich meist auf spezifische Teilbereiche potentiell in Frage kommender Portierungen und erfasst weniger etwa Verarbeitungen durch Big Data Verantwortliche oder andere im Rahmen der Bekämpfung von Lock-In-Effekten interessante Beteiligte. Das zeigt zusammen mit den sektorspezifisch verschiedenen Bedürfnissen, dass ein für jeden denkbaren Anwendungsfall des Art. 20 DSGVO geeignetes, einheitliches Format, nur schwer erreichbar ist. Realistischer ist unter den aktuellen Gegebenheiten daher das Vorgehen von XML als Ausgangspunkt und die darauf basierte Entwicklung von Lösungen, welche die jeweiligen Besonderheiten der verwendeten Informationstypen im Einzelfall berücksichtigen und einen mehrfach verwendbaren Basisstandard erweitern können. Diesem Ansatz kommt – speziell auf Big-Data-Anwendungen bezogen – das *Data Transfer Project* nahe, das allerdings wenig öffentlich präsent und konkret ist und von einem selbstständigen Projektbeitritt potentieller Verantwortlicher abhängt.

All dies zeigt, dass eine technische Umsetzung der Datenportabilität möglich ist. Sie hängt aber weiter in starkem Maße von der Umsetzungsbereitschaft der beteiligten Verantwortlichen ab. So wenig zu unterschätzen wie konkret absehbar ist in diesem Zusammenhang die Rolle der *Blockchain*, die jedoch weniger eine technische Umsetzung, als eine Erledigung des Bedürfnisses nach einer Datenportabilität im Sinne einer Verschiebung althergebracht gespeicherter Daten darstellt.

V. Schlussbetrachtung

Das Recht auf Datenportabilität ist ein Versuch des europäischen Gesetzgebers auf die geänderten Kommunikationsformen in der Gesellschaft seit Anfang des 21. Jahrhunderts zu reagieren. Während der Gedanke der Datenportabilität der Privatwirtschaft und den Vordenkern der modernen Informationstechnologie um das *Silicon Valley* entsprungen ist, hat der Gesetzgeber erstmals in der DSGVO versucht, ein solches Recht in breit anwendbarer Form zu kodifizieren.

Das Recht auf Datenportabilität ist dabei Ausdruck eines sich wandelnden Datenschutzrechts, das sich an die Fortentwicklung der gesellschaftlichen Diskursformen anpasst und sich zur Teilhabesicherung auch wettbewerbsregulatorischer Elemente bedient. Das Datenschutzrecht kann nicht mehr alleine als Abwehrrecht gegen den Staat mit herrschaftsrechtlicher Konzeption und einer Kontrollgewährleistung um ihrer selbst willen bezüglich der Daten, die sich auf eine bestimmte Person beziehen, verstanden werden. Es genügt nicht, die abwehrrechtliche Konzeption des deutschen „Rechts auf informationelle Selbstbestimmung" unmittelbar auch gegenüber privaten Datenverarbeitungsverantwortlichen anzuwenden. Zwar könnte man auch mit der herrschaftsrechtlichen Sichtweise das Recht auf Datenportabilität in das Datenschutzrecht einordnen. Jedoch verursacht das erhebliche Unstimmigkeiten und ist vielerorts von der angesichts der Realität überholten Vorstellung geprägt, dass weniger Datenverarbeitung stets besser als sichere Datenverarbeitung sei. Mit der herrschaftsrechtlichen Sichtweise ist die über die Kontrolle durch den Einzelnen hinausgehende Wirkweise eines Rechts auf Datenportabilität bei gleichzeitigem Ausschluss mancher Datenverarbeitungsbereiche aus dieser Kontrolle nur ungenügend erklärbar. Vielmehr dient das Recht auf Datenportabilität mehr noch als der Stärkung von Individualpositionen der Betroffenen vor allem der Stärkung des Wettbewerbs beziehungsweise seiner (Wieder-)Ermöglichung. Das Recht auf Datenportabilität verfolgt das primäre Ziel, durch die Rechtsgeltendmachungen einzelner Betroffener einen über deren mikroökonomische Entscheidung erreichten makroökonomischen Effekt zu erzielen: die Datenportabilität soll Netzwerkeffekte bzw. Lock-In-Effekte als Wettbewerbs- und Innovationshindernisse angreifbar machen und dabei eine allgemeine Wettbewerbsförderung bezwecken. Zu diesem Zweck wird dem Betroffenen ein Instrument an die Hand gegeben, mit dem er seine Daten von einem Verantwortlichen zu einem anderen übertragen kann. Damit unterscheidet sich das Recht auf Datenportabilität von den meisten anderen wettbewerbsrechtlichen Instrumentarien, die oftmals ein behördliches Vorgehen voraussetzen. Gleichsam kann es gerade durch das Fehlen von Schwellenwerten oder sonstigen markteinflussabhängigen Anforderungen eine besondere innovationsfördernde Wirkung für erweiternde Dienste entfalten. Insgesamt soll das Recht auf Datenportabilität so, vermittelt über die individuellen Rechtsgeltendmachungen, der Regulierung der für die datenbezogene Persönlichkeitsentfaltung verwendeten privaten Ordnungen und sozialen Institutionen dienen. Es soll damit die Teilhabe an der Gestaltung dieser für die gesellschaftliche und demokratische Willensbildung inzwischen fundamentalen datenverarbeitenden Kommunikationsformen absichern.

Die rechtliche Umsetzung der Datenportabilität in Art. 20 DSGVO wird diesem hohen Anspruch allerdings nicht vollständig gerecht. Zwar setzt sich die Einordnung des Rechts in seiner theoretischen Natur als wettbewerbsregulatorisches Datenschutzrecht in vielen Tatbestandsmerkmalen des Art. 20 DSGVO konsequent fort. Schon die faktische Beschränkung auf nicht-öffentliche Stellen durch die Anforderungen der Verarbeitung aufgrund einer Einwilligung oder Vertragserforderlichkeit im Zusammenspiel mit Art. 20 Abs. 3 S. 2 DSGVO legt eine wettbewerbliche Zielrichtung nahe. Ihr liegt der Gedanke zugrunde, dass es bei öffentlichen Stellen keinen Wettbewerber gibt, zu dem die Daten übertragen werden könnten. Weiter knüpft der Bereitstellungsbegriff an den Aufwand an, den der Betroffene bei einem Anbieterwechsel hätte und lässt sich mit dem Begriffspaar der primären, auf einem aktiven Beitrag des Betroffenen beruhenden Daten und der sekundären, auf einem Beitrag des Verantwortlichen beruhenden Daten eindeutiger klären als vielerorts befürchtet. Dabei handelt es sich letztlich um eine handlungsbezogen vertypte Verhältnismäßigkeitsüberlegung, die den Aufwand des Betroffenen gegen die Leistung des Verantwortlichen abwägt. Auch das Merkmal der technischen Machbarkeit für die Direktübermittlung nach Art. 20 Abs. 2 DSGVO erfordert eine Verhältnismäßigkeitsprüfung, die spezifisch auf die technischen Marktgegebenheiten abstellt. Beides ließe sich vor einem rein als Herrschaftsrecht gedachten Datenschutzrecht nur schwer rechtfertigen. Ebenso sind die Formatanforderungen über das Merkmal der Gängigkeit stark marktorientiert. Das Zusammenspiel der Strukturiertheit, Gängigkeit und Maschinenlesbarkeit schreibt zwar kein „interoperables" Format vor, dies schon deshalb nicht, weil nicht ein Format „interoperabel" ist oder nicht, sondern es die Interoperabilität zweier Systeme entweder ermöglicht oder nicht. Die Formatvorgaben verfolgen aber vielmehr den Zweck, ein den Zustand der Interoperabilität zweier Systeme ermöglichendes Format abstrakt zu beschreiben. Sie schaffen dafür die formatbezogenen Grundvoraussetzungen, sodass eine Datenportierung an fehlenden Formatvorgaben nicht grundsätzlich scheitern wird, weil diese die Interoperabilität erst ermöglichen.

Jedoch weist das Recht auf Datenportabilität nach Art. 20 DSGVO vor allem durch das Zusammenspiel des Ausschlusses von Drittrechtsbeeinträchtigungen (Art. 20 Abs. 4 DSGVO) mit der technischen Machbarkeit bei der schnelleren Direktübertragung (Art. 20 Abs. 2 DSGVO) erhebliche Umsetzungsschwierigkeiten auf. Gerade die in der modernen Kommunikation, deren Grundlagen Art. 20 DSGVO wettbewerbsregulatorisch schützen will, relevanten Daten weisen oft einen Drittbezug auf. Zwar sind Daten mit Drittbezug noch nicht über das Betreffensmerkmal von Art. 20 DSGVO ausgeschlossen und der Drittbezug allein betrachtet ist entgegen vieler Annahmen noch kein wesentliches Hindernis, weder durch das Betreffenserfordernis noch über Art. 20 Abs. 4 DSGVO. Die Drittrechtsbeeinträchtigung stellt aber dennoch bei den meisten Fällen von bereitgestellten Daten, die sich nicht ausschließlich auf den antragstellenden Betroffenen beziehen, einen Ausschlussgrund dar; das gilt zumindest für die Übertragung nach Art. 20 Abs. 1 DSGVO, also die Übertragung dergestalt, dass der Betroffene den Datensatz erhält und ihn nach seinem Belieben einem zweiten Verantwortlichen übermitteln kann. Denn die Berührung von Drittrechten verbleibt nach dem Rechtsgedanken der Zweckänderung (Art. 6 Abs. 4 DSGVO) nur dann bei einer Berührung und wird nicht zur Beeinträchtigung, solange der Dritte nachvollziehen kann, wohin die auch ihn betreffenden Daten übertragen werden. Das ist nur bei der Direktübertragung (Art. 20 Abs. 2 DSGVO) der Fall, die allerdings unter dem Vorbehalt der technischen Machbarkeit steht. Durch dieses Zusammenspiel hängt die Wirksamkeit von Art. 20 DSGVO in für die Kommunikation relevanten Bereichen in erheblichem Maß von der technischen Machbarkeit ab, solange der Dritte nicht durch seine Einwilligung einen Rechtfertigungsgrund schafft, der die Portierung über den Betroffenen (Art. 20 Abs. 1 DSGVO) ermöglicht. Da die technische Machbarkeit subjektiv-marktbezogen nach den beteiligten Verantwortlichen zu bestimmen ist, fällt Art. 20 DSGVO in diesem zentralen Bereich seiner bezweckten Schlagrichtung auf eine Abhängigkeit von privatwirtschaftlichen Portabilitätsumsetzungen zurück, deren Stocken Ende der 2000er Jahre die Motivation war, das Recht auf Datenportabilität gesetzlich einzuführen.

Demgegenüber sind aus rein technischer Sicht die Hürden geringer als teils angenommen, hängen aber wesentlich davon ab, dass die verwendeten Datenformate Metadaten verwenden und die Daten bei den Verantwortlichen schnell nachvollziehbar strukturiert werden. Zwar schreibt Art. 20 DSGVO weder eine Echtzeitübertragung noch eine anlasslose Strukturierung vor, doch wird in vielen Fällen den Pflichten aus Art. 20 DSGVO nur bei Vornahme solcher Strukturierungen nach den einzelnen Tatbestandsmerkmalen nachgekommen werden können.

Die praktische Wirksamkeit und Durchschlagskraft des Rechts auf Datenportabilität bleibt abzuwarten. Zwar weist Art. 20 DSGVO die erwähnten in sich selbst angelegten Schwierigkeiten auf. Diese verhindern seine Durchsetzung in vielen Fällen trotz klar bestimmbarer Bereitstellung der Daten und den die Interoperabilität ermöglichenden Formatvorgaben. Doch darf nicht außer Betracht gelassen werden, dass schon alleine durch die Diskussion im Gesetzgebungsverfahren und die Verabschiedung der DSGVO die privatwirtschaftlichen Portabilitätsanstrengungen einerseits einen neuen Schwung gezeigt haben. Andererseits wurden in vielen anderen Ländern Regelungen geschaffen, die an die bei Art. 20 DSGVO problematischen Stellen konkretisierend anknüpfen. Daher erscheint es nicht unwahrscheinlich, dass schon die Signalwirkung des Art. 20 DSGVO eine Förderung der Datenportabilität bewirkt und ebenso zumindest möglich, dass auch der europäische Gesetzgeber die während des Gesetzgebungsverfahrens schrittweise zurückgenommenen Anforderungen und Befugnisse nachjustiert.

VI. Anhang

Kommissionsvorschlag[1017]	**Parlamentsbeschluss**[1018]	**Ratsfassung**[1019]	**DSGVO final**[1020]
ErwGr. 55	ErwGr. 55	ErwGr. 55	ErwGr. 68
Damit die betroffenen Personen eine bessere Kontrolle über ihre eigenen Daten haben und ihr Auskunftsrecht besser ausüben können, sollten sie im Falle einer elektronischen Verarbeitung ihrer personenbezogenen Daten in einem strukturierten gängigen Format ebenfalls Anspruch auf Erhalt einer Kopie der sie betreffenden Daten in einem gängigen elektronischen Format haben.	Damit die betroffenen Personen eine bessere Kontrolle über ihre eigenen Daten haben und ihr Auskunftsrecht besser ausüben können, sollten sie im Falle einer elektronischen Verarbeitung ihrer personenbezogenen Daten in einem strukturierten gängigen Format ebenfalls Anspruch auf Erhalt einer Kopie der sie betreffenden Daten in einem gängigen elektronischen Format haben.	Um im Fall der Verarbeitung personenbezogener Daten mit automatischen Mitteln eine bessere Kontrolle über die eigenen Daten (…)	Um im Fall der Verarbeitung personenbezogener Daten mit automatischen Mitteln eine bessere Kontrolle über die eigenen Daten zu haben, sollte die betroffene Person außerdem berechtigt sein, die sie betreffenden personenbezogenen Daten,

1017 Europäische Kommission, Vorschlag für Verordnung des Europäischen Parlaments und des Rates zum Schutz natürlicher Personen bei der Verarbeitung personenbezogener Daten und zum freien Datenverkehr (Datenschutz-Grundverordnung), KOM, 2012, 11 (endgültig).

1018 Europäisches Parlament, Standpunkt des Parlamentes, konsolidierter Text der Legislativen Entschließung vom 12.03.2014.

1019 Europäischer Rat, 9565/15 – Vorbereitung einer allgemeinen Ausrichtung, 11.06.2015.

1020 Diese Synopse basiert auf BayLDA, Trilog – Synopse der DS-GVO.

Kommissionsvorschlag[1017]	**Parlamentsbeschluss**[1018]	**Ratsfassung**[1019]	**DSGVO final**[1020]
Die betroffene Person sollte auch befugt sein, die von ihr zur Verfügung gestellten Daten von einer automatisierten Anwendung, etwa einem sozialen Netzwerk, auf eine andere Anwendung zu übertragen. Dies sollte dann möglich sein, wenn die betroffene Person die Daten dem automatisierten Verarbeitungssystem mit ihrer ausdrücklichen Einwilligung oder im Zuge der Erfüllung eines Vertrags zur Verfügung gestellt hat.	Die betroffene Person sollte auch befugt sein, die von ihr zur Verfügung gestellten Daten von einer automatisierten Anwendung, etwa einem sozialen Netzwerk, auf eine andere Anwendung zu übertragen.	zu haben, sollte die betroffene Person außerdem berechtigt sein, die sie betreffenden personenbezogenen Daten, die sie einem für die Verarbeitung Verantwortlichen bereitgestellt hat, in einem strukturierten, gängigen und maschinenlesbaren Format zu erhalten und sie einem anderen für die Verarbeitung Verantwortlichen zu übermitteln.	die sie einem Verantwortlichen bereitgestellt hat, in einem strukturierten, gängigen, maschinenlesbaren und interoperablen Format zu erhalten und sie einem anderen Verantwortlichen zu übermitteln.
	Die für Datenverarbeitung Verantwortlichen sollten dazu angehalten werden sollte nahegelegt werden, interoperable Formate zu entwickeln, die die Datenübertragbarkeit ermöglichen.	Dieses Recht sollte dann gelten, wenn die betroffene Person die personenbezogenen Daten mit ihrer ausdrücklichen Einwilligung oder im Zuge der Erfüllung eines Vertrags zur Verfügung gestellt hat.	Die Verantwortlichen sollten dazu aufgefordert werden, interoperable Formate zu entwickeln, die die Datenübertragbarkeit ermöglichen.

Kommissionsvorschlag[1017]	**Parlamentsbeschluss**[1018]	**Ratsfassung**[1019]	**DSGVO final**[1020]
	Dies sollte dann möglich sein, wenn die betroffene Person die Daten dem automatisierten Verarbeitungssystem mit ihrer ausdrücklichen Einwilligung oder im Zuge der Erfüllung eines Vertrags zur Verfügung gestellt hat. ***Anbieter von Diensten der Informationsgesellschaft sollten die Übertragung dieser Daten für die Bereitstellung ihrer Dienste nicht verbindlich vorschreiben.***	<u>Es sollte nicht gelten, wenn die Verarbeitung auf einer anderen Rechtsgrundlage als ihrer ausdrücklichen Einwilligung oder eines Vertrags erfolgt. Dieses Recht sollte naturgemäß nicht gegen für die Verarbeitung Verantwortliche ausgeübt werden, die Daten in Erfüllung ihrer öffentlichen Aufgaben verarbeiten.</u>	Dieses Recht sollte dann gelten, wenn die betroffene Person die personenbezogenen Daten mit ihrer Einwilligung zur Verfügung gestellt hat oder die Verarbeitung zur Erfüllung eines Vertrags erforderlich ist. Es sollte nicht gelten, wenn die Verarbeitung auf einer anderen Rechtsgrundlage als ihrer Einwilligung oder eines Vertrags erfolgt.
		<u>Es sollte daher insbesondere nicht gelten, wenn die Verarbeitung der personenbezogenen Daten zur Erfüllung einer rechtlichen Verpflichtung, der der für die Verarbeitung Verantwortliche unterliegt, oder für die Wahrnehmung einer ihm übertragenen</u>	Dieses Recht sollte naturgemäß nicht gegen Verantwortliche ausgeübt werden, die personenbezogenen Daten in Erfüllung ihrer öffentlichen Aufgaben verarbeiten.

Kommissionsvorschlag[1017]	**Parlamentsbeschluss**[1018]	**Ratsfassung**[1019]	**DSGVO final**[1020]
		Aufgabe, die im öffentlichen Interesse liegt oder in Ausübung einer ihm übertragenen öffentlichen Gewalt erfolgt, erforderlich ist. Das Recht der betroffenen Person, personenbezogene Daten zu übermitteln, begründet für den für die Verarbeitung Verantwortlichen nicht die Pflicht, technisch kompatible Datenverarbeitungssysteme zu übernehmen oder beizubehalten.	Es sollte daher nicht gelten, wenn die Verarbeitung der personenbezogenen Daten zur Erfüllung einer rechtlichen Verpflichtung, der der Verantwortliche unterliegt, oder für die Wahrnehmung einer ihm übertragenen Aufgabe, die im öffentlichen Interesse liegt oder in Ausübung einer ihm übertragenen öffentlichen Gewalt erfolgt, erforderlich ist.
		Ist im Fall eines bestimmten Satzes personenbezogener Daten mehr als eine betroffene Person tangiert, so sollte das Recht auf Übermittlung der Daten die Anforderungen dieser Verordnung an die Rechtmäßigkeit der Verarbeitung	Das Recht der betroffenen Person, sie betreffende personenbezogene Daten zu übermitteln oder zu empfangen, sollte für den Verantwortlichen nicht die Pflicht begründen, technisch kompatible

Kommissionsvorschlag[1017]	**Parlamentsbeschluss**[1018]	**Ratsfassung**[1019]	**DSGVO final**[1020]
		personenbezogener Daten in Bezug auf eine andere betroffene Person unberührt lassen. Dieses Recht sollte zudem das Recht der betroffenen Person auf Löschung ihrer personenbezogenen Daten und die Beschränkungen dieses Rechts gemäß dieser Verordnung nicht berühren und insbesondere nicht bedeuten, dass die Daten, die sich auf die betroffene Person beziehen und von ihr zur Erfüllung eines Vertrags zur Verfügung gestellt worden sind, gelöscht werden, sofern und solange diese Daten für die Erfüllung des Vertrags notwendig sind. (…)	Datenverarbeitungssysteme zu übernehmen oder beizubehalten. Ist im Fall eines bestimmten Satzes personenbezogener Daten mehr als eine betroffene Person tangiert, so sollte das Recht auf Empfang der Daten die Grundrechte und Grundfreiheiten anderer betroffener Personen nach dieser Verordnung unberührt lassen. Dieses Recht sollte zudem das Recht der betroffenen Person auf Löschung ihrer personenbezogenen

Kommissionsvorschlag[1017]	**Parlamentsbeschluss**[1018]	**Ratsfassung**[1019]	**DSGVO final**[1020]
			Daten und die Beschränkungen dieses Rechts gemäß dieser Verordnung nicht berühren und insbesondere nicht bedeuten, dass die Daten, die sich auf die betroffene Person beziehen und von ihr zur Erfüllung eines Vertrags zur Verfügung gestellt worden sind, gelöscht werden, soweit und solange diese personenbezogenen Daten für die Erfüllung des Vertrags notwendig sind. Soweit technisch machbar, sollte die betroffene Person das Recht haben, zu erwirken, dass die personenbezogenen Daten direkt von einem Verantwortlichen einem anderen Verantwortlichen übermittelt werden.

Kommissionsvorschlag[1017]	**Parlamentsbeschluss**[1018]	**Ratsfassung**[1019]	**DSGVO final**[1020]
ErwGr. 130	ErwGr. 130	ErwGr. 130	ErwGr. 167
Um einheitliche Bedingungen für die Anwendung dieser Verordnung sicherzustellen, sollten der Kommission Durchführungsbefugnisse übertragen werden zur Festlegung von Standardvorlagen für die Verarbeitung personenbezogener Daten von Kindern, Standardverfahren und -vorlagen für die Ausübung der Rechte der betroffenen Person, Standardvorlagen für die Unterrichtung der betroffenen Person, Standardverfahren und -vorlagen für das Auskunftsrecht und das Recht auf Datenübertragbarkeit,	Um einheitliche Bedingungen für die Anwendung dieser Verordnung sicherzustellen, sollten der Kommission Durchführungsbefugnisse übertragen werden zur Festlegung von:	Um einheitliche Bedingungen für die Anwendung dieser Verordnung sicherzustellen, sollten der Kommission Durchführungsbefugnisse in Bezug auf Folgendes übertragen werden: (…)	Zur Gewährleistung einheitlicher Bedingungen für die Durchführung dieser Verordnung sollten der Kommission Durchführungsbefugnisse übertragen werden, wenn dies in dieser Verordnung vorgesehen ist.

Kommissionsvorschlag[1017]	**Parlamentsbeschluss**[1018]	**Ratsfassung**[1019]	**DSGVO final**[1020]
Standardvorlagen betreffend die Pflichten des für die Verarbeitung Verantwortlichen in Bezug auf Datenschutz durch Technik und datenschutzfreundliche Voreinstellungen sowie in Bezug auf Dokumentation, besonderen Anforderungen für die Sicherheit der Verarbeitung, Standardformat und Verfahren für die Meldung einer Verletzung des Schutzes von personenbezogenen			Diese Befugnisse sollten nach Maßgabe der Verordnung (EU) Nr. 182/2011 des Europäischen Parlaments und des Rates ausgeübt werden. In diesem Zusammenhang sollte die Kommission besondere Maßnahmen für Kleinstunternehmen sowie kleine und mittlere Unternehmen erwägen.
Daten bei der Aufsichtsbehörde und für die Benachrichtigung der betroffenen Person, Standards und Verfahren für Datenschutz-Folgenabschätzungen, Verfahren und Vorlagen für die vorherige Genehmigung und vorherige Zurateziehung der Aufsichtsbehörde, technischen Standards und Verfahren für die Zertifizierung,	Standardvorlagen für ***spezielle Arten der Erlangung einer nachprüfbaren Einwilligung für*** die Verarbeitung personenbezogener Daten von Kindern, ***Standardvorlagen*** für die ***Benachrichtigung*** der betroffenen ***Personen zur Wahrnehmung ihrer Rechte***,	Standardvertragsklauseln für Verträge zwischen für die Verarbeitung Verantwortlichen und Auftragsverarbeitern sowie zwischen Auftragsverarbeitern; Verhaltensregeln; (…) technische Standards und Verfahren für die Zertifizierung;	

Kommissionsvorschlag[1017]	**Parlamentsbeschluss**[1018]	**Ratsfassung**[1019]	**DSGVO final**[1020]
Anforderungen an die Angemessenheit des Datenschutzniveaus in einem Drittland oder in einem Gebiet oder Verarbeitungssektor dieses Drittlands oder in einer internationalen Organisation, Fällen der Datenweitergabe, die nicht im Einklang mit dem Unionsrecht stehen, Vorschriften für die Amtshilfe, gemeinsamen Maßnahmen und Beschlüssen im Rahmen des Kohärenzverfahrens. Diese Befugnisse sollten nach Maßgabe der Verordnung(EU) Nr. 182/2011 des Europäischen Parlaments und des Rates vom 16.	Standardvorlagen für die Unterrichtung der betroffenen Person, ***Standardvorlagen*** für das Auskunftsrecht, ***einschließlich der Mitteilung der personenbezogenen Daten an die betroffene Person,*** Standardvorlagen betreffend die ***von dem*** für die Verarbeitung Verantwortlichen ***und dem Auftragsverarbeiter aufzubewahrende*** Dokumentation, ***die Standardvorlage*** für die Meldung einer Verletzung des Schutzes von personenbezogenen Daten bei der Aufsichtsbehörde und ***Dokumentation der Verletzung des Schutzes von personenbezogenen Daten,*** Vorlagen für die vorherige ***Konsultation und Benachrichtigung*** der Aufsichtsbehörde.	Anforderungen an die Angemessenheit des Datenschutzniveaus in einem Drittland oder in einem Gebiet oder Verarbeitungssektor dieses Drittlands oder in einer internationalen Organisation; Standarddatenschutzklauseln; Formate und Verfahren für den Informationsaustausch zwischen für die Verarbeitung Verantwortlichen, Auftragsverarbeitern und Aufsichtsbehörden im Hinblick auf verbindliche unternehmensinterne Datenschutzvorschriften; (…) Amtshilfe (…);	

Kommissionsvorschlag[1017]	**Parlamentsbeschluss**[1018]	**Ratsfassung**[1019]	**DSGVO final**[1020]
Februar 2011 zur Festlegung der allgemeinen Regeln und Grundsätze, nach denen die Mitgliedstaaten die Wahrnehmung der Durchführungsbefugnisse durch die Kommission kontrollieren, ausgeübt werden. Die Kommission sollte besondere Maßnahmen für Kleinst-, Klein- und Mittelunternehmen erwägen.	Diese Befugnisse sollten nach Maßgabe der Verordnung (EU) Nr. 182/2011 des Europäischen Parlaments und des ***Rates*** ausgeübt werden. Die Kommission sollte besondere Maßnahmen für Kleinst-, Klein- und Mittelunternehmen erwägen.	Vorkehrungen für den elektronischen Informationsaustausch zwischen Aufsichtsbehörden und zwischen Aufsichtsbehörden und dem Europäischen Datenschutzausschuss. Diese Befugnisse sollten nach Maßgabe der Verordnung (EU) Nr. 182/2011 des Europäischen Parlaments und des Rates vom 16. Februar 2011 zur Festlegung der allgemeinen Regeln und Grundsätze, nach denen die Mitgliedstaaten die Wahrnehmung der Durchführungsbefugnisse durch die Kommission kontrollieren, ausgeübt werden. Die Kommission sollte besondere Maßnahmen für Kleinstunternehmen sowie kleine und mittlere Unternehmen erwägen.	

Kommissionsvorschlag[1017]	**Parlamentsbeschluss**[1018]	**Ratsfassung**[1019]	**DSGVO final**[1020]
Art. 18	Art. 15	Art. 18	Art. 20
1. Werden personenbezogene Daten elektronisch in einem strukturierten gängigen elektronischen Format verarbeitet, hat			
die betroffene Person das Recht, von dem für die Verarbeitung Verantwortlichen eine Kopie der verarbeiteten Daten in einem von ihr weiter verwendbaren strukturierten gängigen elektronischen Format zu verlangen.			

Kommissionsvorschlag[1017]	**Parlamentsbeschluss**[1018]	**Ratsfassung**[1019]	**DSGVO final**[1020]
2. Hat die betroffene Person die personenbezogenen Daten zur Verfügung gestellt und basiert die Verarbeitung auf einer Einwilligung oder einem Vertrag, hat die betroffene Person das Recht, diese personenbezogenen Daten sowie etwaige sonstige von ihr zur Verfügung gestellte Informationen, die in einem automatisierten Verarbeitungssystem gespeichert sind, in einem gängigen elektronischen Format in ein anderes System zu überführen, ohne dabei von dem für die Verarbeitung Verantwortlichen, dem die personenbezogenen Daten entzogen werden, behindert zu werden.	***2a. Hat die betroffene Person die personenbezogenen Daten zur Verfügung gestellt und werden diese elektronisch verarbeitet, hat sie das Recht, von dem für die Verarbeitung Verantwortlichen eine Kopie der zur Verfügung gestellten personenbezogenen Daten in einem interoperablen gängigen elektronischen Format zu verlangen, das sie weiter verwenden kann, ohne dabei von dem für die Verarbeitung Verantwortlichen, von dem die personenbezogenen Daten herausgegeben werden, behindert zu werden.***	2. Die betroffene Person hat das Recht, die sie betreffenden personenbezogenen Daten, die sie einem für die Verarbeitung Verantwortlichen bereitgestellt hat, in einem strukturierten,	(1) Die betroffene Person hat das Recht, die sie betreffenden personenbezogenen Daten, die sie einem Verantwortlichen bereitgestellt hat, in einem strukturierten, gängigen und maschinenlesbaren Format zu erhalten, und sie hat das Recht, diese Daten einem anderen Verantwortlichen ohne Behinderung durch den Verantwortlichen, dem die personenbezogenen Daten bereitgestellt wurden, zu übermitteln, sofern

Kommissionsvorschlag[1017]	**Parlamentsbeschluss**[1018]	**Ratsfassung**[1019]	**DSGVO final**[1020]
	Soweit technisch machbar und verfügbar, werden die Daten auf Verlangen der betroffenen Person unmittelbar von dem für die Verarbeitung Verantwortlichen an einen anderen für die Verarbeitung Verantwortlichen übermittelt.	gängigen und maschinenlesbaren Format zu erhalten, und sie hat das Recht, diese Daten einem anderen für die Verarbeitung Verantwortlichen ohne Behinderung durch den für die Verarbeitung Verantwortlichen, dem die Daten bereitgestellt wurden, zu übermitteln, sofern die Verarbeitung auf einer Zustimmung gemäß Artikel 6 Absatz 1 Buchstabe a oder Artikel 9 Absatz 2 Buchstabe a oder auf einem Vertrag gemäß Artikel 6 Absatz 1 Buchstabe b beruht und die Verarbeitung mit automatischen Mitteln erfolgt.	a) die Verarbeitung auf einer Einwilligung gemäß Artikel 6 Absatz 1 Buchstabe a oder Artikel 9 Absatz 2 Buchstabe a oder auf einem Vertrag gemäß Artikel 6 Absatz 1 Buchstabe b beruht und
			b) die Verarbeitung mithilfe automatisierter Verfahren erfolgt.

Kommissionsvorschlag[1017]	Parlamentsbeschluss[1018]	Ratsfassung[1019]	DSGVO final[1020]
			(2) Bei der Ausübung ihres Rechts auf Datenübertragbarkeit gemäß Absatz 1 hat die betroffene Person das Recht, zu erwirken, dass die personenbezogenen Daten direkt von einem Verantwortlichen einem anderen Verantwortlichen übermittelt werden, soweit dies technisch machbar ist.
	Dieser Artikel gilt unbeschadet der Verpflichtung, nicht mehr benötigte Daten gemäß Artikel 5 Absatz 1 Buchstabe e zu löschen.	2a. Die Ausübung dieses Rechts lässt Artikel 17 unberührt. Das Recht gemäß Absatz 2 gilt nicht für eine Verarbeitung, die für die Wahrnehmung einer Aufgabe erforderlich ist, die im öffentlichen Interesse liegt oder in Ausübung öffentlicher Gewalt erfolgt, die dem für die Verarbeitung Verantwortlichen übertragen wurde.	(3) Die Ausübung des Rechts nach Absatz 1 des vorliegenden Artikels lässt Artikel 17 unberührt. Dieses Recht gilt nicht für eine Verarbeitung, die für die Wahrnehmung einer Aufgabe erforderlich ist, die im öffentlichen Interesse liegt oder in Ausübung öffentlicher Gewalt erfolgt, die dem Verantwortlichen übertragen wurde.

Kommissionsvorschlag[1017]	**Parlamentsbeschluss**[1018]	**Ratsfassung**[1019]	**DSGVO final**[1020]
		2aa. Das Recht gemäß Absatz 2 gilt nicht, wenn die Offenlegung personenbezogener Daten die Rechte an geistigem Eigentum im Zusammenhang mit der Verarbeitung dieser personenbezogenen Daten verletzen würde.	(4) Das Recht gemäß Absatz 1 darf die Rechte und Freiheiten anderer Personen nicht beeinträchtigen.
3. Die Kommission kann das elektronische Format gemäß Absatz 1 festlegen sowie die technischen Standards, Modalitäten und Verfahren für die Überführung der personenbezogenen Daten gemäß Absatz 2. Die entsprechenden Durchführungsrechtsakte werden in Übereinstimmung mit dem Prüfverfahren gemäß Artikel 87 Absatz 2 erlassen.			

Literaturverzeichnis

African Union, Convention on Cybersecurity and Personal Data Protection, https://au.int/sites/default/files/treaties/29560-treaty-0048_-_african_union_convention_on_cyber_security_and_personal_data_protection_e.pdf (letzter Abruf: 23.07.2020)

African Union, Status List zur Convention on Cybersecurity and Personal Data Protection, https://au.int/sites/default/files/treaties/29560-sl-AFRICAN%20UNION%20CONVENTION%20ON%20CYBER%20SECURITY%20AND%20PERSONAL%20DATA%20PROTECTION.pdf (letzter Abruf: 23.07.2020)

Albers, Marion, in: Haratsch, Andreas (Hrsg.), Herausforderungen an das Recht der Informationsgesellschaft, Stuttgart u. a. 1996, Zur Neukonzeption des grundrechtlichen „Daten"schutzes, S. 113–140.

Albers, Marion, Informationelle Selbstbestimmung, Baden-Baden 2005

Albers, Marion, in: Ehlers, Dirk/Fehling, Michael/Pünder, Hermann (Hrsg.), Besonderes Verwaltungsrecht, 3. Aufl., Heidelberg u. a. 2013, § 62 Datenschutzrecht, S. 1148–1189.

Albrecht, Jan Philipp, Das neue EU-Datenschutzrecht. Von der Richlinie zur Verordnung – Überblick und Hintergründe für den finalen Text der Datenschutz-Grundverordnung der EU nach der Einigung im Trilog, CR, 2016, S. 88–98.

Albrecht, Jan Philipp/Jotzo, Florian, Das neue Datenschutzrecht der EU. Grundlagen, Gesetzgebungsverfahren, Synopse, Baden-Baden 2017

Allison, Kevin, Social networks may find it does not pay to be too possessive, Financial Times, 2008

Almunia, Joaquín, Competition and Personal Data Protection. Speech, Privacy Platform event: Competition and Privacy in Markets of Data, 2012, http://europa.eu/rapid/press-release_SPEECH-12-860_en.htm (letzter Abruf: 24.07.2020)

Aretz, Christian, Meine Daten, meine Kontrolle, DuD, 2019, S. 13–15.

Aretz, Christian, Meine Daten, meine Kontrolle, DuD, 2019, S. 13–15.

Artikel-29-Datenschutzgruppe, 01.07.2012, WP 196. Stellungnahme 05/2012 zum Cloud-Computing,

Artikel-29-Datenschutzgruppe, 02.04.2013, WP 203. Opinion 03/2013 on purpose limitation,

Artikel-29-Datenschutzgruppe, 13.12.2016, WP 242. Leitlinien zum Recht auf Datenübertragbarkeit,

Artikel-29-Datenschutzgruppe, 13.12.2016/05.04.2017, WP 242 rev.01. Leitlinien zum Recht auf Datenübertragbarkeit,

Athey, Susan/Catalini, Christian/Tucker, Catherine, The Digital Privacy Paradox: Small Money, Small Costs, Small Talk, 2017, https://people.stanford.edu/athey/sites/default/files/digital_privacy_paradox_02_13_17.pdf (letzter Abruf: 27.08.2018)

Augsten, Stephan/Kraus, Chrissi, Was ist Ajax? Definition „Asynchronous JavaScript and XML", 2018, https://www.dev-insider.de/was-ist-ajax-a-782233/ (letzter Abruf: 27.09.2019)

Ausschuss für bürgerliche Freiheiten, Justiz und Inneres, Bericht über den Vorschlag für eine Verordnung des Europäischen Parlaments und des Rates zum Schutz natürlicher Personen bei der Verarbeitung personenbezogener Daten und zum freien Datenverkehr (allgemeine Datenschutzverordnung) – (COM(2012)0011 – C7-0025/2012 – 2012/0011(COD)), http://www.europarl.europa.eu/sides/getDoc.do?pubRef=-//EP//TEXT+REPORT+A7-2013-0402+0+DOC+XML+V0//DE (letzter Abruf: 31.10.2018)

Ausschuss für Industrie, Forschung und Energie, Stellungnahme für den LIBE-Ausschuss vom 26.02.2013, http://www.europarl.europa.eu/sides/getDoc.do?pubRef=-//EP//NONSGML+COMPARL+PE-496.562+02+DOC+PDF+V0//DE&language=DE (letzter Abruf: 31.10.2018)

Bantle, Ulrich/Grüner, Sebastian, Web-Unternehmen starten OSS-Projekt zum Nutzerdatentransfer, 24.07.2018, https://www.golem.de/news/dsgvo-web-unternehmen-starten-oss-projekt-zum-nutzerdatentransfer-1807-135650.html (letzter Abruf: 26.10.2018)

Bapat, Anita, The New Right to Data Portability, Privacy & Data Protection, S. 3–4.

Barrett, Daniel J./Silverman, Richard/Klicman, Peter, SSH: Secure Shell. Ein umfassendes Handbuch, Dt. Ausg., Sebastopol, CA 2002

Bartsch, Alexander/Rieke, Inga, Das neue Datenschutzrecht mit Auswirkungen auch auf Energieversorger, EnZW, 2017, S. 435–441.

BayLDA, Trilog – Synopse der DS-GVO, https://www.datenschutz-grundverordnung.eu/wp-content/uploads/2016/02/baylda_synopse.pdf (letzter Abruf: 31.10.2018)

Benedikt, Kristin, Datenportabilität – das neue Recht des Betroffenen, RDV, 2017, S. 189–190.

Berlin Open Data, Schritt für Schritt – Formatauswahl. Die Maschinenlesbarkeit der Formate ist ein wichtiges Kriterium., 2015, https://daten.berlin.de/datenbereitsteller/schritt-fuer-schritt/formatauswahl (letzter Abruf: 07.05.2019)

Berners-Lee, Tim, Solid. Homepage, 2016, https://solid.mit.edu/.

Berners-Lee, Tim, Long Live the Web: A Call for Continued Open Standards and Neutrality, Scientific American, 22.11.2010

BEUC, Response, http://collections.internetmemory.org/haeu/20171122154227/http://ec.europa.eu/justice/news/consulting_public/0003/contributions/organisations/beuc_en.pdf (letzter Abruf: 29.10.2018)

BITKOM, 18.05.2012, Stellungnahme zum Vorschlag der EU-Kommission für eine Datenschutz-Grundverordnung vom 25.01.2012,

BITKOM, 14.03.2017, Stellungnahme zum Recht auf Datenübertragbarkeit nach Art. 20 Datenschutz-Grundverordnung,

Bizannes, Why Every Site Should Have A Data Portability Policy, TechCrunch

BKartA, 29.03.2012, Leitfaden zur Marktbeherrschung in der Fusionskontrolle,

BKartA, 06/2016, Arbeitspapier: Marktmacht von Plattformen und Netzwerken,

BKartA, Oktober 2017, Big Data und Wettbewerb,

BKartA, 06.02.2019, B6-22/16 – Fallbericht: Facebook.

BMWi, 2015, Weißbuch Digitale Plattformen. Digitale Innovation für Wachstum, Innovation, Wettbewerb und Teilhabe,

BMWi, 2018, Modernisierung der Missbrauchsaufsicht für marktmächtige Unternehmen,

BMWi, 2019, Ein neuer Wettbewerbsrahmen für die Digitalwirtschaft. Bericht der Kommission Wettbewerbsrecht 4.0,

Brandom, Russell, Apple joins Google, Facebook, and Twitter in data-sharing project, The Verge, 2019

Bräutigam, Peter/Schmidt-Wudy, Florian, Das geplante Auskunfts- und Herausgaberecht des Betroffenen nach Art. 15 der EU-Datenschutzgrundverordnung. Ein Diskussionsbeitrag zum anstehenden Trilog der EU-Gesetzgebungsorgane, CR, 2015, S. 56–63.

Britz, Gabriele, in: Hoffmann-Riem, Wolfgang (Hrsg.), Offene Rechtswissenschaft. Ausgewählte Schriften von Wolfgang Hoffmann-Riem mit begleitenden Analysen, Tübingen 2010, Informationelle Selbstbestimmung zwischen rechtswissenschaftlicher Grundsatzkritik und Beharren des Bundesverfassungsgerichts, S. 561–596.

Brockmeyer, Henning, Treuhänder für Mobilitätsdaten – Zukunftsmodell für hoch- und vollautomatisierte Fahrzeuge? Erwägungen zur ausstehenden Regulierung des Speicherorts für die Daten nach § 63a Abs. 1 StVG, ZD, 2018, S. 258–263.

Brüggemann, Sebastian, in: Taeger, Jürgen (Hrsg.), Recht 4.0 – Innovationen aus den rechtswissenschaftlichen Laboren, Edewecht 2017, Das Recht auf Datenportabilität, S. 1–12.

Brüggemann, Sebastian, Das Recht auf Datenportabilität. Die neue Macht des Datensubjekts und worauf Unternehmen sich einstellen müssen, K&R, 2018, S. 1–5.

Busch, Christoph, Fairness und Transparenz in der Plattformökonomie. Der Vorschlag für eine EU-Verordnung über Online-Plattformen, IWRZ, 2018, S. 147–152.

Calliess, Christian/Ruffert, Matthias (Hrsg.), EUV/AEUV. Das Verfassungsrecht der Europäischen Union mit Europäischer Grundrechtecharta: Kommentar, 5. Aufl., München 2016

CDISC – Clinical Data Interchange Standards Consortium, Operational Data Model (ODM)-XML https://www.cdisc.org/standards/transport/odm, 2010, 2013, https://www.cdisc.org/standards/data-exchange/odm (letzter Abruf: 12.04.2019)

Centre for Information and Policy Leadership, Comments by the Centre for Information Policy Leadership on the Article 29 Data Protection Working Party's "Guidelines on the right to data portability" (adopted 13 December 2016), https://www.informationpolicycentre.com/uploads/5/7/1/0/57104281/cipl_comments_on_wp29_data_portability_guidelines_15_february_2017.pdf (letzter Abruf: 27.02.2019)

Chaos Computer Club, Datenbrief, https://www.ccc.de/datenbrief (letzter Abruf: 25.10.2018)

Chassang, G./Southerington, T./Tzortzatou, O./Boeckhout, M./Slokenberga, S., Data Portability in Health Research and Biobanking, European Data Protection Law Review, 2018, S. 296–307.

Checkdomain, SSH – Ausführliche Erklärung, 2020, https://www.checkdomain.de/hosting/lexikon/ssh/ (letzter Abruf: 24.07.2020)

Computerwoche Tec Workshop, BI-Datenmanagement (Teil 1): Datenaufbereitung durch den ETL-Prozess. Grundlagenserie Business Intelligence, 2020, https://www.tecchannel.de/a/bi-datenmanagement-teil-1-datenaufbereitung-durch-den-etl-prozess,1746250,3 (letzter Abruf: 124.07.2020)

Connexions/*Coppin, Sarah/Hendricks, Brent/Bearden, Chuck*, XML Basics, 2000, https://cnx.org/contents/y48G-dHz@25/XML-Basics (letzter Abruf: 15.07.2020)

Conseil d'Etat Luxembourg, 12.03.2013, Avis 49.937,

Contributor, Facebook, Google and Plaxo Join the DataPortability Workgroup, TechCrunch

Correa, Juan A., Innovation and competition: An unstable relationship, J. Appl. Econ., 2012, S. 160–166.

Crémer, Jacques/Montjoye, Yves-Alexandre de/Schweitzer, Heike, 2019, Competition Policy for the Digital Era. FInal Report,

Cryptolist, Was ist eine Blockchain?, https://www.cryptolist.de/was-ist-blockchain (letzter Abruf: 16.07.2020)

Custers, Bart/Uršič, Helena, Big data and data reuse: a taxonomy of data reuse for balancing big data benefits and personal data protection, International Data Privacy Law, 2016, 4.

Cyphers, Bennett/O'Brien, Danny, Facing Facebook: Data Portability and Interoperability Are Anti-Monopoly Medicine, 2018, https://www.eff.org/deeplinks/2018/07/facing-facebook-data-portability-and-interoperability-are-anti-monopoly-medicine (letzter Abruf: 18.09.2019)

Czernik, Agnieszka, Wie funktioniert ein digitales Zertifikat?, 2016, https://www.datenschutzbeauftragter-info.de/wie-funktioniert-ein-digitales-zertifikat/ (letzter Abruf: 25.09.2019)

datacross media, DATANORM – Das Standardverfahren für den Artikelaustausch in der Baubranche, https://www.datanorm.de/DATANORM/WasIstDATANORM (letzter Abruf: 29.07.2020)

Datenethikkommission, 23.10.2019, Gutachten der Datenethikkommission,

Datenschutzbeauftragte des Bundes und der Länder, 08./09.10.2018, Marktmacht und informationelle Selbstbestimmung. 88. Konferenz der Datenschutzbeauftragten des Bundes und der Länder,

Dehaye, Paul-Olivier/Poikola, Antti, Comments on Data Portability guidelines, 2017, https://medium.com/mydata/comments-on-data-portability-guidelines-2102d447f73b (letzter Abruf: 02.12.2019)

DeHert, Paul/Papakonstantinou, Vagelis/Malgieri, Gianclaudio/Beslay, Laurent/Sanchez, Ignacio, The right to data portability in the GDPR: Towards user-centric interoperability of digital services, Computer Law & Security Review, 2018, S. 193–203.

Dehmel, Susanne/Hullen, Nils, Auf dem Weg zu einem zukunftsfähigen Datenschutz in Europa? Konkrete Auswirkungen der DS-GVO auf Wirtschaft, Unternehmen und Verbraucher, ZD, 2013, S. 147–153.

Deusch, Florian/Eggendorfer, Tobias, Durchsetzung und Vollstreckung der Datenübertragbarkeit, K&R, 2020, S. 105–111.

DICOM – Digital Imaging and Communication in Medicine, Home, 2020, https://www.dicomstandard.org/ (letzter Abruf: 12.04.2019)

Diker Vanberg, Aysem/Ünver, Mehmet Bilal, The right to data portability in the GDPR and EU competation law: odd couple or dynamic duo?, EJLT, 2017

DirectTrust.org, Inc., What is DirectTrust?, 2012, https://www.directtrust.org/about-directtrust/ (letzter Abruf: 24.07.2020)

DirectTrust.org, Inc., Comment to ONC on Draft 2017 Interoperability Standards Advisory, 2017, http://www.directtrust.org/wp-content/uploads/2016/11/DirectTrusts-Comments-to-ONC-on-Draft-2017-Interoperability-Standards-Advisory.pdf (letzter Abruf: 25.10.2018)

Domain Factory, SSH. Was ist SSH und wofür wird es benötigt?, 2020, https://www.df.eu/de/support/df-faq/webhosting/webspace-zugriff/ssh/ (letzter Abruf: 24.07.2020)

Drepper, Johannes/Schlünder, Irene/Buckow, Karoline, in: Praktische Umsetzung des Rechts auf Datenübertragbarkeit. Rechtliche, technische und verbraucherbezogene Implikationen, 3. Aufl. 2018, Praktische Umsetzbarkeit der Datenportabilität im Bereich der medizinischen Forschung, S. 178–196.

Drexl, Josef, Neue Regeln für die Europäische Datenwirtschaft? Ein Plädoyer für einen wettbewerbspolitischen Ansatz – Teil 2, NZKart, 2017, S. 415–421.

Drexl, Josef, Data Access and Control in the Era of Connected Devices. Study on behalf of BEUC 2018

Druschel, Johannes/Lehmann, Michael, „Ein digitaler Binnenmarkt für digitale Güter", CR, 2016, S. 244–251.

Dublin Core Metadata Initiative, DCMI Metadata Terms, 2012, http://www.dublincore.org/specifications/dublin-core/dcmi-terms/ (letzter Abruf: 12.04.2019)

Duden, „bereitstellen", https://www.duden.de/rechtschreibung/bereitstellen (letzter Abruf: 12.03.2019)

Durmus, Erdem, Das Recht auf Datenübertragbarkeit, RDV, 2018, S. 80–85.

Economics Online, Positive Externalities, 2020, https://www.economicsonline.co.uk/Market_failures/Positive_externalities.html (letzter Abruf: 24.07.2020)

ECOWAS, Supplementary Act A/SA.1/01/10 on Personal Data Protection within ECOWAS, https://ccdcoe.org/sites/default/files/documents/ECOWAS-100216-PersonalDataProtection.pdf (letzter Abruf: 25.10.2018)

EDI-Wissen, UN / EDIfact, 2013, http://edi-wissen.de/edi/datenformate-nachritenstandards/unedifact/ (letzter Abruf: 07.05.2019)

EDI-Wissen, SFTP/SCP, 2013, http://edi-wissen.de/edi/kommunikationswege-datenquellen-senken/eher-offentliche-wege/sftpscp/ (letzter Abruf: 10.04.2019)

Ehle, Kristina/Werner, Jannis, Online-Inhalte auf Europareise. Zum Entwurf einer Portabilitätsverordnung für Online-Inhalte in der EU, CR, 2016, S. 376–381.

Ehlers, Dirk/Fehling, Michael/Pünder, Hermann (Hrsg.), Besonderes Verwaltungsrecht, 3. Aufl., Heidelberg u. a. 2013

Ehmann, Eugen/Selmayr, Martin (Hrsg.), DS-GVO. Datenschutz-Grundverordnung: Kommentar, 2. Aufl., München, Wien 2018

Elfering, Stephanie, Unlocking the Right to Data Portability 2019

Engels, Barbara, Data portability among online platforms, Internet Policy Review, 2016, S. 1–17.

Eßer, Martin/Kramer, Philipp/Lewinski, Kai von (Hrsg.), Auernhammer – DSGVO/BDSG. Datenschutz-Grundverordnung, Bundesdatenschutzgesetz und Nebengesetze: Kommentar, 6. Aufl., Köln 2018

EU Network of Independent Experts on Fundamental Rights, Juni 2006, Commentary of the Charter of Fundamental Rights of the European Union,

EuGH, Handel mit gebrauchter Software - UsedSoft, m. Anm. Heydn, MMR, 2012, S. 586–593.

Europäische Kommission, Consultation on the Commission's comprehensive approach to personal data protection in the European Union. Eingegangene Stellungnahmen und Zusammenfassung, 2010, http://collections.internetmemory.org/haeu/20171123002954/http:/ec.europa.eu/justice/newsroom/data-protection/opinion/101104_en.htm (letzter Abruf: 30.10.2018)

Europäische Kommission, Summary of Replies to the Public Consultation about the Future Legal Framework for the Protection of Personal Data, 2010, http://collections.internetmemory.org/haeu/20171122154227/http://ec.europa.eu/justice/news/consulting_public/0003/summary_replies_en.pdf (letzter Abruf: 29.10.2018)

Europäische Kommission, Bank accounts: expert group recommends ways to improve customer mobility, 2007, https://europa.eu/rapid/press-release_IP-07-765_en.htm (letzter Abruf: 01.08.2019)

Europäische Kommission, 03.10.2014, COMP/M. 7217.

Europäische Kommission, 15.04.2015, MEMO/15/4781. Antitrust: Commission sends Statement of Objections to Google on comparison shopping service,

Europäische Kommission, Bekanntmachung der Kommission über die Definition des Relevanten Marktes im Sinne des Wettbewerbsrechts der Gemeinschaft, ABl., 97/C 372/5

Europäische Kommission, Leitlinien zur Bewertung horizontaler Zusammenschlüsse gemäß der Ratsverordnung über die Kontrolle von Unternehmenszusammenschlüssen, ABl., 2004/C 31/03

Europäische Kommission, Gesamtkonzept für den Datenschutz in der Europäischen Union, KOM, 2010, 609 (endgültig).

Europäische Kommission, Vorschlag für Verordnung des Europäischen Parlaments und des Rates zum Schutz natürlicher Personen bei der Verarbeitung personenbezogener Daten und zum freien Datenverkehr (Datenschutz-Grundverordnung), KOM, 2012, 11 (endgültig).

Europäische Kommission, Commission Staff Working Paper, Impact Assessment. Accompanying the GDPR, SEC, 2012, 72 (final).

Europäische Kommission, Vorschlag für eine Verordnung des Europäischen Parlaments und des Rates zur Gewährleistung der grenzüberschreitenden Portabilität von Online-Inhaltediensten im Binnenmarkt, KOM, 2015(627) final

Europäische Kommission, Mitteilung an das Europäische Parlament, den Rat, den Europäischen Wirtschafts- und Sozialausschuss und den Ausschuss der Regionen: Strategie für einen digitalen Binnenmarkt für Europa, KOM, 2015(192) final

Europäische Kommission, Richtlinie des Europäischen Parlamentes und des Rats über bestimmte vertragsrechtliche Aspekte der Bereitstellung digitaler Inhalte, KOM, 2015(634) final

Europäische Kommission, Aufbau einer europäischen Datenwirtschaft, KOM, 2017(9) final

2. Europäische Kommission, Annex European Interoperability Framework – Implementation Strategy, KOM, 2017(134) final, Annex to the Communication from the Commission to the European Parliament, the Council, the European Economic and Social Committee and the Committee of the Regions, 23.03.2017

Europäische Kommission, Commission Staff Working Document on the free flow of data and emerging issues of the European data economy. Accompanying the document Communication Building a European data economy, KOM, 2017(9) (final)

Europäische Kommission, Vorschlag für eine Verordnung des Europäischen Parlaments und des Rates zur Förderung von Fairness und Transparenz für gewerbliche Nutzer von Online-Vermittlungsdiensten, KOM, 2018, 238 (endgültig).

Europäischer Datenschutzausschuss, 25.05.2018, Endorsement 1/2018,

Europäischer Datenschutzbeauftragter, Opinion of the European Data Protection Supervisor on the Communication from the Commission to the European Parliament, the Council, the Economic and Social Committee and the Committee of the Regions – "A comprehensive approach on data protection in the European Union", 2011, https://edps.europa.eu/sites/edp/files/publication/11-01-14_personal_data_protection_en.pdf (letzter Abruf: 30.10.2018)

Europäischer Datenschutzbeauftragter, Stellungnahme vom 07.03.2012 zum Datenschutzreformpaket, https://edps.europa.eu/sites/edp/files/publication/12-03-07_edps_reform_package_de.pdf (letzter Abruf: 02.11.2018)

Europäischer Datenschutzbeauftragter, Stellungnahme 03/2015 – Eine große Chance für Europa. Empfehlungen des EDSB zu den Optionen der EU für die Datenschutzreform, https://edps.europa.eu/sites/edp/files/publication/15-10-09_gdpr_with_addendum_de.pdf (letzter Abruf: 02.11.2018)

Europäischer Datenschutzbeauftragter, Stellungnahme 09/2016 vom 20.10.2016 zu Systemen für das Personal Information Management (PIM), 2016, https://edps.europa.eu/sites/edp/files/publication/16-10-20_pims_opinion_de.pdf (letzter Abruf: 11.04.2019)

Verordnung (EG) Nr. 1/2003 zur Durchführung der in den Artikeln 81 und 82 des Vertrags niedergelegten Wettbewerbsregeln 16.12.2002

Europäischer Rat, 15395/14, 2014, https://data.consilium.europa.eu/doc/document/ST-15395-2014-INIT/en/pdf (letzter Abruf: 27.02.2019)

Europäischer Rat, 8835/15 – Chapter III and horizontal issues, including Chapter II, Article 6, 2015, http://data.consilium.europa.eu/doc/document/ST-8835-2015-INIT/en/pdf (letzter Abruf: 31.10.2018)

Europäischer Rat, 9565/15 – Vorbereitung einer allgemeinen Ausrichtung, 11.06.2015, http://data.consilium.europa.eu/doc/document/ST-9565-2015-INIT/de/pdf (letzter Abruf: 31.10.2018)

Europäischer Rat, Begründung des Rates: Standpunkt (EU) Nr. 6/2016 des Rates in erster Lesung im Hinblick auf den Erlass einer Verordnung des Europäischen Parlaments und des Rates zum Schutz natürlicher Personen bei der Verarbeitung personenbezogener Daten und zum freien Datenverkehr und zur Aufhebung der Richtlinie 95/46/EG (Datenschutz-Grundverordnung), ABl., 2016/C 159/83

Europäisches Parlament, Standpunkt des Parlamentes, konsolidierter Text der Legislativen Entschließung vom 12.03.2014, http://www.europarl.europa.eu/sides/getDoc.do?pubRef=-//EP//TEXT+TA+P7-TA-2014-0212+0+DOC+XML+V0//DE#BKMD-6 (letzter Abruf: 24.07.2020)

Europäisches Parlament, Legislative Entschließung des Europäischen Parlaments vom 14. April 2016 zu dem Standpunkt des Rates in erster Lesung im Hinblick auf den Erlass der Verordnung des Europäischen Parlaments und des Rates zum Schutz natürlicher Personen bei der Verarbeitung personenbezogener Daten, zum freien Datenverkehr und zur Aufhebung der Richtlinie 95/46/EG (Datenschutz-Grundverordnung) (05419/1/2016 – C8-0140/2016 – 2012/0011(COD)) (Ordentliches Gesetzgebungsverfahren: zweite Lesung). P8_TA(2016)0125, 2016, http://www.europarl.europa.eu/sides/get

Doc.do?pubRef=-//EP//TEXT+TA+P8-TA-2016-0125+0+DOC+XML+V0//DE (letzter Abruf: 05.11.2018)

Europäisches Parlament, Entschließung des Europäischen Parlaments vom 6. Juli 2011 zum Gesamtkonzept für den Datenschutz in der Europäischen Union (2011/2025(INI)). Datenschutz in der Europäischen Union, 2011, http://www.europarl.europa.eu/sides/getDoc.do?pubRef=-//EP//NONSGML+TA+P7-TA-2011-0323+0+DOC+PDF+V0//DE (letzter Abruf: 30.10.2018)

Richtlinie 2002/22/EG – Universaldiensterichtlinie 07.03.2002

Richtlinie 2002/22/EG über den Universaldienst und Nutzerrechte bei elektronischen Kommunikationsnetzen und -diensten 07.03.2002

Richtlinie 2002/21/EG über einen gemeinsamen Rechtsrahmen für elektronische Kommunikationsnetze und -dienste (Rahmenrichtlinie) 07.03.2002

Konsolidierter Text: RL 2003/98/EG über die Weiterverwendung von Informationen des öffentlichen Sektors 17.11.2003

Richtlinie 2007/2/EG zur Schaffung einer Geodateninfrastruktur in der Europäischen Gemeinschaft (INSPIRE) 14.03.2007

Richtlinie 2009/24/EG über den Rechtsschutz von Computerprogrammen (kodifizierte Fassung) 23.04.2009

Richtlinie 2013/37/EU zur Änderung der RL 2003/98/EG über die Weiterverwendung von Informationen des öffentlichen Sektors 26.06.2013

Europäisches Parlament/Europäischer Rat, Vorschlag für eine Richtlinie des Europäischen Parlaments und des Rates über bestimmte vertragsrechtliche Aspekte der Bereitstellung digitaler Inhalte. COM/2015/0634 final – 2015/0287 (COD), 09.12.2015, https://eur-lex.europa.eu/legal-content/DE/TXT/?uri=CELEX%3A52015PC0634 (letzter Abruf: 18.06.2020)

Verordnung (EU) 2016/679 zum Schutz natürlicher Personen bei der Verarbeitung personenbezogener Daten, zum freien Datenverkehr und zur Aufhebung der Richtlinie 95/46/EG (Datenschutz-Grundverordnung), ABl. 2016/L 119/1 27.04.2016

Verordnung (EU) 2017/1128 zur grenzüberschreitenden Portabilität von Online-Inhaltediensten im Binnenmarkt 14.06.2017

Richtlinie (EU) 2019/770 – Richtlinie über bestimmte vertragsrechtliche Aspekte der Bereitstellung digitaler Inhalte 20.05.2019

Richtlinie (EU) 2019/1024 über offene Daten und die Weiterverwendung von Informationen des öffentlichen Sektors – PSI-Richtlinie 20.06.2019

Europäisches Parlament/Europäischer Rat, Richtlinie 96/9/EG des Europäischen Parlaments und des Rates vom 11. März 1996 über den rechtlichen Schutz von Datenbanken, ABl., 1996/L 77/20

Europäisches Parlament/Europäischer Rat, Beschluss Nr. 922/2009/EG des Europäischen Parlaments und des Rates vom 16. September 2009 über Interoperabilitätslösungen für europäische öffentliche Verwaltungen (ISA), ABl., 2009/L 260/20

Europäisches Parlament/Europäischer Rat, Richtlinie (EU) 2016/943 des Europäischen Parlamentes und des Rates vom 8. Juni 2016 über den Schutz vertraulichen Know-hows und vertraulicher Geschäftsinformationen (Geschäftsgeheimnisse) vor rechtswidrigem Erwerb sowie rechtswidriger Nutzung und Offenlegung, ABl., 2016/L 157/1

Europäisches Parlament/Europäischer Rat, Berichtigung der Verordnung (EU) 2016/679 des Europäischen Parlaments und des Rates vom 27. April 2016 zum Schutz natürlicher Personen bei der Verarbeitung personenbezogener Daten, zum freien Datenverkehr und zur Aufhebung der Richtlinie 95/46/EG (Datenschutz-Grundverordnung), ABl., 2018/L 127, S. 2–8.

Europäisches Parlament/Europäischer Rat, Richtlinie (EU) 2019/1024 des Europäischen Parlaments und des Rates vom 20. Juni 2019 über offene Daten und die Weiterverwendung von Informationen des öffentlichen Sektors (Neufassung), ABl., 2019/L 172/56

Facebook, 2019, Data Portability and Privacy. Charting a Way Forward,

Facebook Developers, Getting Started with the Graph API. An introduction to Facebook's Graph API which is the primary way to programmatically integrate with Facebook – publishing Open Graph stories, reading data about the current user – their details, likes and interests and friends. 2013

Farber, Dan, Google's Sergey Brin: Facebook and Apple a threat to Internet freedom, cnet, 15.04.2012

Feess, Eberhard, Externer Effekt – Definition, 2020, https://wirtschaftslexikon.gabler.de/definition/externer-effekt-34801 (letzter Abruf: 24.07.2020)

Fezer, Karl-Heinz. Geschichte, Systematik, Grundlagen, in: Fezer, Karl-Heinz/Büscher, Wolfgang/Obergfell, Eva Inés (Hrsg.), Lauterkeitsrecht. Kommentar zum Gesetz gegen den unlauteren Wettbewerb (UWG), 3. Aufl., München 2016, Einleitung

Fezer, Karl-Heinz/Büscher, Wolfgang/Obergfell, Eva Inés (Hrsg.), Lauterkeitsrecht. Kommentar zum Gesetz gegen den unlauteren Wettbewerb (UWG), 3. Aufl., München 2016

Fialová, Eva, Data Portability and Informational Self-Determination, Masaryk University Journal of Law and Technology, 2014, S. 45–55.

Fitzpatrick, Brian, The Data Liberation Front Delivers Google Takeout, 2011, http://dataliberation.blogspot.de/2011/06/data-liberation-front-delivers-google.html (letzter Abruf: 26.10.2018)

ForgeRock, Profile and Privacy Management Dashboard – Product Brief, 2018, https://www.forgerock.com/resources/view/66374473/product-brief/profile-privacy-management-dashboard.pdf (letzter Abruf: 27.09.2019)

ForgeRock, Profile and Privacy Management Dashboard – Homepage, 2020, https://www.forgerock.com/platform/identity-management/profile-and-privacy-management-dashboard (letzter Abruf: 24.07.2020)

Franck, Lorenz, Das System der Betroffenenrechte nach der Datenschutz-Grundverordnung (DS-GVO), RDV, 2016, S. 111–119.

Fraunhofer Institut Optronik, Systemtechnik und Bildauswertung (IOSB), 2013, visIT [Interoperabilität]. Essay Interoperabilität,

Freudenberg, Christian/Manz, Christian, Rechtliche Auswirkungen der Europäischen Datenschutz-Grundverordnung (DS-GVO) auf den Non-Profit-Bereich und praktischer Handlungsbedarf für Non-Profit-Organisationen, npoR, 2018, S. 145–152.

Gebhart, Gennie/Cyphers, Bennett/Opsahl, Kurt, What We Mean When We Say "Data Portability", 2018, https://www.eff.org/deeplinks/2018/09/what-we-mean-when-we-say-data-portability (letzter Abruf: 24.07.2020)

Gelles, David, Facebook accused of restricting its users, Financial Times, 11.07.2009

George J. Stigler Center for the Study of the Economy and the State, 01.07.2019, Committee for the Study of Digital Platforms, Market Structure and Antitrust Subcommittee: Report,

Geradin, Damien/Kuschewsky, Monika, Competition Law and Personal Data: Preliminary Thoughts on a Complex Issue, SSRN Journal, 2013

Gerl, Armin/Pohl, Dirk, in: Praktische Umsetzung des Rechts auf Datenübertragbarkeit. Rechtliche, technische und verbraucherbezogene Implikationen, 3. Aufl. 2018, The Right to data portability between legal possibilities and technical boundaries, S. 204–220.

Gersdorf, Hubertus/Paal, Boris P. (Hrsg.), BeckOK Informations- und Medienrecht, 28. Aufl., München 2020

Gesellschaft für Informatik, Open Social, 26.06.2009, https://gi.de/informatiklexikon/open-social/ (letzter Abruf: 26.10.2018)

Gierschmann, Sibylle, Was „bringt" deutschen Unternehmen die DS-GVO? Mehr Pflichten, aber die Rechtsunsicherheit bleibt, ZD, 2016, S. 51–55.

Gierschmann, Sibylle/Schlender, Katharina/Stentzel, Rainer/Veil, Winfried (Hrsg.), Kommentar Datenschutz-Grundverordnung, Köln 2018

github (Hrsg.), Solid – Re-decentralizing the web (project directory), https://github.com/solid/solid (letzter Abruf: 24.07.2020) github (Hrsg.), Solid Specification, https://github.com/solid/solid-spec (letzter Abruf: 24.07.2020)

Gola, Peter, Beschäftigtendatenschutz und EU-Datenschutz-Grundverordnung, EuZW, 2012, S. 332–336.

Gola, Peter (Hrsg.), Datenschutz-Grundverordnung. VO (EU) 2016/679: Kommentar, 2. Aufl., München 2018

Gola, Peter/Schomerus, Rudolf (Hrsg.), Bundesdatenschutzgesetz. BDSG; Kommentar = BDSG, 12. Aufl., München 2015

Göndör, Sebastian, in: Praktische Umsetzung des Rechts auf Datenübertragbarkeit. Rechtliche, technische und verbraucherbezogene Implikationen, 3. Aufl. 2018, The Importance of Data Portability and Interoperability in the Social Web, S. 198–202.

Google, Data Liberation Front, 2011, https://sites.google.com/a/dataliberation.org/www/home (letzter Abruf: 26.10.2018)

Google, Google Takeout, 2011, https://takeout.google.com/settings/takeout (letzter Abruf: 26.10.2018)

Google. 31. August 2017, in: Praktische Umsetzung des Rechts auf Datenübertragbarkeit. Rechtliche, technische und verbraucherbezogene Implikationen, 3. Aufl. 2018, Submission from Google to Stiftung Datenschutz re: Data Portability, S. 146–152.

Google/Facebook/Microsoft/Twitter, Data Transfer Projekt, 2017, https://datatransferproject.dev/ (letzter Abruf: 26.10.2018)

Google/Facebook/Microsoft/Twitter/Apple, Data Transfer Project – Current State, Project Updates, https://datatransferproject.dev/updates (letzter Abruf: 16.07.2020)

Graef, Inge, Mandating portability and interoperability in online social networks. Regulatory and competition law issues in the European Union, Telecommunications Policy, 2015, S. 502–514.

Graef, Inge, EU Competition Law, Data Protection and Online Platforms: Data as an Essential Facility 2016

Graef, Inge/Husovec, Martin/Purtova, Nadezhda, Data Portability and Data Control. Lessons for an Emerging Concept in EU Law, Tilburg Law School Legal Studies Research Paper Series, 2017, S. 1–27.

Graef, Inge/Verschakelen, Jeroen/Valcke, Peggy, Putting the Right to Data Portability into a Competition Law Perspective, Law: The Journal of the Higher School of Economics, Annual Review, 2013, S. 53–63.

Code de Commerce,

Grave, Carsten/Nyberg, Jenny, Die Rolle von Big Data bei der Anwendung des Kartellrechts, WuW, 2017, S. 363–368.

Greenwood, Bill, MySpace, Facebook, Google Integrate Data Portability, Information Today, 2008, S. 27.

Grimm, Dieter, Der Datenschutz vor einer Neuorientierung, JZ, 2013, S. 585–592.

Gruenderszene.de, Web-APIs – Ein nicht-technischer Erklärungsversuch. APIs sind der Grundstein der Softwareentwicklung. Doch was steckt wirklich hinter dem Begriff?, 2009, https://www.gruenderszene.de/allgemein/web-apis-ein-nicht-technischer-erklarungsversuch (letzter Abruf: 10.04.2019)

Gsell, Beate, Der europäische Richtlinienvorschlag zu bestimmten vertragsrechtlichen Aspekten der Bereitstellung digitaler Inhalte. Vortrag auf der Arbeitssitzung »Verträge über digitale Inhalte – Überblick und Auswirkungen auf das Urheberrecht« des Instituts für Urheber- und Medienrecht am 10.11.2017 in München, ZUM, 2018, S. 75–82.

Gunreben, Jonas, Was ist CSV? Einfach erklärt, 2015, https://praxistipps.chip.de/was-ist-csv-einfach-erklaert_42907 (letzter Abruf: 12.04.2019)

Gutmann, Klemens, in: Praktische Umsetzung des Rechts auf Datenübertragbarkeit. Rechtliche, technische und verbraucherbezogene Implikationen, 3. Aufl. 2018, Beispiele aus der Energiewirtschaft, S. 170–177.

Haas, Christine, in: Rienhoff, Otto/Semler, Sebastian Claudius (Hrsg.), Terminologien und Ordnungssysteme in der Medizin. Standortbestimmung und Handlungsbedarf in den deutschsprachigen Ländern, Berlin 2015, Herausforderungen an Interoperabilität im Arzneimittelbereich, S. 135–148.

Hammer, Volker/Knopp, Michael, Datenschutzinstrumente Anonymisierung, Pseudonyme und Verschlüsselung, DuD, 2015, S. 503–509.

Haratsch, Andreas (Hrsg.), Herausforderungen an das Recht der Informationsgesellschaft, Stuttgart u. a. 1996

Härting, Niko, Starke Behörden, schwaches Recht – der neue EU Datenschutzentwurf, BB, 2012, S. 459–466.

Härting, Niko, Datenschutz-Grundverordnung. Das neue Datenschutzrecht in der betrieblichen Praxis, digitale Originalausgabe, Köln 2016

Härting, Niko, Was ist eigentlich eine „Kopie“. Zur Auslegung des Art. 15 Abs. 3 S. 1 DSGVO, CR, 2019, S. 219–225.

Härting, Niko/Konrad, Lasse, Kein Unterlassungsanspruch: Warum § 1004 BGB auf Datenschutzverstöße nicht anwendbar ist, CROnline, 2019

Hatje, Armin/Müller-Graff, Peter-Christian (Hrsg.), Enzyklopädie Europarecht II. EnzEur, Baden-Baden 2014

Haucap, Justus/Heimeshoff, Ulrich, Google, Facebook, Amazon, eBay: Is the Internet driving competition or market monopolization?, Int Econ Econ Policy, 2014, S. 49–61.

Heinemann, Andreas/Straub, Tobias, Datenschutz muss benutzbar sein. Wie Usable Security and Privacy die Ausübung von Betroffenenrechten erleichtern kann, DuD, 2019, 7–12.

Hempel, Gunnar/Schmid, Karl, in: Praktische Umsetzung des Rechts auf Datenübertragbarkeit. Rechtliche, technische und verbraucherbezogene Implikationen, 3. Aufl. 2018, Technisches Gutachten – Social CRM Research Center e.V. Leipzig, S. 236–245.

Hennemann, Moritz, Datenportabilität, PinG, 2017, S. 5–8.

Henry-Moßmann, NIcole, XML – was ist das? Einfach erklärt, 2018, https://praxistipps.chip.de/xml-was-ist-das-einfach-erklaert_47836 (letzter Abruf: 12.04.2019)

HL7 International, CDA® Release 2, 2005, http://www.hl7.org/implement/standards/product_brief.cfm?product_id=7 (letzter Abruf: 24.07.2020)

HL7 International, HL7's Standards Licensed At No Cost, 2012, 2013, http://www.hl7.org/implement/standards/nocost.cfm (letzter Abruf: 24.07.2020)

HL7 International, Introduction to HL7 Standards, 2020, http://www.hl7.org/implement/standards/index.cfm?ref=nav (letzter Abruf: 24.07.2020)

HL7 International, HL7 Version 2 Product Suite, 2020, http://www.hl7.org/implement/standards/product_brief.cfm?product_id=185 (letzter Abruf: 24.07.2020)

Hoeren, Thomas/Pinelli, Stefan, Das neue brasilianische Datenschutzrecht. Eine kritische Betrachtung im Vergleich mit der DS-GVO, ZD, 2020, S. 351–354.

Hoffmann-Riem, Wolfgang (Hrsg.), Offene Rechtswissenschaft. Ausgewählte Schriften von Wolfgang Hoffmann-Riem mit begleitenden Analysen, Tübingen 2010

Höinghaus, Christoph, Daten: Das Öl des 21. Jahrhunderts. Big Data wirtschaftlich sinnvoll einsetzen, https://www.cio.de/a/big-data-wirtschaftlich-sinnvoll-einsetzen,3246278 (letzter Abruf: 19.05.2020)

Honey, Kristen/Chrousos, Phaedra/Black, Tom, My Data: Empowering All Americans with Personal Data Access. Summary: Consumers empowered with their own data are in the driver's seat to make informed choices., 15.03.2016, https://obamawhitehouse.archives.gov/blog/2016/03/15/my-data-empowering-all-americans-personal-data-access (letzter Abruf: 25.10.2018)

Horn, Nikolai, Aus Sicht der Stiftung Datenschutz – wie die Regulierung im Datenrecht Schritt halten kann, PinG, 2017, S. 182–183.

Hornung, Gerrit, Eine Datenschutz-Grundverordnung für Europa? Licht und Schatten im Kommissionsentwurf vom 25.1.2012, ZD, 2012, S. 99–106.

Hornung, Gerrit/Städtler, Stephan, Europas Wolken. Die Auswirkungen des Entwurfs für eine Datenschutz-Grundverordnung auf das Cloud Computing, CR, 2012, S. 638–645.

ICOM International Committee for Communication, LIDO. Lightweight Information Describing Objects, 2010, http://network.icom.museum/cidoc/working-groups/lido/what-is-lido/ (letzter Abruf: 12.04.2019)

Immenga, Ulrich/Mestmäcker, Ernst-Joachim/Körber, Torsten (Hrsg.), Wettbewerbsrecht, 5. Aufl., München 2014

Inrupt, Inc., Homepage, https://inrupt.com/ (letzter Abruf: 17.09.2019)

International Organization for Standardization, ISO/IEC AWI 9075-1. Information technology – Database languages – SQL – Part 1: Framework (SQL/Framework), Under development, https://www.iso.org/standard/76583.html (letzter Abruf: 24.07.2020)

International Organization for Standardization, ISO/IEC 26300-1:2015. Information technology – Open Document Format for Office Applications (OpenDocument) v1.2 – Part 1: OpenDocument Schema, 2015, https://www.iso.org/standard/66363.html (letzter Abruf: 12.04.2019)

International Organization for Standardization, ISO/IEC 2382:2015. Information technology – Vocabulary, 2015, https://www.iso.org/obp/ui/#iso:std:iso-iec:2382:ed-1:v1:en (letzter Abruf: 11.04.2019)

International Organization for Standardization, ISO/IEC 11179-1:2015. Information technology – Metadata registries (MDR) – Part 1: Framework, 2015, https://www.iso.org/standard/61932.html (letzter Abruf: 16.04.2019)

International Organization for Standardization, ISO/IEC 9075-1:2016. Information technology – Database languages – SQL – Part 1: Framework (SQL/Framework), 2016, https://www.iso.org/standard/63555.html (letzter Abruf: 13.07.2020)

International Organization for Standardization, ISO 12052:2017. Health informatics – Digital imaging and communication in medicine (DICOM) including workflow and data management, 2017, https://www.iso.org/standard/72941.html (letzter Abruf: 12.04.2019)

International Organization for Standardization, PDF format becomes ISO standard, 2008, https://www.iso.org/news/2008/07/Ref1141.html (letzter Abruf: 12.04.2019)

International Telecommunications Union, ITU-T Recommendations – ITU-T X.200 (07/1994), 1994, https://www.itu.int/ITU-T/recommendations/rec.aspx?rec=2820 (letzter Abruf: 12.04.2019)

IT-Times, SFTP: Sichere Verbindung zwischen Client und Server – Was hinter dem Netzwerkprotokoll Secure File Transfer steckt, https://www.it-times.de/news/sftp-sichere-verbindung-zwischen-client-und-server-was-hinter-dem-netzwerkprotokoll-secure-file-transfer-steckt-120558/ (letzter Abruf: 10.04.2019)

ITWissen.info, Overhead, 2013, https://www.itwissen.info/Overhead-overhead-OH.html (letzter Abruf: 06.05.2019)

ITWissen.info, Dateiformat, 2014, https://www.itwissen.info/Dateiformat-file-format.html (letzter Abruf: 30.04.2019)

ITWissen.info, Adressraum, 2017, https://www.itwissen.info/Adressraum-address-space-AS.html (letzter Abruf: 30.04.2019)

ITWissen.info, Mapping / Abbildung, 2017, https://www.itwissen.info/mapping-Abbildung.html (letzter Abruf: 23.04.2019)

ITWissen.info, SSOT (single source of truth), 2017, https://www.itwissen.info/SSOT-single-source-of-truth.html (letzter Abruf: 16.10.2019)

Janal, Ruth, Data Portability – A Tale of Two Concepts, JIPITEC, 2017, S. 59–69.

Jandt, Silke/Steidle, Roland (Hrsg.), Datenschutz im Internet. Rechtshandbuch zu DSGVO und BDSG, Baden-Baden 2018

json.org, JSON: The Fat-Free Alternative to XML, 2020, http://www.json.org/xml.html (letzter Abruf: 24.07.2020)

json.org, Einführung in JSON, 2020, https://www.json.org/json-de.html (letzter Abruf: 24.07.2020)

Jülicher, Tim/Röttgen, Charlotte/Schönfeld, Max von, Das Recht auf Datenübertragbarkeit. Ein datenschutzrechtliches Novum, ZD, 2016, S. 358.

Jung, Alexander, Die Datenschutzformel – Vom Atmen und der Beatmung des Datenschutzes, MMR, 2018, S. 349–350.

Katz, Ian, Web freedom faces greatest threat ever, warns Google's Sergey Brin. Battle for the Internet, The Guardian, 15.04.2012

Katz, Ian, Tim Berners-Lee: demand your data from Google and Facebook. Battle for the Internet, The Guardian, 18.04.2012

Khare, Rohit, Facebook's Disconnect: Open Doors, Closed Exits, TechCrunch

Kieck, Annika, Zum Verhältnis von Datenschutz- und Kartellaufsicht, PinG, 2017, S. 67–72.

Kipker, Dennis-Kneji/Voskamp, Friederike, Datenschutz in sozialen Netzwerken nach der Datenschutzgrundverordnung, DuD, 2012, S. 737–742.

Kirchhof, Anja/Gurzki, Thorsten/Hinderer, Henning/Vlachakis, Joannis, Juni 2004, Whitepaper: „Was ist ein Portal". Definition und Einsatz von Unternehmensportalen,

Klement, Jan Henrik, Öffentliches Interesse an Privatheit, JZ, 2017, S. 161.

Klink-Straub, Judith/Straub, Tobias, Vernetzte Fahrzeuge – portable Daten. Das Recht auf Datenübertragbarkeit gem. Art. 20 DS-GVO, ZD, 2018, S. 459–463.

Klotz, Maik, Gar kein Mysterium: Blockchain verständlich erklärt, 2016, https://www.it-finanzmagazin.de/gar-kein-mysterium-blockchain-verstaendlich-erklaert-27960/ (letzter Abruf: 16.07.2020)

Koops, Bert-Jaap, The trouble with european data protection law, IDPL, 2014, S. 250–261.

Körber, Torsten, Analoges Kartellrecht für Digitale Märkte?, WuW, 2015, S. 120–133.

Körber, Torsten, „Ist Wissen Marktmacht?“ Überlegungen zum Verhältnis von Datenschutz, „Datenmacht“ und Kartellrecht – Teil 2, NZKart, 2016, S. 348–356.

Körber, Torsten, „Ist Wissen Marktmacht?“ Überlegungen zum Verhältnis von Datenschutz, „Datenmacht“ und Kartellrecht – Teil 1, NZKart, 2016, S. 303–310.

Kratz, Alexander, Datenportabilität und „Walled Gardens“. Historische Rekonstruktion und praktische Gefahren des Art. 20 DSGVO, InTeR, 2019, S. 26–31.

Krause, Peter, Datenportabilität. Anwendungsbereich des Rechts auf Datenübertragbarkeit (Teil 1), PinG, 2018, S. 239–243.

Krause, Peter, Datenportabilität. Pflichten für Verantwortliche im Rahmen des Rechts auf Datenübertragbarkeit (Teil 2), PinG, 2019, S. 13–20.

Kroes, Neelie, EU Data protection reform and Cloud Computing. Speech, “Fueling the European Economy” event, 2012, http://europa.eu/rapid/press-release_SPEECH-12-40_en.htm?locale%C2%BCEN (letzter Abruf: 24.07.2020)

Krüger-Brand, Heike, Recht auf Datenübertragbarkeit, DÄ, 2018, S. 330.

Kühling, Jürgen/Buchner, Benedikt (Hrsg.), Datenschutz-Grundverordnung/BDSG. Kommentar, 3. Aufl., München 2020

Kühling, Jürgen/Martini, Mario, Die Datenschutz-Grundverordnung: Revolution oder Evolution im europäischen und deutschen Datenschutzrecht?, EuZW, 2016, S. 448–454.

Kühling, Jürgen/Sackmann, Florian, Irrweg „Dateneigentum“. Neue Großkonzepte als Hemmnis für die Nutzung und Kommerzialisierung von Daten, ZD, 2020, S. 24–30.

Ladeur, Karl-Heinz, Datenschutzrecht – vom Abwehrrecht zur planerischen Optimierung von Wissensnetzwerken. Zur „objektiv-rechtlichen Dimension“ des Datenschutzes, DuD, 2000, S. 12–19.

Laue, Philip/Nink, Judith/Kremer, Sascha, Das neue Datenschutzrecht in der betrieblichen Praxis, Baden-Baden 2016

Leeb, Christina-Maria/Liebhaber, Johannes, Grundlagen des Datenschutzrechts, JuS, 2018, S. 534–538.

Lerner, Joshua/Stern, Scott (Hrsg.), The rate and direction of inventive activity revisited, Chicago and London 2012

Leucker, Franziska, Die zehn Märchen der Datenschutzreform, PinG, 2015, S. 195–202.

Lewinski, Kai von, Zwischen rationaler Apathie und rationaler Hysterie. Die Durchsetzung des Datenschutzes, PinG, 2013, S. 12–17.

Lewinski, Kai von/*Herrmann, Christoph*, Vorrang des europäischen Datenschutzrechts gegenüber Verbraucherschutz- und AGB-Recht. Teil 1: Materielles Recht, PinG, 2017, S. 165–172.

Lewinski, Kai von/*Herrmann, Christoph*, Vorrang des europäischen Datenschutzrechts gegenüber Verbraucherschutz- und AGB-Recht. Teil 2: Aufsichtsbehörden, PinG, 2017, S. 209–216.

Lewinski, Kai von/*Pohl, Dirk*, Auskunfteien nach der europäischen Datenschutzreform. Brüche und Kontinuitäten der Rechtslage, ZD, 2018, S. 17–23.

Li, Wenlong, A Tale of Two Rights. Exploring the potential conflict between right to data portability and right to be forgotten under the General Data Protection Regulation, IDPL, 2018, S. 309–317.

Library of Congress, Metadata Object Description Schema, 2020, http://www.loc.gov/standards/mods/ (letzter Abruf: 24.07.2020)

Library of Congress, Encoded Archival Description, 2020, http://www.loc.gov/ead/ (letzter Abruf: 24.07.2020)

Liegl, Philipp, Überblick über dsa EDIFACT EANCOM-Format, 2014, https://ecosio.com/de/blog/2014/06/20/EANCOM-ein-Beispiel-fuer-ein-EDIFACT-Subset/ (letzter Abruf: 07.05.2019)

Lingner, Margrit, Was ist eine XLSX-Datei? Definition, 2018, https://www.it-business.de/was-ist-eine-xlsx-datei-a-805159/ (letzter Abruf: 15.07.2020)

Lingner, Margrit, Was ist eine XLS-Datei? Definition, 2018, https://www.it-business.de/was-ist-eine-xls-datei-a-805106/ (letzter Abruf: 15.07.2020)

Littlewood, Laura/Shaw, Susanna/Vincent, Elizabeth, GDPR (EU) and Privacy Bill (NZ) – a momentous week for privacy law, 2018, https://www.bellgully.com/publications/gdpr-eu-and-privacy-bill-nz-a-momentous-week-for-privacy-law (letzter Abruf: 03.10.2019)

Luber, Stefan/Augsten, Stephan, Was ist SQL? Definition „Structured Query Language“, 2017, https://www.dev-insider.de/was-ist-sql-a-586264/ (letzter Abruf: 13.07.2020)

Luber, Stefan/Karlstetter, Florian, Was ist ein Webservice? Definition: Machine-to-Machine-Kommunikation via SOA, 2019, https://www.cloudcomputing-insider.de/was-ist-ein-webservice-a-813849/ (letzter Abruf: 13.07.2020)

Luber, Stefan/Litzel, Nico, Was ist ETL (Extract, Transform, Load)? Definition, 2018, https://www.bigdata-insider.de/was-ist-etl-extract-transform-load-a-776549/ (letzter Abruf: 13.07.2020)

Lucas, Julia, ETL-Prozess: Datenfluss von der Quelle zum Lager, 2018, https://bi2run.de/etl-prozess-datenfluss-von-der-quelle-zum-lager/ (letzter Abruf: 13.07.2020)

Lynskey, Orla, Deconstructing Data Protection. The “Added-Value” of a Right to Data Protection in the EU Legal Order, ICLQ, 2014, S. 569–597.

Lynskey, Orla, Aligning Data Protection Rights with Competition Law Remedies? The GDPR Right to Data Portability, European Law Review, 2017, S. 793.

Malgieri, Gianclaudio, Property and (Intellectual) Ownership of Consumers’ Information: A New Taxonomy for Personal Data, PinG, 2016, S. 133–140.

Marsch, Nikolaus, Das europäische Datenschutzgrundrecht. Grundlagen, Dimensionen, Verflechtungen, Tübingen 2018

Marsch, Nikolaus, Kontrafakturen und Cover-Versionen aus Karlsruhe. Anmerkungen zu den „Recht auf Vergessen“-Entscheidungen des Bundesverfassungsgerichts (6.11.2019, 1 BvR 16/13 und 1 BvR 276/17), ZEuS, 2020, S. 597–624.

Maunz, Theodor/Dürig, Günter (Hrsg.), Grundgesetz. Kommentar, München 2019

Medical Data Models, MDM-Portal, 2020, https://medical-data-models.org/?lang=de (letzter Abruf: 24.07.2020)

Medizininformatik-Initiative, Startseite, 2020, https://www.medizininformatik-initiative.de/de/start (letzter Abruf: 24.07.2020)

Medizininformatik-Initiative, MI-I-Kerndatensatz, 2017, https://www.medizininformatik-initiative.de/sites/default/files/inline-files/MII_04_Kerndatensatz_1-0.pdf (letzter Abruf: 24.07.2020)

Medizininformatik-Initiative, Arbeitsgruppe Interoperabilität, 2019, https://www.medizininformatik-initiative.de/de/zusammenarbeit/arbeitsgruppe-interoperabilitaet (letzter Abruf: 24.07.2020)

MesInfos, »RAINBOW BUTTON« project. Enabling personal data portability and turning into an opportunity for innovation and customer relationship

Executive Summary, 05/2017, http://mesinfos.fing.org/wp-content/uploads/2017/03/RButton_Perimetre_english.pdf (letzter Abruf: 24.07.2020)

MesInfos, Use cases of Self Data. Cartography of Self Data's use cases by main usage types, 2020, http://mesinfos.fing.org/cartographies/usecases/ (letzter Abruf: 26.10.2018)

MesInfos, Website, 2020, http://mesinfos.fing.org/english/ (letzter Abruf: 24.07.2020)

Meyer, Jürgen/Hölscheid, Sven (Hrsg.), Charta der Grundrechte der Europäischen Union, 5. Aufl., Baden-Baden 2019

Michael, Lothar/Morlok, Martin, Grundrechte, 5. Aufl., Baden-Baden 2016

Ministry of Electronics and Information Technology (India), Draft Personal Data Protection Bill, 2018, https://meity.gov.in/writereaddata/files/Personal_Data_Protection_Bill,2018.pdf (letzter Abruf: 02.10.2019)

Ministry of Electronics and Information Technology (India), Data Protection Framework, 2019, https://meity.gov.in/data-protection-framework (letzter Abruf: 24.07.2020)

Ministry of Electronics and Information Technology (India), Personal Data Protecion Bill, 2019, http://164.100.47.4/BillsTexts/LSBillTexts/Asintroduced/373_2019_LS_Eng.pdf (letzter Abruf: 24.07.2020)

Moal, Catherine, RGPD: Onecub s'occupe de vos données de consommation, Alliancy, Le Mag Numérique Et Business

Monopolkommission, 09.07.2014, Hauptgutachten XX: Eine Wettbewerbsordnung für die Finanzmärkte,

Monopolkommission, 2015, Sondergutachten 68 – Wettbewerbspolitik: Herausforderung digitale Märkte,

Monopolkommission, 20.09.2016, Hauptgutachten XXI: Wettbewerb 2016,

Moos, Flemming/Schefzig, Jens/Arning, Marian, Die Neue Datenschutz-Grundverordnung. Mit Bundesdatenschutzgesetz 2018, Berlin/Boston 2018

Müller, Friedrich/Christensen, Ralph, Juristische Methodik – Band II: Europarecht, 3. Aufl., Berlin 2012

Mundy, Owen, Give Me My Data 2009–2016, 2016, http://givememydata.com/ (letzter Abruf: 24.07.2020)

Mundy, Owen, Give Me My Data helps you reclaim and reuse your Facebook data, 2016, http://givememydata.com/index_original.php (letzter Abruf: 24.07.2020)

Nebel, Maxi/Richter, Philipp, Datenschutz bei Internetdiensten nach der DS-GVO. Vergleich der deutschen Rechtslage mit dem Kommissionsentwurf, ZD, 2012, S. 407–413.

Nettesheim, Martin, in: Hatje, Armin/Müller-Graff, Peter-Christian (Hrsg.), Enzyklopädie Europarecht II. EnzEur, Baden-Baden 2014, Privatleben und Privatsphäre

New Zealand Legislation, Privacy Bill, 2018, http://www.legislation.govt.nz/bill/government/2018/0034/latest/LMS23223.html (letzter Abruf: 03.10.2019)

New Zealand Parliamentary Service, Digest No. 2588 – Privacy Bill 2018 (34-2), 2019, https://www.parliament.nz/resource/en-NZ/52PLLaw25881/3d128c17ec39ee7fb735d5db09e6aafda64b1c68 (letzter Abruf: 03.10.2019)

New Zealand Privacy Commissioner, Report to the Minister of Justice under Section 26 of the Privacy Act. Six Recommendations for Privacy Act Reform, 2017, https://www.privacy.org.nz/assets/Files/Reports-to-ParlGovt/OPC-report-to-the-Minister-of-Justice-under-Section-26-of-the-Privacy-Act.pdf (letzter Abruf: 03.10.2019)

New Zealand Privacy Commissioner, Privacy Commissioner's Submission on the Privacy Bill to the Justice and Electoral Select Committee, 2018, https://www.privacy.org.nz/assets/Uploads/Privacy-Commissioner-Submission-on-the-Privacy-Bill.pdf (letzter Abruf: 03.10.2019)

Nikkei Asian Review, Japan eyes easy consumer access to personal data, 2017, https://asia.nikkei.com/Economy/Japan-eyes-easy-consumer-access-to-personal-data (letzter Abruf: 03.10.2019)

Null, Christopher, 'Liberating' Your Data from Google, and What That Really Means, PC World, 2012

OASIS, OASIS Open Document Format for Office Applications (OpenDocument) TC, 2017, https://www.oasis-open.org/committees/tc_home.php?wg_abbrev=office#odf11 (letzter Abruf: 12.04.2019)

OAuth Community, Home, 2020, https://oauth.net/ (letzter Abruf: 24.07.2020)

OECD, Glossary of Statistical Terms – ISO / IEC 11179, 2005, https://stats.oecd.org/glossary/detail.asp?ID=6633 (letzter Abruf: 16.04.2019)

OECD, 21.03.2014, Summary of the OECD Privacy Expert Roundtable. Protecting Privacy in a Data-driven Economy: Taking Stock of Current Thinking,

O'Hear, Steve, A Bill of Rights for Users of the Social Web, ZDNet

Ohly, Ansgar, UWG-Rechtsschutz bei Verstößen gegen die Datenschutz-Grundverordnung?, GRUR, 2019, S. 686–693.

Oixnet / Respect Network Corp., Respect Trust Framework, 2017, https://www.oixnet.org/registry/respect-network/ (letzter Abruf: 24.07.2020)

Okada, Atsushi, Japan: Impact of adopted APPI amendment bill, 2020, https://www.dataguidance.com/opinion/japan-impact-adopted-appi-amendment-bill (letzter Abruf: 24.07.2020)

Onecub, Prenez le pouvoir sur vos données, 2020, https://www.onecub.com/ (letzter Abruf: 24.07.2020)

Onecub, Onecub et MyTroc transforment vos achats e-commerce en trocs en 2 clics, 12.10.2017, http://blog.onecub.com/onecub-et-mytroc-transforment-vos-achats-e-commerce-en-trocs-en-2-clics/ (letzter Abruf: 26.10.2018)

Onecub. Onecub Proposal, in: Praktische Umsetzung des Rechts auf Datenübertragbarkeit. Rechtliche, technische und verbraucherbezogene Implikationen, 3. Aufl. 2018, The PIMS Approach, S. 154–168.

OpenID Foundation, Home, 2020, https://openid.net/ (letzter Abruf: 24.07.2020)

Orji, Uchenna Jerome, A Comparative Review of the ECOWAS Data Protection Act. Regional Data Protection Governance in West Africa measured against European Data Protection Regimes, CRi, 2016, S. 108–118.

Paal, Boris P., Internet-Suchmaschinen im Kartellrecht, GRUR-Int, 2015, S. 997–1005.

Paal, Boris P./Hennemann, Moritz, Big Data as an Asset. Daten und Kartellrecht, http://www.abida.de/sites/default/files/Gutachten_ABIDA_Big_Data_as_a n_Asset.pdf (letzter Abruf: 28.08.2018)

Paal, Boris P./Hennemann, Moritz, Big Data im Recht. Wettbewerbs- und daten(schutz)rechtliche Herausforderungen, NJW, 2017, S. 1697–1701.

Paal, Boris P./Pauly, Daniel A. (Hrsg.), Datenschutz-Grundverordnung, Bundesdatenschutzgesetz, 2. Aufl., München 2018

Palandt, Otto (Hrsg.), Bürgerliches Gesetzbuch, 7, 79. Aufl., München 2020

Parliament of Australia, Treasury Laws Amendment (Consumer Data Right) Bill 2019 – Explanatory Memorandum, 2019, https://parlinfo.aph.gov.au/parlInfo/download/legislation/ems/r6281_ems_58a7c56b-36e3-4388-acf8-58455b983a76/upload_pdf/698114.pdf;fileType=application%2Fpdf (letzter Abruf: 24.07.2020)

Parliament of Australia, Lapsed Bills, 2020, https://www.aph.gov.au/About_Par liament/House_of_Representatives/Powers_practice_and_procedure/Practi ce7/HTML/Chapter10/Lapsed_bills (letzter Abruf: 24.07.2020)

Parliament of Australia, Treasury Laws Amendment (Consumer Data Right) Bill 2019, 2019, https://www.aph.gov.au/Parliamentary_Business/Bills_Legislat ion/Bills_Search_Results/Result?bId=r6281 (letzter Abruf: 24.07.2020)

Personal Information Protection Commission (Japan), PPC – Topics, 2016, https://www.ppc.go.jp/en/ (letzter Abruf: 24.07.2020)

Personal Information Protection Commission (Japan), Promulgation of the Amendment Act of the Act on the Protection of Personal Information, etc.,

12.06.2020, https://www.ppc.go.jp/en/news/archives/2020/20200618/ (letzter Abruf: 24.07.2020)

Persson, Spencer/Kim Serrato, Jeewon/Roosa, Steve/Fernandez, Arleen/Rudawski, Anna, California passes major legislation, expanding consumer privacy rights and legal exposure for US and global companies, 2018, https://www.dataprotectionreport.com/2018/06/california-passes-major-privacy-legislation-expanding-consumer-privacy-rights/ (letzter Abruf: 03.10.2019)

Republic Act 10173 – Data Privacy Act of 2012,

Piltz, Carlo, Die Datenschutz-Grundverordnung. Teil 2: Rechte der Betroffenen und korrespondierende Pflichten der Verantwortlichen, K&R, 2016, S. 629–636.

Piltz, Carlo, Datenübertragbarkeit im Beschäftigungsverhältnis – Arbeitgeberwechsel: Und die Daten kommen mit?, RDV, 2018, S. 3–8.

Plath, Kai-Uwe (Hrsg.), DSGVO/BDSG. Kommentar zu DSGVO, BDSG und den Datenschutzbestimmungen von TMG und TKG, 3. Aufl., Köln 2018

Polder, Michael/Veldhuizen, Erik, Innovation and Competition in the Netherlands: Testing the Inverted-U for Industries and Firms, J Ind Compet Trade, 2012, S. 67–91.

Polley, Romina/Kaup, Rieke, Paradigmenwechsel in der deutschen Missbrauchsaufsicht – Der Referentenentwurf zur 10. GWB-Novelle, NZKart, 2020, S. 113–119.

Portable Contacts, Home, 2020, http://portablecontacts.net/ (letzter Abruf: 24.07.2020)

Prüfer, Jens/Schottmüller, Christoph, Competing with Big Data, Tilburg Law School Legal Studies Research Paper Series, 2017, S. 1–50.

Purtova, Nadezhda, Default entitlements in personal data in the proposed Regulation: Informational self-determination off the table… and back on again?, CLSR, 2014, S. 6–24.

Rauch, Gedeon/Augsten, Stephan, Was ist eine „GUI“? Definition „Graphical User Interface“, 2017, https://www.dev-insider.de/was-ist-eine-gui-a-651868/ (letzter Abruf: 13.07.2020)

Reisinger, Don, Google's Brin: 'I have much admiration' for Apple, Facebook, cnet, 18.04.2012

Remmertz, Frank, Aktuelle Entwicklungen im Social Media-Recht. Überblick der relevanten Themen aus Unternehmenssicht, MMR, 2018, S. 507–512.

LOI N° 2016 1321 du 7 octobre 2016 – Art. 48 (V) pour une République numérique,

LOI n° 2018-493 du 20 juin 2018 relative à la protection des données personnelles (1),

Richter, Frederick, Aus der Sicht der Stiftung Datenschutz – Wie setzt man Art. 20 DSGVO am besten um?, PinG, 2017, S. 231–232.

Rienhoff, Otto/Semler, Sebastian Claudius (Hrsg.), Terminologien und Ordnungssysteme in der Medizin, 13. Standortbestimmung und Handlungsbedarf in den deutschsprachigen Ländern, Berlin 2015

Römermann, Volker (Hrsg.), BeckOK BRAO, 7. Aufl., München 2020

Roßnagel, Alexander (Hrsg.), Handbuch Datenschutzrecht. Die neuen Grundlagen für Wirtschaft und Verwaltung, München 2003

Roßnagel, Alexander, Was bringt das neue europäische Datenschutzrecht für die Verbraucher? – Die Datenschutzgrundverordnung steht vor ihrer Verabschiedung, VuR, 2015, S. 361–362.

Roßnagel, Alexander, Wie zukunftsfähig ist die Datenschutz-Grundverordnung? Welche Antworten bietet sie für die neuen Herausforderungen des Datenschutzrechts?, DuD, 2016, S. 561–565.

Roßnagel, Alexander, Kein „Verbotsprinzip“ und kein „Verbot mit Erlaubnisvorbehalt“ im Datenschutzrecht. Zur Dogmatik der Datenverarbeitung als Grundrechtseingriff, NJW, 2019, S. 1–5.

Roßnagel, Alexander/Richter, Philipp/Nebel, Maxi, Besserer Internetdatenschutz für Europa. Vorschläge zur Spezifizierung der DS-GVO, ZD, 2013, S. 103–108.

Rouse, Margaret, Structured Query Language (SQL), 2014, https://www.computerweekly.com/de/definition/Structured-Query-Language-SQL (letzter Abruf: 13.07.2020)

Rouse, Margaret, Secure Shell (SSH), 2014, https://www.computerweekly.com/de/definition/Secure-Shell-SSH (letzter Abruf: 17.04.2019)

Rouse, Margaret, Programmierschnittstelle (Application Programming Interface, API). Definition, 2020, https://www.computerweekly.com/de/definition/Programmierschnittstelle-API (letzter Abruf: 13.07.2020)

Rubinstein, Ira, Big Data: The End of Privacy or a New Beginning?, IDPL, 2013, S. 74–87.

Rühle, Stefanie, Kleines Handbuch Metadaten, 2012, http://www.kim-forum.org/Subsites/kim/SharedDocs/Downloads/DE/Handbuch/metadaten.pdf?__blob=publicationFile (letzter Abruf: 12.04.2019)

RYTEWiki, CSV (Dateiformat), 2020, https://de.ryte.com/wiki/CSV_(Dateiformat) (letzter Abruf: 24.07.2020)

Saad, Chris, Do not #DeleteFacebook because of Cambridge Analytica, 26.03.2018, https://medium.com/@chrissaad/do-not-deletefacebook-because-of-cambridge-analytica-e8a2eec44730 (letzter Abruf: 06.03.2019)

SAP, ERP Software im Unternehmen integrieren und Prozesse automatisieren, 2020, https://www.sap.com/germany/products/enterprise-management-erp.html (letzter Abruf: 24.07.2020)

Schantz, Peter, Die Datenschutz-Grundverordnung – Beginn einer neuen Zeitrechnung im Datenschutzrecht, NJW, 2016, S. 1841–1847.

Schantz, Peter/Wolff, Heinrich Amadeus, Das neue Datenschutzrecht. Datenschutz-Grundverordnung und Bundesdatenschutzgesetz in der Praxis, München 2017

Schätzle, Daniel, Ein Recht auf die Fahrzeugdaten. Das Recht auf Datenportabilität aus Art. 20 DS-GVO, PinG, 2016, S. 71–75.

Schaub, Renate, Verletzung von Datenschutzregeln als unlauterer Wettbewerb?, WRP, 2019, S. 1391–1397.

Schneider, Jens-Peter, Stand und Perspektiven des Europäischen Datenverkehrs- und Datenschutzrechts, Die Verwaltung, 2011, S. 499–524.

Schneider, Jochen, Datenschutz. Nach der EU-Datenschutz-Grundverordnung, 2. Aufl., München 2019

Schwartmann, Rolf/Jaspers, Andreas/Thüsing, Gregor/Kugelmann, Dieter (Hrsg.), DS-GVO/BDSG. Datenschutz-Grundverordnung Bundesdatenschutzgesetz, Heidelberg 2018

Schwartz, Paul M., Property, Privacy, and Personal Data, Harv. L. Rev., 2003, S. 2056–2128.

Schweitzer, Heike, Datenzugang in der Datenökonomie: Eckpfeiler einer neuen Informationsordnung, GRUR, 2019, S. 569–580.

Schweitzer, Heike/Peitz, Martin, Ein neuer europäischer Ordnungsrahmen für Datenmärkte?, NJW, 2018, S. 275–280.

Scudiero, L., Practitioner's Corner · Bringing Your Data Everywhere: A Legal Reading Of The Right To Portability, European Data Protection Law Review, 2017, S. 119–127.

Selle, Dirk von, in: Vorwerk, Volkert/Wolf, Christian (Hrsg.), BeckOK ZPO, 36. Aufl., München 2020, § 138 ZPO

Shafranovich, Y./ietf.org, Common Format and MIME Type for Comma-Separated Values (CSV) Files (Internet Engineering Taskforce), 2005, https://tools.ietf.org/html/rfc4180 (letzter Abruf: 12.04.2019)

Shapiro, Carl, in: Lerner, Joshua/Stern, Scott (Hrsg.), The rate and direction of inventive activity revisited, Chicago and London 2012, Competition and Innovation: Did Arrow Hit the Bull's Eye?, S. 361–404.

Sherman, Tim/McFadzien, Kelly/Graham, Justin/Curtayne, Lauren/Carter, Geoff, New Zealand: Playing a short game on the Privacy Bill. Brief Counsel, 2019, http://www.mondaq.com/NewZealand/x/791646/data+protection/Playing+a+short+game+on+the+Privacy+Bill (letzter Abruf: 03.10.2019)

Simitis, Spiros, Chancen und Risiken der elektronischen Datenverarbeitung. Zur Problematik des „Datenschutzes", NJW, 1971, S. 673–681.

Simitis, Spiros (Hrsg.), Bundesdatenschutzgesetz, 8. Aufl., Baden-Baden 2014

Simitis, Spiros/Hornung, Gerrit/Spiecker gen. Döhmann, Indra (Hrsg.), Datenschutzrecht. DSGVO mit BDSG, Baden-Baden 2019

Singapore Personal Data Protection Commission, 25.02.2019, Discussion Paper on Data Portability,

Singapore Personal Data Protection Commission, 22.05.2019, Public Consultation on Review of the Personal Data Protection Act 2012 – Proposed Data Portability and Data Innovation Provisions,

Skobel, Eva, Alle Daten kommen mit. Datenportabilität als Mittel zur Bekämpfung der Meinungsmacht sozialer Netzwerke und Suchmaschinen, PinG, 2018, S. 160–166.

Smarr, Joseph/Canter, Marc/Scoble, Robert/Arrington, Michael, A Bill of Rights for Users of the Social Web, 2007, https://www.template.org/?page_id=599 (letzter Abruf: 25.10.2018)

SPD, Digitaler Fortschritt durch ein Daten-Für-Alle-Gesetz. Diskussionspapier der Parteivorsitzenden der Sozialdemokratischen Partei Deutschlands Andrea Nahles, 2019, https://www.spd.de/fileadmin/Dokumente/Sonstiges/Daten_fuer_Alle.pdf (letzter Abruf: 24.07.2020)

Speck, Hendrik, Die Schwierigkeiten liegen beim Nutzer, 2008, https://www.deutsche-startups.de/2008/02/28/gastbeitrag-von-prof-hendrik-speck-teil-2-die-schwierigkeiten-liegen-beim-nutzer/ (letzter Abruf: 24.07.2020)

Sperlich, Tim, Das Recht auf Datenübertragbarkeit, DuD, 2017, S. 377.

Spiecker gen. Döhmann, Indra, Digitale Mobilität: Plattform Governance. IT-sicherheits- und datenschutzrechtliche Implikationen, GRUR, 2019, S. 341.

Spindler, Gerald, Die neue EU-Datenschutz-Grundverordnung, Der Betrieb, 2016, S. 937–947.

Spindler, Gerald, Verträge über digitale Inhalte – Haftung, Gewährleistung und Portabilität. Vorschlag der EU-Kommission zu einer Richtlinie über Verträge zur Bereitstellung digitaler Inhalte, MMR, 2016, S. 219–224.

Srocke, Dirk/Karlstetter, Florian, Was ist eine REST-API?, 2017, https://www.cloudcomputing-insider.de/was-ist-eine-rest-api-a-611116/ (letzter Abruf: 15.07.2020)

California Consumer Privacy Act 2018

Stender-Vorwachs, Jutta/Steege, Hans, Wem gehören unsere Daten? Zivilrechtliche Analyse zur Notwendigkeit eines dinglichen Eigentums an Daten, der Datenzuordnung und des Datenzugangs, NJOZ, 2018, S. 1361–1367.

Stern, Klaus/Sachs, Michael (Hrsg.), Europäische Grundrechte-Charta. GRCh: Kommentar, München 2016

Stieglitz, Stefan, Personal Information Manager, 2020, https://www.enzyklopaedie-der-wirtschaftsinformatik.de/wi-enzyklopaedie/lexikon/informationssysteme/kommunikations-und-kollaborationssysteme/personal-information-manager (letzter Abruf: 15.07.2020)

Stiftung Datenschutz e.V., 2018, Praktische Umsetzung des Rechts auf Datenübertragbarkeit. Rechtliche, technische und verbraucherbezogene Implikationen,

Streinz, Rudolf (Hrsg.), EUV/AEUV, 57. Vertrag über die Europäische Union und Vertrag über die Arbeitsweise der Europäischen Union, 3. Aufl., München 2018

Strubel, Michael, Anwendungsbereich des Rechts auf Datenübertragbarkeit. Auslegung des Art. 20 DS-GVO unter Berücksichtigung der Guidelines der Art. 29-Datenschutzgruppe, ZD, 2017, S. 355–361.

Subchefia para Assuntos Jurídicos, Lei Geral de Proteção de Dados Pessoais. Lei N° 13.709, de 14 de Agosto de 2018, 2018/2019, http://www.planalto.gov.br/ccivil_03/_ato2015-2018/2018/lei/l13709.htm (letzter Abruf: 24.07.2020)

Swire, Peter/Lagos, Yianni, Why the Right to Data Portability Likely Reduces Consumer Welfare: Antitrust and Privacy Critique, Maryland Law Review, 2013, S. 335–380.

Sydow, Gernot (Hrsg.), Europäische Datenschutzgrundverordnung. Handkommentar, 2. Aufl., Baden-Baden u. a. 2018

Taeger, Jürgen (Hrsg.), Recht 4.0 – Innovationen aus den rechtswissenschaftlichen Laboren, Edewecht 2017

Taeger, Jürgen/Gabel, Detlev (Hrsg.), DSGVO – BDSG. Kommentar, 3. Aufl., Frankfurt am Main 2019

Tannam, Ellen, Tech titans join forces for the Data Transfer Project – so how will it work?, 20.07.2018, https://www.siliconrepublic.com/enterprise/data-transfer-project-explained (letzter Abruf: 05.03.2019)

The Green Button Alliance, Green Button Data … secure, anonymous, digital…, http://www.greenbuttondata.org/ (letzter Abruf: 27.07.2020)

Trute, Hans-Heinrich, in: Roßnagel, Alexander (Hrsg.), Handbuch Datenschutzrecht. Die neuen Grundlagen für Wirtschaft und Verwaltung, München 2003, Kap. 2.5 Verfassungsrechtliche Grundlagen, S. 156–187.

UK Digital Competition Expert Panel, 2019, Unlocking Digital Competition. Report of the Digital Competition Expert Panel,

UK Digital Competition Expert Panel, 06/2019, Data Mobility Infrastructure Sandbox

UN/CEFACT, Introducing UN/EDIFACT, 2020, http://www.unece.org/cefact/edifact/welcome.html (letzter Abruf: 24.07.2020)

UN/CEFACT, Standards Output – 2011-Present, 2020, https://www.unece.org/tradewelcome/un-centre-for-trade-facilitation-and-e-business-uncefact/outputs/standards/unedifact/directories/2011-present.html (letzter Abruf: 24.07.2020)

UN/CEFACT, United Nations Centre for Trade Facilitation and Electronic Business, 2020, http://www.unece.org/cefact/ (letzter Abruf: 11.08.2020)

US Department of Education, MyStudentData Download Federal Student Aid, 2020, https://studentaid.gov/help/my-student-data-download (letzter Abruf: 24.07.2020)

US Department of Veteran Affairs, Blue Button – Veterans Health Records, One Click Away, 2012, https://web.archive.org/web/20120203042534/http:/www.whitehouse.gov/open/innovations/BlueButton (letzter Abruf: 24.07.2020)

US National Library of Medicines, RxNorm, 2020, https://www.nlm.nih.gov/research/umls/rxnorm/ (letzter Abruf: 23.04.2019)

Vaishnav, Anurag, The Personal Data Protection Bill, 2019: All you need to know, 2019, https://www.prsindia.org/theprsblog/personal-data-protection-bill-2019-all-you-need-know (letzter Abruf: 24.07.2020)

van der Auwermeulen, Barbara, How to attribute the right to data portability in Europe: A comparative analysis of legislations, CLSR, 2017, S. 57–72.

Vestager, Margrethe, Competition in a big data world, https://ec.europa.eu/competition/speeches/index_speeches_by_the_commissioner.html (letzter Abruf: 26.05.2020)

Voigt, Paul/Bussche, Axel von dem, EU-Datenschutz-Grundverordnung (DSGVO). Praktikerhandbuch, Berlin, Germany 2018

Vorwerk, Volkert/Wolf, Christian (Hrsg.), BeckOK ZPO, 36. Aufl., München 2020

W3C – World Wide Web Consortium, Extensible Markup Language XML, 2016, https://www.w3.org/XML/Overview.html (letzter Abruf: 24.07.2020)

W3C – World Wide Web Consortium, The Extensible Stylesheet Language Family (XSL), 2017, https://www.w3.org/Style/XSL/ (letzter Abruf: 24.07.2020) w3schools.com, JSON vs XML, 2020, https://www.w3schools.com/js/js_json_xml.asp (letzter Abruf: 24.07.2020)

Wagner, Manuela, Datenökonomie und Selbstdatenschutz. Grenzen der Kommerzialisierung personenbezogener Daten, Köln 2020

Wall, Alex, Summary: Philippines Data Privacy Act and implementing regulations, 2017, https://iapp.org/news/a/summary-philippines-data-protection-act-and-implementing-regulations/ (letzter Abruf: 03.10.2019)

Wall, Alex, GDPR matchup: The Philippines' Data Privacy Act and its Implementing Rules and Regulations, 2017, https://iapp.org/news/a/gdpr-matchup-the-philippines-data-privacy-act-and-its-implementing-rules-and-regulations/ (letzter Abruf: 03.10.2019)

Weber, Volker, DataPortability.org Workgroup bekommt Zuwachs, heise online

Weinberger, David, How the father of the World Wide Web plans to reclaim it from Facebook and Google, 10.08.2016, https://www.digitaltrends.com/web/ways-to-decentralize-the-web/.

Weiss, Stefan, Privacy threat model for data portability in social network applications, International Journal of Information Management, 2009, S. 249–254.

Werkmeister, Christoph/Brandt, Elena, Datenschutzrechtliche Herausforderungen für Big Data, CR, 2016, S. 233–238.

Westphal, Miriam/Wichtermann, Marco, Datenportierung nach Art. 20 DS-GVO. Ausgewählte Ausschlussgründe, ZD, 2019, S. 191–194.

Whitney, Lance, Tim Berners-Lee: The Web is threatened, cnet, 23.11.2010

Wielsch, Dan, Medienregulierung durch Persönlichkeits- und Datenschutzrechte, JZ, 2020, S. 105–114.

Willard, Brian/Chavez, Jessie/Fair, Greg/Levine, Kyle/Lange, Ali/Dickerson, Joyce, Data Transfer Project: From Theory to Practice. Data Transfer Project White Paper, 07/2018, https://services.google.com/fh/files/blogs/data-transfer-project-google-whitepaper-v4.pdf (letzter Abruf: 16.07.2020)

Willard, Brian/Fair, Greg, Introducing Data Transfer Project: an open source platform promoting universal data portability, 20.07.2018, https://opensource.googleblog.com/2018/07/introducing-data-transfer-project.html (letzter Abruf: 26.10.2018)

Wilson, Kristin/Trezise, Joanna, A Right to Data Portability: Privacy and Competition Law Concerns, 2017, https://www.lawsociety.org.nz/practice-resources/practice-areas/privacy/a-right-to-data-portability-privacy-and-competition-law-concerns (letzter Abruf: 03.10.2019)

Wise-FTP, Erläuterung des FTP- und SFTP-Protokolls, 2020, https://www.wise-ftp.de/know-how/ftp_und_sftp_protokoll.htm (letzter Abruf: 24.07.2020)

Wissenschaftlicher Arbeitskreis für Regulierungsfragen, Fragen der Regulierung von OTT-Kommunikationsdiensten, 2016, https://www.bundesnetzagentur.de/DE/Allgemeines/DieBundesnetzagentur/WAR/Stellungnahmen/Stellungnahme_OTT.pdf?__blob=publicationFile&v=2 (letzter Abruf: 25.10.2018).

Wolff, Heinrich Amadeus, UWG und DS-GVO: Zwei separate Kreise? Qualifizierung von Datenschutzbestimmungen der DS-GVO als Marktverhaltensregelungen i.S.v. § 3a UWG, ZD, 2018, S. 248–252.

Wolff, Heinrich Amadeus/Brink, Stefan (Hrsg.), BeckOK Datenschutzrecht, 34. Aufl., München 2020.

World Wide Web Consortium (W3C), OpenSocial Foundation Moves Standards Work to W3C Social Web Activity, 16.12.2014, https://www.w3.org/blog/2014/12/opensocial-foundation-moves-standards-work-to-w3c-social-web-activity/ (letzter Abruf: 26.10.2018)

Wurzberger, Sebastian, Anforderungen an Betriebsvereinbarungen nach der DS-GVO. Konsequenzen und Anpassungsbedarf für bestehende Regelungen, ZD, 2017, 258.

Wybitul, Tim, EU-Datenschutz-Grundverordnung im Unternehmen. Praxisleitfaden, Frankfurt am Main 2016

Wybitul, Tim/Fladung, Armin, EU-Datenschutz-Grundverordnung – Überblick und arbeitsrechtliche Betrachtung des Entwurfs, BB, 2012, S. 509–515.

Wybitul, Tim/Ganz, Clemens, Erstes Urteil zur Reichweite des Rechts auf Kopie. Landesarbeitsgericht (LAG) Baden-Württemberg, Urt. v. 20.12.2018 – 17 Sa 11/18, DSB, 2019, S. 113–115.

Wybitul, Tim/Rauer, Nils, EU-Datenschutz-Grundverordnung und Beschäftigtendatenschutz. Was bedeuten die Regelungen für Unternehmen und Arbeitgeber in Deutschland?, ZD, 2012, S. 160–164.

Zanfir, Gabriela, The right to Data portability in the context of the EU data protection reform, IDPL, 2012, S. 149–162.

Zauberman, Gal, The Intertemporal Dynamics of Consumer Lock-In, J Consum Res, 2003, S. 405–419.

Studien zum Europäischen und Internationalen Wirtschaftsrecht
Studies in European and International Economic Law

Herausgeber/Editors: Tim Dornis, Stefan Huber, Nikolaus Marsch, Herbert Kronke, Peter Hay, Meinhard Hilf und Wolfgang Oehler

Band/Volume	1	Ralf Scheibach: Importrelevante Investitionsauflagen und das GATT. Eine Untersuchung über Investitionsmaßnahmen mit handelspolitischen Auswirkungen und ihre Vereinbarkeit mit dem GATT. 1992.
Band/Volume	2	Ilona Muráti: Gläubigerschützende Maßnahmen zur Sicherung der Kapitalaufbringung und der Kapitalerhaltung im spanischen Aktienrecht. Ein Vergleich mit der Rechtslage nach dem deutschen AktG unter Einbeziehung der EG-Richtlinien zur Koordinierung der Schutzbestimmungen auf dem Gebiet des Gesellschaftsrechts. 1993.
Band/Volume	3	Johannes Zügel: Mitwirkung der Arbeitnehmer nach der EU-Richtlinie über die Einsetzung eines Europäischen Betriebsrats. Eine Untersuchung der Richtlinie 94/45 und der vorangegangenen Richtlinienvorschläge unter Berücksichtigung der Praxis multinationaler Unternehmen. 1995.
Band/Volume	4	Torsten Straub: Zur Rechtswahl im internationalen Wechselrecht. Vergleichende Darstellung der Kollisionsnormen Deutschlands, Englands und der UNCITRAL unter dem Aspekt der Parteiautonomie. 1995.
Band/Volume	5	Andreas Kadletz: Haftung und Versicherung im internationalen Lufttransportrecht. 1998.
Band/Volume	6	Wolfram Bechtel: Umzug von Kapitalgesellschaften unter der Sitztheorie. Zur europarechtskonformen Fortentwicklung des internationalen Gesellschaftsrechts. 1999.
Band/Volume	7	Angela von Falkenhayn: Das Verhältnis von Factor und Debitor beim Factoring. Abtretungsverbot und andere Einwendungen im deutschen und amerikanischen Recht und nach der UNIDROIT-Konvention. 1999.
Band/Volume	8	Bettina Grünwald: Das Verbot der irreführenden Werbung nach § 3 UWG – ein Handelshemmnis? 2000.
Band/Volume	9	Hans-Eric Rasmussen-Bonne: Alternative Rechts- und Forumswahlklauseln. Eine vergleichende Darstellung. 1999.
Band/Volume	10	Werner Meier: Grenzüberschreitender Durchgriff in der Unternehmensgruppe nach US-amerikanischem Recht. Jurisdiktions- und Prozeßrecht, Kollisionsrecht, materielles Recht. 2000.

Band/Volume	11	Heiner Braun: Joint Ventures im amerikanischen und deutschen Internationalen Privatrecht. Inhalt und Grenzen des Vertragsstatuts. 2000.
Band/Volume	12	Hanno Naumann: Der Regelungsbereich des UN-Kaufrechts im Spannungsfeld zwischen Einheitsrecht und Kollisionsrecht. 2000.
Band/Volume	13	Markus A. Papmehl: Die Schiedsfähigkeit gesellschaftsrechtlicher Streitigkeiten. 2001.
Band/Volume	14	Heike Bruhn: Niederlassungsfreundliche Sitzverlegung und Verschmelzung über die Grenze nach italienischem Recht. Eine rechtsvergleichende Untersuchung unter Berücksichtigung der europäischen Niederlassungsfreiheit. 2002.
Band/Volume	15	Necla Agdag-Güney: Umwandlung öffentlicher Unternehmen in der Türkei. Eine rechtsvergleichende Untersuchung zum deutschen und türkischen Recht der Umwandlung von öffentlichen Wirtschaftsunternehmen im Rahmen eines Privatisierungsvorhabens. 2002.
Band/Volume	16	Valerio Sangiovanni: Die Ad-hoc-Publizität im deutschen und italienischen Recht. 2003.
Band/Volume	17	Renate Dendorfer: Aktives Telefonmarketing. Erfassung und Neubewertung der wettbewerbsrechtlichen Beurteilung unerbetener Werbeanrufe. Unter Berücksichtigung europarechtlicher Entwicklungen und US-amerikanischer Regelungen. 2003.
Band/Volume	18	Stephan Bode: Die Wirksamkeit einer Forderungsübertragung gegenüber Dritten vor dem Hintergrund der internationalen Forderungsfinanzierung. 2007.
Band/Volume	19	René Sauer: Die Harmonisierung des Kollisions- und des Sachrechts für Wertpapierguthaben und Wertpapiersicherheiten. Hintergrund und Entwicklung gemeinschaftsrechtlicher und globaler Regelungsansätze. 2008.
Band/Volume	20	Mathias Kapitza: Untersuchungen zur Markenrechtsfähigkeit der BGB-Gesellschaft. 2009.
Band/Volume	21	Franziska Edler: Die Aufhebung von Schiedssprüchen und der Erlass einstweiliger Maßnahmen in Deutschland und Schweden. Ein Rechtsvergleich vor dem Hintergrund der Investitionsschiedsgerichtsbarkeit. 2009.
Band/Volume	22	Christoph Rodenhäuser: Aktienemissionen über das Internet – eine Gefährdung des Anlegerschutzes? 2015.

Band/Volume	23	Laurette Jessica Sarah Muchow: Die Bedeutung materiell zwingenden Rechts für den Abschluss von Schiedsvereinbarungen. 2021.
Band/Volume	24	Alexander Daniel Fix: Das Recht auf Datenportabilität. Art. 20 DSGVO als Schnittstelle zwischen Wettbewerbsförderung und Datenschutz. 2022.

www.peterlang.com

www.ingramcontent.com/pod-product-compliance
Ingram Content Group UK Ltd.
Pitfield, Milton Keynes, MK11 3LW, UK
UKHW021831290926
8980IPUK00004B/386

9 783631 876527